库尔斯克会战

[美]戴维·M. 格兰茨　[美]乔纳森·M. 豪斯　著
孙渤　赵国星　张峻鸣　译
孙渤　王轩　审校

台海出版社

版贸核渝字（2015）第 202 号

图书在版编目（CIP）数据

库尔斯克会战 /（美）戴维·M. 格兰茨，（美）乔纳森·M. 豪斯著；孙渤，赵国星，张峻鸣译. -- 北京：台海出版社，2019.3

书名原文：Battle of Kursk

ISBN 978-7-5168-2255-5

Ⅰ. ①库… Ⅱ. ①戴… ②乔… ③孙… ④赵… ⑤张… Ⅲ. ①库尔斯克会战 (1943) – 史料 Ⅳ. ① E512.9

中国版本图书馆 CIP 数据核字 (2019) 第 033741 号

库尔斯克会战

著　　者：［美］戴维·M. 格兰茨　［美］乔纳森·M. 豪斯
译　　者：孙　渤　赵国星　张峻鸣
审　　校：孙　渤　王　轩

责任编辑：俞滟荣　　策划制作：指文文化
视觉设计：王　轩　　责任印制：蔡　旭

出版发行：台海出版社
地　　址：北京市东城区景山东街 20 号　　邮政编码：100009
电　　话：010 – 64041652（发行，邮购）
传　　真：010 – 84045799（总编室）
网　　址：www.taimeng.org.cn/thcbs/default.htm
E – mail：thcbs@126.com

经　　销：全国各地新华书店
印　　刷：重庆共创印务有限公司
本书如有破损、缺页、装订错误，请与本社联系调换

开　　本：787mm × 1092mm　1/16
字　　数：564 千　　印　　张：36
版　　次：2019 年 4 月第 1 版　　印　　次：2019 年 4 月第 1 次印刷
书　　号：ISBN 978-7-5168-2255-5

定　　价：149.80 元

序：借鉴历史经验教训，全面推进国防和军队现代化建设

我们应当怎样做才能站在新的历史起点上，进一步加强我国的国防和军队的现代化建设呢？众所周知，军事思想和与之密切相关的国防与军队建设的发展，都不是孤立的，而是具有一定的连续性。不了解过去，就不能深刻地认识现在，也就无从认识未来。只有在继承中外军事历史上一切优秀遗产的基础上，以史为鉴，坚持“不忘本来，吸收外来，面向未来”，紧密结合新的时代条件和实战要求，才能更好地、更全面地推进中国特色军事变革和具有中国特色的国防与军队现代化建设，为夺取新时代中国特色社会主义伟大胜利，为维护世界和平和共建人类命运共同体的伟大事业，做出应有的新的贡献。

此时此刻，我不禁想起近40年前，即1979年2月10日，时任中央军委副主席的徐向前元帅给军事学院（今国防大学）领导萧克、段苏权和军事科学院领导粟裕、宋时轮的那封强调学习战史重要性的信函。信中强调指出：“军事学院设战史课，应视为一门主课之一，我军中高级指挥员不懂或不精通古今中外典型的各种或各个战例，尤其是第二次世界大战战史，即不能深入的、熟练地掌握战争的规律和知识，对于以后的指挥作战大为不利。军队院校停开战史课已经20年，是一件非常可惜的事。”杰出的政治家应当了解各种类型的战争，真正的军事家必须熟悉战史，我国的中高级指挥员尤其要了解乃至熟悉包括中国抗日战争在内的第二次世界大战史。本此精神，军事学院（今国防大学）政委、全国人大常委会委员、中国第二次世界大战史研究会名誉会长段苏权于1981年12月11日向全国人大五届四次会议提交了《加强对第二次世界大战史研究方案》（即第5号提案）。该提案经审议通过后交国务院研究办理，国务院批转军事科学院和军事学院贯彻落实。军事学院抓紧编写出了我军第一部“二战”史

著作《第二次世界大战》，并成为主课之一。军事科学院专门成立了世界战史研究室，相继编写出具有中国特色的三卷本《中国抗日战争史》和五卷本《第二次世界大战史》。

自第二次世界大战结束，迄今已经过去整整七十多年了。当前，人类社会已进入新世纪、新时代。在信息技术迅速发展和广泛应用、信息社会新形态基本形成、人类战争形态由机械化向信息化转型等新的历史条件下，对以机械化为基本特征的“二战”史还需不需要继续研究？新世纪新时期的“二战”史研究将呈现哪些新特点？新世纪新时期“二战”史研究应着重把握哪些问题？“二战”史研究如何为新世纪新时期的政治、军事、经济、外交斗争服务？新世纪新时期的“二战”史研究如何与战后的局部战争研究相结合？如何为中央、中央军委及其各总部的战略决策，为院校教学和部队教育训练提供咨询和历史的借鉴？诸如此类的一系列重大问题，都值得我们认真地加以思考，进一步深化、细化“二战”史研究，并作出无愧于历史、无愧于时代、无愧于先人和后代，经得起时间和实践检验的回答。

战争史以战争史实和战争规律为研究对象，是社会科学研究的永恒的课题。第二次世界大战史是20世纪三四十年代中、苏、美、英等同盟国和全世界反法西斯力量反抗日、德、意轴心国侵略的规模空前的全球性战争。这场史无前例的现代化战争，几乎波及世界各大洲大洋，参战国家有61个，卷入战争的国家和地区共84个，人口约20亿，占世界当时总人口80%以上。这场给人类带来空前灾难的战争，以反法西斯同盟国和世界人民的最终胜利而告终，成为现代世界历史进程中的一个重要的里程碑。为了夺取世界反法西斯战争的胜利，同盟国和全世界反法西斯力量浴血奋战，付出了巨大的牺牲。据不完全统计，在这场正义与邪恶、光明与黑暗的殊死较量中，中国伤亡3500余万人，苏联伤亡4600余万人，美国伤亡110余万人，英国伤亡130余万人，法国伤亡85.9万人。全世界在战争中伤亡总人数超过1亿，军费开支1.3万亿美元，经济损失4万多亿美元。而战争所造成的巨大的精神创伤，是无法用数字加以统计的。由此可见，世界反法西斯战争的胜利，是世界反法西斯统一战线的胜利，是秉持正义、祈望和平与自由的全世界人民共同浴血奋战的结果。中国人民抗战最早、持续时间最长，直至夺取中国抗日战争暨世界反法西斯战争的胜利，付出了巨大的民族牺牲，为中国抗日战争乃至世界反法西斯战争的胜利做出了不可磨灭的巨大贡献。

第二次世界大战是一场空前的典型的现代化战争，交战双方大量使用坦克、装甲车、飞机、火炮、军舰等现代化武器装备，并首次使用雷达、火箭炮、导弹、原子弹等新式武器和技术，引起了作战形式和方法的重大变革，出现了闪击战、大纵深作战、登陆与抗登陆作战、潜艇战与反潜艇战、航母编队作战、战略轰炸与防空作战、空降与反空降作战等新的作战形式和方法。

第二次世界大战还推动了军事思想和战略理论的发展：现代战争已经远远超过武装斗争范围，指导现代战争的高层次战略理论，即包括军事、政治、经济、外交、科技、情报、心理等诸多方面的国家战略应运而生并得到发展，联盟战略有了新的突破，反法西斯联盟各国虽然社会制度和意识形态不同，但在反对法西斯侵略的共同目标下结成强大联盟，制定和执行共同的战略并赢得最后胜利；战略突袭和预防战略突袭以及战争初期等问题得到普遍重视；由于军事行动在陆地、空中和海洋同时展开，诸军兵种战略协同作战理论更趋完善；游击战争理论有了重大发展，人民游击战争成为反侵略战争中占有重要战略地位的作战形式。

在一定意义上可以说，“二战”史就是一部人类战争的百科全书，不了解“二战”史，就不可能真正认识一般战争，就不可能真正认识机械化战争，就不能真正认识现代化战争。因此，对“二战”史的研究远未终结，还有待深化、细化，只能加强，不能削弱。第二次世界大战各参战国在战争实践中所取得的经验教训之丰富，对军事思想和战略理论的影响之深远，是以往历次战争所无法比拟的。这些以巨大代价换来的丰富经验和惨痛教训，可为各国国防和军队建设提供宝贵的历史借鉴和启示。

军事科学，不同于其他科学，在和平时期很难得到实战的检验，因此从大量的史实中正确、全面、科学地总结以往尤其是作为现代化战争的第二次世界大战的经验教训就显得尤为重要，极其珍贵。尽管今天科学技术比昔日有了飞跃的发展和进步，高科技、新材料已在军事和国防领域广泛应用，但是，昔日掌握和使用新技术、新装备进行现代化战争的基本经验和教训并没有过时。它对于今天我们以史为鉴，结合新时代新变化及未来战争发展趋势及其特点，根据我国我军实际，全面推进中国特色军事变革以及国防和军队现代化建设，捍卫“二战”胜利成果，防止军国主义和法西斯主义死灰复燃，防止历史悲剧重演，全面推进中国特色社会主义现代化建设等，仍具有不可替代的重要作用，不仅具有历史意义，而且具有现实意义。

前事不忘，后事之师。他山之石，可以攻玉。有鉴于此，指文图书公司正策划在世界范围内精选一批具有重要史料价值和学术价值的二战史著，其中大部分外文原版图书还需要购买版权并组织有资质的人员译成中文，以满足广大指战员提高军事素质和广大研究人员深化、细化“二战”史研究的需要，以及广大军事爱好者学习包括中国抗日战争在内的“二战”史知识的需要。该系列丛书统称“指文二战文库”，拟首先制作“指文苏德战场文库”（原称“东线文库”）、“指文欧洲与非洲战场文库”系列，在“指文海洋文库”当中收录有关太平洋战争的部分书籍，并在今后陆续推出“指文太平洋战争文库”和“指文亚洲战场文库”等。相信该丛书的出版将受到广大读者的欢迎，并产生良好的社会效益。

彭训厚

2018年5月15日

本序言作者是山东单县人。北京大学毕业，在总参谋部工作十余载，继在中国人民解放军军事科学院任研究员至退休。曾任中国第二次世界大战史研究会秘书长。主要从事军事历史研究。主要研究成果有《毛泽东军事思想宝库》《第二次世界大战史》《第二次世界大战史教程》《解读第二次世界大战》《历史的告诫——第二次世界大战的终结与总结》等。

前　言

五十多年来，充满传奇色彩的库尔斯克会战一直令历史学家和普通读者既心驰神往，又眼花缭乱。对于英语读者来说，第二次世界大战的苏德战场相对默默无闻。埋藏在这段历史中的库尔斯克会战，以其波及范围之广、战况之激烈、影响之深远，以及人力和物力损失之惊人，为自己赢得了历史上"最大规模"的坦克战和苏德战争"转折点"这样的溢美之词。然而，无论人们带着怎样的感情色彩看待这场著名的会战，由于没有可靠的苏联资料，它的许多细节都一直模糊不清。正如在战后一大批历史学家的笔下，关于这场会战的叙述基本上只是单方面的，是有血有肉的德国陆军正在与一位体量巨大但面孔模糊的苏联主体进行殊死搏斗。仅仅这一事实，便足以使库尔斯克常常成为充满神话和误解的话题。

尽管已有一些优秀的书籍描绘了这场会战的过程和结果，但由于只有德国资料唾手可得，这些书籍大多只能表达德国单方面的细节和德国人的观点。许多全面讲述苏德战争的作品，例如厄尔·齐姆克的学术性记述和阿尔伯特·西顿的开创性研究，保罗·卡雷尔的激动人心、情感丰富、极具个人色彩的报道，都包含有关这场大会战的章节。在上述作品以德国视角观察这场会战的同时，马尔科姆·麦金托什和约翰·埃里克森等人已开始向世人披露我们从苏联方面得到的资料。

参加过这场激烈会战的德国将军们撰写回忆录时，主要致力于评价德国在这场空前失败的战争中的政治责任和军事责任，而苏联的将军们则认为这场会战是苏联势不可挡的胜利征程的组成部分。同样，单卷本书籍也承担着详细描述这场大会战的责任。杰弗里·朱克斯和马丁·凯丁绘声绘色地记录下这场规模空前的坦克战中的戏剧性场面，亚努斯·皮耶卡尔凯维茨在描绘会战全景时大量采用各种新出现的苏联资料，马克·希利的简明会战综述则足以令人手不释卷。

然而，库尔斯克会战极富戏剧性，再加上可以使用的苏联资料极为有限，于是围绕这场会战的某种神话应运而生。这种神话采纳德国人关于这场会战的定义和基本框架，认为它只发生在1943年7月5日至23日，这样也就忽略了苏联制订的基本框架，即认为库尔斯克突出部的防御交战，是长达两个月之久的苏联库尔斯克战略性进攻战役的合理组成部分。

另外，这个神话断言，如果库尔斯克会战按原计划在5月实施，就可能以德国的胜利告终。它还认为，库尔斯克会战主要是一场坦克战，发生在普罗霍罗夫卡的坦克交战是历史上最大规模的坦克战，普罗霍罗夫卡战场也决定了德国的战争命运。历史学家不断夸大普罗霍罗夫卡交战的规模和重要性。于是，西顿写道：普罗霍罗夫卡交战共使用"近1300辆坦克、突击炮和自行火炮"，而卡雷尔更是绘声绘色地描述道："大约1500辆坦克和突击炮正在普罗霍罗夫卡周围的群山丘陵和山谷间奔驰、射击、爆炸、燃烧、咆哮和冒烟。"尽管这些描述既有戏剧效果又引人注目，可是与笼罩在库尔斯克会战上的神话相比，它们不过是九牛一毛。作为获胜一方的苏联人，也没有任何动机在他们的无数作品中戳穿这些神话，因为这样会贬低本方胜利的规模和辉煌程度。

今天，新出现的苏联资料和德国资料，使我们有机会重新评价库尔斯克会战的方方面面，事实上，同样可以重新评价整场苏德战争。我们现在能够为这场会战脱掉神话的外衣，还原当时实际发生过什么，原因又是什么。这就是本书的目的。

这部研究作品综合采用现存于新解密的苏联档案材料和准档案材料中关于这场会战的大量细节，为已经载入史册的细节又增添了前所未有的新内容，并将库尔斯克会战还原到整场战争当中它应有的战略和战役背景当中。本书试图准确地再现战斗的复杂程度，也将著名的普罗霍罗夫卡坦克交战还原到它应有的背景当中，作为一场极其复杂的殊死搏斗中的一个激动人心的篇章。最后，在确定这场会战造成的双方损失和惊人后果的同时，本书也通过分析会战中的军事细节，讲述闪击战是怎样在库尔斯克彻底终结的。这样，它也就揭穿了与库尔斯克会战有关的神话，并使这场会战回归到苏德战场波澜壮阔的作战全景中的应有位置。

致谢

两位作者要特别感谢苏联（俄罗斯）当局解密有关资料，如果没有这些资料，就不可能编写这部研究作品。具体来讲，20世纪80年代末，苏联的戈尔巴乔夫政府开始揭开笼罩在苏联官方作品和档案文献上的神秘面纱。1991年后的俄罗斯政府也在某种程度上继续推进这项积极的政策。这些材料现在可以用来验证或者驳斥苏联历史学家原先编写的许多作品，这些作品过去也常常无法接触得到。

还要特别提及并感谢另一些为这部研究作品做出贡献的人。史蒂文·J. 扎洛加作为苏德双方战时武器领域的杰出权威，用他的专长为本书做出审核和修订，并提供极有价值的照片作为本书的插图。小乔治·M. 尼佩和尼可拉斯·泽特林分享了他们对于这场会战中坦克损失和人员损失的独特见解。玛丽·安·格兰茨一如既往地分担她的丈夫在创作这部研究作品时的艰辛劳作，并娴熟而认真仔细地编辑整理手稿。通过我们和他们的努力，这部作品得以付梓，成为关于库尔斯克会战的大批现有文学作品中新的一员。

编者说明

本书第一至四章和第六章由赵国星翻译，第七章由张俊鸣翻译。第一二章由孙渤审校，其余章节、附录和选定书目由孙渤翻译或审校。翻译书中德语图表和资料名称时，得到张啸的大力帮助。感谢他们的辛勤付出！

王轩

2018 年 4 月 1 日

目 录

地图目录

序幕

慕尼黑

1943年5月3日

阿道夫·希特勒花了足足45分钟的时间，透彻而简单地讲解“堡垒”行动，也就是德国向苏联发动新一轮进攻的计划。[1] 第三帝国的几位东线司令官和主要参谋军官各怀心思，带着不同程度的关注、气愤或者无奈，围在长地图桌旁聆听着。

德国陆军总参谋长库尔特·蔡茨勒上将名义上是“堡垒”计划的制定者，尽管事实上这个想法显而易见，桌旁的任何人都提得出来。经过两年来同苏联红军的艰苦斗争，德国国防军已经没有足够的资源在东线发动全面进攻。取而代之的是，德国将按照“堡垒”计划把现有兵力集中用于库尔斯克突出部，这是战线中央凸向西面德国方向的一部分。性情急躁、嗓门洪亮的蔡茨勒，计划用两股兵力向库尔斯克分进合击，从根部掐断这个突出部。陆军元帅京特·冯·克卢格的“中央”集团军群将从奥廖尔地区出发，向南攻往库尔斯克这座俄罗斯城市；陆军元帅埃里希·冯·曼施泰因的“南方”集团军群将向北攻入突出部南侧。一旦得手，这次向心突击就能包围苏联的几个集团军并缩短德国的战线，从而节约兵力，再进一步发动几场进攻战役，或者按照更现实的做法，准备迎接随后旷日持久的防御性战局。

蔡茨勒的计划基本上就是这样，其主要缺陷非常明显：德国拖得越久，苏联就越可能完善防御来挫败进攻。瓦尔特·莫德尔大将的第九集团军预定要从突出部北面发动主要突击，他确信红军已经在加强防御了。就在慕尼黑会议的前一天，莫德尔越过其上级冯·克卢格，向希特勒提出自己的担忧。莫德尔摆出几十张库尔斯克突出部的空中侦察照片。这些照片表明，就在他的预定进攻路线上，苏联人已经精心构筑了纵深达几英里的一道道防御工事。莫德尔认为进攻的时机已经错失，第九集团军的前锋将会被苏联人逐步消耗和歼灭，却无法达成突破。“堡垒”行动必须彻底修改或完全放弃。莫德尔的最低要求是，再增派两个装甲师和一批专业兵种部队，他还需要几千名补充士兵来充实他的队伍。

慕尼黑会议期间，希特勒不仅讲述了蔡茨勒的计划，还提到莫德尔的反对意见。善于揣摩上意的听众们都感到莫德尔的意见已经打动了希特勒。冯·曼施泰因元帅也有同样的担忧，他认为德国早在4月份就应该发动进攻，趁自己的对手尚未从春末的惨败中恢复过来。然而，像战时的许多场军事会议上一样，曼施泰因犹豫着不愿表达出自己的观点。虽然私下里，他经常严厉地抨击德国的战略，但是他慑于希特勒的个性与直觉，以至于同这位独裁者对话时经常会有些口吃。

冯·克卢格元帅像蔡茨勒一样坚定支持“堡垒”行动。他对于莫德尔越级上报一事火冒三丈，而且仍然相信德国人能够迅猛冲破任何形式的苏联防线。确实，大多数德国司令官们心中都存在这样一个不言而喻的假设，即自己的军队总是能够突破敌人的阵地，无论这些阵地构筑得多么仔细。另外，冯·克卢格抓住希特勒对于技术兵器的迷恋，强调新设计的“豹”式和“虎”式坦克能够克服任何阻碍。

这时，负责重建德国陆军装甲部队的装甲兵总监海因茨·古德里安大将，请求希特勒允许自己发言。他警告说不要在对库尔斯克发起的血腥正面突击中毁掉这些部队。今后生产的坦克，与其用来弥补这些损失，不如派往西欧发挥更大的作用，因为英国人和美国人迟早会在那里进犯。德国军备和战时生产部部长阿尔贝特·施佩尔引用生产数据来支持古德里安的观点。两人还指出，由于在没有经过充分测试的情况下匆忙投入生产，“豹”式坦克的设计仍然存在缺陷。据估计，这些新式坦克的可靠性和产量到6月份都将有所提高，但这意味着进一步推迟进攻。

古德里安旗帜鲜明地反对“堡垒”行动，而他对冯·克卢格的忌恨助长了这种情绪，因为1941年古德里安在莫斯科城下被解职的过程中，后者曾推波助澜。两位将领之间的私人恩怨是如此水火不容，以至于会议结束后，冯·克卢格竟邀请希特勒在自己与古德里安决斗时担任副手！

这次会议本身，就像上文提到的决斗一样，没有做出任何决定。在这两天的时间里，与会者考虑过三个选项：立即进攻、推迟进攻或彻底取消“堡垒”行动。德国空军参谋长汉斯·耶顺内克大将的发言道出了许多与会者的想法，他主张必须立即进攻，因为进攻的准备工作再也无法隐瞒下去。根据曼施泰因自己的回忆，他提醒过希特勒，如果推迟“堡垒”行动，那么一旦英国人和美国人登陆欧洲，就不得不最终将其取消。[2] 这个预言式的评论，即便曼施泰因真的说出来过，也没有给希特勒留下什么印象。事实上，正如战争下半段经常发生的那样，希特勒似乎很难及时做出决定。最后，会议未能达成一致，只得休会。“堡垒”行动的计划继续有效，但发起时间待定。

5月10日，希特勒将古德里安召到柏林，讨论坦克生产问题，汇报结束以后，古德里安再次敦促希特勒取消在俄国发动进攻的计划，以便节约资源保卫西欧。德国国防军统帅部参谋长威廉·凯特尔元帅强调，出于政治原因，这次攻击势在必行——德国无法承受陷入被动的局面，必须发动进攻来打消其盟友和国内民众的疑虑。

古德里安讥讽地说：“无论我们能否占领库尔斯克，对于全世界来说，都是一件无足轻重的事情。我再重复一遍我的问题：我们今年究竟为什么非要在东线发动攻击?”希特勒的回答少见地坦诚：“你说的一点儿也没错，我一想到这次进攻就反胃。”[3] 然而，德国关于“堡垒”行动的准备工作却继续紧锣密鼓地进行下去，与此同时，苏联的防御力量也一周比一周更加强大。

主要出场人物

阿列克谢·因诺肯季耶维奇·安东诺夫上将：红军第一副总参谋长，最高统帅部大本营成员①。

瓦西里·米哈依洛维奇·巴达诺夫中将：坦克第4集团军司令员。该部参加

① 译注：安东诺夫1945年2月17日才成为大本营成员。

了红军对奥廖尔突出部实施的反攻战役——“库图佐夫”行动。

海因茨·古德里安大将：德国装甲兵总监。

赫尔曼·霍特大将：第四装甲集团军司令。该部从库尔斯克突出部南线进攻，随后防御苏联人进攻哈尔科夫的“鲁缅采夫”行动。

米哈伊尔·叶菲莫维奇·卡图科夫中将：坦克第1集团军司令员。该部在“堡垒”行动期间防御库尔斯克突出部的南线，在“鲁缅采夫”行动期间担任先锋。

威廉·凯特尔元帅：德国国防军统帅部（OKW）参谋长。

维尔纳·肯普夫上将：“肯普夫”集团军级支队司令。该部的任务是攻击库尔斯克突出部的东南部，并在“鲁缅采夫”行动期间实施防御。

京特·冯·克卢格陆军元帅：“中央”集团军群司令。该部在“堡垒”行动期间进攻库尔斯克突出部北线，在“库图佐夫”行动中防御奥廖尔突出部。

伊万·斯捷潘诺维奇·科涅夫大将：草原方面军司令员[①]。所部在“堡垒”行动期间参加反击，并在“鲁缅采夫”行动中参加进攻。

埃里希·冯·曼施泰因陆军元帅：“南方”集团军群司令。该部攻击库尔斯克突出部南线，并防御红军的“鲁缅采夫”行动。

瓦尔特·莫德尔大将：第九集团军司令。所部负责在“堡垒”行动期间攻击库尔斯克突出部北线，后临时兼任第2装甲集团军司令，在“库图佐夫”行动期间防御奥廖尔突出部。

马尔基安·米哈依洛维奇·波波夫上将：布良斯克方面军司令。所部在“库图佐夫”行动期间对奥廖尔突出部的东侧正面展开攻击。

阿列克谢·格里戈里耶维奇·罗金中将：坦克第2集团军司令员。所部在“堡垒”行动期间参加库尔斯克突出部北线的防御，并在“库图佐夫”行动期间进攻奥廖尔突出部南线。

康斯坦丁·康斯坦丁诺维奇·罗科索夫斯基大将：中央方面军司令员。在“堡垒”行动期间负责防御库尔斯克突出部北线，在“库图佐夫”行动期间进攻奥廖尔突出部南线。

---

① 译注：1943年7月10日，草原军区改编为草原方面军；8月26日，科涅夫由上将晋升为大将。

帕维尔·阿列克谢耶维奇·罗特米斯特罗夫中将：近卫坦克第5集团军司令。作为草原方面军的先头部队在普罗霍罗夫卡发起反突击，后随该方面军参加“鲁缅采夫”行动[①]。

帕维尔·谢苗诺维奇·雷巴尔科中将：近卫坦克第3集团军司令。该部在“库图佐夫”行动期间担任布良斯克方面军向奥廖尔突出部进攻的先锋。

瓦西里·达尼洛维奇·索科洛夫斯基上将：西方面军司令员。在“库图佐夫”行动期间，其下辖的近卫第11集团军和第50集团军参加对奥廖尔突出部北线的攻击。

苏联元帅亚历山大·米哈依洛维奇·华西列夫斯基：工农红军总参谋长、最高统帅部大本营派驻库尔斯克突出部南线的代表。

尼古拉·费奥多罗维奇·瓦图京大将：沃罗涅日方面军司令员。在“堡垒”行动期间负责防御库尔斯克突出部南线，并参加了“鲁缅采夫”行动期间的进攻。

库尔特·蔡茨勒上将：德国陆军总参谋部（OKH）参谋长。

苏联元帅格奥尔基·康斯坦丁诺维奇·朱可夫：苏联最高统帅部副最高统帅，“堡垒”行动期间派驻库尔斯克突出部北线和协调“鲁缅采夫”行动的最高统帅部大本营代表。

注释

1. 这段叙述主要根据海因茨·古德里安著《闪击英雄》（华盛顿特区：巴兰坦出版社，1979年版），第241—247页；另见亚努斯·皮耶卡尔凯维茨原著，米凯拉·尼尔豪斯英译《“堡垒”行动：库尔斯克和奥廖尔：第二次世界大战中最大规模的坦克战》（加利福尼亚州诺瓦托：普雷西迪奥出版社，1987年版），第91—93页。

2. 埃里希·冯·曼施泰因原著，安东尼·C. 鲍威尔编译《失去的胜利》（芝加哥：亨利·莱格尼里出版社，1958年版），第447—448页。

3. 古德里安著《闪击英雄》，第308—309页。

---

① 译注：近卫坦克第5集团军在普罗霍罗夫卡交战和反突击，以及“鲁缅采夫”行动初期均隶属沃罗涅日方面军。

第一部：背景

第一章 从“巴巴罗萨”到顿巴斯：1941—1943年苏德战场的德国陆军

阿道夫·希特勒的困境并非一夜之间形成的。为理解此时德国在战略上的问题，必须了解一下库尔斯克会战前苏德战争两年间的战况。在这段时间里，双方的战线如钟摆一样时进时退，战略主动权几度易手。

“巴巴罗萨”，1941年

德国1941年6月22日进攻苏联的时候，德国国防军正处于巅峰状态，而苏联红军却陷在几个艰难的转型过程当中。于是，“巴巴罗萨”行动期间，德国人在不到六个月的时间里一路高歌猛进，战争的胜利一度唾手可得。

此前在1939年和1940年的几个战局当中，德国国防军将闪击战（blitzkrieg）从宣传口号发展成一套实用的战术。德国空军能够摧毁规模更大但陈旧落后的苏联红军空军主力，然后让己方飞机从容地为地面进攻提供近距离空中支援。德国的地面进攻以装甲兵和摩托化部队为先导，寻求突破、瓦解并合围防御之敌，一举歼灭整整几个野战集团军①。德国的机械化军队②一次次创造出这样的合围圈，但仅凭双腿赶路的步兵很难及时赶上来严密封堵。大批苏联军人，特别是无可替代的参谋人员和指挥员，借机逃脱，或加入游击队，或回到后方参与重建部队。与此同时，这些延误意味着苏联红军在德国人与莫斯科

① 译注：为照顾英语读者的理解，作者在论述时常使用“野战集团军”，只在正规术语时使用苏联正式的“诸兵种合成集团军”。

② 译注：格兰茨的早期作品中机械化和摩托化的概念往往不做区分，本书亦然。

之间构筑新防线的时候，德国装甲部队只能原地踏步。

最终，由于德国的后勤困难与苏联的顽强抵抗，“巴巴罗萨”行动宣告失败。俄罗斯欧洲部分广阔无垠、道路匮乏的空间，挫败了德国向自己的先锋补充燃料和武器弹药，维修损坏装备的努力。德国高度集中化的维修体系要将车辆送回工厂才能进行大修，但这根本无法满足东线战场的需要。6月份，这个战局开始时，德国的每个装甲师平均拥有120—130辆坦克，到12月时可用坦克最多只剩下12辆，而且由于铁路和汽车运力的限制，德国的后勤部门只能推迟供应耐寒的冬装，以便优先供应燃料、弹药和备用零配件，向莫斯科发起最后的冲刺。由于德军三分之二的机动车辆都无法开动，1941年12月的第一个星期里，前进的步伐渐渐停了下来。

与此同时，苏联红军不得不一边着手克服体制上的巨大缺陷，一边为抗击入侵者而屡败屡战。1937—1940年间，苏联红军的职业军官团有半数被处决、监禁或者流放，留在指挥岗位上的都是经验不足且士气低落的年轻指挥员。[1] 红军有关进攻和机械化作战的理论也随着相关指挥人员的离去而弃若敝屣。等到德国入侵时，苏联的机械化部队正在进行两年来的第三次重大改编，装备则是既有磨损严重的老旧坦克，又有很少有人能掌握的新式坦克。另外，因为斯大林一直寄希望于避免在1941年爆发冲突，所以直到德国进攻的前夜，他都禁止采取任何防御措施。

鉴于以上情况，苏联红军能在德国的入侵中幸存下来就已经堪称奇迹，更不必说还能制止它。而苏联武装力量的高级领导层（包括红军总参谋长B. M. 沙波什尼科夫和最高统帅部的几位“救火队员”，如G. K. 朱可夫和A. M. 华西列夫斯基）不得不在战火中重新教导部下战术和后勤方面的基本原则。德国的指挥官每赢得一场战役，他们的苏联对手就能学到现代战争中昂贵的一节课程。更令人惊讶的是，苏联投入新建师的速度能超过德国歼灭它们的速度。截至1941年12月31日，红军总共新组建385个师和267个独立旅，不仅能够弥补，还超过了自己在战斗中损失的相当于229个师的兵力。德国情报部门战前估计敌人总共约有300个师，到12月，苏联投入的师级单位几乎已经三倍于此①。[2] 新

① 译注：229个师级单位是所有师和旅数的合计，并未按照注释中2个旅=1个师计算。

的师和旅大多缺乏训练和装备，但德国为歼灭它们也要付出更多伤亡、燃料、弹药和时间。德国在1941年的失败应主要归功于苏联军人的顽强奋战。

1941年12月5日，斯大林动用精心储备的预备队发动反攻，攻击莫斯科城下过度延伸的德国军队。进攻的力量相对薄弱，也未经过精心策划，但红军能够发动进攻这一事实就足以令德国人震惊。起初，希特勒拒绝批准任何形式的退却，包括海因茨·古德里安在内的许多高级指挥官，因坚持撤退以拯救他们的军队而被解职。到了最后，希特勒也被迫接受某种形式的退却。与此同时，斯大林却因初期的战果而倍受鼓舞，试图将反攻扩大到整个战线。事实上，红军仍然缺乏实力和历练，难以完成这么重大的目标。德国人则迅速振作起来，恢复了机动能力，并在1942年2月以前遏制住苏联的第一场冬季总攻。

冲向斯大林格勒，1942年

这个冬季剩下的时间里，交战双方各自重建军队。希特勒不情愿地意识到，对苏战争已经转变为一场持久战，德国后知后觉地开始为总体战进行动员。与此同时，随着苏联人于1942年5月组建第一批坦克军，他们损失惨重的机械化力量也开始重生，这些师级规模的单位有7800人、98辆T-34中型坦克和70辆其他型号的轻型坦克。苏联红军1942年总共组建了28个这样的军。这些坦克军，加上1942年8月组建的规模稍大的机械化军（13500人和204辆坦克），成为苏联新型装甲坦克兵的基石。[3]

不幸的是，I. V. 斯大林仍然醉心于近乎成功的冬季反攻，未能认识到德国人也在恢复元气。1942年5月，斯大林坚持使用未经实战考验的机械化军队在哈尔科夫地区发动进攻，该地区大致位于漫长战线的中部。于是，这导致哈尔科夫交战的惨败，只不过是为德国重新发动进攻扫清了道路。[4]

德国武装力量虽然在1942年年初渐渐恢复实力，但是再也无力沿整条战线发动全面进攻。取而代之的是代号为"蓝色行动"的1942年进攻战局，将大多数可用的装甲兵力集中于战线的南半部分。希特勒的目标是肃清黑海东岸，夺取苏联在高加索地区的油田。这场进攻于1942年6月28日发起，初期战果可以同前一年相媲美。但是，德国人再次长驱直入数百公里，只能依赖装备较差的意大利、匈牙利和罗马尼亚等仆从国军队掩护推进时的侧翼。截止1942年

8月底，德国已经不可避免地卷入对工业城市斯大林格勒的争夺战，而这将是一场令双方都流尽鲜血的苦战。

在德国的第二场夏季进攻期间，苏联的参谋军官们一直在策划待时机成熟时发动新的反攻。经过一年来的战争，斯大林终于学会在军事领域信任自己的职业军人。新任红军总参谋长A. M. 华西列夫斯基组建了一个精干的参谋班子，制定出一系列反攻计划。其中最著名的就是“天王星”行动，一场旨在将德国第六集团军困于斯大林格勒的经典合围战役。在“天王星”行动之前和同时发起的，将是同样雄心勃勃的“火星”行动，由副最高统帅 G. K. 朱可夫亲自指挥，目标直指盘踞在勒热夫突出部、从西面威胁莫斯科的德国第九集团军。

尽管恶劣天气导致“火星”行动不得不推迟，红军还是于1942年11月19日实施“天王星”行动，派出新型坦克军迅速合围德国第六集团军和第四装甲集团军一部。不过，陷入合围的德国人一直坚持到1943年1月底，牵制了大股苏联兵力，使他们不能利用德国防线的巨大缺口扩大战果。

更重要的是，苏联最高统帅部（大本营）只是将“火星”和“天王星”作为自己粉碎整条德国战线的战略计划的第一步。1942年11月25日，朱可夫元帅[①]终于发动“火星”行动，试图在更北面的中央集团军群身上重演斯大林格勒的大捷。不过，该地区的德国军队并未像他们在南线的友军那样过度伸展，而且他们拥有大批可以投入反击的预备队。朱可夫的军队两周内伤亡超过30万人，损失坦克1400余辆，却未能收复大片国土。[5]

尽管遭受这个挫折，大本营还是在斯大林格勒的西北面和南面的战线上发起一系列战役，继续打击已遭到重创的德国军队。12月的两场进攻战役（“小土星”行动和科捷利尼科夫斯基战役）中，西南方面军和斯大林格勒方面军[②]歼灭意大利第八集团军，并挫败德国第四装甲集团军解救斯大林格勒守军的企图。沃罗涅日方面军随后于1月13日发起奥斯特罗戈日斯克—罗索什战役，重创匈牙利第二集团军。此后，在布良斯克方面军的配合下，沃罗涅日方面军又马不停蹄地继续向西高歌猛进，在沃罗涅日—卡斯托尔诺耶战役中击退德国第二集团军。

---

① 译注：应为大将，朱可夫1943年1月18日晋升苏联元帅。

② 原注：苏联的方面军大致相当于西方的集团军群。

进攻与反攻

到1943年1月底，斯大林格勒的德国人投降指日可待。苏联最高统帅部临时起意，又发起两场进攻战役，代号分别是“跳跃”和“星”①，利用斯大林格勒以西的真空地带向西南方向发展胜利。目标是推进至黑海，切断斯大林格勒以南和以东的全部德国军队。1月29日开始的“跳跃”行动当中，M. M. 波波夫将军指挥由几个坦克军组成的暂编集群长途奔袭，最终成为未来大规模机械化作战的样板。三天后的2月2日，在波波夫北②面进攻的沃罗涅日方面军发起“星”行动，进逼别尔哥罗德、哈尔科夫和库尔斯克这三个关键的交通枢纽。

这几场进攻初见成效，斯大林和他的司令员们都倍受鼓舞，并于2月初制订出更宏伟的目标。[6] 斯大林格勒德国人的投降使苏联腾出六个诸兵种合成集团军，可以用来进攻更北面的德国中央集团军群与南方集团军群结合部。这样，朱可夫就有机会完成“火星”行动的未遂目标，即彻底歼灭德国的中央集团军群。这个雄心勃勃的战略设想需要实施两场合围战役。首先，K. K. 罗科索夫斯基上将会安排斯大林格勒城下得胜的几个集团军变更部署，组建新的中央方面军，并在布良斯克方面军和西方面军的配合下合围奥廖尔一带的德国军队。一旦得手，新组建的坦克第2集团军和第70集团军，将与久经战阵的第21集团军共同向西推进，与苏联的另一股兵力会师，形成一个从布良斯克延伸到斯摩棱斯克的巨大合围圈。这两场进攻战役，在更南面连续进攻的配合下，将会在3月中旬以前使苏联军队前出至第聂伯河（见地图1）。

策划这样的战略相对容易，执行起来却很难。事实上，由于苏联人的笨拙、恶劣的天气和地形条件，再加上德国陆军的坚韧不拔，红军的这个战略计划只能破产。首先，把军队从斯大林格勒运送到新组建的中央方面军，需要一定的时间和必要的运输设施，而策划这项工作的苏联参谋人员却做出了过于乐观的估计。罗科索夫斯基固然是一位才华横溢的指挥员，但即便是他也不可能在规定的十天之内（1943年2月5日至15日），让五个集团军沿唯一的铁路机动200公里，然后立即展开大规模进攻。到最后，大本营不得不再给罗科索夫斯基十

---

① 译注：分别是伏罗希洛夫格勒进攻战役和哈尔科夫进攻战役。

② 译注：原文为西，此处根据实情改为北。

天时间做准备工作，即便是这样，他的兵力还是只能刚一到达新的作战地区就分批次投入进攻。在这段时间里，苏联的其他方面军试图在没有罗科索夫斯基配合的情况下发动进攻，但由于阴雨天气和德国人的顽强抵抗，收获甚微。而2月25日罗科索夫斯基发动进攻之后，他的军队立即在奥廖尔以南击败匈牙利和德国的薄弱兵力，取得可观战果。他下属的坦克第11军在骑兵和游击队配合下，大胆突入德国战线后方160公里，并于3月7日抵达杰斯纳河。但在此过程中，中央方面军的兵力沿少数可用道路分散开来，面对德国人在南边已经打响的反攻时，将会变得非常脆弱。

斯大林格勒战事的危急时刻，冯·曼施泰因元帅受命指挥这一地区轴心国的残兵败将。尽管他未能成功解救被围的德国人，但到1943年冬末[①]，他还是会再次展现出自己作为机械化作战大师的风采，用一系列反突击最终挡住并重创乘胜而来的苏联人。

1943年2月，阻击参加“跳跃”行动的“波波夫”快速集群和另外几个乘胜进攻的苏联坦克军，一度让曼施泰因有些焦头烂额。然而，到了2月份的最后10天，他已经从刚刚侥幸逃出高加索的德国第一装甲集团军中调集足够的快速兵力，向发展胜利的苏联装甲兵还以颜色。冯·曼施泰因麾下第三、第四十和第四十八装甲军的几个损兵折将的师，在斯拉维扬斯克以南重创“波波夫”集群，并在扎波罗热歼灭了正在突向第聂伯河的苏联另一个坦克军。到3月1日，希特勒已经给曼施泰因调来足够的机械化兵力发起全面突击，重建后的第四装甲集团军向北直扑哈尔科夫和北顿涅茨河。经过五天激战，第四装甲集团军在哈尔科夫城南全歼苏联的坦克第3集团军。[7]除了第四十八装甲军以外，第四装甲集团军此时还使用兵强马壮的党卫队装甲军进逼哈尔科夫，该军下辖“阿道夫·希特勒警卫旗队”“帝国”和“髑髅”三个党卫队装甲师。与此同时，德国第四航空队在具有超凡魅力的沃尔弗拉姆·冯·里希特霍芬指挥下重整旗鼓，在2月底和3月初的战斗中平均每天出动超过1000架次的飞机。这或许是德国空军最后一次在苏德战争的大规模机械化作战中掌握绝对制空权。

---

① 译注：作者的表达习惯是以冬季作为每年的第一个季节，所谓“1943年冬季”实际上是指1942年和1943年之交的冬季当中，进入1943年年初的那部分。

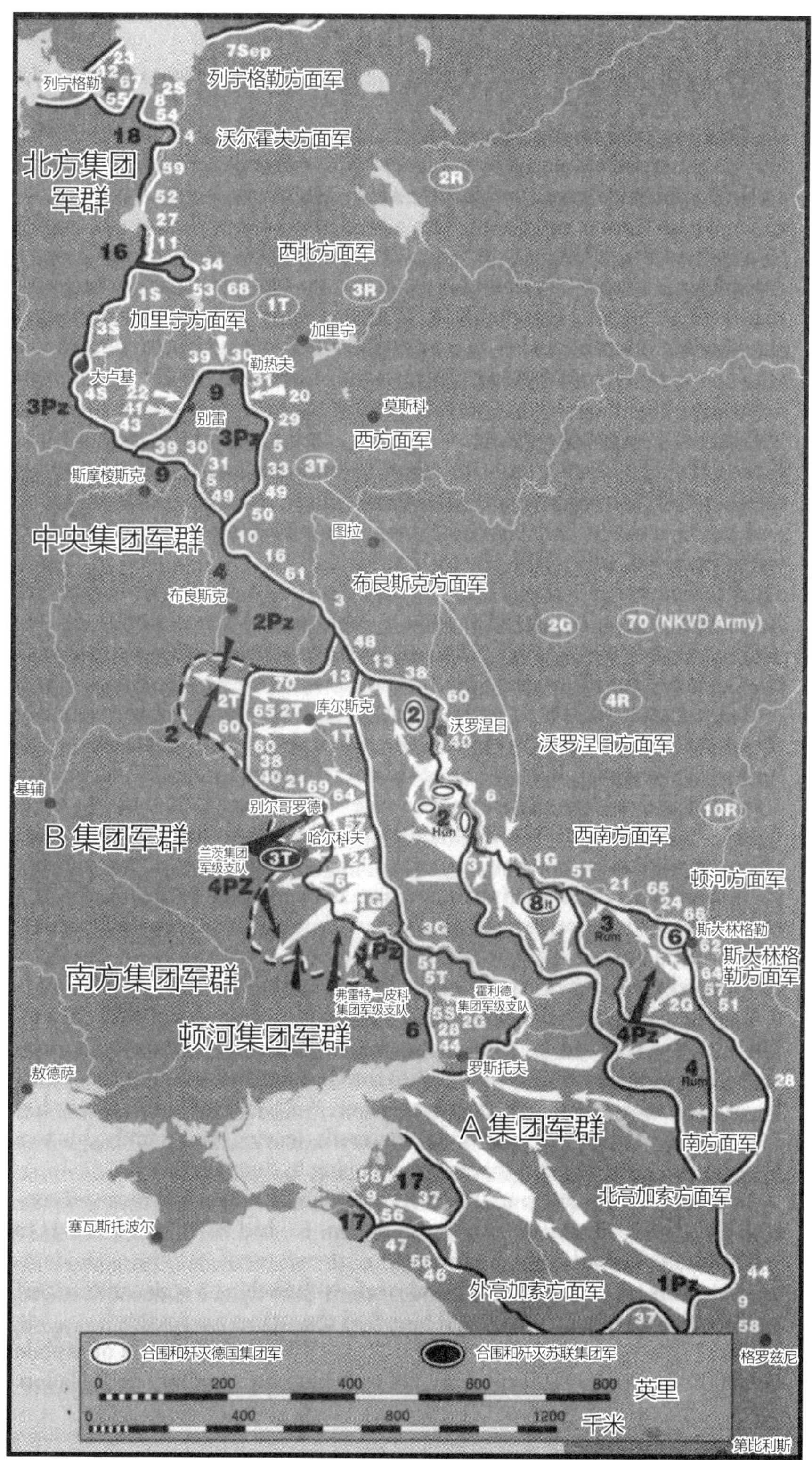

地图1 1942年11月至1943年3月的冬季战局

面对来自南方的新威胁，苏联的指挥员们反应迟钝。起初，大本营只是简单地从罗科索夫斯基那里抽出两个集团军，即刚刚离开斯大林格勒变更部署的第62和第64集团军，改道增援哈尔科夫地区的沃罗涅日方面军和北顿涅茨河沿岸西南方面军的残兵败将。为配合这一变化，罗科索夫斯基在3月7日收到新命令，要求他放弃原本向布良斯克实施的深远突击，转而在奥廖尔附近完成浅近纵深的包围。罗科索夫斯基尽职地按照命令于3月7日发动新的进攻，但由于他的兵力已经分散，再加上德国第二集团军在同一天对暴露在杰斯纳河上的苏联先头部队发动反击，他的进攻力量并不够用。

更重要的是，曼施泰因于3月6日直接攻向哈尔科夫这个交通枢纽，到3月15日，党卫队装甲军已重新占领哈尔科夫。两天后，德国第四装甲集团军和第二集团军继续进攻哈尔科夫东北偏北75公里的别尔哥罗德一带的苏联军队。

苏联大本营这才意识到威胁，为遏制德国的进攻而在别尔哥罗德以北集结兵力，其中包括刚刚从斯大林格勒赶来、原计划参加罗科索夫斯基进攻的第21集团军。事实上，曼施泰因的装甲兵也已经成为强弩之末，恶劣的天气和疲劳使德国人就此止步。随之而来的春季融雪和泥泞季节（rasputitsa，泥泞和道路无法通行的季节），更导致进一步行动不复可能。

曼施泰因尽管已经挫败了苏联的战略计划，还是不愿意放弃哈尔科夫—库尔斯克—奥廖尔地区的主动权。3月10日希特勒视察曼施泰因在扎波罗热的司令部时，这位陆军元帅敦促元首在泥泞季节结束后立即重启进攻。四天后，党卫队的坦克冲进哈尔科夫时，曼施泰因又试图说服中央集团军群司令冯·克卢格，立即联手进攻刚形成的库尔斯克突出部里面罗科索夫斯基的军队。冯·克卢格拒绝了，他坚称自己的队伍需要休整补充。[8]

与此同时，为了在别尔哥罗德一带制止冯·曼施泰因的推进，中央方面军又有一部分兵力被调离修改后的进攻战役，导致罗科索夫斯基彻底丧失夺取奥廖尔的机会。事实上，大本营还取消了计划中的另外几场大规模进攻，调集兵力增援库尔斯克地区。

这些增援包括新组建的坦克第1集团军，这个集团军原计划于2月底西北方面军在伊尔门湖以南发动的大纵深战役中充当前锋，以解列宁格勒之围。这样一来，整条战线就形成了一个巨大的反“S”形，德国在奥廖尔周围占据一个

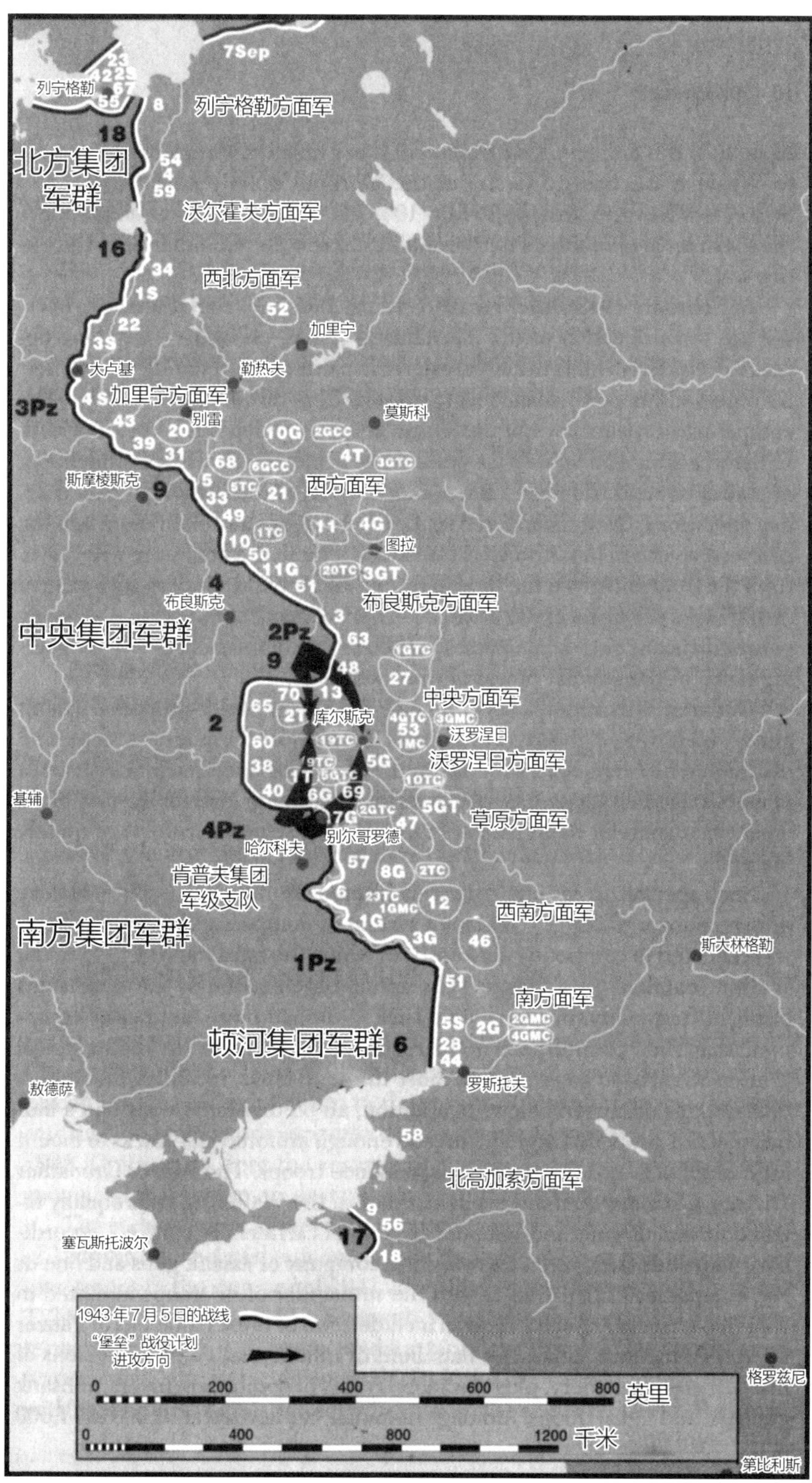

地图2 1943年7月4日苏德战场的态势

向东的突出部，苏联则在库尔斯克占据一个向西的突出部，而冯·曼施泰因的军队据守着别尔哥罗德和哈尔科夫周围的阵地（见地图2）。这就是为“堡垒”行动搭建的舞台。

重建德国陆军

京特·冯·克卢格在一件事上是对的，那就是此时的德国陆军确实需要彻底休整。经过1942年6月到1943年3月的连续作战之后，德国的大多数部队已经疲惫不堪。

现在最急需的是人力。颇具讽刺意味的是，第三帝国的极权独裁政体，在动员民众方面却比西方民主国家和遭重创的苏联还慢得多。阿道夫·希特勒坚决反对会严重打乱德国人日常生活的做法，诸如减少消费品供应，增加在工厂工作的妇女人数。不过到了1943年1月，他还是不得不任命一个三人委员会为军队搜罗80万名新兵，其中半数要从非重点工业的工厂中征召。凯特尔陆军元帅、马丁·鲍曼和文职人员汉斯·拉默斯分别代表军队、纳粹党和政府。[9] 这个委员会同阿尔伯特·施佩尔等人磋商后，找到了在不影响战时生产的前提下为军队补充人力的办法，即在德国本土用15岁的学生操作高射炮，腾出更多的军人送往前线，同时还将德国占领区的德意志族人（Volksdeutsch）重新定义为足够可靠的兵役人员。这些新发现的补充兵员当中，有100万人被送到西欧，补充斯大林格勒会战后重建的德国部队。无论如何，这项庞大的工作还是在1943年5月30日以前，将德国武装力量的总兵力提高到950万人，这是他们在整场战争中拥有的最大兵力。[10]

1943年2月，希特勒召回失宠的海因茨·古德里安来监督机械化兵种（一切都取决于它）的重建。古德里安曾在20世纪30年代缔造了德国装甲兵，现在他作为装甲兵总监又要重新肩负起这个责任。尽管第三帝国互相抢夺资源的官僚机构颇多掣肘，但在希特勒的支持和施佩尔的合作下，他还是在生产、组织和训练方面创造出奇迹。[11] 泥泞季节刚一终止积极的作战行动，古德里安就开始向东线各装甲师补充大量的人员和装备。这些师大多会撤出前线，并获得一段时间来休整补充。尽管古德里安从未实现自己让每个装甲师都拥有400辆坦克的目标，但到1943年6月，许多装甲师还是再次拥有100—130辆坦克，基本上恢复了前几年的战斗力。

古德里安还试图增加突击炮和半履带装甲车的产量，前者可以用更低廉的成本为步兵提供装甲支援，后者则是机械化师的侦察兵和步兵必不可少的装备。由于新生产的坦克需要大量优质钢材，意味着部分突击炮只能使用质量稍逊的材料。

这些专业装备很少能补充到普通的步兵师，甚至是装甲师。德国各个政治派系内斗也反映在精锐部队的竞争中，最重要的是武装党卫队的几个师。这些师的实际编制频繁变化，但他们的武器装备数量和质量整体上会优于德国陆军的正规师。1943年，一个典型的武装党卫队师一般拥有150多辆坦克，包括下文将要提到的新式坦克。另外，党卫队师通常还有一个突击炮营，他们的半履带装甲车也足以搭载大多数乃至全部的步兵和侦察兵。而不属于武装党卫队的“大德意志”装甲掷弹兵师，在突击炮和装甲人员输送车方面也得到同样的优先权。相比之下，普通的装甲师通常只有一个连的突击炮和一至两个连的半履带车，其他军人只能搭乘防护能力较差的卡车。[12] 一个这样的装甲师拥有两至三个营的三号和四号中型坦克，五个营的步兵和三个营的牵引式中型炮兵，外加一些战斗工兵、反坦克炮兵和通讯兵等专业分队。1943年型装甲师的正常编制应有13000—17000人，可是即便古德里安竭尽全力，每个师的平均兵力也只能大致接近10000或11000人。

构成德国陆军主力的步兵师，由于补充时的优先程度最低，战斗力不断下滑。1942年春，北方集团军群和中央集团军群的75个步兵师中，有69个师由于损失惨重不得不进行改编。每个师建制内的九个步兵营削减到六个营，每个营的炮兵连原来有四门火炮，现在也减少到三门火炮。因此，简单地说，这些步兵师要用原先三分之二的战斗力完成相同的任务。[13] 到1943年春，这样的缩编在东线几乎已成为普遍现象，一个状况相对较好的步兵师也只有8000名有效的战斗兵员，外加多达1000名没有武器的俄国“辅助人员”。由于可用的马匹和汽车不断减少，这些步兵师的机动能力与1941年相比大为退步。苏联人在进攻中有时能够消灭德国炮兵连，仅仅是因为火炮无法移动，而德国的步兵部队不得不使用自行车来进行侦察和局部反击。

让问题更加复杂的是，德国步兵师面对集中使用的苏联装甲兵时几乎束手无策。他们刚开进苏联时使用的37毫米反坦克炮，现在对苏联制式的T–34中型坦克几乎无能为力。1942年当中，大多数步兵师接收了数量有限的新型75毫米反坦克炮，可是经常缺少相应的炮弹。因此，德国步兵师已沦为一个被动的角色，只能凭借有限的攻防能力据守前线漫长的战壕。

“虎”式、“豹”式和“象”式

和许多当过几年兵的门外汉一样，阿道夫·希特勒对新式武器特别着迷。[14]他在整场战争期间频繁干涉武器的设计工作，并且对干涉的结果过分自信。在1943年新式坦克的研发过程中，希特勒的这个倾向表现得最为明显。希特勒确信，这些新式武器不仅可以帮助德国陆军的复苏，还将确保在库尔斯克夺取胜利。

1943年夏季德国新式坦克的突然服役是对“坦克恐慌症”迟来的回应，1941年夏，德国军人首次遭遇T–34中型坦克和KV（克利缅特·伏罗希洛夫）重型坦克时，曾被这种恐慌所笼罩。不久之后，德国当时的三号（Pz.Kpfw III）和四号（Pz.Kpfw IV）中型坦克，逐步换装更强大的火炮并加厚装甲。到1942年夏季，四号坦克已经配备了足以击穿T–34和KV坦克装甲的长身管75毫米火炮。因为三号坦克的炮塔太小，无法安装这样的火炮，所以在1943年2月，它的底盘不再用于生产三号坦克，改为生产支援步兵的三号突击炮（StuG III）。虽然与坦克比较时相形见绌，但是三号突击炮在进攻中能为国防军的步兵提供必要的直接火力支援。除了这些突击炮，在“堡垒”行动中参战的德国部队仍然装备着432辆长身管50毫米炮的晚期型三号坦克；使用改进型弹药时，可以在500米内击穿T–34的前装甲。

火炮升级后的四号G型坦克是德国进攻库尔斯克时最常见的中型坦克，共有841辆。它的性能和苏联的1943年型T–34基本相当。四号坦克的火炮威力更大，火控更出色，三人炮塔布局更合理，无线电设备也更好。而苏联T–34坦克的装甲和机动能力更加优秀。这两种坦克都具备在典型交战距离内击毁对手的能力，因此战斗的胜负更多地取决于战术、训练和战场环境，而不是技术指标。库尔斯克会战之前，三号和四号坦克都安装了侧面装甲裙板，以防被无所不在的苏联反坦克枪在近距离内击穿德国坦克薄弱的侧装甲。

早在1941年遭遇T-34之前，德国已经着手研发一种用于突破的重型坦克。1942年秋季，这种坦克投入量产，命名为“虎Ⅰ”式（六号坦克）。“虎Ⅰ”配备一门威力巨大的88毫米高射炮的改进型，加厚的装甲也足以抵御同时期苏联的坦克和反坦克炮，是1943年战场上最致命的坦克。它能够在1000米外击毁苏联的整个坦克编队，面对后者在同距离上的还击时能毫发无伤。举例来说，1943年7月5至6日两天里，第505重装甲营的两个连总共击毁111辆苏联坦克，自身仅损失三辆。[15]针对“虎”式坦克，苏联人采取的战术是尽可能迅速地缩短距离，攻击它们装甲比较薄弱的侧面和后方。但这种战术实施起来难度很大，在整个“堡垒”行动期间，两个“虎”式坦克营在战斗中只损失不到十辆坦克，却摧毁了数以百计的苏联坦克。

然而，生产每一辆“虎”式坦克都需要耗费30多万个工时，在整场战争期间它们只生产出1354辆，还不到T-34一个月的产量。生产“虎”式坦克消耗了大量本就捉襟见肘的各种资源，其实可以用于更大量地生产结构简单的坦克，就像苏联和美国所做的那样。另外，在1942—1943年关键的冬季交战当中，希特勒宁可牺牲技术方面的突然性，也要命令当时尚不成熟的早期型“虎”式坦克参加战斗。屈指可数的几辆新式坦克，没能在斯大林格勒地域造成多大影响。更糟糕的是，1943年1月14日，一辆“虎”式坦克在列宁格勒附近被红军缴获。

红军虽然已经注意到“虎”式坦克带来的致命威胁，但是来不及开发足以对付它的武器。像KV-85重型坦克这样，第一批能够抗衡“虎”式的苏联坦克，直到库尔斯克会战结束之后才开始服役。在这段时间里，苏联投入使用的是一种重型自行火炮——SU-152（SU是俄语中自行火炮samokhodnaia ustanovka的缩写）。1943年1月，苏联工程师仅用25天的时间，就将152毫米野战炮嫁接到一种过时的坦克底盘上。这种新式武器立即投入批量生产，到1943年5月，首批四个装备重型坦克杀手的团已经组建完毕，并立即开赴前线，起初每个团仅配备12辆SU-152。接下来的战斗当中，SU-152表现出足以摧毁德国“虎”式、“象”式和“豹”式等新型车辆的能力，于是得到了“猎兽人”（Zveroboi）的绰号。

不过，库尔斯克会战期间，能够参加战斗的“虎”式坦克数量很少。瓦尔特·莫德尔的第九集团军只得到（第505重装甲营的）两个连，每个连有14辆坦克。在南线，冯·曼施泰因的南方集团军群下辖一支拥有45辆“虎”式坦克的独立部队，即第503重装甲营，“大德意志”师和三个党卫队师还各有一个“虎”式坦克连，整个集团军群拥有102辆“虎”式坦克。[16]

“虎”式坦克通常编组成特别的重型坦克部队，从未打算作为国防军的制式坦克。担任这一角色的是新型的五号坦克，或称“豹”式中型坦克，这种坦克就是为对付苏联的T–34而生的。最初，德国打算生产一种T–34的仿制品，不过后来，还是决定生产一种比T–34更重、武器更强的坦克，作为击败红军的制胜武器。1943年夏“豹”式坦克首次列装的时候，比同时代所有中型坦克都要重50%以上，换做其他任何国家的陆军都会把它定义为一种重型坦克。“豹”式坦克装备新型长身管75毫米炮，可以击穿当时任何一种苏联坦克的装甲，而厚实的正面装甲足以抵御苏联的制式76.2毫米坦克炮。“豹”式坦克的战术弱点是侧装甲较为薄弱，另外，“豹”式坦克于1943年春匆匆投入生产，多次遭遇新产品常见的严重缺陷。5月刚刚服役，“豹”式坦克就暴露出发动机容易起火等机械故障。位于柏林附近的一个专门的工厂疯狂工作，在库尔斯克会战前重新组装和返修出厂了约200辆“豹”式坦克。这些坦克编成两个营（第39装甲团指挥的第51和第52装甲营），可是它的设计还是不够成熟。1943年7月的战斗刚刚进行了五天，“豹”式坦克就只剩下10辆；有123辆在战斗中被敌人毁伤，46辆因机械故障而无法战斗。[17] 库尔斯克会战期间，“豹”式坦克在德国坦克乘员当中恶名昭彰，不过，随着设计逐渐成熟，到1944年它已经成为第二次世界大战中最优秀的坦克。然而，像“虎”式坦克一样，“豹”式坦克的造价极其昂贵，操作也很复杂。在整场战争期间仅生产出5976辆，只相当于苏联三个月的坦克产量。[18]

“豹”式和“虎”式坦克后来都成为极为出色的武器，而1943年出现的第三种新设计，即“象”式反坦克歼击车，却无法相提并论。这种古怪的设计也因出自费迪南·波尔舍博士之手，而被称为“费迪南”式或“波尔舍虎”式。“象”式反坦克歼击车的诞生之路，开始于一次失败的坦克设计竞标，亨舍尔的设计最终获胜并成为“虎Ⅰ”。后来，希特勒要求新型的“虎”式坦克配备一门身管更长（71倍口径）的88毫米炮。然而，设计出可以容纳这种火炮的炮塔，却需要一个费时费力的漫长过程。为尽快满足这位独裁者的要求，这种长身管的88毫米炮安装在固定式的装甲战斗室里面，从而诞生了一种使用波尔舍底盘的无炮塔式突击炮。作为一种差强人意的即兴之作，“象”式反坦克歼击车充分反映了德国人的嗜好，他们不是集中资源，大批量生产性能平平但必不可少的武器，而是痴迷于少量超级武器带来的虚假优势。希特勒坚持要求“象”式歼击车及时投入库尔斯克会战，因此，有76辆这种古怪的车辆装备到第653和第654重型反坦克歼击营。另外，由于这种车辆的预定用途是在远距离摧毁敌装甲车辆，全重67吨的“象”式并未配备任何机枪，面对使用近距离反坦克武器的苏联步兵时无法自卫。[19] 因此，“象”式只能远远待在战线后方的掩护射击阵地。

1943年5月，在施佩尔和古德里安的合力推动下，德国的坦克月产量达到988辆这一新高度，其中包括300辆“豹”式坦克。在这之后，由于“豹”式坦克的生产问题，产量再次下滑。1943年7月，库尔斯克地区的1866辆德国坦克中，只有347辆是这种新式的神奇武器，主力仍然是旧式的三号和四号坦克。希特勒和蔡茨勒指望这些最近才服役的、不太可靠的武器能赢得技术优势。虽然进攻时间因反复生产和修理而一再推迟，但仍只有区区几百辆新式坦克能够参加“堡垒”行动，主要是不可靠的“豹”式。套用温斯顿·丘吉尔的那句名言：在人类战争的历史上，从未有如此之多的人，将如此之大的期望，寄托在如此之少的东西上。

为什么选择库尔斯克

斯大林格勒的失败，再加上1942—1943年盟军占领北非，让德国损失的不仅仅是在那里投降的军队。[20] 德国显然已经丧失战争的主动权，盟友们开始寻求体面地退出战争。意大利和罗马尼亚已经开始做出和谈的试探，土耳其也下定决心不进攻苏联的高加索地区。东京则在太平洋上忙得不可开交，显然打算遵守同莫斯科签订的互不侵犯协定。而德国外交部部长约阿希姆·冯·里宾特洛甫警告赫尔辛基，柏林绝不会同意芬兰与苏联单独媾和。[21]

在这种环境下，从政治角度考虑，德国决不能拱手让出东线的主动权。虽然只有最狂热的德国人才会相信他们还能彻底击败苏联，但是大多数高层领导人仍然认为德国有必要发动新的进攻。

鉴于冯·曼施泰因利用机械化的运动防御取得了辉煌胜利，部分德国领导人认为应该推迟进攻，等到德国击败苏联的下一场进攻之后再说，这种方案有时被称为对红军的“反手一击”。可是，谁也不能保证红军会在德国人希望的时间和地点发动进攻。事实上，以曼施泰因为代表的许多德国指挥官普遍认为，既然冬季战局结束时德国已经建立起相对于红军的优势，就应该在4月或5月初泥泞季节刚一结束时，充分利用这种优势马上发动新的进攻。因此，这种立即进攻的“正手击球”设想，已成为德国指挥官和参谋军官中的主流观点。

即便是乐观的希特勒也不得不承认，德国的作战力量有限，特别是在仅仅休整六个星期后就重新发动进攻的情况下。1941年德国陆军曾经有能力在整条战线上全面进攻，却在太多的方向分散了兵力。1942年的德国人仍然强大到可以在战线北部按兵不动，在南部大举进攻。现在，到了1943年，“堡垒”行动只是作为一系列有限进攻当中的最重要一环，这些进攻的目的，都仅限于巩固德国的防线，同时对红军造成足够的杀伤，从而推迟苏联可能的进攻。德国人特别期望“堡垒”行动能够歼灭苏联的两个方面军，同时将自己的防线缩短120公里。

1943年3月13日，作为负责东线战事的指挥机关，德国陆军总司令部（Oberkommando des Heeres，缩写为OKH）发布《第5号战役令》（全文见附录E）。命令中明确提到当时的战略背景：

可以预见，俄国人将在冬季和泥泞时期结束，经过一定时间的休整补充之后，重新发动进攻。

因此，现在是我们抢在他们之前，在战线上尽可能多的地区发动进攻的时候——至少在战线的一个地区，例如南方集团军群的作战地区。

我们必须让他们在战线的其他地区撞到铜墙铁壁，血流成河。在这些地方，我们必须通过配备重型防御武器，构筑工事，埋设地雷，建立后方阵地，保持快速预备队等措施，加强自己的防御。

另外，还必须立即在各集团军群的作战地区进行一些准备工作。进攻兵团必须补充至齐装满员，并经过充分训练。因为今年的泥泞时期预计会比往年更早结束，所以必须把每一天都合理地用在准备工作上。各集团军群必须每星期（星期一）报告各自准备工作的状况。陆军总司令部负责调度必要的装备和重型防御武器。[22]

接下来的段落，是希特勒为每个集团军群详细地分配任务，其中要求：

> 关于具体事项，我命令：
>
> 1. A集团军群……
>
> 2. 南方集团军群……
>
> 必须立即着手在该集团军群北翼组建一个强有力的装甲集团军，并不迟于4月中旬完成，以便能在泥泞时期结束后，俄国人发起进攻前，投入作战。这次进攻的目标是，从哈尔科夫向北进攻，通过与第二装甲集团军派出的一个进攻集群协同动作，歼灭第二集团军当面之敌。关于这次进攻详情和指挥结构、兵力展开方面的细节，另行具文补充。
>
> 3. 中央集团军群
>
> 首先，必须稳定第二集团军和第二装甲集团军之间的局势；然后，应按计划巩固各防御战线，并配备反坦克武器。这一点在基洛夫①附近、斯摩棱斯克以北和西北地区，以及大卢基尤为重要。然后，应当组建一个进攻集群，以便与南方集团军群的北翼联合发动进攻。[23]

这样，德国的中央集团军群和南方集团军群应在4月中旬以前，向库尔斯克突出部的两翼集结装甲兵力。一旦泥泞季节结束，就马上向突出部发动钳形进攻。为准备这次进攻，在遥远南方困守黑海沿岸桥头堡的A集团军群，奉命将几个师转隶曼施泰因的南方集团军群。

三月的同一天，希特勒开始策划一系列与“堡垒”行动并行或稍后实施的作战行动。他指示国防军统帅部（Oberkommando des Wehrmacht，缩写为OKW）作战部部长阿尔弗雷德·约德尔将军，派遣一个山地师到挪威，并增援正在那里组建的一个装甲师，以备德国不得不占领瑞典时使用。他还希望夺取列宁格勒，这既可以捞取名声，又有利于缩短德国在北方的战线。

3月底，希特勒认真考虑过在库尔斯克东南方向的一系列作战计划（“苍

---

① 译注：属卡卢加州。

鹰”和“黑豹”行动），旨在迫使苏联军队退出顿涅茨河周边的工业区（见地图3）。然而，希特勒不愿意让这些进攻战役影响作为重头戏的进攻库尔斯克，并最终把它们撤销。不过，这两个行动计划还可以发挥一定程度的欺骗作用。

4月15日，《第6号战役令》通知所有参战单位，应做好准备在接到通知的六天后实施“堡垒”行动，这个通知将会在4月28日之后的任何时间发布（命令的全文见附录E）。命令的部分内容如下：

我已决定，一俟气候情况允许，就实施本年度的第一次进攻，即“堡垒”行动。

这次进攻具有决定性意义。它必须迅速实施并彻底获得成功，并且必须为我们夺取春季和夏季的主动权。因此，我们必须以非凡的进取精神，周密细致地做好一切准备工作。在主要突击方向上，必须投入最精锐的兵团、最精良的武器、最杰出的指挥官和大量囤积的弹药。每位指挥官和士兵都必须充分认识到这场进攻的决定性意义。库尔斯克的胜利必将令举世瞩目。为此，我命令：

1. 这次进攻的目的是，从别尔哥罗德地区和奥廖尔以南，以数个突击集团军实施迅猛的向心突击，合围库尔斯克地区之敌，并通过向心突击将其歼灭……

2. 我们必须确保：

a. 尽可能达成突然性，尤其不能让敌人获悉进攻开始的时间。

b. 应在狭窄的正面上集中使用进攻兵力，以便形成各种进攻兵器（坦克、突击炮、火炮、火箭炮等）在局部的压倒性数量优势，确保实现两个进攻集团军的会师，并封闭合围圈。

c. 应从后方纵深前调兵力，在楔形攻击梯队后面跟进并掩护其侧翼，以便楔形攻击梯队可以全力向前推进。

d. 应迅速压缩合围圈，使敌人得不到喘息之机即被歼灭。

e. 应快速实施进攻，使敌人……没有从其他战线调来强大预备队的机会。

f. 应迅速建立新的防线，以便尽早腾出更多的兵力，特别是快速兵团。

3. 南方集团军群应大幅度集中兵力，从别尔哥罗德—托马罗夫卡一线发起进攻，突破普里列佩—奥博扬一线，并且在库尔斯克以东与中央集团军群的各

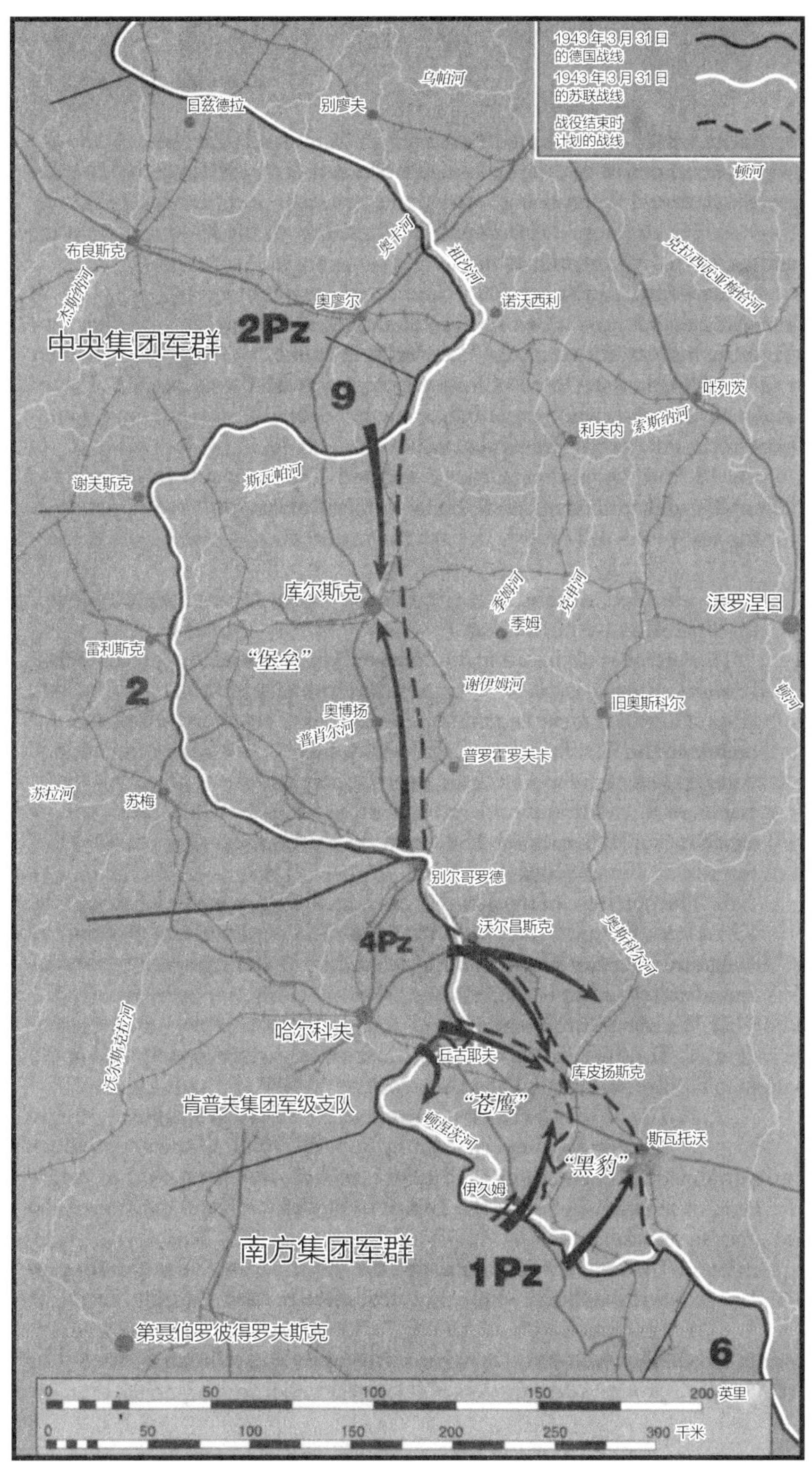

地图3 苍鹰、黑豹和堡垒的行动方案

进攻集团军建立联系。在不影响向普里列佩—奥博扬的主要突击方向集中兵力的前提下，必须尽快抵达涅热戈利—科罗恰地段—斯科罗德诺耶—季姆一线，从东面掩护这场进攻；同时应以部分兵力在进攻的西侧实施掩护，这部分兵力稍后将担负攻击并突入合围圈的任务。

4. 中央集团军群应从特罗斯纳—小阿尔汉格尔斯克以北一线发起集中攻击，将主力放在东翼，突破法捷日—韦列捷诺沃一线，并与南方集团军群的进攻集团军在库尔斯克附近及其以东地区建立联系……为了从东面掩护这场进攻，应尽快进抵季姆—希格雷以东—索斯纳地段一线，但不能因此影响将兵力集中于主要突击方向。应派遣次要兵力从西面［为这场进攻］①实施掩护……

5. 两个集团军群的兵力所做的准备工作，应尽一切可能采取伪装欺骗措施……最早的进攻日期为5月3日……

6. 为了欺骗敌人，南方集团军群的作战地区应继续为“黑豹”行动做准备。应以各种手段（引人注目地实施侦察、调动坦克、集结渡河器材、进行无线电联络、派遣特工人员、散布谣言、出动空军，等等）来强调这种准备活动，并尽可能长期进行。同时，上述欺骗措施也将促使顿涅茨河战线的防御力量有效加强……中央集团军群的作战地区不会采取这种规模的欺骗行动，但应通过一切手段干扰敌人对态势的判断……

日期：4月24日

（签字）阿道夫·希特勒、豪辛格中将[24]

同一份命令还指出，“堡垒”行动得手后，将实施“黑豹”行动。

因此，从一开始，“堡垒”行动就预定在雨季结束之后尽快发起。进攻发起得越早，苏联人能做的准备工作就越少，也会有更多的时间开展后续行动，比如“黑豹”行动和占领列宁格勒。

然而，中央集团军群的第九集团军和南方集团军群的第四装甲集团军，这

---

① 编者注：加方括号的地方为作者补充的内容。

两个预定实施“堡垒”行动的加强集团军意味着希特勒在东线的全部战略预备队，一旦进攻失败，他们便无可替代。即便是希特勒这样的赌徒，也要尽可能未雨绸缪才敢孤注一掷。4月30日，陆军总司令部因连降大雨而下令推迟“堡垒”行动，这只是几次延期当中的第一次。时光荏苒，转眼从5月到了6月，希特勒和他的指挥官们曾反复讨论“堡垒”行动，都未能达成一致意见。一次又一次，德国人已箭在弦上，最后又都戛然而止。

注释

1. O. F. 苏韦尼罗夫著《一场全军的悲剧》(*Vsearmeiskaia tragediia*)，刊登在《军事历史杂志》(*Voennoistoricheskii zhumal*)第3期(1989年3月刊)，第42页。另见《使馆武官评20世纪30年代红军大清洗的影响》，刊登在《苏联军事研究杂志》[①]第2年第3期(1989年9月刊)，第417—436页。

2. 戴维·M. 格兰茨著《苏联在和平与战争时期的动员，1924年—1962年：概述》，刊登在《苏联军事研究杂志》第5年第3期(1992年9月刊)，第345—352页。另见A. I. 叶夫谢耶夫著《伟大卫国战争第一阶段中战略预备队的机动》(*Manevr strategicheskimi rezervami v pervom periode Velikoi Otechestvennoi voiny*)，刊登在《军事历史杂志》第3期(1986年3月刊)，第11—13页；以及V. 戈卢博维奇著《战略预备队的组建》(*Sozdanie strategicheskikh reservov*)，刊登在《军事历史杂志》第4期(1977年4月刊)，第12—19页。完整的动员数字见戴维·M. 格兰茨著《泥足巨人：苏德战争前夕的苏联军队》(劳伦斯：堪萨斯大学出版社，1998年版)，该书从最新解密的苏联研究作品《苏军的作战编成：第一部(1941年6月—12月)》(*Boevoi sostav Sovetskoi armii, chast'1 (iun-dekabr 1941)*，莫斯科：伏罗希洛夫总参军事学院，1963年版)当中摘录了一些原保密信息。按照该书的说法，1941年6月22日至12月31日期间，红军共动员285个步兵师、12个改编的坦克师、88个骑兵师(多数是轻骑兵师)、174个步兵旅和93个坦克旅。为便于统计，将两个旅计为一个师。同一时期，红军共损失147个步兵师、40个坦克师、11个机械化师、10个骑兵师，以及21个步兵旅和坦克旅。

3. O. A. 洛西科编辑《伟大卫国战争时期苏联坦克兵的组建和战斗运用》(*Stroitel'stvo i boevoe primenenie Sovetskikh tankovykh voisk v gody Velikoi Otechestvennoi voiny*，莫斯科：军事出版局，1979年版)[②]。另见，Iu. P. 巴比奇和A. G. 巴耶尔合著《伟大卫国战争中苏联陆军武器和组织结构的发展》(*Razvitie Vooruzheniia i organizetsii sovetskikh sukhoputnykh voisk v gody Velikoi Otechestvennoi voiny*，莫斯科：学院出版社，1990年版)，第42—45页。红军的详细作战序列见《苏军的作战编成：第二部(1942年1月—12月)》(莫斯科：伏罗希洛夫总参军事学院，1963年版)。

4. 哈尔科夫战役失败的详情，见戴维·M. 格兰茨著《哈尔科夫1942：一场军事惨败的剖析》(纽约：萨耳珀冬出版社，1998年版)。

5. 见戴维·M. 格兰茨著《朱可夫元帅遭受的最大挫折：1942年11月—12月的"火星"行动》(劳伦斯：堪萨斯大学出版社，1999年版)。

6. 这段讨论是根据戴维·M. 格兰茨著《库尔斯克的前奏：苏联1943年2月—3月的战略性战役》，刊登在《斯拉夫军事研究杂志》第8年第1期(1995年3月刊)，第1—35页[③]。另见A. M. 华西列夫斯基著《毕生的事业》(莫斯科：进步出版社，1976年版)，第273—279页。

7. 这个冬季战局中各场战役的详情，见戴维·M. 格兰茨著《从顿河到第聂伯河：1942年12月至1943年8月的苏联进攻战役》(伦敦：弗兰克·卡斯出版社，1991年版)。

---

① 译注：该杂志为季刊，1988年创刊，1993年改名《斯拉夫军事研究杂志》。期号中前一位是创刊后第几年，后一位是当年第几期。

② 译注：中译本名为《苏军坦克兵作战经验》。

③ 译注：参考书目中，本文出处是1996年出版的一本书。

8. 埃里希·冯·曼施泰因著《失去的胜利》（芝加哥：亨利·莱格尼里出版社，1958年版），第436页。

9. 厄尔·F. 齐姆克著《从斯大林格勒到柏林：德国在东线的失败》（华盛顿特区：美国陆军军事历史主管办公室，1968年版），第120页。

10. 小沃尔特·S. 邓恩著《库尔斯克：希特勒的赌局，1943》（康涅狄格州韦斯特波特：普雷格出版社，1997年版），第38—47页。

11. 海因茨·古德里安著《闪击英雄》（华盛顿特区：泽尔格出版社，1979年版），第284—299页。

12. 严格地说，直到库尔斯克会战结束后的1943年10月，这几个武装党卫队师才改称装甲师。见布赖恩·佩雷特著《黑十字骑士：希特勒的装甲兵及其首长》（纽约：圣马丁出版社，1986年版），第159页、第242页；以及F. M. 冯·森格尔·埃特林①著《装甲掷弹兵：1930—1960年机械化步兵的历史和组织结构》（*Die Panzergrenadiere: Geschichte und Gestalte der mechanisierten Infanterie 1930–1960*，慕尼黑：J·F. 莱曼斯出版社，1961年版），第88—91页。

13. 蒂莫西·A. 雷著《坚守不退：第二次世界大战期间德国东线的防御原则：从战前到1943年3月》（堪萨斯州莱文沃思堡：作战研究所，1986年版），第113页。

14. 这场关于坦克设计的讨论根据以下资料：阿尔伯特·施佩尔原著，理查德·温斯顿和克拉拉·温斯顿英译《第三帝国内幕》（纽约：麦克米伦出版社，1970年版），第234页；佩雷特著《黑十字骑士》，第103—106页；古德里安著《闪击英雄》，第276—283页；邓恩著《库尔斯克：希特勒的赌局》，第88—94页；乔纳森·M. 豪斯著《等待“豹”式：库尔斯克1943》，收录在安德鲁·J. 巴切维奇和布莱恩·R. 沙利文合编《现代战争中的技术局限》（剑桥：剑桥大学出版社，即将出版）；理查德·L. 迪纳尔多著《德国装甲兵》（康涅狄格州韦斯特波特：格林伍德出版社，1997年版），第11—20页。另外，本书的两位作者还要感谢史蒂文·扎洛加在这些技术事务上的无私帮助。

15. 史蒂文·J. 扎洛加和詹姆斯·格朗塞合著《第二次世界大战中的苏联坦克和战斗车辆》（伦敦：武器与铠甲出版社，1984版），第156—166页。

16. 第505装甲营在德语中作Panzer Abteilung 505。本书下文所有德国部队的番号都按照美国标准军事术语转写，如该营名称作505th Panzer Detachment。托马斯·L. 詹茨②主编《德国装甲兵：德国坦克兵种组建和作战运用的完整指南，第二卷：1943—1945》（宾夕法尼亚州阿特格伦：希弗军事历史出版社，1996年版③），第78—82页当中提供的德国投入库尔斯克每支坦克部队的车辆数字略有不同。

17. 亚努斯·皮耶卡尔凯维茨原著，米凯拉·尼尔豪斯英译《“堡垒”行动：库尔斯克和奥廖尔：第二次世界大战中最大规模的坦克战》（加利福尼亚州诺瓦托：普雷西迪奥出版社，1987年版），第114页。

18. 托马斯·詹茨著《德国的“豹”式坦克：对作战优势的追求》（宾夕法尼亚州切斯特：希弗军事历史出版社，1995年版）。另见迪纳尔多著《德国装甲兵》，第17—18页；以及邓恩著《库尔斯克：希特勒的赌局》，第88页。

19. 佩雷特著《黑十字骑士》，第104—105页；古德里安著《闪击英雄》，第299页；迪纳尔多著《德国装甲兵》，第18页。

---

① 译注：原文此人名中W应为M，under应是und之误，Ferdinand Maria von Senger und Etterlin。

② 译注：原文此人名排版有误，J和L位置颠倒。

③ 译注：原文n.d.，即no date有误，该书1996年出版。

20. 这段关于德国战略的讨论，主要根据齐姆克著《从斯大林格勒到柏林》，第121—132页。

21. 皮耶卡尔凯维茨著《“堡垒”行动》，第32页；以及齐姆克著《从斯大林格勒到柏林》，第121页。

22. 见戈特哈德·海因里希和弗里德里克·威廉·豪克合著，约瑟夫·韦尔奇英译《堡垒：攻击俄国的库尔斯克突出部》（美国国家档案馆，手稿）中的第2号附件。

23. 同上。

24. 同上，第3号附件。档案编号是 OKH, GenStdH, Op.Abt(I), 15.4.43, Nr. 430246/ 43 g. Kdos/Chefs①，秘密，仅供军官阅读！

---

① 译注：读作：陆军总司令部/总参谋部/作战处（一组），1943年4月15日，1943年第430246号绝密文件。

第二章
1943 年的红军

斯大林、朱可夫和苏联军事战略

1943年3月16日，苏联元帅格奥尔基·K. 朱可夫在西北方面军司令部里接到斯大林打来的电话，当时他正在这里协调一场力求解除列宁格勒围困的重大战役。[1] 斯大林告诉自己的副最高统帅："你应该到哈尔科夫一带去。"顿涅茨盆地那边，冯·曼施泰因的精彩进攻即将达到高潮。不过，等他两天后匆匆赶到沃罗涅日方面军时，党卫队装甲军已经攻占哈尔科夫，他能做的只是调整当地守军的行动细节，帮助他们阻止德国人进一步北进。[2]

从表面上看，这不过是整场战争期间朱可夫多次应急任务中的一次。苏联有许多位这样的大本营代表，这些"救火队员"的任务就是临危受命，铁腕决策，力挽狂澜，而朱可夫则是其中名望最高、战绩最优秀的一位。无论面对斯大林还是自己的下属，朱可夫的风格都是坦言直陈，不留情面，并坚持继续作战，哪怕敌我双方均已精疲力竭。朱可夫深知，胜利往往属于投入最后一个营的那一方，不过贯彻这个经验需要惊人地冷酷无情。在斯大林看来，朱可夫的冷酷无情可以容忍，他的失误也常常可以忽略不计，尽管他指挥的战役伤亡很大，可他是一名公认的"斗士"。

朱可夫这一次又来到库尔斯克，回到去年冬天的"火星"进攻战役中他尝到最大败绩的大致区域①。斯大林从未对这场惨败提出过任何批评，不过这两人

① 译注：指战线中段。实际上库尔斯克突出部最北面的小阿尔汉格尔斯克距离勒热夫超过500千米。

都心知肚明，“火星”行动付出50万人伤亡的代价，也间接导致库尔斯克突出部的形成。尽管在“火星”行动中战败，朱可夫和斯大林还是时刻关注着德国的中央集团军群。只要这个集团军群仍然盘踞在俄罗斯欧洲部分的明斯克—斯摩棱斯克—莫斯科方向上，莫斯科就绝非高枕无忧，他们也无法把德国陆军彻底赶出自己的祖国。1941—1942年冬季的莫斯科反攻和翌年冬季的“火星”行动期间，朱可夫都未能全歼中央集团军群。他的这块心病将会一直保留到1944年夏季，中央集团军群全军覆没之后才能解除。可是在库尔斯克突出部，这种目光短浅的关注，却导致朱可夫和他的战友们把注意力集中在突出部的北线，或多或少地忽视了南方集团军群的威胁。

简单来讲，苏联人对德国“堡垒”行动的计划同样心知肚明，大本营的核心问题只是如何应对这场几乎势在必行的进攻行动。自从4月初德国开始制订这个计划以来，苏联的规划人员就一直在讨论自己未来的战略，至少在一开始没有达成统一的意见。斯大林和某些斗志比较旺盛的方面军司令员（如瓦图京）认为，应该在夏初抢在德国人行动起来之前，重新发动进攻并重拾1943年3月失去的进攻锐气。然而，朱可夫、华西列夫斯基和许多总参谋部的参谋人员汲取此前的战争经验，认为应该谨慎行事，并建议红军应该保持防御姿态，直到耗尽德国的进攻力量。他们认为，一旦德国的进攻停顿下来，苏联就可以发动自己的决定性战略进攻。[3]

1943年4月2日，总参谋长A. M. 华西列夫斯基向所有方面军和集团军的司令员发出一道训令，可以反映这场争论。一方面，训令要求各位司令员“利用春季泥泞季节组织建立更好的防御阵地，特别是防坦克地域，以巩固防御，在主要方向建立预备队，并加强军队的作战训练”；另一方面，训令又要求他们“将主要精力集中在如何组织和实施进攻战斗和战役的问题上，特别要解决各军兵种之间的协同问题。”[4]

第二天，华西列夫斯基下令要求各方面军司令部和各级情报机关加强情报搜集工作。他担心春季泥泞和大规模作战行动的中断已经“减少了军队情报部门收到的情报数量”，“掩盖了敌人的变更部署”。他补充说：“我要求你们现在对所有类型的侦察给予最密切的关注，必须展开捕俘行动，这样才能不间断地观察到敌军集团当中的所有变动，并且及时判明敌人集中兵力的方向，尤其是其坦克兵。”[5]

这道训令拉开一次关键性大规模情报搜集活动的序幕。这次活动一直持续到德国发动进攻的那一天，并全方位地动用了苏联的全部情报收集手段，无论国内还是国外，空中侦察还是地面侦察，还是中央游击运动司令部指挥的位于德国战线后方的庞大情报网络。所有情报收集工作的重点是及时查明德国军队在战术、战役和战略水平的集中，战役和战略预备队在集团军群之间的调动和从战略后方（德国本土、法国等地）的向前开进。不过，在关注德国可能在库尔斯克地区采取行动的同时，大本营也全面研究了德国人在整个苏德战场上的活动和意图，从而避免重蹈前两年的覆辙。在多次成为突然因素的受害者之后，1943 年的大本营强烈地认识到，自己能从突然因素中得到很多教诲。

不久之后，斯大林和华西列夫斯基按照惯例，向大本营主要成员征询他们对战略态势的估计。4 月 10 日，第一副总参谋长兼总参谋部作战局局长 A. I. 安东诺夫中将在他签发给各方面军司令员的训令中提道：“我要求你们在 1943 年 4 月 12 日前汇报对当面敌人及其可能作战方向的估计。”[6] 朱可夫已于 4 月 8 日提前做出回复，他预计德国人将首先进攻库尔斯克，然后试图合围突出部南线的苏联兵力，最终攻向莫斯科（全文见附录 F）。朱可夫建议谨慎行事，他的结论是：“我认为，我军在不久的将来抢先发动进攻并不明智。如果我们能用自己的防御耗尽敌人的力量，摧毁他们的坦克，再投入新锐预备队转入全面进攻，效果就会更好，我们也会彻底粉碎敌人的主要集团。”[7] 朱可夫着重指出，德国发动进攻的最重要迹象是其装甲兵的运动和集中。

4 月 10 日，负责防御突出部北线的中央方面军参谋长 M. S. 马利宁中将，呈报了他和方面军司令员 K. K. 罗科索夫斯基的战略评估。马利宁预测的事件顺序与朱可夫相同，并认为德国将在 5 月中旬发动进攻（见《附录 F 苏联的主要文献》）。马利宁估计，进攻将沿库尔斯克和沃罗涅日两个战役方向展开①，并补充说：“敌人在其他方向上发动进攻的可能性很小。”[8]他建议以西方面军、布良斯克方面军和中央方面军的兵力共同向奥廖尔发动进攻，从而暗示大本营可以

① 译注：本处原文为复数，是两个方向，而附录F使用的是单数：“库尔斯克—沃罗涅日战役方向。”

抢先攻击已经集中到奥廖尔突出部的德国军队。马利宁请求大本营无论如何都应组建强大的战略预备队，并配置在北面的叶列茨和南面的沃罗涅日之间。

4月12日，瓦图京和他的沃罗涅日方面军参谋部也呈报了他们的评估（全文见附录F）。瓦图京注意到德国装甲兵的集中，并预计德国将攻击库尔斯克突出部两翼，从奥廖尔和别尔哥罗德攻向库尔斯克。虽然他补充说，德国人下一步可能向东南方向进攻西南方面军的后方地区（这是对德国“黑豹”行动和“苍鹰”行动的判断），但是，他认为德国人向东北方直取莫斯科的可能性更大，同时会向南发起辅助性进攻。像罗科索夫斯基和马利宁一样，瓦图京也请求大本营组建强大的预备队，并将它们配置在整个受到威胁的战线后方。[9]

4月12日，朱可夫、华西列夫斯基和安东诺夫在莫斯科会晤，并同斯大林据理力争。这三位将领拿出瓦图京和罗科索夫斯基的意见，说服斯大林有必要在夏季战略进攻的初期设置一个防御阶段。时任总参谋部作战局第一副局长的S. M. 什捷缅科少将后来描述这次会议时，写道：“最终决定将我们的主力集中在库尔斯克地区，先在这里以一场防御战役消耗敌军，然后转入反攻并完全粉碎敌军。为防万一，大家一致认为有必要在整个战略战线上建立牢固的纵深防御，尤其要在库尔斯克地区建立强有力的防御。”[10]

因此，4月中旬以后，位于库尔斯克地区的红军指挥机关和军队，就开始根据大本营的指示抓紧防御准备，迎击将要到来的进攻。这些准备工作表明，苏联人是蓄意在发动全面战略反攻之前，先实施预有准备的防御。在这一阶段中，沃罗涅日方面军、中央方面军、西南方面军和布良斯克方面军显然是初期防御工作的重点。大本营在制订正式战役计划的同时，也特别注意展开战略预备队以防不测。朱可夫后来解释为什么会这样大范围地配置战略预备队，他说：

> 与此同时，我们也决定了最高统帅部预备队应当集中到哪些地域。一部分预备队应当在利夫内—旧奥斯科尔—科罗恰地域展开，以便敌人在库尔斯克突出部地域达成突破时，能在该处组织防御。其余预备队应当配置在布良斯克方面军右翼的后方，即卡卢加—图拉—叶夫列莫夫地域。近卫坦克第5集团军及最高统帅部预备队的其他一些兵团，则应当在沃罗涅日方面军和西南方面军接合部后方的利斯基地域做好战斗准备。[11]

总参谋部的什捷缅科也能证实斯大林的谨慎态度：

任何人都不会有丝毫怀疑，中央方面军和沃罗涅日方面军将会在防御行动中发挥主要作用。也不排除布良斯克方面军和西南方面军参加防御的可能。朱可夫和马利诺夫斯基坚信，西南方面军将会遭到攻击。因为这个方面军本身的预备队比较薄弱，所以他们坚持要将最高统帅部预备队当中的一个集团军，或者至少一个坦克军，配置在西南方面军与沃罗涅日方面军的接合部后面。[12]

随着初步规划工作的完成，大本营于1943年4月21日发布在夏季战局中执行本方战略的训令。发往罗科索夫斯基中央方面军的《1943年4月21日最高统帅部大本营训令》内容如下：

由于我军在1942/1943年冬季各次战役期间一直向前推进，一些方面军违反1942年10月15日最高统帅部大本营训令关于建立纵深25公里的前线接近地带①，禁止平民出入和居住的要求。所有方面军司令员应及时采取措施，根据方面军当前的局势变化，建立新的前线接近地带。

最高统帅部大本营命令：

1. 建立前线接近地带……并于今年5月10日以前，将当前战线后方25公里的地带内的所有平民疏散到该地带后方，包括小阿尔汉格尔斯克、波内里、科列涅沃、德米特里耶夫－利戈夫斯基和利戈夫[的全体居民]。

应沿以下一线建立中央方面军前线接近地带的后方分界线：格里亚兹诺耶、维亚佐瓦托耶、瓦西科沃、沃伊诺沃、托普基、赫梅列瓦亚、卢科韦茨、戈里亚伊诺沃、下斯莫罗德诺耶、戈里基、赫雷尼诺、米哈伊洛夫卡、克鲁佩茨、库兹涅佐夫卡、阿尔布佐沃②、舒斯托沃、舍列基诺、叶卡捷琳诺夫卡和波格列布基。以上各居民点均包含在前线接近地带之内。

---

① 译注：这个词的俄文原文是Прифронтовая Полоса。

② 译注：索引作“阿尔布佐夫卡”。

2. 立即着手在前线接近地带内逐次构筑两[至]三道防线，前线接近地带内所有居民点均应纳入防御配系。

前线接近地带内所有已经彻底疏散平民的城镇和大型居民点，不论其距离前线远近，均应构筑防御……

3. 立即报告本训令的执行情况。

（签字）斯大林 A. 华西列夫斯基[13]

所有相关方面军都接到了类似内容的命令。

为巩固前沿防御，也为在从暂时性的防御转入决定性的战略进攻时提供必要兵力，斯大林命令组建和展开强大的战略预备队。这支预备队的核心就是I. S. 科涅夫上将指挥的新组建的草原军区，在即将到来的战役中，将作为草原方面军展开并参加作战。[14]

1943年4月23日，最高统帅部指示科涅夫：

1. 草原军区的军队在组建期间，除了完成战斗训练任务以外，还应接受如下任务：

a. 在本军区的军队准备就绪之前敌人转入进攻的情况下，注意可靠掩护下列方向：

利夫内—叶列茨—拉年堡方向、希格雷—卡斯托尔诺耶—沃罗涅日方向、瓦卢伊基—阿列克谢耶夫卡—利斯基方向、罗韦尼基—罗索什—巴甫洛夫斯克方向、旧别利斯克—坎捷米罗夫卡—博古恰尔—切尔特科沃地域—米列罗沃方向。

军区司令员应根据兵力的实际分布，组织相关兵团和部队的指挥员及其参谋人员，对这些方向和可能展开的地区进行详细勘察。

b. 应着手准备、勘察并完善从沃耶伊科沃经列别姜、扎顿斯克、沃罗涅日、利斯基和巴甫洛夫斯克到博古恰尔的顿河左岸防线。该防线必须在1943年6月15日以前就绪。

c. 侦察从叶列菲莫夫……至北顿涅茨河沿线的防线，查明沿线防御设施的状况……并且选择适当的阵地……

2. 军队、指挥机关和指挥员应主要准备实施进攻性的战斗和战役，准备突破敌防御地幅，遂行我军强有力的反突击，迅速巩固夺取的阵地，击退敌人的反突击，抗击敌人坦克和航空兵的大规模突击，以及进行夜间战斗。[15]

这项训令要求草原军区（方面军）所属各集团军，能够在北起奥廖尔南到伏罗希洛夫格勒的宽大正面上抗击德国的进攻行动。这样一来，科涅夫的军队掩护着德国可能发动进攻的所有方向，并能够针对德国的全部三个战役计划（“堡垒”“苍鹰”和“黑豹”）进行还击，这并非巧合。

随着各方面军司令员在5月贯彻落实大本营训令，苏联人更加紧锣密鼓地制定出更多计划。司令员们不仅要巩固自己的防御，还要考虑后来的进攻行动。在高级指挥员的紧张督促下，各级指挥员和参谋人员有条不紊地解决了关于战略层面阵地防御的诸多问题，与此同时，预备队和快速兵种的指挥员还研究了如何在必要时实施运动防御。全体指挥员、参谋人员和普通战士或多或少会有些心神不宁，因为他们都意识到一个可怕的事实，那就是红军此前从未能将德国的坚决进攻阻挡在战略纵深之外。而在库尔斯克，这将是斯大林赋予他们的前所未有的任务。

鉴于苏联人的大量准备工作，德国的“堡垒”行动计划几乎从一开始就毫无机会实现战略突然性。德国指挥官的最大希望是趁苏联人尚未从冬季结束时的失败中恢复过来，先打他们个措手不及。然而，尽管已经丧失了突然性，可是很少有德国的指挥官或士兵会怀疑自己有能力赢得战术胜利和战役胜利。德国人只是怀疑国防军能否在战略纵深内一直保持胜利，并且担心一旦不能保持这个胜利，会产生什么样的后果。莫斯科和斯大林格勒两场失败的幽灵阴魂不散，进一步助长了这种怀疑。

苏联的军队结构

准备参加库尔斯克会战的德国指挥官们认为，自己的对手是一些顽强而笨拙的斗士，在整合现代战争所需的许多要素时总是遇到困难。然而，1943年的红军却在一如既往地继续完善自己的军队结构和作战方式。冬季战局结束后刚刚几个星期，专职的参谋人员就汇总完成了总结报告，从过去的错误中吸取教训，并分发到全军上下。虽然红军指挥员，即便像朱可夫这样经验丰富的指挥员，直到战争结束前还会继续犯错误，但是他们的平均表现却在不断进步。

德国人将会在库尔斯克遇到几个意外。第一个也是最重要的意外，是苏联机械化兵种的不断发展。斯大林格勒会战和冬季战局业已证明坦克军和机械化军的结构合理有效，而V. M. 巴达诺夫和M. M. 波波夫指挥若干个这样的军实施纵深突袭，证明有必要进一步组建有能力独立遂行机械化战役的更大编制。[16]

虽然有几个编成各不相同的"坦克集团军"曾经出现在1942年战局当中，但它们只是将装甲兵、骑兵和步兵临时混编在一起。1943年1月28日，作为苏联最高国防机构的国防委员会（Gosudarstvennyi Komitet Oborony，缩写为GKO）迈出合理的新一步①。第2791号决议要求组建单一编成的坦克集团军，所有组成部分都应当具有相同的机动能力。[17] 理论上，每个坦克集团军下辖两个坦克军、一个机械化军和各类保障部队，共有约4.8万人、450—560辆坦克。虽然新组建的五个（后来是六个）坦克集团军的实际编成差别很大，但是上述原则仍然发挥着决定性的作用。这是自战争爆发以来，德国的对手第一次打造出能够独立遂行纵深战役的大型装甲坦克和机械化兵军团。苏联坦克集团军的规模和战斗力基本相当于德国在闪击战中一马当先的装甲军。在战争剩余的时间里，苏联坦克集团军的重要性日益提高，直到最后，他们的行动成败足以决定整个战局的成败。

苏联装甲坦克和机械化兵的基本组成部分，是34个坦克军和13个机械化军。其中有些军编入新组建的坦克集团军，另一些则向野战集团军提供快速的装甲支援。两种军的编成在1943年夏仍在继续完善。坦克军下辖三个坦克旅和一个摩托化步兵旅，以及不断充实的专业兵和保障部门的部队和分队。由于下辖坦克旅的实际兵力不同（一般每旅有53辆或65辆坦克，编为两到三个坦克营），坦克军的坦克数量从168辆到204辆不等，有时候还有不同数量的自行火炮。机械化军有三种编制，根据坦克实际编组方式的不同，拥有的坦克数量在204—224辆之间。机械化军的坦克一般编为一到两个坦克旅，或三个坦克团。

① 译注：实际上国防委员会是1941年6月30日至1945年9月4日间苏联特设的国家最高领导机关。

这些精密复杂的机械化部队需要精明干练的机械化指挥员，而截至1943年，红军已经培养出大批属于自己的坦克兵首长。想要在战斗中指挥坦克部队，就要具备主动精神，敢于在不请示上级的情况下当机立断。尽管这样的特点完全不同于德国人和西方人眼中红军战士传统的刻板形象，可是实际上，斯大林确实发现并培养出相当一批具备这种主动精神的指挥员。1943年2月，以42岁的年龄指挥新组建的近卫坦克第5集团军的帕维尔·阿列克谢耶维奇·罗特米斯特罗夫，就是他们当中的代表人物之一。罗特米斯特罗夫身材不高，戴着眼镜，留着一撮小胡子，看上去像是一位大学教授，而他也确实曾在伏龙芝军事学院执教过，还撰写过一些关于坦克战的文章。罗特米斯特罗夫参加过国内战争、苏芬战争和苏日边境冲突。1940年到1943年期间，他先后担任坦克营营长、坦克旅旅长和坦克军军长，并指挥过由三个坦克军组成的暂编集群①。罗特米斯特罗夫曾多次受到斯大林的召见，并向他直言不讳地讲述德国装甲兵在组织结构方面的优点和苏联坦克兵原来的缺点。罗特米斯特罗夫指挥作战时善于欺敌、奇袭，尽可能采用非常规战术。库尔斯克会战进行到最高潮时，罗特米斯特罗夫将会临危受命并竭尽所能。[18]

1943年，红军的变化远不限于精锐的坦克兵这一个兵种。德国进攻时将承担大部分阻击任务的苏联普通步兵兵团，这时也正在转型。1941年的危机期间，由于专用武器和称职的参谋人员数量不足，面对当时的严峻形势，大本营只能大幅简化军队的结构。步兵师的编制从14843人缩减到不足11000人，只剩下最基本的九个步兵营和能提供最低限度野战炮火支援的24门火炮。步兵师编制中的轮式车辆也减少了64%。反坦克歼击炮兵、高射炮兵、坦克兵、工程兵和大多数野战炮兵的部队都交给集团军集中指挥，一个集团军往往由四到五个步兵师组成，外加一些专业兵和保障部门的团和旅。而步兵军这种大多数西方国家陆军用三到四个步兵师编组的高级战术兵团，已成为苏联人负担不起的

① 译注：此处有误。1931年，他毕业于伏龙芝军事学院，之后在师和集团军司令部工作，当过步兵团长，没有参加苏日冲突。1938年1月起，在以约·维·斯大林的名字命名的工农红军机械化和摩托化学院担任战术教研室教员。1939—1940年苏芬战争期间任坦克营长和坦克第35旅参谋长。1940年12月起任坦克第5师副师长。1941年5月任机械化军参谋长。战后曾在伏罗希洛夫高等军事学院和装甲兵坦克学院工作。1942年3月前红军没有坦克军编制。另外，伏龙芝军事学院和伏罗希洛夫总参军事学院系出同源，但不可混为一谈。

奢侈品，几乎全部撤销。[19]

到了1942—1943年，红军终于获得足够的武器装备和合格的指挥人员，可以打造更加精巧细致的作战组织结构。在一些野战集团军当中，军作为师与集团军之间的一级指挥机关又重新出现。[20] 各级指挥机关能够动用的火炮、反坦克炮、迫击炮、工程兵和用于支援步兵的坦克都越来越多。红军一直匮乏的通信设备也愈发地充足而可靠，至少在集团军和方面军级别是这样。

举例来说，曾经在1942年12月挫败曼施泰因解救斯大林格勒企图的近卫第2集团军，就是苏联的军队结构中首批下辖几个军的集团军之一。这种享有优先权的集团军一般下辖三个军，每个军下辖三个师，外加支援步兵的坦克、炮兵、反坦克炮和工程兵分别组成的几个旅。少数得到特别加强的诸兵种合成集团军甚至还编有一个独立坦克军或机械化军，用以实施局部反击或浅近纵深进攻。不过，许多次要地段的诸兵种合成集团军基本上得不到这些资源，因为加强力量总是会给予有优先权的军团。

1943年春季和初夏，红军同样组建了第一批高射炮兵师、反坦克歼击炮兵旅、突破炮兵师和突破炮兵军。在战争剩下的时间里，这些编有若干炮兵团和炮兵旅，拥有数百门火炮的兵团，经常配属给在战局中担负主攻或重点防御任务的集团军和方面军。唯有如此无情地划分优先等级，才有可能编织出能吞噬德国军队和飞机的强大火网。

红军的装甲车辆、卡车与反坦克武器

与德国相比，苏联装甲车辆设计和生产的发展道路截然不同。[21] 战争爆发时，红军的T-34中型坦克和KV-1重型坦克，对德国当时的坦克具有明显优势。苏联军事工业1942—1943年的方针是以牺牲坦克的现代化改进为代价，最大程度地增加坦克产量。T-34和KV-1的一切技术改进，只要与提高产量无关，就要尽可能减少，苏联坦克设计也停滞不前。得益于这项极为成功的工业管理措施，尽管在1942年的战斗中损失大量坦克，苏联的坦克保有量还是从1942年1月的7700辆增至1943年年初的20600辆。相比之下，德国坦克保有量的同期增长速度要缓慢得多，仅仅从1942年1月的4896辆增加到1943年1月的5648辆。于是在库尔斯克会战期间，苏联坦克兵对德国装甲兵具有明显数量优势。不过，比起德国的新式坦克，红军的坦克正处于整场战争中性能劣势最大的时候。

从技术角度看，1943年夏季的苏联坦克与1942年夏季没有很大区别。随着苏联坦克工厂生产的T–34越来越多，这种坦克已成为红军坦克军和机械化军的中坚力量。不过，这种坦克依旧和1942年一样，装备着76毫米火炮，装甲防护水平也完全相同。KV–1重型坦克在1942年的表现令人失望，它的火力同T–34相比没有优势，装甲也不再像1941年那样令德国的反坦克武器无可奈何。重量带来的防护优势不再，反而带来机动性问题，加上各种琐碎技术问题（特别是糟糕的变速箱）的困扰，不但导致KV–1的装甲厚度在1942年实际上有所削减，而且从1942年秋季起，KV–1不再编入坦克军，改为以每团21辆坦克编成支援步兵的独立坦克团。[22] 车里雅宾斯克的部分重型坦克生产线转产T–34，甚至还考虑过彻底停产重型坦克，全力生产T–34。

1942—1943年，红军的一项主要尝试是重新组合自己的坦克设计，结果却难以为继。1942年6月，红军开始着手设计一种新式的“通用坦克”，企图将KV–1的厚实装甲与T–34的优越机动性结合起来，主炮则不变。这种通用坦克将会同时取代T–34和KV–1。由于德国人从1942年5月开始换装长身管75毫米炮，他们制式的四号坦克首次可以在正常交战距离上击毁T–34，因此有必要加厚T–34的装甲。有两种设计参加竞争，一种是加厚装甲的改进型T–34，称为T–43；另一种是减少重量的KV，称为KV–13。不过，虽然设计标准化单一型号的理念是正确的，但只关注装甲防护却是个错误。

如果不是德国优秀的新式坦克抢先出场，某个型号的通用坦克或许在1943年夏季就已经投产。从1943年1月开始，少量“虎Ⅰ”式坦克开始出现在列宁格勒前线，其中一辆很快被苏联人缴获并进行测试。显然，“虎”式的强大火力与厚实装甲彻底动摇了通用坦克的设计，于是这种设计被毫不客气地放弃。对于苏联坦克工业来讲，这个决心下得太晚，已经来不及开发一种火力更强的中型坦克来正面抗衡“虎”式。正如本书第一章所述，苏联在KV–1的底盘上安装152毫米加农榴弹炮，赶制出少量SU–152反坦克歼击车。“通用坦克”没有在火力方面提出更高的要求，意味着红军并未预料到德国人会转向整车更重、武器更好的坦克，也没有准备足以对付它的新型坦克炮。库尔斯克会战结束后，苏联迅速调整设计方针，到1944年3月开始为红军配备升级新型85毫米主炮的T-34/85中型坦克和装备122毫米火炮的IS-2M重型坦克①。

轻型坦克方面，除现有的T-60之外，红军1943年还新列装了性能略有提升的T-70轻型坦克。这两种轻型坦克本来应该停产，可是负责生产它们的汽车厂却没有转产T-34所需的重型机械。直到1943年春季，这两种轻型坦克才逐渐停产。红军对轻型侦察坦克的需求可以通过《租借法案》提供的轻型坦克来满足，例如英国和加拿大生产的"瓦伦丁"轻型坦克，同时，T-70坦克的底盘更适用于新型突击炮SU-76M②。SU-76M将T-70的车体和常见的ZIS-3型76.2毫米师属加农炮结合在一起，可以为步兵提供直接的火力支援，很像德国的三号突击炮，这种自行火炮也将成为第二次世界大战期间产量仅次于T-34坦克的苏联装甲车辆。库尔斯克会战是SU-76M首次大规模投入使用。[23]

英国、加拿大和美国按照《租借法案》交付的坦克，相当于苏联战时坦克总产量的16%。红军对盟军坦克的总体评价不高，认为它们远逊于T-34。美国M3"李"中型坦克尤其受到嘲笑，人们讽刺它是"七兄弟之墓"。1943年在突尼斯仍然使用这种古董坦克的美军和英军也持有同样的观点。不过，英制和美制轻型坦克却丝毫不逊于苏制的T-60和T-70。根据德国情报机关的说法，1943年苏联有20%的坦克旅混编着苏制和"租借"坦克，另有15%的旅全部装备着"租借"坦克。[24]

尽管"租借"坦克并未在库尔斯克的战斗中起到决定性作用，但《租借法案》提供的卡车和吉普车却做出了重大贡献。截至1943年6月，苏联仅从美国手中就接收了17000多辆吉普车和90000余辆卡车。因为苏联的汽车工业已转产轻型装甲车辆，苏联的战时汽车产量不足，所以这些车辆的交付特别重要。另外，美制卡车的性能远远优于苏联当时的卡车，后者大多只是20世纪30年代中期美国商用卡车的授权生产版本。美制卡车和吉普车运送着苏联的军人、火炮、弹药和补给，成为苏联后勤的中坚力量。如果没有这支运输力量，红军

---

① 译注：T-34/85首次参战应该是1944年3—4月的普罗斯库罗夫—切尔诺维策进攻战役，装备85毫米炮的KV-85产量只有130辆。装备85毫米炮的IS-1产量只有107辆，后有102辆升级122毫米炮。IS-2首次参战是在1944年4月。新型重型坦克不再以伏罗希洛夫元帅的名字命名，而是以最高统帅的姓名命名。

② 译注：相比SU-76，SU-76M的最大变化是采用了敞开式战斗室。

就没有能力持续发动进攻，战斗几天就会因缺乏补给而停下来。在库尔斯克这样的消耗战中，后勤保障是制胜的关键。所以时至今日，参加过伟大卫国战争的老兵们仍然对“斯图贝克”和“威利斯”耳熟能详就不足为奇，它们几乎已经成为“卡车”和“吉普车”的代名词。

1943年红军反坦克武器的性能参差不齐，整体上落后于德国国防军。到1943年夏季，红军终于开始接收性能优异的ZIS-2型57毫米牵引式反坦克炮，出于某些政治因素的干扰，这一进程从1941年拖延至今。这种反坦克炮对付德国当时制式的四号坦克绰绰有余，却无法与德国的新型“豹”式或“虎”式坦克正面抗衡①。由于57毫米炮未能及时服役，红军仍然要依靠大量战前设计的M1932型45毫米反坦克炮，到1943年，这种火炮已经难以击穿任何德国中型坦克的正面。1943年，苏联开始着手对它进行现代化改进，研制出M1943型45毫米反坦克炮，这种炮对抗较轻的德国装甲车辆时有一定效果。

苏联将反坦克炮编入反坦克歼击炮兵的营、团和旅，依次配属于师、军、集团军和方面军。反坦克歼击炮兵团拥有24门各种口径的反坦克炮，而反坦克歼击炮兵旅有72门。[25] 一般来说，集团军属反坦克歼击炮兵团用于加强第一梯队的步兵师或军，旅则加强给集团军。

红军最大的缺陷是缺少步兵用反坦克武器。到1943年，主要参战国的陆军都已装备轻型反坦克火箭筒或②榴弹发射器，它们的成型装药战斗部能够击穿当时所有坦克的装甲。其中包括德国的“铁拳”和“坦克杀手”、英国的PIAT和美国的“巴祖卡”。苏联20世纪30年代曾经在这一领域成为先驱者，可是主要设计人员却在1937年后死于非命。于是，红军步兵只能装备极为陈旧的PTRD式14.5毫米反坦克枪。这种反坦克枪编组为营，归方面军直属。战斗期间，方面军会将这些营配属给集团军，用于加强防御第一梯队中的步兵师。尽管这种反坦克枪仍然可以在极近距离上击穿德国旧式坦克薄弱的侧装甲，但没有现代化的轻型反坦克武器使苏联步兵在面对德国坦克冲击时特别脆弱。从1943年起，

---

① 译注：实际上该炮威力与85毫米炮类似，使用被帽穿甲弹可以在1000米击穿“虎”式坦克正面装甲。1941年并未大量投产，主要原因是造价高昂。

② 译注：原文此处似缺“or”，因为PIAT和铁拳都不是火箭推进。

德国人在他们的坦克上安装装甲裙板，极大降低了反坦克枪的效果，于是苏联步兵面对坦克时不得不采取近乎自杀性的战术，比如使用临时制作的炸药包。

红色空军①

1943年的红军空军，就像它的兄弟军种陆军一样，自1942年以来已经取得了长足进步。[26] 伊柳申的伊尔-2斯图莫维克（俄语 Shturmovik，即强击机）是一种卓有成效的强击机，以坚固耐用和装甲防护而闻名于世。它的生产数量超过第二次世界大战中其他任何一种作战飞机。到战争后期，随着苏联飞行员技术和战术的进步，这种飞机将成为德国国防军的克星。

装备和训练方面的技术劣势，使得红军空军在战争的头两年遭到德国空军的沉重打击。到1943年，红军空军终于得到能与德国空军制式型号相匹敌的歼击机。拉沃契金的新式拉-5FN及时赶在1943年夏季库尔斯克会战之前列装，它的速度不亚于甚至可以超过德国的FW-190A-4和Bf-109G-4。[27] 雅科夫列夫的歼击机也推出一些改善质量的新型号，如雅克-9。总体上看，苏联歼击机的低空性能更出色，德国战斗机的高空性能更优越，火力也往往更猛烈。具有讽刺意味的是，苏联一些顶尖王牌驾驶的是P-39“空中眼镜蛇”这样的“租借”飞机，大多数国家的空军都会认为它已经过时。

像在地面一样，红军在空中享有明显的数量优势。到1943年，德国空军的力量已经捉襟见肘，德国的战斗机和高射炮主力集中在德国本土，抵御盟军对帝国的战略轰炸。从1943年3月开始，德国战斗机在西线的损失数量一直高于东线，甚至在库尔斯克会战最激烈的时候也是如此。[28] 德国空军留在东线的少量飞机缺乏燃料，还要不断为战场上的德国陆军提供近距离空中支援。德国空军指挥官手中的唯一优势是“弗蕾娅”战术雷达系统，可以发现24公里范围内的来袭飞机。这个距离刚刚够己方飞机升空拦截。[29] 简而言之，德国空军已无法再确保东线的制空权，苏联飞行员经常能够取得显著战果，不过必须要付出高昂的人员和装备代价。

---

① 译注：作者用的“红翼”出自美国家喻户晓的国家冰球联盟NHL的红翼队，考虑到我国读者并不熟悉，因此没有直译。

谋士与斗士

与希特勒不同，斯大林避免召开大型会议。另外，苏联人热衷于保密，这通常意味着他们为未来制定的计划起初只会有少数高级指挥员知晓。不过现在，制定计划时需要比过去更广泛地征求意见。斯大林能够撤换乃至恐吓他的将领，他也确实这么做过，而他那些担任各级军事委员会委员的亲信，诸如L. Z. 梅赫利斯之流，仍然会时不时地搞一些见不得人的勾当，尽管他们的权力要比战争前两年小得多。[30] 斯大林的独断专行促成了1941—1942年的军事灾难。到了1943年，危机已经过去，最后胜利虽然遥远，但已十拿九稳。斯大林清楚自己可以信任哪些将领，他的地位也足够稳固，使他可以坦然承认自己作为战略决策者和红军总司令的局限。因此，他会征求并常常听从大本营成员和关键军方下属的建议，特别是那些经过战争考验的人，他们当中有些人能力很强。

斯大林的核心团队当中，最重要的人物有意志坚定的朱可夫，镇静理性的华西列夫斯基，以及仅次于他们的策划者与参谋人员——总参谋部作战局局长A. I. 安东诺夫中将。朱可夫、华西列夫斯基和其他大本营代表前往前线时，安东诺夫经常留在莫斯科代理总参谋长一职。

时年47岁的苏联元帅格奥尔基·康斯坦丁诺维奇·朱可夫，是苏联副最高统帅、第一副国防人民委员和大本营首席代表，他是斯大林身边经受过战火考验而崛起的无数将星中最璀璨的一颗。[31] 朱可夫是国内战争中出色的资深骑兵军官，1939年哈拉哈河对日冲突的英雄，1940年基辅特别军区的司令员。战争爆发时，朱可夫担任红军总参谋长。在1941年夏秋季的残酷战斗中，他策划了苏联军队在斯摩棱斯克发起的一系列猛烈而徒劳的反攻，促使德国统帅部决定暂停向莫斯科推进，转而围歼在基辅地区顽强抵抗的苏联军队。朱可夫曾就应不应该坚守基辅与斯大林当面争论。他放弃基辅的建议被驳回，他本人也被下放到列宁格勒。在10月的灾难性日子里，德国人重新向莫斯科推进时，斯大林将朱可夫召回莫斯科挽救危局。接下来陆续指挥预备队方面军和西方面军期间，朱可夫在危局中力挽狂澜，为在俄罗斯首都城下挡住德国人做出突出贡献①。

① 译注：朱可夫离任总参谋长职务后，8—9月历任预备队方面军司令员，9月任列宁格勒方面军司令员，10月任预备队方面军与西方面军合并以后的西方面军司令员。

在斯大林的紧密配合下，朱可夫组织和实施1941年12月的莫斯科反攻，并于1942年1月将其扩大为一场旨在歼灭德国中央集团军群的总攻，但未能成功。从此，中央集团军群便成为朱可夫的眼中钉，他一直想着将它彻底摧毁。1942年春季和夏季，朱可夫极力主张西方向才是未来作战行动的关键所在。他的观点于1942年5月被驳回，斯大林批准在俄罗斯南部发动灾难性的哈尔科夫交战，后来，德国的几个集团军长驱直入俄罗斯南部腹地时，朱可夫仍然留在北方指挥作战。

就在南方的战事如火如荼之际，朱可夫于当年7月和8月先后在布良斯克和勒热夫附近发起几场进攻，并一直请求大本营批准发起一场大规模进攻，将德国中央集团军群赶出莫斯科的远接近地。1942年10月，大本营终于满足了朱可夫的期望，批准在勒热夫和斯大林格勒同时发起旨在粉碎德国军队的"火星"和"天王星"行动，一举扭转苏德战场的战局。朱可夫负责监督前者，华西列夫斯基负责后者。

朱可夫是一位精力充沛，意志坚定，常常粗暴无情的指挥员，他的作战风格是坚韧不拔。他的意志力，常常还伴随有对伤亡的无视，推动着苏联军队经受住战争初期的严峻考验，并最终走向胜利。像美国的格兰特将军一样，他了解现代战争的可怕本质，并能接受它的破坏力。他要求自己的命令得到不折不扣的执行，且有识人之能，也会袒护得力的部下，为此多次当面顶撞斯大林，令后者怒不可遏。朱可夫指挥战役时缺乏技巧，红军在他手中更像是大棒而非轻剑。他的这种性格特别符合苏德战场的特点，而斯大林也非常了解这一点。也正因为如此，他才能容忍朱可夫的偶然战败。

红军总参谋长是时年48岁的亚历山大·米哈依洛维奇·华西列夫斯基上将，他堪称是红军最出色的高级参谋人员。[32] 华西列夫斯基出身于步兵，不能享受斯大林那个骑兵派系①成员的特殊待遇，他完全凭借自己的能力崭露头角，并且作为提前毕业的总参军事学院1937届毕业生，直接进入总参谋部工作。[33] 战争爆发几个月前，华西列夫斯基在制定国防计划和动员计划的过程中起到关

① 译注：指国内战争中的骑兵第1集团军。

键作用，时任总参谋长的B. M. 沙波什尼科夫因此对他青眼有加，并且公开把他当成自己的继任者。凭借自己的出众才华，华西列夫斯基只用短短四年就从上校晋升为上将。

1941年8月，华西列夫斯基担任副总参谋长兼总参谋部作战局局长，而此前他刚刚在6月晋升少将。1942年6月，他接替沙波什尼科夫担任总参谋长，10月份又成为同朱可夫一样的副国防人民委员。华西列夫斯基在当年秋末迎来自己的最光辉时刻，他作为计划的首席设计者和协调实施过程的大本营代表，在"天王星"和"小土星"两场战役中打得位于俄罗斯南部的德国国防军闻风丧胆。经过1943年2月至3月顿巴斯和哈尔科夫周围的战略挫折磨砺之后，到库尔斯克会战前夕，华西列夫斯基已经从这些挫折中吸取教训，准备把它们用在即将到来的会战当中。这一次，他将作为大本营代表协调沃罗涅日方面军和草原方面军的行动。

性格平和、思维敏捷的华西列夫斯基，能够同强势、生硬甚至有些冷酷无情的朱可夫形成互补。整场战争期间，他们两人珠联璧合，成为大本营最可靠的难题解决专家、代表和司令员的组合。朱可夫对德国中央集团军群的念念不忘让他成为一名"北方派"，而华西列夫斯基的战略眼光却能纵览全局。因为在战争的这个时期，华西列夫斯基的地位还明显逊于朱可夫，所以他的意见虽有影响力，但不像后来那么举足轻重。简而言之，华西列夫斯基需要接受斯大林和朱可夫的观点，但常常会试图纠正他们的过火行为。

与朱可夫和华西列夫斯基不同，时年46岁的阿列克谢·因诺肯季耶维奇·安东诺夫上将，未来红军总参谋部的领军人物，在战争爆发时并不引人注目。[34] 作为参加过第一次世界大战和国内战争的老兵，安东诺夫一直默默无闻，直到20世纪30年代初几次到伏龙芝军事学院学习后才崭露头角。他在学院期间的表现，为自己赢得"一位优秀的作战参谋人员"的评价。1935年的基辅军区大演习期间，时任哈尔科夫军区作战处处长的安东诺夫表现出色，赢得国防人民委员K. E. 伏罗希洛夫的褒奖，并且被安排去总参军事学院学习，1937年，他与华西列夫斯基同届毕业。安东诺夫毕业后先是担任莫斯科军区参谋长，在斯大林最钟爱的元帅S. M. 布琼尼手下工作，不久就被调到伏龙芝军事学院去替换那些离职的教员。

像华西列夫斯基一样，安东诺夫也在1940年6月晋升少将，1941年1月指挥干部大调动时，他成为基辅特别军区副参谋长，并在这个岗位上迎来战争的开始。此后，他作为南方面军参谋长，经历1941年和1942年5月哈尔科夫交战等几次惨败而继续留任。1942年12月，华西列夫斯基注意到高加索会战期间安东诺夫的优秀表现，把他调到总参谋部担任作战局局长。他在这里的杰出工作将为自己赢得不朽的声望，并获得所有认识他的人和同事们的广泛赞誉。

策划库尔斯克会战时，就是这三位有才干的人建言献策，阻止斯大林按照直觉草率行事。尽管斯大林在这个过程中有时还会动摇，并建议先发制人，但最后还是采纳他们的合理意见。不过，在接受库尔斯克会战的第一阶段应该实施防御的同时，斯大林和他的三位将军一致认为，无论单纯就库尔斯克会战而言，还是从夏季战局整体上看，本质上都是进攻。他们一致认为，即便首先用防御来消耗德国的进攻力量，也应该尽快夺取战略主动权。正如库尔斯克突出部的存在和德国人不顾一切地想要重夺进攻主动权的心态，决定着“堡垒”行动中的德国战略，大本营雄心勃勃的战略意图也催生出苏联的一系列进攻计划。

和德国统帅部一样，苏联人的注意力不可避免地被战线在库尔斯克附近的弯曲形状吸引了过去。大本营刻意将自己最有经验、最可靠的顶级指挥员派到这些关键地带。在库尔斯克以北，奥廖尔附近的德国突出部是苏联进攻行动的一个天然目标。适时向奥廖尔进攻，可以打乱中央集团军群从这里向库尔斯克的进攻，因此V. D. 索科洛夫斯基上将的西方面军和M. M. 波波夫上将的布良斯克方面军，将和防御库尔斯克突出部本身的军队一样发挥重要作用。

时年45岁的瓦西里·丹尼洛维奇·索科洛夫斯基，与军旅生涯跨越两次世界大战和冷战的朱可夫私交甚密。[35] 作为一名国内战争的老兵，索科洛夫斯基于1921年毕业于工农红军军事学院。和平建设时期，他曾在中亚参加过围剿巴斯马奇[①]匪帮的战斗，并先后在多个步兵师、某步兵军、伏尔加河沿岸军区、乌拉尔军区和莫斯科军区担任关键的参谋与指挥职务。1941年2月，朱可夫任命他为自己的副总参谋长。1941年战争爆发后，索科洛夫斯基在西方面军和西方

① 译注：也译作巴斯马赤。

向总指挥部任朱可夫的参谋长①，并在莫斯科会战期间再次出任他的参谋长。

1943年2月，索科洛夫斯基接过科涅夫的西方面军司令员职务，而后者于1943年6月前去指挥草原军区。索科洛夫斯基作为一位杰出组织者的声望，多少会受到实战表现的牵累：他对1942年11月至12月“火星”行动的失败负有一定责任；1944年4月他的方面军在白俄罗斯东部作战时，他因表现不佳且损失惨重而被解除方面军司令员的职务。[36] 索科洛夫斯基之所以能保留一定的战时声望，并在战后声名鹊起（出任国防部第一副部长兼总参谋长②，并著有《军事战略》一书），多少是因为他与朱可夫的个人交往。

41岁的马尔基安·米哈依洛维奇·波波夫上将被人们誉为一位勇敢无畏的斗士，在自己的军事生涯早期也曾经与朱可夫共事过。[37] 波波夫于1920年入伍，作为一名普通红军战士参加国内战争。和平建设时期，他参加过步兵指挥训练班（Vystrel），并进入伏龙芝军事学院学习。20世纪30年代苏联机械化兵种初创时期，他先后担任机械化旅参谋长、机械化第5军参谋长。1939年，他来到远东与朱可夫共事，后来担任红旗独立第1集团军司令员。1941年1月朱可夫担任总参谋长后，波波夫也升任列宁格勒军区司令员。

1941年战争爆发后，波波夫先后担任北方面军、列宁格勒方面军、第61集团军和第40集团军的司令员，后在斯大林格勒会战期间先后担任斯大林格勒方面军和西南方面军的副司令员③。他短暂地担任过新组建的突击第5集团军司令员，随后于1943年1月奉命组建并率领以他姓氏命名的实验性快速集群。协助完成预备队方面军和草原军区的组建工作之后，在朱可夫的推荐下，波波夫于1943年6月担任布良斯克方面军司令员。一位很少称赞苏联将领的前同事，这样评价波波夫的能力和风度：

> 波波夫……则是一个性格迥异的人。他个子很高，姿容良好，一头金发且五官端正。他面貌年轻、健谈而且风趣幽默，还是一位热心的体育健将。波波

---

① 译注：实际为铁木辛哥和科涅夫的参谋长。

② 译注：原文称国防部长，按照《苏联军事百科全书》改正。

③ 译注：原文为参谋长，根据《苏联军事百科全书》订正。

夫思维敏捷、逻辑清楚，深受官兵们一致爱戴。不过，他在战争中的运气却总是很差。尽管他仍然可以在战场上夺取胜利，在当时可谓异乎寻常的胜利，但是斯大林身边的人却总不喜欢他。可能斯大林本人就不喜欢他。波波夫曾先后两次在方面军司令员的岗位上被解职，此后，他还要在崔可夫这位最平庸、粗鲁、冒失的指挥员手下渡过余生……我对波波夫抱有最崇高的敬意。[38]

库尔斯克的南面有哈尔科夫和别尔哥罗德两个关键性的交通枢纽，再往南则是位于顿涅茨盆地的重要工业区。为了收复这些地区，苏联人必须在更南面发动辅助进攻，耗尽冯·曼施泰因的装甲突击力量，并牵制他的预备队。如此雄心勃勃的计划不但需要大批预备队，而且需要相应的苏联指挥员具备相当水平的随机应变能力。除了防御突出部的两个方面军，R. Ia. 马利诺夫斯基大将指挥的西南方面军，会在即将到来的由哈尔科夫以南攻入顿巴斯地区的进攻中，扮演关键性的辅助角色。

罗季翁·雅科夫列维奇·马利诺夫斯基大将参加过第一次世界大战和国内战争。第一次世界大战期间他在俄罗斯远征军服役并前往法国，后来开了小差。[39]经由符拉迪沃斯托克（海参崴）回国之后，马利诺夫斯基参加红军，并在远东的战斗中得到提拔，20世纪20年代，他担任营级指挥员，1930年进入伏龙芝军事学院学习。此后，马利诺夫斯基先后担任骑兵参谋和指挥员，后来作为“志愿者”加入国际纵队参加西班牙内战。1938年，他从西班牙回国，并前往伏龙芝军事学院执教。

1941年战争爆发时，马利诺夫斯基担任敖德萨军区步兵第48军军长。他在1941年夏秋之际艰苦卓绝的防御战斗中表现突出，先后担任军长和第6集团军司令员，并于1941年12月因功升任南方面军司令员。尽管在1942年5月的哈尔科夫惨败中，马利诺夫斯基应该负什么责任尚存争议，但整个夏季他还是留在方面军司令员的岗位上，并在随后保卫斯大林格勒接近地的过程中，先后担任顿河战役集群司令员和第66集团军司令员。后来，马利诺夫斯基指挥强大的近卫第2集团军，一举挫败德国解救第六集团军的企图。重新指挥南方面军之后不久，1943年3月，这位45岁的大将被任命为西南方面军司令员。

马利诺夫斯基，这位未来的苏联国防部长，是一位能力卓著但绝非昙花一现的将领。他性格沉稳且善于思考，他的一路升迁和东山再起，都得益于他作为一名顽强斗士的声望，其风格与朱可夫相似。用一位传记作家的话说，马利诺夫斯基的“能力、勇气和敏捷才智都出类拔萃，但他同样地固执、雄心勃勃和爱慕虚荣，有时在特定环境下也会冷酷无情。一旦下定决心，他就毫不动摇地按自己的方式坚持到底。”[40①]

尽管大本营非常关注库尔斯克突出部的两翼，但突出部本身还是库尔斯克会战的焦点。大本营在这里安排了最强大的方面军和最称职的方面军司令员。在突出部北半部分，与德国中央集团军第九集团军对峙的，是罗科索夫斯基大将麾下军容强盛的中央方面军，而作为负责协调西方面军、布良斯克方面军和中央方面军的大本营代表，朱可夫也坐镇于此。

时年46岁的中央方面军司令员康斯坦丁·康斯坦丁诺维奇·罗科索夫斯基大将，曾经作为普通士兵和初级军官参加过第一次世界大战，国内战争期间先后担任骑兵连长、营长和团长。[41] 20世纪20年代，他曾经担任骑兵团长和旅长，并且进入伏龙芝军事学院学习，1929年中东路事件期间，曾在中国东北地区作战。20世纪30年代，罗科索夫斯基继续在骑兵服役，担任骑兵第7师和第15师师长（朱可夫是他在第7师时手下的团长），后来担任列宁格勒军区骑兵第5军军长。1937年，罗科索夫斯基因被控在这个职务上“蓄意破坏”和“削弱战斗力”而遭到逮捕。尽管以莫须有的罪名受到拷问和三年监禁，罗科索夫斯基还是于1940年3月获释并很快重新担任骑兵第5军军长。1940年，已经晋升为少将的罗科索夫斯基参加吞并比萨拉比亚的行动，10月，他担任基辅特别军区新组建的机械化第9军军长，1941年6月战争爆发时他仍在指挥这个军。

战争期间，罗科索夫斯基展示出他的战斗技巧与勇气，曾经指挥自己的军在乌克兰对德国装甲先头部队发动效果不大的反击。7月初，他奉命前往危机四伏的西方向，先后指挥斯摩棱斯克交战期间的一个特别战役集群和至关重要的莫斯科保卫战中的第16集团军。在苏联首都的保卫战和接下来的反攻中，罗科索夫斯基在朱可夫麾下发挥关键作用。短暂地担任布良斯克方面军司令员，

---

① 译注：原书注释标号40和42之间编校有误，标号40的相关注释内容缺失，标号41实际对应注释40，在标号41和42之间某处对应注释第41，自标号42起恢复正常。

并指挥过一系列未获成功的进攻战役之后，罗科索夫斯基从1942年9月开始指挥顿河方面军，在斯大林格勒会战期间功勋卓著。1943年2月，他率领中央方面军向库尔斯克以西大胆进攻却未竟全功。因为熟悉库尔斯克地区，罗科索夫斯基是防御库尔斯克突出部北线的理想指挥员。

罗科索夫斯基获得苏联将领和普通战士的交口称赞，连许多德国高级将领也称他是“红军最优秀的将军”。一本传记恰如其分地写道：“在战时苏联的高级将领当中，罗科索夫斯基不但能力出众、为人谦逊，而且认同传统的军事价值观。这场战争期间，尽管苏德双方都致力于用最野蛮的手段互相报复，但罗科索夫斯基面对曾经强大的对手和绝望的德国平民时，还是表现出人道主义与同情心。”[42]

在库尔斯克突出部南线与冯·曼施泰因的军队对峙的，是N. F. 瓦图京大将的沃罗涅日方面军，而坐镇这里协调沃罗涅日方面军与草原方面军作战行动的大本营代表是华西列夫斯基。瓦图京是苏联统帅部的“神童”，直接从主要参谋岗位荣升为斯大林格勒会战期间的西南方面军司令员。作为一位年仅42岁的大将，瓦图京被誉为红军中最为大胆的将军，可谓实至名归。

尼古拉·费奥多罗维奇·瓦图京大将1920年加入红军，在国内战争期间没有参加太多战斗。[43] 20世纪20年代他先后在参谋机关、学校和步兵中任职，后来进入伏龙芝军事学院学习，并引起院长沙波什尼科夫的注意。1937年从总参军事学院提前毕业后，瓦图京历任基辅特别军区参谋长、第一副总参谋长兼总参谋部作战局局长。[44] 同时代的人评价他是一位完美的参谋人员，他却长期渴望指挥军队。精力充沛的瓦图京制定了1939年9月入侵波兰和1940年6月吞并比萨拉比亚的计划。在总参谋部工作期间，他按照朱可夫和沙波什尼科夫的指导，负责制定国防计划和动员计划。战争爆发后，尽管瓦图京本人持反对意见，但斯大林还是任命瓦图京为自己的个人代表，前往关键作战地段。

作为斯大林的代表，瓦图京于1941年8月策划苏联的旧鲁萨反突击，迟滞了德国人向列宁格勒推进，1941年整个秋季和初冬，瓦图京在莫斯科会战期间协调西北方面军的作战行动，并将德国的两个军合围在杰米扬斯克。1942年5月瓦图京回到莫斯科，成为华西列夫斯基在总参谋部的副手，1942年7月的危急时刻，瓦图京请缨出战，如愿以偿地担任沃罗涅日方面军司令员。接下来的斯大林格勒会战期间，他先后指挥沃罗涅日方面军和西南方面军。他在这场会战中和随后向顿巴斯鲁莽推进时的表现，表明出他的胆大无畏既是优点也是缺点。因为朱可夫和华西列夫斯基都很欣赏他的组织能力和旺盛斗志，所以瓦图京是防御库尔斯克突出部南线并指挥下一步进攻的理想人选。

瓦图京的优点是能在繁杂的参谋工作中抓住重点，并且他的指挥风格颇为大胆。他的对手，德国装甲兵专家 F. W. 冯·梅伦廷曾经说过："当然，俄国人拥有像朱可夫、科涅夫、瓦图京和华西列夫斯基这样高水平的集团军司令和集团军群司令。"[45] 和其他指挥员不同的是，瓦图京的下属和普通战士对他评价都很高。

突出部的东面，在这两个方面军后方和更往南的位置，是 I. S. 科涅夫上将麾下兵力同样强大的草原方面军。科涅夫曾经是位政工人员，而且斯大林终将提拔他，作为制衡朱可夫的政治人物。科涅夫在库尔斯克的任务，是为防御战役提供增援兵力和额外的纵深，同时策划苏联将来的战略进攻。

伊万·斯捷潘诺维奇·科涅夫上将是参加过第一次世界大战和国内战争的老兵，1916年开始在沙俄军队中担任初级军官。[46] 1918年参加红军之后，科涅夫在国内战争期间历任装甲列车政委、步兵旅政委、师政委和远东共和国人民革命军司令部政委。战争结束以后，他参与镇压莫斯科和喀琅施塔得海军基地的反布尔什维克暴动。20世纪20年代，科涅夫先后担任滨海步兵第17军政委和步兵第17师政委，此后进入红军指挥干部进修班（KUVNAS）①学习，毕业后担任团长和副师长。20世纪30年代，科涅夫进入伏龙芝军事学院学习，毕业后先后担任步兵师师长、步兵军军长和远东红旗第2集团军司令员。科涅夫虽然在 1937 年遭到控告，但是并没有像许多同袍那样身陷囹圄，并于 1940年和 1941 年先后担任外贝加尔军区司令员和北高加索军区司令员。

战争爆发前不久，科涅夫率领他的第19集团军秘密向基辅地区开进，准备打击冲向基辅的德国军队侧翼。德国人的迅猛推进促使大本营命令科涅夫的集团军向北变更部署，后来在斯摩棱斯克交战初期被德国军队粉碎。科涅夫在斯

① 译注：《苏联军事百科全书》中译本称"伏龙芝军事学院高级首长进修班"。

摩棱斯克交战的后续阶段指挥过一个暂编兵团，并从9月起担任西方面军司令员。随后到了1941年10月，这个方面军大部在维亚济马陷入合围并损失殆尽。在朱可夫的帮助下，科涅夫没有因这场灾难性的失败而被送上军事法庭，此后他在朱可夫麾下指挥加里宁方面军，参加莫斯科会战的防御阶段和反攻。1942年秋，科涅夫又一次在朱可夫麾下指挥西方面军作战，并在11月和12月的“火星”行动期间令自己的方面军遭到惨败。这次又是在朱可夫帮助下，他才没有颜面扫地。1943年春，科涅夫短暂地担任西北方面军司令员之后，经朱可夫推荐，于6月出任草原军区司令员。从此以后，科涅夫才时来运转。

值得一提的是，科涅夫以情绪化且暴躁易怒而著称。一位传记作家写道：“在各种困难的情况下表现出的个人勇气和积极主动精神，是科涅夫在整场战争中作为一位军事首长的典型特征……科涅夫无疑会在军事历史上留下了浓墨重彩的一笔，究其一生，他都认为这种特征是成功的一个组成部分。另一方面，也有人指出科涅夫对待下属相当严厉，自视甚高，容易对同僚产生嫉妒心理。”[47]

另一位红军老战士指出，科涅夫“会迅速下定决心，雷厉风行，并且不束缚自己的部下”。尽管“他的行为还可以让人接受”，但有时候“成为他发火的对象还是挺令人恐惧的……在他手下服役过的人，都对科涅夫的脾气多有诟病。不过，他们并没有指责他会像崔可夫那样侮辱人”[48]。

斯大林确信自己最优秀的指挥员已经在库尔斯克就位，准备同德国人交手。剩下的事情，就是向他们提供必要的兵力和兵器。接下来，只有时间和命运才能决定，焕然一新的红军能否在这个仅有的战场上阻挡德国国防军的前进。倘若他们能做到，就将是史无前例的第一次！

注释

1. 朱可夫在“火星”行动中受挫以后，大本营派遣他到列宁格勒地区监督作战。1月10日到24日，他协调沃尔霍夫方面军和列宁格勒方面军在紧邻列宁格勒东面的锡尼亚维诺作战，为这座被围困的城市开辟出一条狭窄而脆弱的救援通道。然后，2月6日到3月16日，他又协调策划在这座城市南面不远处发动一场更大规模的战役。该战役计划代号是“北极星”行动，准备动用西北方面军主要由精锐的空降兵师和滑雪旅组成的突击第1集团军，在伊尔门湖以南突破德国的防御，并经德诺向德国人后方纵深处的普斯科夫推进。然后，专门编组的霍津[①]集群，包括M. E. 卡图科夫将军新组建的坦克第1集团军和F. I. 托尔布欣将军的第68集团军，将穿过卢加向波罗的海方向发展胜利，切断并合围德国第十八集团军于列宁格勒地区。这场雄心勃勃的战役旨在合围敌军并彻底打破对列宁格勒的围困，并在时间上与粉碎德国中央集团军群和南方集团军群的另几场战役遥相呼应。然而，到3月16日，这场战役已经取消，表面上看是因为当地恶劣的天气和地形条件，不具备实施大规模装甲行动的可能。而实际上是冯·曼施泰因取得的胜利使苏联大本营不得不取消这次行动，并调遣卡图科夫的坦克集团军南下库尔斯克，挽救沃罗涅日方面军的败局。托尔布欣的集团军很快也跟随卡图科夫的集团军南下，因为大本营的主要注意力已经转移到东线的中央地段。朱可夫战时日程的详情，见S. I. 伊萨耶夫著《前线之路上的地标》(*Vekhi frontovogo puti*)，刊登在《军事历史杂志》第10期(1991年10月刊)，第26页。苏联这个战役计划的详情，见M. E. 卡图科夫著《在主攻地点》(*Na ostrie glavnogo udara*，莫斯科：军事出版局，1976年版)，第193—195页。

2. G. K. 朱可夫著《回忆与思考》第二部(莫斯科：进步出版社，1985年版)，第145—148页。

3. 这次争论的更多细节，见戴维·M. 格兰茨著《苏联在战争期间的军事情报工作》(伦敦：弗兰克·卡斯出版社，1990年版)，第185—198页。

4.《摘自总参谋长1943年4月2日致各方面军和独立集团军司令员的训令》(*Iz direktivy nachal'nika general'nogo shtaba ot 2 aprelia 1943 goda komanduiushchim voiskami frontov i otdel'nykh armii*)，收录在《伟大卫国战争时期苏联指挥机关的文书(1943年4—5月)》【*Dokumenty sovetskogo komandovaniia v period Velikoi Otechestvennoi voiny (aprel'–mai 1943 g.)*，波多利斯克：苏联国防部档案馆，未注明出版日期】，绝密级。总参谋部第11916号文献，苏联国防部档案馆(*Tsentral'nyi Arkhiv Ministerstva Oborony SSSR*，以下缩写为TsAMO)的档案索引号是f. 3, op. 11556, d. 12, l. 333[②]。

5.《摘自总参谋长1943年4月3日致各方面军和独立第7集团军司令员的训令》(*Iz direktivy nachal'nika general'nogo shtaba ot 3 aprelia 1943 goda komanduiushchim voiskami frontov i 7-i otdel'noi armii*)，收录在古尔金著《文献与材料：库尔斯克会战的准备工作》(*Dokumenty i materialy: Podgotovka k kurskoi bitve*)，刊登在《军事历史杂志》第6期(1983年6月刊)，第64页。档案索引号：TsAMO, f. 3, op. 11556, d. 12,l.343。

6.《总参谋部1943年4月10日致各方面军司令员的训令》(*Direktiva general'nogo shtaba ot 10 aprelia 1943 goda komanduiushchim voiskami frontov*)，收录在古尔金著《文献与材料》，第64页。

---

① 译注：原文Zhozin应是Khozin的拼写错误。

② 译注：读作：全宗3，目11556，卷宗12，第1部分，第333页。

档案索引号：TsAMO, f. 48-A, op. 1691, d. 14,l. 132。

7. 朱可夫著《回忆与思考》第二部，第152页。

8.《摘自中央方面军司令部1943年4月10日致总参谋部作战局局长，关于估计敌人实力及其可能行动的报告》（*Iz doklada shtaba tsentral'nogo fronta ot 10 aprelia 1943 goda nachal'niku operativnogo upravleniia general'nogo shtaba s otsenkoi protivnika i kharaktera ego vozmozhnykh deistvii*），收录在古尔金著《文献与材料》，第64—65页。档案索引号：TsAMO, f. 233, op. 2307, d. 3, ll. 29—33。

9.《摘自沃罗涅日方面军军事委员会1943年4月12日致总参谋长，关于估计敌人实力及其可能行动的报告》（*Iz doklada voennogo soveta voronezhskogo fronta nachal'niku general'nogo shtaba ot 12 aprelia 1943 goda s otsenkoi protivnika i kharaktera ego vozmozhnykh deistvii*），收录在古尔金著《文献与材料》，第65—66页。档案索引号：TsAMO, f. 203, op. 2777, d. 75, ll. 116—121。

10. S. M. 什捷缅科著《战争年代的总参谋部，1941—1945》（莫斯科：进步出版社，1970年版），第218—219页。

11. 朱可夫著《回忆与思考》第二部，第160—161页。

12. 什捷缅科著《战争年代的总参谋部》，第221页。

13.《摘自1943年4月21日致中央方面军司令员的最高统帅部大本营训令》（*Iz direktivy Stavki VGK ot 21 aprelia 1943 goda komanduiushchemy voiskami tsentral'nogo fronta*），收录在古尔金著《文献与材料》，第66页。档案索引号：TsAMO,f. 3, op. 11556, d. 12, ll. 413—414。

14. 草原军区于1943年4月15日在原预备队方面军野战领率机关的基础上组建，司令部位于沃罗涅日，管辖沃罗涅日、库尔斯克、坦波夫和罗斯托夫等几个州。按照编制表（TOE），这个军区相当于一个战时的方面军，并使用大本营预备队补充到齐装满员。5月1日时，该军区由第24、第27、第46、第47、第53和第66集团军，近卫坦克第5集团军，空军第5集团军，近卫坦克第1、第3和第4军，以及若干独立部队和兵团组成。见《苏军的作战编成》（*Boevoi sostav Sovetskoi armii*，莫斯科：伏罗希洛夫总参军事学院，1963年首次出版），1972年出版的第三部分，第121页。

15.《摘自1943年4月23日致草原军区司令员的最高统帅部大本营训令》（*Iz direktivy Stavki VGK ot 23 aprelia 1943 goda komanduiushchemy voiskami stepnogo voennogo okruga*），收录在古尔金著《文献与材料》，第67页。档案索引号：TsAMO, f. 3, op. 11556, d. 12, ll. 426—428。

16. V. M. 巴达诺夫少将曾在1942年12月顿河中游战役（“小土星”行动）期间，率领他的坦克第24军向塔钦斯卡亚实施深远突破。虽然他的军在德国装甲兵反击之下陷入合围，并几乎全军覆没，但是他的行为挫败了德国人使用第四十八装甲军解救被合围于斯大林格勒的德国第六集团军的计划，并为最终歼灭这个集团军做出贡献。斯大林从这场战役中得出的结论是，巴达诺夫的军本应与在同一总方向上行动的另几个坦克军更密切地协同动作。于是，1943年2月的“跳跃”行动当中，斯大林委派M. M. 波波夫少将统一指挥几个坦克军的兵力，组成一个快速集群，这实际上是一种新型的坦克集团军。然而，由于波波夫麾下各军全都已经严重减员，他的集群在向红军村①突击的过程中损失殆尽。苏联人研究这几场坦克战和原先那种混编坦克集团军的表现之后，从1943年1月开始组建新型坦克集团军，这种坦克集团军将在库尔

① 译注：Krasnoarmeiskaia，今乌克兰波克罗夫斯克。

斯克的战火中接受洗礼。

17. 坦克集团军的最初编成和后续演变过程，见O. A. 洛西科编辑《苏军坦克兵作战经验》（莫斯科：军事出版局，1979年版），第59—78页；以及I. M. 阿纳尼耶夫著《坦克集团军进攻》（*Tankovye armii v nastuplenii*，莫斯科：军事出版局，1988年版）。

18. 描写这几位坦克集团军司令员生平和个性的精彩小传，见理查德·N. 阿姆斯特朗著《红军坦克指挥员：装甲近卫军》（宾夕法尼亚州阿特格伦：希弗军事与航空史出版社，1994年版）。

19. 关于1941年组织结构变化的讨论，见Iu. P. 巴比奇和A. G. 巴耶尔合著《伟大卫国战争中苏联陆军武器和组织结构的发展》（*Razvitie Vooruzheniia i organizetsii sovetskikh sukhoputnykh voisk v gody Velikoi Otechestvennoi voiny*，莫斯科：学院出版社，1990年版）。

20. 这一过程可参阅《苏军的作战编成》第三部分中相应月份的作战序列。

21. 史蒂文·J. 扎洛加和詹姆斯·格朗塞合著《第二次世界大战中的苏联坦克和战斗车辆》（伦敦：武器与铠甲出版社，1984年版）；史蒂文·扎洛加和吉姆·金尼尔合著《T-34/76 中型坦克1941—1945》（伦敦：鱼鹰出版社，1994年版）；史蒂文·扎洛加和吉姆·金尼尔合著《KV-1和KV-2重型坦克1941—1945》（伦敦：鱼鹰出版社，1995年版）。

22. 一个常规的坦克团应有39辆坦克，而各种坦克旅从53辆到65辆不等。

23. 苏联人将他们的新型自行火炮编成几种不同的团：重型自行火炮团有12辆152毫米的SU-152，中型自行火炮团有16辆SU-122和1辆T-34坦克，轻型自行火炮团或是21辆SU-76，或者是16辆SU-85和1辆T-34，旧式的混编团则有17辆SU-76和8辆SU-122。152毫米自行火炮团通常编入实施突破行动的集团军和个别坦克集团军。76毫米和85毫米自行火炮团编入坦克军，混编团编入机械化军。不过，这种编组方式在1943年7月并非一成不变。

24. 邓恩认为苏联人为一些英国坦克换装了76毫米火炮，并将大部分外国坦克集中到相对不太重要的独立坦克部队，而坦克集团军几乎清一色地装备国产坦克。见小沃尔特·S. 邓恩著《库尔斯克：希特勒的赌局，1943》（康涅狄格州韦斯特波特：普雷格出版社，1997年版），第91—92页、第167页。

25. 这种反坦克团和反坦克旅的正式名称大多是“反坦克歼击炮兵”团或旅。另有些旅被称为“歼击”旅，并进一步编成“歼击”师。反坦克歼击炮兵旅是炮兵的兵团①，歼击师则是步兵的兵团②。

26. 本节的根据见范·哈德斯蒂著《红色凤凰：1941—1945年苏联空中力量的崛起》（华盛顿特区：史密森学会出版社，1982年版），第121—179页。关于飞机的性能对比，见亚努斯·皮耶卡尔凯维茨原著，米凯拉·尼尔豪斯英译《“堡垒”行动：库尔斯克和奥廖尔》（加利福尼亚州诺瓦托：普雷西迪奥出版社，1987年版），第278—279页。

27. K. Yu. 科明科夫著《拉沃奇金系列活塞式歼击机——从拉-5到拉-7》（*Les chasseurs Lavotchkine a moteur pistons-Lavotchkine, de 5-7*），刊登在《航空爱好者》（*Le fana de l'aviation*，*1995年2月刊*），第40—51页。

28. 威廉姆森·默里著《德国空军》（马里兰州巴尔的摩：航海和航空出版社，1985年版），第144

---

① 译注：原文为部队，把旅当作部队是格兰茨的习惯。

② 译注：反坦克炮兵于1942年7月1日改称反坦克歼击炮兵，译文均按照此正式名称翻译。英语原文destroyer，对应俄语为strebitel'nye，按一般译法译作“歼击”，《苏联军事百科全书》中没有相应师和旅的名称。

页，表31。

29. 赫尔曼·普洛赫尔著《德国空军与俄国的较量，1943》，美国空军第155号历史研究作品（纽约：阿诺出版社，1967年版），第83页。

30. 例如：梅赫利斯等斯大林亲信所发挥的作用，可以参阅迪米特里·沃尔科戈诺夫著《胜利与悲剧：I. V. 斯大林的政治肖像（二卷本）》第一卷（*Triumf i tragediia: politicheskii portret I. V. Stalina v dvukh knigakh, kniga II, chast'1,* 莫斯科：新闻出版社，1989年版）。

31. 见G. K. 朱可夫著《回忆与思考》二卷本（莫斯科：进步出版社，1985年版），以及西方人很大程度上根据他的回忆录写成的多本传记。所有这些作品都带有同样的错误和歪曲，比如掩饰他对“火星”行动应负的责任，以及他那些比较负面的性格特点。

32. 见他措辞谦逊的回忆录：A. M. 华西列夫斯基著《毕生的事业》（Delo vsei zhizni，莫斯科：政治出版社，1983年版）；以及杰弗里·朱克斯著《亚历山大·米哈伊洛维奇·华西列夫斯基》，收录在哈罗德·舒克曼编辑《斯大林的将军们》（伦敦：韦登费尔德与尼科尔森出版社，1993年版），第275—285页。

33. 斯大林通过自己在国内战争期间的经历，同当时著名的苏联骑兵第一集团军司令员S. I. 布琼尼及其部下们建立了密切的关系，并在国内战争结束后进一步加以巩固。这个小圈子通常被称为“骑兵派系”，其中包括布琼尼、伏罗希洛夫、铁木辛哥、朱可夫等多位斯大林的爱将。

34. 安东诺夫的传记有很多，其中可参阅I. I. 加格洛夫著《安东诺夫将军》（莫斯科：军事出版局，1978年版）；以及理查德·沃夫著《阿列克谢·因诺肯季耶维奇·安东诺夫》，收录在《斯大林的将军们》，第11—23页。

35.《瓦西里·丹尼洛维奇·索科洛夫斯基》，收录在《苏联军事百科全书》（Sovetskaia Voennaia entsiklopediia）第七卷（莫斯科：军事出版局，1970年版），第436—437页。

36. 关于对索科洛夫斯基的审查，见M. A. 加列耶夫著《关于伟大卫国战争中苏联军队未能获胜的若干场进攻战役：根据未出版的国防委员会文献》（*O neudachnykh nastupatel'nykh operatsiiakh sovetskikh voisk v Velikoi Otechestvennoi voine: po neopublikovannym dokumentam GKO*），*刊登在《新闻与当代史》*（*Novaia i noveishaia istoriia*）第1期（1994年1月刊），第3—27页。加列耶夫第一个向世人详细披露了1943年秋季和冬季白俄罗斯战役失利时某些受到掩盖的细节。

37.《马尔基安·米哈伊洛维奇·波波夫》，收录在《苏联军事百科全书》第六卷（1978年版），第453—454页。

38. 彼得罗·G. 格利戈连科著《回忆录》（纽约：诺顿出版社，1982年版），第113页。

39. 见V. S. 戈卢博维奇著《马利诺夫斯基元帅》（莫斯科：军事出版局，1984年版）；以及约翰·埃里克森著《罗季翁·雅科夫列维奇·马利诺夫斯基》，收录在《斯大林的将军们》，第117—124页。

40. 理查德·沃夫著《罗科索夫斯基》，收录在《斯大林的将军们》，第187页。

41. K. 罗科索夫斯基著《战士的责任》（莫斯科：进步出版社，1985年版）。

42. 理查德·沃夫著《罗科索夫斯基》，第177页。

43. Iu. D. 扎哈罗夫著《瓦图京大将》（*General armii Vatutin*，莫斯科：军事出版局，1985年版）；以及戴维·M. 格兰茨著《尼古拉·费多罗维奇·瓦图京》，收录在《斯大林的将军们》，第287—298页。

44. 肃反扩大化直接导致总参军事学院1937届学员提前毕业。需要新毕业的学员来替换被逮捕和强制退伍的主要指挥员和高级参谋人员。

45. F. W. 冯 · 梅伦廷著《坦克战》（诺曼：俄克拉荷马大学出版社，1968年版），第295页。

46. 令人遗憾的是，科涅夫的回忆录仅仅从1943年1月开始落笔，见 I. S. 科涅夫著《方面军司令员笔记》（*Zapiski komanduiushchego frontom*，莫斯科：军事出版局，1981年版）。另见 P. M. 波图加尔斯基著《I. S. 科涅夫元帅》（莫斯科：军事出版局，1985年版）。像其他作品一样，这两部作品也都闭口不谈科涅夫在“火星”行动中所起的作用，也没有只言片语提到科涅夫在1941年和1942年的所作所为。

47. 对于科涅夫个性的正反两方面评价，见奥列格 · 勒热舍夫斯基著《科涅夫》，收录在《斯大林的将军们》，第91—107页。勒热舍夫斯基是第一个指出科涅夫曾在肃反期间遇到过麻烦的人。

48. 格利戈连科著《回忆录》，第112—113页。

第二部：德军突击

第三章
准备工作

德军集结

国防军指挥官采取一切常见的预防措施，掩盖他们在库尔斯克周围的进攻意图。1943年3月30日，第九集团军司令部在放弃曾经血流成河的勒热夫—维亚济马突出部之后，化名第二要塞司令部（Festungsstab II）南下进入奥廖尔，用这个代号暗示自己在执行一项纯粹的防御任务。[1] 为加强欺骗效果，前线的德国军人在敌方众目睽睽之下大肆构筑堑壕。可是，正如第二章所述，苏联的统帅部并没有上当。

这一年的春季，德国军队始终在不断集结。到会战开始时，共在两条战线上集结了5个德国集团军。冯·克卢格的中央集团军群位于北线，负责指挥其中的3个集团军。第二装甲集团军改编自古德里安引以为傲的第二装甲集群，负责防御奥廖尔突出部的北面和东面。虽有装甲之名，但这个约有16万人的集团军实际上是由14个不满员的步兵师和1个装甲掷弹兵师（第25装甲掷弹兵师）组成，共编为3个陆军军（第五十五军、第五十三军和第三十五军），另外加强有两个装甲师（第5和第8装甲师）和两个保安师。[2] 7月中旬苏联发动反攻并试图夺取奥廖尔时，事实将会证明这个集团军力量薄弱，处境岌岌可危。更糟糕的是，第二装甲集团军的司令是鲁道夫·施密特中将①，这位职业军人毫不

① 译注：应为大将。作者将鲁道夫·施密特大将与第19装甲师师长古斯塔夫·施密特中将混淆，于是提到两人时都称鲁道夫·施密特中将。下文直接订正，不再另作说明。

隐晦自己对纳粹政权的厌恶。施密特于7月10日被解职，于是第二装甲集团军在最急需领导的时刻却群龙无首。[3]

德国第九集团军将承担北线的主攻任务，这个集团军的司令是从容镇定的瓦尔特·莫德尔，他已经多次雄辩地向冯·克卢格和希特勒表达过自己对进攻的怀疑。第九集团军有33.5万人，下辖21个德国师和3个匈牙利师，包括6个装甲师（第2、第4、第9、第12、第18和第20装甲师）、1个装甲掷弹兵师（第10装甲掷弹兵师）和14个步兵师（见《附录A：德国作战序列》），共有以比较陈旧的三号和四号坦克为主的590辆坦克，以及424辆突击炮，不过会战初期并非全部都能用于战斗。[4]

莫德尔的大部分兵力分属五个军，下辖四个步兵师的第二十军在西，下辖三又三分之一个步兵师的第二十三军在东，第四十六、第四十七和第四十一这三个装甲军居中。约阿希姆·莱梅尔森装甲兵上将的第四十七装甲军，以第2、第9和第20装甲师，以及第6步兵师向苏联中央方面军的坚固防线发起主攻。另外，莱梅尔森还有一个第21装甲旅，由下辖两个“虎”式坦克连（共31辆“虎”式和15辆三号坦克）的第505装甲营和拥有36辆突击炮的第909突击炮营组成。约瑟夫·哈尔佩步兵上将的第四十一装甲军应以第18装甲师、第86和第292步兵师、第653和第654反坦克歼击营这两支装备“象”式反坦克歼击车的部队（共装备5辆坦克和105辆“费迪南”式自行反坦克炮），以及三个突击炮营（第177和第24突击炮营、第216重型突击炮营）支援主攻。另外，汉斯·措恩上将的第四十六装甲军也将投入四个步兵师，参加装甲兵的主要突击。

莱梅尔森、哈尔佩、措恩和第九集团军的其他两位军长，都是经验丰富的军事首长，几个月前曾在勒热夫—维亚济马突出部艰苦奋战，成功阻挡苏联的优势兵力。[5] 面对当前的困难，他们几乎不抱什么幻想。除这五个军之外，莫德尔还集结了一支临时的预备队，包括第4、第12装甲师和第10装甲掷弹兵师，共有184辆坦克。

库尔斯克突出部西面的“鼻尖”处，是瓦尔特·魏斯步兵上将麾下共9.6万人的第二集团军（请勿与第二装甲集团军混淆）。该集团军的八个步兵师和三个反坦克营，编为第二十三和第七陆军军，负责保持中央集团军群和南方集团军群之间的薄弱联系，在整场会战期间一直保持防御。[6]

除了第二装甲集团军、第九集团军和第二集团军的作战兵力，冯·克卢格还有相当数量的兵力负责后方治安，对付苏联游击队的持续活动，特别是在奥廖尔突出部的活动。这股兵力包括四个保安师，第九集团军的三个匈牙利轻步兵师一部，以及党卫队第1骑兵师，他们缺少有效实施机械化作战所必需的大量火炮和其他重型武器。[7]

冯·曼施泰因的南方集团军群集中的兵力要强大得多，包括赫尔曼·霍特大将的第四装甲集团军（共223907人）和瓦尔特·肯普夫装甲兵上将的暂编"肯普夫"集团军级支队（共12.6万人）。

霍特将军的贵族风范，可以反映他身为普鲁士军官，自第一次世界大战以来作为总参谋部策划人员的背景。霍特先后在波兰战局和法国战局中指挥一个装甲军，1941年入侵苏联时率领一个先头装甲集群。接下来的两年拉锯战当中，他成为少数几位威名尚存的早期装甲指挥官之一。

霍特对于自己在库尔斯克面临的困难心知肚明。不过与北线的同僚莫德尔相比，霍特成功的机会要大得多。第四装甲集团军下辖三个军共十个师，其中包括两个装甲师（第3装甲师和第11装甲师）①，外加装备奢华的"大德意志"装甲掷弹兵师和三个党卫队装甲掷弹兵师。[8] 霍特将三个步兵师编入左翼欧根·奥特步兵上将的第五十二军，扼守整个集团军正面的一半地段，以便集中兵力在更东面进攻。中央是奥托·冯·克诺贝尔斯多夫装甲兵上将的第四十八装甲军，下辖第3和第11装甲师、第167步兵师和"大德意志"装甲掷弹兵师，包括第10装甲旅的200辆"豹"式坦克在内，纸面兵力共有535辆坦克和66辆突击炮。与冯·克诺贝尔斯多夫共同承担南线主攻任务的，是党卫队全国副总指挥保罗·豪塞尔指挥的党卫队第二装甲军。豪塞尔的三个党卫队装甲掷弹兵师分别是：第1"阿道夫·希特勒"警卫旗队师、第2"帝国"师和第3"髑髅"师，共有390辆坦克和104辆突击火炮，其中包括这个集团军群全部102辆"虎"式坦克中的42辆。[9]

第四装甲集团军的右侧，也就是东面，是"肯普夫"集团军级支队。这支临

---

① 译注：原文"三个装甲师（第6、第7和第19装甲师）"应是排版错误。

时编组的军队起初只打算用于侧翼的掩护，后来却准备发挥重大作用，因为与第九集团军和第四装甲集团军不同，“肯普夫”集团军级支队不是准备硬碰硬地攻击红军的防御重点，而是攻击防线的肩部。维尔纳·肯普夫留着平头，戴着眼镜，眼睛炯炯有神。他在整个第一次世界大战期间是一名海军陆战队军官，从1934年开始与茁壮成长的装甲兵结下不解之缘。他担任师长和军长时表现出色，却并未担任过更高级的职务，直到1943年2月战火正炽时他的临时指挥机关成立。截至6月，肯普夫麾下已有三个军指挥机关，分别是：第三装甲军、劳斯军（第十一陆军军）和第四十二陆军军，总计九个师。赫尔曼·布赖特上将的第三装甲军作为主要打击力量，下辖久经战阵的第6、第7和第19装甲师，总共有299辆坦克，另外还有第503重装甲营的45辆“虎”式坦克、一个突击炮营和第168步兵师。[10]

除了第四装甲集团军和“肯普夫”集团军级支队以外，南方集团军群还有经验丰富的瓦尔特·内林的第二十四装甲军担任预备队，这个军下辖第17装甲师和党卫队第5“维京”装甲掷弹兵师，共有112辆坦克。综上所述，冯·曼施泰因在库尔斯克共指挥着21个师①，其中有六个装甲师和五个装甲掷弹兵师。即便忽略第二十四装甲军不计，他的突击力量在纸面上也达到1209辆坦克和245辆突击炮，尽管每日可用兵力不尽相同。[11]这是一股强大的作战力量，但它面对的是一个更强大的敌人。

德国空军

里特尔·冯·格赖姆大将指挥的第六航空队负责支援中央集团军群。第一次世界大战期间，冯·格赖姆在空战中共击落28架敌机，1934年他加入尚未正式成立的德国空军。然而，丰富的经验并不能解决飞机和航空燃料的短缺。冯·格赖姆的航空队司令部直接指挥多种专业部队，例如一个夜间战斗机大队和一支远程照相侦察部队。另外，冯·格赖姆还指挥着赫尔曼·普洛赫尔上将的第1航空师，共730架作战飞机。这个令人印象深刻的数字中，只有三个大

---

① 译注：原文为22，与上文和实情都不符。

队机龄较长的容克–87“斯图卡”俯冲轰炸机，外加数量有限的反坦克攻击机和中型轰炸机。更糟糕的是，第六航空队总共只收到它所需航空燃料的三分之二，由于德国正在失去大部分石油来源，这个问题变得日益普遍。燃料短缺严重影响着德国空军支援本方陆军的能力，可是近距离空中支援却早已成为地面胜利的必要条件。[12]

第六航空队还下辖第12高射炮师和独立第10高射炮旅。德国的地面兵种严重依赖这些德国空军火炮的反坦克能力，特别是带有传奇色彩的88毫米炮。德国第九集团军需要100余门88毫米炮提供直接支援，导致德国空军几乎没有资源来保卫机场和其他关键设施。[13]

奥托·德斯洛赫上将指挥的第四航空队负责支援德国的南线进攻。和北线的冯·格赖姆将军一样，德斯洛赫也是德国空军最富有经验的飞行员之一，第一次世界大战期间指挥过一个战斗机中队，在第二次世界大战初期指挥过空军所有种类的飞行编队。[14] 德斯洛赫司令部的第八航空军负责指挥第四航空队的航空兵部队，共有1100架德国和匈牙利的飞机。尽管纸面上的飞机数量令人印象深刻，但七个大队机龄较长的容克–87不得不在日趋严峻的防空火力环境下提供大部分近距离空中支援。第四航空队还包括里夏德·赖曼中将担任军长的第一高射炮军，这个军同样要抽调一个团为第四装甲集团军提供反坦克支援。[15]

一再推迟

实施“堡垒”行动的原定日期是1943年5月4日，可到最后关头，希特勒将进攻推迟到6月12日，以便更多的新式坦克和自行火炮运抵德国各部队。[16] 5月13日盟军彻底占领突尼斯时，希特勒再次将进攻时间推迟到6月底，以便为即将到来的入侵准备意大利的防务。有几个星期，他显然在考虑是否干脆取消进攻，并且实际上已经将某些兵团，比如第1装甲师，从俄罗斯变更部署到地中海沿岸。[17]

希特勒的许多军事下属同样心存疑虑，并在5月和6月间不断向他进言。[18] 这种批评意见的效果适得其反，倒是坚定了希特勒的决心，这正是他的典型个性。例如6月16日，古德里安请求希特勒进一步推迟进攻，以便继续重建装甲兵，冯·曼施泰因和冯·克卢格则敦促抢在苏联防御继续增强之前立即进攻。

而希特勒坚持认为德国的空中侦察在极度夸大苏联防御的强度，进攻应当按计划进行。18日，国防军统帅部作战处建议希特勒放弃“堡垒”，以便为东西两线腾出战略预备队。希特勒的回答是，他已经下定决心在7月3日发动进攻，而这个日期最后又推迟到7月5日。

由于进攻日期先后推迟达两个月之久，原来设想的春季进攻已经改到了盛夏，届时，全世界都会不可避免地拿这场进攻的虚弱与前两年德国进攻时的强大做对比。国防军统帅部作战部部长阿尔弗雷德·约德尔将军预计会有这种令人不快的对比，同样也考虑到“堡垒”有失败的可能，于是指示武装力量宣传办公室，将“堡垒”淡化成一场规模有限的反攻。

7月1日，希特勒向营长及以上的全体指挥官下发一份特别的当日命令，解释发动进攻的原因。剥去他使用的华丽辞藻，这份命令表明希特勒的主要目标是影响德国人、他们正在动摇的盟友和他们长期打击的苏联对手的士气。

红军集结

德国装甲兵为迎接会战而更新装备和重新训练之际，红军也在为防御库尔斯克突出部而做同样大规模的准备。[19] 比起他们人力资源短缺的德国对手，苏联在库尔斯克地区的大多数部队到会战爆发时都比原来更接近满编状态。尽管步兵师仍然达不到编制规定的9354人（近卫步兵师是10585人），可是分给沃罗涅日方面军和中央方面军的步兵师平均兵力分别已达8400人和7400人，远高于此前任何时期。[20] 有些近卫步兵师甚至更接近满员状态。通常，流入作战部队的补充兵员，可能只是从后方梯队中各部队抽调的人员。

奥廖尔突出部北面，V. D. 索科洛夫斯基上将的西方面军在德国第二装甲集团军当面共配置两个集团军，并得到苏联空军第1集团军支援。I. Kh. 巴格拉米扬中将强大的近卫第11集团军在奥廖尔西北方关键的日兹德拉—博尔霍夫地带展开，准备引领西方面军向关键的布良斯克—奥廖尔铁路发起决定性进攻。经验丰富的巴格拉米扬曾在苏德战争爆发时担任命运多舛的西南方面军参谋长①，

① 译注：应为副参谋长，方面军参谋长是普尔卡耶夫中将。

并因在1942年5月的哈尔科夫惨败中作为西南方向参谋长发挥的作用，遭到斯大林的严厉批评，不过从那以后便重新获得他的青睐，并成为战争中的主力将领，战后苏联一流的军事历史学家。巴格拉米扬于1942年7月担任第16集团军司令员，1943年冬季战局期间指挥自己的集团军进攻奥廖尔。然后，他从1943年4月16日开始主持这个集团军改编为近卫第11集团军，而德国情报机关直到1943年7月巴格拉米扬的集团军发起进攻之前，都没有察觉到这次改编。[21]

巴格拉米扬的新集团军共编有三个步兵军，以12个步兵师为基础，其中有九个是兵力较强的近卫步兵师。这个集团军还加强有四个坦克旅、两个坦克团、大批炮兵和其他保障部队。截至7月12日，巴格拉米扬的集团军共有13.5万人、648辆坦克和自行火炮、3000余门火炮和迫击炮，其中包括索科洛夫斯基提供的两个新锐坦克军（坦克第1和第5军）。同苏联的全体军队一样，并非所有坦克和自行火炮在任何时候都能使用。[22]

索科洛夫斯基在巴格拉米扬的左侧展开I. V. 博尔金中将的第50集团军，配合近卫第11集团军担任的主攻，这个集团军有54062人、1071门火炮和迫击炮、87辆坦克和自行火炮。博尔金同样是一位经验丰富的指挥员，战争爆发时曾担任西方面军副司令员，后来担任第50集团军司令员，1941年7月在明斯克附近，1941年10月在布良斯克，两次从德军合围圈中历尽磨难成功突围。博尔金脱险后率领第50集团军迎来莫斯科城下的胜利，从此一直担任这个集团军的司令员，这在1942年战事胜败的跌宕起伏中绝非易事。1943年7月，他的集团军由一个步兵军指挥机关、七个步兵师和一个坦克旅组成。[23]

大本营将摧毁奥廖尔突出部的关键任务，交给M. M. 波波夫上将的布良斯克方面军，这个方面军的第3、第61和第63集团军将在会战中起到关键作用。A. V. 戈尔巴托夫中将的第3集团军位于德国奥廖尔突出部顶端当面，准备从诺沃西利地区挥师西进奥廖尔。戈尔巴托夫是参加过第一次世界大战和国内战争的老兵，在苏德战争最初两年历任师长和军长，1943年6月开始担任第3集团军司令员。他将继续指挥这个集团军直至战争结束，并在1945年东普鲁士战役期间因为所部的出色表现而荣获“苏联英雄”称号。1943年7月，戈尔巴托夫的第3集团军下辖一个步兵军指挥机关和六个步兵师，以及加强的坦克和火炮，总兵力约为6万人、100辆坦克和自行火炮。[24]

第3集团军右侧是V. Ia. 科尔帕克奇中将的第63集团军，这个集团军同样负责在反攻阶段直接攻击奥廖尔。科尔帕克奇的集团军共有七个步兵师、约7万人和60辆坦克，1942年7月在预备队第5集团军的基础上组建，接下来的斯大林格勒会战期间在斯大林格勒方面军和顿河方面军编成内英勇作战。科尔帕克奇是经历过第一次世界大战和国内战争考验的老兵，在苏德战争期间历任第18、第62和第30集团军司令员，并作为一名无畏的斗士引起朱可夫的注意。1943年5月，科尔帕克奇受命指挥第63集团军，1945年，他也将凭借自己所部在奥德河沿岸的顽强奋斗荣获“苏联英雄”称号。[25]

布良斯克方面军的另一支突击力量，是P. A. 别洛夫中将久经战阵的第61集团军，这个集团军展开在第63集团军和近卫第11集团军之间，正对面是博尔霍夫的德国守军。第61集团军于1941年11月在伏尔加河沿岸军区组建，莫斯科反攻期间曾承担西方面军和西南方面军向前推进时的关键任务。此后的1942年全年，这个集团军在布良斯克方面军编成内多次进攻奥廖尔未果。1943年7月，第61集团军的8万人和110辆坦克，共编为8个步兵师和若干保障部队，希望能在胆识过人且经验丰富的别洛夫将军指挥下完成夺取奥廖尔的任务。[26]

作为一名经验丰富的骑兵指挥员，别洛夫已经赢得了坚韧不拔和英勇无畏的声誉。这位国内战争时期的老兵，在苏德战争爆发时指挥骑兵第2军，并在1942年1月—2月的莫斯科反攻期间率领他的加强军（当时已改编为近卫骑兵第1军），深入德国中央集团军群的后方。尽管受制于骑兵自身的兵种弱点，别洛夫未能夺取其目标①，他还是挫败了德国人彻底歼灭该军的企图，1942年6月，他率领幸存的骑兵安然返回红军战线。别洛夫随后受命指挥第61集团军。1943年7月，他也将得到机会向自己的老对手德国中央集团军群进行某种形式的复仇。别洛夫经常同朱可夫发生争执，后者却很欣赏别洛夫的指挥才能。[27]

波波夫将军的布良斯克方面军不仅得到建制内空军第15集团军的支援，还得到大本营提供的大批加强兵力。其中包括预备队步兵第25军、M. F. 潘科夫少将久经考验的近卫坦克第1军，整整两个突破炮兵军，以及其他各兵种的

① 译注：主要指维亚济马。

保障力量。经过这样的加强，波波夫的方面军共有433616人、7642门火炮和迫击炮、847辆坦克和自行火炮、约1000架支援飞机。[28] 另外，大本营还指定若干强大的新锐兵团，作为西方面军与布良斯克方面军后方的大本营预备队，其中包括I. I. 费久宁斯基中将的第11集团军（共6.5万人）、P. S. 雷巴尔科中将强大的近卫坦克第3集团军（731辆坦克和自行火炮）、V. M. 巴达诺夫中将的坦克第4集团军（652辆坦克和自行火炮）、独立坦克第20军和独立坦克第25军、近卫骑兵第2军。

沿库尔斯克突出部北侧的德国第九集团军正对面，中央方面军司令员康斯坦丁·罗科索夫斯基大将展开整整三个诸兵种合成集团军：I. V. 加拉宁中将的第70集团军、N. P. 普霍夫中将的第13集团军和P. L. 罗曼年科中将的第48集团军，守卫集团军第一防御地带和第二防御地带。罗科索夫斯基预测莫德尔的主攻可能会指向第13集团军，于是将这个集团军的兵力梯次排列在23公里宽的狭窄正面上，建立三个防御地带并从前到后分别派遣四个、三个和五个师加以占领。

普霍夫将军的第13集团军下辖12个步兵师，其中3个是近卫步兵师，3个是精锐的近卫空降兵师，共编为4个步兵军。这些步兵得到1个独立坦克旅、5个坦克团，以及突破炮兵第4军700门火炮和迫击炮的支援。[29] 这支大军共有11.4万人、2934门火炮和迫击炮、270辆坦克和自行火炮，他们的司令员普霍夫是参加过国内战争并有丰富战斗经验的老兵。他在1941年担任师长，1942年1月莫斯科反攻进入高潮时升任第13集团军司令员。他的集团军在1943年1月—2月的沃罗涅日—卡斯托尔诺耶战役期间，沿顿河击败德国第二集团军，并在1943年春季继续向奥廖尔发展胜利，这样的表现使普霍夫多次得到大本营的表彰。[30]

库尔斯克以北可能遭到德国进攻的地段当中，普霍夫第13集团军的左右两翼分别由加拉宁将军的第70集团军和罗曼年科的第48集团军负责掩护。无论这两个集团军，还是他们的司令员，都尚未在实战中得到证明自己的机会。现有八个步兵师和三个坦克团的第70集团军，1942年秋末由来自远东军区和外贝加尔军区的内务人民委员部精锐边防军人编成。[31] 在决定性的斯大林格勒会战期间，大本营将这个集团军留作预备队，准备在冬季战局中抓住机会向西推进。1943年2月，这个集团军本可以迎来自己的光辉时刻，它奉命加入罗科索夫斯基将军新组建的中央方面军，准备以迅猛突击将德国战线拦腰斩断，并胜利结束冬季战局。罗科索夫斯基的方面军当时下辖新组建的坦克第2集团军、精锐的第70集团军和另外几个因德国第六集团军在斯大林格勒投降而腾出手来的集团军，准备经过库尔斯克向西推进，夺取奥廖尔和布良斯克，并进抵第聂伯河。然而，由于春季泥泞和德国人顽强而巧妙的抵抗，这场进攻不得不半途而废，未能达到预定目的，第70集团军也从此成为库尔斯克突出部守军中的一员。

第70集团军司令员加拉宁将军于1943年4月就任。他是一位国内战争的老兵，并先后担任过第12、第59和第24集团军司令员。加拉宁希望自己指挥的9.6万人、1678门火炮和迫击炮、125辆坦克，能够在库尔斯克让这个原本表现平平的集团军声誉鹊起。[32]

罗曼年科将军的第48集团军展开在第13集团军右侧，由一个步兵军指挥机关、七个步兵师、六个坦克团和自行火炮团，以及保障部队组成，实际兵力约为8.4万人、1454门火炮和迫击炮、178辆坦克和自行火炮。第48集团军于1942年4月在机械化第28军的基础上组建，先后编入布良斯克方面军和中央方面军。[33] 罗曼年科本人作为一名装甲兵指挥员，从未赢得同僚卡图科夫和雷巴尔科那样的声望。罗曼年科战前曾一度指挥机械化第7军，战争爆发时指挥外贝加尔军区的第17集团军。重回装甲坦克兵之后，他在斯大林格勒会战期间成功指挥坦克第5集团军，随后在罗科索夫斯基的1943年春季进攻中指挥坦克第2集团军，却未能获得同样的成功。从此，罗曼年科担任第48集团军司令员，直到战争结束前几个月。[34]

中央方面军还有另外两个集团军：I. D. 切尔尼亚霍夫斯基中将的第60集团军共有9.6万人，下辖六个步兵师、两个独立步兵旅和一个坦克旅；P. I. 巴托夫中将的第65集团军共有10万人，下辖九个师、一个步兵旅和四个独立坦克团。这两个集团军面对德国第二集团军，在突出部西侧比较宽大的正面上占领防御。[35] 尽管切尔尼亚霍夫斯基和巴托夫是罗科索夫斯基麾下最为善战的指挥员，可是他们在库尔斯克会战防御阶段并不会扮演重要角色，苏联的反攻才是他们大显身手的时候。罗科索夫斯基还保留着装甲坦克兵和炮兵的各种预备队，其中包括作为最新型坦克军团之一的坦克第2集团军，以及独立坦克第9军和独立坦克第19军。

A. G. 罗金中将指挥的坦克第2集团军，下辖坦克第3军、坦克第16军和近卫坦克第11旅，不过没有机械化军，全部实力约为3.7万人、477辆坦克和自行火炮。[36] 罗金也是一位经验丰富的指挥员和装甲坦克兵专家，1937年毕业于红军摩托化和机械化学院。苏德战争第一年，罗金先后指挥过坦克团、坦克旅和坦克师，1942年他升任坦克第26军（后来的近卫坦克第1军）军长。凭借他的军在斯大林格勒的表现，罗金荣获“苏联英雄”称号，并奉命组建和指挥新的坦克第2集团军。罗金在作为对手的德国指挥官那里深受尊敬，可是他作为装甲坦克兵的野战生涯却在库尔斯克会战期间的8月初戛然而止，罗金身患重病，由S. I. 波格丹诺夫中将接替他的集团军司令员职务。后来，罗金在相对不太艰苦的岗位服役，先后担任几个方面军的装甲坦克和机械化兵主任。[37]

N. F. 瓦图京大将的沃罗涅日方面军将六个集团军配置在库尔斯克突出部的南面，并使用空军第2集团军提供支援。他的方面军共有625591人、8718门火炮和迫击炮，还有1704辆坦克和自行火炮构成的强大兵力。这股兵力的装甲核心是坦克第1集团军的646辆坦克和自行火炮。N. E. 奇比索夫中将的第38集团军下辖六个步兵师和两个坦克旅，K. S. 莫斯卡连科中将的第40集团军下辖七个步兵师、两个坦克旅和一个重型坦克团，这两个集团军面对德国第二集团军，守卫着突出部西侧和西南的宽大正面。[38] 奇比索夫的集团军有6万人、1168门火炮和迫击炮、106辆坦克；莫斯卡连科的第40集团军有7.7万人、1636门火炮和迫击炮、113辆坦克（见表1双方作战序列对照）。

防御第四装甲集团军和“肯普夫”集团军级支队的主要任务，落在I. M. 奇斯佳科夫中将的近卫第6集团军和M. S. 舒米洛夫中将的近卫第7集团军肩上。这两个简化了指挥结构的近卫集团军，各下辖两个步兵军指挥机关、七个步兵师、装甲坦克兵和反坦克歼击炮兵的各种部队，以及二十余个炮兵团，总共有近16万人①、401辆坦克和自行火炮。[39] 这两个集团军都改编自经历过

① 译注：原文此处缺少一个0。

1942年关键性战役的集团军，幸存下来的司令部人员都经验丰富。奇斯佳科夫集团军的五个师和舒米洛夫集团军的六个师有“近卫”称号，多数是在斯大林格勒会战当中荣获的。然而，相对于北线第13集团军特别狭窄的正面，近卫第6集团军和近卫第7集团军要用少得多的资源防御更宽的正面（分别是60公里和55公里）。

表1 1943年7月4日双方作战序列对照

德国军队	苏联军队	
	方面军	预备队
奥廖尔方向		
中央集团军群（冯·克卢格元帅）		
第2装甲集团军（鲁道夫·施密特大将）	西方面军（V. D. 索科洛夫斯基上将）	
第55军	第50集团军	
	近卫第11集团军	第11集团军
	坦克第1军	
	坦克第5军	
	空军第1集团军	
	布良斯克方面军（M. M. 波波夫上将）	
第53军	第61集团军	坦克第4集团军
第35军	第63集团军	坦克第20军
	第3集团军	近卫坦克第3集团军
	步兵第25军	坦克第25军
	近卫第1坦克军	近卫骑兵第2军
	空军第15集团军	
第6航空队（里特尔·冯·格莱姆大将）		
库尔斯克方向		
南方集团军群（冯·曼施泰因元帅）		
第9集团军（莫德尔大将）	中央方面军（K. K. 罗科索夫斯基大将）	草原方面军（I. S. 科涅夫上将）
第23军	第48集团军	近卫第4集团军
第41装甲军	第13集团军	近卫第3坦克军

续表

德国军队	苏联军队	
	方面军	预备队
第47装甲军	第70集团军	第27集团军
第46装甲军	坦克第2集团军	第53集团军
第20军	坦克第9军	近卫骑兵第3军
“冯·埃塞博克”集群	坦克第19军	近卫骑兵第5军
		近卫骑兵第7军
第2集团军（W.魏斯大将）		近卫坦克第4军
第13军	第65集团军	近卫机械化第3军
	第60集团军	
	空军第16集团军	近卫第5集团军
	沃罗涅日方面军（N. F. 瓦图京大将）	坦克第10军
第7军	第38集团军	机械化第1军
第4装甲集团军（赫尔曼·霍特大将）		
第52军	第40集团军	
第48装甲军	近卫第6集团军	
党卫队第2装甲军	坦克第1集团军	
	第69集团军	
	近卫步兵第35军	
	近卫坦克第2军	
	近卫坦克第5军	
“肯普夫”集团军级支队（瓦尔特·肯普夫装甲兵上将）		
第3装甲军	近卫第7集团军	
劳斯军（第11军）	空军第2集团军	
第42军		
	西南方面军（R. la. 马利诺夫斯基大将）	
	第57集团军	空军第5集团军
	坦克第2军	近卫坦克第5集团军
	空军第17集团军	第47集团军
	南方面军（F. I. 托尔布欣上将）	
	空军第8集团军	

瓦图京配置在近卫第6集团军和近卫第7集团军后方的预备队包括：勇于冒险的M. E. 卡图科夫中将的坦克第1集团军，下辖坦克第6军、坦克第31军和机械化第3军；V. D. 克留乔金中将的第69集团军，下辖五个师，共5.2万人；近卫步兵第35军，下辖三个师，共3.5万人。另外，大本营还将近卫坦克第2军、近卫坦克第5军、大批炮兵和其他保障部队划归瓦图京指挥。

瓦图京麾下的几位中将都是技艺高超而富有经验的指挥员。奇斯佳科夫曾担任过旅长、师长和军长，斯大林格勒会战期间先后指挥近卫第1集团军和第21集团军，并率领后者于1943年4月荣获“近卫”称号。[40] 舒米洛夫有着与奇斯佳科夫相似的丰富指挥经验，曾在斯大林格勒指挥第64集团军，并率领他的集团军同样于1943年4月荣获“近卫”称号。[41] 莫斯卡连科曾是一位装甲坦克兵的指挥员，1941年担任反坦克炮兵旅旅长，斯大林格勒会战期间成功指挥第40集团军。1953年，莫斯卡连科担任莫斯科防空地域司令员期间，曾协助苏共领导层逮捕内务部长拉夫连季·贝利亚；后来，他担任苏联战略火箭军的第一任司令员，并且著有几部精彩的战争回忆录，这些经历足以使他名垂青史①。[42] 第69集团军司令员克留乔金曾经是一名骑兵，在整场苏德战争中一直担任集团军司令员，曾指挥命运多舛的坦克第4集团军在斯大林格勒接近地同德国人作战。[43]

最后是卡图科夫，瓦图京拥有的红军中最成熟和最有经验的装甲坦克兵指挥人员之一。卡图科夫在战争爆发时是坦克师师长，经历过战争初期羽翼未丰的红军装甲坦克兵的灭顶之灾后，他在莫斯科会战中指挥一个坦克旅，在朱可夫失败的勒热夫战役期间指挥机械化第3军。卡图科夫即便身处逆境也能夺取胜利，因此于1943年1月升任新组建的坦克第1集团军司令员。1943年2月战况的发展使他没有得到为列宁格勒解围的机会，他的集团军随即前去帮助罗科索夫斯基挽救1943年2月—3月进攻战役的失利，并作为瓦图京沃罗涅日方面军的装甲核心留在库尔斯克以南。[44]

布良斯克方面军、中央方面军和沃罗涅日方面军的后方，分布着I. S. 科涅

① 译注：原文称舒米洛夫“先是指挥第64集团军，后来在斯大林格勒指挥第62集团军”，于是近卫第7集团军的前身就成了第62集团军；称莫斯卡连科逮捕贝利亚时，担任的是战略火箭军司令员。根据《苏联军事百科全书》订正。

夫上将的草原军区①。这个军区下辖：五个诸兵种合成集团军（近卫第4、近卫第5、第27、第47和第53集团军，共32个步兵师）、P. A. 罗特米斯特罗夫中将的近卫坦克第5集团军（下辖坦克第18军、坦克第29军和近卫机械化第5军）、三个骑兵军（近卫第3、近卫第5和近卫第7）、近卫坦克第4军、机械化第1军和近卫机械化第3军，并得到空军第5集团军的支援。截至7月1日，科涅夫的草原军区共有573195人、8510门火炮和迫击炮、1639辆坦克和自行火炮。[45]

草原军区肩负着两个基本任务。首先，它是斯大林设置的一道保险。这个军区沿奥廖尔以东到沃罗涅日的宽大正面展开，确保德国军队无法像过去的每次重大进攻那样突入战役纵深和战略纵深。然而，在库尔斯克会战防御阶段，科涅夫只会投入部分兵力用于遏制德国军队的前进，因为大本营要依靠科涅夫的主力引领计划中的反攻。

从某种意义上来说，罗科索夫斯基、瓦图京和科涅夫麾下的指挥员与军队本身同样宝贵。这些曾经在1941年缺乏经验的军事首长，即将在1943年迎来自己的巅峰状态。相比之下，他们的德国对手平均比苏联的将军们年长近20岁，由于几乎看不到夺取最后胜利的希望，在连续作战的重压之下开始显露疲态。

为了满足这场会战的需要，红军空军大多直接隶属于陆军的高级指挥员。支援中央方面军的是空军第16集团军，共有1034架飞机，包括455架歼击机、241架强击机、334架轰炸机和4架侦察机。与此类似，隶属沃罗涅日方面军的空军第2集团军有881架飞机，包括389架歼击机、276架强击机、204架轰炸机和10架侦察机。拥有735架飞机的空军第17集团军，隶属位于库尔斯克突出部以南的西南方面军，同样可以支援沃罗涅日方面军。[46] 草原军区建制内有空军第5集团军，大本营还掌握着不少飞机，其中有七个远程作战航空兵军和国土防空部队（PVO strany）的两个歼击航空兵师。[47] 尽管从个体上看，红军飞机的性能也许还赶不上它们的德国对手，可是它们的数量足以挑战德国空军的制空权。

① 译注：原文为方面军，草原军区改编为草原方面军是7月9日，在这个日期前的内容应使用“军区”。

苏联防御计划

苏德战争的最初两年里，德国军队很少被迫向准备充分的苏联防线发起正面进攻。1941年的入侵令苏联人措手不及，而斯大林一心关注莫斯科的防御，并在哈尔科夫和克里米亚抢先发动进攻，使得德国人在1942年的进攻中再次达成相当大的突然性。可是在库尔斯克，红军通过改善情报搜集和分析工作，已基本准确地预测出德国大规模进攻的战略重点，这实际上是苏德战争中的第一次。这次预测可以在很大程度上解释德国的“堡垒”行动为什么会以失败告终，要知道，闪击战在向苏联防御的战略纵深突破时还从未失败过①。

库尔斯克防御的准备工作远非最大数量地集结兵力兵器这么简单，尽管这么做本身也能制止德国的进攻。更重要的是，苏联人的作战经验采用什么样的具体方法，凭借数百万人年工作量的繁重体力劳动，使库尔斯克突出部变得几乎坚不可摧。

库尔斯克防御的强度取决于许多因素，部分因素已在前文有所提及。防御计划的第一个重要特点是，苏联各级指挥机关根据对德国进攻可能性的判断，决定怎样向防御正面分配兵力：预计可能遭到进攻的地段，会最大限度地将守军集中在最狭窄的正面上。例如，中央方面军防御正面的平均密度为每公里870人、4.7辆坦克、19.8门火炮和迫击炮；中央方面军第13集团军防御正面的平均密度则增加到每公里4500人、45辆坦克和104.3门火炮。正如前文所述，也许是因为朱可夫对中央集团军群的全神贯注，沃罗涅日方面军的实力相对稍弱。不过，即便如此，近卫第6集团军和近卫第7集团军关键正面的每公里密度也达到2500人、42辆坦克、59门火炮和迫击炮。[48] 另外，瓦图京的兵力呈纵深配置，而科涅夫的兵力则占领着更深远位置的防线，作为他们的后盾。

军事理论中的一条公理，也是苏联作战分析的一项研究成果，要求进攻方在数量上超过防御方，最理想的情况是形成战略上至少两到三倍的优势。通过巧妙的集中兵力，这样的整体优势可以造成3：1到5：1的战役优势和主攻地点上8：1到10：1的战术优势。然而，据苏联统计，红军在库尔斯克的兵

---

①译注：原文是“从未成功过”，语意不通，且正好相反。

力已经超过进攻方，形成2.5 ：1的人数优势，坦克和火炮的数量也超过德国人。尽管德国人能全力向某个狭窄地段发起主攻，在局部形成对苏联不利的兵力对比，可是在这种情况下，无论德国的技战术有什么样的优势，也无论这种优势是真实存在还是纯属感觉，都不能保证他们夺取胜利。然而，有一种心理上的限制条件却冲淡了苏联人对于现状的满足感。红军指挥员们认识到，前几次德国进攻时，红军同样在数量上占有优势，可从未能御德国人于战略纵深之

表 2 库尔斯克会战防御阶段的兵力对比

	苏联军队	德军	兵力对比
中央方面军			
（投入）兵力	510983	267000①	1.9：1
总兵力	711575	383000②	1.9：1
坦克	1785	1081	1.7：1
火炮和迫击炮	11076	6366①	1.7：1
沃罗涅日方面军			
（投入）兵力	466236	300000①	1.6：1
总兵力	625591	397900②	1.6：1
坦克	1704	1617①	1.1：1
火炮和迫击炮	8718	3600①	2.4：1
草原方面军			
（投入）兵力	295000③		
总兵力	573195		
（投入）兵力	900		
总计	1551		
合计			
（投入）兵力	1272219	567000①	2.3：1
合计	1910361	780900	2.4：1
（投入）坦克	4206	2696①	1.6：1
合计	5040	2696	1.9：1

① 基于苏联保密文献中关于德国参战各部实际人数的评估报告。
② 包括德国第二集团军半数。
③ 包括7月15日以前投入的力量（近卫坦克第5集团军、近卫第5集团军和第27集团军）。

外。德国人两度长驱直入数百公里之后，才在莫斯科和斯大林格勒受挫，这一事实足以令最乐观的苏联指挥员保持头脑清醒，而最悲观的德国人也会倍受鼓舞（见表2）。

由上表可见，仅中央方面军和沃罗涅日方面军就拥兵130余万人、19794门火炮和迫击炮、3489辆坦克和自行火炮，以及（包括空军第17集团军在内）2650架飞机。在他们后方还有草原军区的兵力作为补充。[49]

苏联防御计划的第二个重要特点是极大的防御纵深（见地图4）。前文所述的几个集团军仅占领多达六个主要防御地带中的前三个，而每个防御地带还分为两至三道阵地。一般来说，第一和第二防御地带应予以全面占领，第三和第四防御地带由留作预备队的部队占领，最后两个防御地带基本上无人占领。再者，即使德国人成功地从根部掐掉库尔斯克突出部，还要面对科涅夫的草原军区（后来的草原方面军）在突出部以东构筑的另外几个防御地带。因此，苏联的防御纵深有300公里的说法也不过是略作夸张。

苏联的分析人员在事后总结时发现，防御计划的一个缺点是没有布设斜切阵地。这是一种斜向的防线，有利于防止德国人在突破后向两翼扩展。由于没有这种斜切阵地，特别是在沃罗涅日方面军近卫第7集团军的防御地带，瓦图京制止第四装甲集团军和“肯普夫”集团军级支队突破的难度大大增加。[50]

苏联的主要防御地带由若干营防御地域、防坦克枢纽部和大范围的工程障碍物配系组成。占领第一防御地带的37个步兵师，共建立350余个营防御地域，两到三个营防御地域前后成单梯队或双梯队排列，组成一个4—6公里宽，3—4公里深的团防御地段。师防御地带的平均宽度则是14公里（在威胁较大的地段为6—12公里，次要地段可达25公里），纵深5—6公里。[51]

每处防御阵地都是堑壕和地堡构成的迷宫。前线接近地带的居民点疏散一空，30余万名平民在军事工程建设项目中劳作数月，其中多数是妇女和老人。从4月到6月，仅沃罗涅日方面军就挖掘长达4200公里的堑壕，设置500公里的防坦克障碍物。第13集团军、近卫第6集团军和近卫第7集团军的地带内，守军在每英里①正面平均埋设2400枚防坦克地雷和2700枚防步兵地雷。因

① 译注：原文如此，苏联统计数字一般不用英制单位，可能是为照顾美国读者的习惯做了转换。

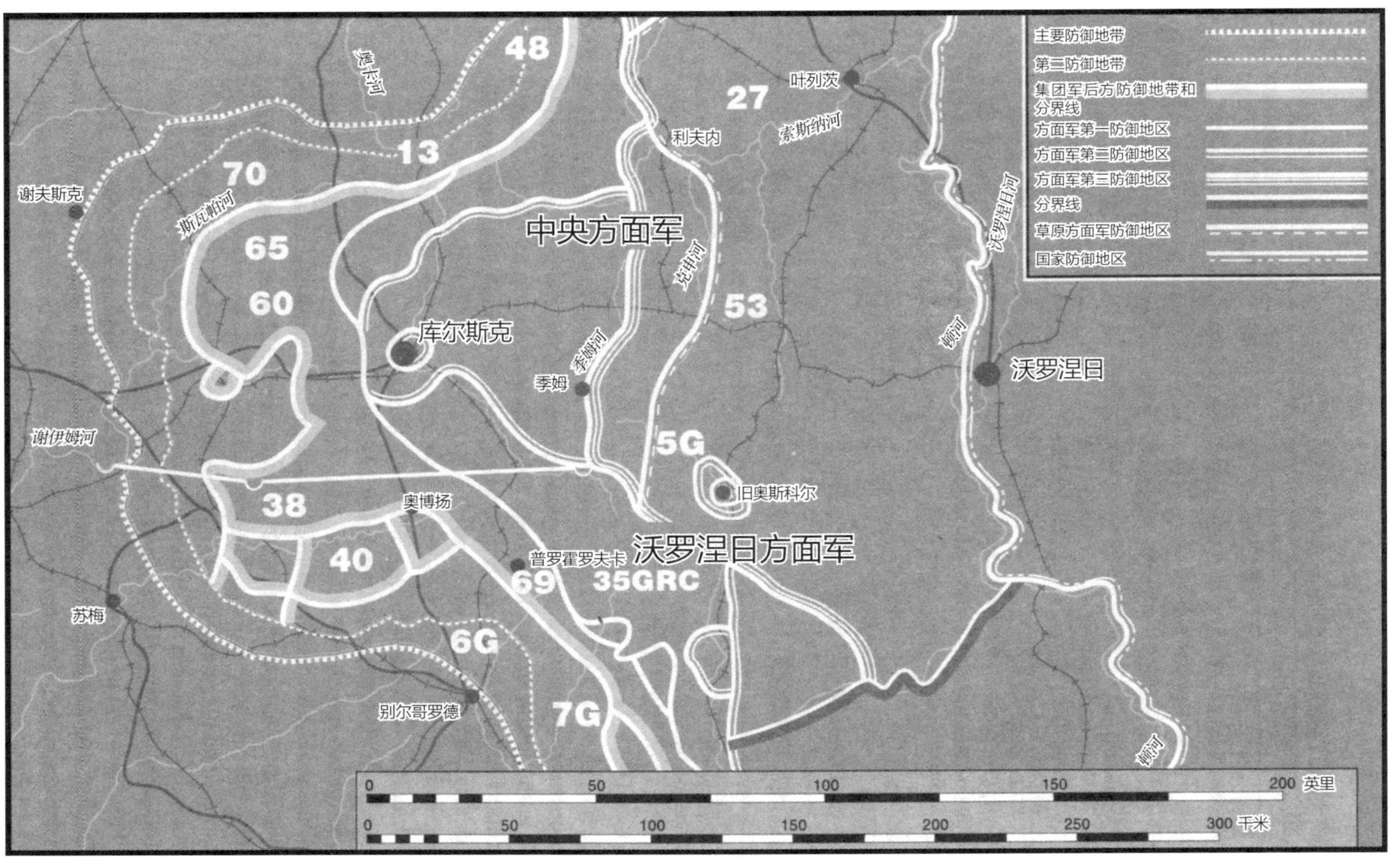

地图 4　库尔斯克周围的苏联防线

此，近卫第6集团军在自己的集团军主要防御地带内，共埋设64340枚防步兵地雷和69688枚防坦克地雷，在集团军第二防御地带共埋设9097枚防步兵地雷和20200枚防坦克地雷。[52] 加装遥控装置的炮弹也被埋入地下，作为额外的地雷使用。不过，大多数地雷分布在前两个防御地带，后方的各防御地带并未受到如此密集的掩护。

除了步兵的阵地之外，苏联人关注的重点是对坦克防御。特别是在预期的德国人推进路线上，前沿的各步兵师和步兵军均构筑专门的防坦克枢纽部和防坦克地域，并使用步兵、装备反坦克枪的步兵和反坦克歼击炮兵的部队予以占领。仅近卫第6集团军就构筑完成28个这样的枢纽部，其中18个位于主要防御地带，10个位于第二防御地带，每个防坦克枢纽部都布设在最有利的地形上，视野开阔，精心伪装。近卫第7集团军的策划人员沿6条坦克可能冲入集团军防御的路线，共布置27个防坦克枢纽部。[53]

一个典型的防坦克枢纽部包括一个反坦克步兵连或营，一个携带爆破器材的工兵排，一个装备4—6门反坦克炮的反坦克歼击炮兵连，2—3辆坦克或自行火炮。红军认识到反坦克枪和45毫米反坦克炮对付“豹”式、“虎”式和“费迪南”厚实的正面装甲几乎不会有什么效果，于是为这些枢纽部配备了自行反坦克歼击车、85毫米和152毫米火炮，准备以直射火力迎击德国坦克。另外，部分防坦克枢纽部还为T-34量身定做了伪装阵地，它们进入这些预设的发射阵地时可以只露出炮塔。2—4个这样的防坦克枢纽部以协同动作掩护一个适于坦克进攻的方向，形成一个防坦克地域。每个步兵团构筑3—4个防坦克枢纽部，每个师则有9—12个。[54]

位于前沿的步兵团、步兵师和步兵军还都组建了反坦克预备队，准备与防坦克枢纽部和防坦克地域协同动作。团的反坦克预备队有二至三门反坦克炮、一个反坦克步兵排和一个自动武器排，师的反坦克预备队是一个反坦克连或营，军的反坦克预备队是一个反坦克歼击炮兵团。反坦克预备队还会得到坦克预备队的帮助，通常会为每个步兵营配属一个坦克连，每个前沿步兵团配属一个坦克营，每个前沿步兵师配属一个坦克团或坦克旅。[55]

战斗工兵在指定的“杀伤区”布设防坦克地雷和工程障碍物来阻止德国坦克前进，从短射程的反坦克枪到各种火炮，所有可用的反坦克武器皆可在这里伏击前进中的德国装甲车辆。另外，各级步兵指挥员都建立了工程兵的快速障碍设置队，他们配备防步兵地雷和防坦克地雷，能够快速展开到关键的受威胁方向，并在激战的同时构筑新的障碍物。通常每个团会有一个工兵班执行这项任务，每个步兵师和步兵军分别有若干工兵排和一个工兵连执行类似的任务。苏联指挥员也会在前沿兵力的后方不同纵深位置，布置作为预备队的反坦克歼击炮兵团和反坦克歼击炮兵旅，他们准备随时向前展开，迎击德国人的进一步突破。

苏联各级指挥机关还使用加强的大批火炮、多管火箭炮和迫击炮巩固严密的对坦克防御。火炮配置在纵深位置并沿德国关键的进攻方向集中，准备实施炮火准备和反准备，与推进中的德国军队交战，支援反冲击、反突击和计划中的两场反攻。苏联的规划人员按照他们1943年中期以前的习惯，在原有防御计划中又添加了各种类型的反冲击和反突击。

苏联防御一瞥

瓦图京将军分配给奇斯佳科夫近卫第6集团军的任务是，沿库尔斯克突出部南侧，保卫别尔哥罗德以西通往苏联阵地的关键道路。奇斯佳科夫将他的集团军布置成单个梯队，近卫步兵第23军在左，负责掩护托马罗夫卡向北通往奥博扬和普罗霍罗夫卡的主要公路，近卫步兵第22军在右，防御鲍里索夫卡向北通往奥博扬的道路。每个军都安排两个师负责前沿防御，另一个师作为第二梯队在后方约十公里处占据关键地形。卡图科夫将军的坦克第1集团军准备向每个军的第二梯队师各派出一个快速军，加强他们的防御，若有可能便发起反冲击。

近卫步兵第23军军长 P. P. 瓦赫拉梅耶夫少将，安排 I. M. 涅克拉索夫的近卫步兵第52师展开在全军最关键的地段，切断从托马罗夫卡向北，经过贝科夫卡和波克罗夫卡，最终通往苏联战役后方奥博扬和普罗霍罗夫卡的关键性公路（见地图5）。[56] 瓦图京、奇斯佳科夫和瓦赫拉梅耶夫正确地判断出，这将是德国人北进的最重要方向之一。在涅克拉索夫后方15—20公里处，奇斯佳科夫将军布设了自己的第二防御地带，由近卫步兵第23军 N. T. 塔瓦尔特基拉泽少将的近卫步兵第51师占领，并由 A. G. 克拉夫琴科少将近卫坦克第5军的200辆坦克提供支援。克拉夫琴科的装甲兵在后方占领有掩护的集结地域，一旦德国人开始进攻，就向前展开并支援近卫步兵第51师。

涅克拉索夫上校安排他的三个步兵团，自西向东沿14公里宽的正面并排展开，切断托马罗夫卡—奥博扬公路，右翼依托沃尔斯克拉河西岸部分覆盖着森林的起伏山丘，左翼依托叶里克河北岸的斜坡。从他的左翼到中央，近卫步兵第155团和第151团均安排下属三个营全部展开到前沿，他的右翼是横跨沃尔斯克拉河两岸的近卫步兵第153团，也将两个营展开到前沿。预备阵地向纵深延伸四至六公里，由该师第二梯队的步兵营和教导营占领。组成近卫步兵第52师第一防御地带的前沿各营，均将两个步兵连展开到前沿，第三个连在后方一至二公里处。前沿各营的防御依托几条横切防御正面的冲沟北坡，并将扎杰利诺耶、别列佐夫和稍后位置的格列穆奇这三个村庄纳入他们的防线。

这个师在师主要防御地带的前方建立了延伸三至五公里远的保障地带，这里地势起伏，大部分是开阔地。保障地带由每个第一梯队步兵营向前派出的若干排支撑点和观察哨组成。这些排支撑点一般配备反坦克枪，有时还会有一门反坦克炮，并充分利用诸如亚洪托夫这样的废弃村庄，和横切防御正面的几条冲沟、大小树丛、该师右翼沃尔斯克拉河河岸崎岖地形的防御价值。保障地带能够干扰德国人对苏联防御前沿实际位置的判断，促使他们在进攻之前实施广泛的侦察，并可以让推进中的德国军队提前展开进攻队形。由于德国人也使用了类似的前哨阵地，苏德双方的主力相隔可达十公里。

近卫步兵第52师建制内营属、团属和师属的167门迫击炮，连同该师近卫炮兵第124团的36门76毫米和122毫米火炮，负责为这三个步兵团提供火力支援。近卫炮兵第124团在每个步兵团的后方三至四公里处，各展开一个炮兵营实施直接火力支援。另外，近卫第6集团军还调派加农炮兵第142团的两个营、两个近卫火箭炮兵（“喀秋莎”）连和加农炮兵第159团一部，提供额外的炮兵火力支援。

对坦克防御方面，涅克拉索夫有自己的师属兵器，包括各团、营建制内的36门反坦克炮和师属近卫反坦克歼击炮兵第57营的12门反坦克炮。集团军司令部还向他派出共有约270支反坦克枪的一个反坦克步兵营，各有24门反坦克炮的反坦克歼击炮兵第538团和第1008团。另外，方面军也答应在必要的时候

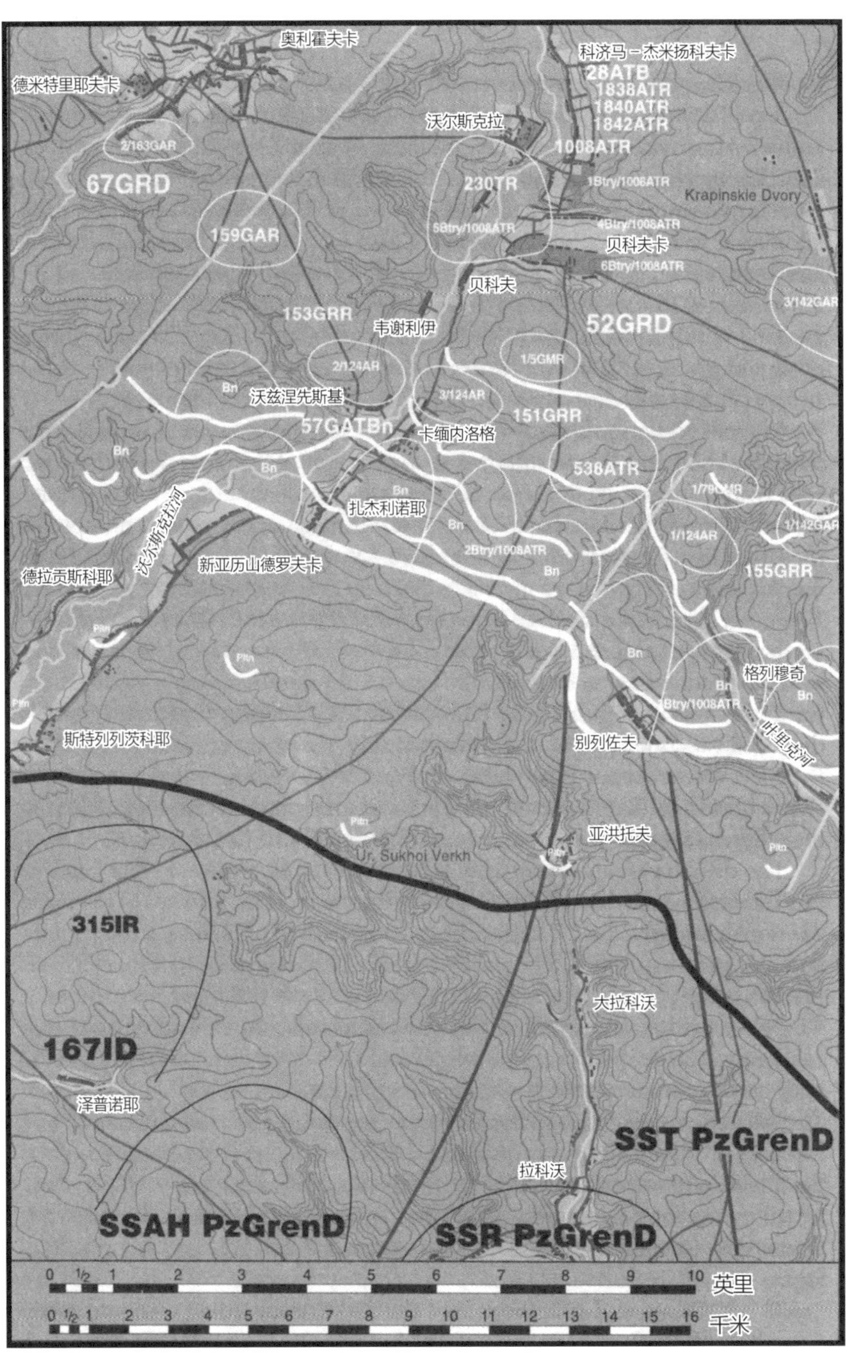

地图5《近卫步兵第52师的防御》，1943年7月9日

向他调拨三个团组成的反坦克歼击炮兵第28旅，共有72门反坦克炮。[57] 利用这些兵器，涅克拉索夫依托四个防坦克枢纽部建立一套对坦克防御配系。他的近卫步兵第151团负责掩护由托马罗夫卡向北的主要公路，共建成两个防坦克枢纽部，第一个依托扎杰利诺耶村，第二个横跨主要公路。协同他们作战的还有团属和师属的步兵、反坦克兵器和工兵，以及反坦克歼击炮兵第1008团第2连的四门反坦克炮。涅克拉索夫两翼的两个团各建成一个防坦克枢纽部。位于该师右翼的近卫步兵第153团，在与友邻近卫步兵第67师的结合部附近，使用师属近卫反坦克歼击炮兵第57营建立起一个防坦克枢纽部。近卫步兵第155团沿通往本团防御地段的一条高等级公路布设自己的防坦克枢纽部，并将别列佐夫村作为障碍物纳入其中。该团在这里配置反坦克歼击炮兵第1008团第3连的四门炮，成为这个防坦克枢纽部的核心。

为增加自己的对坦克防御纵深，涅克拉索夫将反坦克歼击炮兵第538团的24门火炮，配置在后方三公里处的主要公路两侧。它们的任务是支援前沿各营，并抗击德国坦克沿这条走廊的推进。再向后四公里，涅克拉索夫在贝科夫卡村内及其周边展开反坦克歼击炮兵第1008团的其余四个连，其任务是在德国坦克沿公路向北突破时与之交战。涅克拉索夫还计划在反坦克歼击炮兵第28旅划归自己指挥时，将这个该旅也配置到这里。

在坦克支援方面，涅克拉索夫有坦克第230团的39辆坦克。他安排这个团23辆①T-60和T-70轻型坦克中的一部分执行侦察任务，这个团的23辆T-34中型坦克则大多留作师属坦克预备队，准备同反坦克歼击炮兵第1008团的几个连一起，向突入防线的德国坦克发起反冲击。一个令人毛骨悚然的事实是，无论能给敌人先头坦克部队造成多大损失，这些支援步兵的坦克都将在战斗初期就沦为牺牲品。

实际上，这样一场防御战的根据就是一个相同的设想：涅克拉索夫的整个近卫步兵第52师都将通过自我牺牲，最大限度地消耗德国的进攻力量。实事求是地讲，没有人会指望这些近卫军人能一战而胜。然而，他们在前方视死如归

① 译注：应为16辆，这种独立坦克团的编制有23辆T-34和16辆轻型坦克。

地奋斗，将会削弱德国的兵力，并为随后苏联在纵深处的胜利创造条件。涅克拉索夫的8000人将会面临德国党卫队第二装甲军三个装备精良的装甲掷弹兵师全面攻击，更是强调了这样的务实精神。

展开在涅克拉索夫右侧①的是A. I. 巴克索夫上校指挥的近卫步兵第22军近卫步兵第67师，这个师也面临着同样的处境。[58] 巴克索夫的师有8000人，负责切断鲍里索夫卡向北经过布托沃和切尔卡斯科耶，通往奥博扬的主要公路。他的右翼由同属一个军的近卫步兵第71师负责掩护，而他的后方10公里处是V. G. 切尔诺夫上校近卫步兵第90师，作为该军防御第二梯队配置在曲折的佩纳河沿岸，卡图科夫坦克第1集团军下属的坦克第6军则在更远的后方准备提供支援。近卫步兵第67师沿一条几乎没有树木的低矮山脊线防御14公里宽的地段，这条山脊从树木稀疏的沃尔斯科列茨河河谷一路向西不断抬升。该师的左翼越过沃尔斯科列茨河，在另一道从沃尔斯科列茨河与沃尔斯克拉河交汇处向北延伸而来的山脊，与近卫步兵第52师的防线相连。近卫步兵第67师的右翼在紧邻科罗维诺镇东南的一片开阔高地，与近卫步兵第71师的防线相连。

巴克索夫前方的地势整体较低，他的右翼到前方六公里外的东西向铁路干线是一个缓下坡，中央和左翼到布托沃村、亚姆诺耶村和沃尔斯克拉河谷的下坡则比较陡峭。通往他右翼略微倾斜的台球桌状平坦地貌，被一条沟壑和相连的干涸沼泽破坏，它们在地表上勾勒出距离前沿不到一公里的别列佐沃伊小溪的流向。从树木丛生的中央往东，该师防线前方的地面受到向东南倾斜的若干沟壑和溪谷严重切割和刨蚀，一直延伸到沃尔斯克拉河和卡扎茨科耶村。显然，从南面通往巴克索夫各阵地的主要路线，只能经过布托沃两侧。从这里无法用肉眼直接观察位于四至六公里开外，由洛克尼亚越过铁路线，经亚姆诺耶，直到卡扎茨科耶的德国主阵地。

巴克索夫将军在他的主要防御地带前方二至四公里处，依托布托沃村建立起一个保障地带。位于该村的步兵第199团第3营主力，在师属近卫反坦克歼击炮兵第73营的支援下，建成一个掩护南北向主要公路的防御枢纽部，可以向

① 译注：原文为左侧，与上下文表达方式不同，且不符合一般习惯，可能是与地图上的直观方位混淆，已订正。其他章节也有讲述苏联一方时左右颠倒的类似现象。

经过村庄废墟前进的敌军开火。较小的排观察哨驻守沿整个正面和沃尔斯科列茨河谷分布的其他保障阵地。在地势开阔的右翼，他在别列佐沃伊溪谷中布设了大面积的地雷场，并且以自动武器、反坦克兵器、迫击炮和火炮等予以掩护。巴克索夫所部还在阵地前方共布设全长21公里的有刺铁丝网，埋设3万余枚防坦克地雷和防步兵地雷。[59]

近卫步兵第67师的主要防线，由组成单个梯队的各团占领，师的预备队包括：如能在完成保障地带的任务后及时撤回的近卫步兵第199团第3营，配属该师的反坦克歼击炮兵第611团的两个连，配属该师的自行火炮第1440团的一个连。此外，除建制内的近卫炮兵第138团提供正常的火力支援外，巴克索夫还使用加农炮兵第159团的全部和加农炮兵第163团的两个营组成一个远战炮兵群，他们已由近卫第6集团军配属给近卫步兵第67师。

像友邻的近卫步兵第52师一样，巴克索夫也组建了四个防坦克枢纽部，各配备八至十门反坦克炮。其中两个位于该师右翼近卫步兵第196团的地段，掩护进入切尔卡斯科耶村的道路，另外两个分别位于中部近卫步兵第199团和左翼[①]近卫步兵第201团前方，掩护最便于通行的道路。配属该师的反坦克歼击炮兵第868团和第611团，向这些枢纽部提供额外的反坦克炮。一个配备250枚地雷的工兵排担任他的快速障碍设置队。

巴克索夫在卢哈尼诺镇以南和后方八公里处，布置了他的坦克预备队，其中包括坦克第245团全部和自行火炮第1440团剩余兵力，后者共有21辆76毫米自行火炮。一旦德军开始进攻，他们就会向前展开并进入交战，预定伴随他们的将是反坦克歼击炮兵第496团的24门火炮和反坦克歼击炮兵第27旅的72门火炮，集团军和方面军已答应将这些火炮投入他的地段。

巴克索夫最担心的事情是该师中央和右翼的防御措施是否可行。敌军一旦通过布托沃和别列佐沃伊溪谷，就能绕过切尔卡斯科耶枢纽部，不受阻碍地向北沿开阔的缓坡直下佩纳河河岸。不过，一旦出现这种情况，与卡图科夫的坦克手们共同实施下一步防御，就是切尔诺夫上校和近卫步兵第90师的任务了。

---

① 译注：原文为右翼。

巴克索夫的担心绝非杞人忧天，因为德国人将投入“大德意志”装甲掷弹兵师、第11装甲师和第167步兵师的两个步兵团，来对付近卫步兵第67师守卫在这里的近卫军人们。

伪装、侦察与训练

除上述防御阵地之外，苏联人还实施了精心制定的战略、战役和战术伪装（maskirovka）计划，防止德国人搞清他们的真实兵力、配置和意图。[60] 一方面，苏联人企图通过各种主动和被动手段，包括修建若干公里长的假堑壕、坦克和大炮模型，错误的坦克分布区域和假机场，掩盖其军队集结地域和防御配系。

更重要的是，大本营及其下级机关都试图隐蔽本方最重要的军队变更部署和集中过程的兵力大小、地理范围和行动方向，特别是与组建科涅夫草原军区（方面军）有关的战略性变更部署。一个月之内，大本营从西北方面军抽调第27和第53集团军到库尔斯克以东地区，并从北高加索方面军抽调第46和第47集团军到哈尔科夫以东地区。德国情报机关在库尔斯克会战开始前，未能查明这些集团军的存在，并对兵力对比做出了误判（见后文表格数据）。[61] 与此同时，大本营还以更引人注目的方式集结兵力，策划在战线其他地段实施牵制性行动，将德国人的注意力从库尔斯克引开。其中最重要的一次牵制性行动，将会发生在更南面的北顿涅茨河和米乌斯河沿岸，那里属于西南方面军和南方方面军的地段。[62]

同样，苏联指挥员也试图隐蔽战役性和战术性的变更部署。例如，近卫第7集团军于6月底向第69集团军的地段开进时，一切通信均使用被替换部队的原有电台，这样德国的无线电监听部队就察觉不到任何变化。所有的军队调动和铁路运输都在夜间或能见度制约德国空军侦察时进行。同样，指挥机关周围不允许访客和行人随意通行，以避免引起注意。这样的手段虽不可能彻底掩盖大规模行动，但足以令德国人无法确定其对手的战略实力。德国情报机关虽然能够查明库尔斯克突出部内苏联的全部主要兵力，包括涅克拉索夫上校的近卫步兵第52师、巴克索夫上校的近卫步兵第67师、切尔诺夫上校的近卫步兵第90师，以及支援他们的近卫坦克第6军和近卫坦克第5军，但是未能察觉草原军区的防御准备工作。另外，德国人对科涅夫将军麾下兵力的强弱、编成、机械

Kräftegegenüberstellung 兵力对比

Stand: 1.4.43 日期：1943 年 4 月 1 日

Deutsche Kräfte 德国的兵力 | Sowj. russ. Kräfte 苏维埃俄国的兵力

Frontabschnitt 前线及临近地域的单位	Reserven i.d. Tiefe 预备队部分	Front u. frontnah		Front u. frontnah 前线及临近地域的单位	Reserven i.d. Tiefe 预备队部分	Verbleib unbekannt 不明部署	Gesamtsumme 合计
A A 集团军群		8 J.D. 1 Pz. } 9	兵团	44 S.D. 2 Pz.	2 S.D. 7 Pz.		46 S.D. 9 Pz.
		321 800	人员	388 000	23 500		411 500
		43 (35)	坦克	45	100		145
		581	火炮	1749	87		1836
Süd 南方集团军群	davon in Auffrischung: 4 J.D.	26 J.D. 13 Pz } 39		97 S.D. 51 Pz.	43 S.D. 43 Pz.		140 S.D. 94 Pz.
		548 000		1 008 000	524 500		1 532 500
		887 (389)		765	655		1420
		928		3799	1815		5614
Mitte 中央集团军群		70½ J.D. 8 Pz. } 78½		152 S.D. 56 Pz.	10 S.D. 11 Pz.		162 S.D. 67 Pz.
		1 221 000		1 429 500	131 000		1 560 500
		396 (181)		1210	165		1375
		2732		6327	508		6835
Nord 北方集团军群		42½ J.D.		115 S.D. 34 Pz.	5 S.D. 18 Pz.		120 S.D. 52 Pz.
		642 000		1 166 500	51 000		1 217 500
		10 (7)		735	165		900
		2119		4771	172		4943
Ostfront gesamt 东线总计		147 J.D. 22 Pz. } 169		408 S.D. 143 Pz.	60 S.D. 79 Pz.	36 S.D. 29 Pz.	504 S.D. 251 Pz.
		2 732 000		3 992 000	730 500	429 500	5 152 000
		1336 (612)		2755	1085	400	4240 +1800 } 6040
		6360		16 646	2582	1455	20 683

Zahlen in ( ) = davon einsatzbereit 括号里的数字是指可用数量

德国人对东线战场兵力对比的估计，1943年4月1日。左侧一栏为德国：J.D代表步兵师，Pz代表装甲师/装甲掷弹兵师。右侧一栏为苏联：S.D代表步兵师，Pz. 代表坦克旅化水平和进攻潜力也都知之甚少。[63]

对于掩盖和伪装防御准备行为的各种具体做法来说，库尔斯克地区特有的灰黄色土壤有利有弊：只要用铁锹翻一下，地表下的俄罗斯黑土就会暴露出来，导致任何人工建筑在航拍照片中都很显眼。因此，苏联人制造在某处施工的假象固然相对容易，可是想要隐蔽真正的建筑工程和军队集中也极为困难。

如果没有通信和交通设施帮助守军对德国的威胁做出反应，那么这样精心构筑的防线就毫无用处。通信一直是红军长期面临的痼疾，但德国在库尔斯克的漫长拖延使苏联人有时间布设数千公里长的通信线路，构建出一个灵活而富有弹性的体系，可以将预备队或炮火召唤到任何受到威胁的地段。通信的测试每天实施两次。同样，红军工程兵也修复并完善了整个库尔斯克突出部的公路和铁路，尽管德国人仍然控制着从奥廖尔和哈尔科夫辐射出来的复杂交通网。

高级指挥机关频繁而细致地检查上述各种防御准备工作。例如，1943年5月期间，两个方面军司令部从每个步兵团的三个营中，抽查一个营的全部防御准备细节。高级指挥员和参谋人员不是坐在指挥所里例行公事地听汇报，而是经常走入工程构筑的现地查看进度。一位将军可能会不打招呼就出现在一个前沿指挥所，指定一个目标的位置，测试炮兵对假想威胁的响应速度。这种检查在会战期间带来意想不到的好处，因为高级指挥机关对自己下属部队的优缺点了如指掌。

在做好上述防御建设工作的同时，红军还为这场会战广泛进行一系列图上作业（司令部练习和首长司令部演习）和军人训练。[64] 各级指挥机关试图预测德国进攻的可能演变方式，然后针对这种紧急情况制定详细的计划。各级预备队，特别是坦克集团军，会在午夜时接到警报命令，要求他们沿着战斗时可能经过的道路，在没有照明的情况下行军。每个指挥机关都为火炮和自动武器预先标定目标。苏联步兵进行强化训练，以便克服对坦克的本能恐惧，了解“虎”式坦克及其他德国车辆的弱点。一个典型的前线步兵连或炮兵连，每周要将一天的时间用在专门修建的训练靶场上，进行实弹射击并演练不同的防御战术。典型的演练科目包括反击在坦克后面跟进的敌步兵，向中间防御阵地退却，以及遭到合围时的战斗。与此同时，战斗工兵演练了一种后来成为苏联防御标志的概念——快速障碍设置队，他们的任务是前往受威胁的地段，在德国人积极冲击或突破的前方迅速布设防坦克障碍物。另外，全体战士还要接受防化训练，在日益温暖的初夏，每次戴上令人难受的防毒面具都要长达八个小时。

几场虚惊

德国进攻在即的警报频繁打断上述细致的准备工作。这种警报往往是基于当时比较准确的情报，尽管并非总是准确；只是由于希特勒犹豫不决才使警报未能应验。德国发动进攻之前，苏联各级情报机关已经相当准确地描绘出德国的意图。从战略上看，苏联在中欧的间谍，包括著名的“红色乐队”（Rote Kapelle），发出的情报清楚而明确地指出德国企图发动夏季进攻。1943年4月，英国在不提及来源的情况下，向苏联通报了利用“超级机密”（ULTRA：英国的通信拦截和密码破译）获得的类似消息，但此后英国显然决定停止向苏联提供这样的消息，于是这种情报资源不久即告枯竭。与此同时，格鲁乌（GRU：苏联红军总参谋部情报总局）掌握的间谍和军队的情报机关也搜集到大量消息，证实了中欧间谍的报告。战略情报固然很有价值，而日常的战斗情报搜集和侦察则使苏联人能够比较准确地预测到德国进攻计划的战役和战术特征。尽管做出大量情报工作并得到海量的信息，但苏联人还是未能确定德国向库尔斯克突出部南线进攻的准确位置与兵力。[65]

5月2日、8日和19日，大本营曾至少三次发出过这种警告。[66] 例如5月8日，因为预计德国人可能在5月10日前发动进攻，斯大林坚持让整个地区进入最高战备状态。这样的进攻并未如期到来，于是到5月26日，瓦图京和他的方面军军事委员会委员尼基塔·谢尔盖耶维奇·赫鲁晓夫，急不可耐地请求向哈尔科夫发动先发制人的进攻，他们认为德国人已经取消了进攻。华西列夫斯基、安东诺夫和朱可夫只好又一次冒着令斯大林不悦的风险，为等待德国人先行进攻的必要性激烈申辩。斯大林尽管领会到他们的主张中蕴含的智慧，可是难免会担心苏联防御像前两年经常出现的那样土崩瓦解。[67]

与此同时，苏德双方还在空中和地面互相发动小规模进攻。5月6日至8日期间，由于预计德国的进攻迫在眉睫，红军空军轰炸了德国人的17座机场。除了最初造成的意外，这一轮轰炸实际上收效甚微。尽管如此，在三天的时间里，红军航空兵还是出动1400架次，共摧毁500架德国飞机，己方损失122架。

反过来，德国空军于5月22日和6月2日攻击库尔斯克铁路枢纽，试图破坏守军的后勤物资积累。德国人甚至还设想过某种程度的战略轰炸，比如远程空袭高尔基坦克制造厂。[68]

与此同时，苏联的许多侦察小组和游击队在德国战线后方四处活动，搜集情报并破坏德国人为“堡垒”行动积累的后勤物资。仅6月一个月，在中央集团军群后方活动的游击队就炸毁298台机车、1222节车皮和44座桥梁。铁轨平均每天被切断34处，导致德国人前送补给和弹药时不断遇到困难。这个大规模网络中的间谍还帮助红军更准确地得到德国潜在能力的情报，比德国人掌握对手的同类情报要准确得多。[69]

随着德国进攻日期明显临近，双方都愈发紧张不安。不管是苏联人还是德国人，普通士兵和初级军官私下里都会有些不够自信，这在战斗打响前是常有的事情。无论苏联守军有多么自信，他们都意识到从来没有人能够阻挡精心策划的闪击战进攻。而当德国人见识到苏联防御阵地构成的迷宫时，同样的想法一定也会让他们感到安慰。

从7月1日起，苏联的保卫者们进入持续戒备状态，他们在地堡和阵地中等待着发现进攻的迹象。俄罗斯夏季的夜晚短暂，白昼漫长而炎热，双方都得不到很多休息时间。

注释

1. 德国人放弃勒热夫—维亚济马突出部的详情，见厄尔·F. 齐姆克著《从斯大林格勒到柏林：德国在东线的失败》(华盛顿特区：美国陆军军事历史主管办公室，1968年版)，第116—117页。1942年11月和12月围绕这个突出部发生的激烈交战详情，见戴维·M. 格兰茨著《朱可夫元帅遭受的最大挫折：1942年11—12月的"火星"行动》(劳伦斯：堪萨斯大学出版社，1999年版)。

2. 第8装甲师是德国陆军总司令部的预备队。第5装甲师和第8装甲师的总兵力略多于200辆坦克。第二装甲集团军在7月的作战序列变化，可参阅《围绕奥廖尔突出部的夏季战役，1943年7月5日—8月12日》(*Sommerschlacht um den Orelbogen vom 5. Juli—12. Aug 1943*)，收录在《第二装甲集团军司令部，作战参谋第1375/4号》(Pz A. O. K. 2., Ia 1375/4)，现存于美国国家档案馆微缩胶卷(以下缩写为NAM)T-313，第171卷。

3. 阿尔伯特·西顿著《苏德战争1941—1945》(纽约：普雷格出版社，1971年版)，第360页。

4. 第九集团军的作战序列，见《1943年3月26日—8月18日第九集团军司令部作战参谋绘制的作战日志第8号附件：位置图》(*Lagenkarten. Anlage zu KTB Nr. 8, AOK 9. Ia, 26 Mar-18 Aug 1943*)，收录在《第九集团军司令部：第35939/7号》(*AOK 9. 35939/7*)，现存于NAM T-312，第320卷。后来，红军缴获了第九集团军在库尔斯克会战时期的记录，因此，现在很难查清该集团军在会战中的表现，虽然作者曾读到过相关的作战日志，但是俄罗斯人至今尚未把它们归还给德国的档案馆。

5. 这几位指挥官在勒热夫战役("火星"行动)中的表现，见霍斯特·格罗斯曼著《勒热夫：东线的中流砥柱》，约瑟夫·G. 韦尔什的英译稿尚未出版。

6. 第二集团军的作战序列，见《1943年7月1日—1943年9月30日第二集团军作战日志中情报参谋绘制的敌军位置图(一比三十万)》(*K.T.B. Feindlagenkarten (1:300,000) vom 1.7.1943 bis 30.9.1943, AOK 2, Ic/AO*)，现存于NAM T-312，第1253卷。同一系列微缩胶卷中还有第二集团军作战参谋编写的其他文件。

7.《第二装甲集团军司令部作战参谋编写的作战日志第36组附件第23号：指挥官用地图》(*Chefkarten, 23 Anlagen, Anlagenband 36 zum KTB Pz AOK 2, Ia.*)，收录在《第二装甲集团军司令部第37075/49号，1943年6月1日—8月13日》(*Pz AOK 2, 37075/49 1 Jun-13 Aug 1943*)，现存于NAM T-313，第171卷。同一系列胶片中还有作战参谋编写的其他文件。苏联对德国这份和其他作战序列的精确评论，见P. P. 韦奇尼主编的《战争经验研究材料选集，第11册，1944年3月—4月》(*Sbornik materialov po izucheniiu opyta voiny, no. 11 mart-aprel' 1944 g.*，莫斯科：军事出版局，1944年版)，第39—42页。这部研究作品是机密级文件，由红军总参谋部战争经验研究局编写，全方位涵盖库尔斯克会战的各个方面。下文简称为《选集》第11册。

8. 第四装甲集团军的作战序列可以在许多文献中找到，包括《第四装甲集团军第2号位置图—1943年7月4日22时整》(*Lagenkarte 4. Pz Armee, Stand 2-4.7.43 2200, PzAOK 4, Ia*)，收录在《第四装甲集团军作战参谋》(*PzAOK 4, Ia*)，现存于NAM T-313，第369卷。带有德国作战序列和兵力的英语资料包括西顿著《苏德战争》、布赖恩·佩雷特著《黑十字骑士：希特勒的装甲兵及其首长》(纽约：圣马丁出版社，1986年版)，以及马克·希利著《库尔斯克1943：东线的变局》(伦敦：鱼鹰出版社，1992年版)。

9. 关于党卫队第二装甲军的兵力和会战中所起作用的详情，见附录 D 中引用的档案文献，以及西尔维斯特·施塔德勒的优秀研究作品：《1943年库尔斯克进攻战役：在大规模战斗日作为突击尖刀的党卫队第二装甲军》(*Die Offensive gegen Kursk 1943: II. SS-Panzerkorps als Stosskeil im Grosskampf*，奥斯纳布吕克：穆宁出版社有限公司，1980年版)，该书不仅收录了党卫队第二装甲军及其下属各师每日战报、作战地图和战斗实力报告的原样复制件，还定期给出苏联人的损失数字。三个党卫队装甲掷弹兵师的名称分别缩写为 LAH 或 AH、DR 和 T。“大德意志”师同样有一个15辆“虎”式坦克组成的连。施塔德勒著《1943年库尔斯克进攻战役》，第34页引用的党卫队第二装甲军报告，称该军7月4日的作战兵力为356辆坦克和95辆突击炮，而海因里希则认为该军7月5日有352辆坦克和91辆突击炮，见戈特哈德·海因里希和弗里德里克·威廉·豪克合著，约瑟夫·韦尔奇英译《堡垒：攻击俄国的库尔斯克突出部》(美国国家档案馆)，第92条注释。档案文献中关于各师兵力的报告，见附录 D。

10. “肯普夫”集团军级支队的组织结构，见《1943年7月1日—1943年12月31日每日战况地图》(*Tägliche Lagekarten vom 1.7.43-31.12.43*)，收录在《第八集团军司令部作战参谋编写的第二号作战日志》(*Kriegstagbuch No. 2, AOK 8, Ia*)，文件编号是《第八集团军司令部第44701/14号》(*AOK 8, 44701/14*)，现存于 NAM T-312，第56卷；另见 T-312系列当中第八集团军司令部的其他报告。希利著《库尔斯克1943》，第22页，优秀而准确地概括介绍了德国装甲兵的组织结构和兵力分布。海因里希和豪克合著的《堡垒》，第92条注释，提到“肯普夫”集团军级支队7月5日的兵力是311辆坦克(其中48辆“虎”式)和150辆突击炮，其中281辆坦克(40辆“虎”式)可以用于作战。托马斯·L. 詹茨在他透彻深入的研究作品《德国装甲兵》(宾夕法尼亚州阿特格伦：希弗军事历史出版社，1996年版)中，提到该集团军级支队的兵力是344辆坦克(45辆““虎”式”)和75辆突击炮，不过，这些数字是指保有总数，而非能实际用于作战的可用数量。

11. 这一兵力数字也不包括“肯普夫”集团军级支队第四十二军的80辆突击炮，该军没有直接参加这场会战。德国装甲兵力的全部详情，见附录 D。

12. 赫尔曼·普洛赫尔著《德国空军与俄国的较量，1943》，(纽约：阿诺出版社，1967年版)，第78页、第81页。

13. 同上，第78页、第83页。

14. 亚努斯·皮耶卡尔凯维茨原著，米凯拉·尼尔豪斯英译《“堡垒”行动：库尔斯克和奥廖尔：第二次世界大战中最大规模的坦克战》(加利福尼亚州诺瓦托：普雷西迪奥出版社，1987年版)，第18—19页。

15. 普洛赫尔著《德国空军与俄国的较量，1943》，第75—77页。

16. 德国人在库尔斯克会战前的具体决策过程，在齐姆克著《从斯大林格勒到柏林》第130—133页，以及海因里希和豪克合著《堡垒》中，都有详细描述。

17. 这些关于全球战略的设想，见海因里希著《堡垒》，第1—20页。

18. 虽然大多数德国的回忆录作者都声称自己对希特勒发动进攻持保留态度，但是很难确定这些批评意见有多少属于“事后诸葛亮”。当然，大部分都是。

19. 7月1日和8月1日苏联集结的兵力数量和作战序列，见《选集》第11册，第10—19页；另见《苏军的作战编成，第三部(1943年1月—12月)》(*Boevoi sostav Sovetskoi armii, chest'3 (ianvar—dekabr' 1943 goda)*，莫斯科：军事出版局，1972年版)，第155—210页。这份针对作战序列的全面调查是机密级文件，由苏联总参谋部军事科学局编写。该书的姊妹篇名为《伟大卫国战争时期苏联武装力量的军、师级指挥员，1941—1945》（*Komandovanie korpusnogo i divizionnogo zvena Sovetskikh Vooruzhennykh sil perioda VOV 1941—1945*，莫斯科：伏龙芝军事学院，1964年），其中可以查到苏联所有军长、师长和坦克旅旅长的姓名，同样是机密级文件。

20. G. 科尔图诺夫著《数字中的库尔斯克会战（防御阶段）》【*Kurskaia bitva v tsifrakh (period oborony)*】，刊登在《军事历史杂志》第6期（1968年6月刊），第62页。

21. 巴格拉米扬军旅生涯的详情，见I. Kh. 巴格拉米扬著《我们这样走向胜利》（*Tak shli my k pobede*，莫斯科：军事出版局，1988年版）。近卫第11集团军的作战序列和参加库尔斯克会战的详情，见P. P. 韦奇尼编辑的《突破德国奥廖尔集团侧翼的防御》（*Proryv oborony na flange orlovskoi gruppirovki nemtsev*），收录在《战争经验研究材料选集，第10册，1944年1月—2月》（*Sbornik materialov po izucheniiu opyta voiny, no. 10 ianvar-fevral' 1944 g.*，莫斯科：军事出版局，1944年版），第3—45页。这部研究作品由红军总参谋部战争经验研究局编写，是机密级文件。以下引用时简称为《选集》，并表明相应册号。

22. 根据G. 科尔图诺夫著《数字中的库尔斯克会战（反攻阶段）【（*Kurskaia bitva v tsifrakh (period kontmastupleniia*）】，刊登在《军事历史杂志》第7期（1968年7月刊）第80页的说法，巴格拉米扬的集团军和第50集团军共有211458人，其中188043人隶属各作战兵种。《选集》第10册第8页称，近卫第11集团军在其突破地段上集中了近6万人。

23. 第50集团军的组织结构、兵力和会战中的作用，见F. D. 潘科夫著《火线》（*Ognennye rubezhi*，莫斯科：军事出版局，1984年版），第140—169页。博尔金的军旅生涯详情，见I. V. 博尔金著《生命的篇章》（*Stranitsy zhizni*，莫斯科：军事出版局，1961年版）。

24. 第3集团军战史和戈尔巴托夫战时经历的详情，见A. V. 戈尔巴托夫著《岁月与战争》（Gody i voiny，莫斯科：军事出版局，1980年版）。布良斯克方面军在这场会战中的作用，见L. L. 桑达洛夫著《奥廖尔战役中的布良斯克方面军》（*Brianskii front v orlovsloi operatsii*），刊登在《军事历史杂志》第8期（1963年8月刊），第62—72页。桑达洛夫时任该方面军参谋长。

25. 第63集团军在这场会战中的作用，见V. A. 别利亚夫斯基著《施普雷河上纵横交错的箭头》（*Strely skrestilis'na Shpree*，莫斯科：军事出版局，1973年版），第76—113页。科尔帕克奇的个人传记见《苏联军事百科全书》第4卷（莫斯科：军事出版局，1977年版），第244—245页。

26. 第61集团军战斗历程的详情，见《第61集团军》（*Shest'desiat pervaia armiia*）词条，《苏联军事百科全书》第8卷（1980年版），第512—513页；以及桑达洛夫著《奥廖尔战役中的布良斯克方面军》。

27. 见P. A. 别洛夫的回忆录《我们背后是莫斯科》（*Za nami Moskva*，莫斯科：军事出版局，1963年版）。他在德军纵深的袭击战详情，见戴维·M. 格兰茨著《苏联空降兵史》（伦敦：弗兰克·卡斯出版社，1994年版），第104—228页。

28. 科尔图诺夫著《数字中的库尔斯克会战（反攻阶段）》，第80页。总共40万人当中，有298068人隶属各作战兵种。

29. 第13集团军的组织结构、兵力和会战中的作用等详情，见M. A. 科兹洛夫编辑的《在战火中：第13集团军的战斗历程》（*V plameni srazhenii: boevoi put' 13-i armii*，莫斯科：军事出版局，1973年版），第89—128页；《选集》，第11册；以及保密的研究作品：V. T. 伊米诺夫著《以中央方面军第13集团军为例看库尔斯克会战中防御的组织和实施（1943年7月）》【*Organizatsiia i vedenie oborony v bitve pod*

Kurskom na primer 13-i armii tsentral'nogo fronta (iiul' 1943 g.)，莫斯科：伏罗希洛夫总参军事学院，1979年版】。

30. 普霍夫军事生涯的详情，见《苏联军事百科全书》第6卷（1978年版），第640—641页。

31. 见《第70集团军》（*Semidesiataia armiia*）词条，《苏联军事百科全书》第7卷（1979年版），第317—318页。

32. 加拉宁的个人传记见《苏联军事百科全书》第2卷（1976年版），第464页。

33. 见《第48集团军》（*Sorok vos' maia armiia*）词条，《苏联军事百科全书》第7卷（1979年版），第447—448页。

34. 罗曼年科军事生涯的资料见《苏联军事百科全书》第7卷（1979年版），第141页；以及I. 格列波夫著《P. I. 罗曼年科上将》（*General-polkovnik P. I. Romanenko*），刊登在《军事历史杂志》第3期（1977年3月刊），第125—126页。

35.《苏军的作战编成》第三部，第162页。

36. 按照《选集》第11册的说法，中央方面军的装甲实力是1150辆坦克和自行火炮。G. 科尔图诺夫和B. G. 索洛耶夫合著的《库尔斯克会战》（*Kurskaia bitva*，莫斯科：军事出版局，1970年版）中，引用的中央方面军装甲车辆数是1607辆，其中有91辆自行火炮。《选集》中的数字可能只统计了可用于作战的装备。

37. 他的简历摘要，见《苏联军事百科全书》第7卷（1979年版），第137—138页。

38. 第38集团军和第40集团军在库尔斯克会战期间的作战序列和作用，也可参阅I. Ia. 维罗多夫编辑《胜利之战：1941—1945年伟大卫国战争中第38集团军的战斗历程》（*Vsrazheniiakh za pobedu: boevoi put' 38-i armii v gody Velikoi Otechestvennoi voiny 1941-1945 g.*，莫斯科：科学出版社，1974年版）；以及K. S. 莫斯卡连科著《在西南方向，1943—1945》（*Na iugo-zapadnom napravlenii, 1943-1945*，莫斯科：科学出版社，1972年版），第12—80页。

39. 近卫第6集团军和近卫第7集团军的兵力和编成等详情，见《苏军的作战编成》，第163页，科尔图诺夫和索洛耶夫合著的《库尔斯克会战》，第61—62页。

40. 奇斯佳科夫的军旅生涯详情，见I. M. 奇斯佳科夫著《我们为祖国服务》（*Sluzhim otchizne*，莫斯科：军事出版局，1975年版）。

41. 舒米洛夫的个人传记见《苏联军事百科全书》第8卷（1980年版），第545—546页。近卫第7集团军的记录可以参阅D. A. 德拉贡斯基编辑《从伏尔加河到布拉格》（*Ot Volgi do Pragi*，莫斯科：军事出版局，1966年版）。

42. 见《苏联军事百科全书》第5卷（1978年版），第408—409页。

43. 见《苏联军事百科全书》第4卷（1979年版），第498页。

44. 见卡图科夫的优秀回忆录：M. E. 卡图科夫著《在主攻方向》（*Na ostrie glavnogo udara*，莫斯科：军事出版局，1976年版）。

45. 科尔图诺夫和索洛耶夫合著《库尔斯克会战》，第62—63页。这些兵力当中，只有一部分用于库尔斯克会战的防御阶段。

46. 同上，第63页。

47.《苏军的作战编成》，第169页。

48.《选集》第11册，第21页。

49. 科尔图诺夫和索洛耶夫合著《库尔斯克会战》，第63页。

50.《选集》第11册，第27页。

51. 同上，第28页。

52. 同上。工程兵和工程防御措施在库尔斯克会战中的详情，见S. Kh. 阿加诺夫著《苏军工程兵1918—1945》(*Inzhenemye voiska Sovetskoi armii 1918-1945*，莫斯科：军事出版局，1985年版)，第318—375页；以及A. D. 齐尔林编辑《为苏维埃祖国而战的工程兵》(*Inzhenemye voiska v boiakh za sovetskuiu rodinu*，莫斯科：军事出版局，1970年版)，第153—176页。

53.《选集》第11册，第27页。反坦克歼击炮兵在库尔斯克会战中的兵力、编成和作战运用，见A. N. 亚钦斯基著《伟大卫国战争中最高统帅部预备队反坦克歼击炮兵的作战运用》(*Boevoe ispol'zovanie istrebitel' noprotivotankovoi artillerii RVGK v Velikoi Otechestvennoi voine*，莫斯科：伏罗希洛夫总参军事学院，1951年版)。这是一篇机密级的学术论文。

54. 见L. 科兹洛夫著《步兵兵团对坦克防御的完善》(*Sovershenstvovanie protivotankovoi oborony strelkovykh soedinenii*)，刊登在《军事历史杂志》第3期(1971年3月刊)，第32页。另见戴维·M. 格兰茨著《1943年7月苏联在库尔斯克的防御战术》作战研究所第11号报告(堪萨斯州莱文沃思堡：作战研究所，1986年版)。

55. 格兰茨著《1943年7月苏联在库尔斯克的防御战术》，第20—21页。

56. 近卫步兵第52师的防御细节，见V. A. 沃斯特罗夫编辑《伟大卫国战争和局部战争经验战例专题选集(团—集团军)》【*Tematicheskii sbomik boevykh primerov iz opyta Velikoi Otechestvennoi voiny i lokal' nykh voin (polk-armiia)*，莫斯科：军事出版局，1989年版)，第54—55页；A. I. 拉济耶夫斯基编辑《从战例学战术：团》(*Taktika v boevykh primerov: polk*，莫斯科：军事出版局，1974年版】，第231—232页；K. S. 科尔加诺夫编辑《伟大卫国战争期间苏军战术的发展(1941—1945)》【*Razvitie taktiki Sovetskoi armii v gody Velikoi Otechestvennoi voiny (1941-1945 gg.)*，莫斯科：军事出版局，1976年版】，第281—282页、第294—295页、第353页、第374页；以及A. I. 拉济耶夫斯基编辑《从战例学战术(师)》(*Taktika v boevykh primerov (diviziia)*，莫斯科：军事出版局，1976年版)，第184—185页、第215—216页、第228页、第235—236页。绘有近卫步兵第52师防御细节的这张地图，是根据1943年实况复原的当代一比五万比例尺俄语版地图。

57. 反坦克歼击炮兵第1008团的组织结构和战斗运用，见R. B. 布拉贡斯基、N. S. 波佩利尼茨基和M. G. 乌先科夫合著《战例中的炮兵战术(分队和部队)》(*Taktika artillerii v boevykh primerakh (podrazdeleniia i chasti)*，莫斯科：军事出版局，1977年版)，第228—231页。

58. 见《伟大卫国战争中的防御：战例选集》(*Oborona v gody Velikoi Otechestvennoi voiny: sbornik boevykh primerov*，莫斯科：伏龙芝军事学院，1989年版)，第64—80页；沃斯特罗夫著《伟大卫国战争和局部战争经验战例专题选集》，第22—23页、第56—58页；科尔加诺夫著《伟大卫国战争期间苏军战术的发展》，第281—282页、第294—295页、第374—375页。

59. 沃斯特罗夫著《伟大卫国战争和局部战争经验战例专题选集》，第56页。

60. 苏联精心制订的欺骗计划详情，见戴维·M. 格兰茨著《第二次世界大战中苏联的军事欺骗》(伦敦：弗兰克·卡斯出版社，1989年版)，第149—153页。

61. 苏联情报机关围绕库尔斯克会战的行动及其成败，详见戴维·M. 格兰茨著《苏联在战争期间的军事情报工作》(伦敦：弗兰克·卡斯出版社，1990年版)，第172—283页。

62. 格兰茨著《第二次世界大战中苏联的军事欺骗》，第146—181页。

63. 例如，可参阅德国情报机关在库尔斯克会战前夕的判断，其中有东线外军处情报参谋【Fremde Heere Ost (Ic)】编写的《红军各方面军、集团军和军分别在1943年4月4日、4月14日、4月24日、5月4日、5月14日、5月24日、6月3日、6月13日、6月23日、7月3日、7月13日各时间段的兵力》(*Übersicht über Streitkrafte, Fronten, Armeen und Korps der Roten Armee, Gliederung am 4.4.43, 14.4.43, 24.4.43, 4.5.43, 14.5.43, 24.5.43, 3.6.43, 13.6.43,23.6.43,3.7.43,13.7.43*)，现存于NAM T-78，第588卷。第四装甲集团军和"肯普夫"集团军级支队制作的情报地图，能够同东线外军处的评价相吻合[①]。

64.《选集》第11册，第33—35页。

65. 苏联的情报收集工作和间谍在情报活动中的作用，详见格兰茨著《苏联的情报工作》，第172—283页；以及戴维·M. 格兰茨著《1943年7月库尔斯克会战中苏联的战役情报》，刊登在《情报和国家安全》第5年第1期(1990年1月刊)，第5—49页。另见F. H. 欣斯利等人合著《第二次世界大战中英国的情报工作：情报对战略和战役的影响，第二卷》(纽约：剑桥大学出版社，1981年版)，第620—627页。不过到1943年，诸如此类分享情报的行为已有所减少。

66. 这些警告和警报的详情，见格兰茨著《苏联的情报工作》，第192—198页。

67. G. K. 朱可夫著《回忆与思考》第二卷(莫斯科：进步出版社，1985年)，第166—169页。

68. 皮耶卡尔凯维茨著《"堡垒"行动》，第94—100页。

69. 同上，第115页；以及格兰茨著《苏联的情报工作》，第201—243页。

---

① 译注：原文Gleiderung已订正为Gliederung。

苏联元帅 G.K. 朱可夫，负责西方面军、布良斯克方面军和中央方面军行动的大本营代表

苏联元帅 A.M. 华西列夫斯基元帅（左），负责沃罗涅日方面军行动的大本营代表，与第60集团军司令员 I. D. 切尔尼亚霍夫斯基中将

布良斯克方面军司令员 M. M. 波波夫上将

沃罗涅日方面军司令员 N. F. 瓦图京大将

西方面军司令员 V. D. 索科洛夫斯基上将（右一）与苏联元帅 G. K. 朱可夫（1945年拍摄）

中央方面军司令员 K. K. 罗科索夫斯基大将

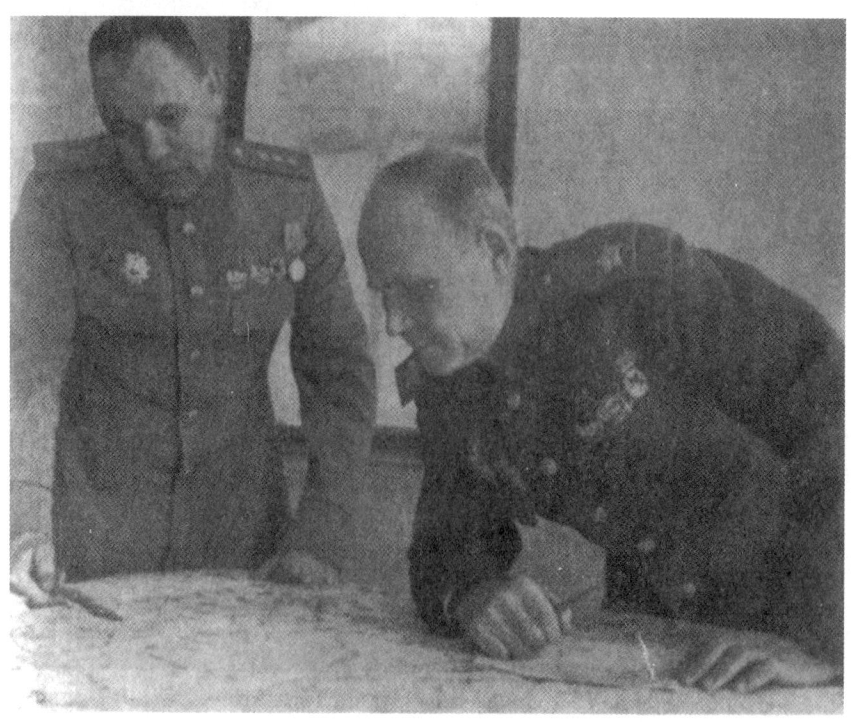

草原方面军司令员 I. S. 科涅夫上将（右）与他的参谋长 M. V. 扎哈罗夫中将

坦克第4集团军司令员 V. M. 巴达诺夫中将

坦克第1集团军司令员 M. E. 卡图科夫中将（1941年拍摄）

坦克第2集团军司令员 A. G. 罗金中将

近卫坦克第5集团军司令员P.A.罗特米斯特罗夫中将（中）与他的参谋们

近卫坦克第3集团军司令员R.S.雷巴尔科中将（右）正与他的参谋长V.A.米特罗法诺夫少将（左）、坦克第91旅旅长I.I.雅库鲍夫斯基上校（中）交谈

南方集团军群司令，陆军元帅埃里希·冯·曼施泰因

中央集团军群司令，陆军元帅京特·冯·克卢格（译注：由于军帽和军服右胸均没有鹰徽，这张照片可能摄于魏玛时期）

第四装甲集团军司令，赫尔曼·霍特大将（中）

第九集团军司令，瓦尔特·莫德尔大将

“肯普夫”集团军级支队司令，维尔纳·肯普夫装甲兵上将

第四十八装甲军军长，奥托·冯·克诺贝尔斯多夫装甲兵上将

党卫队第二装甲军军长，党卫队全国副总指挥保罗·豪塞尔

第四章
正面强攻
7月5日—9日

战场

奥廖尔—库尔斯克地区构成了一片被称为“中俄罗斯高地”的起伏高地，这个高地北起博尔霍夫—姆岑斯克地域，南到拉基特诺耶—别尔哥罗德地域，在叶列茨和旧奥斯科尔东接奥卡河—顿河冲积平原，在谢夫斯克和苏梅西邻第聂伯河和杰斯纳河沿岸低地。[1]高地中流出若干条主要河流，包括向东汇入顿河的奥卡河，向南流的北顿涅茨河及其支流利波维伊顿涅茨河、科连河和科罗恰河，以及向西和西南流入第聂伯河沿岸低地的杰斯纳河、斯瓦帕河、谢伊姆河和沃尔斯克拉河。德国军队在奥廖尔周边盘踞的巨大突出部位于中俄罗斯高地北部，高地南部则主要属于苏联的库尔斯克突出部。

红军在库尔斯克突出部北侧的防御依托斯瓦帕河谷以北的山脊线，沿库尔斯克以北奥卡河南岸分布。在突出部南侧，苏联的防线沿苏梅和别尔哥罗德两座城市以北高地绵延。不过，这些山脊仅比谷底高几百英尺，而且毗邻河流的地形相对平坦、略有起伏，穿插有零散的冲沟和小树林。简而言之，这里的地形类似于美国的俄亥俄州南部或英国的萨里郡，是非常理想的坦克可通行地形。

库尔斯克以北，苏联防线的走向与横跨该地区的小溪和河流平行，这些水道虽然7月份会干涸，但夏季频繁的雷雨容易将它们迅速灌满。因此，这些溪流及其相连的冲沟有助于苏联军队进行防御。库尔斯克以南，若干条河流及其相连的小溪自北向南横穿苏联防线。其中包括毗邻别尔哥罗德东部的北顿涅茨河及其支流利波维伊顿涅茨河，以及在别尔哥罗德以西自北向南横穿苏联主要防线的沃尔斯克拉河及其支流沃尔斯科列茨河。尽管某些河谷为进攻方提供了易于进入苏联防御阵地的通道，但东西走向的其他支流和相连的冲沟则能巩固这些防御阵地，特别是暴雨期间及雨后。这些河流的河岸都比较平缓，河流本身通常都能涉水而过，不过有一个明显的例外，别尔哥罗德以南的北顿涅茨河西岸较高（高达300英尺），东岸则是一路向东绵延的低矮平原。于是西岸高地上的德国阵地能一直控制河东岸十余公里的苏联防御纵深。

库尔斯克这座城市位于苏联库尔斯克突出部中央的谢伊姆河畔，库尔斯克本身是一个关键的铁路和公路枢纽，交通线从这里向突出部外围辐射。该城一旦失守，将会使苏联人无法再防守整个突出部。而德国军队要夺取库尔斯克，就只能突破城南或城北的高地。一旦库尔斯克落入德国人手中，开阔的顿河冲积平原就将为下一步冲向东北方的莫斯科或者东面顿河的行动，提供数条宽阔的通道。

这座城市外面，苏联突出部内点缀着大大小小的村庄，多数都被红军加固并纳入他们连绵不断的防线。这些居民点四周是起伏的农田和废弃耕地。镶嵌在中俄罗斯高地上的狭窄溪流，在数百米外就难以看到，但装甲部队通常可以涉水而过。不过，进出溪谷往往不易，因为在某些地段，河岸及其接近地是湿软的泥土，下雨时会化为沼泽。溪流本身通常不宽，流速缓慢，也相对较浅。最明显的例外当属哈尔科夫东南方不远处的北顿涅茨河，这对双方而言都是重要的水障碍。

起伏的地形上还点缀着一片片树林，尤以溪谷里面和溪流交汇处为甚，那里经常坐落着一些小村庄。尽管这些小村庄能改造成出色的防御支撑点，可是沿毗邻山脊推进的军队也很容易把它们绕过去。

著名的俄罗斯“黑土”是该地区土壤的典型特征，这种土壤的颗粒极小，天气干燥时会产生可观的扬尘，雨后则化为一片泥沼般的泽国。和苏联多数地区一样，道路大多数是未铺砌的土路，难以通行重型轮式车辆，特别是在雨天。唯一铺砌过的道路是奥廖尔到库尔斯克，然后由库尔斯克向南穿过别尔哥罗德的主干道。因此，军队往往要沿铁路和铁路用地行动，它们的分布范围也比公路系统更广泛。坦克和其他履带车辆通常可以越野行进，但高地的褶皱为守军提供了天然掩护和隐蔽处，溪流和冲沟也构成了极好的反坦克阵地。

尽管比起春季泥泞时期的恶劣气候和地形条件，盛夏时节的气候状况要好很多，可是夏季本身也带来挑战。暖和的天气意味着可达90华氏度（超过30摄氏度）的气温，令人难以忍受的湿度，下午和傍晚频繁的雷雨。暴雨虽然可以缓解高温和扬尘，但也会使干涸的溪流、沟壑和干燥的道路立即化为暂时的沼泽。

初步行动

1943年7月4日16点刚过，德国军队按照自己在大规模进攻前的惯例，沿库尔斯克突出部南正面实施战斗侦察（见地图6和地图7）。这些目标有限的行动，意在肃清沃罗涅日方面军布置在第一主要防御地带前方的战斗前哨、营防御枢纽部和观察哨，确定苏联防御前沿的准确位置，并在可能的情况下，夺取防线上的一处立足点，以便第四装甲集团军可以在翌日拂晓全力攻击苏联防线。

冯·克诺贝尔斯多夫将军第四十八装甲军的前沿各营，沿济比诺到普什卡尔诺耶的正面展开侦察，企图拔掉格尔佐夫卡、格尔佐夫卡车站、布托沃和斯特列列茨科耶等处已经查明的苏联前哨。第11装甲师和“大德意志”师掷弹兵团的先遣营，在斯特列列茨科耶和别列佐夫之间，攻击苏联近卫步兵第52师近卫步兵第151团第3营的前哨防御。经过持续数小时的战斗，掷弹兵们成功合围这个苏联营的大部，并迫使他们的余部退出前沿阵地，进入德拉贡斯科耶附近的丘陵。

争夺格尔佐夫卡和格尔佐夫卡车站的战斗更加激烈。“大德意志”燧发枪兵团第3营和第3装甲师第394装甲掷弹兵团第1营分别在格尔佐夫卡及其附近和新戈良卡附近，遭遇苏联步兵第210团第2营和步兵第213团第2营的顽强抵抗。反坦克炮和迫击炮从格尔佐夫卡发出的猛烈火力压制了进攻德军，燧发枪兵营营长身负重伤，该营损失了下属第15连三分之一的兵力和继任的营长。随后持续长达三小时的激战预示着接下来将要发生的事情。截至21时整，掷弹兵们最终肃清了格尔佐夫卡，但伤亡数字很大。[2]

与此同时，在东面，“大德意志”师装甲掷弹兵团和第11装甲师的先遣营夺取了布托沃东西两侧光秃秃的山脊，但未能克服布托沃那个苏联营的防御，只将其孤立在布托沃村附近的低洼地带，这个营危险的反坦克炮火力从那里已

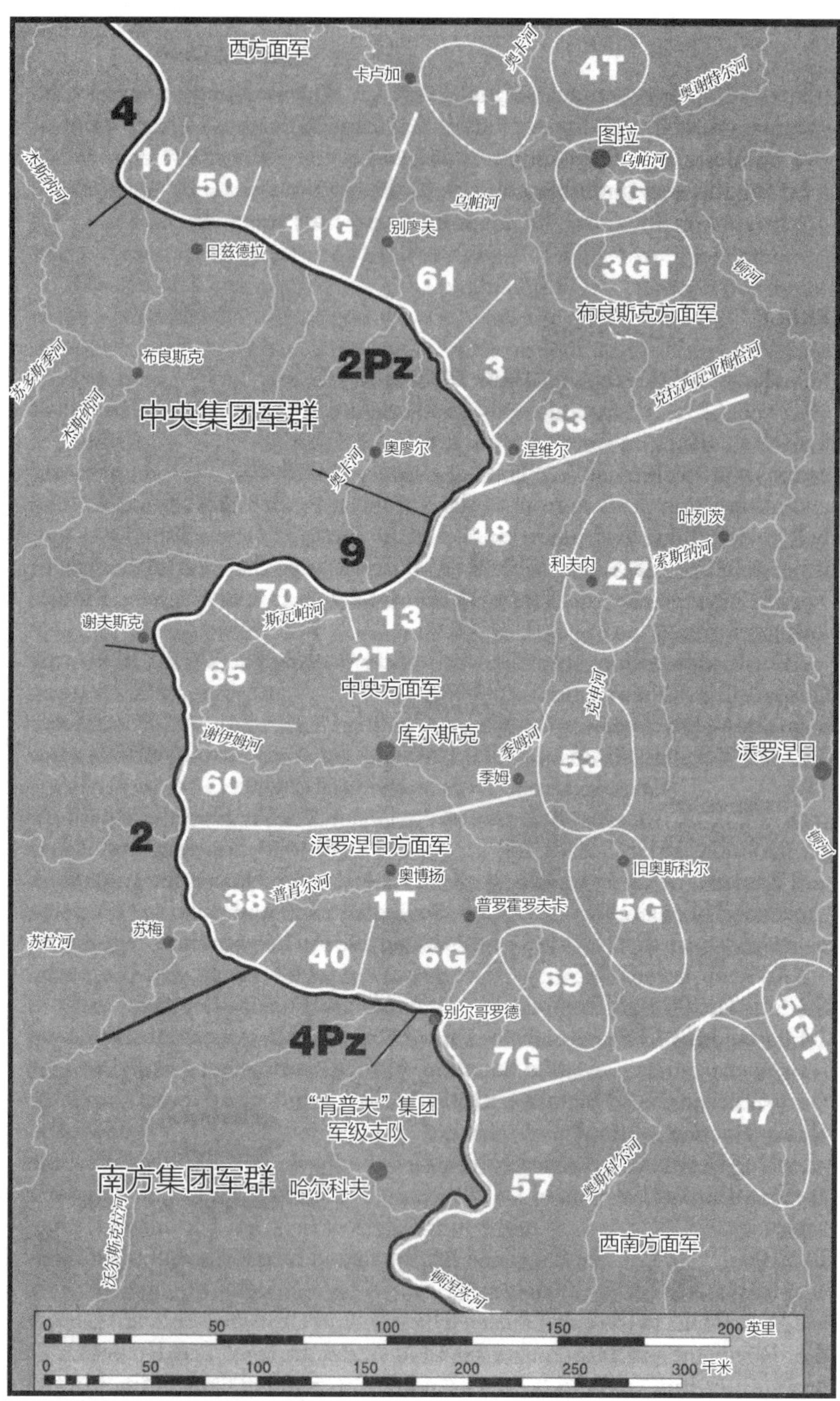

地图6 库尔斯克会战，1943年7月4日

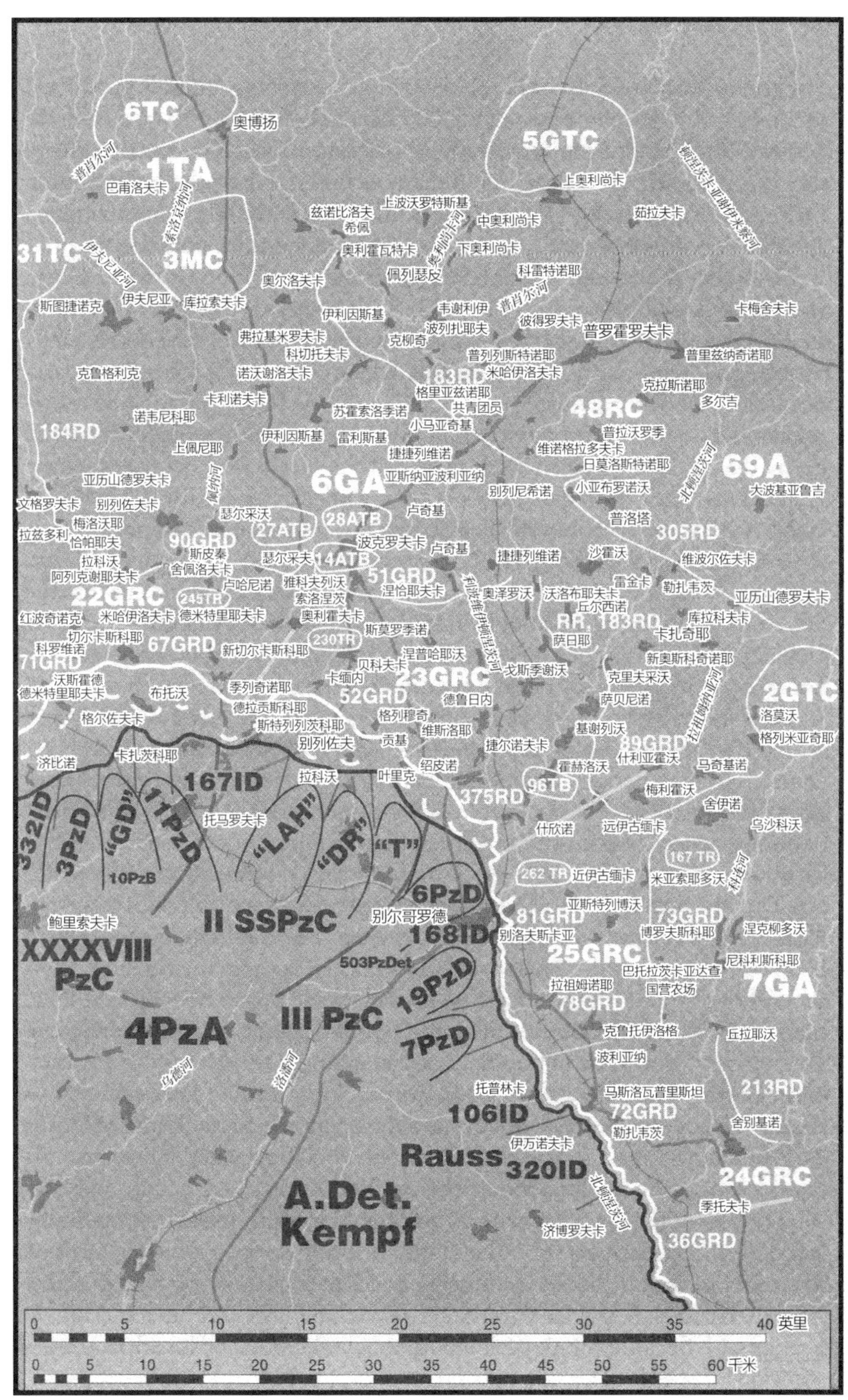

地图7 沃罗涅日方面军，1943年7月4日

经无法杀伤推进中的德军。[3] 苏联近卫步兵第67师近卫步兵第199团第3营的一小股步兵，在A. I. 斯塔尔奇科夫上尉的率领下坚守布托沃长达七小时，激烈的白刃战频频爆发。虽然这支队伍“在力量悬殊的战斗中全部牺牲，但是他们没有放弃自己的阵地”[4]。

德国人认为苏联防线已经被撕开，遂掘壕据守等待炮击和坦克、步兵的全面进攻。他们很乐观，因为眼前只有被前方一公里处的一道浅沟割裂的开阔地。夜幕降临后，“大德意志”师燧发枪兵团和掷弹兵团的主力并肩进入布托沃以南的集结地域，其后方是该师的装甲团和劳赫尔特上校第10装甲旅笨拙的“豹”式坦克，同时，第3装甲师和第11装甲师的官兵和坦克，也悄悄地前出到“大德意志”师左右两翼的进攻出发阵地。[5]

东面20公里处，苏联阵地的位置更靠近德军前线，党卫队全国副总指挥保罗·豪塞尔麾下党卫队第二装甲军的各先遣营，于7月5日1时15分开始实施战斗侦察。截至3时整，尽管推进时同样经历激烈战斗，他们还是夺取了亚洪托夫和叶里克河谷南坡的苏联前沿阵地。[6] 第四装甲集团军的侦察共摧毁近卫第6集团军前方约半数前哨，并迫使许多残余的前哨退却。当天傍晚，苏联的各营和各排亦主动后撤，他们完全清楚自己已经用应有的方式拉开了整场会战的序幕。由于北顿涅茨河的阻碍，德国人在近卫第7集团军地带的侦察远比其他地方薄弱。德国人的小股巡逻队几乎没有对苏联守军造成影响。

尽管激战的声音在午夜后渐渐平息，但德国人计划的凌晨炮击之前预计应有的平静却并未出现。电闪雷鸣和倾盆大雨折磨着集结中的德国人。雪上加霜的是，苏联的炮火轰鸣声很快加入了这场嘈杂的大合唱，并正式宣告库尔斯克会战的开始。突然而猛烈的苏联炮火，证实了许多德国人担心的事情：这场进攻未能出乎红军的意料。

当天傍晚，南线苏联近卫第6集团军的一支战斗巡逻队俘虏了德国第168步兵师的一名二等兵，他供称进攻将在7月5日拂晓开始。[7] 尽管整个5月和6月期间抓捕的俘虏也曾做过类似的供认，但考虑到下午的预备性攻击，瓦图京和他的参谋们还是确信伟大的斗争终于到来。作为派驻沃罗涅日方面军的大本营代表，华西列夫斯基元帅批准守军开始实施炮火反准备，使用预先策划的炮火，轰击已知或可能的敌军集结地域。华西列夫斯基将这一消息通报给派驻中央方面军的大本营代表朱可夫。翌日凌晨2点刚过，第13集团军司令员N. P. 普霍夫中将通知朱可夫，他的部下俘虏了德国第6步兵师的一名战斗工兵：一等兵布鲁诺·费尔梅拉，当时他显然在为准备进攻而清理地雷场。这名俘虏同样供称进攻将于7月5日3时整开始。朱可夫立即指示罗科索夫斯基实施中央方面军的炮火反准备。直到这时，朱可夫才打电话告诉斯大林这个消息：这场会战终于正式开始。

苏联的炮火反准备于1时10分（沃罗涅日方面军）和2时20分（中央方面军）席卷整条战线。部分兵器，特别是反坦克部队的兵器，仍然保持沉默以免暴露其阵地，红军其他火炮则竭尽全力在德国人开始进攻前便予以干扰。[8]

炮火反准备效果不尽相同。对苏联人已知的德国炮兵阵地来说，这次反准备的效果是毁灭性的，德国炮手们当时正在准备用自己的集中射击支援进攻，在开阔地上被打得措手不及。但在其他地方，苏联火力分散在广大的区域，往往错失自己的预定目标：位于最后集结地点的德国军队。不过总的来说，这场炮击即便未能全面杀伤德国军队，也无疑造成了干扰。得知这一情况后，陆军总司令部勉强同意中央集团军群将进攻发起时间推迟两个半小时，南方集团军群推迟三个小时。甚至到那时，德国进攻开始时仍然有些蹒跚和不协调。[9]

与此同时，红军空军将德国空军歼灭在机场上的尝试则不那么成功。7月5日一早，“弗蕾娅”雷达就报告有大批敌机正在靠近，在清晨的灰白色雾霭中，大批Me-109升空拦截。由于夜间导航能力有限，苏联飞行员墨守成规地在7000—10000英尺的高度发起攻击，很容易成为战斗机和高射炮手的猎物。北面的第1航空师击落约120架苏联飞机，南面的第八航空军则宣称7月5日击落432架敌机，自身仅损失26架。毫无疑问，同多数空战的宣称战果一样，这些数据也有夸大的成分，但可以肯定的是，德国空军基本完好，能够按计划支援初期的地面进攻。[10]

第九集团军的进攻，7月5日—6日

7月5日4时30分，苏联为期30分钟的炮火反准备结束后，德国第九集团军开始自己的80分钟炮火准备，集中于苏联防御前沿和四公里内的纵深（见地图8）。第1航空师也开始轰炸这些阵地和库尔斯克周围的红军机场。[11] 为削弱德国炮火准备的效果，普霍夫将军命令第13集团军于4时35分，也就是德国炮击开始五分钟后，再次实施炮火反准备。967门苏联火炮和迫击炮削弱了德国炮火准备的效果，但未能形成压制。5时30分，德国的地面进攻正式开始。[12]

作为公认的防御战术专家，瓦尔特·莫德尔准确地意识到，他的装甲车辆在预有准备的防御阵地上遭到步兵的近距离坚决攻击时很脆弱，特别是“象”式自行火炮。为缓解这个问题，他坚持让徒步步兵伴随自己的装甲矛头。这一战术无疑可以减少坦克损失，代价是步兵伤亡更高。

位于第九集团军东翼的约翰内斯·弗赖斯纳将军第二十三军率先发起的进攻，基本上是一次步兵行动，意在干扰苏联人对德国真正主攻地点的判断。这次辅助突击未能达成重大突破。弗赖斯纳的军攻击第13集团军和第48集团军薄弱的接合部，试图夺取小阿尔汉格尔斯克镇，这个道路枢纽将会有利于向东、西和南边的库尔斯克迅速推进。德国第78、第216和第36三个步兵师的士兵在“斯图卡”和少量坦克的支援下，突入第13集团军步兵第148师和步兵第8师（属苏联步兵第15军）及其友邻的第48集团军步兵第16师据守的第一防御地带约1.5公里。守军不仅阻止了这次进攻，还发起局部反击，以至于第二十三军未能在小阿尔汉格尔斯克方向取得多大进展。[13]

第四十七装甲军和第四十一装甲军遂行的主攻进展较大。在持续的航空兵支援下，三个装甲师和四个步兵师在波内里西北攻击步兵第29军步兵第15师和步兵第81师的防御。截至9时整，约阿希姆·莱梅尔森将军第四十七装甲军的第20装甲师，这个唯一参加初期进攻的德国装甲师，已经使用120辆坦克和突击火炮突入步兵第15师的防御前沿。在猛烈的炮火和航空兵支援下，莫蒂梅尔·冯·克塞尔少将的这个师向前推进五公里，击溃苏联步兵第15师步兵第321步兵团的防御，并夺取博布里克村。在步兵第29军后方山脊处掘壕固守的近卫步兵第17军近卫步兵第6师，随即用猛烈火力阻止德国人继续前进。[14]

一份苏联资料生动地描述了步兵第29军地段的激战：

在这样的钢铁风暴面前，很难判断是否还有什么东西能活下来。天空被高温和浓烟熏黑。炮弹和地雷爆炸产生的刺鼻气体熏得人睁不开眼睛。火炮、迫击炮的轰鸣声和履带的嘎吱声震耳欲聋。战士们的座右铭化为口号：“一步不

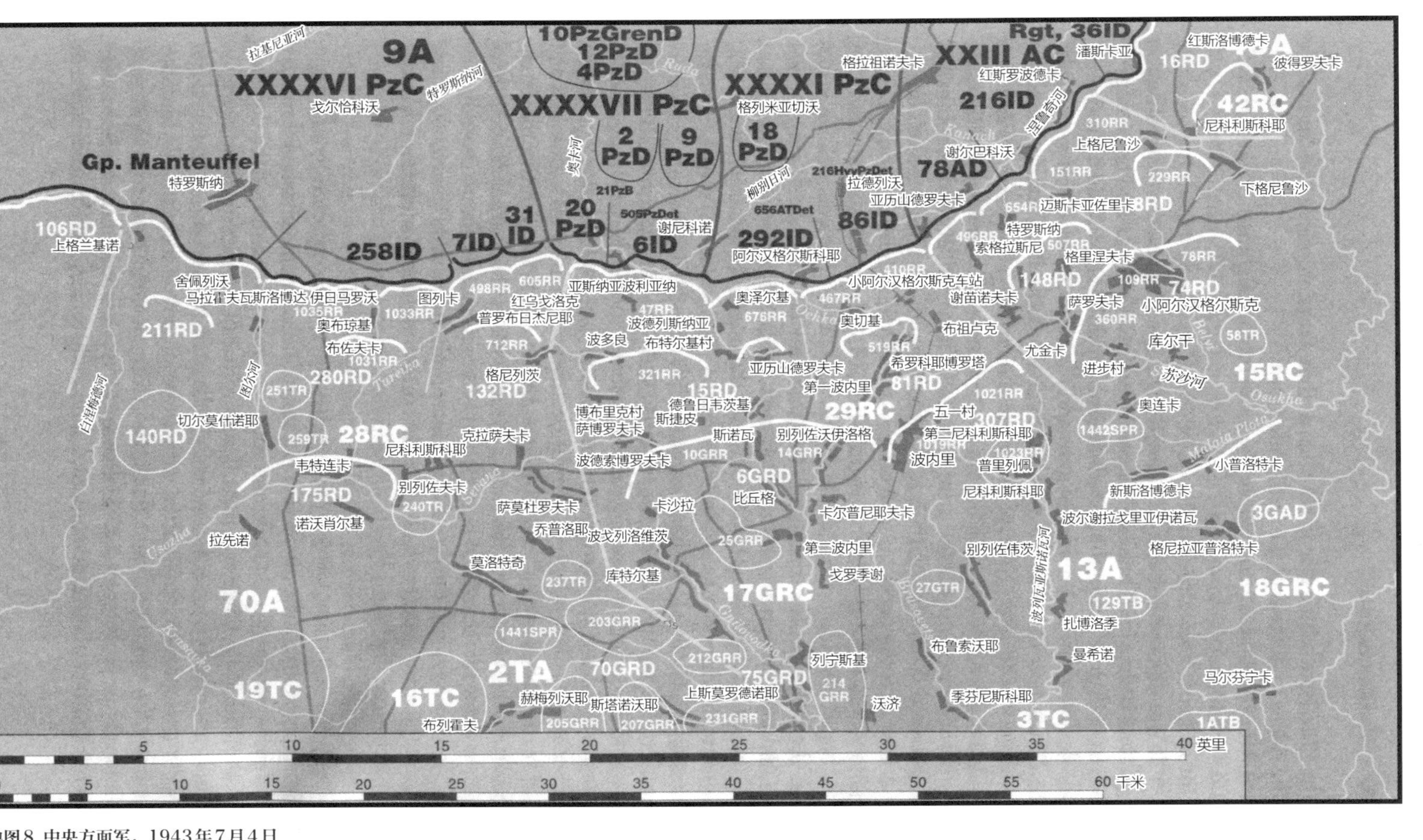

地图8 中央方面军，1943年7月4日

退，奋战至死!”……首先投入交战的是炮兵部队，他们从隐蔽阵地发射集中、快速和固定的弹幕。德国人逼近前沿时，反坦克炮和反坦克枪以直射火力打击他们的坦克。迫击炮和机枪火力集中于敌步兵。我们的强击机和歼击机出现在战场上空。正在突破的敌军坦克向前猛冲，开始在地雷场中爆炸。由于难以克服火炮、迫击炮和机枪密集弹幕，坦克放慢行动。他们的步兵也开始越来越频繁地迅速卧倒。直到9时整，敌人才楔入 A. B. 巴里诺夫少将步兵第81师和 V. N. 占季加夫上校步兵第15师的防御队形。

所有步兵武器、防坦克枢纽部和支援这几个师的炮兵群，都参加了击退敌人进攻的战斗。红军战士同敌人的进攻集群展开英勇战斗。步兵巧妙地以手榴弹和灌满混合燃烧剂的燃烧瓶摧毁敌坦克。他们冒着枪林弹雨悄悄爬上敌人的车辆，向它们投掷反坦克手榴弹，用燃烧瓶将它们点燃，或是在它们下面放置反坦克地雷。当天的战斗中，工兵共计在该集团军的地段上新埋设6000枚地雷，使这种武器成为敌坦克和自行火炮面临的可怕威胁。[15]

东面，德国第6步兵师在第505重装甲营两个“虎”式坦克连的支援下，粉碎了一道由 T-34坦克和反坦克炮组成的屏障，并洞穿步兵第15师右翼步兵第676团的防御。德国军队乘胜进抵布特尔基村，并威胁到旁边的步兵第81师，使该师左翼有被包抄之虞。与此同时，在步兵第81师右翼，约瑟夫·哈尔佩将军第四十一装甲军的第292步兵师在第653反坦克营“象”式的支援下，已经突入波内里西北的苏联防线，导致步兵第81师的防线有崩溃的危险。[16]

再往东，向南通往波内里的铁路沿线，第四十一装甲军第86步兵师在第18装甲师一个团、第653反坦克营和第654反坦克营的“象”式反坦克歼击车的支援下，沿通向波内里车站的铁路用地向南猛扑。为稳固步兵第81师摇摇欲坠的防线，普霍夫投入他的坦克第129旅和自行火炮第1442团。7月5日上午，尽管步兵第29军的苏联守军曾四次击退德国人，但面对第五次进攻，该军前沿各团还是不得不撤退。为保持同友邻的联系，仍在小阿尔汉格尔斯克西北坚守的步兵第148师也不得不后撤。[17] 与此同时，第四十六装甲军也在主攻方向的西面发起支援性进攻。激战中，第7和第31步兵师克服步兵第132师的顽强抵抗，寸土必争地向格尼列茨推进，而第258步兵师的进攻没有取得多少进展便止步不前。

罗科索夫斯基做出的反应是，派出350架飞机支援第13集团军，并将中央方面军预备队中的反坦克歼击炮兵第13旅和反坦克歼击炮兵第1旅、一个炮兵旅和独立迫击炮第21旅划归普霍夫指挥。作为步兵第15军第二梯队正在守卫小阿尔汉格尔斯克镇的步兵第74师，奉命前出并守住德国突破口的东侧。普霍夫还展开两个快速障碍设置队，他的预备队近卫坦克第27团，以及从第13集团军全体各部抽调的战斗工兵部队，试图以此遏制这次突破。[18] 已经开始的这个过程，足以代表库尔斯克突出部北线激战的典型特征。普霍夫和罗科索夫斯基为应对德国人的无情推进，将看似源源不竭的坦克、反坦克兵器、火炮和工程兵投入战斗。这口熊熊燃烧的“大锅”每消耗掉一股兵力，另一股就会赶来替换，为战斗的烈火补充新燃料。这是一场彻底的消耗战。除非德军装甲矛头克服苏联战术防御，获得战役自由，否则资源和毅力将决定这场激战的结果。莫德尔决心获得战役自由，普霍夫和罗科索夫斯基同样决心不给他这个机会。

战斗持续到7月5日上午和午后，步兵第15师将前沿各团后撤到波内里以西的山脊时遭到重创。该师步兵第676团在退却途中陷入合围，不得不向第二梯队的近卫步兵第6师阵地突围。[19] 这次撤退也导致步兵第15师以西的第70集团军右翼暴露。第70集团军最东侧的师是T. K. 什克里列夫少将的步兵第132师，该师随后成为德国新一轮空中轰炸，以及第四十六装甲军第7步兵师和第31步兵师地面进攻的焦点，因伤亡惨重而被迫撤退。追击的德国军队最终被阻止在猛烈反坦克火力掩护的密集地雷场。

地面战斗如火如荼的同时，战场上空也爆发了激烈空战。苏联的战斗总结记载：“大批飞机连续不断地出现在这个狭窄前沿地段的战场上空，以致于从拂晓到黄昏，整条战线上的激烈空战几乎从未间断”[20]。4时25分，150余架德国轰炸机在50—60架战斗机的掩护下，沿整个防御正面袭击苏联军队及其设施，尤其是小阿尔汉格尔斯克车站一带。第一波突击之后，是每15分钟一波轰炸机的攻击。截至11时整，德国人已经针对苏联防御出动约1000架次的飞机。

德国猛烈的空中突击迫使苏联空军第16集团军背离其预定计划，苏联歼击机“断断续续”地拦截来袭的德国飞机，到7月5日中午为止只出动了520架次。[21] 虽然空军第16集团军从7月5日9时30分起重新按照计划行事，但是这个计划在战役首日基本未见成效。小群苏联歼击机在战场上空与德国飞机展开争夺，试图为苏联强击机扫清道路。尽管他们付诸努力，但7月5日投入战斗的强击机寥寥无几，苏联歼击机的损失也很大。

德国将军和步兵都已经清楚地意识到，这场战斗与以往的任何战斗都不一样。正如一位观察者尖锐地指出：

苏联步兵在轰鸣的"虎"式和"费迪南"式坦克①面前并未惊慌失措。几个星期以来，他们一直由政治指导员和有经验的坦克兵指挥员训练反坦克战术。已经采取一切措施来预防众所周知的"坦克恐惧症"，效果也是毋庸置疑的。

苏联步兵放任坦克隆隆驶过自己伪装良好的散兵坑，然后探出身来解决跟在后边的德国掷弹兵。因此，在前方的坦克车长们认为已经拿下的地段，战斗仍在继续肆虐。

坦克和突击炮不得不折返回来解救掷弹兵，然后他们再次前进，再次折返。入夜之前，掷弹兵们已精疲力竭，坦克和突击炮也耗尽了燃料。但是，进攻已经突入苏联的防御纵深。

各营和各团报告："我们就要到了！很艰难，战斗血腥且代价高昂。但我们就要到了。"

所有指挥官还异口同声地报告另一个情况："没有任何一处敌人措手不及，没有任何一处敌人表现软弱。他们显然一直在等着我们的进攻，战俘的大量供词也证实了这一点。"

这是一个令人不快的意外。不过，第四十一装甲军前沿的全体军人仍然抱有坚定的信念："我们将打垮伊万。"[22]

截至7月5日日终，莫德尔所部已经在苏联第70集团军和第13集团军结合部突入第一防御地带，建立了一个约15公里宽，最深8公里，远达波内里以西的立足点（地图9）。红军空军在中央方面军上空损失了差不多100架飞机，虽

① 译注：原文如此，应是将德语panzer直接译成了英语tank。

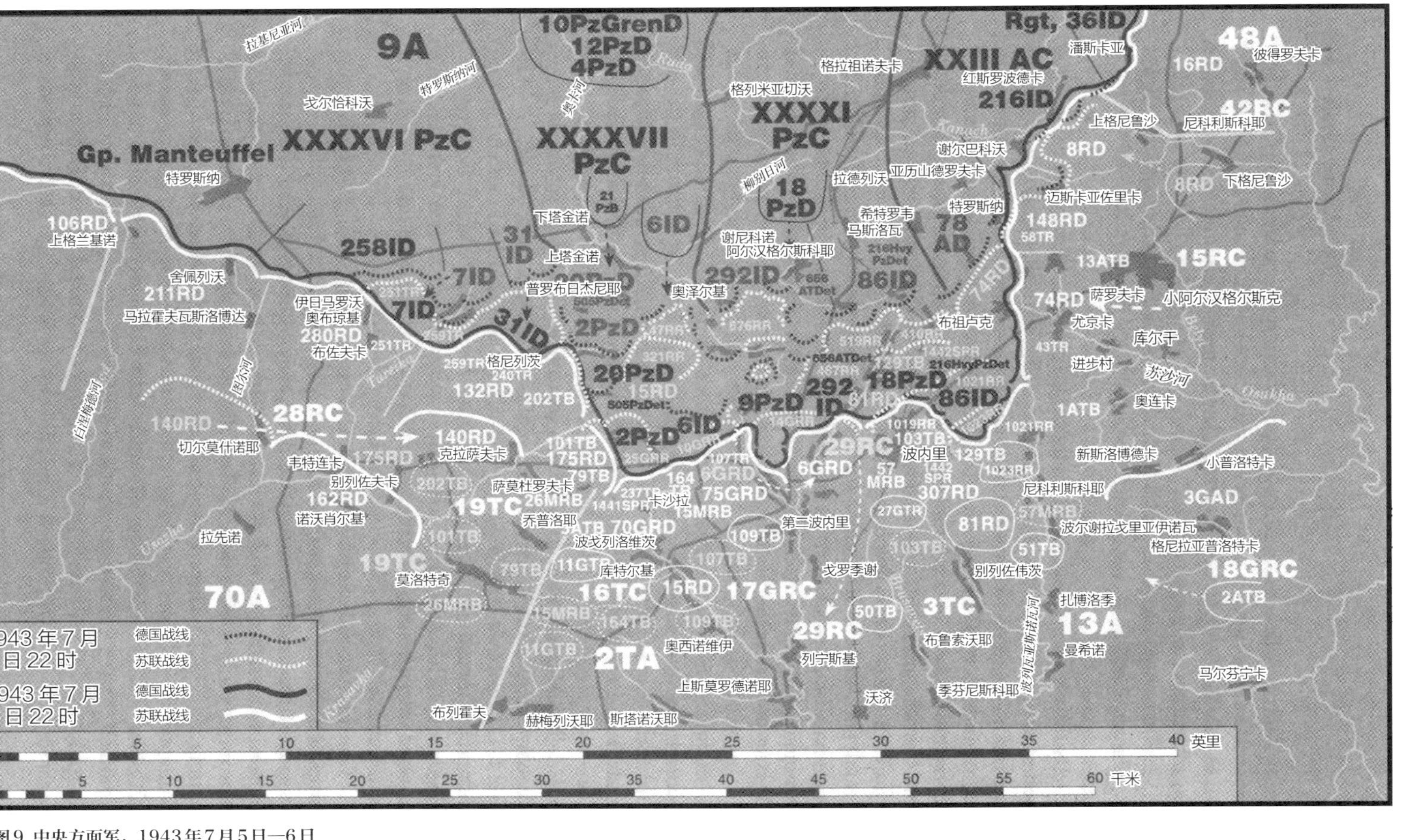

地图9 中央方面军，1943年7月5日—6日

然他们宣称击落106架德国飞机，但未能阻止德国的近距离空中支援。不过，德国当天投入的300余辆坦克和突击炮中，有三分之二因敌方火力或机械故障失去战斗力。[23] 尽管部分车辆可在夜间修复，但莫德尔在战斗首日，也是他的队伍实力最强的这一天，还是损失了自己全部装甲打击力量中的至少20%。

作为回应，中央方面军司令员罗科索夫斯基命令部下准备在第二天发起反冲击，试图运用先前兵棋推演期间制定的计划。原来占领第二防御地带的近卫步兵第17军和近卫步兵第18军的几个师，现在要将德国人赶出突破地段并恢复第一防御地带。他们得到坦克第2集团军坦克第3军和坦克第16军的支援，军长分别为 M. D. 西年科少将和 V. E. 格里戈里耶夫少将。为在这次任务中协助罗金中将的坦克第2集团军，I. D. 瓦西里耶夫少将的独立坦克第19军划归罗金作战隶属，并前往第70集团军受威胁的右翼后方。最后，作为库尔斯克以北的方面军预备队的一员，S. I. 波格丹诺夫中将的坦克第9军也将前出并进入集结地域，随时准备加强坦克第2集团军的反击。[24]

鉴于德国人的剩余进攻力量还很强，这次策划的反冲击为时过早。瓦西里耶夫的坦克第19军在侦察和夜间穿越苏联步兵防线时浪费了太多时间，翌日清晨都没有做好支援进攻的准备。拂晓前，西年科少将的坦克第3军也没能到达位置参加进攻。因此，7月6日3时50分苏联突破炮兵第4军实施弹幕射击时，只有 A. L. 邦达列夫中将的近卫步兵第17军和格里戈里耶夫少将的坦克第16军做好了反冲击的准备。坦克第19军只能刚刚赶到进攻出发阵地就参加战斗，坦克第3军则在波内里车站以南占领防御阵地。这样一来，坦克第2集团军的465辆坦克当中，只有不到200辆参加了7月6日的行动。这批新使用的装甲力量，再加上德国第2装甲师和第9装甲师在第505“虎”式坦克营的支援下投入战斗，意味着双方都加大了赌注，开启了一场为期四天，沿波内里车站以西贫瘠山脊展开的大规模坦克战。在波内里和小村索博罗夫卡之间，1000多辆坦克和自行火炮在大批步兵和直瞄火炮的伴随下，围绕两个关键性的要塞化村庄奥利霍瓦特卡、萨莫杜罗夫卡及其附近的274高地，展开了激烈而残酷的争夺。战斗的激烈程度空前绝后，其潜在后果难以估量（地图9）。

N. M. 捷利亚科夫中校的坦克第107旅引领坦克第16军，攻向德军突破最深处布特尔基村，遭到第505重装甲营“虎”式坦克的伏击。短短几分钟内，德国人就击毁捷利亚科夫50辆坦克中的46辆，在坦克第107旅左翼支援进攻的N. V. 科佩洛夫中校的坦克第164旅也遭到重创，损失了23辆坦克。[25] 击退这次反冲击后，第四十七装甲军追击败退的苏联军队，取得有限的进展，并前出至第13集团军第二防御地带，在那里闯入近卫步兵第17军近卫步兵第70师和近卫步兵第75师掘壕固守的步兵之中。当晚18时30分，坦克第19军的150多辆坦克姗姗来迟，在博布里克—萨莫杜罗夫卡地段迎面打击推进中的德国第20装甲师和第2装甲师的坦克和步兵。[26]

这场战斗沿第13集团军左翼肆虐时，东面哈佩将军的第四十一装甲军再次试图分割第13集团军和第48集团军。然而，7月6日晚，第292步兵师和第86步兵师、第18装甲师组成的联合突击力量在波内里外围止步，挡住去路的是步兵第29军第二梯队的步兵第307师，该师已在波内里火车站周围掘壕固守。[27] 就这样，苏联的第一次反冲击所取得的最大战果就是，又将德国人的推进迟滞了一天。到夜幕降临时，坦克第2集团军已经不再是一支有凝聚力的装甲力量。由于零敲碎打地投入战斗，他们现在只能在令人绝望而支离破碎的战斗中，努力支援饱受重压的苏联步兵。很快，罗金将会再次错误地使用罗科索夫斯基宝贵的装甲兵，又一次零敲碎打地将西年科少将的坦克第3军投入战斗。

对于苏联人来说，7月6日的空中局势虽仍然紧张，但已有所改善。虽然苏联歼击机拥有显著的数量优势，但是未能抑制德机的空中活动。不论如何，苏联歼击机已经使强击机有可能开始空袭德国的地面军队。苏联人后来宣称总计击落113架德国飞机，自身损失90架。[28] 激烈的空战迫使德国人从其他战线地段抽调新锐空军力量，来应对苏联的空中攻击。由于未能掌握绝对制空权，德国只能集中轰炸机和战斗机打击特定的目标。只有通过这种方式，他们才能在关键地点取得并维持局部制空权。

南线进攻，7月5日—6日

7月5日上午，预定时间过去三小时后，赫尔曼·霍特大将的第四装甲集团军开始进攻（见地图10）。第四十八装甲军和党卫队第二装甲军沿两条交汇的道路发起主攻，汇合后的道路继续向北经波克罗夫卡和奥博扬通向库尔斯克。这两个军的许多位坦克指挥官选择让新型“虎”式重型坦克在前面开路，这样可以让过时的三号坦克和四号坦克较少暴露，但也让他们最好的武器装备暴露在苏联对坦克防御的全部火力配系之下。这一战术放弃了“虎”式坦克的远程穿甲优势，让它们靠近到防御者的T-34和反坦克炮足以击穿德国坦克厚重装甲的距离。

大规模进攻主要落在奇斯佳科夫将军近卫第6集团军身上，尤以防御别尔哥罗德东北近卫步兵第22军与第23军结合部的巴克索夫上校近卫步兵第67师和涅克拉索夫上校近卫步兵第52师为甚。奥托·冯·克诺贝尔斯多夫将军的第四十八装甲军拥有464辆坦克和89辆突击炮，该军以第3装甲师、“大德意志”装甲掷弹兵师和第11装甲师，从前一天夜间夺取的阵地向北齐头并进，侧翼由第332步兵师和第167步兵师的掷弹兵提供支援。尽管德国人最初进展神速，还是遇到了那些将在整个会战中困扰他们的困难。另外，截至7月6日日终时，德国人也未能完成初步任务，即夺取奥博扬以南普肖尔河上的渡口。

“大德意志”师的燧发枪兵团和掷弹兵团在350辆坦克和突击炮的支援下，沿仅三公里宽的地段向北进攻，燧发枪兵率先穿越别列佐沃伊溪所在冲沟前方的开阔地，掷弹兵则切断了从布托沃通往要塞化的切尔卡斯科耶村的道路，后者是近卫步兵第67师防御的依托。[29] 卡斯尼兹上校的燧发枪兵团在“大德意志”师装甲团一个坦克营和劳赫尔特“豹”式装甲旅主力的支援下，闯入前方沟壑的地雷场和泥沼中。在那里，该团的推进在地雷爆炸和苏联各种火炮毁灭性火力的轰鸣声中止步不前，苏联人从前方高地的防御阵地上使用反坦克炮和火炮进行直瞄射击。汗流浃背的工兵们连续几个小时一边骂骂咧咧，一边排雷，却没能最终开辟出一条可以让沮丧的进攻者逃离血腥陷阱和可怕火力的通道。“大德意志”师的战史如此描述这幅可怕的景象：

步兵离开阵地，展开进攻，但燧发枪兵们碰到一些麻烦。“大德意志”师装甲团和“豹”式装甲旅本应与他们一同进攻，却不幸闯入直到那时都未探明的雷场——连布尔什维克的战壕都没摸到！这真让人抓狂。官兵们都担心大事不妙。坦克很快陷入困境，其中一些坦克的履带都完全没入泥地里，更糟糕的是，敌人还在用反坦克枪、反坦克炮和火炮向它们射击。情况一团糟。燧发枪兵们在没有坦克支援的情况下单独前进——但他们又能做什么？坦克没有跟上来，敌军在大批近距离支援飞机的支援下发起反冲击时，几乎没有注意到燧发枪兵

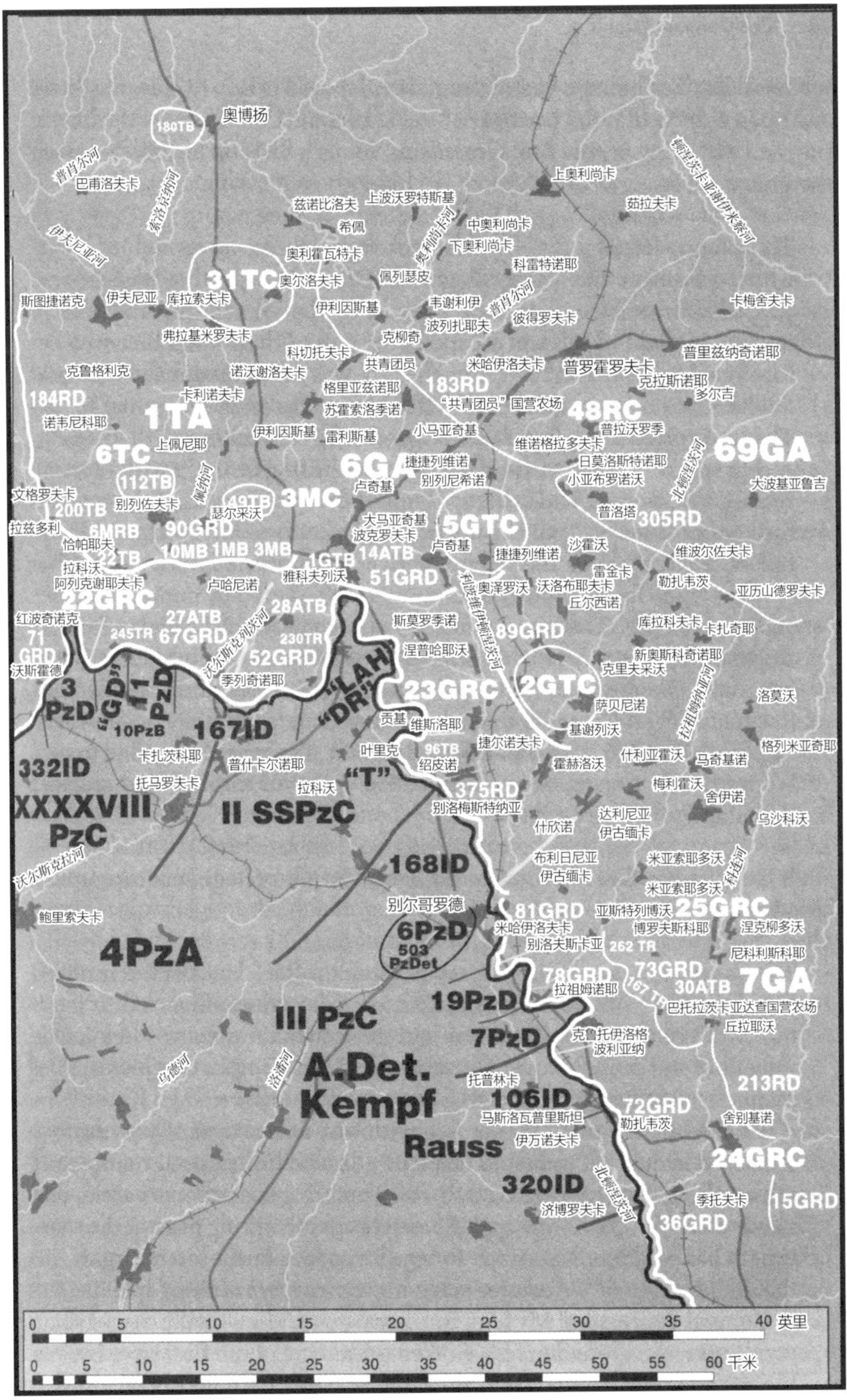

地图10 沃罗涅日方面军，1943年7月5日

团的困境。“大德意志”师燧发枪兵团第3营几个纯粹的步兵连，即第11连、第12连和第13连，遭受灭顶之灾。就连重武器连在短短数小时激战之后也有50人伤亡。工兵立即赶上来，开始在这个地雷密布的地带开辟通道。十几个小时后，首批坦克和自行火炮才穿过地雷场与步兵汇合。[30]

“大德意志”师装甲炮兵团的一名中尉参加了当天的血战：

燧发枪兵进攻路线的前方，敌军火力尤其猛烈，可是坦克呢？我们的坦克在哪？……他们不是应该与步兵一起行动吗？接下来传来坏消息：他们陷入地雷场动弹不得。任何行动都会加剧损失。必须先等工兵赶来排雷。

与此同时，我们继续以肉眼观察交火。一切都隐藏在烟尘下。敌人的观察哨肯定也什么都看不见。我军炮击现在结束了。炮火有所减弱，现在按照预定射击计划分布到特定地区，同时，炮火将从前沿战壕向后延伸。步兵在那里吗？我们能看到部分步兵在运动，可看不清具体情况……

总的来说令人沮丧！我的高昂士气消失了。最后还是有些好消息：掷弹兵发扬火力优势，已克服苏联人在堑壕中的顽强抵抗，现在正向高地快速推进。将军立刻将燧发枪兵调往右翼，紧跟在掷弹兵之后。一切正向好的方向发展。

突然间，坦克出现在我们背后，越来越多：火炮身管很长，全新的型号。哦对啊，新的“豹”式坦克！然而我们的热情再次被立即浇灭：得以从地雷场脱身的我军坦克现在又陷入沿一条小溪蔓延的沼泽中。立即派出巡逻队！工兵不敷使用，又要花几个小时。

主要突击地点的突破就这样告吹！我那令人愉快的炮击啊！鉴于这种形势，军部将主要突击方向调到右翼，第11装甲师在那里的进展要好于我们。真是出人意料！直到下午，克服不利地形和敌军抵抗之后，我们才再次运动起来。[31]

燧发枪兵团受到血腥的重挫之际，掷弹兵团沿布托沃—切尔卡斯科耶的道路向北推进，一路驱赶着当面那个守卫布托沃的苏联营残部。尽管遭遇顽强抵抗和前方苏联防御阵地近乎持续的火力，掷弹兵们和第11装甲师先头团（席梅尔曼战斗群）所部还是继续北上，粉碎布托沃以东的苏联防线，进抵切尔卡斯科耶外围。现在，受挫的燧发枪兵团和至关重要的“豹”式装甲旅得以摆脱沼泽，加入向北的进军。这股力量转向东，跟在得手的掷弹兵后进入苏联步兵第67师的防御核心。不过，他们完成这次行军时，已经失去了燧发枪兵团的团长卡斯尼兹上校，这位团长在率领他的队伍撤离别列佐沃伊溪谷的战斗中身负重伤；同样失去的还有36辆坦克，它们已成为这座死亡之谷中冒烟的残骸。[32]

在“大德意志”师和第11装甲师持续进攻，以及第3装甲师向自己右邻近卫步兵第71师进攻的压迫下，近卫步兵第67师前沿各团最终退让。近卫步兵第196团在反坦克歼击炮兵第611团的反坦克火力支援下，在切尔卡斯科耶村冒烟的废墟中背水一战，夜幕降临后，该团微不足道的残部向北逃去。两翼友邻的近卫步兵第199团和近卫步兵第201团，也屈服于巨大的压力后退。得到反坦克歼击炮兵第1837团的新反坦克炮，近卫步兵第22军坦克第245团和自行火炮第1440团的装甲车辆加强后，动摇的步兵在切尔卡斯科耶村北郊重新集结。他们在此顽强坚守数小时，用自己残破的队伍给推进中的德国人造成可怕伤亡。[33] 与此同时，他们准备向东北方且战且退，回到暂时安全的近卫步兵第90师沿佩纳河的防线。

切尔诺夫上校的近卫步兵第90师位于近卫步兵第22军第二梯队，距离前线八公里，军人们从这里能够听到南边传来的密集射击声。整个下午，战斗的声音越来越响，他们本能地意识到下一个就要轮到他们自己了。当天傍晚和入夜后，他们默默地看着火炮牵引车、卡车、反坦克炮和大炮川流不息地向南赶往前线，这显然证明更高级的指挥机关正在应对这一挑战。的确如此！7月5日—6日夜间，沃罗涅日方面军司令员瓦图京下达命令，将N. D. 切沃拉中校强大的反坦克歼击炮兵第27旅（共72门反坦克炮）交给奇斯佳科夫指挥。[34] 随即，奇斯佳科夫命令该反坦克歼击炮兵旅的两个团增援动摇的近卫步兵第67师，第三个团加强佩纳河沿线的近卫步兵第90师。这几个团加入滚滚向南驰援的车流，赶去封闭苏联防线的缺口。

在“大德意志”师的西面，第3装甲师从格尔佐夫卡向正北方的科罗维诺进攻，第394装甲掷弹兵团作为先头，第6装甲团的90辆坦克随时准备扩大苏联防线上的突破口。这次进攻打击并重创了I. P. 西瓦科夫上校近卫步兵第71师的近卫步兵第210团，该师在近卫步兵第67师的右侧设防。[35] 尽管西瓦科夫师的另外两个团沿格尔佐夫卡以西的铁路线成功阻止德军推进，但是整个师未能阻止第3装甲师快速冲向其左翼的科罗维诺。第394装甲掷弹兵团的装甲掷弹兵们，克服掩护该镇的严密对坦克防御，夺取科罗维诺前方的关键高地，并于黄昏时分将近卫步兵第210团逐出这个防御森严的防坦克枢纽部。尽管第394团团长帕佩上校在激战中负伤，但他这个顽强的团最终占了上风。临近傍晚，第6装甲团第2营一举突破近卫步兵第71师和近卫步兵第67师的结合部，并夺取远在苏联人后方五公里处的红波奇诺克村。德国人的这次大胆进攻突破了近卫步兵第71师第二梯队防御，迫使西瓦科夫后撤他的师，并为封闭他弯曲防线上正在扩大的突破口而加强左翼。德国人已经无可挽回地突破了这一地区的苏联前沿防御。幸运的是，他们的推进方向直指北面，这就使得近卫步兵第71师可以在原有阵地和佩纳河之间，建立一条面朝东方的新防线，阻止德国人进一步向西进犯。

然而，冯·克诺贝尔斯多夫的装甲军已经在苏联近卫步兵第22军的防线上撕开了一个大洞，而且这个洞大得难以修复。现在第3装甲师、“大德意志”师和第11装甲师准备完成突破，让他们的装甲矛头向北和东北直扑佩纳河。现在的问题是克诺贝尔斯多夫得胜的装甲兵，能否如期突破苏联第二梯队沿佩纳河的防御，并继续向奥博扬推进。瓦图京决心不让这样的事情发生，并迅速以大批坦克加强他的佩纳河防线。

涅克拉索夫上校的近卫步兵第52师虽然配属有大量反坦克部队和坦克部队，但在党卫队第二装甲军的进攻下，压力有增无减。党卫队全国副总指挥保罗·豪塞尔的三个党卫队装甲掷弹兵师，共有356辆可用坦克和95辆突击炮，他们在一整个火箭炮旅的支援下，于4时整过后开始出击。[36]党卫队区队长特奥多尔·维施指挥的党卫队第1“阿道夫·希特勒警卫旗队”装甲掷弹兵师，在炮火掩护下沿通往贝科夫卡的主要公路推进，左翼由第167步兵师第315掷弹兵团掩护。党卫队第2“帝国”装甲掷弹兵师和第3“髑髅”装甲掷弹兵师在右翼呈梯次配置，向位于别列佐夫和格列穆奇两个村庄的苏联防御枢纽部推进。尽管党卫队装甲军的推进引人瞩目，但红军的顽强防御和“虎”式坦克不稳定的机械可靠性，持续困扰着进攻中的装甲兵。一名观察者这样记述战斗的惨烈：“‘虎’式坦克隆隆前进。反坦克枪叭叭作响。掷弹兵们跃入堑壕。机枪哒哒吼叫，炮弹夷平堑壕和掩体。最初几小时的战斗就已表明，豪塞尔麾下各师遇到了准备充分、状态良好的对手。”[37]

尽管遭遇这样的对手，“警卫旗队”师的两个掷弹兵团还是粉碎了近卫步兵第151团的对坦克防御，开始沿通往贝科夫卡的公路艰难向北推进。苏联步兵、反坦克步枪手以及科坚科中校反坦克歼击炮兵第1008团的反坦克炮寸土必争，友邻的反坦克歼击炮兵第538团亦是如此。[38]分散展开在道路沿线几个苏联前沿防坦克枢纽部中的第1008团第2连，在拉图什尼亚克上尉的指挥下，全体牺牲之前共击毁六辆德国坦克，其中包括三辆“虎”式。第3连同样顽强地抵挡着“帝国”师向别列佐夫的推进。此后的整个下午，该团剩余的第1、第4、第5和第6连沿通往贝科夫卡的公路，在贝科夫卡镇内展开成一条连续的防线，阻挡德国人的迅猛推进。截至当天傍晚，该团共计击毁33辆德国坦克，其中包括17辆“虎”式。然而，激烈战斗同样严重削弱了科坚科的团，原有的24门反坦克炮有21门被毁，超过半数的指战员牺牲，幸存者则在贝科夫卡的最后防御战中作为步兵战斗。[39]“警卫旗队”师的先头分队冲向贝科夫卡时，苏联近卫火箭炮兵（喀秋莎）第5团第1营放平自己的多联装火箭发射装置，向推进中的德国人做直瞄射击。“喀秋莎”火箭炮这种新奇而骇人的使用方式，将在接下来几天中频频出现。

临近傍晚，“警卫旗队”师的装甲兵和装甲掷弹兵终于取胜。16时10分，党卫队第2装甲掷弹兵团攻克贝科夫卡，该团和党卫队第1装甲掷弹兵团马不停蹄，向北冲过步兵第52师残余防线，奉命于日落前抵达并渡过普肖尔河。然而，说起来容易做起来难。截至18时整，党卫队装甲掷弹兵们仅仅又向前推进了六公里，夺取科济马—杰米扬科夫卡镇，从而进入该师第一个目标波克罗夫卡的攻击距离之内。在这个关键时刻，维施命令他的党卫队第1装甲团开始向北发展进攻。然而，该团冲向雅科夫列沃的关键路口时，它的坦克却一头撞上一条密布坦克、反坦克炮和据守堑壕步兵的新防线。

“警卫旗队”师的师史如此描述当晚遭受的挫折：“14时30分［莫斯科时间16时30分］，‘警卫旗队’师装甲战斗群接到命令于当天（7月5日）突破雅科夫列沃以东的敌第二道防线，并建立横跨普肖尔河的桥头阵地。18时整［20时整］，装甲战斗群在234.8高地附近超越战线前出，并在夜幕降临时分撞上雅科夫列沃附近的一条反坦克防线。师部命令装甲战斗群停止前进，翌日清晨重新发动进攻。”[40]

疲惫的进攻者就此停步，准备第二天早上继续向普肖尔河推进。“警卫旗队”师异乎寻常的推进已经撕开苏联近卫步兵第52师的防御，在此期间歼灭大批敌人和15辆坦克。然而，付出的代价也颇为高昂，党卫队第1师有97人阵亡、522人负伤、17人失踪，另外损失约30辆坦克。[41]

“警卫旗队”师的右侧，党卫队地区总队长瓦尔特·克吕格尔的党卫队第2“帝国”装甲掷弹兵师粉碎了苏联人在别列佐夫的防御，入夜时，其先锋已经切断关键的奥博扬—别尔哥罗德公路，并将近卫步兵第155团同其所属的近卫步兵第52师分割开来。[42] 再往南，党卫队地区总队长H. 普里斯的党卫队第3“髑髅”装甲掷弹兵师夺取格列穆奇，然后向右侧旋转，将防御中的近卫步兵第155团压入苏联步兵第375师右翼。[43] 近卫步兵第155团幸得坦克第96旅从友邻的步兵第37师地段迅速赶来支援，才牢牢守住别尔哥罗德—奥博扬公路。这个坦克旅的及时赶到和艰苦努力，使“髑髅”师未能包抄步兵第375师右翼，进而阻止德国人及时夺取别尔哥罗德以北的苏联防御阵地，这在未来将会使第四装甲集团军和“肯普夫”集团军级支队都相当忧虑。

就这样，截至7月5日傍晚，豪塞尔的党卫队在第八航空军的支援下，已将近卫步兵第52师的阵地一分为二，并一举突破近二十公里，抵达近卫第6集团军第二道防御地带前方的地雷场和障碍物。尽管近卫步兵第52师损失超过30%，但防御中的各团还是在坚持战斗，近卫步兵第155团和步兵第375师一起掩护着德国突破口东侧，近卫步兵第151团和近卫步兵第153团沿沃尔斯克拉河坚守正在不断拉长的西侧。

面对德国人在近卫第6集团军地段的初步胜利，奇斯佳科夫准备前调他的集团军第二梯队和下属各军的第二梯队来迎接德国人下一轮猛攻。他先使用新锐的反坦克歼击炮兵第28旅（共72门火炮）一部加强动摇的近卫步兵第52师，然后命令近卫步兵第22军的切尔诺夫上校近卫步兵第90师，保卫从亚历山德罗夫卡第一国营农场向东沿佩纳河北岸穿过瑟尔采沃的该军第二梯队阵地。位于东面近卫步兵第23军第二梯队中N. T. 塔瓦尔特基拉泽少将的近卫步兵第51师，沿瑟尔采沃与利波维伊顿涅茨河畔涅普哈耶沃之间的高地掘壕固守，阻止德国人沿别尔哥罗德—奥博扬公路干线向波克罗夫卡继续推进。正是塔瓦尔特基拉泽的步兵和反坦克歼击炮兵第28旅的火炮，在7月5日傍晚前后制止了“警卫旗队”师的推进。[44]

更重要的是，7月5日上午晚些时候，瓦图京命令卡图科夫的坦克第1集团军、独立的近卫坦克第2军和近卫坦克第5军前出，增援近卫第6集团军第二防御地带的各步兵师，并向推进中的德国装甲兵发起协调一致的反冲击，将其逐出主要防御地带。不久以后，卡图科夫开始前调他的集团军。A. L. 格特曼少将久经战火考验的坦克第6军有169辆坦克和自行火炮，该军将在近卫步兵第90师中央和左翼地段的后方沿佩纳河占领阵地，其下属三个旅一字排开，另一个旅担任预备队。[45] 与此同时，装备250辆坦克和自行火炮的S. M. 克里沃舍因少将的机械化第3军，将从佩纳河谷到瑟尔采沃一路向东展开，在后方支援近卫步兵第90师左翼和近卫步兵第51师右翼。[46] 克里沃舍因准备保留一个坦克旅作为预备队。卡图科夫命令D. Kh. 契尔年科少将的坦克第31军作为第二梯队留在后方，随时准备使用该军的196辆坦克应对任何威胁。[47] 与此同时，A. G. 克拉夫琴科少将拥有200辆坦克的近卫坦克第5军，前出至近卫步兵第51师后方的集结地域，A. S. 布尔杰伊内上校拥有200辆坦克的近卫坦克第2军，进入利波维伊顿涅茨河以东的戈斯季谢沃地域，位于德国党卫队第二装甲军突破口的东侧。综上所述，这些调动使1000余辆坦克投入同德国第四装甲集团军的搏斗中。[48]

与北面罗金将军的坦克第2集团军类似，卡图科夫一开始接受的任务是发动协同一致的反冲击，击退德国的装甲矛头，恢复前线态势。他的坦克第6军和机械化第3军将直接打击推进中的第四十八装甲军，同时，独立的近卫坦克第2军和近卫坦克第5军将打击党卫队第二装甲军突破口的正面和侧翼。不过，与罗金坦克集团军的反冲击不同的是，卡图科夫的反冲击并未实施。到7月5日傍晚，近卫第6集团军前沿各师显然难以阻止德国人推进，也无法成功守住集团军第二防御地带。考虑到使用卡图科夫的集团军硬碰硬地对抗实力尚属完好的德国装甲兵并不明智，瓦图京改变了发给这个集团军的命令。现在，坦克第1集团军将沿佩纳河及其以东，与防御中的步兵师一起建立一条坚固防线并阻止德国人推进。只有彻底制止德国人的推进之后，卡图科夫才会转入进攻。

大约同一时刻，卡图科夫接到前线发回的关于坦克战基本特点的第一批报告，特别是德国人使用大批“虎”式和“豹”式坦克的报告。其中有一部分来自该集团军的先遣支队近卫坦克第1旅，该旅已在波克罗夫卡以南遭遇党卫队第二装甲军的先头部队。关于大批德国“虎”式、“豹”式坦克和新式自行火炮的消息有些令人不安。由于德军实力出人意料，卡图科夫建议让他的集团军直接保卫第二防御地带，瓦图京批准他的请求。[49]

就这样，卡图科夫的军队和北面罗金的坦克第2集团军一样①，很大程度上以支援步兵的角色投入战斗，而没有进行一次大规模机械化冲击。此外，调动困难和德军7月6日早上的抢先行动，令卡图科夫丧失了手中仅有的一点主动权。只有布尔杰伊内的近卫坦克第2军按预定计划发起进攻，卡图科夫其他的军和克拉夫琴科的近卫坦克第5军不得不竭尽全力抵挡推进中的德国装甲兵。以苏联当时的条令来看，这是新型装甲坦克和机械化兵的一种错误使用方式，在当时和后来都引发了相当大的争论。朱可夫和斯大林尽管对使用方式的这一发展提出严厉批评，还是尊重了身处当地的瓦图京、华西列夫斯基和方面军军事委员会委员 N. S. 赫鲁晓夫做出的决策。[50]

尽管计划中的苏联反冲击未能实现，但瓦图京这种对珍贵装甲资源的用法，开始成为一种贯穿随后战斗的标准式样。他使用半数的装甲兵力扮演纯粹的防御角色，消耗推进中的德国装甲兵，而其余兵力反复攻击德国装甲兵的侧翼。这些持续的侧翼战斗几乎不可避免地导致德国人偏离他们终极目标——奥博扬和库尔斯克，消耗了德国装甲兵的实力，并最终将他们引向普罗霍罗夫卡的决定性战场。

第四装甲集团军努力克服近卫第6集团军抵抗的同时，维尔纳·肯普夫将军的集团军级支队按计划于7月5日3时30分开始炮火准备。经过30分钟的炮击，五个德国师在北顿涅茨河的不同地点实施强渡，同时从别尔哥罗德过河，并由德国占领的米哈伊洛夫卡桥头阵地出击。肯普夫几乎是立即发现，第108步兵师难以击退苏联近卫步兵第81师，后者的防御将德国人限制在米哈伊洛夫

① 译注：原文如此，“一样”似应为“不一样”。

卡桥头阵地里面。因此，他在米哈伊洛夫卡投入第6装甲师的计划流产了，该师不得不变更部署，以利用远在南面的机会。[51] 沿北顿涅茨河往南，肯普夫所部取得了较大进展。11时整，古斯塔夫·施密特中将的第19装甲师在苏联要塞化的拉祖姆诺耶村当面渡河，并达成小规模突破。施密特的第73装甲掷弹兵团抓住机会，在苏联近卫步兵第78师和近卫步兵第81师的结合部突入两公里。[52] 到日落时分，第19装甲师第27装甲团在河东岸汇合这个装甲掷弹兵团，彻底击溃苏联近卫步兵第228团，迫使该团残部退守拉祖姆诺耶周围掘壕固守。

冯·丰克男爵中将第7装甲师的攻击更加成功。13时整，该师第6装甲掷弹兵团和第7装甲掷弹兵团从索洛米诺前出并强渡北顿涅茨河。他们迅速越过从别尔哥罗德向南延伸的铁路，将苏联近卫步兵第78师的防御从中央一劈两半，并且以第25装甲团为先导，沿拉祖姆诺耶和克鲁托伊洛格两个要塞化村庄之间的高地推进六公里。

近卫步兵第78师师长A. V. 斯克沃尔佐夫少将，用他的近卫反坦克歼击炮兵第81营加强损兵折将的前沿各团，阻击德军的装甲突击。但是，崎岖的地形与德国第7装甲师的推进势头挫败了他的努力。该师的防御地带处在一马平川的冲积平原，夹杂着北顿涅茨河与拉祖姆纳亚河的细小支流，点缀着散布在这些小河岸边的一些小村庄。德国人在西岸占领的制高点可以向东控制苏联纵深达十公里以上，第一条可以用来防御的山脊还在东面更远处。因此，斯克沃尔佐夫的步兵自然会选择那些通常处于低洼地带的小村庄周围实施防御，这些村庄很快就变成陷阱。不过，对于这些步兵来说幸运的是，德国人缺少伴随的步兵，因此陷入合围的军队中，有许多人得以逃出这些陷阱。[53]

截至7月5日日终时，“肯普夫”集团军级支队夺取了一座深3—6公里、宽达12公里的桥头阵地，就这样，在近卫第7集团军的第一防御地带上打开一个缺口。虽然苏联防线尚未被无可挽回地撕成两半，但是对斯克沃尔佐夫和他的集团军司令员M.S. 舒米洛夫中将很不利的是，第6装甲师已于黄昏时分开始从米哈伊洛夫卡向南变更部署，准备扩大其兄弟师的战果。对于南方集团军群司令部里的冯·曼施泰因元帅来说同样不利的是，“肯普夫”集团军级支队进展有限，尚不能完成其首要任务，即在霍特将军第四装甲集团军推进时掩护其右翼。

为加强近卫第7集团军的防御，7月5日夜间，沃罗涅日方面军司令员瓦图京命令第69集团军将步兵第111师和步兵第270师转隶近卫第7集团军。[54] 这两个师连同近卫第7集团军的近卫步兵第15师，共同占领位于科连河以东和近卫步兵第24军后方的集团军第二防御地带。为防备党卫队第二装甲军达成突破并与“肯普夫”集团军级支队取得联系，作为额外的保险，瓦图京派方面军预备队中近卫步兵第35军的近卫步兵第93师，占据利波维伊顿涅茨河以东和普罗霍罗夫卡西南的另一道防御地带。截至次日上午，这个军①已汇合原来在该地域设防的第69集团军步兵第183师。与此同时，近卫步兵第35军其余的两个师（近卫步兵第92师和近卫步兵第94师）准备随时增援近卫第7集团军。

苏联7月5日清晨对德军机场的空中突击受挫，削弱了自己在当天剩余时间里于战场上空对抗德国空军的能力。据苏联统计，德国人全天出动了近2000架次飞机，主要针对苏联的战术防御和重要的后方设施，以及德国各装甲军的推进路线沿线。[55] 6时整，苏联投入空军第2集团军的歼击航空兵第5军，并且在当天晚些时候投入歼击机的主力。截至当日日终时，苏联已将全部可用的歼击机投入这场代价高昂但并非决定性的战斗。多数歼击机与德国战斗机纠缠，只得放任德国轰炸机去执行他们的死亡任务。尽管当日日终时，苏联歼击机最终能够截击德国轰炸机，但这样的延误还是有利于德国人在地面的快速推进。苏联人声称自己已经达成了空中均势，可是由于飞行员和飞机的损失，接下来几天双方的空中活动都急剧减少。[56]

面对苏联人的英勇防御，霍特的装甲兵确实已在沃罗涅日方面军当面取得了不小的进展（见地图11）。经过短暂的停顿和休整，冯·克诺贝尔斯多夫的第四十八装甲军于7月6日上午10点左右重新发起进攻。90分钟的炮火准备之后，第3装甲师和第11装甲师，以及位于这两个师之间的“大德意志”师，开始向北和东北方向进攻，准备彻底击溃苏联前沿守军。在200架次近距离空中支援的协助下，德国军队迫使近卫步兵第67师退却，直到该师与近卫步兵第52师背靠背地战斗，后者这时仍试图守住防线肩部，阻止党卫队由东面达成突

① 译注：原文如此，似应为师。

破。[57] 到当天晚上，这个小突出部已经被挤掉，奇斯佳科夫不得不允许近卫步兵第67师和近卫步兵第52师的残部后撤到第二防御地带当中和后面的预设阵地。冯·克诺贝尔斯多夫先后八次沿通往奥博扬的公路攻击切尔诺夫上校步兵第90师在克里沃舍因将军机械化第3军的支援下据守的第二防御地带，但均未得手。德国人竭力达成彻底的突破，但战斗只是趋于白热化，冯·克诺贝尔斯多夫仍然无法取胜。

粉碎切尔卡斯科耶地段的苏联防御残余之后，到当天下午15时左右，第3装甲师侦察分队已在拉科沃村附近抵达佩纳河河岸。来自河北岸低矮高地上的猛烈火力雨点般落到德国人头上，第3装甲师很快发现，尽管河水不深，但泥泞而陡峭的河岸及其相连的沼泽地无法供装甲兵通行。[58]

因此，第3装甲师、乘胜追击的"大德意志"师和第11装甲师的装甲兵，现在要转向东北推进，利用托马罗夫卡—奥博扬公路沿线的阿列克谢耶夫卡、卢哈尼诺和瑟尔采沃之间更适合坦克通行的地形①。当天傍晚，"大德意志"师和第11装甲师的先头部队，在完成从切尔卡斯科耶到佩纳河沿岸这一令人瞩目的推进后，又与克里沃舍因将军展开的机械化第3军几个旅，切尔诺夫上校沿卢哈尼诺河掘壕固守的近卫步兵第90师交战。与此同时，瓦图京也给克里沃舍因的机械化军加强了一个反坦克歼击炮兵团（第35团），佩纳河沿岸、阿列克谢耶夫卡和卢哈尼诺周边的战斗异常激烈。一位德国观察者后来这样记述前两日战斗史无前例的激烈程度：

进攻次日［7月5日］，我们初遇挫折，我军无论怎样竭尽全力都未能突破俄军防线。"大德意志"师成密集队形集结在一起，正前方是一片沼泽，头顶上是俄军炮火的猛烈轰击。工兵没有开辟出合适的通路，许多坦克成为红军空军的牺牲品。这次战斗期间，尽管德国握有制空权，可是俄国飞机仍然奋勇出击。即使是德军第一天夺取的地域，也会突然有俄国人冒出来，"大德意志"师的侦察部队不得不同他们周旋。到7月5日/6日夜间，我军仍无法渡过这条小河［佩

① 译注：从阿列克谢耶夫卡经卢哈尼诺、瑟尔采沃到杜布罗瓦，是沿卢哈尼诺河河谷向东，这里的瑟尔采沃是两个同名地中位于东南方较小的一处，即德国人下文所称的瑟尔采夫。

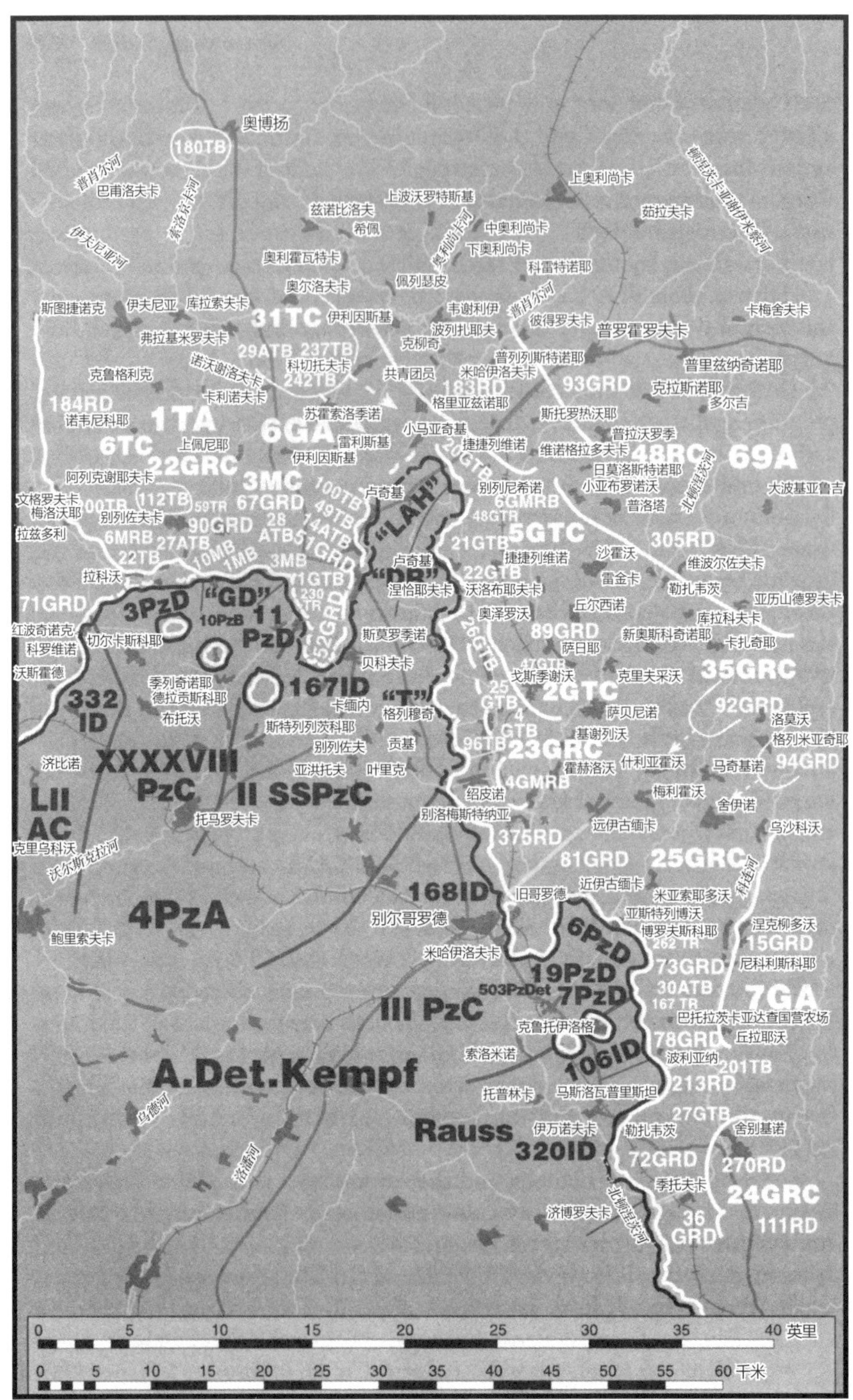

地图11　沃罗涅日方面军，1943年7月6日

纳河]和沼泽地。左翼，第3装甲师对扎维多夫卡的攻击未能得手，“大德意志”师对阿列克谢耶夫卡和卢哈尼诺的进攻也未能成功。整个地域密布地雷，俄国人的整条防线都得到高地上占尽地利的坦克支援。我军突击兵力损失很大，第3装甲师还不得不抗击敌人的反冲击。尽管德国空军对敌炮兵阵地展开多次密集突击，但俄国人的防御火力没有丝毫减弱。[59]

“大德意志”师的战史这样记述与机械化第3军激烈而血腥的苦战：

在那里[东面]，大约11时45分[莫斯科时间16时45分]①，“大德意志”师装甲掷弹兵团第1营和装甲兵报称进展顺利，杜布罗瓦以南[卢哈尼诺河畔]地域唾手可得。然而，激烈的坦克战在大片玉米地和开阔地上爆发，后面就是布尔什维克分子严防死守的第二道抵抗线。土质地堡和预装火焰喷射器的纵深阵地，尤其是半埋入地下的T-34，都伪装良好，令德国人推进时举步维艰，损失逐步增加，装甲兵尤甚。步兵一步步打穿深厚的防御地带，试图为装甲兵打开通道。最终，英勇的第1装甲掷弹兵营在雷默少校的指挥下，得以于当晚攻入杜布罗瓦，夺取247.2高地并在那里掘壕固守。装甲掷弹兵团第1营和“施特拉赫维茨”战斗群的装甲兵建立一座刺猬防御阵地。但是，总的来说，看上去突破并未成功；相反，进攻者仍然坐困于敌防御地带之中。

装甲掷弹兵团团部夜间跟了上来，督促下属各部，特别是第2营，尽可能向杜布罗瓦靠拢。此举的目的是于次日将对敌军阵地的渗透扩展为突破，从而抵达战场的开阔地带。许多“豹”式坦克已经失去战斗力；装甲团也有许多坦克因中弹或地雷炸毁履带而不得不丢弃，留给跟进中的维修单位修复。[60]

苏联的记述作品证实了这场战斗的激烈程度：

德国人不遗余力地继续向北进攻，受阻于V. G. 切尔诺夫上校近卫步兵第90师各部队和坦克第1集团军坦克第6军、机械化第3军的顽强抵抗，这两个军

① 译注：原文如此，柏林与莫斯科的时差是两小时。

已经占据第二线预设防御。

在卢哈尼诺、瑟尔采沃、247.2高地这些地段，敌人当天先后发动八次进攻，同时投入250辆坦克和大量步兵。所有进攻都被机械化第3军的机械化第1旅、机械化第3旅和机械化第10旅击退。在247.2高地，孤立的坦克群成功楔入我军防御，突入A. Kh. 巴巴贾尼扬上校机械化第3旅的战斗队形。该旅的战士们毫不动摇，一方面将敌步兵驱离坦克，一方面使用现有的手段摧毁突入的坦克。敌人损失了一些坦克，未能取胜，被迫撤到进攻出发阵地。机械化第1旅当天也遭到来自奥利霍瓦特卡地区①的敌军多达100辆坦克的八次进攻，但该旅亦未放弃阵地。[61]

截至7月6日黄昏，第四十八装甲军又一次未能实现自己抵达普肖尔河的最终目标。尽管抵抗显然强于预期，但该军还是前出到足以于7月7日向北发起决定性突击的位置。鉴于冯·克诺贝尔斯多夫的装甲兵沿奥博扬公路大批集结，瓦图京和卡图科夫面临着重要决策。由于德国装甲矛头转移到佩纳河以东、机械化第3军当面，沿佩纳河西岸展开的坦克第6军的宝贵坦克兵现在面临的威胁有所减小。然而，瓦图京却没有命令格特曼将军将他的坦克第6军向东变更部署。瓦图京更关心的是对付党卫队第二装甲军带来的战役威胁，这个军7月6日开始急速推进，向北突入近卫第6集团军的防御核心。

豪塞尔的党卫队第二装甲军重新开始推进，撕裂雅科夫列沃以南近卫步兵第51师的防御，在东面形成了新威胁，并且不顾克拉夫琴科近卫坦克第5军的干扰，继续向东北方向急进。上午十时左右的炮击结束后，豪塞尔的“阿道夫·希特勒警卫旗队”师在左，“帝国”师在右，两师并肩推进并击溃近卫步兵第51师残部，夺取雅科夫列沃的苏联防御枢纽部，然后迫使苏联步兵和坦克退入大型城镇波克罗夫卡和大马亚奇基周围的筑垒阵地。[62]“警卫旗队”师的两个装甲掷弹兵团对付这些苏联防御枢纽部的同时，该师其他各部向前推进12公里，并于日落时夺取了卢奇基和捷捷列维诺。

---

① 译注：应为奥利霍夫卡。南线有三个奥利霍瓦特卡，一个在佩纳河沿岸的后方，另外两处距离过远。

克拉夫琴科将军的近卫坦克第5军奉命向德国人的攻击硬碰硬地发起反冲击，并过分乐观地宣称击毁“帝国”师的95辆坦克和几辆“象”式自行火炮。[63]尽管如此，党卫队的突击还是粉碎了苏联防御，克拉夫琴科的几个坦克旅和近卫步兵第51师近卫步兵第58团的幸存者一起，像被打翻的保龄球球瓶一样仓促退向东北方和东方。近卫步兵第51师的其他部分和机械化第3军近卫坦克第1旅的坦克，以及从初期战斗中幸存下来的步兵和反坦克部队，继续坚守党卫队第二装甲军左翼的波克罗夫卡和大马亚奇基。[64]

鉴于现在已经突破近卫第6集团军的第二防御地带，党卫队第二装甲军打开了前往东北方的道路，他们面前只有克拉夫琴科摇摇欲坠的坦克军的一个摩托化（近卫第6）旅。这是一个机会，可是豪塞尔和他的军却无法加以利用。首先，他得到的命令是向北方的奥博扬，而不是东北方的普罗霍罗夫卡推进。其次，也更重要的是，苏联尚未被击败的强大兵力紧贴着他过度伸展的侧翼。由于没有步兵掩护自己的两翼，豪塞尔别无选择，只能先使用装甲兵保卫这两翼，直到步兵跟上来，才允许他的装甲兵重新开始推进。在此期间，豪塞尔本能地允许部下沿抵抗最薄弱的路线继续推进。于是，他的下属继续沿着通向普罗霍罗夫卡的公路向北推进。

一份德国作品记录了党卫队第二装甲军高歌猛进带来的喜忧参半之感：

16时30分［莫斯科时间18时30分］，装甲战斗群已经穿过卢奇基，正在进攻捷捷列维诺。装甲掷弹兵第3营第2连装甲加农炮排排长，三级突击队中队长居赫斯报告进攻情况如下：

“装甲兵和侦察营的几个分队在我们前方。我们转向东北，以我们的所有装甲人员输送车全速进攻。我们沿宽大正面紧跟在侦察营和装甲兵后方，试图推进到普肖尔河。突然，我们的推进戛然而止。道路和开阔地上到处都是地雷，我们面前的高地上有一些躲在防坦克壕后面的反坦克炮和坦克。我们的四辆坦克压上地雷，乘坐装甲人员输送车随我们行动的空军联络官也被炸飞。我们仍然有可能夺取捷捷列维诺，但我们能待在那儿吗？天色越来越暗，我们担心自己的两翼，因此就地转入防御。我在营部过夜，1时30分［莫斯科时间3时30分］接到第12连（连长是二级突击队中队长普罗伊斯）的电话，他们前方有六辆俄国坦克，第13连上报的数量甚至更多。值得注意的是，我们几乎没有感到忧虑。我们展开自卫战斗。天亮以后，俄国人败退了，我们击毁他们16辆坦克中的五辆。六名俄国人叛逃过来，他们说自己属于一个7月3日才从莫斯科出发的坦克军”[65]。

令豪塞尔更加不安的是，7月6日，苏联近卫坦克第2军渡过利波维伊顿涅茨河，进攻他的军的右翼，配合他们的是坦克第96旅在南面发动的另一场坦克冲击。[66]这一情况也引起党卫队第二装甲军军部的注意：

19时15分［莫斯科时间21时15分］，第二装甲军参谋长通知作战参谋，形势正趋于危急。敌人已将强大的坦克力量从东北方调入罗日杰斯特文卡—克里乌科沃—新洛西地区，大批坦克和步兵已在涅普哈耶沃附近渡过顿涅茨河，这一情况原来并未得到关注。

军部命令一个加强营在某团长的指挥下立即北上卢奇基，在那里掩护西方和西北方向的行进路线，并与位于捷捷列维诺的装甲战斗群建立联系。至于给发各师的其他命令，则一切照常。[67]

尽管布尔杰伊内将军近卫坦克第2军的突击被德国空军击退，并在此过程中遭到重创，但苏联的这次冲击还是要求党卫队“髑髅”师准备应付新威胁，直到腾出步兵来接替他们。[68]而在第四十八装甲军的地段，侧翼难解难分的战斗已在不知不觉间具有了决定性意义。

7月6日下午、傍晚和晚上，瓦图京和卡图科夫为应对德国的新威胁而再次调整他们的防御。瓦图京将更多反坦克部队投入战斗，坦克第1集团军司令员卡图科夫则命令契尔年科将军的坦克第31军，使用三个坦克旅（第100、第242和第237旅）从西面封闭党卫队第二装甲军的突破口。克里沃舍因将军已经命令他的第二梯队坦克第49旅的第2营增援被围困在波克罗夫卡的苏联守军。他们赶到时恰逢德军冲进镇内，G. S. 费多连科大尉的营共击毁六辆德国坦克，其中包括一辆“虎”式，并将德国人击退。[69]

到傍晚，N. M. 伊万诺夫上校的坦克第100旅同样加强了大马亚奇基的苏联防御，坦克第31军其余各旅随后跟进，奉命前来阻止党卫队装甲军的推进。由于新锐坦克抵达，瓦图京命令近卫步兵第52师残部撤到正后方的新防线。

再往南，在P. D. 戈沃鲁年科上校步兵第375师防守的别尔哥罗德以北的关键地段，党卫队“髑髅”装甲掷弹兵师所部向利波维伊顿涅茨河畔的绍皮诺和捷尔诺夫卡东进，企图抵达该河并最终与别尔哥罗德以东的肯普夫所部会师。步兵第375师得到V. G. 列别杰夫少将坦克第96旅和反坦克歼击炮兵第496团的增援，顽强据守并将“髑髅”师击退于河岸之外。[70] 戈沃鲁年科在这个看似偏僻地段成功实施的顽强防御，将会对“堡垒”行动的结局造成当时难以预料的重大影响。因为这时，德军上下都在忧虑地关注着别尔哥罗德以南“肯普夫”集团军级支队的进展。

7月6日，肯普夫所部终于冲出北顿涅茨河上的桥头阵地，严重威胁近卫第7集团军的防御稳定性。第7装甲师和第19装甲师一如既往地引领突击，但当天傍晚，冯·许纳斯多夫将军的第6装甲师也加入了战事。[71] 施密特将军的第19装甲师在第168步兵师各团的跟进和支援下，转向西北方攻击近卫步兵第81师左翼和后方。尽管近卫步兵第81师和遂行支援的近卫反坦克歼击炮兵第114团所部顽强抵抗，德国人还是成功夺取苏联人后方的克列伊达车站和重镇别洛夫斯科耶。近卫步兵第81师为阻击德国人的突击，被迫在亚斯特列博沃附近仓促展开师属教导营。[72]

与此同时，冯·丰克将军的第7装甲师以第25装甲团为先导，从拉祖姆诺耶和克鲁托伊洛格两村之间出击，一举击退近卫步兵第78师第二梯队第233团以及配属该团的近卫反坦克歼击炮兵第81营，并在撞上刚展开的近卫步兵第73师之前，将苏联的一个团包围在克鲁托伊洛格村。前天晚上，近卫第7集团军司令员舒米洛夫将军命令位于近卫步兵第25军第二梯队的S. A. 科扎克上校近卫步兵第73师前出并占领新阵地，阻挡德国人从克鲁托伊洛格村继续东进。舒米洛夫从集团军预备队调出坦克第167团、第262团和自行火炮第1438团，瓦图京的方面军预备队也派出拥有72门火炮的反坦克歼击炮兵第31旅增援科扎克。截至7月5日22时，科扎克已经占领新阵地，并且迅速建立了临时的对坦克防御。[73]

翌日，第7装甲师反复攻击近卫步兵第73师防御阵地，在激战中压弯但未能突破苏联防线。傍晚，第6装甲师终于抵达，席卷科扎克的右翼团，占领了第19装甲师和第7装甲师之间的一座关键阵地。科扎克将中央团和右翼团撤到新防线上，依托从格列米亚奇向北穿过巴托拉茨卡亚达查的低矮山脊。由于步兵第111师和步兵第270师、近卫步兵第15师在他们后方展开，新锐的近卫步兵第94师也在赶来驰援，科扎克所部得以沿新防线坚守，甚至发起反冲击。事实上，“肯普夫”集团军级支队现在面临两个问题，既要向北发展和维持进攻，又要担心其右翼。往后几天，肯普夫的装甲兵将被牵制在侧翼，而南方集团军群不得不四处搜罗步兵，充实肯普夫那捉襟见肘、过度伸展的战线。

就这样，到第二天战斗结束时，第四十八装甲军已经在雅科夫列沃附近与友邻的党卫队第二装甲军取得联系。它们一同在苏联的第二道防御地带上达成有威胁的突破，这次突破有可能向北威胁奥博扬。然而在此期间，霍特已经因为作战和新式坦克的机械可靠性欠佳而损失至少300辆装甲车辆。支援“大德意志”师的350辆坦克此时只有80辆左右还能开动。和往常一样，部分车辆固然随后得到修复，可是德军的先锋已经遭到严重削弱。[74] 苏联人估计第四装甲集团军有1万名士兵伤亡。另外，“肯普夫”集团军级支队未能跟上霍特向北的突击，意味着党卫队“髑髅”师现在必须留下来作为侧卫，向东防御近卫坦克第2军和近卫坦克第5军，而不是向东北方扩大突破口。类似的，“肯普夫”集团军级支队的第7装甲师也在南面陷入相同的警戒任务。最重要的是，德国进攻的进度大大落后于原定计划，面前还有苏联强大兵力有待克服；事实上，这些兵力比德国人的估计要多得多。

第八航空军承受的压力也差不多。经过两天竭力战斗，第八航空军在该地段损失100多架飞机，航空燃油严重消耗，幸存飞机的保养状况也在恶化。近距离支援的优先度要高于夺取制空权，因此德国战斗机无法再拦截红军空军的所有攻击。挪用高射炮参加地面战斗，进一步削弱了德国的对空防御。自此之后，德国指挥官将不得不节约使用他们逐渐减少的空中支援，一些进攻将无法得到空中支援。7月6日，苏联报告称当天白天己方共出动1278架次，德国人则是873次。[75]

瓦图京面临的大问题，不仅仅是自己方面军的防御缺口正在扩大。到7月6日黄昏，除第69集团军的三个步兵师以外，他已经投入所有方面军预备队去增援第一梯队或加强后方防御地带。瓦图京只能从第38集团军抽调兵力去加强第40集团军和坦克第1集团军。苏联军队仍沿普罗霍罗夫卡和科罗恰两个方向占领着两道防线，在某些地方是三道，而在奥博扬方向，苏联人只据守着集团军第二防御地带。而瓦图京认为无论如何也要守住这条防御地带，因为一旦它被突破，德国军队就将获得战役自由。

7月6日下午，瓦图京草拟出解决这个防御困境的一个解决方案，并向大本营代表华西列夫斯基做了汇报。他建议从大本营预备队抽调新锐坦克力量，向德军东西两翼发动强有力的反冲击。然而，当天傍晚之前，德国人迅疾的后续推进已经让瓦图京的计划失去意义。18时30分，瓦图京向华西列夫斯基和大本营汇报："近卫第6集团军当面有6个德国装甲师，敌人还在投入新锐预备队"[76]。因此，瓦图京通过华西列夫斯基，请求大本营以4个新锐的坦克军和两个航空兵军加强他的方面军。华西列夫斯基在瓦图京的请求后追加个人评论如下：

> 17时整的前沿态势正如汇报所言。
>
> 我认为，为应对局面的进一步变化，为这个方面军加强两个坦克军是可行的，其中一个应派往普罗霍罗夫卡地域（奥博扬东南30公里），另一个配置到科罗恰地域。为此，可以使用扎多夫[近卫第5集团军司令员]的坦克第10军，也可以将马利诺夫斯基[西南方面军司令员]的坦克第2军从瓦卢伊基调来。此外，我认为有必要将罗特米斯特罗夫[近卫坦克第5集团军]调往奥斯科尔河和旧奥斯科尔以南地区。[77]

当天晚些时候，斯大林亲自打电话给瓦图京，回复他的请求。开头命令瓦图京"依托预有准备的阵地消耗敌军，并阻止其突破，直到西方方面军、布良斯克方面军和其他方面军展开我方的积极行动。"[78]这显然表明，斯大林的注意力集中在整个库尔斯克会战更广阔的层面上。斯大林尽管专注于他自己关于库尔斯克作战行动的更大范围进攻上，还是同意再调两个坦克军给瓦图京。斯大林意识到苏联战略进攻的成败直接取决于库尔斯克防御能否成功，还命令草原方面军司令员I. S. 科涅夫将军开始把罗特米斯特罗夫将军的近卫第5坦克集团军向前展开到库尔斯克地域。

根据斯大林的命令，罗特米斯特罗夫的大批坦克于7月8日清晨进入旧奥斯科尔地域。[79] 与此同时，V. G. 布尔科夫少将拥有185辆坦克和自行火炮的坦克第10军、A. F. 波波夫少将拥有168辆坦克和自行火炮的坦克第2军，开始向普罗霍罗夫卡及其东南地域运动。[80]两个军都将于7月8日做好参战准备。

按照大本营的新指示，瓦图京随后草拟出一份修订计划，以他现有的兵力挫败德国人的进攻，并在两个坦克军赶到后彻底歼灭他们。他的决心是“依托先前准备的防御阵地，在防御战中挫败敌军，以近卫步兵第35军的部队加强近卫第7集团军受到威胁的方向，将两个坦克旅调往雅科夫列沃—普罗霍罗夫卡方向，将一个反坦克歼击炮兵旅投入坦克第1集团军和近卫坦克第5军的结合部。沃罗涅日方面军的所有航空兵应攻击并歼灭奥博扬方向的敌坦克和人员，西南方面军的航空兵应用来对付近卫第7集团军当面之敌”[81]。

瓦图京的计划若想成功，最重要的是使用当时正在前出至党卫队第二装甲军左侧的坦克第1集团军坦克第31军，以及已在这个德国军右侧的普罗霍罗夫卡和德鲁日内之间展开的近卫坦克第2军和近卫坦克第5军，阻止那骇人而可憎的黑衫装甲兵势不可挡的北进。卡图科夫手头剩余的坦克第6军和机械化第3军的任务是，阻止第四十八装甲军沿奥博扬公路向北推进。霍特的两个装甲军虽进度落后、略受挫折，但气势未减，他们一如既往地决心战胜对手。

北线危机，7月7日—10日

7月7日拂晓，莫德尔将军的第九集团军重新发动进攻，力图在波内里周围和西面十公里的奥利霍瓦特卡以北，突破中央方面军的第二防御地带（见地图12）。残破的波内里镇及其火车站、拖拉机站，控制着从北面伸入库尔斯克的关键铁路、公路，苏德双方都意识到这个小镇的战术价值。参战德军后来提到说：“波内里这个令人晕头转向的村庄和253.5高地，是库尔斯克突出部的斯大林格勒。争夺最激烈的地方是拖拉机站、火车站、学校和水塔。进攻首日，我们夺取了铁路路基和居民点北缘。但随后开始的激烈争夺战卷入了第18装甲师、第9装甲师和第86步兵师。”[82]

第18装甲师和第292步兵师接连五次突击波内里的城区，均被M. A. 延申少将的步兵第307师击退。炮火和地雷摧毁了坦克，进攻的德步兵为铁丝网和其他障碍物所阻碍，在他们的苏联对手面前损失惨重。第13集团军司令员普霍夫将军为步兵第307师提供了各种大口径火炮、自行反坦克歼击车和工程兵快速障碍设置队，他们的致命工作，留下一幅点缀着冒烟德国装甲车辆的景象。[83]

10时整，德军步兵在50辆坦克的支援下，从西北方突入波内里镇外围，但被步兵第307师的反冲击赶了回去。德军两个营在12辆坦克的支援下发起的后续进攻，占领波内里东郊的五一国营农场，并在镇北部建立一个立足点。几乎与此同时，德军第9装甲师在镇西部取得更大进展，到12时30分，已将近卫步兵第6师向后推到一片树林中。尽管享有这些优势，在当日剩余的时间里，德军以无数次代价高昂的进攻才最终从步兵第307师手中夺取波内里半数地盘。战斗中，延申上校将作为其第二梯队的步兵第1023团投入“沸腾的大锅”，仅保留该团第2营作为预备队。普霍夫将军也押上筹码，投入坦克第129旅、自行火炮第1442团和 S. P. 萨扎诺夫上校反坦克歼击炮兵第13旅一部，以及坦克第3军的一个旅。

当天下午，西面约阿希姆·莱梅尔森第四十七装甲军的第2装甲师和第20装甲师，在第6步兵师的掷弹兵伴随下向奥利霍瓦特卡南进，莫德尔将这里视为他集团军决胜的关键。一名敏锐的德方观察者写道：

奖品是奥利霍瓦特卡的高地，其中的关键是274高地。

这些高地是莫德尔的近期目标。这里是他作战计划的关键所在，是库尔斯克之门的钥匙。这些高地有什么特殊意义呢?

从战略角度看，奥利霍瓦特卡的高地链条构成了奥廖尔和别尔哥罗德之间中俄罗斯山脊的中段。其东侧是奥卡河与诸多小溪的源头。从这些高地上能够清楚地望到海拔比奥利霍瓦特卡低400英尺的库尔斯克。谁控制这片高地，谁就能控制奥卡河到谢伊姆河之间这片地区。

莫德尔想夺取奥利霍瓦特卡周边的高地，他是想将预备队投入到该地区，在不利于对手的地形与苏联军队（尤其是罗科索夫斯基的坦克军和机械化军）交战并击败他们，然后冲向库尔斯克，与霍特汇合。[84]

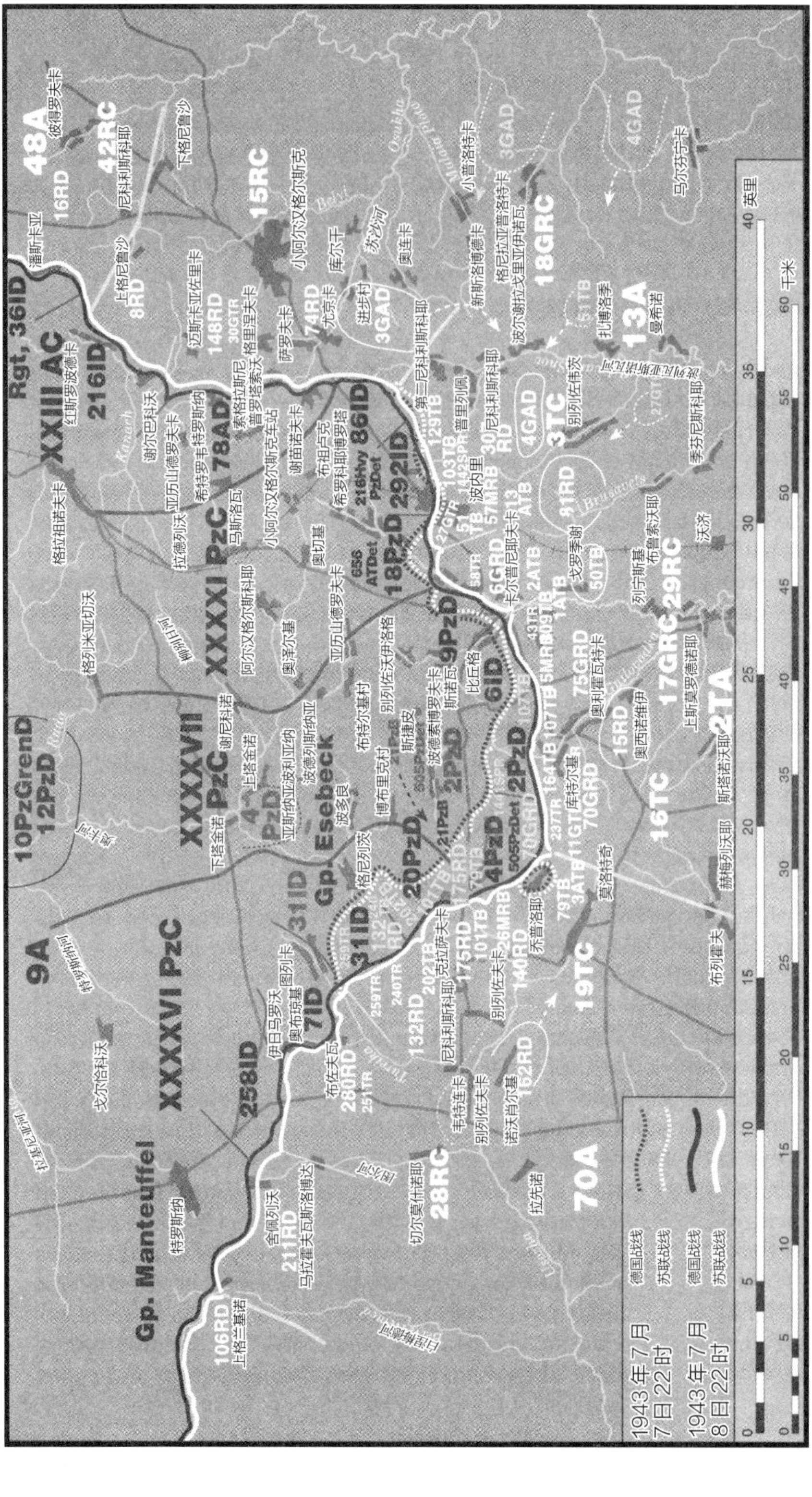

地图12　中央方面军，1943年7月7日—8日

然而，罗科索夫斯基完全看穿了莫德尔的意图。因此，到7月6日黄昏，这位中央方面军司令员已投入罗金将军坦克第2集团军的坦克第16、坦克第19军和V. N. 鲁科苏耶夫上校的歼击第3旅防御奥利霍瓦特卡地段。尽管两个坦克军的反冲击未能取得罗科索夫斯基寻求的决定性战果，但坦克和反坦克炮兵以营、连和排为单位，与近卫步兵第70、第75师的第二梯队步兵并肩战斗，让进攻中的德国装甲兵付出了可怕的代价。[85]

下午，未能在波内里取得突破的德军第2装甲师的140辆坦克和50辆突击炮，与右翼的第505重装甲营和第20装甲师，在萨莫杜罗夫卡和奥利霍瓦特卡之间重新向苏联防线发起突击。[86] 这些攻击也失败了，推进中的德军继续为在苏联第13集团军第二防御地带这一关键地段取得有限进展而蒙受骇人的损失。德军右翼，汉斯·措恩将军第四十六装甲军的地段情况也差不多。举例来说，A. Ia. 基谢廖夫少将的步兵第140师从第二梯队赶来，巩固加拉宁将军第70集团军右翼的防御，该师共击退德军的13次进攻。德军攻向守军侧翼和扩宽突破口的努力，均为大量反坦克歼击车和直瞄射击的火炮所阻。

7月7日，中央方面军的空中态势突变。苏联人得以完全实施其空战计划，并采取一切必要的指挥和控制措施。结果就是大批歼击机得以在战场上空例行巡航，更多飞机可随时应对突发情况。随着苏联飞机数量的增长，德国的损失也在增加。出击率的增长，以及苏联人取得整体制空权并能常常取得局部制空权的情况，将持续到会战结束。[87]

对于库尔斯克北线苏联防御的两个关键地段来说，7月8日都是紧要关头（见地图12）。8时整，莫德尔投入迪特里希·冯·绍肯将军新锐的第4装甲师的101辆坦克，支援争夺萨莫杜罗夫卡的第20装甲师，与此同时，福尔拉特·冯·吕贝中将第2装甲师的118辆坦克再次打击掩护奥利霍瓦特卡的苏联防御。[88] 第四十七装甲军的第20装甲师和第4装甲师在萨莫杜罗夫卡周边连续发动四轮进攻，企图突破第70集团军和第13集团军结合部的山脊防线。A. L. 邦达列夫中将的近卫步兵第17军承受着这次进攻的主要冲击。恶劣天气令德国空军当天基本无法遂行支援。60—100辆坦克组成的集群与支援的德军步兵，一次次顽强地冲向萨莫杜罗夫卡、257高地和萨莫杜罗夫卡北面的山脊。一名德国观察者抓住了火力战斗的绝望本质：

第20装甲师的掷弹兵……7月8日在萨莫杜罗夫卡村附近，顶着炽热的骄阳投入一场激战。第112装甲掷弹兵团第5连的军官不到一小时便非死即伤。然而，掷弹兵们还是横扫玉米地，夺取一道战壕后又遇到下一道。各营消耗殆尽，各连仅有排级兵力……

著名的物资战阿拉曼战役中，蒙哥马利投入1000门火炮来扭转非洲战局，但比起这次还是有所不及。就双方在库尔斯克会战巨大、开阔的战场展开的军队而言，就连斯大林格勒会战也无法相提并论，虽然后者的末日和悲惨氛围更浓。[89]

与此同时，第4装甲师的坦克和突击炮一番激战过后，突破步兵第175师和近卫步兵第70师的结合部，该师第33装甲团①第2营夺取小村乔普洛耶。作为回应，罗科索夫斯基和普霍夫投入步兵第140师和作为坦克第2集团军预备队的近卫坦克第11旅封闭缺口。德国人奋力将苏联守军赶出乔普洛耶以南的山脊，却未能动摇他们的顽强抵抗。[90] 德国的另一份材料记录了这里反复易手的激烈争夺战：

该营[第33装甲掷弹兵团第2营]已经损失100人。但是师长不想让俄国人回过神儿来。第3和第35装甲团在村庄边缘取得联系。装甲人员输送车加入了它们。俯冲轰炸机在头顶尖叫着，扑向苏联主阵地。

“就是现在！”

对面的斜坡上是反坦克歼击炮兵第3旅，还有半埋的T-34。它们侧翼由一个配备反坦克步枪的步兵营掩护，这是一种简单却有效的近距离反坦克武器。它们和德军后来装备的“铁拳”一样，使用起来需要勇气与冷静。

对高地的突击开始了，俄国人落下了密集的防御火力。

前进数百码后，德军掷弹兵被钉在了地上。根本不可能穿过由集中在非常狭窄的地段的数百门火炮投送的苏联炮火。只有坦克向前闯入这堵火墙。苏联炮兵将它们放进五百码以内，然后是四百码，这个距离上，就连“虎”式坦克也有可能

① 译注：应为第33装甲掷弹兵团。下文第3装甲团隶属第2装甲师，第35装甲团隶属第4装甲师。

被密集的苏联重型反坦克炮击中起火。

但此后有三辆四号坦克克服苏联第一道炮兵阵地，掷弹兵跟进。他们夺取了高地，接着又被俄国人立即发起的反冲击赶了回来。

战斗在乔普洛耶前面的战场肆虐了三天。第33装甲掷弹兵团席卷该地，又被再次赶出。第2营唯一幸存的军官迪泽内尔上尉集合残部，再次发起突击。他拿下了高地，但再次被迫撤退。

友邻的第6步兵师情况类似，仅拿下奥利霍瓦特卡那双方激烈争夺的274高地的山坡。[91]

苏联对当日战斗的内部评估简短但准确；

敌人夜间将四百多辆坦克和两个以上的步兵师投入斯诺沃、波德索博罗夫卡和索博罗夫卡地域，8时整，敌人再次转入进攻，试图在第二波内里到萨莫杜罗夫卡之间的正面突破我方防御。德国人在那里发动四次进攻，均被各种有组织的火力击退。

最激烈的战斗发生在257.0高地，这里是近卫步兵第17军的关键防御地段。敌人先后三次同时从东北方和北方进攻高地，每次都有60—100辆坦克组成的多个集群。德军步兵冒着防御部队的火力，顽强地试图跟随在坦克后方向高地推进。到17时整，敌军已成功占领高地，但未能继续推进。敌军在近卫步兵第17军战线的其余地段完全失败。

就这样，7月8日沿这个方向激战过后，德军未能达成重要突破。突破奥利霍瓦特卡的最后尝试失败了。[92]

歼击第2师歼击第3旅旅长的战时报告如下：

敌军占领了卡沙拉、库特尔卡、波戈列洛维茨和萨莫杜罗夫卡，正准备第二次正面进攻，在乔普洛耶方向前调200辆坦克和摩托化步兵。敌军沿尼科利斯科耶方向展开活跃的行动。尽管敌人从7时30分开始展开一系列进攻，还是被挡在乔普洛耶北郊一线。

第1连和第7连已全部牺牲，但他们寸步不退。我军击毁40辆坦克，第一个装备反坦克枪的营损失70%。

第2连、第3连和第二个反坦克步兵营已经准备好迎敌。我与他们保持着联系，接下来将有一场恶战，我们要么守住阵地，要么牺牲于此。那里没有运输车辆，我需要各种弹药，我已经投入所有预备队。我等待您的命令，我与友军保持着通信联系。[93]

7月8日，波内里车站周围继续进行着拉锯战。拂晓时分，步兵第307师穿过铺满双方尸体、数十辆烧毁坦克和毁坏火炮残骸的地带发起反冲击。该师在镇内夺回一个立足点，但再次面临德军的反冲击，这使得苏德双方各占领小镇的一部分。莫德尔倔强地将新锐队伍投入争夺战，普霍夫以牙还牙。[94]接下来两天里，第10装甲掷弹兵师加强了受创的前线德军，却又遭遇苏联近卫空降兵第3师和近卫空降兵第4师，这是普霍夫从第二梯队的近卫步兵第18军中抽出投入波内里战斗的。[95]坦克第3军的坦克、反坦克歼击炮兵第2旅和反坦克歼击炮兵第13旅的反坦克炮，以及十余个苏联炮兵团的火炮也加入战斗，随着战线在这个小镇的废墟中进退拉锯，他们或是歼灭敌人，或是被敌人歼灭。经过艰苦的战斗，付出高昂代价后，德军终于夺取波内里镇大部，但仍非全部。这场很大程度上皮洛士式的胜利，令获胜的进攻者筋疲力尽，无力遂行后续进攻。

显然，莫德尔几乎已无可派之兵。经过四天高强度的战斗，第九集团军的军人们也疲惫不堪，特别是步兵和坦克兵。和南线一样，德国空军已经竭尽全力，如今严重受制于燃料短缺。7月8日晚，莫德尔不情愿地决定，在重新突击奥利霍瓦特卡以北山脊前重新集结兵力。因此，7月9日，在德军继续展开波内里争夺战的同时，莫德尔重新集结兵力，并为夺取流血漂橹的奥利霍瓦特卡而做最后尝试（见地图13）。斯图卡俯冲轰炸机和炮兵进行毁灭性的火力准备后，第2装甲师、第4装甲师和第20装甲师的300辆坦克发起攻击。尽管实施了火力准备，并得到强大的火力支援，这次进攻还是在苏联人顽强的防御面前举步维艰，在战斗间隙，守军已经得到第70集团军S. Ia. 先吉洛少将新锐的步兵第162师增援。

莫德尔的最终失败，是德国人在库尔斯克进攻战役中所受挫折的缩影。六天中，莫德尔所部推进不超过15公里（见地图13）。他们损失约5万官兵和400

辆坦克，连苏联的战术防御都未能突破。[96]尽管他们让防御中的苏联人严重失血，但战役自由仍然遥不可及。截至7月8日，德军在库尔斯克取胜的希望，已经全部落在南方几十公里外奋战的霍特所部的肩上。无论如何，莫德尔的失败将使得霍特的任务更艰巨，更有挑战性。

南线危机，7月7日—8日

7月7日一早，瓦图京确认坦克第2军、坦克第10军和罗特米斯特罗夫强大的近卫坦克第5集团军正向他的方面军地段赶来以后，开始实施一个能让他的方面军在上述援兵赶到前再坚守一两天的计划。然而，霍特因前几天遭受的挫折而愈发急躁，他的两个装甲军不会给瓦图京以喘息之机。7月7日一早，党卫队第二装甲军和第四十八装甲军重启进攻，这次指向奇斯佳科夫将军近卫第6集团军的第二道防御地带，以及赶来增援的卡图科夫将军坦克第1集团军的两个快速军，后者现在排列在佩纳河、卢哈尼诺河和波克罗夫卡东南的强大防御阵地上（见地图14）。瓦图京按计划将他剩余的全部坦克、反坦克兵器和歼击航空兵部队加强给他们。然而，当天早上突如其来的德军进攻，令瓦图京动用卡图科夫的坦克发动反冲击的希望破灭，并且制造了迫在眉睫的危机。

瓦图京和大本营之间经常而激烈的争论，导致后者不情愿地决定放弃坦克反冲击，转而允许瓦图京安排卡图科夫的坦克进入掩体用于防御，而非向德国射程较远的大批反坦克武器实施代价高昂的冲击。随后几天的残酷战斗，将检验大本营的这项决策是否合理。卡图科夫坦克集团军的600多辆坦克现在要与步兵、炮兵和工兵肩并肩，为集团军的存亡而进行一场艰苦的防御战。

霍特将军精心策划的战斗也并未按原计划发展。经过两天的战斗，豪塞尔的党卫队第二装甲军已经在苏联防御上找到了薄弱点：从波克罗夫卡向东北通往普罗霍罗夫卡地区的公路。另外，在豪塞尔左翼，波克罗夫卡和大马亚奇基周边顽强抵抗的苏联防御，也在将他那个军的突击引向普罗霍罗夫卡。但是，普罗霍罗夫卡公路会把德国人带离原定目标奥博扬和库尔斯克。因此，7月7日的新战况要求冯·克诺贝尔斯多夫将军的第四十八装甲军同时承担两个关键任务。主要任务是继续向奥博扬方向北进，同时还要肃清并掩护党卫队第二装甲军左翼，这对完成主要任务而言必不可少。讽刺的是，冯·克诺贝尔斯多

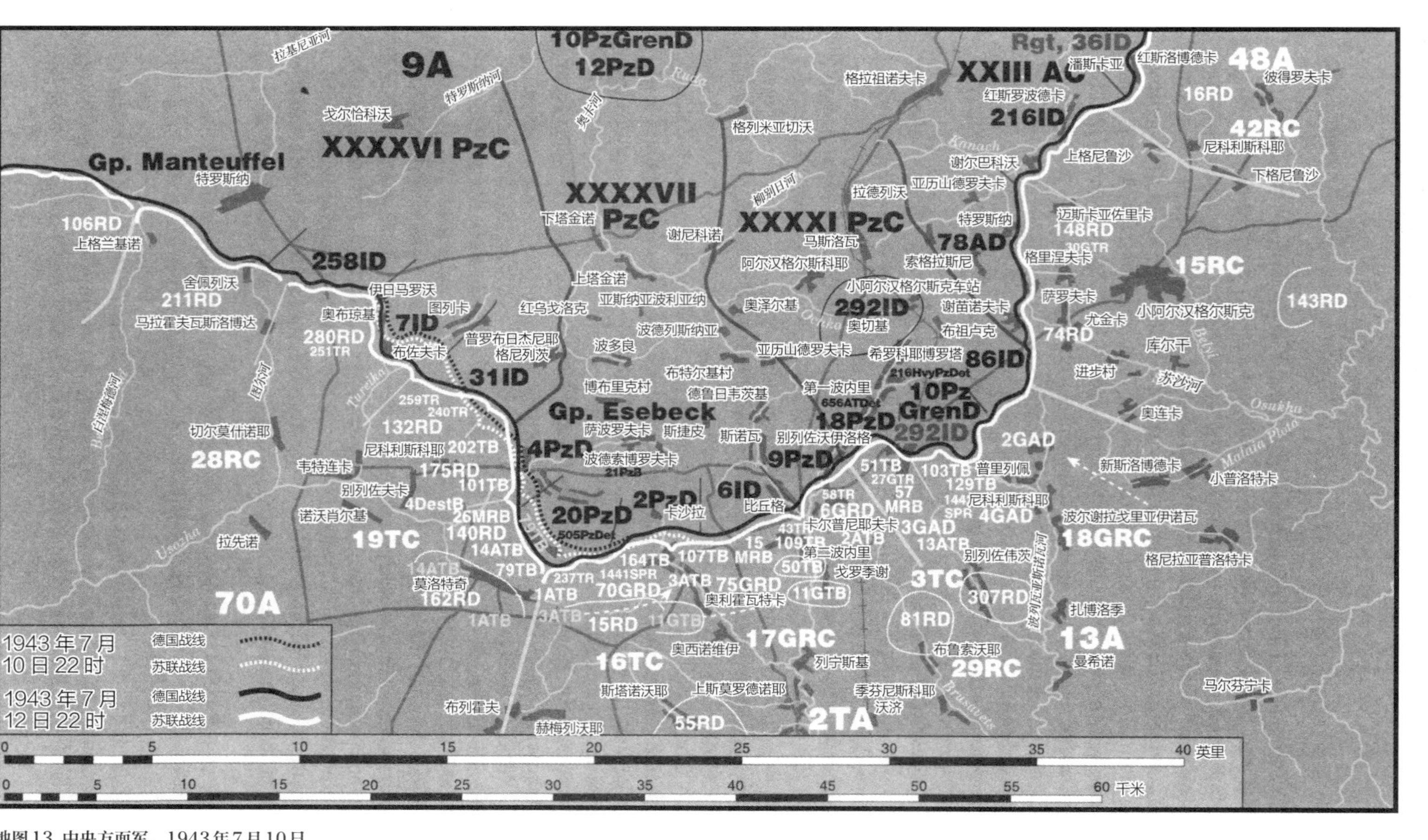

地图13 中央方面军，1943年7月10日

夫的强大兵力，虽然足以同时承担这两个任务，但是无法应付即将面临的新困境，即在装甲矛头向北突进的同时，掩护自己不断伸展的左翼。

7月7日早上，普里斯的党卫队“髑髅”装甲掷弹兵师将苏联军队向东赶入党卫队第二装甲军漫长右翼沿线的利波维伊顿涅茨河浅谷，同时，“警卫旗队”师的两个装甲掷弹兵团突击波克罗夫卡和大马亚奇基周围的苏联阵地。[97]苏联坦克第49旅和坦克第100旅在激战中退让，于日落时放弃关键阵地。一份苏联作品记录如下：

在波戈列洛夫卡和米哈伊洛夫卡地域，敌人向近卫坦克第1旅发动攻击。多达100架敌作战飞机从空中轰炸该旅。敌人突入该旅防御的所有尝试均告失败。与此同时，希特勒分子在波克罗夫卡投入多达30辆坦克和一个步兵营，占领那里并威胁到该旅左翼。A. F. 布尔达中校的坦克第49旅冲入波克罗夫卡地区来恢复局面。他将敌人赶出波克罗夫卡，但在随后的战斗中，他被迫退回北面，敌人再次占领波克罗夫卡。[98]

“警卫旗队”师的战史对波克罗夫卡周围战斗的含糊其词，并证实了苏联记载的准确性：

6时15分［莫斯科时间8时15分］，敌人在7辆坦克的支援下进攻卢奇基［位于波克罗夫卡东北4公里］，我军最初予以击退。不过，第二次进攻接踵而至，并突入卢奇基。这次进攻由西北方向赶来的30辆坦克发起［这是坦克第100旅］。

8时50分［莫斯科时间10时50分］，这股敌军在第2团第2营的反冲击下撤退。第1装甲掷弹兵团也通过占领波克罗夫卡和雅科夫列沃大大改善了自身态势。又有两股敌坦克从西北方向的奥博扬开来［坦克第49旅］，分别有30辆和60辆坦克，第1装甲掷弹兵团在德国空军的出色支援下，通过顽强但成功的防御战斗击退该敌。[99]

与此同时，“警卫旗队”师的党卫队第1装甲团和党卫队第1装甲掷弹兵团一部，与党卫队“帝国”师第2装甲团一起沿通往普罗霍罗夫卡的公路推进，击

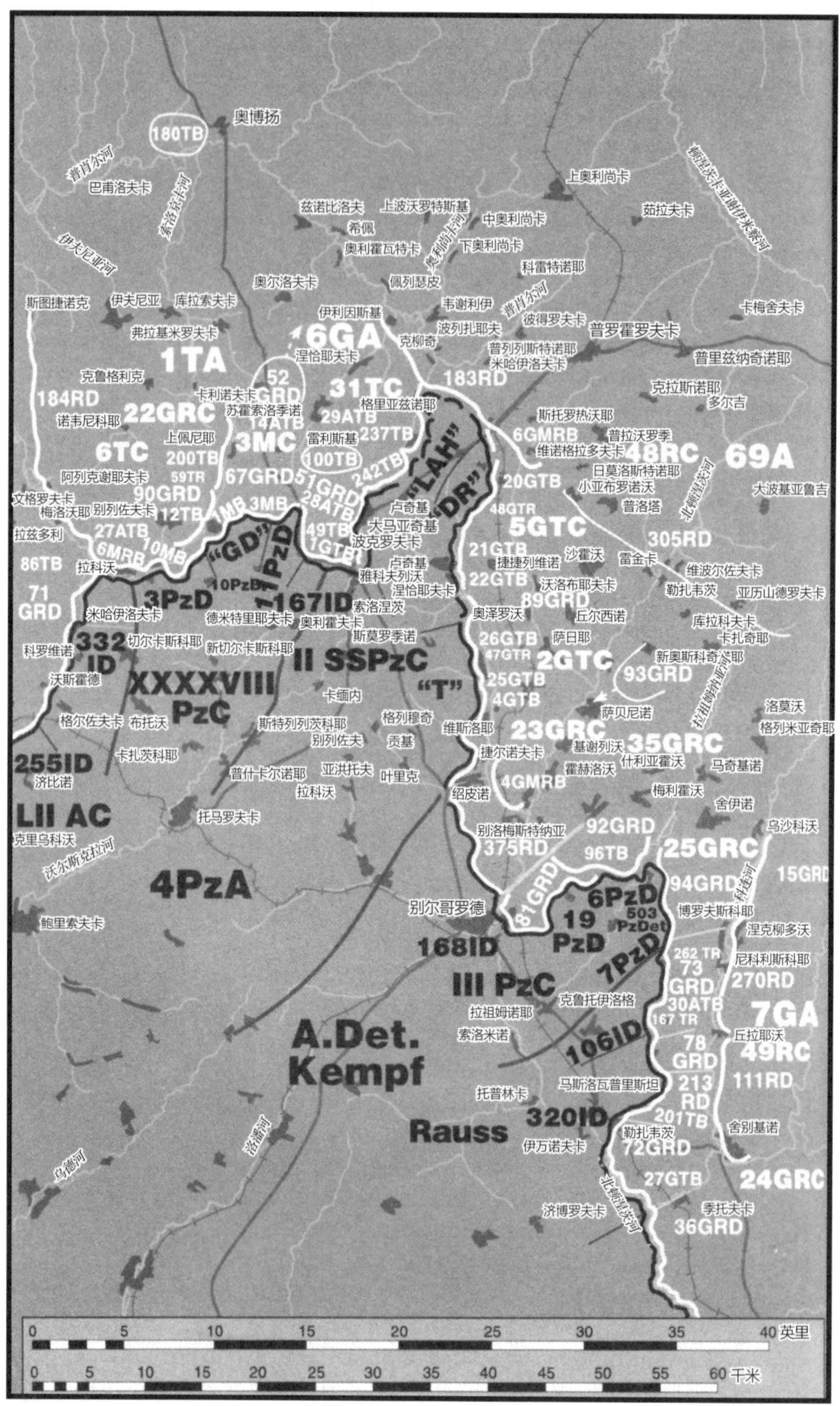

地图14 沃罗涅日方面军，1943年7月7日

退克拉夫琴科将军的近卫坦克第5军并占领捷捷列维诺。然而，由于该师必须分出两个装甲掷弹兵团对付该军延伸侧翼的苏联军队，党卫队第二装甲军的装甲突击力量减弱了。“警卫旗队”师的战线现在从刚刚夺取的波克罗夫卡开始向北延伸，甚至比原来的更长。该师推进时，契尔年科将军坦克第3军的坦克第242旅和第237旅，正在将坦克展开到德国人的左翼。[100] 党卫队区队长维施额外调兵掩护他受威胁的侧翼。类似的，党卫队地区总队长克吕格尔的“帝国”师也将自己的装甲掷弹兵布置在党卫队第二装甲军东侧翼，向北延长“髑髅”师沿利波维伊顿涅茨河的薄弱防线。这些侧翼阵地必须予以坚守，因为针对党卫队第二装甲军推进的下一个主要威胁，就是沿着这条浅河谷出现的。[101]

该日日终时，党卫队第二装甲军集中两个最靠北的师，试图彻底歼灭挡在自己前进道路上令人恼火的苏联装甲力量。该军7月8日的命令中有这样一段：“于6时整以前完成突击力量的集结，主要集中地点位于师地段的右翼直到别尔哥罗德至奥博扬的公路，‘警卫旗队’师应运动到‘帝国’装甲掷弹兵师左侧，与诺沃谢洛夫卡以北的第四十八装甲军建立联系。应以一部分兵力由卢奇基地域出发，先向西后向南，展开并夺取大马亚奇基。完成准备工作后应向军部报告。进攻的开始将通过命令的方式下达。”[102]

像党卫队第二装甲军的推进一样，瓦图京的防御完整性也受到了威胁，最严重的威胁出现在卡图科夫坦克第1集团军的克里沃舍因将军机械化第3军的防御地带。克里沃舍因安排机械化第10旅、机械化第3旅、机械化第1旅和近卫坦克第1旅一字排开，沿阿列克谢耶夫卡和波克罗夫卡之间浅浅的卢哈尼诺河布置防御，它们还得到各机械化旅坦克团掘壕固守的坦克、各反坦克歼击炮兵团残部和切尔诺夫将军近卫步兵第90师步兵的支援。克里沃舍因的一线兵力不到200辆坦克，也几乎没有预备队，因为他的预备队坦克第49旅已经被调去加强波克罗夫卡的防御。另外，该军的主要坦克兵团，即V. M. 格列洛夫上校的近卫坦克第1旅，也已经在波克罗夫卡附近与党卫队第二装甲军所部展开激战，而格特曼将军的坦克第6军仍沿佩纳河占据着还在向西延伸的防线。[103]

瓦图京了解克里沃舍因地段的危险程度和这个地段本身的不足，于是竭力拼凑兵力，巩固他在第四十八装甲军可能进军路线正面和侧翼的防御。为此，在第四装甲集团军西段当面坚守固定战线的第38集团军和第40集团军，应抽调出步兵第309师、三个反坦克歼击炮兵旅和各种较小型的部队。[104] 近卫步兵第52师已在会战最初两天的战斗中遭到党卫队的重创，现在又奉命沿德国人突破方向占领防御阵地，这个事实表明瓦图京正面临着兵力不足。

第四十八装甲军于7月7日一早发起进攻时，瓦图京的担忧得到了证实。“大德意志”师和第11装甲师分别沿奥博扬公路两侧协同动作，突破了克里沃舍因的防御，势将分割坦克第1集团军的防御正面，还有转向坦克第31军侧翼之虞，这个军仍在党卫队第二装甲军左翼当面。包括40辆“豹”式坦克在内的300多辆德国坦克，在一批批俯冲轰炸机的支援下，极其缓慢、代价高昂，但不可动摇地压向机械化第1旅和机械化第3旅的防线。激战竟日，“大德意志”师的官兵将苏联守军逼退到五公里外的瑟尔采沃外围和格列穆奇①，第11装甲师也在奥博扬公路两侧，迫使苏联坦克离开掩体向后退却了同样的距离。激战中，苏联反坦克部队令进攻者付出更多代价，他们宣称仅当日便击毁28辆“虎”式坦克和76辆其他型号坦克。[105] 尽管蒙受这样的损失，第四十八装甲军仍毫不动摇地继续推进。

一份苏联作品生动描绘了这次行动的残酷性：

希特勒分子于3时整开始进攻。在瑟尔采沃地域，机械化第1旅和机械化第3旅的阵地上爆发了尤其激烈的战斗，并一直持续到15时整。敌人零星的小股坦克成功抵达炮兵发射阵地附近，但在那里被炮兵准确的火力摧毁。

敌人在反复进攻期间，通过投入新锐力量突破了防御正面，并开始向北和东北方向发展。这两个旅在激战中被迫退却。反坦克歼击炮兵第35团第3连的一个排，在通往254.5高地的三岔路口占领发射阵地。一队敌人坦克（包括“虎”式）向炮兵阵地驶来。炮兵让它们接近到200—300米，然后准确开火，几分钟内就令五辆“虎”式重型坦克中弹起火。其他坦克转身逃走……

瑟尔采沃以北的230.1高地一带，M. T. 列昂诺夫上校坦克第112旅的坦克手们英勇无畏地坚守在他们的防御阵地上。这里的激战持续到深夜，在此

① 译注：注意此地不是前文所述近卫步兵第52师开战时据守的同名村庄。

期间希特勒分子共损失15辆坦克，包括6辆“虎”式。该旅伤亡也比较大，损失15辆坦克。[106]

德国作品可以再次证实其对手的记录：“大德意志”师的战史这样描述当天的战斗：

7月7日拂晓，装甲兵和装甲掷弹兵团第2营首先夺取杜布罗瓦，然后与“大德意志”师装甲掷弹兵团第1营一同转向西北。对进攻者来说不利的是，“豹”式坦克在这里因战斗蒙受沉重损失，而完全展开的“施特拉赫维茨”装甲战斗群冲进了一处事先未能辨明的雷场，难以继续推进。“大德意志”师装甲掷弹兵团第1营的推进也就此停止。装甲兵和装甲掷弹兵在猛烈的火力下试图据守现有阵地，机动性的缺失更加剧了坦克的损失……最后，第1营剩余的坦克和幸存的少量“豹”式坦克成功穿过地雷场，在此期间，它们于当天中午之前陷入了一场激烈的坦克战。“大德意志”师装甲团第2营转向西，试图掩护装甲掷弹兵团第1营加入这场战斗。雷默的营最终于11时30分左右赶到并投入战斗。与此同时，再往北，“大德意志”师装甲掷弹兵团第2营在瑟尔采夫方向发起进攻，但进展缓慢。营长通过无线电报告说，敌方反坦克炮、迫击炮和102毫米加农炮的火力造成很大损失。

与此同时，装甲燧发枪兵团以其右翼的第3营在奥利霍瓦亚峡谷夺取了一个立足点，而左翼的第1营开始冲击瑟尔采夫以北的第1.2号地点。敌人的近距离支援飞机发起非常猛烈的攻击，严重阻碍了这些运动；在某些阵地成体系分布的地方，激战导致重大伤亡。事实证明推进缓慢而艰苦，每座阵地上都爆发了激烈的近战。[107]

同一份作品也确认了当天傍晚爆发的激战，当时苏联坦克第112旅所部赶来支援克里沃舍因遭到围攻的两个机械化旅：

最终，敌人在“大德意志”师两个团的向心攻击下撤出瑟尔采夫。大批苏联军队朝西北涌向瑟尔采沃。到晚上，“大德意志”装甲侦察营的一个小型坦克群和“大德意志”突击炮营，协同“大德意志”装甲掷弹兵团第1营从东边发起进攻，装甲燧发枪兵团则从南边施加压力，它们成功克服敌人的强大装甲兵力，夺取决定性的230.1高地。这个高地是接下来向北和向瑟尔采沃进攻的理想出发阵地。当天的作战行动也就此宣告结束：整体看来，他们已经成功突破苏联第二套阵地体系。夜幕的降临也未能带来平静，天空一片火红，大口径炮弹撼动着大地，火箭炮连朝着最后辨认出的目标开火。很快，苏联的“乌鸦”也出现在空中，向火光处和其他可见目标投下大批小型炸弹。[108]

德军的推进不仅构成了向北突破的威胁，还令东面正守卫波克罗夫卡一带的苏联军队后方出现危险。因此，卡图科夫和瓦图京命令克里沃舍因向北撤回他的左翼，但要与更靠东的坦克第31军防线保持联系。

时任第四十八装甲军参谋长冯·梅伦廷，后来这样描述他的军所参与的这场混战的基调：

7月7日，即“堡垒”战役的第四天，我军终于取得一定战果。“大德意志”师在瑟尔采夫两侧实现突破，俄国人撤向格列穆奇和瑟尔采沃。大批逃敌遭到我军炮火截击，损失惨重。我们的坦克乘势向西北滚滚而去。但是，到了当天下午，它们在瑟尔采沃遭到猛烈的防御火力阻击，俄国坦克兵发动反冲击。然而，我们在右翼似乎就要取得大捷。“大德意志”师掷弹兵团据报已抵达上佩尼耶。“大德意志”师的右翼组建了一个战斗群，用于扩大这个战果，这个战斗群包括侦察营和突击炮营，受领的任务是推进到诺沃谢洛夫卡以南的260.8高地。当这个战斗群到达格列穆奇的时候，发现村子里有掷弹兵团的官兵。掷弹兵们误以为他们现在就在诺沃谢洛夫卡，根本不相信他们是在格列穆奇。因此，掷弹兵所报的战果原来是错误的。这类事情在战争中时常发生，而在俄国更是经常发生。[109]

就其本身而言，冯·梅伦廷的回忆非常准确。不过他并不知道的是，“大德意志”师在瑟尔采沃附近遭遇的军队是格特曼将军坦克第6军的一个旅。克里沃舍因被迫后撤时，卡图科夫命令格特曼让他的军向东，在上佩尼耶以南的佩纳河对面占领向东的新阵地，并在撤退中的机械化第3军的支援下发起反冲击，打入推进中的德军侧翼。截至天黑以前，M. T. 列昂诺夫上校坦克第112旅的60辆坦克已经在瑟尔采沃附近抵达河边，并超越机械化第1旅残部发起攻击。与此同时，N. V. 莫尔古诺夫上校的坦克第200旅沿上佩尼耶对面的河西岸占据了更靠北的阵地。[110]

坦克第6军的东移恰逢其时，7月8日，第四十八装甲军沿佩纳河东岸继续北进，直扑奥博扬公路（见地图15）。德军两个装甲师并肩推进，压迫着克里沃舍因已受重创的机械化第3军节节后退，直到为夜暗和苏联人从伊利因斯基以南公路旁高地发射的密集反坦克火力所阻。“大德意志”师的装甲掷弹兵冒着越来越强的坦克和反坦克火力，将苏联军队逐出佩纳河东岸，位于他们左翼的第3装甲师则接管了“大德意志”师原来负责的地段，“大德意志”师的装甲团也通过奇袭，夺取了上佩尼耶的一部分。[111]

德国目击者记述如下：

这个不眠之夜后面是一个阳光明媚的日子。7月8日的首个目标是夺取防御森严的瑟尔采沃村。然而，就在进攻即将开始时，装甲团派来豪斯赫尔中尉率领的掩护兵力——第2营的四辆坦克——却失去了战斗力。豪斯赫尔中尉和他的炮手、装填手一同阵亡。没过多久我们就发现，这次坦克对决只不过是一场苏联装甲攻击的前奏，这次攻击至少使用了40辆坦克。[112]

苏联资料可以证实这次行动：

7月8日，敌人决定不惜一切代价抵达奥博扬地域。主攻再次沿着奥博扬公路展开。希特勒分子在这里集中了多达500辆坦克、大批步兵和炮兵。一场激战沿30公里宽的正面展开。敌坦克的突击得到了航空兵的支援，每个机群40—50架飞机在战场上空行动。这一天当中，坦克第6军坦克第112旅及配属该军的机械化第3军机械化第10旅和机械化第1旅，协同近卫步兵第90师左翼部队，击退德国人试图夺取瑟尔采沃的所有进攻，并继续坚守着他们的防御阵地。[113]

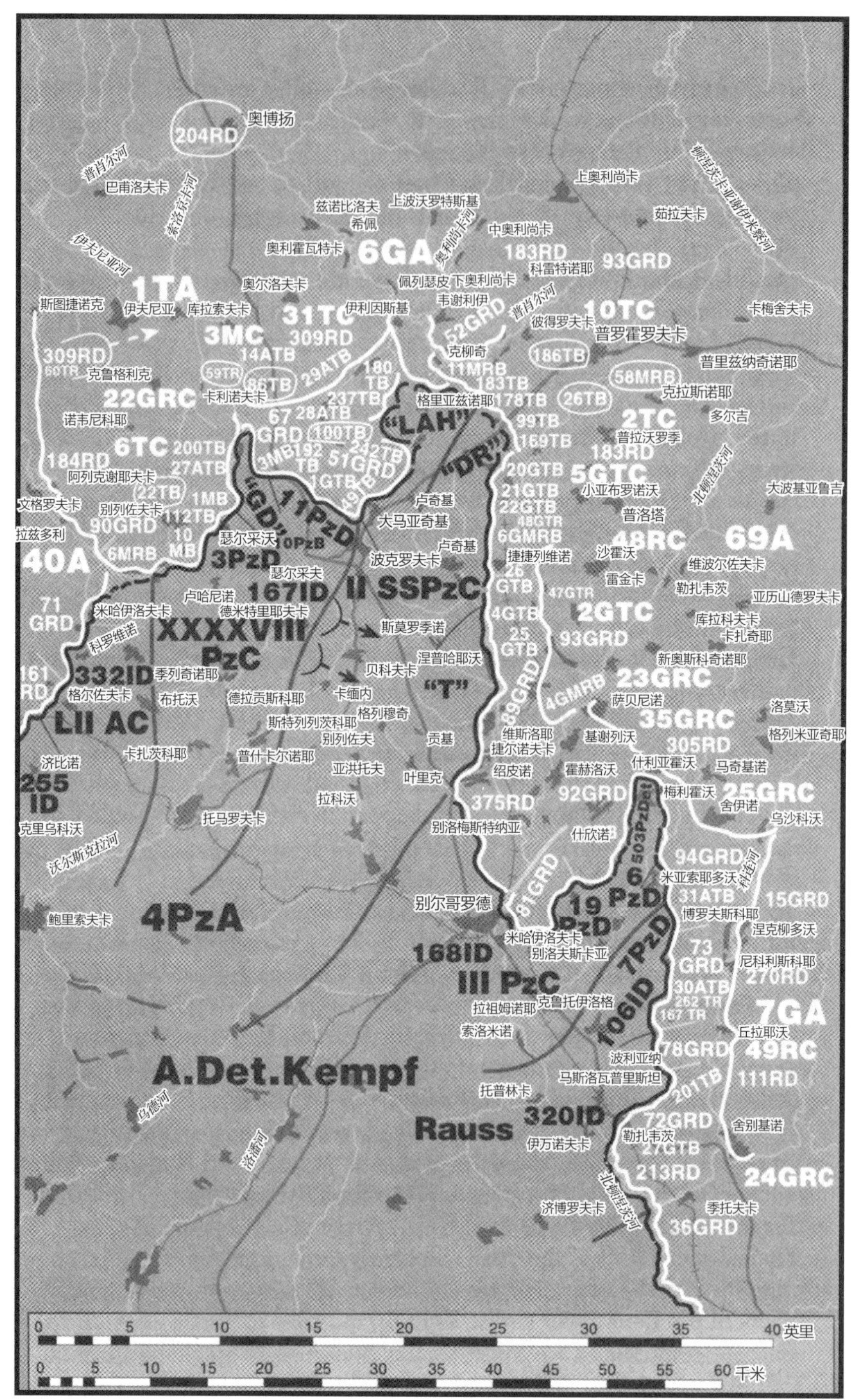

地图15 沃罗涅日方面军，1943年7月8日

不过，德国作品恰如其分地冲淡了苏联方面过于乐观的描述：

［苏联人］从瑟尔采沃发起的攻击，也波及230.1高地上的“施特拉赫维茨”战斗群。施特拉赫维茨的人很快击毁10辆敌军坦克，但敌人的这次推进展现出了他们在瑟尔采沃的兵力有多强。不论如何，10时30分［莫斯科时间12时30分］前后，装甲燧发枪手们从村南面的沟壑中出发向北进发，与此同时，“大德意志”师装甲掷弹兵团第1营与坦克从东边向瑟尔采沃进发。进攻方顶着河西岸的猛烈反坦克火力，于12时30分［莫斯科时间14时30分］左右突入村庄，随后肃清了瑟尔采沃残存的苏联守军。第3装甲师第6装甲团从西面协助这次进攻。[114]

“大德意志”师战史接下来描述了随后向上佩尼耶的大胆推进和不断变化的激烈战事造成的混乱：

与此同时，得到“大德意志”师突击炮营加强的装甲侦察营已经接到命令，从当前阵地出发，进攻上佩尼耶。由于我们尚未占领瑟尔采沃，营长决定经格列穆奇向东北方向推进。这个营在那里遇到了“大德意志”师装甲掷弹兵团第3营，后者显然认为那里是上佩尼耶，这样的报告已经在师部造成了一些混乱。经过一番解释，该营终于明白自己实际上是在格列穆奇①。现有唯一桥梁的承载力有时会阻碍装甲侦察营的推进，最后，师部决定让它留在原地掩护右翼。事实很快证明这项措施是正确的。装甲侦察营在格列穆奇以北建立一道半圆形阵地后，敌军坦克很快从东北方向攻过来。不到一个小时，就有20—40辆不等的数波敌军坦克袭来。弗朗茨少校的“大德意志”师突击炮营在几个小时里总共击毁35辆敌军坦克和18门重型反坦克炮。这块展成半圆形、在拖拉机站东面十字路口横跨道路的阵地守住了。当晚，哈克少校的反坦克营……奉命前来加强装甲侦察营。与此同时，“大德意志”师装甲掷弹兵团第2营和装甲团第1营……以及少数幸存的“豹”式坦克，越过第230.1号地点向北推进。当天晚上，

① 译注：1988版苏联军用地图上，紧邻格列穆奇以北的一个小居民点也叫上佩尼耶，这可能是造成这次混乱的原因。

这股兵力在上佩尼耶东端与苏联的新锐坦克预备队卷入激战。在右翼跟进的第3营同样卷入激战，不过是在上佩尼耶东北方。当晚，补充燃料后，戈特贝格装甲营（第2营）离开瑟尔采沃，前往上佩尼耶方向。“斯图卡”的攻击有效完成了准备工作，“大德意志”师装甲掷弹兵团主力开始逐步攻入上佩尼耶镇。该镇沿佩纳河南北延伸一公里，是一块难啃的硬骨头。敌人从佩纳河西岸发射的火力，在从南面和东面进攻的大批装甲掷弹兵当中引发了相当程度的不安和混乱。[115]

苏联保密资料可以证实“大德意志”师对作战行动的描述，称：“坦克第200旅未能沿预定战线进入堑壕，在敌航空兵攻击下损失很大。该旅当天共击退敌军12次冲击，但到当日日终时还是被迫撤到佩纳河后面，在那里着手为坦克构筑掩体。”[116] 看起来，第四十八装甲军即将彻底突破瓦图京防线的中央地段，并且直奔奥博扬。

不过，瓦图京察觉到危险，并且已经采取了必要的预防措施。契尔年科将军的坦克第31军当时正在左翼同机械化第3军的余部一起应对党卫队第二装甲军再次造成的压力，他命令这个军退出战斗，占领由上佩尼耶以北，越过奥博扬公路，沿苏霍索洛季诺和科切托夫卡前面的索洛京卡河延伸到普肖尔河的新预设防线。这两个快速军将在那里汇合步兵第309师（来自第40集团军）、反坦克歼击炮兵第29旅、两个新锐坦克旅和三个反坦克歼击炮兵团。[117] 连同西面格特曼将军坦克第6军的防线在内，瓦图京希望卡图科夫的这条新防线能够守得住，至少能坚持到坦克第2军、坦克第10军和近卫坦克第5军的反冲击产生效果，这三个军当时还在向普罗霍罗夫卡及其以南开进。[118]

尽管第四十八装甲军7月7日和8日的推进蔚为壮观，可是军长冯·克诺贝尔斯多夫现在面临着新困境。他认为自己虽能突破奥博扬公路沿线的苏联防御，最终渡过普肖尔河，抵达库尔斯克，但首先要应对左翼苏联新锐装甲力量（坦克第6军）制造的威胁。不详的征兆是，情报还表明该地段的苏联步兵正在集结。因此，第四十八装甲军军长于7月8日夜间命令“大德意志”师和第11装甲师翌日沿奥博扬公路推进五公里，夺取关键的260.8高地。然后，第11装甲师继续沿公路推进，“大德意志”师则转向西实施迂回，协同第3装甲师和第332步兵师，歼灭正在上佩尼耶以西实施防御的苏联装甲力量。具体来说，“大德意志”师将夺取坦克第6军侧翼和后方的关键地点，尤其是俯瞰佩纳河沿岸苏联防御侧翼的243高地、控制着苏联增援和撤退必经之地别列佐夫卡—伊夫尼亚公路的247高地。[119] 一旦肃清第四十八装甲军左翼的威胁，“大德意志”师在第3装甲师的跟随下，将再次联合第11装甲师向奥博扬和库尔斯克发起最后冲刺。

在执行上述机动的同时，党卫队第二装甲军应将前进方向从普罗霍罗夫卡重新确定为库尔斯克。7月8日，第四十八装甲军沿奥博扬公路痛击卡图科夫的坦克时，党卫队第二装甲军已开始把北进的方向从普罗霍罗夫卡改回库尔斯克。党卫队第2“帝国”装甲掷弹兵师的“德意志”装甲掷弹兵团和“元首”装甲掷弹兵团，据守从捷捷列维诺向南沿利波维伊顿涅茨河延伸的战线，同时，党卫队第1“警卫旗队”装甲掷弹兵师向西进攻，“髑髅”师所部紧随其后，该师这时正在将北顿涅茨河沿岸的地段移交给第167步兵师。虽然这个替换过程很慢，而且“髑髅”师的变更部署是零散进行的，但是德国人却实现了异乎寻常的快速推进，特别是因为瓦图京已经命令他的人马撤退到新的防线上。“警卫旗队”师的德国掷弹兵肃清了大马亚奇基和临近几个村庄里的苏联军队，该师的装甲团前去对付小马亚奇基的坦克第31军坦克第242旅。不久，“髑髅”师也投入战斗。该师的2个装甲掷弹兵团将坦克第31军坦克第237旅从格里亚兹诺耶逐向普肖尔河，在此期间“帝国”师所部一直在捷捷列维诺附近掩护全军的右翼。[120]

就在这时，党卫队第二装甲军正在变更部署，几乎是最脆弱的时刻，瓦图京设想的装甲协同反冲击开始了。[121] 按照瓦图京前一天夜间23点整下达的命令，V. G. 布尔科夫少将齐装满员的坦克第10军（185辆坦克和自行火炮）将沿普罗霍罗夫卡到捷捷列维诺的公路向西南进攻，迎面打击党卫队第二装甲军。坦克第10军右翼由该军摩托化步兵第11旅和近卫步兵第52师余部掩护，两者将从红十月村出发，沿普肖尔河两岸向南进攻。坦克第10军左侧，克拉夫琴科将军已经减员的近卫坦克第5军（约100辆坦克）将在别列尼希诺附近渡过利波维伊顿涅茨河向西进攻，布尔杰伊内的近卫坦克第2军（约140辆坦克）将在沿利波维伊顿涅茨河再往南的涅普哈耶沃附近展开类似的行动。按照设想，这次对党卫队第二装甲军右翼的装甲协同攻击，将与坦克第6军对第四十八装甲军左翼的进攻同时展开。协同进攻前会有30分钟的炮火准备，方面军大部分可用飞机也会提供支援。

7月8日早上，预定的进攻时间到来时，党卫队“髑髅”师和“帝国”师已抢在坦克第10军的拂晓进攻前开始推进。布尔科夫的几个旅在步兵第183师的支援下发起零碎的攻击，但都被德国人击退且损失严重，损失主要源自毁灭性的反坦克火力。[122] 波波夫将军的坦克第2军向前运动时出现延误，直到下午都未能支援布尔科夫的坦克攻击。当天傍晚，波波夫的几个坦克旅才逐次投入战斗，并且惨遭和坦克第10军一样的败绩。克拉夫琴科的近卫坦克第5军于10时整在加里宁附近投入战斗，仅取得微不足道的进展，便被“德意志”团的第1营和第2营击退，这两个营在亚斯纳亚波利亚纳和加里宁附近预先构筑了阵地。

布尔杰伊内的近卫坦克第2军进展稍好。该军12时整发起攻击，取得有限进展后遭到德国飞机和“髑髅”师装甲团的无情打击，损失50辆坦克。[123] 德国的空中侦察已经探知布尔杰伊内的坦克在集中，四个中队的亨舍尔Hs-129飞机已为执行反坦克任务装备了30毫米自动机炮，它们击穿坦克薄弱的顶部装甲，留下一片扭曲燃烧的残骸，从而彻底粉碎了苏联人的攻击。这次前所未有的行动制造了一个危险的先例，仅靠航空兵的力量便阻止了一场坦克攻击。事实上，经过这次战斗，苏联军队调动被迫只在夜间进行，以便减少这样的损失。于是，这就放慢了预备队前往阻止德国人突破时的速度。

“警卫旗队”师报告，仅当天便击毁82辆敌军坦克，战果多数由反坦克火力取得，该师付出的代价为66人阵亡、178人负伤、6人失踪。[124] 党卫队第二装甲军的整体记录称，7月8日共击毁敌军坦克121辆。至此，党卫队第二装甲军有17辆坦克因不可修复而损失，约100辆坦克需要修理。[125] 这场会战的大部分时间里，一辆德国坦克对八辆苏联坦克的损失比例始终成立。

尽管苏联人向党卫队第二装甲军右翼发动猛烈的攻击，党卫队全国副总指挥豪塞尔还是下令继续北进，在苏霍索洛季诺附近与第四十八装甲军取得联系，肃清普肖尔河南岸，并向奥博扬推进。由于右翼爆发的激战，豪塞尔不得不留下“帝国”师守卫原来的地段，直到侧翼的第三装甲军赶上来。

第三装甲军的推进

对豪塞尔来说不幸的是，第三装甲军短时间内赶不上来，“肯普夫”集团军级支队及其关键的装甲力量仍然陷在别尔哥罗德东南和以东的激战中。

在北顿涅茨河以东的低地，“肯普夫”集团军级支队继续徒劳地尝试突破越打越强的苏联近卫第7集团军。[126] 7月7日，布赖特将军第三装甲军的装甲先锋计划转向北推进，企图包抄面朝别尔哥罗德方向跨过北顿涅茨河设防的苏联近卫步兵第81师。布赖特的终极目标是抵达并沿着北顿涅茨河河谷推进，以便跟上并掩护豪塞尔党卫队第二装甲军的右翼。在他做到这一点之前，德国的宝贵兵力将被牵制在利波维伊顿涅茨河河谷。

然而，肯普夫竭尽全力也难有进展。大批苏联军队集中对付他在科连河前方的右翼，并投入新锐兵力阻击他的北进。此外，苏联人坚守别尔哥罗德对面的阵地，并向第106步兵师和第320步兵师发动凶猛的反冲击，这两个师在马斯洛瓦普里斯坦附近掩护着“肯普夫”集团军级支队的右翼。苏联新投入的步兵第213师和近卫步兵第72师实施的这些突击，得到大量坦克的支援，令德国第320步兵师损失惨重，并使得第106步兵师无法接管第7装甲师的战线，这样后者就无法将全部兵力转移到向北的关键推进中。[127]

尽管遇到这些挫折，7月7日早上，冯·丰克将军的第7装甲师仍得以从巴托拉茨卡亚达查地域抽调部分兵力，并安排他们与第6装甲师一起，迅速向关键道路枢纽米亚索耶多沃的苏联守军发起进攻。冯·许纳斯多夫将军第6装甲师的117辆坦克，以第503重装甲营的45辆“虎”式坦克为前卫，在左翼稳步推进，并将苏联军队从亚斯特列博沃逐向北面。当天晚些时候，两个装甲师的前卫遭遇苏联刚投入的近卫步兵第35军近卫步兵第92师和近卫步兵第94师的先遣支队，这个步兵军已奉命前来支撑近卫步兵第25军在别尔哥罗德以东摇摇欲坠的防线。[128]

与此同时，位于第三装甲军左翼的施密特将军第19装甲师，在激烈而严酷的战斗中抵达并夺取了近卫步兵第81师后方的近伊古缅卡。然而，直到施密特的师粉碎横跨北顿涅茨河的苏联防线之前，他们都无法消除别尔哥罗德以东正在形成的苏联突出部。而面对依托别尔哥罗德以东河对岸处旧哥罗德镇的苏联防御，第168步兵师也无法取得明显的进展。

7月8日，正当第7装甲师在米亚索耶多沃和巴托拉茨卡亚达查之间（整个苏联近卫步兵第94师）的侧翼和正面遭遇新的威胁时，第6装甲师的第11装甲掷弹兵团和第4装甲掷弹兵团，以第503重装甲营为前卫，迅猛前出八公里，并占领了位于利波维伊顿涅茨河以东梅利霍沃镇的下一处关键性道路枢纽和苏联防御枢纽部。然而，在第6装甲师的左侧，施密特的第19装甲师却在近伊古缅卡以北遇到了苏联的重兵防御，未能及时跟上。更不幸的是，第三装甲军尽管已经无可挽回地粉碎了北顿涅茨河以东的苏联第一防御地带，可是强渡利波维伊顿涅茨河，进入别尔哥罗德以东苏联守军后方的尝试仍均告失败。

这是由于苏联近卫第7集团军司令员舒米洛夫将军采取了有力反制措施。为应对德军的北进，舒米洛夫于7月7日和8日两天不断使用自己防线中所有的师，向“肯普夫”集团军级支队右翼发起冲击。此外，在这些进攻力量背后，舒米洛夫还布置了近卫步兵第15师、步兵第270师和步兵第111师，他既可以用这些师来巩固侧翼防御，又可以在有利情况下用它们扩大反冲击的规模。[129]这些军队所带来的现实和潜在的威胁，仍然把第7装甲师牵制在肯普夫漫长右翼的防御战斗中。

为应对第三装甲军向北推进逐渐形成的威胁，7月7日，舒米洛夫在德国人的突破正面和侧翼，投入S. G. 戈里亚诺夫少将近卫步兵第35军的近卫步兵第92师和近卫步兵第94师，并为他们加强了曾在利波维伊顿涅茨河西岸设防的坦克和反坦克部队（坦克第96旅）。7月8日，第6装甲师突破这条新防线时，舒米洛夫又投入从第69集团军调来的预备队，即A. F. 瓦西列夫上校的步兵第305师，建立一条在什利亚霍沃东西两侧延伸的新防线，制止第6装甲师的继续前进。尽管局势如此紧张，可是舒米洛夫将军的近卫第7集团军在不太有利的地形上，已经表现得很出色。

7月7日和8日的激战中，苏联飞机的出动次数保持在1000—1500架次之间，德国的出动次数则从7月7日的829架次下降到7月8日的652架次。[130]像原来一样，德国人在关键地段集中力量，支援推进中的本方装甲兵并应对苏联装甲威胁的出现。德国人通过在关键地点迅速集中兵力，固然可以获得局部制空权，可这样的制空权只是暂时的。虽然苏联的整体空中优势愈发明显，但是正如他们承认的那样：“在别尔哥罗德—奥博扬公路这个敌军主攻方向上，［我航空兵］直至7月10日都没有夺取制空权。敌航空兵不仅猛烈截击我强击航空兵的飞机，还在自己需要轰炸机参战的时期，相对容易地夺取了战场上空的制空权。”[131]而到了7月11日，局面将迅速向有利于苏联的方向改变。

重大决策，7月9日

7月8日—9日夜里和第二天白天的战斗期间，瓦图京、华西列夫斯基、大本营和德国各级指挥部，做出将会最终决定库尔斯克会战结局的关键决策，尽管他们当时并未完全意识到这一点。这些决策完全基于当前战况，而这种战况又是前几天的一系列决策和战斗过程的产物。所以说，和所有的战事一样，最终结果将取决于战斗指挥员的有意识行动和恰到好处的时机。

面临眼前的挑战，瓦图京、大本营代表华西列夫斯基和大本营本身的注意力，都集中在巩固防御和准备未来的反攻上，他们也确信反攻一定会接踵而至。首先也是最重要的是，这意味着他们必须守住奥博扬—库尔斯克方向。他们有两种手段来达成目的：其一，沿奥博扬公路构筑牢不可破的防御；其二，对推进中德国装甲军的侧翼实施冲击，持续削弱德国人向北的突击。实际上，苏联指挥机关从7月5日起就一直在这样做，尽管某些下级单位因局部受挫，而自然出现悲观情绪，特别是并非总能搞清楚战略形势的基层队伍，他们还是已经在一定程度上做到这一点。随着莫德尔第九集团军的进攻基本失败，西方面军和布良斯克方面军很快就要在奥廖尔以北和以东转入进攻，而I. S. 科涅夫将军强大的草原方面军已做好准备，在必要的情况下决定性地加入这场争斗，这些情况可以使苏联规划者放下心来。

在这样的背景下，苏联的几位关键决策者于7月8日—9日的夜间，下达决定着接下来关键几天中军事行动的命令。[132] 大本营根据华西列夫斯基和瓦图京的建议，通过将P. A. 罗特米斯特罗夫中将的近卫坦克第5集团军转隶瓦图京的沃罗涅日方面军，加速战略预备队的集结。罗特米斯特罗夫的集团军从顿河以西的奥斯特罗戈日斯克地域行军200余公里后，于7月8日上午进入旧奥斯科尔地区的集结地域。[133] 现在，大本营命令罗特米斯特罗夫迅速向普罗霍罗夫卡地域开进。为降低德国航空兵攻击的影响，近卫坦克第5集团军三个快速军的593辆坦克、37辆自行火炮和数千门火炮，数千辆运输车和保障车辆只在夜间行军，截至7月9日23时整已进入新的集结地域。这些地域涵盖从奥博扬以东延伸到普罗霍罗夫卡东北的大片空间。7月10日，罗特米斯特罗夫向普肖尔河一线和普罗霍罗夫卡以西的阵地派出了先头单位。[134] 接着，大本营又将A. S. 扎多夫中将的近卫第5集团军转隶沃罗涅日方面军，并下令将其两个近卫步兵军展开到奥博扬到普罗霍罗夫卡的普肖尔河沿岸阵地。[135] 自然的，拥有8万人的近卫第5集团军执行这样的命令需要几天的时间。

7月9日晚些时候，大本营命令V. D. 克留乔金中将的第69集团军，接管近卫第6集团军和近卫第7集团军之间普罗霍罗夫卡—利波维伊顿涅茨河地段的防御。克留乔金用近卫步兵第35军的V. V. 季霍米罗夫少将近卫步兵第93师加强利波维伊顿涅茨河一线，并准备用步兵第183师、近卫步兵第89师和近卫步兵第81师防御这条河上的关键地段，同时，他保留着近卫步兵第92师、近卫步兵第94师和步兵第305师，准备抗击第三装甲军在北顿涅茨河以东的推进。[136]

与此同时，瓦图京在沃罗涅日方面军内部进行全面的变更部署，加强奥博扬公路沿线的防御，并组织必要的力量对推进中的德军侧翼发起全面反冲击。7月9日0时35分，瓦图京亲自给坦克第10军军长布尔科夫打电话，命令他将普罗霍罗夫卡公路沿线的防御移交给波波夫将军的坦克第2军。现在，归卡图科夫坦克第1集团军指挥的布尔科夫，应当安排自己的军运动到西面，迟滞党卫队第二装甲军向科切托夫卡周围苏联新防线的推进，然后在奥博扬公路旁的弗拉基米罗夫卡占领新的防御阵地。[137] 接着，瓦图京命令克拉夫琴科将军准备让他的近卫坦克第5军撤出普罗霍罗夫卡以南的当前阵地并变更部署。该军7月9日晚些时候向西运动，7月10日一早同样加入卡图科夫沿奥博扬公路的防线。这两个坦克军都在途中补充了新坦克，接下来要么用于支援坦克第1集团军沿奥博扬公路的防御，要么向德国第四十八装甲军沿佩纳河的左翼发起反冲击。

除了向卡图科夫新调拨两个坦克军之外，瓦图京还加强了奥博扬公路沿线的步兵和对坦克防御。他已经命令D. F. 德廖明上校的步兵第309师（从第40集团军调来）进入近卫第6集团军设在奥博扬公路到普肖尔河畔佩列瑟皮之间的新防线。7月9日，机械化第3军余部和坦克第31军撤入这些阵地。接着，瓦图京命令从第38集团军抽调的K. M. 拜达克上校步兵第204师，在机械化第3军背后充当新的方面军预备队，准备巩固奥博扬公路沿线的防御。瓦图京还从第38集团军和大本营预备队抽调一些坦克团、反坦克歼击炮兵团和炮兵团来加强卡图科夫的坦克第1集团军。[138]

尽管得到这些增援，卡图科夫将军却对战斗结果感到越来越悲观。他为进攻战役机动而精心打造的坦克第1集团军，现在已经变成各种部队的大杂烩，许多部队还损失惨重，绝望地抵御着德国人坚定的进攻。卡图科夫的坦克手、炮手和反坦克歼击车无疑已让德国新式坦克付出了沉重的代价，可是看起来没有什么能阻止它们向北稳步突破。卡图科夫的集团军仍将是7月9日战斗的焦点。尽管该集团军遭受重大损失，可是他们的顽强防御将再次把德国人的精力拉到西线，这次将从整体上对德国进攻带来致命影响。

与此同时，作为卡图科夫的对手，霍特将军也在寻求集中剩余兵力，继续向奥博扬和库尔斯克推进。霍特希望这将会是向库尔斯克的最后冲刺，为此目的，他要求并得到了德国空军的全力支援。但首先，冯·克诺贝尔斯多夫将军的第四十八装甲军必须摆脱其左翼面临的威胁。“大德意志”师、第3装甲师和跟进的第332步兵师应对这个威胁时，第11装甲师和“大德意志”师一部将同党卫队第二装甲军取得联系，并继续冲向奥博扬和库尔斯克。冯·克诺贝尔斯多夫错误地判断“大德意志”师能够相对容易地击败侧翼的苏联装甲力量，然后迅速返回，加入向奥博扬的关键冲刺。

与此同时，豪塞尔的党卫队第二装甲军将于7月9日以“警卫旗队”师和“髑髅”师向北进攻，同时以“帝国”师和第167步兵师掩护其位于普罗霍罗夫卡和利波维伊顿涅茨河之间的侧翼。党卫队第二装甲军的主力是尚存的283辆坦克和突击炮，将引领向库尔斯克的突击。[139] 7月9日，冯·曼施泰因派所有能执行近距离支援任务的飞机支援这次进攻。当天爆发的激战，尤其是第四十八装甲军左翼的激战，从根本上改变了德国人的这些计划。

至少在7月9日一开始，作战行动仍依照德国人的计划展开（见地图16）。[140] 党卫队第二装甲军的“警卫旗队”和“髑髅”两个装甲掷弹兵师齐头并进，一举击溃已遭重创的克里沃舍因将军机械化第3军的后卫，并将契尔年科少将的坦克第31军击退至科切托夫卡。到日终时，“髑髅”师已经兵临普肖尔河畔，并经过激战，从正在变更部署的近卫步兵第52师残部和摩托化步兵第11旅手中夺取了红十月村，该旅由坦克第10军留在这里掩护坦克第2军沿普肖尔河伸展的右翼。左翼，“警卫旗队”师乘胜迅速推进并越过索洛京卡河，该师装甲掷弹兵们夺取了河畔的苏霍索洛季诺，与第11装甲师取得联系，苏联坦克第10军刚完成变更部署的一股兵力临时介入后，才将德国人制止在科切托夫卡郊外。[141]

党卫队第二装甲军向北突击时，遇到的抵抗没有前几天那么强，只是在坦克第31军撤向索洛京卡河，坦克第2军在通往普罗霍罗夫卡的道路上继续向德国人发起反冲击时，击毁了一些苏联坦克。[142] 当天全天，“帝国”师不得不沿普罗霍罗夫卡公路抗击苏联坦克第2军和近卫坦克第5军重新发起的攻击。不过，战斗到当天下午渐渐平息，近卫坦克第5军脱离战斗，开始向西运动。尽管党卫队第二装甲军损失极少，苏联在普罗霍罗夫卡以西的装甲行动仍然令军部的豪塞尔和集团军司令部的霍特都感到不安。普罗霍罗夫卡方向的激战仍在继续，南侧的第三装甲军没有获得重大进展，这样的事实最终促成了当天下午晚些时候德国计划的根本改变。

在这项至关重要的决策中，更重要的是当时在第四十八装甲军地段展开的战斗。在这里，7月9日一早，冯·克诺贝尔斯多夫动用全部装甲力量压向北面的目标诺沃谢洛夫卡，但令他大为惊讶的是，到当天日终时，诺沃谢洛夫卡的郊区仍在苏联人手中，而他的军不可避免地向两个截然不同的方向推进。[143] 米希尔少将的第11装甲师沿奥博扬公路进攻，突破机械化第3军的防御，夺取诺沃谢洛夫卡以南的260.8高地，并在苏霍索洛季诺以北与“警卫旗队”师的掷弹兵汇合。第11装甲师迅猛推进时，在其左侧得到“大德意志”师一部的支援，当天晚些时候，这次推进被步兵第309师在反坦克炮和大炮的密集火力支援下，阻挡在诺沃谢洛夫卡以南。“大德意志”师的其他兵力赶来增援后，第11装甲师才得以继续推进。

一份苏联资料描述了诺沃谢洛夫卡地段的艰苦防御：

> 7月9日，敌人从红杜布罗瓦地域向诺沃谢洛夫卡发起主攻，指向S. M. 克里沃舍因将军机械化第3军和A. L. 巴克索夫上校近卫步兵第67师的部队……占领上佩尼耶后，德国坦克加强了他们在诺沃谢洛夫卡方向的打击力度。中午，希特勒分子突破机械化第3军的防御正面，我方部队开始向北退却。V. S. 阿加福诺夫上校坦克第86旅的战士正坚守在诺沃谢洛夫卡。敌军从南和西两面进攻该村，战斗尤为激烈。希特勒分子蒙受重大伤亡，我军也筋疲力尽。因此，坦克第1集团军司令员决定将机械化第3军和近卫步兵第67师撤到步兵第309师战斗队形的后方。[144]

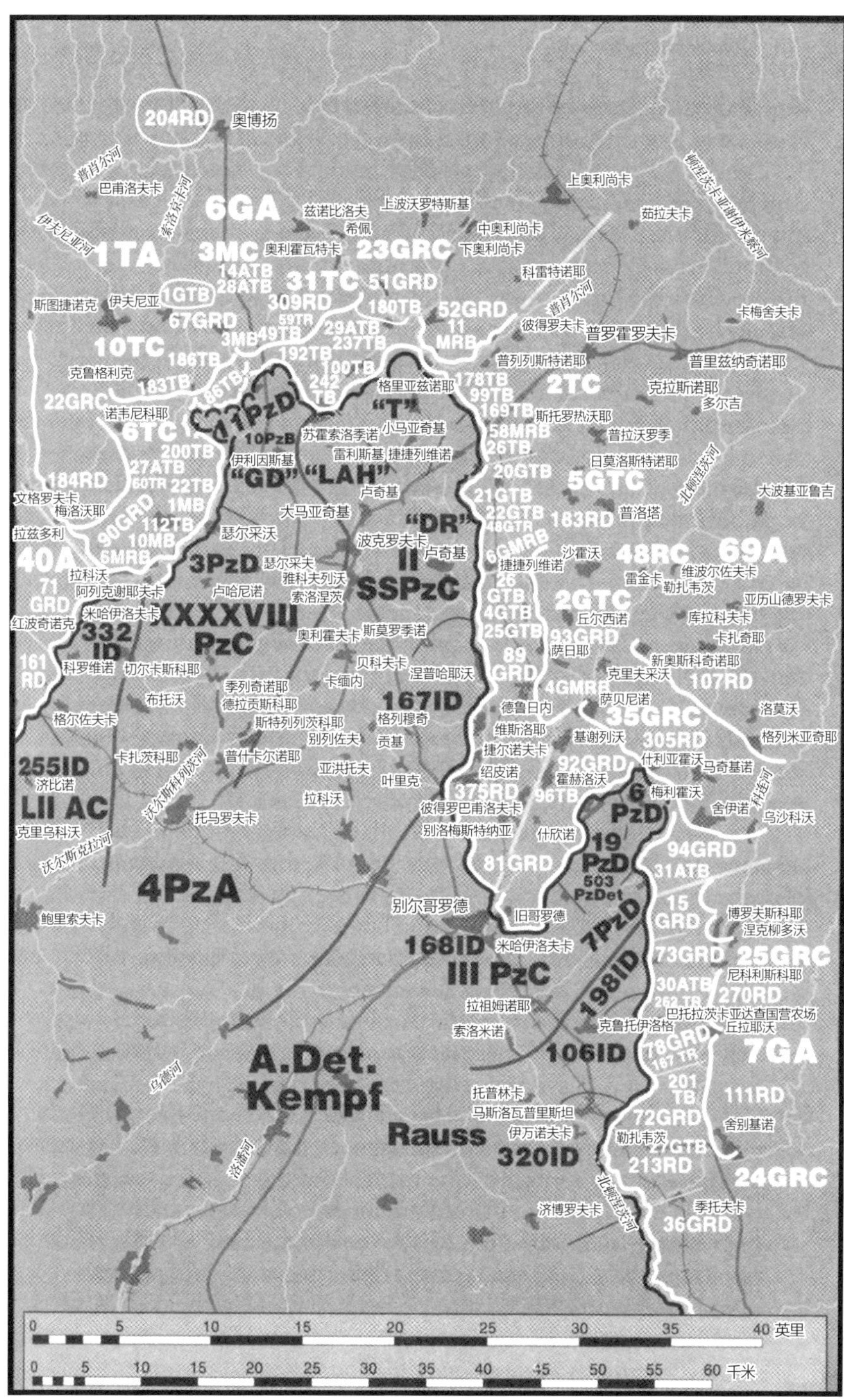

地图16 沃罗涅日方面军，1943年7月9日

“大德意志”师战史记叙了该师的这场攻击，并且解释了该师未能将主力向北投入奥博扬公路沿线的原因：

7月9日早上，“大德意志”师装甲燧发枪兵团顶着阴天路过上佩尼耶，向东前往诺沃谢洛夫卡及其西面毗邻的240.4高地。然而，该团在那里为反坦克炮和坦克组成的强大防御所阻。大约与此同时，6时［莫斯科时间8时］左右，装甲侦察营在“大德意志”师属突击炮营的支援下，执行师部沿奥博扬公路向260.8高地推进的命令。进攻开始前，“斯图卡”向北方疑似敌军装甲矛头和军队集结的目标实施空袭。一批批俯冲轰炸机准确地将炸弹投向俄国坦克。每当一个坦克乘员组被送往“政委和红军的天堂”，就会冒出一根高大的火柱。在杰出的空中支援掩护下，“大德意志”师装甲侦察营的战斗群逼近260.8高地。观察表明，仍然部分装备着三号坦克的第11装甲师，正在东面准备沿公路向北进攻。

几乎与此同时，7时左右，装甲掷弹兵团再次以第2营和第3营向上佩尼耶推进，意图不顾西面发射的猛烈侧翼火力，彻底夺取这个小镇。“施特拉赫维茨”战斗群从上佩尼耶镇南端以19辆长身管炮的四号、10辆“虎”式和大约10辆残存的“豹”式坦克配合掷弹兵团的推进。与此同时，“斯图卡”编队在密集的空袭中向镇内和佩纳河西岸识别出来的靶标投掷炸弹，以便削弱目标。最后，8时35分左右，“大德意志”师装甲掷弹兵团第2营营长报告说他正位于上佩尼耶最北端的几栋房屋里，这差不多意味着这座激烈争夺的镇子已经到手。来自西面的猛烈侧射火力持续着，意味着我们左翼的友军未能跟上我们的推进，他们还远在西南方与大批敌坦克激战。

鉴于装甲燧发枪兵团在诺沃谢洛夫卡方向，得到加强的装甲侦察营在260.8高地方向进展都不错，“施特拉赫维茨”装甲战斗群很快退出上佩尼耶以南地域，并前往东北方向。这个战斗群很快抵达240.8高地，然后超越装甲侦察营朝240.4高地方向进发。我坦克很快冲入敌坦克［坦克第86旅］的集中地点，不过，远在2500—3000米的距离上就已建立目视接触。一场大规模坦克对坦克的交战爆发了，“斯图卡”也在持续进行支援。我军经过激烈的战斗靠近了243高地，装甲兵们一开始被挡在那里。地平线上是燃烧和冒烟的敌军坦克。不幸的是，第6连的三辆坦克也被打坏……在接下来的战斗中，冯·维特斯海姆上尉成功打到诺沃谢洛夫卡村的反坦克阵地并抵达高地。这进而使得装甲燧发枪手们得以继续推进，并到达通往奥博扬道路上244.8高地正南方的三岔路口。他们得到命令暂停前进。

收到这次胜利的报告后，“大德意志”师装甲掷弹兵团准备撤离师右翼的上佩尼耶进攻方向，并将部分单位派往诺沃谢洛夫卡。然而，左翼第3装甲师遇到的困难情况迫使“大德意志”师师部改变计划。“大德意志”师装甲燧发枪兵团占据着诺沃谢洛夫卡北面、东北面和244.8高地以南地段。“大德意志”师掷弹兵团第1营、第2营和团部现在要投入诺沃谢洛夫卡西面和西北面，同时掩护通往北方和东北方的正面。“施特拉赫维茨”装甲战斗群不得不转向几乎90度，离开先前在奥博扬公路上的位置，前往［上佩尼耶西北的］251.4高地和247.0高地。这个战斗群收到的命令是，正面进攻那个区域内阻挡第3装甲师推进的敌军坦克。得到加强的装甲侦察营伴随这次朝西南方向的运动，同时掩护战斗群的两翼。

22时左右，我军装甲矛头在漆黑的夜色中，于上佩尼耶以北的第1.3号地点附近遭遇首批敌军坦克。装甲兵停下来补充燃料和弹药，然后一直等到天亮。与此同时，装甲侦察营和突击炮营停在251.4高地以南的某个地点［上佩尼耶西北］。

第3装甲师面临的困难局面导致的这些调动，将“大德意志”师的部队带到了通往奥博扬道路上的244.8高地，这里显然是“大德意志”师突入库尔斯克袋形阵地的最深处。只有经过极其激烈的战斗，有时还要付出可观的代价，才有可能继续推进。[145]

第四十八装甲军参谋长冯·梅伦廷淡化了德军在7月9日的进展，并意识到“大德意志”师转向西面的重要性，他这样写道：“第11装甲师无法推进太远，而在我军东侧作战的党卫队装甲军不得不抵御苏联［坦克第10军和坦克第31军］沿整条战线发起的强大装甲反冲击；他们和我们一样进展甚微。”[146]

尽管第四十八装甲军的进展一如前面几日，但德军的受挫也是显而易见的。冯·梅伦廷在战后的作品中指出，他当时已经意识到“大德意志”师难以重返向库尔斯克的关键冲刺了。

因此，第11装甲师独自沿奥博扬公路向北推进时，瓦尔特·赫恩莱因将军的“大德意志”师向西转往上佩尼耶以北，以便包抄并歼灭在佩纳河以西顽强抵抗的苏联装甲力量。由此爆发的激战将持续数天。尽管“大德意志”师最终重创了苏联坦克第6军和近卫步兵第90师遂行支援的步兵，但该师的西调还是使第四十八装甲军无力沿奥博扬—库尔斯克方向粉碎苏联防御，并导致德国人随后做出将其主要攻击转到普罗霍罗夫卡方向这一命运攸关的决定。

7月9日全天，作为对霍特要求加强空中支援的回应，德国空军将每日出动次数提高到1500余架次，几乎是苏联人的两倍。德国人将航空兵活动的大部分集中在奥博扬—库尔斯克方向。与此同时，根据苏联的记录，由于德国航空兵活动的增加，德国的飞机损失数量从7月8日的106架下降到9日的71架。[147]

瓦图京迅速抓住德国人给他的这个机会。一旦奥博扬公路沿线的局势能稳定下来，他就将强大的兵力调往右翼，就像7月9日晚些时候发生的那样。这将确保“大德意志”师、第3装甲师和第四装甲集团军第52军的（第255和第332）步兵师无法再参加向库尔斯克的冲刺。与此同时，草原军区转隶给他两个强大的集团军和第69集团军大致也能应付他的左翼在普罗霍罗夫卡附近出现的任何意外。[148]

瓦图京非常清楚，“肯普夫”集团军级支队及其第三装甲军的继续推进，会给他的计划造成潜在威胁。因此，当务之急是遏制肯普夫的装甲兵，至少坚持到德国人经过奥博扬或其他地方的北进全部停止。7月9日的战况似乎表明第三装甲军能够被挡住，该军当天进展甚微。冯·许纳斯多夫将军的第6装甲师在梅利霍沃地区附近重组，并派出小股坦克向北试探，而第19装甲师和第7装甲师面对苏联人的顽强抵抗，竭力保卫或扩展德军在北顿涅茨河东岸狭长突出部的侧翼。一直以来，肯普夫将军都在竭力搜罗步兵，以便能把他的装甲兵解放出来，继续至关重要的北进。

陆军元帅冯·曼施泰因最初给肯普夫的命令：“向科罗恰总方向迅速推进，并歼灭预计来自东方和北方的敌人”，犹在肯普夫耳边回响。[149] 这意味着肯普夫要“拦截苏联近卫坦克第5集团军，阻止其与卡图科夫的集团军取得联系，从而保证霍特侧翼的安全”[150]。肯普夫未能做到这一点，由此带来的不良后果很快就能在普罗霍罗夫卡感受到了。

鉴于上述严峻的现实，7月9日傍晚时分，霍特从根本上改变了他的计划，现在来看这一改变是致命的。鉴于中央受挫，又忙于应对侧翼威胁，霍特向党卫队第二装甲军下达新的命令，将该军的推进转向东北方的普罗霍罗夫卡。与此同时，霍特还要求德国空军将活动重点向东转移。霍特坚信，通过攻击普罗霍罗夫卡，战斗力依旧强大的党卫队装甲军在空军的集中支援下，能够粉碎来自东面的装甲威胁，推动第三装甲军的前进，并打开一条通向关键城市库尔斯克的新通道（虽然长度更长）。也许到那时，莫德尔也能最终在库尔斯克突出部北线取得突破。

这份下达党卫队第二装甲军的决定性命令，于7月9日晚些时候传达到其下属各师，节选如下（命令全文见附录E）：

1. 预有准备的敌军配备着反坦克武器和坦克，分布在“共青团员”国营农场处树林的西部边缘—伊万诺夫斯基新村处的铁道线一线。

2. 1943年7月10日，党卫队第二装甲军应以“警卫旗队师”在右，“髑髅”师在左，沿普肖尔河两岸同时向东北方向开始进攻。进攻目标是：普罗霍罗夫卡或以东—252.4高地（普罗霍罗夫卡西北①2.5公里处）—别列戈沃耶—243.5高地（科雷特诺耶西北2公里处）—卡尔塔舍夫卡。

3. 得到加强的“警卫旗队”师应于1943年7月10日6时整开始行动，事先以该师炮兵团全团和第55火箭炮团实施炮击。空军完成火力准备之后，“警卫旗队”师应沿捷捷列维诺至普罗霍罗夫卡的公路运动，夺取普罗霍罗夫卡城区并坚守之。首要进攻目标是：普罗霍罗夫卡—252.4高地。党卫队“帝国”装甲掷弹兵师应与“警卫旗队”师同时出击，夺取伊万诺夫斯基新村东南2公里处的高地。党卫队“髑髅”装甲掷弹兵师应从克柳奇桥头阵地向东北方向运动。[151]

随着按照霍特的计划做出一系列调整，德国的库尔斯克进攻战役正在接近它的顶点。

---

①译注：原文为东北。

德国人改变其进攻计划的同时，大本营也为正在浮现的战略态势所激励。到7月9日日终，北线的战况基本符合大本营和罗科索夫斯基的预期。尽管多次出现紧张时刻，中央方面军还是有效遏制住德国第九集团军。更重要的是，苏联将于几天内在西方面军和布良斯克方面军的正面展开炮击和反攻。第九集团军或许正在北线准备新的攻击，但终将彻底徒劳无功，除非冯·曼施泰因的军队在南线取胜。

瓦图京也坚信，他已经竭尽所能来阻挡德军的洪流。然而，这位久经战火考验的方面军指挥员比任何人都清楚，不能过早下结论。之前遭遇的一切军事灾难和未能实现的预期，已经为苏联所有指挥员都烙上了现实主义气息。尽管当前进展看似令人满意，瓦图京还是冷静地等待着变幻无常的战争之神做出裁决。他很清楚，自己的军队仍然要面对四个装备精良的师（三个党卫队师和“大德意志”师），并且尽管激战五天，他的军队还是一支有效的作战力量。通过持续的防御，卡图科夫的坦克第1集团军已经让第四装甲集团军偏离其原先的目标库尔斯克，并将其推进限制在25公里以内。尽管得到加强，英勇顽强的坦克第1集团军现在只剩下一个空壳。该集团军连同近卫第6、第7集团军的其他好几个师，在库尔斯克的防御中已经演完了自己作为牺牲品的角色。现在，焦点将转移到一片新战场，新的力量将在这场正拉开帷幕的战争大戏中扮演关键角色。冯·曼施泰因装甲力量的精锐正在沿新的方向运动，势必将在普罗霍罗夫卡与近卫坦克第5集团军迎头相撞。

注释

1. 本章和其他章节中的地形描述，根据P. P. 韦奇尼主编的《战争经验研究材料选集》第11册（1944年3月—4月）（*Sbornik materialov po izucheniiu opyta voiny, no. 11 mart-aprel' 1944 g.*，莫斯科：军事出版局，1944年版）当中的书面记录；德国的战役战术地图出自德国第二装甲集团军、第九集团军、第四装甲集团军和“肯普夫”集团军级支队的相应记录，以及针对苏联总参谋部版M-37系列一比五万比例尺地图所做的研究。该系列俄语地图不久前解密，由总参谋部军事地形局（VTU Gsh）根据苏联地理地图总局（GUGK SSSR）的原始版本，在1955年调研的基础上绘制并于1988年更新。这些一比五万比例尺地图也是绘制本书，即将单独出版的库尔斯克会战地图集和指南读物中地图的根据。

2.《第三装甲师史：柏林—勃兰登堡1935—1945》（*Geschichte der 3. Panzer-Division: Berlin-Brandenburg 1935-1945*，柏林：冈特·里希特书籍发行公司，1967年版），第372—373页，以及保罗·卡雷尔原著，爱德华·奥泽斯英译《焦土：希特勒的对俄战争1941—1943（第二卷）》（伦敦：乔治·G. 哈拉普出版社，1970年版），第29—32页。赫尔穆特·施佩特尔著《“大德意志”装甲军史》第二卷（加拿大温尼伯：J. J. 费多罗维茨出版社，1995年版），第114—115页写道：

> 1943年7月4日15时整［莫斯科时间17时整］，以第11连为尖刀的装甲掷弹兵团三营在右，装甲燧发枪兵团三营在左，一齐冒着倾盆大雨突然发起攻击。这次攻击的目标有限，即夺取前方的一排山丘。可是，苏联炮兵在山上设有位置极好的观察所，他们一眼就看穿了这个计划，并给我们造成了第一批惨重损失……
>
> 通报敌情的时候，我们曾警告过全体指挥官，可能会遇到地雷。事实很快就证明我们不幸言中了。这该死的东西到处都是……坏消息蜂拥而至。每个人在穿越开阔地带时都要倍加小心。而我们的计划进度又怎么办呢？我非常怀疑，我们能否赶在进攻日的拂晓前完成任务……
>
> 14时50分［莫斯科时间16时50分］的一轮斯图卡轰炸，宣告1943年7月4日下午攻击的开始。出乎我们意料的是，事实证明这场攻击并非易事，我们遭遇的抵抗和其他阻碍，比预料的更强，损失激增，不过，截至16时整，我们已经占领了布托沃以西的山丘线右段……到了16时45分，德国人已经牢牢地掌握了新的阵地，并扫清了从这里向北观察的视野。再往左一点，“大德意志”装甲燧发枪兵团三营的进展则不太顺利。营长赫尔曼·博尔克被地雷炸断一条腿，不得不后送。这里的军人们同样冒着倾盆大雨向前运动，却花了几个小时才靠近山坡。敌方火炮和迫击炮的射击都事先做过测地准备，曾多次迫使我进攻兵力在冲击过程中陷入停顿。直到夜幕降临，彻底占领距俄国人前沿最近处的阵地之后，我们才最终拿下格尔佐夫卡正东南方向的那座小山。进攻目标终于实现了，可为此付出的代价是极其惨重的损失。

3.《奉祖国之命：1941—1945年伟大卫国战争期间近卫第6集团军的战斗历程》（*Po prikazu rodiny: boevoi put' 6-i gvardeiskoi armii v Velikoi Otechestvennoi voiny 1941-1945 gg.*，莫斯科：军事出版局，1971年版），第83—84页；以及V. F. 叶戈罗夫等合著《在战斗中诞生：荣获列宁勋章的近卫红旗维捷布斯克步兵第71师的战斗历程》（*Rozhdennaia v boiakh: boevoi put' 71-i gvardeiskoi strelkovoi vitebskoi ordena Lenina krasnoznamennoi divizii*，莫斯科：军事出版局，

1986年版)，第103—106页。

4. G. A. 科尔图诺夫和B. G. 索洛维耶夫合著《库尔斯克会战》(*Kurskaia bitva*，莫斯科：军事出版局，1970年版)，第136页。

5. 卡雷尔著《焦土》，第32页。

6. 更多细节见西尔维斯特·施塔德勒著《1943年库尔斯克进攻战役：在大规模战斗日作为突击尖刀的党卫队第二装甲军》(*Die Offensive gegen Kursk 1943: II. SS-Panzerkorps als Stosskeil im Grosskampf*，奥斯纳布吕克：穆宁出版有限公司，1980年版)，第34—36页。这部极有价值的作品收录了党卫队第二装甲军及其下属各师在整个库尔斯克会战期间的每日报告和党卫队第二装甲军的每日情况要图。这些要图已经参照第四装甲集团军(NAM T-313系列)和"肯普夫"集团军级支队(NAM T-12系列)的每日作战地图和情报地图做过核对和验证。

7. 关于这次会战前夕苏联情报收集和评价工作的更多细节，见《选集》第11册，第43—46页；以及戴维·M. 格兰茨著《苏联在战争期间的军事情报工作》(伦敦：弗兰克·卡斯出版社，1989年版)，第185—199页、第231—235页、第243—244页。

8. 苏联炮兵的分布和运用等详情，包括这次炮火反准备的投入兵力和实际效果的详细评价，见《选集》第11册，第109—132页。中央方面军和沃罗涅日方面军及其下属各集团军的炮兵分布详情，见本书附录。

9. 亚努斯·皮耶卡尔凯维茨原著，米凯拉·尼尔豪斯英译《"堡垒"行动：库尔斯克和奥廖尔》(加利福尼亚州诺瓦托：普雷西迪奥出版社，1987年版)，第137—138页。其他德国资料并不认同苏联资料所谓的这次反准备具有重要意义的说法。例如，戈特哈德·海因里希和弗里德里克·威廉·豪克合著，约瑟夫·韦尔奇英译《堡垒：攻击俄国的库尔斯克突出部》(美国国家档案馆)，第72条注释当中，引用几份德国师的报告，称这次反准备是"没有造成严重伤亡的骚扰性射击"。他还补充说，"似乎这次射击的效果被人夸大了。"另一方面，保罗·卡雷尔原著，爱德华·奥泽斯英译《焦土：希特勒的对俄战争1941—1943(第二卷)》，(伦敦：哈拉普出版社，1970年版)，第34页称："凌晨1时整，苏联阵地那边突然传来震耳欲聋的咆哮声。各种口径的火炮、重型迫击炮、多管火箭炮和其他重型武器，把各种炮弹和火箭弹倾泻在德国人的集结地域、后方防线和前进道路上……俄国人的炮击持续了一个多小时，并给德国人造成巨大损失。"但是，卡雷尔却并未讲清楚他所谓的巨大损失是什么。通过对德国资料的仔细检查，人们也并未发现德国装甲车辆在苏联的这场炮火中有什么重大损失。

10. 详尽叙述苏联人在库尔斯克怎样运用空中力量的英语作品，见范·哈德斯蒂著《红色凤凰：1941—1945年苏联空中力量的崛起》(华盛顿特区：史密森学会出版社，1982年版)，第149—179页。德国方面的观点，见赫尔曼·普洛赫尔著《德国空军与俄国的较量，1943》(纽约：阿诺出版社，1967年版)，第83—84页。苏联的官方权威作品收录在《选集》第11册，第160—189页。其中第160页称，苏联人把苏德战场己方全部空中力量的80%都集中到库尔斯克。7月5日凌晨4时30分，苏联突击五个德国空军基地时，动用了空军第2集团军和空军第17集团军的417架飞机。每个强击机群有18到24架强击机，均由歼击机实施掩护，分别负责攻击一个德国空军基地。按照该资料第168页的说法，"虽然针对敌机场的行动组织得很严密，但是这次突击未能达成预期效果，因为突击发生的时候，敌航空兵主力已经升空，前往与我防御兵力交战。上述行动当中，共击落击伤德国飞机多达60架"。

11.《选集》第11册，第175页写道：

7月5日凌晨4时25分，我航空兵转入积极作战行动。这时，敌航空兵正在向我方的炮兵射击阵地和防御枢纽部，以及位于小阿尔汉格尔斯克火车站一带的步兵和坦克兵团，发起第一轮突击。150多架轰炸机在50至60架歼击机的掩护下参加了这次突击。突击开始时，大部分敌歼击机分散成4架到6架组成的小机群，向前飞出10至15公里，组成拦截我航空兵前往战场的多道屏障。然后，每隔10至15分钟，一旦敌轰炸机群飞离战场，就有一个新机群前来攻击我第一道防线上的守军。仅在4时25分至11时整之间，我方军队就记录到敌航空兵共出动多达1000架次，其中约800架次是轰炸机。

虽然苏联的歼击航空兵第6军和近卫歼击航空兵第2师（属空军第2集团军）展开了还击，但是其所作所为并非有计划、有准备，只是随机应变。实际上，德国人的猛烈空中突击已经扰乱了苏联的航空兵保障计划，苏联人只能集中使用歼击机与敌航空兵交战。当天晚些时候，空军第2集团军和第17集团军才开始按照计划作战。

12.《选集》第11册，第73页。第13集团军在整场会战期间的防御细节，见M. A. 科兹洛夫编辑《在战火中：第13集团军的战斗历程》（*V plameni srazhenii: boevoi put' 13-i armii*，莫斯科：军事出版局，1973年版），第89—127页；以及原保密的研究作品：V. T. 伊米诺夫著《以中央方面军第13集团军为例看库尔斯克会战中的防御组织和实施（1943年7月）》【*Organizatsiia i vedenie oborony v bitve pod Kurskom na primer 13-i armii tsentral'nogo fronta (iiul' 1943 g.)*，莫斯科：伏罗希洛夫总参军事学院，1979年版】，第26—43页。另见科尔图诺夫和索洛耶夫合著的《库尔斯克会战》，第101—134页，其中的叙述可以看作大体上准确而详细的公开资料。

13.《选集》第11册，第73页。步兵第8师参加这场会战的详情，见科尔加诺夫著《伟大卫国战争期间苏军战术的发展》，第45页、第62页、第281页和第381页；以及《来自伟大卫国战争经验的战例选集》（*Sbornik boevykh primerov iz opyta Velikoi Otechestvennoi voiny*，莫斯科：军事出版局，1982年版），第130—134页，该书由苏联国防部陆军总司令部编写。

14. 卡雷尔著《焦土》，第36—37页，以及《选集》第11册，第74页。

15. 科尔图诺夫和索洛耶夫合著《库尔斯克会战》，第107页。

16. 步兵第15师的艰苦防御战详情，见科兹洛夫著《在战火中》，第102—104页；以及A. 巴扎诺夫著《根据库尔斯克会战的经验看防御交战的战术发展》（*Razvitie taktiki oboronitel'nogo boiapo opytu kurskoi bitvy*），刊登在《军事历史杂志》第6期（1983年6月刊），第34—42页。另外，德国进攻过程的简要概述，见马克·希利著《库尔斯克1943》（伦敦：鱼鹰出版社，1992年版），第35—36页。

17.《选集》第11册，第73—74页，以及卡雷尔著《焦土》，第38—42页。

18.《选集》第11册，第75页，以及《防御战役中反坦克预备队的机动》（*Manevr podvizhnymi protivotankovymi rezervami v oboronitel'noi operatsii*）收录在《选集》第10册（1944年1—2月）（莫斯科：军事出版局，1944年版），第112—125页。这份原保密资料详细讲述了库尔斯克会战中的反坦克作战。

19. 巴扎诺夫著《根据库尔斯克会战的经验看防御交战的战术发展》，第42页。

20.《选集》第11册，第174—175页。

21. 同上，第175页。

22. 卡雷尔著《焦土》，第41页。

23.《选集》第10册，第176—177页；以及皮耶卡尔凯维茨著《"堡垒"行动》，第139—142页。

24.《选集》第11册，第75—76页。罗科索夫斯基将军发给罗金的命令是："迅速行动起来。以连和营组成的集群前进。坦克第19军将归你作战隶属。"坦克第2集团军展开过程的更多细节，见科尔图诺夫和B. G. 索洛维耶夫合著《库尔斯克会战》，第115—116页。

25. 关于坦克第16军的运用、坦克第107旅和第164旅的交战过程等详情，见《选集》第11册，第76—77页、第136页；以及A. 维特鲁克著《装甲对决》(*Bronia protiv broni*)，刊登在《军事历史杂志》第6期(1983年6月刊)，第72—79页。按照这些资料的说法，这两个坦克旅共击毁30辆德国坦克，其中包括4辆"虎"式。

26. 坦克第2集团军在这场会战当中的作用，详见F. I. 维索茨基等合著《近卫坦克兵》(*Gvardeiskaia tankovaia*，莫斯科：军事出版局，1963年版)，第29—54页。

27. 步兵第81师在波内里前方的防御战当中共损失了原有8000人中的2518人。该师声称自己在此期间共击毁击伤70辆德国坦克和突击炮。见科兹洛夫著《在战火中》，第110—112页。步兵第307师在波内里周围的后续战斗详情，见M. A. 延申著《波内里防御战》(*Na oborone Ponyrei*)，收录在《库尔斯克会战》(*Kurskaia bitva*，莫斯科：军事出版局，1970年版)，第141—148页。对于苏联在库尔斯克若干战术防御实例的英语叙述，可参阅戴维·M. 格兰茨著《1943年7月苏联在库尔斯克的防御战术》作战研究所(CSI)第11号报告(堪萨斯州莱文沃思堡：作战研究所，1986年版)。

28.《选集》第11册，第176页。

29. 对德国第四十八装甲军进攻过程的最生动准确的描述，见卡雷尔著《焦土》，第51—56页。卡雷尔提供的数字和他对每一轮战斗的叙述，同苏联原保密档案材料中的内容非常吻合，但他提供的德国装甲兵力却出现明显差异。按照卡雷尔的说法，德国人针对沃罗涅日方面军共动用了1300辆坦克和突击炮。而海因里希的《堡垒》中称，党卫队第二装甲军有443辆坦克和突击炮，第三装甲军有311辆，第四十八装甲军有近600辆。档案记录给出的德国装甲实力则是1436辆坦克和突击炮(见附录D)。另见《选集》第11册，第54页；以及《奉祖国之命》，第86—94页。按照这些苏联资料的说法，德国人在同沃罗涅日方面军交战的第一天当中，共损失200辆坦克、1万人和154架飞机。而德国的记录则称损失很严重，但略少于上述数字。

30. 施佩特尔著《"大德意志"装甲军史》，第116页。

31. 同上，第116—177页，引自阿尔布雷希特中校的一篇记述作品。

32. 卡雷尔著《焦土》，第55—56页；以及施佩特尔著《"大德意志"装甲军史》，第118—120页。卡斯尼茨上校被后送到德国，并于7月29日去世。"大德意志"师装甲团二营的少校营长绍尔马伯爵，也在这次失败的突击当中身负重伤。

33. 步兵第67师的战斗详情，见《伟大卫国战争中的防御》(*Oborona v gody Velikoi Otechestvennoi voiny*，莫斯科：学院出版社，1989年版)，第64—81页；V. A. 沃斯特罗夫著《伟大卫国战争和局部战争经验战例专题选集(团—集团军)》【*Tematicheskii sbomik boevykh primerov iz opyta Velikoi Otechestvennoi voiny i lokal' nykh voin (polk-armiia*】，莫斯科：军事出版局，1989年版)，第22—23页、第56—58页；以及科尔加诺夫著《伟大卫国战争期间苏军战术的发展》，第281—282页、第294—297页、第374—375页。

34.《奉祖国之命》，第87页。

35. 近卫步兵第71师地带的战斗详情，见叶戈罗夫著《在战斗中诞生》，第107—112页；以及《第三装甲师史》，第372—375页。

36. 施塔德勒著《1943年库尔斯克进攻战役》，第34—36页；以及卡雷尔著《焦土》，第59—62页。卡雷尔称，党卫队第二装甲军有300辆可用于作战的坦克和120辆突击炮，而海因里希给出的可用装备数量是352辆坦克和91辆突击炮。另见附录D。

37. 卡雷尔著《焦土》，第60页。

38. 关于近卫步兵第52师的防御和反坦克歼击炮兵第1008团的作用，详见《伟大卫国战争中的防御》，第64—80页；《伟大卫国战争和局部战争经验战例专题选集》，第54—56页；以及R. B. 布拉贡斯基、N. S. 波佩利尼茨基和M. G. 乌先科夫合著《战例中的炮兵战术（分队和部队）》【*Taktika artillerii v boevykh primerakh (podrazdeleniia i chasti)*，莫斯科：军事出版局，1977年版】，第228—231页。

39. 布拉贡斯基、波佩利尼茨基和乌先科夫合著《战例中的炮兵战术》，第230页。

40. 鲁道夫·莱曼原著，尼克·奥尔科特英译《"警卫旗队"师（第三卷）》（加拿大温尼伯：J. J. 费多罗维茨出版社，1993年版），第215页。

41. 莱曼著《"警卫旗队"师》，第214—215页称，苏联共损失15辆坦克、3架飞机和88名俘虏。这些损失数字表明，苏联人打算在最初的战斗中保存自己的装甲实力，而主要依靠反坦克武器来抑制和消耗德国装甲兵的突击力量。施塔德勒著《1943年库尔斯克进攻战役》，第55页称，7月5日在整个党卫队第二装甲军的地带上，苏联共损失7辆坦克、1辆突击炮、27门反坦克炮和30支反坦克枪，552人被俘，但没有记录7月6日的损失。

42. "帝国"师参加这场会战的详情，见詹姆斯·卢卡斯著《帝国师：党卫队第二师的军事职责》（伦敦：武器与铠甲出版社，1991年版），第101—113页。

43. 党卫队"髑髅"装甲师在库尔斯克会战中的作用，在小查尔斯·W. 西德诺著《毁灭战士：党卫队"髑髅"师，1933—1945》（普林斯顿：普林斯顿大学出版社，1977年版），第281—294页。西德诺在很大程度上依靠海因里希和豪克的手稿，该手稿后来以《堡垒》（Zitadelle）为题，分成三篇文章，发表在《军事科学周报》（*Wehrwissenschaftliche Rundschau*）[①]第15期（1965年8—9月刊），第463—482页、第529—544页和第582—604页。这三篇文章在本书中统称为海因里希和豪克合著《堡垒》。

44.《选集》第11册，第54—55页；以及《奉祖国之命》，第96—102页。

45. 坦克第1集团军在库尔斯克的作战详情，见《坦克第1集团军的作战行动》（*Boevye deistviia 1-i tankovoi armii*），收录在《选集》第11册，第139—147页；A. Kh. 巴巴贾尼扬等人合著《他们叩开过柏林的大门：近卫坦克第1集团军的战斗历程》（*Liuki otkryli v Berline: boevoi put' 1-i gvardeiskoi tankovoi armii*，莫斯科：军事出版局，1973年版），第27—55页；以及坦克第1集团军司令员的回忆录：M. E. 卡图科夫著《在主攻地点》（*Na ostrie glavnogo udara*，莫斯科：军事出版局，1976年版），第198—240页。坦克第6军的作战详情，见该军军长的回忆录：A. L. 格特曼著《坦克开向柏林（1941—1945）》【*Tanki idut na Berlin (1941-1945)*，莫斯科：科学出版社，1973年版】，第78—114页；以及该军坦克第112旅的历史：A. V. 卡拉瓦耶夫著《铁甲雄心：近卫坦克第44旅的战斗历程》（*Serdtsa i bronia: boevoi put' 44-i gvardeiskoi tankovoi brigady*，莫斯科：军事出版局，1971年版），第20—47页。

---

① 译注：原文Rundshau应是排版丢了一个字母，现已更正。

46. 见机械化第3军军长的回忆录：S. 克里沃舍因著《真实的战争故事：一位机械化军军长的笔记》（*Ratnaia byl': zapiski komandira mekhanizirovannogo korpusa*，莫斯科：青年近卫军出版社，1962年版），第158—175页；以及他下属两位机械化旅旅长的回忆录：A. Kh. 巴巴贾尼扬著《胜利之路》（*Dorogy pobed*，莫斯科：军事出版局，1981年版），第108—135页；和D. A. 德拉贡斯基著《装甲车里的岁月》（*Gody v brone*，莫斯科：军事出版局，1973年版），第94—111页。巴巴贾尼扬指挥的是机械化第3旅，德拉贡斯基指挥的是机械化第1旅。

47. 见A. F. 斯米尔诺夫和K. S. 奥格洛布林合著《坦克跨过维斯瓦河：维斯瓦河坦克第31军的战斗历程》（*Tanki na Visloi: boevoi put' 31-go tankovogo Vislenskogo korpusa*，莫斯科：军事出版局，1991年版），第6—35页。

48. 近卫坦克第2军和近卫坦克第5军没有自己的战史。关于近卫坦克第5军的更多信息，可参阅安娜·斯特罗埃娃著《集团军司令员克拉夫琴科》（*Komandarm Kravchenko*，基辅：乌克兰政治文学出版社，1984年版），第50—57页。

49. 见Ia. 济明著《坦克第1集团军在库尔斯克防御交战中的作战行动》（*Boevye deistviia 1-i tankovoi armii v oboronitel'nom srazhenii pod Kurskom*），刊登在《军事思想》第3期（1957年3月刊），第45—46页。按照济明的说法，卡图科夫告诉过他，自己曾在7月5日白天接到沃罗涅日方面军司令员N. F. 瓦图京大将的电话命令，要求他以坦克第1集团军的兵力向已突破近卫第6集团军主要防御地带的敌军集团发起反冲击。先头坦克旅仓促赶到主要防御地带后，与敌方编成内有大批四号和五号坦克、重型自行火炮、快速机动反坦克火炮的几个坦克兵团进入交战。卡图科夫的坦克开始因敌坦克、炮兵和航空兵的猛烈火力而遭受损失，而敌坦克兵团的实力几乎原封未动。这种情况下，想要在一场面对面式的坦克战中彻底歼灭他们是不现实的。M. E. 卡图科夫将军向方面军司令员报告了这一情况，并建议让自己的坦克第1集团军防守近卫第6集团军的第二防御地带，力求在防御交战中耗尽敌人的进攻力量，然后再发起反突击。沃罗涅日方面军司令员同意这一建议，并于7月5日16时整向坦克第1集团军下达相应的命令。

卡图科夫下达到集团军的命令部分内容如下："位于库拉索夫卡地区的机械化第3军，应于7月5日24时整以前运动到舍佩洛夫卡—雅科夫列沃一线（含），并随即在该处19公里宽的地带上组织可靠防御；坦克第6军应稍晚一小时后由奥博扬地区出发，沿机械化第3军使用过的路线行军，应于同一时间到达梅洛沃耶—恰帕耶夫—舍佩洛夫卡一线，并在近卫步兵第90师战斗队形占领的16公里地带内转入防御。"

同时，这几个军还同近卫坦克第5军和第2军一起，受领了共同沿德米特里耶夫卡—托马罗夫卡—别尔哥罗德总方向发起反突击的任务。机械化第3军受领的任务还包括组织同近卫坦克第5军接合部的防御，并确保与该军之间的通信联系。近卫坦克第5军应进抵雅科夫列沃—捷捷列维诺一线，近卫坦克第2军应进抵罗日杰斯特文卡—德鲁日内一线。这两个军都归近卫第6集团军的作战隶属。需要注意的是，坦克第31军因为新组建不久，所以建制内没有摩托化步兵旅，这与其他几个坦克军都不一样。

坦克第1集团军完成全面展开后，其第一梯队的坦克第6军和机械化第3军，共有419辆坦克、158门火炮、243门迫击炮、56门M-13多管火箭炮和533支反坦克枪。位于第二梯队的坦克第31军有196辆坦克、16门火炮和13门迫击炮。卡图科夫的预备队是原隶属于第38集团军的坦克第180旅。他的集团军快速障碍设置队由两个配备防坦克地雷和爆破器材的工程兵营组成，展开在机械化第3军后方的格列穆奇一带。集团军直属的全体炮兵均向下配属到各军。

50. 这次失败的反冲击详情，见《选集》第11册，第141—143页。

51. 海因里希著《堡垒》，第73条注释称："第6装甲师配置在别尔哥罗德附近，其进攻遭到激烈的抵抗，而第7装甲师则在7月5日进展顺利。因此，第6装甲师于7月5日至6日的夜间脱离接触，并于7月6日在别尔哥罗德以南7公里处第7装甲师的后方横渡顿涅茨河。"

52. 第19装甲师的行动，以及近卫步兵第81师和第78师的防御，详见《选集》第11册，第54—56页；奥托·冯·克诺贝尔斯多夫著《下萨克森第19装甲师史》(*Geschichte der niedersachsischen 19. Panzer-Division*，巴特瑙海姆：汉斯－海宁·波尊出版社，1958年版)，第207—217页；阿尔伯特·克鲁尔著《汉诺威第73步兵团》【*Das Hannoversche Regiment 73*，第73团战友协会(未注明日期)】，第290—315页；近卫步兵第78师的战史：B. I. 穆托文著《在所有考验当中》(*Cherez vse ispytaniia*，莫斯科：军事出版局，1986年版)，第80—103页；以及近卫步兵第81师师长的回忆录：I. K. 莫罗佐夫著《从斯大林格勒到布拉格：一位师长的笔记》(*Ot Stalingrada do Prague: zapiski komandira divizii*，伏尔加格勒：下伏尔加斯科耶出版社，1976年版)，第100—119页。

53. 关于斯克沃尔佐夫艰苦战斗的更多详情，见格兰茨著《苏联防御战术》，第35—42页。

54. 瓦图京7月5—6日夜间的变更部署，见《选集》第11册，第55—56页。

55. 同上，第168页。

56. 例如，有资料称7月5日以后，航空兵的出动架次减少了55%。每日出动架次的详情，见《选集》第11册，第169页。苏联人声称7月5日共击落德国飞机173架。

57. 同上，第55—56页；以及《奉祖国之命》，第96—100页。

58.《第三装甲师史》，第375页。

59. F. W. 冯·梅伦廷著《坦克战》(诺曼：俄克拉荷马大学出版社，1956年版)，第220页。另见《选集》第11册，第55—56页。

60. 施佩特尔著《"大德意志"装甲军史》，第121—122页。这时，"大德意志"师当面的对手，是克里沃舍因的机械化第3军掘壕据守的机械化第1旅和机械化第3旅，并加强有近卫步兵第90师的一个团和近卫步兵第67师余部。

61. 科尔图诺夫和索洛维耶夫著《库尔斯克会战》，第147—148页。济明著《坦克第1集团军在库尔斯克防御交战中的作战行动》，第48页的记载称，截至7月6日17时整，德国人在佩纳河沿岸的战斗中共损失74辆坦克。

62. 关于争夺雅科夫列沃的激烈战斗详情，见《选集》第11册，第57页；施塔德勒著《1943年库尔斯克进攻战役》，第57—64页；莱曼著《"警卫旗队"师》，第217—219页；以及S. M. 克里沃舍因著《雅科夫列沃战斗》(*V boiakh pod Iakovlevo*)，收录在《库尔斯克会战》(*Kurskaia bitva*，沃罗涅日：中央黑土区书籍出版社，1982年版)，第230—237页。仅7月7日一天，"警卫旗队"师就报告击毁敌坦克75辆、飞机12架、火炮23门，抓获13名苏联逃兵和244名俘虏，而该师付出的代价是24人死亡、164人负伤和2人失踪，这些数字足以表明战斗的激烈程度。而整个党卫队第二装甲军则报告，共击毁苏联的90辆坦克、28架飞机、83门反坦克炮和140支反坦克枪，并抓获1609名战俘。

63.《选集》第11册，第57页。

64. 防御雅科夫列沃—波克罗夫卡和大马亚奇基地段的苏联军人，来自近卫步兵第52师的近卫步兵第151团和第153团、近卫步兵第51师的近卫步兵第154团和第156团、机械化第3军的近卫坦克第1旅(位于大马亚奇基)和坦克第49旅(位于波克罗夫卡)、坦克第31军的坦克第100旅(位于大马亚奇基)、坦克第230团，以及反坦克歼击炮兵第28旅、反坦克歼击炮兵第496团和第1008团各一部。

65. 莱曼著《“警卫旗队”师》，第216—217页。

66. “警卫旗队”师很快觉察到来自近卫坦克第2军的新威胁。党卫队第二装甲军军部的应对措施是召唤航空兵突击，并安排“警卫旗队”师调动一个加强营，巩固该师同防守利波维伊顿涅茨河沿岸的“髑髅”师的联系。这次航空兵突击导致近卫坦克第2军损失了大批装甲车辆。

67. 同上，第217页。这批苏联坦克来自克拉夫琴科重整后的近卫坦克第5军和布尔杰伊内的近卫坦克第2军。

68. 德国人原计划用第167步兵师的步兵，把“髑髅”师从利波维伊顿涅茨河沿岸替换下来。但是，占领雅科夫列沃、建立党卫队第二装甲军与第11装甲师的联系之后，第167步兵师又用了几天时间才肃清这两个装甲军之间突出部里的苏联军队。

69. 见《选集》第11册，第57页、第142页；以及巴巴贾尼扬著《他们叩开过柏林的大门》，第37—38页。

70. 科尔图诺夫和索洛维耶夫合著《库尔斯克会战》，第216—217页。

71. 第6装甲师的作战详情，见沃尔夫冈·保罗著《燃点：第6装甲师（第1轻型师）史，1937—1945年》【*Brennpunkte: Die Geschichte der 6. Panzerdivision (1. leichte), 1937—1945*，克雷菲尔德：洪特格斯出版社，1977年版】，第300—322页；以及《选集》第11册，第57—58页。

72. 冯·克诺贝尔斯多夫著《下萨克森第19装甲师史》，第207页；克鲁尔著《汉诺威第73步兵团》，第294—296页；以及莫罗佐夫著《从斯大林格勒到布拉格》，第103—108页。

73. 近卫步兵第73师的防御详情，见《选集》第11册，第57—58页；V. I. 达维坚科著《1943年在别尔哥罗德》（*Pod Belgorodom v sorok tret'em*），收录在《第73支近卫军：关于近卫红旗斯大林格勒—多瑙河步兵第73师战斗历程的回忆文章、文献和材料选集》（*73-ia gvardeiskaia: sbornik vospominanii, dokumentov i materialov o boevom puti 73-i gvardeiskoi strelkovoi stalingradsko-dunaiskoi krasnoznamennoi divizii*，阿拉木图：哈萨克斯坦出版社，1986年版），第96—104页；以及V. 纳扎罗夫著《防御中的勇气和技巧》（*Muzhestvo i masterstvo v oborone*），刊登在《军事历史杂志》第6期（1973年6月刊），第47—52页。

74. 齐姆克著《从斯大林格勒到柏林》，第136页。

75. 皮耶卡尔凯维茨著《“堡垒”行动》，第151—152页。德国航空兵的出动次数，从会战第一天的4298架次直线下降到7月6日的2100架次，这意味着德国空军支援效果的下降。苏联资料虽然能体现出同样的变化趋势，但是所确认的德国航空兵出动次数更少。见哈德斯蒂著《红色凤凰》，第163页。海因里希在《堡垒》中的这段话，可以证实哈德斯蒂和苏联人的结论：

> 空中形势的发展看起来令人满意——至少在一开始是这样。德国飞行员们掌握着战场局势。接下来的几天里，俄国的飞机越来越多，并最终超过了德国的飞机数量，于是敌人能够造成我方更多的伤亡。与此同时，在德国方面，损失和燃料短缺变得越来越明显。空中支援越来越局限于战斗中的高潮和危急时刻。另外，德国空军只能在战术上支援进攻，没有足够的力量在战役层面影响会战的进程，因为他们不能通过密集轰炸铁路运输或者遮断铁路网来破坏俄国军队的展开。因此，德国的领导人缺少一张重要的制胜王牌，他们本来可以用这张牌决定性地影响这场会战的进程。

76.《选集》第11册，第58页。

77. 同上，第59页。

78. 同上。

79. 近卫坦克第5集团军的开进详情，见《选集》第11册，第148—149页；P. Ia. 叶戈罗夫，I. V. 克里沃博尔斯基，N. K. 伊夫列夫和 A. I. 罗加列维奇合著《胜利之路：近卫坦克第5集团军的战斗历程》(*Dorogami pobed: boevoi put' 5-i gvardeiskoi tankovoi armii*，莫斯科：军事出版局，1969年版)，第23—25页；以及 P. A. 罗特米斯特罗夫著《钢铁近卫军》(*Stal'naia gvardiia*，莫斯科：军事出版局，1984年版)，第172—178页。

80. 坦克第2军和坦克第10军参加这场会战的详情，见 E. F. 伊万诺夫斯基著《坦克手们开始进攻》(*Ataku nachinali tankisty*，莫斯科：军事出版局，1984年版)，第121—134页；以及 I. M. 克拉夫琴科和 V. V. 布尔科夫合著《第聂伯河坦克第10军：荣获苏沃洛夫勋章的第聂伯河坦克第10军的战斗历程》(*Desiatyi tankovyi dneprovskii: boevoi put' 10-go tankovogo Dneprovskogo ordena Suvorova korpusa*，莫斯科：军事出版局，1986年版)，第59—102页。坦克第2军刚刚在哈尔科夫以东的瓦卢伊基地区完成休整和补充，虽然坦克和其他武器的数量齐全，但是各摩托化步兵旅和坦克旅的摩托化步兵营均缺少运输车辆。因此，该军的步兵不得不徒步开进。坦克第10军的集结地域位于旧奥斯科尔附近，原属近卫第5集团军。会战前夕，该军的兵力为9612人、164辆坦克(99辆 T-34、64辆 T-70和1辆 KV)、21辆自行火炮(12辆 SU-122和9辆 SU-76)、77门火炮(28门76毫米、32门45毫米和17门37毫米炮)、123门迫击炮(82毫米和120毫米)、938台车辆(卡车和“威利斯”吉普)、14台拖拉机、70辆摩托车、52辆装甲输送车、44辆装甲车、4613支步枪、2917挺冲锋枪、209挺轻机枪、58挺重机枪(有轮式枪架)、57挺高射机枪和202支反坦克枪。这样的武器装备水平，是苏联一个齐装满员坦克军的典型代表。

81.《选集》第11册，第59页。

82. 卡雷尔著《焦土》，第47页。

83.《选集》第11册，第77—79页；科兹洛夫著《在战火中》，第113—117页；格兰茨著《苏联防御战术》，第53—61页。会战开始时，步兵第307师得到突破炮兵第5师、反坦克歼击炮兵第13旅、近卫火箭炮兵第11旅和第22旅，以及近卫(特种)工程兵第1旅一部的支援。

84. 卡雷尔著《焦土》，第45页。另见《选集》第11册，第77页。

85. 近卫步兵第70师参加奥利霍瓦特卡周围激烈战斗的详细描述，见 B. S. 文科夫和 P. P. 杜季诺夫合著《近卫军的英勇：荣获列宁勋章、两次红旗勋章、苏沃洛夫勋章、库图佐夫勋章和波格丹·赫梅利尼茨基勋章的近卫红旗格卢霍夫步兵第70师的战斗历程》(*Gvardeiskaia doblest': boevoi put' 70-i gvardeiskoi strelkovoi glukhovskoi ordena Lenina, dvazhdy krasnoznamennoi, ordenov Suvorova, Kutuzova i Bogdana Khmel'nitskogo divizii*，莫斯科：军事出版局，1979年版)，第60—73页。该方面军司令员 K. K. 罗科索夫斯基在他的回忆录《战士的责任》(莫斯科：进步出版社，1985年版)，第199页这样写道：“近卫步兵第17军实施的反冲击虽然没有达到预期效果，但是制止了敌人向奥利霍瓦特卡方向推进。正是这一点决定了德国奥廖尔集团进攻的命运。我们已有足够时间把必要的兵力和物资集中到最有威胁的地段。”

86. 卡雷尔著《焦土》，第45—46页。第2装甲师的兵力包括加强该师的坦克和突击炮。

87. 详见《选集》第11册，第176—179页。

88. 卡雷尔著《焦土》，第46—48页。

89. 同上，第46页。另见《选集》第11册，第79—80页；以及科尔图诺夫和索洛维耶夫合著《库尔斯克会战》，第124—125页。

90. 反坦克歼击炮兵第3旅的1连参加了乔普洛耶周围的激烈战斗。该炮兵连在全体牺牲之前，共击毁19辆德国坦克，打死约150名德国士兵，战斗的激烈程度由此可见一斑。见《伊古舍夫大尉炮兵连的壮举》（*Podvig batarei kapitana Igusheva*），收录在布拉贡斯基、波佩利尼茨基和乌先科夫合著《战例中的炮兵战术》，第221—223页。

91. 卡雷尔著《焦土》，第47页。

92.《选集》第11册，第79—80页。

93. 科尔图诺夫和索洛维耶夫合著《库尔斯克会战》，第128页。

94. 步兵第307师还得到坦克第129旅、近卫坦克第27团、坦克第2集团军坦克第3军坦克第51旅的加强，会战开始时共有约140辆坦克。见同上，第129页。

95. 关于近卫空降兵第4师在波内里争夺战中发挥的作用，见M. 贡恰罗夫著《天蓝色的步兵》（*Golubaiapekhota*，基什尼奥夫：摩尔达维亚地图出版社，1979年版），第20—29页。

96. 希利著《库尔斯克1943》，第72页。阿尔伯特·西顿著《苏德战争》（纽约：普雷格出版社，1971年版），第358页当中认为，仅头两天，莫德尔就损失了1万人。

97.《选集》第11册，第59—60页、第144页；施塔德勒著《1943年库尔斯克进攻战役》，第57—64页；以及莱曼著《“警卫旗队”师》，第217—221页。

98. 科尔图诺夫和索洛维耶夫合著《库尔斯克会战》，第153页。

99. 莱曼著《“警卫旗队”师》，第218页。

100. 斯米尔诺夫和奥格洛布林合著《坦克跨过维斯瓦河》，第20—22页。

101. 莱曼著《“警卫旗队”师》，第220—221页记载苏联7月7日的损失为41辆坦克（后来提高到75辆）、12架飞机、23门火炮、13名逃兵和244名俘虏。这使自会战开始以来，苏联在“警卫旗队”师地段上的损失总数达到123辆坦克、37门火炮、13名逃兵和259名俘虏。

102. 同上，第221页。

103.《选集》第11册，第59—60页、143—144页；以及巴巴贾尼扬著《他们叩开过柏林的大门》，第39—44页。

104. 瓦图京向卡图科夫提供的增援兵力包括反坦克歼击炮兵第29旅，坦克第180旅和第192旅，反坦克歼击炮兵第222团和第1244团，近卫火箭炮兵第66团，反坦克歼击炮兵第753营、第754营和第756营，反坦克步兵第138营和第139营。另外，近卫步兵第52师和第67师的余部（已在最初的防御战中遭受重创）也用于加强机械化第3军。见巴巴贾尼扬著《他们叩开过柏林的大门》，第39页。

105. 卡雷尔著《焦土》，第69页可以证明战斗的激烈和艰难：

> 在豪塞尔武装党卫队的左边，第四十八装甲军7月7日进展得很顺利……拂晓时分，“大德意志”师的掷弹兵们就占领了杜布罗沃。可是，从进攻第一天起便一直困扰着“大德意志”师“豹”式坦克的厄运，却仍然挥之不去。劳赫尔特的“豹”式坦克旅又一次误入雷区，损失相当严重。冯·戈特贝格上尉指挥的“大德意志”装甲团二营挽回了局面。该营的坦克超越一直伴随着自己的雷默营掷弹兵奋勇

前进。于是，进攻又一次开动起来。装甲燧发枪兵团的那个营也突然从该师左翼的山沟里冲了出来。经过大胆而协调一致的行动，克里沃舍因机械化军的主要防御地带终于被撕开了缺口。

106. 科尔图诺夫和索洛维耶夫合著《库尔斯克会战》，第153页。

107. 施佩特尔著《“大德意志”装甲军史》，第122—123页。该作品描述了德国人针对苏联机械化第1旅和第3旅的具体行动。

108. 同上，第123页。“乌鸦”是指苏联的波—2小型夜间轰炸机，通常由女飞行员驾驶。猛烈的炮火可谓理所当然，因为瓦图京为卡图科夫的坦克集团军加强了炮兵第33旅（由近卫第6集团军抽调），共有144门加农炮。另外，坦克第1集团军还得到近卫第6集团军的集团军属炮兵群，共116门火炮和72门多管火箭炮的支援。见济明著《坦克第1集团军在库尔斯克防御交战中的作战行动》，第49页。

109. 冯·梅伦廷著《坦克战》，第220—223页。

110. 格特曼著《坦克开向柏林》，第93—94页。格特曼还用近卫火箭炮兵第79团和第270团加强他的坦克第11旅。

111. 谈到佩纳河沿岸的激烈战斗，卡雷尔著《焦土》第70页这样写道：

> 与此同时，“大德意志”师装甲侦察营……已朝北边更远处推进。苏联坦克第6军出动了几个强大的坦克群，钢铁怪物们每批10辆、20辆，甚至40辆，成群结队地从东北方开过来。由于装甲侦察营未能及时通过这座摇摇欲坠的桥梁，师部转而把他们留在上佩尼耶前面，据守一个半圆形阵地来掩护全师的右翼。[这个营]在那里坐待迎击敌人的装甲突击。幸运的是，有一个营的突击炮同他们一起……三个小时[的激烈战斗]过后，35辆被击毁的坦克散落在战场上。只有5辆严重受损的T-34歪歪斜斜地驶离硝烟弥漫的战场，躲到一片小树林里。通往上佩尼耶的道路已经畅通。

另一方面，格特曼著《坦克开向柏林》第92页称：“在[该军全部防御地带]长达16个小时的战斗当中，军属各部队共击退敌人的四次进攻，击毁约70辆坦克。”关于上佩尼耶附近的战斗，他引用的档案文献称：“[7月7日]这天，坦克第124营共击毁敌人的两辆坦克、两门火炮和一辆装甲输送车。该旅[第112旅]击毁或击中起火的敌坦克共有21辆，其中包括6辆‘虎’式。”

112. 施佩特尔著《“大德意志”装甲军史》，第123页①。

113. 科尔图诺夫和索洛维耶夫合著《库尔斯克会战》，第156页。

114. 施佩特尔著《“大德意志”装甲军史》，第123页。苏联的保密作品承认德国人占领了瑟尔采沃：“直到13时整，面对着德国人多达两个步兵团和70辆坦克的进攻兵力，我机械化第10旅以及机械化第1旅和坦克第112旅的余部始终坚守不退，同时也因敌航空兵和炮兵的火力遭受严重损失。鉴于损失巨大，坦克第6军军长于13时整批准他的下属各旅[从瑟尔采沃]撤过佩纳河对岸并掘壕据守。”见《选集》第11册，第144页。

115. 施佩特尔著《“大德意志”装甲军史》，第123—124页。

---

① 译注：本注释与114和115均将作者错写作莱曼。

116.《选集》第11册，第144页。苏联人在上佩尼耶防御的更多细节，见格特曼著《坦克开向柏林》，第98—101页；巴巴贾尼扬著《他们叩开过柏林的大门》，第47—50页，以及卡图科夫著《在主攻地点》，第231—232页。卡图科夫和格特曼两人当天都随同坦克第200旅一起行动，并坚称该旅直至该日日终时仍在坚守上佩尼耶，但这并不正确。

117. 瓦图京命令步兵第309师，以及坦克第86旅和近卫火箭炮兵第36团："沿251.4高地—240.0高地—235.9高地—207.8高地一线［从诺文科耶向东经卡利诺夫卡至奥博扬公路］占领防御，任务是阻止敌人沿别尔哥罗德—奥博扬公路突破。"与此同时，位于近卫第6集团军右翼的近卫步兵第71师和步兵第161师，已转归第40集团军作战隶属，将向格尔佐夫卡发动反冲击。

118.《选集》第11册，第60—61页。

119. 冯·梅伦廷著《坦克战》，第221—223页；以及卡雷尔著《焦土》，第71—73页。

120. 施塔德勒著《1943年库尔斯克进攻战役》，第65—73页。科尔图诺夫和索洛维耶夫合著《库尔斯克会战》，第156—157页中称："反坦克歼击炮兵第29旅的战士们在格里亚兹诺耶的争夺战中表现非凡。当天整整一个上午，他们多次击退德国坦克的进攻，并掩护［坦克第31］军属各部队退却至科切托夫卡。反坦克歼击炮兵第184团的2营陷入敌人的合围，一直战斗到自己的最后一发炮弹。"

121. 这次反冲击的详情见《选集》第11册，第61—62页；克拉夫琴科著《第聂伯河坦克第10军》，第76—78页；以及伊万诺夫斯基著《坦克手们开始进攻》，第125—127页。

122. 莱曼著《"警卫旗队"师》，第222页称共击毁敌82辆坦克，并补充道："大多数坦克都是毁于我们的近距离反坦克武器。"

123. 击退近卫坦克第2军过程的最生动描述，见卡雷尔著《焦土》，第75—76页。

124. 莱曼著《"警卫旗队"师》，第122页①。

125. 施塔德勒著《1943年库尔斯克进攻战役》，第73页。档案记录称党卫队第二装甲军在7月8日傍晚时的兵力为283辆坦克和突击炮。详见附录D。

126. 7月7日和8日发生在"肯普夫"集团军级支队地带上的行动，见《选集》第11册，第60—61页；莫罗佐夫著《从斯大林格勒到布拉格》，第108—113页；卡雷尔著《焦土》，第73—74页；以及克鲁尔著《汉诺威第73步兵团》，第298—300页。

127."肯普夫"集团军级支队遭受的损失足以证明他们负责的地带发生过激烈战斗，而过去出版的库尔斯克会战史常常忽视这个事实。例如，海因里希在《堡垒》中称："截至7月7日，第320步兵师已有1600人负伤。这个师的四个营现在只剩下200人。7月10日，［第19装甲师］第73装甲掷弹兵团的战斗力已经降至250人，第74装甲掷弹兵团只剩下85人。"

128. 卡雷尔著《焦土》，第74页。近卫步兵第92师与第三装甲军之间的遭遇战详情，见A. I. 拉济耶夫斯基编辑《从战例学战术：团》（*Taktika v boevykh primerakh, polk*，莫斯科：军事出版局，1974年版），第143—144页、第155—163页、第173—180页。

129. 除《选集》第11册，第62页以外，还可以参阅S. I. 瓦西里耶夫和A. P. 季坎合著《第十五支近卫军：近卫步兵第15师的战斗历程》（*Gvardeitsy piatnadtsatoi: boevoi put' Piatnadtsatoi gvardeiskoi*

---

① 译注：此页码似有笔误。

strelkovoi divizii，莫斯科：军事出版局，1960年版），第81—84页。

130.《选集》第11册，第170页。

131. 同上，第171页。

132. 苏联的主要指挥决心详见《选集》第11册，第62—63页。

133.《选集》第11册，第148页，这样描述近卫坦克第5集团军开进的细节：

> 7月5日，即在德国人发动进攻的第一天，近卫坦克第5集团军收到作战命令。在这份命令中，军区司令员［科涅夫］要求集团军下属全体部队做好一切战斗准备，与此同时，还指示位于罗索什地区的坦克第18军将要编入该集团军建制。7月6日23时整，草原军区司令员下达命令，要求该集团军执行以下任务："集团军各部队应以强行军集中到奥斯科尔河西岸的萨尔特科沃、梅洛沃耶和奥尔利克地区，并准备沿奥博扬—库尔斯克方向作战。"
>
> 接到命令两个半小时后，近卫坦克第5集团军各部队已做好战斗准备并离开出发地域，截至7月8日上午，已完成向奥斯科尔河西岸的集中，在稍多于一天的时间里，完成了200至220公里的行军。
>
> 7月8日白天，该集团军开设完成自己的物质器材基地，参谋人员对未来的作战地域实施了侦察。
>
> 7月9日凌晨1时整，近卫坦克第5集团军司令部收到命令，要求［该集团军］："于7月9日日终前，前出至博布雷绍沃、大普辛卡、普列列斯特诺耶、亚历山德罗夫卡和大谢提地区，任务是准备击退前进之敌的进攻。"于是，集团军各部队又完成一次行军，在一天之内跋涉100公里，集中到当时已进入交战的近卫第5集团军后方。

134. 另见，罗特米斯特罗夫著《钢铁近卫军》，第178—179页；以及叶戈罗夫、克里沃博尔斯基、伊夫列夫和罗加列维奇合著《胜利之路》，第24—26页。

135. 近卫第5集团军参加这场会战的详情，见该集团军司令员的回忆录：A. S. 扎多夫著《战争中的四年》（*Chetyre goda voiny*，莫斯科：军事出版局，1978年版），第75—118页；以及该集团军的战史：I. A. 萨穆楚克、P. G. 斯卡奇科、Iu. N. 巴比科夫、I. L. 格涅多伊合著《从伏尔加河到易北河和布拉格：近卫第5集团军战斗历程简述》【*Ot Volgi do El'bi i Pragi (kratkii ocherk o boevom puti 5-i gvardeiskoi armii)*，莫斯科：军事出版局，1970年版】，第45—72页。

136.《选集》第11册，第63页。

137. 同上，第62页；以及克拉夫琴科著《第聂伯河坦克第10军》，第78—80页。

138.《选集》第11册，第63页；以及巴巴贾尼扬著《他们叩开过柏林的大门》，第50—51页。坦克第1集团军得到的加强兵力有：原属第40集团军的坦克第59团、第60团和第203团，反坦克歼击炮兵第483团和第869团，反坦克歼击炮兵第14旅、高射炮兵第9师，以及运输步兵第309师用的集团军直属汽车运输第35团。坦克第1集团军7月8日傍晚时的配置情况如下：坦克第6军同机械化第3军的机械化第10旅和第11旅、重型坦克第60团和近卫步兵第90师一起，防御由恰帕耶夫，经舍佩洛夫卡，并沿佩纳河右岸直到上佩尼耶一线，其主力配置在左翼；机械化第3军加强有坦克第86旅和第180旅、重型坦克第203团、近卫步兵第67师，防御由上佩尼耶经261高地至苏霍索洛季诺一线；坦克第31军同坦克第192旅、坦克第59团和近卫步兵第51师一起防御索洛京卡河左岸，同时占领苏霍索洛季诺和科切托夫卡两地西侧的外围。

139. 莱曼著《"警卫旗队"师》，第223页引用的党卫队第二装甲军7月9日作战令如下：

“警卫旗队”师应当向（位于捷捷列维诺西南1公里处的）“帝国”师左翼与自身现有右翼之间的缺口调派兵力。必须在进攻发起之前确保该缺口的安全。

装甲战斗群应撤离主要战线，修理坦克并准备继续作战。第二装甲掷弹兵团三营（装甲）与炮兵团二营之间的作战隶属关系即行结束。

该师应将一个装甲掷弹兵团调出卢奇基以北地区，并将其投入到苏霍索洛季诺（含该镇）。其右翼应当延伸至自身与“髑髅”师的现有作战分界线以南。该团应肃清位于“警卫旗队”师和第11装甲师防线以北的敌军。

“髑髅”师到达之后，上述防线即告撤销，并着手在卢奇基周围地区组建突击力量。“髑髅”师在右，“警卫旗队”师在左，两师的作战分界线是：255.9高地（“髑髅”师负责占领）—小马亚奇基以南一公里处山沟的南沿—苏霍索洛季诺的学校（“髑髅”师负责占领）。

进攻发起时间将以命令的方式通知“髑髅”师和“警卫旗队”师。现预定为上午9时整。

海因里希和豪克合著《堡垒》，第65页写道：

第四装甲集团军确信，在自己能够会同“肯普夫”集团军级支队消灭其东侧之敌，并继续向东北方推进之前，必须首先消除西侧来自奥博扬和佩纳河突出部的威胁。7月9日，得到集团军群的批准之后，他们决定让自己的两个装甲军向北推进并渡过普肖尔河，以便赢得足够的空间将一部分兵力转向西南，通过与第五十二军的协同动作消灭佩纳河突出部内的敌人，而不是进一步向东北方的普罗霍罗夫卡推进。这样的改变必然会导致主要方向的进攻出现长达两天的延误。

140.《选集》第11册，第63—64页、第145—146页；施塔德勒著《1943年库尔斯克进攻战役》，第75—82页；以及雷曼著《“警卫旗队”师》，第223—224页。

141. 坦克第10军的坦克第183旅和坦克第186旅由普罗霍罗夫卡地域向奥博扬公路运动途中，瓦图京让他们改道前去帮助坦克第31军按计划撤退到位于科切托夫卡的新防线。这两个旅及时赶到，防止了这次撤退演变成一场溃败。任务完成之后，这两个坦克旅在傍晚时分又继续向奥博扬公路开进。

142. 施塔德勒著《1943年库尔斯克进攻战役》，第75—81页。例如，“警卫旗队”师7月9日报告有12人死亡、34人受伤、两人失踪。见莱曼著《“警卫旗队”师》，第224页。

143.《选集》第11册，第63—65页、第145—146页；巴巴贾尼扬著《他们叩开过柏林的大门》，第44页；以及格特曼著《坦克开向柏林》，第101—103页。

144. 科尔图诺夫和索洛维耶夫合著《库尔斯克会战》，第158—159页。

145. 施佩特尔著《“大德意志”装甲军史》，第125—127页。虽然德国军队已于7月8日攻入上佩尼耶，但是又经过7月9日的激烈战斗，才彻底把苏联军队赶出整个城镇。根据科尔图诺夫著《数字中的库尔斯克会战》，第160页引用的档案文献，德国人在7月9日的战斗中共损失295辆坦克，大部分是在第四十八装甲军的地带内。

146. 冯·梅伦廷著《坦克战》，第223—225页。另见卡雷尔著《焦土》，第71—72页。

147.《选集》第11册，第170页。

148. 同上，第65—66页。

149. 卡雷尔著《焦土》，第79页。

150. 同上。

151. 莱曼著《"警卫旗队"师》，第224—226页。另见施塔德勒著《1943年库尔斯克进攻战役》，第81—83页。

第三部：制止闪击战

第五章
普罗霍罗夫卡
7月10日—15日

正如冯·曼施泰因陆军元帅所料，进攻库尔斯克耽误了这么长时间，以至于现在要遭到同盟国西线行动的破坏。1943年7月10日，美国和英国的军队在半个大陆之外的西西里岛南部海岸登陆。希特勒对地中海沿岸的防御一向比较敏感，这个新威胁的出现令他不得不立刻考虑重新分配自己的战略预备队，特别是他认为举足轻重的党卫队第二装甲军。起初，南方集团军群7月10日的进展促使希特勒一度下令："'堡垒'行动继续进行。"可是随着莫德尔在库尔斯克突出部北线未能达成突破，入侵西西里成为最终导致"堡垒"行动失败的原因之一。[1] 的确，同时发生在库尔斯克和西西里的两场战事，令德国人陷入左右为难的严重困境，因为他们的战略预备队只够迎接这两个挑战当中的一个。[2] 然而，正当希特勒盘算着如何应付西线新威胁的时候，库尔斯克会战却渐入高潮。其中，以普罗霍罗夫卡附近的交战最为激烈。

普罗霍罗夫卡周围的坦克战，作为第二次世界大战中最重大的坦克战，或许还是有史以来最重大的坦克战，几乎已经化身为一个传奇故事。普罗霍罗夫卡坦克战本身固然规模宏大、影响深远，但事后的演绎却让传奇中充满了神话色彩。这场史诗般的交战结束之后，获胜的苏联人有充分理由夸大和拔高自己的辉煌战绩，他们也确实是明目张胆地这样做的。而另一方面，震惊和尴尬使德国人和全体历史学家都习惯于接受普罗霍罗夫卡交战的虚假规模和战果。于是，现在的历史记载就写成这样：共有1200—1500辆坦克在普罗霍罗夫卡战场上一决雌雄。[3]

然而，真实的数字虽仍然令人印象深刻，但却小得多。由于突破交战的消耗，截至7月10日，党卫队第二装甲军的实力已降到不足300辆坦克和突击炮，“肯普夫”集团军级支队的第三装甲军则不到200辆。[4] 再看苏联方面，总共有五个军归P. A. 罗特米斯特罗夫将军的近卫坦克第5集团军作战隶属，合计有830辆坦克和自行火炮。如果把这场交战的涵盖范围扩大到各自友邻的第四十八装甲军和坦克第1集团军，那么集中在库尔斯克突出部南线的装甲战斗车辆总数大约不到2000辆。其中，大约有1250辆（苏联的830辆和德国的420辆）沿库尔斯克突出部南线漫长的东侧参加作战，直接在普罗霍罗夫卡战场上交锋的有572辆左右。[5]

再者，发生在普罗霍罗夫卡的，并非只是传说中那场唯一的大规模生死角逐。由于双方都逐次投入本方兵力，这场交战实际上由一系列混乱而令人迷惑的遭遇战和仓促间发生的攻防战组成。普罗霍罗夫卡周围的地势虽然相对开阔，适于展开机械化作战，但是被普肖尔河、利波维伊顿涅茨河和附近的山脊线分割成若干小块。党卫队第二装甲军横跨着普肖尔河南北两岸同步朝东北方向推进，以一个师（有103辆坦克和突击炮的“髑髅”师）沿该河北岸推进，以两个师（有77辆坦克和突击炮的“警卫旗队”师、95辆坦克和突击炮的“帝国”师）沿该河南岸直扑普罗霍罗夫卡。罗特米斯特罗夫的坦克集团军不仅要掩护这两条路线，还要向南方的远处派出他的几个军，防御第三装甲军从别尔哥罗德地区开始的进攻。因此，在普罗霍罗夫卡以西和西南那片紧邻铁道线和公路干线的狭小平原上参加交战的，只有德国两个装甲掷弹兵师的主力和苏联相当于三个坦克军或机械化军的兵力。[6]

就库尔斯克会战的整体结果而言，7月10日至14日发生在第四十八装甲军左翼的激烈交战相对更加重要。虽然与发生在普罗霍罗夫卡方向的重大事件相比，这场交战黯然失色，现在也几乎已被人彻底忘记，但获得加强的卡图科夫坦克第1集团军实施的这场侧翼交战，分散了第四十八装甲军的注意力，并使其未能支援党卫队第二装甲军朝东北方的进攻，其后果对德国人来说是致命的。

坦克第1集团军与第四十八装甲军的交战（7月10日—11日）

7月9日夜间，卡图科夫将军指挥的坦克第1集团军企图按照瓦图京的指示，重新组织自己由普肖尔河至奥博扬公路，继而沿佩纳河向南的防御。位于坦克第1集团军右翼的格特曼将军的坦克第6军，会同切尔诺夫上校近乎强弩之末的近卫步兵第90师、机械化第3军的机械化第1旅和机械化第10旅余部，一起沿佩纳河朝东和南两个方向组织防御。虽然德国军队已经令人不安地在上佩尼耶以北不远处向西突破了卡图科夫的防线，但是令卡图科夫感到宽慰的是，现在他的防线得到新锐的步兵第184师和步兵第204师作为后盾，这两个师已经在他的后方掘壕据守。另外，他下属的各军原来总共只剩下约100辆坦克，现在也得到坦克第10军的增援，该军的约120辆坦克和自行火炮也同样在他的后方占领了阵地。[7]

位于卡图科夫战线中央的克里沃舍因将军已受重创的机械化第3军，正沿奥博扬公路设防，其后方得到D. F. 德廖明上校的新锐步兵第309师、克拉夫琴科将军刚完成变更部署的近卫坦克第5军、近卫步兵第67师余部和瓦图京提供的大量反坦克兵器的支援。坦克第1集团军的左翼是契尔年科将军的坦克第31军，同样在步兵第309师和近卫步兵第51师余部的步兵支援下，坚守着一直向东延伸到普肖尔河两岸的防御阵地。苏联人在从奥博扬公路到普肖尔河两岸的这个地段上总共还有接近300辆坦克和自行火炮。[8] 截至7月9日傍晚，瓦图京已将近卫坦克第5军、坦克第10军和步兵第204师，由沃罗涅日方面军预备队划归坦克第1集团军，为接下来的激烈交战做好了准备。

第四十八装甲军军长冯·诺贝尔斯多夫将军发现苏联坦克第6军和机械化第3军的接合部有一处弱点，遂趁夜集中兵力准备利用这个弱点。他企图一边歼灭威胁自己侧翼的苏联军队，一边继续沿奥博扬公路向北推进。他把侧翼的任务分给“大德意志”师和第3装甲师，把北进奥博扬的任务分给第11装甲师。然而，冯·诺贝尔斯多夫并不知道，他的现有兵力不可能兼顾这两个任务。他的军已经削弱到总共只剩下173辆坦克和突击炮（其中有30辆“豹”式坦克），“大德意志”师以及配属给它的第10装甲旅只有87台装甲车辆能够参加战斗。[9]

从7月10日3时30分开始，“大德意志”师在上佩尼耶西北的树林和山沟里打响一场激烈的争夺战（见地图17）。这场进攻粉碎了苏联坦克第200旅的防御，迫使格特曼将军手忙脚乱地向受到威胁的左翼调遣自己的兵力。仓促之间，他把坦克第112旅、摩托化步兵第6旅和重型坦克第60团都派到危险地段，他

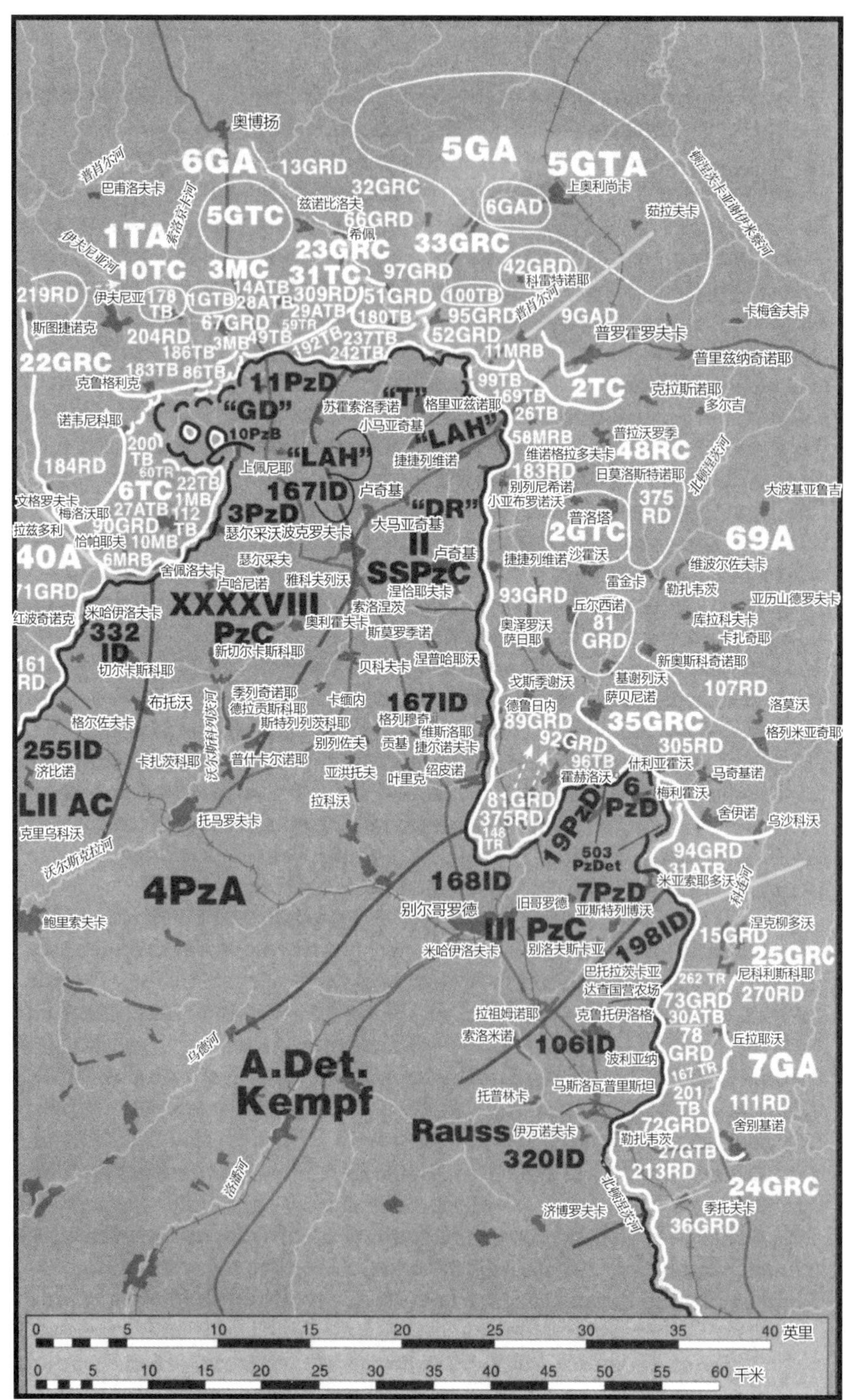

地图17 沃罗涅日方面军，1943年7月10日

们随即被卷入同“大德意志”师的先头坦克发生的遭遇战漩涡之中。德国人占有全面优势，因为与对手相比，他们更明确自己的目标是什么。

“大德意志”师侦察营，与负责支援他们的突击炮营和半履带车营一起，穿过黎明前的黑暗，迅速夺取克鲁格利克—别列佐夫卡公路旁的247高地。这就切断了格特曼与自己的后方，以及与负责支援他的坦克第10军之间的联系，并威胁到他全部兵力的生死存亡。同时，“大德意志”师的先头坦克部队，即“施特拉赫维茨”装甲战斗群，在该师燧发枪兵团的支援下，经过长达三个小时的激战占领了243高地。德国人在这次战斗中损失惨重，其中包括冯·施特拉赫维茨伯爵上校本人，他因遭遇苏联猛烈的侧射火力而受伤。

尽管格特曼竭尽全力试图阻止德国人的侧翼攻击，但他的坦克军还是在激烈而混乱的战斗中遭重创。坦克第200旅、摩托化步兵第6旅和坦克第112旅在该军侧翼参战时，不仅逐次进入交战，甚至还被零敲碎打地拆成更小型单位，于是到夜幕降临，其残部得以撤退以前，这几个旅几乎已经全军覆没。到7月10日傍晚，第3装甲师也参加到这场激战里来，派出其主力70辆坦克穿过上佩尼耶，南下攻向别列佐夫卡，直扑坦克第6军防线的核心。结果，坦克第6军几乎彻底丧失战斗力，只有不到35辆坦克和10门反坦克炮保存下来。[10]

苏联的一份保密文献，这样形象地描述坦克第6军在7月10日的遭遇：

坦克第200旅和坦克第112旅被冲散的几个孤立坦克群，在别列佐夫卡以北地区陷入合围，整个白天都在那里与敌方坦克和步兵战斗。直到晚上，他们才得以会合坦克第6军的主力。7月10日的战斗导致坦克第6军遭受巨大损失，其队伍中只剩下35辆坦克和10门反坦克炮。退却至诺沃谢洛夫卡二村—诺韦尼科耶一线以后，该军将防御正面缩小一半（从20公里减少到10公里），并且重新建立起自己被粉碎的防御。[11]

格特曼将军详细叙述他的军面临失败时的英勇表现，并总结战斗行动如下：

我们的许多战士和指挥员在五天来的激烈战斗中英勇牺牲。军里有数百名战士因伤后送。我们的装备损失尤其严重。截至7月10日日终时，能够参加战斗的只剩下不到50辆坦克，其中一半以上还是轻型坦克；反坦克歼击炮兵只剩下三个连，其中两个连在摩托化步兵第6旅，一个连在坦克第22旅。加强给我们的部队：坦克第60团、近卫火箭炮兵第270团和第79团、两个自行火炮连，以及与我们一起战斗的机械化第1旅和第10旅的若干分队，同样受到相当程度的削弱。

然而，本军仍在继续抵抗敌人。敌人在战场上丢弃了数以百计烧毁或被击毁的坦克和火炮残骸、数以千计的尸体之后，才成功地把我军防线逼退几公里。敌人彻底占领诺韦尼科耶全村并且进一步向北和向西推进的企图，已均告失败。遭到有组织的火力抵抗之后，敌人于傍晚时分停止进攻。但可以肯定的是，只有这样，他才能在明天早上以新的兵力重新发动进攻。认识到这一点，我们就为新的战斗做好了准备。[12]

卡图科夫将军在自己的回忆录里用更简洁的语言描述当天的战况：

到最后，希特勒分子成功地向西北实现突破，并前出至诺韦尼科耶和诺沃谢洛夫卡二村两个居民点。显然，他们试图合围在上佩尼耶西南实施防御的坦克第6军和近卫第90师。从沙林[集团军参谋长]的地图上，可以明显看到蓝色铅笔画出的线条是如何从东北方向包围我军阵地的。我命令这两个兵团西撤，并与坦克第10军和步兵第184师一起建立密集的防线。由于采取了这些措施，敌人向本集团军右翼的进攻未能得逞。[13]

然而，与他下属那位军长不同，卡图科夫没有提到他的集团军遭受的重大损失。

德国的纪实作品生动地描绘了战斗的激烈程度。一部“大德意志”师的战史称：

夜间的黑暗渐渐褪去，7月10日黎明的曙光即将来临。大约3时30分，位于诺沃谢洛夫卡西南1.8号地点的施特拉赫维茨装甲战斗群的坦克，发现他们曾在夜间听到过轰鸣声的敌军坦克，现在就位于自己对面一个遍地积水的山谷里。不久之后，第一批穿甲弹就开始落下：一场钢铁巨人之间的战斗正式宣告当天库尔斯克突出部南线交战的开始。到了4时整，我们已经可以看到第一批敌坦克在战场上燃烧，不过我方的队伍同样损兵折将。一发炮弹直接命中二营一辆指挥坦克的炮塔，打死了柯尼希下士。该乘员组中的其他人幸运地从坦克里逃了出来，有些人还带着伤。上校冯·斯特拉维茨伯爵也受了伤，在开炮击毁一辆敌军坦克时被炮尾的后坐力撞伤①，不得不把"大德意志"装甲团的指挥权移交给冯·维特斯海姆上尉。[14]

"大德意志"师突击炮营的营长弗兰茨少校讲述了在这场激烈战斗中，走投无路的苏联人是如何又一次用喀秋莎多管火箭炮进行直瞄射击：

这两个连的突击炮以大间距的疏开队形全速冲向那个村庄［克鲁格利克］。起初根本没有遇到什么抵抗。距离村庄还有300米时，我开始觉得敌人好像早已从战场上跑了个干净。可是，我突然看到一些带有火焰的箭体从克鲁格利克村庄的外围向我们飞来。还没等我弄清楚那是些什么东西，它们就径直飞到大多数前进中的突击炮前面爆炸。我旁边的那辆突击炮开始冒烟，我相信那应该是一连布劳纳上士的。可仔细一看，谢天谢地！原来冒烟的只是一个发烟罐，每辆突击炮上本来都带着那么几个。那辆突击炮的车体前装甲板被直接命中，但没有受到任何损坏。弹体的飞行姿态和爆炸效果显示，我们受到的是一辆"斯大林管风琴"的直瞄射击，这是我们在这个战局期间第一次经历这样的事情。随着我们的突击炮摧毁那辆"斯大林管风琴"和守军的若干藏身地点，村庄外围多次被突然照亮，然后战场又慢慢归于黑暗。尽管我们（装甲侦察营和突击炮营）又一次取得了超出预期的战果，但计划中的突然袭击还是没能实现。[15]

第四十八装甲军参谋长冯·梅伦廷对这次行动的概括有些含糊不清，后来，他这样写道：

---

①译注：注意此处说法与上文不同。

经过一星期几乎连续不断的艰苦战斗，“大德意志”师显示出筋疲力尽的迹象，其队伍也受到相当程度的削弱。7月10日，该师受命转向西南并歼灭左翼之敌。装甲团、侦察营和掷弹兵团应向243.0高地及其以北推进；进而夺取克鲁格利克以南的247.0高地，并从该地向南运动到别列索夫卡［即别列佐夫卡］以北的小树林里，也就是俄国人让第3装甲师至今止步不前的地方；德国空军应派出若干强有力的编队支援这次进攻……

在德国空军的出色支援下，“大德意志”师的进展极为顺利；243.0高地和247.0高地很快易手，俄国步兵和坦克在我军坦克面前作鸟兽散，躲到别列索夫卡以北的树林里。左翼之敌被围困在“大德意志”师和第3装甲师之间，看上去行将就歼，我军现在可以继续北进。7月11日，第四十八装甲军发布命令，用第3装甲师在夜间把“大德意志”师各部队替换下来；“大德意志”师集结到［奥博扬公路旁］260.8高地以南的公路两侧，并待机北进①。[16]

值得注意的是，梅伦廷补充说：“鉴于莫德尔的进攻失利，在这一地带成功北进已是取得胜利的唯一希望。”[17] 不出24小时，冯·梅伦廷的希望就会破灭，因为正如卡图科夫预料的那样，侧翼的战斗远未结束。

7月11日，第3装甲师和刚刚赶来的第332步兵师，把苏联军队赶出了别列佐夫卡一带，迫使近卫步兵第71师由拉科沃和恰帕耶夫沿佩纳河向西撤退，并逼近苏联步兵第184师由诺韦尼科耶向南延伸至佩纳河畔梅洛沃耶的防线。坦克第6军余部穿过步兵第184师防线西撤。同时，经瓦图京批准，卡图科夫将其坦克第10军转移到诺韦尼科耶周围新的集结地域，以巩固坦克第1集团军右翼节节后退的防线，并准备向第四十八装甲军发起新的反击。刚从方面军预备队调来的步兵第219师，与坦克第10军一起构成卡图科夫新的突击力量。为了便于指挥与控制，瓦图京把从普肖尔河到佩纳河的所有步兵兵团（第184师、第219师、第204师和第309师）都划归奇斯佳科夫将军的近卫第6集团军，并安

① 译注：上文提到，第3装甲师的70辆坦克经上佩尼耶南下，而冯·梅伦廷的这段文字和《坦克战》中的地图都称实施这一行动的是“大德意志”师，而没有提到第3装甲师。另外，最后一句提到的待机地点在260.8高地以南，也与下文引用的其他文字不一致。故作者称他的说法“含糊不清”。

排其中的许多兵团在作战上隶属卡图科夫的坦克第1集团军。

与此同时，“大德意志”师一边试探性攻击卡利诺夫卡周围的苏联防线，一边重新集结自己的坦克，为继续北进做准备。近卫步兵第90师现在的兵力只剩下不到原来的40%，该部与坦克第6军余部一起，穿过步兵第184师扼守的防线向西撤退，而苏联的步兵第204师及其支援坦克则击退了德国人向卡利诺夫卡和克鲁格利克的试探性攻击。

7月11日晚些时候，冯·诺贝尔斯多夫开始执行他的北进计划，并配合党卫队第二装甲军向普罗霍罗夫卡进攻。“大德意志”师的战史简单勾勒出冯·诺贝尔斯多夫的意图：

> 1943年7月11日夜间各师发布的命令符合这一精神。“大德意志”装甲掷弹兵师各部在向第3装甲师各部移交自己的现有防御阵地后，应转移到［奥博扬公路旁］260.8高地及其以北地区，位于攻击通道的最前方①。计划的内容是7月12日主要使用坦克和装甲燧发枪兵继续朝普肖尔河方向攻击，这条河已经成为达到奥博扬之前的最后一个地理障碍。从该师右翼友邻的党卫队第二装甲军那里得知，该军前卫已经渡过该河。[18]

就这样，冯·梅伦廷的最后希望即将变成现实。

位于奥博扬公路沿线的第11装甲师，得到“大德意志”师燧发枪兵团从左侧提供的支援，7月10日和11日一直在努力克服苏联人的顽强抵抗并缓慢地向前推进。第11装甲师的“席梅尔曼伯爵”②装甲战斗群夺取了260.8高地，而燧发枪兵团则单独拿下公路上的244.8高地。然而，苏联防线却弯而未折，截至7月11日傍晚，第11装甲师只能集中力量巩固自己从奥博扬公路到科切托夫卡的阵地，并向前派出战斗侦察试探苏联的防线。同时，该师还伸展自己的右翼替换下“警卫旗队”师的部分兵力，以便后者向东集结并准备朝普罗霍罗夫卡

① 译注：与上文梅伦廷所述集结在该高地以南不同。

② 译注：上校特奥多尔·席梅尔曼·冯·林登堡伯爵（Oberst Theodor Graf Schimmelmann von Lindenburg），时任该师第十五装甲团团长。

发动决定性的突击。直到7月11日夜幕降临，第11装甲师一直在期待“大德意志”师的装甲战斗群沿奥博扬公路集中到自己的左翼，进而向奥博扬发起冲刺，他们相信此举必然会马到成功。

后来，有部德国作品辛酸地记录下当时唾手可得的机会：

我们已经拿下通往奥博扬道路上最高的制高点，与此同时，也实现了对俄国战线最深远的突破。从高地可以看到远处的普肖尔河河谷，这条河已是库尔斯克与我们之间最后的天然屏障。透过望远镜，奥博扬的塔楼在薄雾中若隐若现。奥博扬就是当前的目标。

看上去只有咫尺之遥——不到12英里远。对于快速兵团来说，正常情况下这点距离根本不值一提。第四十八装甲军能完成这最后的跃进吗?

根据霍特精心制定的时间表，现在应该发生下列事件：第四十八装甲军向奥博扬发动进攻并夺取普肖尔河上的渡口。然后其主力转向东，在进一步进攻库尔斯克之前，会同豪塞尔的党卫队装甲军，一起击败穿过普罗霍罗夫卡周围狭长地带赶来的敌方战略装甲力量。这就是霍特的计划。[19]

然而，瓦图京将军同样在积极地制定新计划，通过实施一场更大规模的反突击，挫败霍特和冯·诺贝尔斯多夫的企图，这次反突击的最终目标是“合围并歼灭正在向奥博扬和普罗霍罗夫卡突破的德军主要集团”[20]。具体内容是：

这次交战的总体设想是，以近卫坦克第5军和坦克第10军会同近卫第6集团军的近卫步兵第22军向雅科夫列沃总方向，同时以近卫坦克第5集团军和近卫第5集团军的近卫步兵第33军沿格里亚兹诺耶—雅科夫列沃—贝科夫卡总方向，对敌军集团发动向心突击。近卫第6集团军的近卫步兵第23军左翼和近卫第5集团军的近卫步兵第32军右翼应向波克罗夫卡总方向实施辅助突击。近卫第7集团军应以其部分兵力向拉祖姆诺耶实施辅助突击。[21]

预定于7月12日上午实施的这几个进攻计划，是瓦图京不间断进攻思维方式的典型代表。尽管几天来，瓦图京麾下曾经强大的坦克第6军以及坦克集团军的余部都遭到了不小的损失，但他还是于7月11日向卡图科夫下达足以反映他过人胆识的新命令：

> 你部编成内现有坦克第6军、第10军和第31军，机械化第3军，近卫斯大林格勒坦克第5军，步兵第204师和第309师，以及若干加强的炮兵部队。以你的部分兵力阻止敌人向北突破克鲁格利克—奥利霍瓦特卡一线；并以你部主力从亚历山德罗夫卡一村—诺韦尼科耶一线向东南总方向发起攻击，通过与近卫第6集团军的协同动作攻占雅科夫列沃和波克罗夫卡；并会同近卫第6集团军和近卫坦克第5集团军，合围［敌军］实施突破的快速集团，随后向南和西南方向发展胜利。[22]

为了阻止德国人的推进，并为瓦图京的两场重大反突击组建突击集团，这份命令引发了沃罗涅日方面军兵力的大规模变更部署。坦克第1集团军和近卫第6集团军负责的地带当中，克拉夫琴科的近卫坦克第5军应运动到位于步兵第184师后方、亚历山德罗夫卡一村前方的集结地域。布尔科夫将军的坦克第10军应运动到自己右翼诺韦尼科耶附近的集结地域，并在这里同步兵第219师的步兵一起发起攻击。格特曼的坦克第6军余部仍在支援步兵第184师的战斗，不久应撤往后方整编，并准备支援近卫坦克第5军和坦克第10军的攻击。整个突击集团将会集结200余辆坦克。瓦图京的剩余兵力大约有150辆坦克，正在普肖尔河至奥博扬公路以西实施防御。这部分兵力由步兵第204师和第309师、机械化第3军、坦克第31军组成，应就地坚持防御，并在德国军队试图南撤时参加反突击。同时，扎多夫将军近卫第5集团军的两个军，应从他们前一天沿普肖尔河河岸占领的阵地向前运动，并准备支援瓦图京的反突击。[23]

因此，瓦图京反突击的最重要目标，也是后来最引人注目的目标，是阻止德国人向普罗霍罗夫卡的推进，进而阻止他们夺取奥博扬和库尔斯克。瓦图京针对第四十八装甲军左翼策划和实施的这场反突击，虽然在“声势”和轰动效果上后来都被普罗霍罗夫卡交战所盖过，却同样重要，因为它使“大德意志”师没有机会参加奥博扬和库尔斯克方向的主要突击。这在很大程度上决定了德国人将在普罗霍罗夫卡受挫，“堡垒”行动也将全面失败。

同德国的进攻和瓦图京反突击计划的成败得失相比，同样重要的还有北顿涅茨河以东的局面，布赖特将军的第三装甲军正在这里为完成自己的预定进攻目标而努力奋战。

第三装甲军与近卫第7集团军的交战（7月10日—11日）

对于维尔纳·肯普夫将军和他的集团军级支队来说，德国发起进攻以来的这六天不但代价高昂，而且令人沮丧。尽管肯普夫的部下用尽了一切办法，还是不能迅速深入地突破苏联近卫第7集团军的密集防御工事。他们遭受的这一挫折导致党卫队第二装甲军没有得到应有的侧翼支援，不能把全部兵力集中到普罗霍罗夫卡方向，并且威胁到霍特进攻计划的胜利实现。

摆在肯普夫面前的问题与冯·诺贝尔斯多夫的问题有些相似，但更加严重。分散第四十八装甲军注意力的只有发生在其左翼的一连串交战，而“肯普夫”集团军级支队的两翼都在几乎不断地受到威胁。针对肯普夫的左翼，苏联军队在别尔哥罗德以北和以东坚守着一个依托北顿涅茨河与利波维伊顿涅茨河的突出部，第168步兵师刚开始从别尔哥罗德北上，就要沿着这两条河的河岸寸土必争，第19装甲师还不得不派出相当的兵力支援该师。与此同时，肯普夫也必须保卫自己越拖越长，向南一直绵延至马斯洛瓦普里斯坦的右翼，抗击越来越积极活跃的苏联军队。来自两翼的威胁使肯普夫根本没有机会集中布赖特麾下至关重要的装甲车辆北上，向普罗霍罗夫卡发起决定性的突击。另外，肯普夫的缓慢北进，也使党卫队第二装甲军必须使用第167步兵师和党卫队“帝国”装甲掷弹兵师掩护自己沿利波维伊顿涅茨河漫长而暴露的右翼，因为这里的苏联装甲兵一直表现得最积极活跃。

瓦图京充分利用了这种局面。他命令舒米洛夫的近卫第7集团军在北顿涅茨河东岸继续保持对肯普夫侧翼的压力，并准备于7月12日发动更大规模的反击。克留乔金将军的第69集团军，现已得到整个近卫步兵第35军的加强，接过从普罗霍罗夫卡至别尔哥罗德以东米亚索耶多沃之间的防御责任。克留乔金在布设多道防线阻止第三装甲军前进的同时，还精心策划下属兵力巧妙地分阶段撤出别尔哥罗德以北的北顿涅茨河突出部。

因此，第69集团军的近卫步兵第92师和第94师、步兵第305师，在少量坦克和反坦克武器的支援下，将作为第三装甲军前锋的第6装甲师阻止在梅利霍沃周围。截至7月10日傍晚，苏联的保卫者们使用防坦克壕、反坦克炮、地雷和火炮等各种手段，已将第6装甲师的坦克实力从原来的100多辆削弱到只有47辆可用。[24] 第6装甲师竭尽全力也未能向北突破，除非得到第7装甲师或第19装甲师，甚至是两者同时的支援，然而这两个师都陷入肯普夫的侧翼战斗中无法脱身。

位于南面的第7装甲师不仅要掩护肯普夫直至米亚索耶多沃的漫长东侧翼①，还负责支援承受着沉重压力的劳斯军各步兵师。在勒扎韦茨一带，由于近卫步兵第72师和步兵第213师的进攻几乎连续不断，这种压力已经相当大；而在巴托拉茨卡亚达查附近，随着舒米洛夫的近卫步兵第15师进入交战，类似的压力也开始显现。劳斯的第320和第106步兵师已经损失了原有兵力的40% 以上，而新到达的第198步兵师则在疲于应付苏联近卫步兵第15师进攻造成的威胁。这些行动综合在一起，牵制第7装甲师长达数天之久，使该师无暇前去支援第6装甲师。

第6和第7装甲师在梅利霍沃和更南面的地方止步不前的时候，第19装甲师和第168步兵师正忙于把苏联人清除出北顿涅茨河的东岸。克留乔金7月10日向他的步兵第375师和近卫步兵第81师下达的命令，有利于德国人完成这个任务。克留乔金已指示这两个师退出战斗，撤出利波维伊顿涅茨河以西和北顿涅茨河以东的地区②，并将戈斯季谢沃以南的防御地带移交给近卫步兵第89师。这次缩短战线有利于克留乔金建立预备队，随时应对德国人越过梅利霍沃继续北进，因为他知道这样的事迟早会发生。

7月10日晚些时候，在冯·曼施泰因的催促下，为打破北顿涅茨河以东的僵局，肯普夫终于设想出一个堪称孤注一掷的计划。他让第7装甲师悄悄地运动到梅利霍沃周围，接管第6装甲师的阵地，然后集中第6装甲师的兵力向北推进，并与第19装甲师沿北顿涅茨河东岸的推进遥相呼应。7月11日拂晓，第6装甲师以第503装甲营的“虎”式坦克为前卫发起进攻。到第19装甲师沿北

① 译注：原文为西侧翼。
② 译注：原文为两条河以南地区。

顿涅茨河东岸[①]向北经霍赫洛沃和基谢列沃攻入萨贝尼诺的时候，第6装甲师已向北推进12公里并夺取卡扎奇耶。成群的“虎”式坦克猛冲猛打，一举突破苏联步兵第305师的防线，并楔入其后方10公里处步兵第107师的预设防线。

肯普夫的大胆突破不仅瓦解了克留乔金的防御，还使近卫步兵第89师无法继续维持戈斯季谢沃以南的防御。怀着与德国人推进时同样的孤注一掷，克留乔金将已经伤痕累累的近卫步兵第81师投入战斗，阻止德国人的北进，并命令近卫步兵第89师收缩到毗邻戈斯季谢沃南部的新防线。克留乔金知道自己的处境岌岌可危。尽管他已经把肯普夫所部缠住了几天之久，肯普夫的先头坦克至今距离普罗霍罗夫卡仍有25—30公里，但他还是怀疑仅凭自己剩下的预备队（严重减员的步兵第375师）能否阻止德国人进一步推进。苏联作品这样描述克留乔金随后下定的决心：

为封闭当前的突破口，第69集团军司令员决心于7月11日后半夜重新组织自己的兵力，并将部分兵团后撤至新的防御阵地。根据这一计划完成重组之后，截至7月12日拂晓，该集团军各兵团应占领下列阵地：近卫步兵第93师继续沿罗日杰斯特文卡—德鲁日内［戈斯季谢沃西南］一线防御其现有阵地；近卫步兵第89师最多将配备反坦克炮的两个营留在加里宁至彼得罗巴甫洛夫卡的防线上，主力沿基谢列沃—克里夫采沃一线占领防御；近卫步兵第81师由克里夫采沃至鲁金卡沿北顿涅茨河西岸占领防御；近卫步兵第92师与坦克第96旅一起占领沿维波尔佐夫卡—新阿列克谢耶夫斯基新村的预设防线；步兵第107师和第305师沿拉祖姆诺耶峡谷—格列米亚奇耶耶一线占领防御；近卫第94师与反坦克歼击炮兵第31旅一起沿什利亚霍夫采沃—马奇基诺—舍伊诺—乌沙科沃一线占领防御，以一个步兵团和反坦克歼击炮兵31旅的一个团沿科连河东岸的普洛斯科耶—诺沃谢洛夫卡一线组成第二梯队。位于左侧的近卫第7集团军近卫步兵第15师，继续沿舍伊诺（不含）—“索洛维耶夫”国营农场一线实施防御。[25]

---

① 译注：原文左岸，即东岸。

尽管克留乔金做出了这些细致的防御准备，但他知道自己还是无法成功抗击德国人的新一轮突击。于是，7月11日晚些时候，他向瓦图京求助。这个请求提出得未免为时过晚，因为7月12日一早，第三装甲军又在继续向北面的普罗霍罗夫卡不顾一切地推进。

普罗霍罗夫卡，7月10日—11日

第四十八装甲军正在第四装甲集团军的左翼[①]努力消灭妨碍自己冲向奥博扬的苏联坦克，肯普夫的第三装甲军刚刚摆脱了别尔哥罗德以东苏联防线造成的困境，豪塞尔的党卫队第二装甲军这时仍然是冯·曼施泰因北进过程中的明星。然而，豪塞尔同样面临着越来越强大的抵抗，进展缓慢得令人备受煎熬。

7月9日晚些时候接到豪塞尔的命令之后，党卫队第二装甲军的三个师按照军长的要求，在潮湿的夜色中挣扎着前往新的集中地域，以便从那里向普罗霍罗夫卡发起猛烈的协同攻击。夜间运动一向很困难，这次也不例外。截至7月10日黎明，“警卫旗队”师各部仍在前往捷捷列维诺地域[②]的半路上，显然已无法使用整个军执行豪塞尔踌躇满志的时间表。因此，该军只能使用当时已经就位的兵力向普罗霍罗夫卡发起攻击（见地图17）。这种零敲碎打式的进攻马上就碰了钉子，时间表也不得不再次做出修改。拂晓时分，“髑髅”师的党卫队“艾克”装甲掷弹兵团强渡普肖尔河并尝试夺取226.6高地，这个关键的制高点就在防御森严的小村庄克柳奇东面不远处。然而，面对苏联近卫步兵第52师和摩托化步兵第11旅守军的顽强抵抗，这次攻击未能奏效。没有占领226.6高地，就意味着“髑髅”师无法沿普肖尔河向东北方向继续实施关键性的进攻，豪塞尔也不得不相应地推迟军主力在该河南岸的进攻。豪塞尔宣布：“由于‘髑髅’师的桥头阵地未能建成，进攻发起时间顺延。”并命令他的军改在10时整发起进攻。[26] 然而，糟糕透顶的道路条件使必不可少的炮兵变更部署进一步复杂化，并最终又把进攻推迟了45分钟。

最后，到了10时45分，整个军开始行动起来。党卫队“髑髅”师由于清晨

---

① 译注：原文为右翼。

② 译注：同名地点有两处，在未特别说明的情况下，本章均指北面较小的一处。

的失利知耻而后勇，截至中午前，其先头部队已经成功强渡普肖尔河并在北岸站稳脚跟（见地图18）。争夺226.6高地的激烈战斗持续整个一下午，直到夜幕降临方告平息。至此，“髑髅”师的“艾克”团已经控制这座高地的南坡，并在克柳奇以东建立起一个小型登陆场。

面对同样顽强的抵抗，党卫队“警卫旗队”师取得的进展更大。该师的党卫队第1装甲掷弹兵团刚结束前一天在苏霍索洛季诺附近向西的行动，正在变更部署，而党卫队第2装甲掷弹兵团的各营，在该师装甲团的坦克支援下，沿公路干线直扑普罗霍罗夫卡。掷弹兵们一边击退苏联坦克几乎不间断的冲击，一边忍受着苏联炮兵从普肖尔河北岸打来的猛烈炮火，截至下午1时，他们已经把苏联军队赶出“共青团员”国营农场，并开始争夺241.6高地的艰苦战斗，这座高地是毗邻该农场东侧公路沿线上举足轻重的制高点。苏联人的顽强抵抗，尤其是掩体中苏联坦克的抵抗，再加上午后不时下起的几场强雷雨，令“警卫旗队”师举步维艰，直到天黑后不久，他们才拿下241.6高地。党卫队第2装甲掷弹兵团随即在铁道线至241.6高地一线掘壕据守新的阵地，同时师属侦察营则负责掩护掷弹兵们向远处延伸的左翼，并与“髑髅”师一部在米哈伊洛夫卡以南保持联系。“警卫旗队”师以死26人、伤168人、失踪3人为代价，抓获60名俄国战俘和130名逃兵，并摧毁苏联的53辆坦克和23门反坦克炮。[27] 尽管这样的战绩令人印象深刻，但该师还是未能实现自己的当日任务。

党卫队“帝国”师7月10日进展同样有限。党卫队地区总队长克吕格尔指挥的这个师，使用整个“德意志”装甲掷弹兵团和装甲团一部于上午十时左右发起进攻，在普罗霍罗夫卡公路以南向前推进，越过捷捷列维诺以东的铁道线，逼近斯托罗热沃耶一村。该师同样遭遇顽强抵抗，经过一整天的激烈战斗，才占领伊万诺夫斯基新村的一部分，这是个坐落在普罗霍罗夫卡公路和斯托罗热沃耶一村以南一条长山沟里的小村庄。由于不得不使用“元首”团掩护“帝国”师由亚斯纳亚波利亚纳至涅恰耶夫卡的漫长右翼，在缺少这个团支援的情况下，整个师所能得到的最大战果只是保持与“警卫旗队”师的先头部队齐头并进。

豪塞尔并未因他的军进展缓慢而气馁，7月10日晚些时候，他下令第二天继续向普罗霍罗夫卡进攻。他的乐观态度有充分理由，因为到第二天天亮的时候，“警卫旗队”师剩下的那个团就可以跟上来参加进攻。与此同时，他还要求

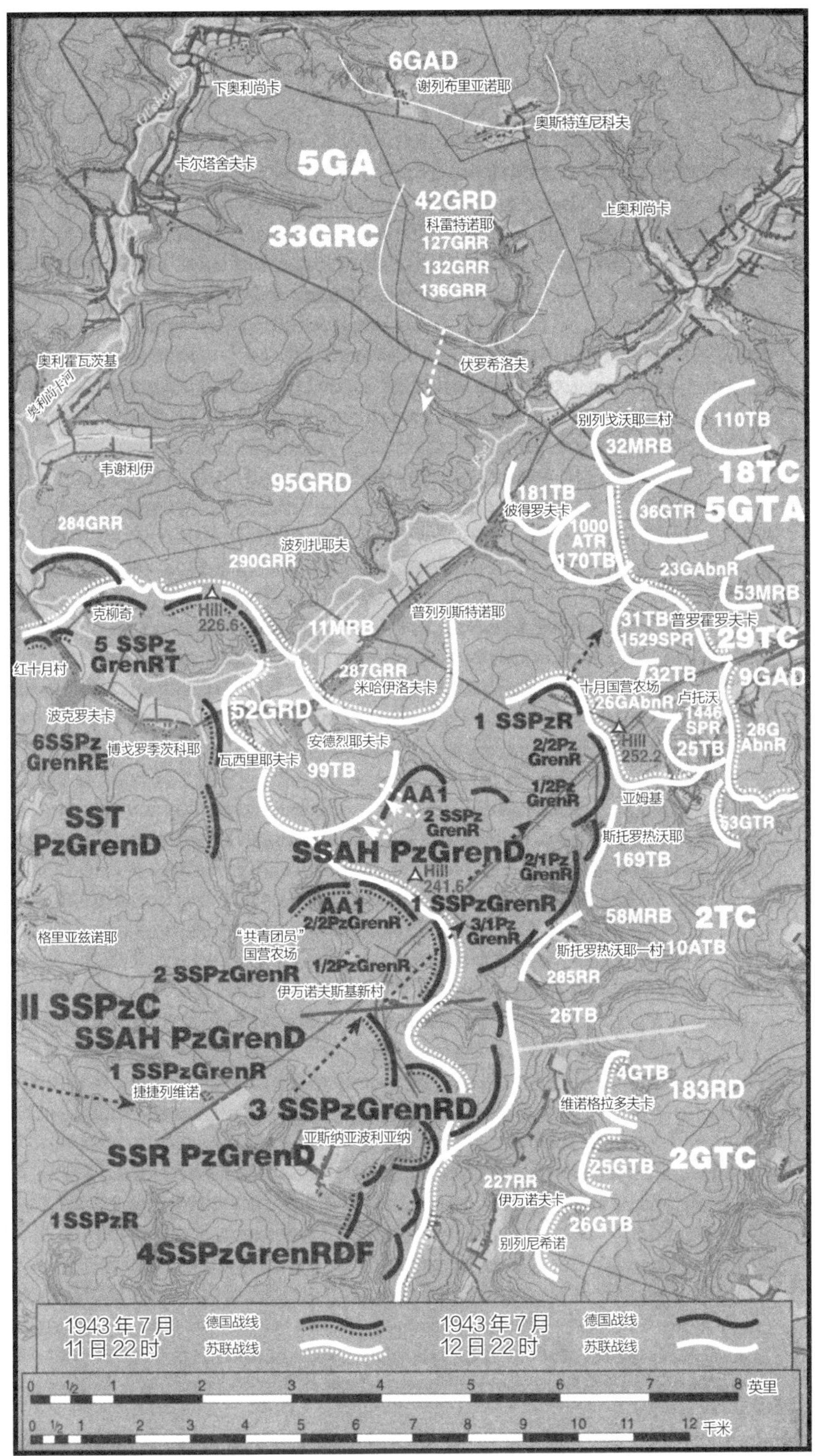

地图18 普罗霍罗夫卡，7月10日—11日

“髑髅”师和“帝国”师向普罗霍罗夫卡一带调集更多的兵力。为实现这个目的，第167步兵师留在后方的那个团应从波克罗夫卡一带向利波维伊顿涅茨河变更部署，替下那里的“帝国”师兵力参加更北面的作战。

对于普罗霍罗夫卡方向上的苏联守军来说，豪塞尔的进攻来得非常不是时候。德国人发动进攻前几小时的夜暗当中，苏联军队正在匆匆忙忙地按照瓦图京的命令变更部署，导致他们的防御有所削弱。7月9日上午，布尔科夫将军的坦克第10军撤出普罗霍罗夫卡公路以北的原有防御地带，并开始长途行军，准备进入奥博扬公路方向卡图科夫坦克第1集团军的防线。该军留下其编成内的摩托化步兵第11旅，与近卫步兵第52师一起防御由红十月村至米哈伊洛夫卡的普肖尔河沿岸，该军还留下其坦克第178旅在普罗霍罗夫卡公路以北坦克第2军的左侧实施防御。正是摩托化步兵第11旅的坚决抵抗，先是阻止“髑髅”师强渡普肖尔河建立登陆场，又在德国人最终取得河北岸的立足之地以后，继续保卫着241.6高地[①]。

由于坦克第10军退出战斗，波波夫将军的坦克第2军现在要接过防御普罗霍罗夫卡公路的责任。波波夫把他的下属各旅展开在“共青团员”国营农场前方的公路两侧，以及经过亚斯纳亚波利亚纳向南的铁道线两侧。他的坦克第26旅、第169旅和第99旅由左至右横跨普罗霍罗夫卡公路一字排开，而坦克第178旅则集中到他那一直延伸到普肖尔河河谷的右翼。7月10日拂晓，在步兵第183师的步兵掩护下，他下属的各旅沿公路发动进攻，却撞上德国人坚固的对坦克防御，进而与迎面开来的“警卫旗队”师和“帝国”师各一个团正面遭遇，战斗很快演化成持久战。“共青团员”国营农场和241.6高地的争夺战非常胶着，持续了一整天而且代价高昂。尽管得到反坦克歼击炮兵第1502团和第48团的有力支援，但到这天傍晚，波波夫的部下还是被赶出这两个地点。不过，波波夫面对惨重的损失却毫不气馁，因为夜幕刚刚降临，扎多夫将军近卫第5集团军的先头部队就已赶到普罗霍罗夫卡，前来支援这几个坦克旅摇摇欲坠的防御。

---

① 译注：似应是226.6高地。

按照瓦图京的命令，A. M. 萨姆索诺夫上校精锐的近卫第9空降兵师行军穿过普罗霍罗夫卡尘土飞扬的街道，7月11日黎明前，已在波波夫疲惫的坦克手们后方的城市西郊①占领防御阵地。萨姆索诺夫师的突然出现，标志着扎多夫下属的整个近卫步兵第33军都向前展开到党卫队第二装甲军的前进道路上。这个步兵军的近卫步兵第95师和第97师沿普肖尔河占领防御，支援严重减员的近卫步兵第51师和第52师。上述这四个师都严阵以待，准备迎击党卫队第二装甲军在河北岸重新发动的进攻。近卫步兵第42师仍然留作预备队，准备在必要时增援近卫步兵第97师或近卫空降兵第9师。这些兵团在7月10日晚些时候刚刚就位，步兵第183师即退出战斗，其下属各团以强行军向南运动，并接管近卫坦克第5军的防线。按照瓦图京的命令，这个军也应当转隶坦克第1集团军，并正在变更部署。

近卫坦克第5军的变更部署，同样是瓦图京重整装甲兵力重要而巧妙的措施之一，其目的是加强坦克第1集团军在战线西段的防御能力。克拉夫琴科的这个军结束了自己在普罗霍罗夫卡以南利波维伊顿涅茨河沿岸与党卫队第二装甲军侧翼的连日激战，于7月10日晚些时候开始长途行军，准备参加卡图科夫坦克第1集团军与第四十八装甲军的交战。与此同时，布尔杰伊内将军的近卫坦克第2军也需要休整补充。连日来，该军曾多次进攻党卫队第二装甲军在捷捷列维诺②以南沿利波维伊顿涅茨河的右翼，现在由近卫步兵第93师替换下来，并转隶近卫第69集团军，于7月10日晚些时候后撤至小伊亚布洛诺沃周围的集结地域休整和补充。待该军完成整补之后，瓦图京计划使用它支援近卫坦克第5集团军即将发起的反突击，这个集团军这时也正在向普罗霍罗夫卡地区开进。

P. A. 罗特米斯特罗夫将军强大的坦克集团军运动到普罗霍罗夫卡地区，是瓦图京的大规模变更部署和未来决定性反突击计划的最重要组成部分。7月9日收到警报命令以后，罗特米斯特罗夫的集团军在接下来的24小时里沿道路开进100公里，进入扎多夫近卫第5集团军后方的集结地域。[28] 7月10日，该集团军划归第69集团军作战隶属，罗特米斯特罗夫于当天来到设在奥博扬的方

① 译注：原文为东郊，按穿过城市的语意和地图订正。
② 译注：此处指南边的较大那个居民点。

面军司令部，面见瓦图京和大本营代表华西列夫斯基并讨论当时的局面。罗特米斯特罗夫这样讲述随后的会谈详情：

方面军司令员请我靠近地图，并用铅笔指着普罗霍罗夫卡一带说：

"由于未能通过奥博扬突破至库尔斯克，希特勒分子显然已经决定要把他们的主要进攻方向转移到更东面，沿铁道线攻向普罗霍罗夫卡。在这里，党卫队第二装甲军各部已经完成集结，必然会与第四十八装甲军和肯普夫集团的坦克兵团协同动作，沿普罗霍罗夫卡方向进犯。"N. F. 瓦图京瞥了 A. M. 华西列夫斯基一眼，然后转身朝我继续说："因此，帕维尔·阿历克谢耶维奇，我们已经决定用您的近卫坦克兵们来迎击党卫队的坦克师——以得到两个坦克军加强的近卫坦克第5集团军，向敌人发起反突击。"

"顺便提一句，"A. M. 华西列夫斯基说："德国坦克师拥有新型的'虎'式重型坦克和'费迪南'式自行火炮。卡图科夫的坦克集团军已经在它们身上吃了很大苦头。您对这些装备有什么了解吗？您对与它们战斗有什么看法？"

"我们知道，元帅同志。我们曾经从草原方面军参谋部得到过一些有关它们的技战术情报。我们也考虑过与它们交战时的具体措施。"

"很有意思！"瓦图京补充道，并向我点点头说，"请继续"。

"事实是，'虎'式和'费迪南'不仅有厚实的前装甲，还有一门在直射射程内非常强有力的88毫米炮。在这方面，它们比我们装备76毫米炮的坦克优越。只有在近距离作战的情况下，利用 T-34 更好的机动性，以侧射火力打击德国重型装备的侧装甲，才有可能成功地与它们作斗争。"

"换句话说，就是展开肉搏战，靠上去打。"方面军司令员说，他又一次把话题转到即将到来的反突击，坦克第1集团军，近卫第6、第7和第5集团军都将参加这次反突击。[29]

瓦图京给罗特米斯特罗夫的集团军加强了坦克第2军和近卫坦克第2军、自行火炮第1529团、榴弹炮兵第522团和第148团、加农炮兵第148团和第93团、近卫火箭炮兵（"喀秋莎"）第16团和第80团。当天晚些时候，罗特米斯特罗夫回到他的司令部以后，向自己的部下传达瓦图京的命令，其中写道："7月

12日上午，会同坦克第1集团军和近卫第5集团军一起发起决定性的进攻战役，粉碎普罗霍罗夫卡西南之敌，并于该日日终时前出至红杜布罗瓦[瑟尔采沃东北]—雅科夫列沃一线”[30]。

在距离进攻发起还有18个小时的情况下，罗特米斯特罗夫又对他的集团军战役布势做出最后调整，并有信心在指定时间内完成这次调整。他选择的进攻出发阵地是普罗霍罗夫卡以西和西南大片田野上一个15公里宽的狭长地带，从普肖尔河以北向南横跨公路和铁道线直到斯托罗热沃耶。这为B. S. 巴哈罗夫将军的坦克第18军和I. F. 基里琴科将军的坦克第29军展开到第一梯队提供了充分的空间，可以同左翼分别位于维诺格拉多夫卡和别列尼希诺地域的坦克第2军和近卫坦克第2军并肩进攻。罗特米斯特罗夫把B. M. 斯克沃尔佐夫少将的近卫第5机械化军留作第二梯队，并安排集团军副司令员K. G. 特鲁法诺夫少将指挥一个小型的混编集群作为集团军预备队。[31] 作为这次复杂变更部署过程的最后步骤，坦克第2军的坦克第99旅和第169旅应于7月11日晚些时候，撤出原来在普罗霍罗夫卡以西沿公路和铁道线的防御阵地，向南运动到新的进攻出发阵地。

因此，罗特米斯特罗夫计划在他的首轮突击中动用大约500辆坦克和自行火炮。他并不知道，德国人7月11日突如其来的迅猛推进，将会严重破坏他精心制订的进攻计划和坦克第2军的顺利集结。他精心策划的反突击很快就会变成一场殊死而混乱的坦克遭遇战。

7月11日一早，苏联人刚刚初步完成本方兵力的变更部署，但瓦图京的反突击准备工作尚未万事俱备，党卫队第二装甲军又重新开始向普罗霍罗夫卡发动正面突击，并得到南方集团军群航空兵主力的支援。于是，至少在7月11日这一天，他们能沿普罗霍罗夫卡方向一如既往地取得微弱的空中优势（见地图19）。正当“髑髅”师努力扩大普肖尔河北岸毗邻226.6高地南坡的狭小登陆场的时候，现已全部集结完毕的“警卫旗队”师从241.6高地出发，沿公路两侧直扑普罗霍罗夫卡，并由“帝国”师“德意志”团负责掩护其右翼。

早上5时整，“警卫旗队”师的党卫队第2装甲掷弹兵团一营和二营各自沿公路一侧向东推进，沿途摧毁或击溃苏联坦克第2军坦克第169旅进入掩体的坦克和反坦克炮。尽管遭到苏联炮兵从普肖尔河北岸和普列列斯特诺耶、彼得

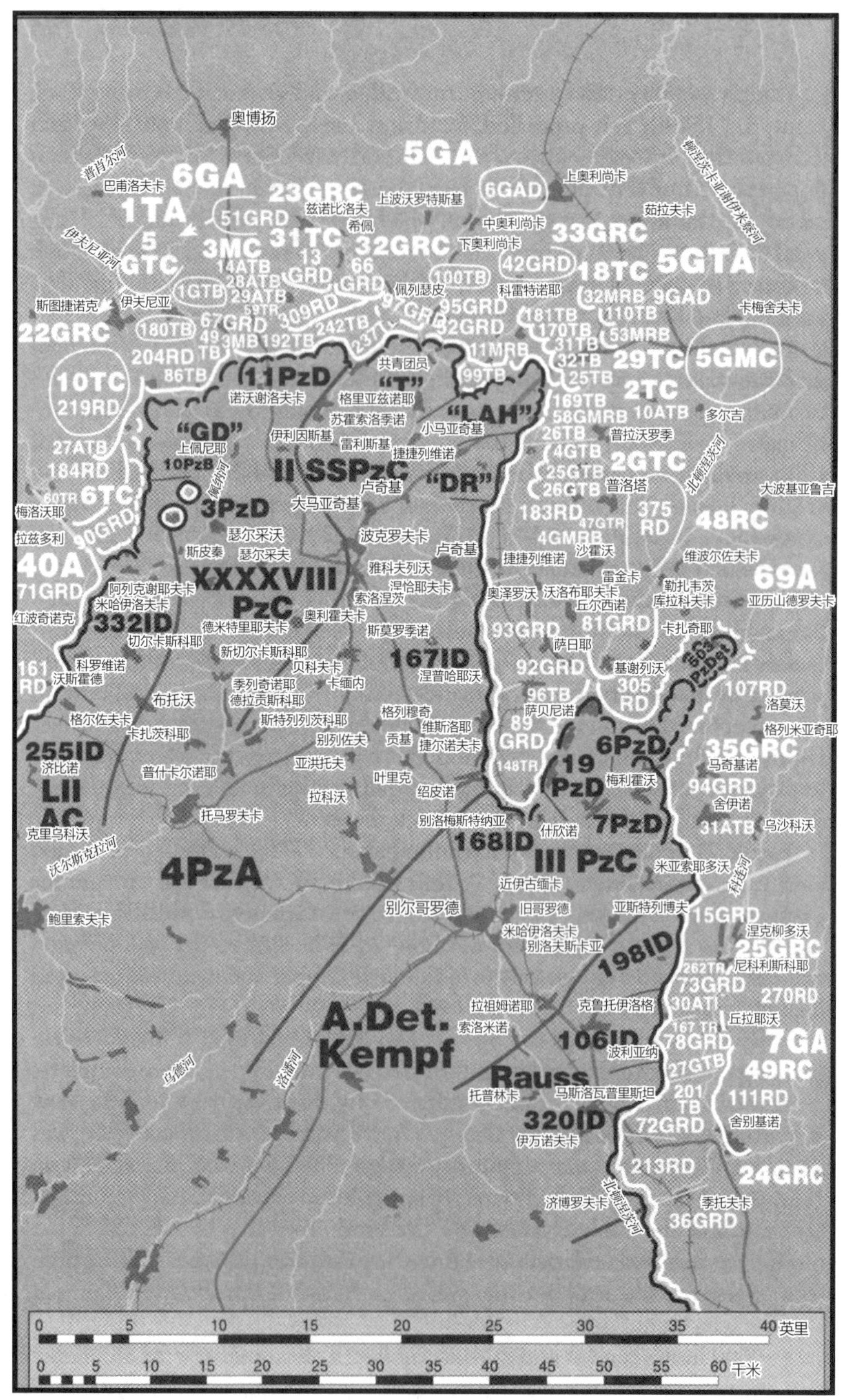

地图19 沃罗涅日方面军，1943年7月11日

罗夫卡打来的猛烈侧射火力，这两个装甲掷弹兵营还是只用不到两个小时就向前跃进了两公里，直抵毗邻“十月”国营农场东南的252.2[1]高地周围，被在这里掘壕据守的苏联军人用猛烈火力所阻止。在此过程中，这两个营的两翼还不断遭到小股坦克的攻击，分别来自位于普肖尔河谷中安德烈耶夫卡的苏联坦克第99旅和位于斯托罗热沃耶的坦克第169旅。面对这样的骚扰性攻击，密集的炮兵和反坦克炮兵火力，再加上他们发现有一条大型防坦克壕挡住了通往“十月”国营农场的道路，这个团只好向师部请求支援。

师部做出的反应十分迅速。6时30分，它命令党卫队第1装甲掷弹兵团，在该师第13连的4辆“虎”式坦克支援下转入进攻，把苏联军队赶出位于第1装甲掷弹兵团右侧的斯托罗热沃耶。15分钟后，它又命令师属侦察营投入战斗并掩护全师的左翼，阻止苏联人从普肖尔河河谷中的安德烈耶夫卡发动攻击。与此同时，师属炮兵团和火箭炮兵团奉命向普肖尔河北岸的苏联炮兵阵地猛烈开火，“斯图卡”俯冲轰炸机也开始定时轰炸这段战线上的苏联防御阵地。

到目前为止，“警卫旗队”师的对手只有消耗殆尽的坦克第2军所部和步兵第183师的小股步兵。德国人的攻击从一开始就比较容易地突破了坦克第169旅的防御，迫使苏联坦克手们沿普罗霍罗夫卡公路节节后退或者退向斯托罗热沃耶。位于坦克第169旅右侧[2]的坦克第99旅，先是让防线旋转退向后方的普肖尔河河谷，然后在近卫步兵第52师的步兵支援下，从这里定期袭扰“警卫旗队”师的侧翼。可是，德国人重新发动突击的时候，却赫然发现自己面对的是据守既设阵地的近卫空降兵第9师，该师还得到坦克第169旅的剩余坦克，近卫第5集团军提供的坦克第57团和反坦克歼击炮兵第301团的加强。随着黎明时的凉爽渐渐褪去，让位于盛夏白天令人窒息的酷热和潮湿，战斗也变得更加残酷和激烈。

直到前一天晚上，A. M. 萨姆索诺夫上校师的空降兵才刚刚占领位于普罗霍罗夫卡前方的防御阵地，在步兵第183师按预定计划向南变更部署时充当后盾，并掩护罗特米斯特罗夫的坦克集团军向前方展开。他们原本打算一天后才

---

① 译注：原文252.4，根据其他处订正。

② 译注：原文为左侧，转换成苏联方向看的话，应为右侧。

进入交战，可是刚过几个小时就发现自己的阵地已成为党卫队第二装甲军的进攻焦点。萨姆索诺夫上校让他的近卫空降兵第26团和第28团并排展开，掩护由南面通往罗特米斯特罗夫预定的坦克集结地域和普罗霍罗夫卡的道路。近卫军中校 G. M. 卡什佩尔斯基的近卫空降兵第26团有幸占领的是横跨普罗霍罗夫卡公路两侧的“荣誉席位”。该团由近卫军少校 D. I. 鲍里斯金指挥的3营，在“十月”国营农场周围及其以南掘壕据守，其中部分阵地得到大型防坦克壕的掩护，该团2营由252.2高地至亚姆基设防，1营则留作第二梯队，与师属炮兵团[①]的一个76毫米加农炮兵营一起配置在“十月”国营农场以北。

萨姆索诺夫的近卫空降兵第28团由近卫军少校 V. A. 波诺马罗夫指挥，在普罗霍罗夫卡正南占领坚固的防御阵地，其中两个营配置在防御正面，另一个营留在市郊作为预备队。萨姆索诺夫的第三个团是由 V. S. 萨维诺夫中校[②]指挥的近卫空降兵第23团，该团与近卫独立反坦克歼击炮兵第10营一起，配置在毗邻普罗霍罗夫卡西北的阵地，作为前方两个团的后盾。这个空降兵师还加强有集团军属重型坦克第57团的21辆 KV 重型坦克和集团军属反坦克歼击炮兵第301团的24门反坦克炮。

萨姆索诺夫和他那些摩拳擦掌的战士们不仅可以听到，甚至还能感觉到清晨时分打响的战斗就在南边不远，现在更是离他们设在十月国营农场和252.2高地以南的前沿阵地越来越近。他的炮兵一次又一次实施齐射，支援自己的苏联战友，但仅仅过去几个小时，战斗的声响就渐渐平息，只留下几乎持续不断的炮火轰鸣声。这几小时以来，萨姆索诺夫一直在期待能尽快看见罗特米斯特罗夫坦克集团军的钢铁怪物们，或是听到它们那令人欣慰的轰鸣声。但事与愿违，不久之后，他看到的却是大批德国坦克如幽灵般恶狠狠地从南方的尘土与烟雾当中浮现出来。

9时零5分，火炮、“斯图卡”和火箭炮完成它们致命的火力准备任务之后，“警卫旗队”师重新开始向前推进。该师党卫队第2装甲掷弹兵团第2营在“虎”

---

① 译注：原文“团属炮兵团”。苏联的1927式76毫米加农炮归入团属炮兵，1939式归师属炮兵。但团属炮兵不应有一个营编制的76毫米炮，故应为师属。

② 译注：附录B称团长是N. M. 纳扎罗夫中校。

式坦克和突击炮的支援下，迅速向252.2高地推进，并于9时50分在这里遭到掩护“十月”国营农场的苏联阵地和近卫空降兵第26团第2营的猛烈射击。第1营参加战斗以后，这两个营[①]联手向这座关键性的高地发起猛攻，却未能一举赶走保卫这里的空降兵。10时15分，该师的装甲战斗群也参加了战斗，又经过近三个小时的激战，直到13时10分才最终占领那座宝贵的、已经染遍鲜血的山顶。[32]

“警卫旗队”师的装甲战斗群迅速把握战机，沿高地的西坡直下“十月”国营农场，结果遭遇几个炮兵连的毁灭性反坦克火力和直瞄射击。一场激战过后，装甲战斗群把苏联守军赶出了国营农场。此后直到傍晚的整个下午，苏联军队多次向装甲团和其友邻的两个装甲掷弹兵团发动反击。13时30分，近卫空降兵第26团和坦克第169旅的一些坦克，进攻位于252.2高地[②]南坡的党卫队第2装甲掷弹兵团第1营，14时40分，坦克第99旅刚被“髑髅”师赶出瓦西里耶夫卡村，却又反过手来进攻了掩护“警卫旗队”师左翼的侦察营。7月10日傍晚，苏联的近卫步兵第95师在近卫空降兵第9师右侧沿普肖尔河及其南岸占领阵地，并加大坦克第99旅的反击力度以后，这样的威胁变得更加严重。

有份苏联作品用下面的文字，描述当天近卫空降兵第9师防御地带内战斗是多么激烈：

7月11日上午，近卫第5集团军各兵团尚未牢固可靠地占领阵地，也未完成变更部署，敌人便重新发起进攻。

这是一个阴天。普罗霍罗夫卡、普列列斯特诺耶和普拉沃罗季之间的农田里，清新的微风吹拂着成熟农作物的茫茫海洋。

多达一个营的步兵，在40辆坦克和自行火炮（其中有重型的“虎”式和“豹”式）和数百架容克-87和容克-88飞机的支援下，进攻近卫空降兵第9师和近卫步兵第95师的接合部。敌人的主攻目标是保卫“十月”国营农场的近卫空降兵第26团3营。一场短促而有力的炮火准备和几轮强大的空中轰炸过后，

---

① 译注：原文为团，参照地图，应是二团一营，而不是更远处的一团赶来。

② 译注：原文为252.4。252.4高地按下文所述，在普罗霍罗夫卡西北，此时是近卫空降兵第9师第二梯队近卫空降兵第23团的阵地，不在火线上。

敌步兵和坦克发起冲击。搭载着摩托化步兵的装甲输送车紧随在坦克和自行火炮后面。

第3营营长近卫军少校D. I. 鲍里斯金，向他的团长近卫军中校G. M. 卡什佩尔斯基报告了情况，并命令他下属各步兵连和炮兵连的连长，等到敌坦克和步兵接近己方阵地之后再密集开火。

“十月”国营农场、252.2高地和卢托沃［村］因炸弹、炮弹和地雷的爆炸而不停颤抖。战士们从自己前一天晚上挖的散兵坑里探出头，全神贯注地观察着敌人渐渐逼近。

距离国营农场的边沿只剩下几百米的时候，步兵从装甲输送车里蜂拥而出。冲锋枪手们隐蔽在坦克后面，边跑边开火，他们就这样开始了进攻。法西斯分子们扭曲的面孔可以证明这样一个事实：他们好战的狂热是用相当大剂量的烈酒唤醒的。

“开火!”炮兵连长一声令下，第3营的火力如暴风骤雨般飞向法西斯分子。伴随着近卫军人的轻机枪和冲锋枪的轰鸣声，I. V. 霍罗希赫和P. N. 利兹尼科夫的重机枪长点射打在敌步兵的两翼。师属炮兵和加强该师的统帅部预备队［RGK］突破炮兵第3师各炮兵营，在“十月”国营农场前面布下一道不可逾越的防御火网。近卫军中尉I. G. 萨梅金和A. F. 舍斯塔科夫的营属炮兵和团属炮兵则进行直瞄射击。

敌步兵脱离了坦克，面对国营农场方向如飓风般肆虐的火力，他们后退到215.4高地的反斜面。14时之前，法西斯分子又向第3营发动了两次冲击。然而，这些都只是战斗侦察。[33]

这部作品也描述了午后战斗局面的急转直下：

14时整，多达一百辆敌坦克和搭乘装甲输送车的一整团步兵冲向“十月”国营农场和252.2高地。约40辆坦克和多达一个团的摩托化步兵进攻友邻的近卫空降兵第9师近卫步兵第287团。法西斯分子发现了近卫步兵第95师和近卫空降兵第9师之间的接合部，便企图在两个师之间打入一个楔子。从亚姆基农场到安德烈耶夫卡这个地段的三公里正面上，他们共投入140辆坦克，并在进攻之前实施了强有力的炮火急袭和50架俯冲轰炸机的轰炸。又一场激烈的战斗爆发了，但双方的力量是不对等的。敌人占据着绝对的数量优势，并在攻向第26团和第287团接合部时表现出特别的顽强……

逼迫第26团和第287团退却之后，多达40辆敌坦克集中在彼得罗夫卡的南界和普列列斯特诺耶对面，另有多达60辆坦克穿过252.2高地，沿铁道线冲向普罗霍罗夫卡。第26团后退到位于252.4高地西南坡［普罗霍罗夫卡以西一公里］处近卫空降兵第23团的阵地。[34]

这一天的激烈战斗在傍晚时分宣告结束。尽管“警卫旗队”师的进展比较顺利，占领了“十月”国营农场和252.2高地，但其装甲战斗群还是未能越过国营农场更进一步，而且该师两翼均已暴露并处在猛烈炮火之下，处境相当危险。党卫队第2装甲掷弹兵团第1营占领252.2高地东南处的铁路路基，并与该师第1团第2营一起肃清了路基附近的小树林。第1装甲掷弹兵团的其他营则突破至斯托罗热沃耶村，到夜幕降临时，仍在执行逐屋清扫村内残敌的苦差事。然而，由于该团未能夺取斯托罗热沃耶一村，再加上“帝国”师也进展不利，“警卫旗队”师的右翼仍然很薄弱。

“警卫旗队”师一天来实现的突破彻底粉碎了坦克第2军的防御，把该军的坦克第99旅孤立在普肖尔河河谷，在近卫步兵第95师和近卫空降兵第9师之间插入一个楔子，并在普罗霍罗夫卡前方近卫空降兵第9师的防线上形成一个深远的突出部。最重要的是，德国人的突破让近卫第5集团军精心制定的反击计划胎死腹中。

后来，罗特米斯特罗夫将军这样讲述他自己对这一天战况意外发展的看法，并生动地描绘他当时面临的困境：

7月11日19时左右，A. M. 华西列夫斯基元帅来到我的指挥所［CP］。我向他报告了集团军的作战编成，分配给各军和配属炮兵的任务。他批准我的决心并通报说，他与I. V. 斯大林进行过一次交谈，斯大林命令他长时间跟随近卫坦克第5集团军和近卫第5集团军行动，在交战过程中协调这两个集团军的动作，并提供必要的帮助。I. V. 斯大林还命令方面军司令员N. F. 瓦图京留在奥博扬他的指挥所。方面军参谋长S. P. 伊万诺夫中将应前往科罗恰方向。

日光仍旧很充足，元帅提议视察一下我为坦克第29军和第18军选择的进攻出发阵地。我们驱车穿过普罗霍罗夫卡，朝别列尼希诺方向前进。“威利斯”吉普开得飞快，因道路的坑坑洼洼而上下颠簸，还要经常绕过满载弹药和燃料开往前线的车辆。运载伤员的运输车慢慢地从我们身边擦身而过。路边零星散落着卡车和运输车的残骸和碎片。

这条路穿过一片片正在成熟变黄的麦田。这些麦田背后的远处有片树林，树林边上就是斯托罗热沃耶村。

“那边，沿着这片树林的北界，就是坦克第29军的进攻出发阵地。坦克第18军将在更右边一点进攻。”我向A. M. 华西列夫斯基解释说。

他聚精会神地眺望着远处，并倾听着越来越响的炮火隆隆声。从航空炸弹和炮弹的爆炸和烟云当中，我们可以辨认出我方几个诸兵种合成集团军的前线。再向右两公里的地方，可以看到“共青团员”国营农场的农业设施。

突然，华西列夫斯基命令司机停车。吉普车离开了道路，猛地一下停在路边沾满灰尘的灌木丛里。我们打开车门，往旁边走了几步。坦克发动机的轰鸣声清晰可闻。然后，一群坦克也同样清晰地映入眼帘。

亚历山大·米哈伊洛维奇很快转过身来，带着一丝恼怒的语气问我：“将军！这是怎么回事？难道您先前没有得到警告，一定不能让敌人得知我军坦克的到来吗？而它们现在就在光天化日之下，在德国人的眼皮底下闲逛……”

我赶紧举起望远镜。确实，那里有几十辆坦克呈战斗队形，一边在行进间用自己的短身管火炮射击，一边穿过农田，搅动起金黄色的麦浪。

“可是，元帅同志[1]，那不是咱们的坦克。它们是德国人的……”

“那么说，敌人已经在某个地点达成了突破。他想抢在咱们前面动手，并占领普罗霍罗夫卡。”

“我们决不能允许那种事发生。”我对A. M. 华西列夫斯基说，并用无线电向基里琴科将军下达号令，立即前调两个坦克旅来迎击德国坦克并制止其前进。

---

①译注：原文为将军。

回到我的指挥所之后，我们得知德国人已经对我们几乎所有的集团军都展开了积极行动。

就这样，战况突然变得复杂起来。我们原先为反突击选定的进攻出发阵地已经掌握在希特勒分子的手里。[35]

罗特米斯特罗夫当时并不知道，向前推进的德国坦克来自“警卫旗队”师的党卫队第1装甲掷弹兵团。不过，他却清楚地认识到这件事令人不快而备受折磨的后果：“这种情况下，我们不得不重新为进攻做准备，特别是选择炮兵的射击阵地、展开方式和攻击线。在有限的时间里，我们不得不重新制定任务、组织各军和各部队之间的协同动作，修改炮火支援的时间表，并采取一切措施促进军队在作战中细致的指挥与控制。”[36]

总之，短短几个小时之内，德国人的突飞猛进已经把罗特米斯特罗夫精心策划的进攻变成了一场仓促展开的遭遇战。

对罗特米斯特罗夫和华西列夫斯基来说，“警卫旗队”师当天突向普罗霍罗夫卡时，其两翼的战况发展也于事无补。党卫队“髑髅”师各团全面出击，试图扩大自己在普肖尔河以北的登陆场并夺取整个226.6高地，同时在普肖尔河南岸肃清“警卫旗队”师左翼的苏联军队。“图勒”①装甲掷弹兵团设法占领了克柳奇村，但随即被近卫步兵第95师近卫步兵第284团的新锐兵力在坦克第100旅的支援下所阻止。苏联的近卫步兵第290团则挫败了德国人彻底占领226.6高地的一切尝试。与此同时，“艾克”团一路攻入普肖尔河南岸的瓦西里耶夫卡，尽管该团逼迫苏联的坦克第99旅穿过村庄步步后退，但自己也随即被近卫步兵第95师挡住了去路。该团竭尽所能也未能彻底消除“警卫旗队”师左翼面临的威胁。

位于“警卫旗队”师右边的“帝国”师“德意志”装甲掷弹兵团，肃清了伊万诺夫斯基新村的苏联守军，却未能突破到山谷深处的维诺格拉多夫卡。苏联坦克第2军坦克第26旅和步兵第183师的顽强抵抗给德国人造成的这个挫折，

---

① 译注：Thule，意译作“极北之地”。

导致“警卫旗队”师的右翼基本暴露，于是该师第1装甲掷弹兵团的主力就被牵制在这里，单纯执行侧翼掩护的任务。“警卫旗队”师的战史可以反映由此产生的困难局面：

截至这时［7月11日17时整］，我师实际控制的战线是：斯托罗热沃耶—该村以北树林的西侧和东侧边缘（由第1团占领）—沿公路直至252.2高地西北500米处（由第2团占领）—毗邻“十月”国营农场西侧的高地（由装甲战斗群占领）—241.6高地①的东侧根部（由侦察营占领）。我师已经向军部报告这条战线的位置，当天也没有再次越过该线。停止前进的原因是两翼友邻部队的位置。他们的进展远远比我师落后，导致我师两翼均已暴露。一旦正面攻击普罗霍罗夫卡，势必招致重大损失，因为敌人在普罗霍罗夫卡东南角和普肖尔河［应为普罗霍罗夫卡］西北方的252.4高地处，都布置了强大的反坦克火力和防御炮火。我师于17时左右将这一情况报告给下到北卢奇基村②我师师部的军长，并向他提出建议，应当于1943年7月12日集中整个军的全体炮兵，全力支援“髑髅”师攻击226.6高地③。夺取这座高地之后，“帝国”和“阿道夫·希特勒警卫旗队”这两个装甲掷弹兵师才继续向普罗霍罗夫卡攻击前进。党卫队全国副总指挥豪塞尔在与其总指挥部参谋长奥斯滕多夫党卫队旗队长通过电话之后，宣布同意这个计划。[37]

虽然罗特米斯特罗夫集团军的进攻出发阵地已落入德国人之手，但是得益于“警卫旗队”师主动决定暂停进攻，他并没有必要让自己集团军的任何兵力过早投入战斗，

7月11日这天，德国人虽面临着重重困难，但仍给苏联军队造成了严重破坏。尤其令罗特米斯特罗夫苦恼的是坦克第2军的损失，这个军原本应在苏联人即将发动的反攻中扮演重要角色，可现在其下属的坦克第99旅几乎被彻底

① 译注：原文252.2显然有误，根据地图18和21中当天22时的战线订正。
② 译注：“北”字是德国人为了区分两处卢奇基，特地加的。俄语称两处均为卢奇基。
③ 译注：原文为226.2。

封锁在普肖尔河河谷里，而坦克第169旅和第26旅也出现严重减员，两个旅的坦克加起来已远不足100辆。党卫队第二装甲军7月11日的记录称，共击毁苏联的99辆坦克和26辆突击炮（大部分是“帝国”师的战果），抓获245名战俘和114名逃兵。[38] 另一份报告称，“警卫旗队”师击毁敌军21辆坦克、36门反坦克炮和9门火炮，抓获敌军战俘和逃兵320人，自身付出代价是21人死亡，203人负伤。[39] 值得注意的是，“警卫旗队”的装甲实力已下降至60辆坦克、10辆突击炮和20辆自行式反坦克歼击车。[40]

当天傍晚，豪塞尔下达关于第二天推进的命令。“髑髅”师应彻底夺取226.6高地，然后沿普肖尔河北岸的山脊向北推进，切断普罗霍罗夫卡—奥博扬公路，并掩护“警卫旗队”师的左翼。“警卫旗队”师受领的是最关键的任务。该师得到的命令如下：

得到加强的第1装甲掷弹兵团：应与配属该团的装甲营一起于4时50分发起攻击，占领“斯大林斯克”国营农场［斯托罗热沃耶］和亚姆基。该部应在252.2高地旁边的公路上建立一处阵地，确保与党卫队第2装甲掷弹兵团第1营（I./2.）的联系。

得到加强的第2装甲掷弹兵团、装甲战斗群和得到加强的侦察营：应随时做好准备，一旦“髑髅”师挫败敌人沿普肖尔河向我侧翼的攻击，即与该师各部协同动作，夺取普罗霍罗夫卡和252.4高地。

“阿道夫·希特勒警卫旗队”炮兵团：为便于支援“髑髅”师攻击226.6高地，应向该师派出一个用于联络的炮兵指挥部。[41]

位于“警卫旗队”师右侧的“帝国”师，准备用下属的“德意志”装甲掷弹兵团向东推进，占领斯托罗热沃耶一村和维诺格拉多夫卡，把苏联军队清除出普罗霍罗夫卡的南接近地，并掩护“警卫旗队”师的右翼。一旦“德意志”团实现迅猛推进，该师的“元首”团和装甲团一部就应支援“德意志”团，并将苏联军队赶出别列尼希诺。

党卫队第二装甲军向普罗霍罗夫卡发起这最后几公里突击的时候，肯普夫的第三装甲军应当尽一切可能提供支援。冯·曼施泰因和霍特希望在最理想的情况下，肯普夫能够迅速赶来与豪塞尔军会师，但考虑到两个军之间的距离和苏联人先前表现出的顽强抵抗能力，这显然是一个异常艰巨的任务。冯·曼施泰因要求肯普夫和他的装甲军军长布赖特，无论如何都要坚持北进，最大限度给苏联人制造破坏，并尽可能多地吸引苏联军队远离普罗霍罗夫卡周围的决定性交战。第四十八装甲军夺取奥博扬以南普肖尔河各主要渡口，也应当在时间上与豪塞尔的坦克大军攻占普罗霍罗夫卡遥相呼应。一旦这些关键性的河流渡口和普罗霍罗夫卡都落入德国人手中，这两个装甲军以及紧随其后的第三装甲军，就将继续完成自己进军奥博扬和库尔斯克的胜利征程。

7月11日傍晚，在华西列夫斯基的监督下，瓦图京和罗特米斯特罗夫竭尽全力阻止德国人得到他们的胜利果实。瓦图京命令罗特米斯特罗夫："于7月12日10时整向'共青团员'国营农场和波克罗夫卡方向实施反突击，与近卫第5集团军和坦克第1集团军协同动作，歼灭位于科切托夫卡、波克罗夫卡和格里亚兹诺耶地区之敌，不允许该敌向南退却。"[42] 萨姆索诺夫上校的近卫空降兵第9师应向罗特米斯特罗夫提供大部分步兵支援，他得到的类似命令是："与正在向你师右翼（即你师与第95师接合部）展开的近卫步兵第42师，以及将在你师负责地带实施冲击的近卫坦克第5集团军坦克第29军协同动作，歼灭当面之敌并保卫'共青团员'国营农场—伊万诺夫斯基新村一线。近卫坦克第2军应在你师左侧实施冲击。"[43]

瓦图京麾下参加进攻的全体军队都收到了他的命令，不过，在这些命令当中，看上去只有规定罗特米斯特罗夫的五个快速军和扎多夫近卫第5集团军的两个步兵军如何作战和最终命运的命令最为关键，而他要求从更西边向第四十八装甲军发起反突击的命令相对不引人注目。可是，后者同样具有重要意义，因为只要不能同时夺取通往奥博扬公路上的普肖尔河渡口，单纯夺取普罗霍罗夫卡并不能体现出多大价值。

7月11日晚上，罗特米斯特罗夫最后确定他的进攻计划，并向下属各军发布新的命令。这时，考虑到德国人一整天来的实际进展，以及他们12日一早重新发动进攻的时间很可能比原先预测的更早，罗特米斯特罗夫把自己的进攻发起时间（H时）提前到8时30分。

罗特米斯特罗夫同样要按照瓦图京的新命令，根据残酷而恼人的战况，修改自己的计划。当时，波波夫将军的坦克第2军显然已经不具备参加反突击的条件。实际上，他所剩无几的坦克或是陷入争夺斯托罗热沃耶和斯托罗热沃耶一村的殊死搏斗中不得脱身，或是被封锁在普肖尔河河谷里，与自己的上级指挥机关失去直接联系。另外，罗特米斯特罗夫还不得不重新指定新的进攻出发阵地，由于德国人的向前推进，这些阵地现在已退到普罗霍罗夫卡的近郊。他下定的决心如下：

以坦克第18军和第29军、近卫塔钦斯卡亚坦克第2军的兵力在下列地带实施打击：右侧为别列戈沃耶—安德烈耶夫卡—亚斯纳亚波利亚纳；左侧为普拉沃罗季—别列尼希诺—232.0高地，并于当日日终时进抵红杜布罗瓦—雅科夫列沃一线。近卫济莫夫尼基机械化第5军留作集团军的第二梯队，受领的任务是随时准备发展坦克第29军和近卫塔钦斯卡亚坦克第2军在卢奇基和波戈列洛夫卡总方向上取得的胜利。各坦克军应于7月11日24时整之前占领普列列斯特诺耶—斯托罗热沃耶—小伊亚布洛诺沃一线的出发阵地，并于7月12日3时整之前做好发起冲击的准备。[44]

为完成这项艰巨的任务，罗特米斯特罗夫把他下属两个齐装满员的坦克军和仍然强大的近卫坦克第2军配置在第一梯队，最大限度增强自己的第一轮打击力量。巴哈罗夫将军的坦克第18军集结在该集团军右翼普肖尔河河谷里彼得罗夫卡以东的两公里宽地带内，紧邻近卫空降兵第9师掘壕据守的第23团和第26团后方。巴哈罗夫把他下属的坦克第181旅和第170旅配置在第一梯队，并由反坦克歼击炮兵第1000团负责支援，命令他们沿普肖尔河与“十月”国营农场德军防御阵地之间的狭窄平原朝西南方向①发起冲击，并前出至安德烈耶夫卡和“共青团员”国营农场。在这股包括100多辆坦克在内的兵力后面，摩托化步兵第32旅、近卫坦克第36团作为第二梯队，坦克第110旅作为第三梯队依次跟进。巴哈罗夫的全部兵力约有190辆坦克，将会攻击“髑髅”师“艾克”团

① 译注：原文为东南。

的右翼和“警卫旗队”师的第2装甲掷弹兵团，并预计会在途中与坦克第99旅余部会师。当天夜里，罗特米斯特罗夫又从反坦克歼击炮兵第10旅抽调来一个装备57毫米反坦克炮的团，加强巴哈罗夫的这个军。

基里琴科将军的坦克第29军处于罗特米斯特罗夫战役布势的中央，占据的是横跨普罗霍罗夫卡公路这样一个并不令人羡慕的“荣誉席位”。由于丢掉了原定设在普罗霍罗夫卡以南田野中的出发阵地，他的军只能在这座城市的南郊发起进攻。基里琴科的坦克第31旅、第32旅和第25旅，再加上自行火炮第1446团，共有191辆坦克和自行火炮。他们将在自行火炮第1529团的21辆自行火炮支援下，率先向在“十月”国营农场和斯托罗热沃耶之间设防的德国军队发起突击。近卫空降兵第9师第28团将跟随上述各部在第一梯队行动，而基里琴科军的摩托化步兵第53旅将作为第二梯队跟进。

7月11日整夜，A. S. 布尔杰伊内将军的近卫坦克第2军将其幸存的120辆坦克变更部署到别列尼希诺以东的新集结地域。这个军以其下属的坦克第4旅、第25旅和第26旅组成单一梯队，冲击从维诺格拉多夫卡向西沿铁道线到别列尼希诺的“帝国”师阵地。坦克第29军和近卫坦克第2军之间的缺口，由波波夫坦克第2军两个减员很大的旅负责填补。罗特米斯特罗夫为波波夫加强了反坦克歼击炮兵第10旅的剩下几个团（共有48门57毫米反坦克炮），希望他至少能掩护好自己主要突击集团位于斯托罗热沃耶和伊万诺夫斯基新村之间的侧翼地段。为保险起见，他把集团军预备队当中的近卫坦克第53团（共21辆KV重型坦克）展开在波波夫后方的亚姆基附近，并把斯克沃尔佐夫将军近卫机械化第5军的228辆坦克和自行火炮也留在普罗霍罗夫卡以东作为预备队，随时准备应付任何不测情况。特鲁法诺夫将军的小型预备队集群集结在普拉沃罗季附近，等待进一步的命令。

除此之外，瓦图京还向罗特米斯特罗夫提供了5个炮兵团和迫击炮兵团、炮兵第17旅和高射炮兵第26师。综上所述，罗特米斯特罗夫在他的第一轮突击中共计投入约430辆坦克和自行火炮，紧随其后的第二梯队又有70辆。他的集团军除了261辆装甲较薄的T–70坦克之外，其余的大多数坦克都是相当有效的武器。然而，德国最新式坦克和突击炮在装甲和主炮方面的优势，使得罗特米斯特罗夫的坦克手们只有抵近至500米或更近距离内交战，才能大致抵消德国人的技术优势。这样的近距离交战也会使德国人更难使用炮兵和空中支援来打击苏联坦克。因此，罗特米斯特罗夫命令他的全体指挥员以高速逼近德国坦克的战斗队形，并且用“以多打少”的方法对付每个德国目标，尤其是“虎”式重型坦克。

截至7月12日2时整，罗特米斯特罗夫的军队已经完成大部分战斗准备工作，这位集团军司令员也对自己一天来的劳动成果比较满意。凭借自身的坚强意志和大本营的鼎力支援，他的坦克大军尽管经过几天来近乎连续不断的行军，还是保持了自己的强大实力。罗特米斯特罗夫还知道他的指战员们都已经累得筋疲力尽，寄希望于参战各营举行不可或缺的战前政治鼓动，能够激发出军人们的战斗热情。如果这还不能奏效，也许定量配给的伏特加酒就可以。

这个命运攸关的夜里，罗特米斯特罗夫本人和他的参谋们几乎彻夜无眠。攻击准备工作刚刚完成，瓦图京就在4时整打来电话，命令他派出预备队南下。从南边传来令人不安的消息，肯普夫的先头坦克突破了那里的战线，已经前出至北顿涅茨河畔小镇勒扎韦茨的郊外，距离普罗霍罗夫卡只有不到20公里。罗特米斯特罗夫毫不犹豫地用无线电呼叫自己的副手特鲁法诺夫将军，命令他火速向南开进，用他的集群挡住德国人的去路。[45] 这起事件使罗特米斯特罗夫认识到，也许使瓦图京和华西列夫斯基也同样认识到，普罗霍罗夫卡周围一触即发的交战虽然非常关键，但是并非下个白天里独一无二的关键战事。

普罗霍罗夫卡，7月12日

从黎明时分开始，7月12日上午一直温暖、潮湿、多云。下午有几场小阵雨，但强度不足以妨碍当天大部分时间的军事行动。可是，临近傍晚时的几场强阵雨会把许多条道路变成泥沼，尤其是“帝国”师所处的山谷地带，那里的雨水将使苏联近卫第2坦克军的行动彻底陷入瘫痪。

黎明刚过，豪塞尔的三个师开始按计划发动进攻，但没过几个小时，他的装甲兵和装甲掷弹兵就沿整条战线迎面撞上苏联人的反突击（见地图20和21）。“警卫旗队”师于6时50分发起攻击，该师党卫队第1装甲掷弹兵团在铁道线以南寸土必争地向东推进，把俄国步兵彻底赶出了斯托罗热沃耶，并准备继续向普罗霍罗夫卡西南两公里处的亚姆基推进。不到一小时后，党卫队第2装甲掷弹兵团开始从铁道线上的252.2高地至“十月”国营农场一线全面向前推进。不到8时15分，装甲掷弹兵已到达并越过“十月”国营农场以北的山脊，向下面山谷进发，而“警卫旗队”师装甲团的67辆坦克早已整装待发，随时准备超越到他们前面担任先锋。[46] 装甲掷弹兵曾报告过山脊处设防的敌人大约是一个团的步兵，但他们登上起伏的高地并开始进入下面的山谷时，却发现对面的下一道山脊处有大批敌军坦克。不过，党卫队第1装甲团还没有收到这几份报告，就已经前来支援进攻并扩大战果。后来，该装甲团的一位“虎”式坦克连连长鲁道夫·冯·里宾特洛甫①写道：

烟幕弹打出的一堵紫色烟墙飘到空中。意思是：“坦克警告！”

沿着山坡的整条坡顶都可以看到同样的信号。带有威胁意味的紫色危险信号也出现在铁路路基右侧的更远处。

一切立刻变得明朗起来：我们这些还在山谷里的人还看不到的是，一场苏联的大规模坦克冲击正在山的那边进行着……

爬完剩下的山坡登顶之后，我们看到眼前的小山谷对面，离我们大约200米远的地方有另一座矮山丘，那里显然是我军步兵的阵地……

这个小山谷在我们左边延伸开去，我们顺坡而下的时候发现了第一批T-34，它们显然是想从左边包抄我们。

我们在山坡上停下来开火，击中了几个目标。一些俄国坦克起火燃烧。对于一个好炮长来说，800米已经是理想射程。

我们停下来观察会不会有更多敌军坦克出现，这时，我出于自己的习惯看了看四周。结果眼前的景象令我说不出话来。从我前方150—200米处的缓坡后面，先是冒出来15辆，然后是30辆，再后来是40辆坦克。到最后，多得数不胜数。这些T-34上搭载着步兵，一路向我们高速冲来。[47]

冯·里宾特洛甫当时并不知道，他的坦克连迎面遭遇的是苏联坦克第29军的坦克第31旅和第32旅。

---

① 译注：他是装甲团第6连连长，该连当时的装备是七辆四号坦克，下文提到装备“虎”式的是第13连。

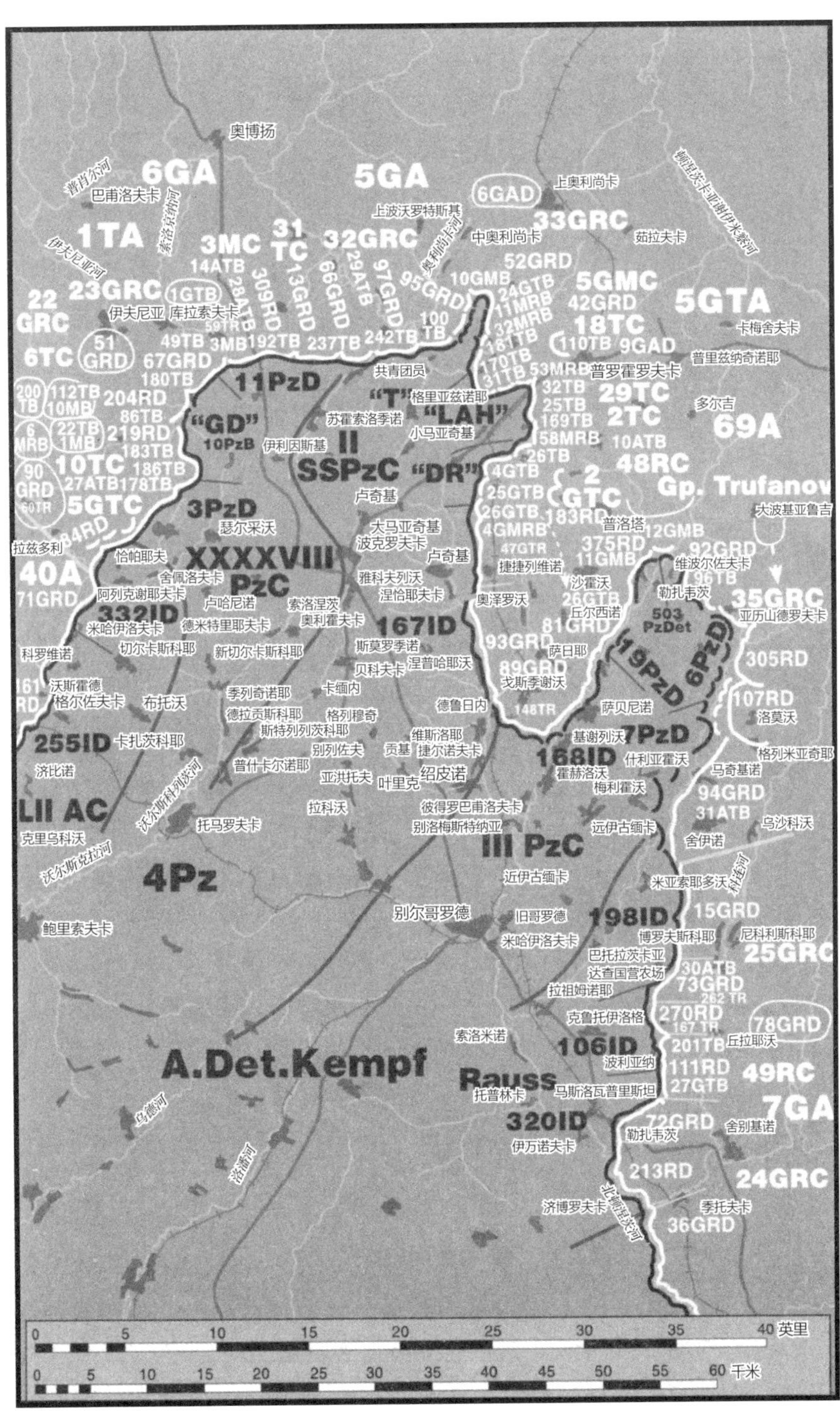

地图20 沃罗涅日方面军，1943年7月12日

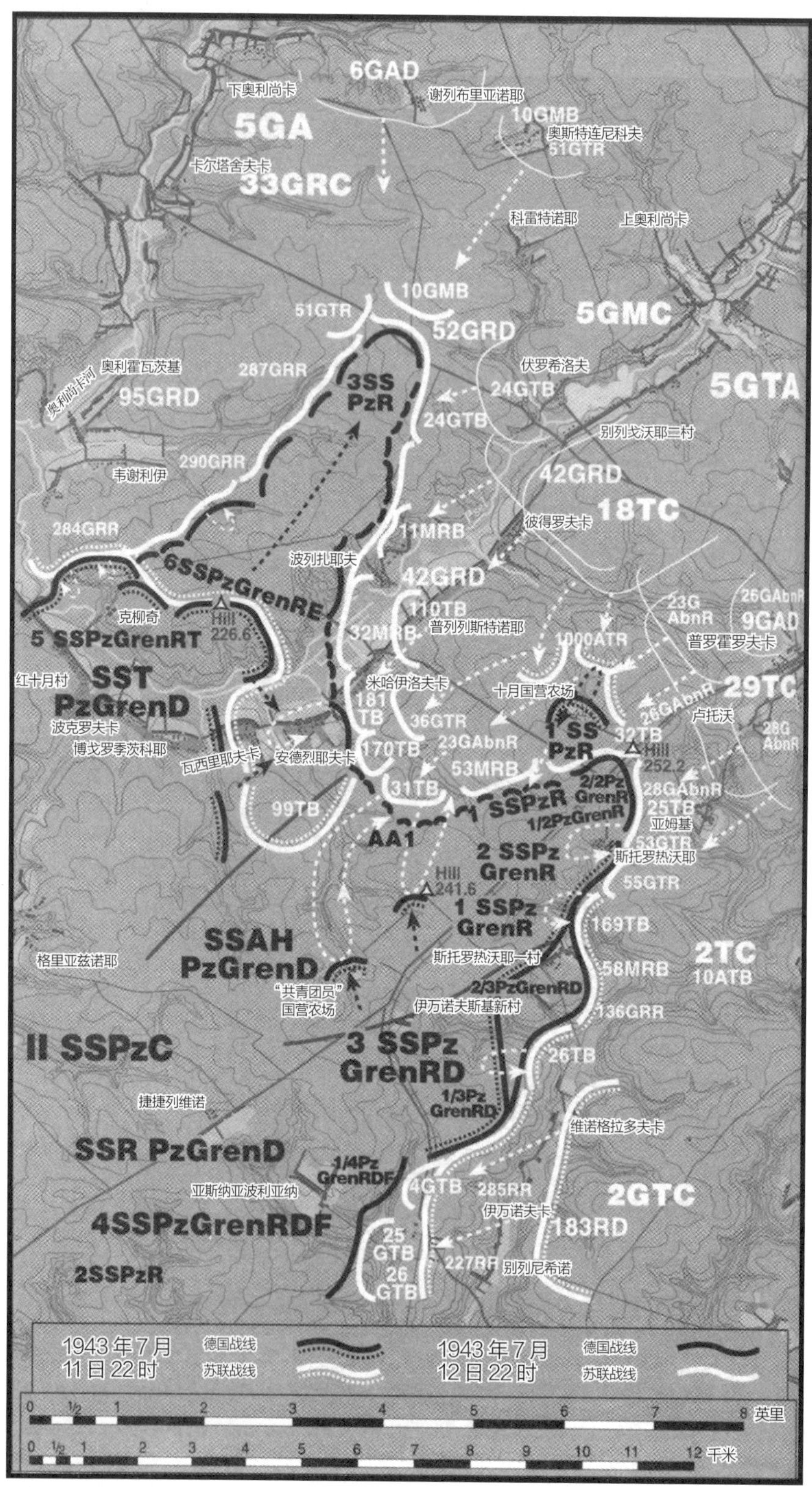

地图21 普罗霍罗夫卡，7月11日—12日

与此同时，位于党卫队第1装甲团左翼的该团第2营第13连也在“十月”国营农场以北正面遭遇60辆苏联坦克，并在600—1000米的距离上发生交战。就在双方距离正在迅速接近的时候，又有一批同样数量的苏联坦克从斜刺里杀出，并向这个连扑过来。一场长达三小时之久、令人目不暇接的殊死搏斗接踵而至，苏联坦克损失大得令人震惊，因为它们甚至很少有机会接近到可以击穿德国坦克装甲的射程内。“警卫旗队”师的战史这样描述战斗的激烈程度：

上午6时[莫斯科时间8时]整，规模约一个团的敌军越过普罗霍罗夫卡—彼得罗夫卡一线进攻我师。“阿道夫·希特勒警卫旗队”装甲战斗群刚开始前进，就正面遭遇约50辆敌军坦克。战斗持续了两个小时。第2装甲掷弹兵团第3装甲车营(Ⅲ./2.)的装甲炮兵排排长居尔斯三级突击队中队长报告如下：“他们一大清早就开始进攻我们。他们冲到我们周围，在我们头顶上，也在我们当中。我们各自为战，跳出散兵坑，向敌坦克投掷空心装药的磁性手榴弹，跃上自己的装甲车，朝任何看到的敌军车辆和人员开火。那简直是地狱！到上午9时[莫斯科时间上午11时]整，战场再次牢牢地掌握在我们手中。我军坦克给予我们很大帮助。仅我所在的连就击毁了15辆俄国坦克。”[48]

同样的激战场面出现在党卫队第二装甲军的整条战线，而“警卫旗队”师的地段依旧打得最激烈。不管在哪个地方，原来的进攻者现在都变成了孤注一掷的防御者，战场上的大屠杀也愈演愈烈。该师的党卫队第1装甲掷弹兵团刚刚占领斯托罗热沃耶，同样遭到几波苏联坦克和搭载步兵的反复攻击。该团第3反坦克歼击营的一名炮组成员，后来生动地记录下自己对这次激烈战斗的印象：

凌晨4时左右，一名骑摩托车的通信兵送给我们新的命令，要求我们在“斯大林斯克”集体农庄[斯托罗热沃耶]设防。我们应当特别注意右侧的树林和面朝铁路路基的方向。不久，我们就看见约有25—30辆T-34在我们右方六至七公里处运动，直扑“帝国”师的战线。对于我们来说，他们离得太远，不过师属炮兵团还是瞄准它们开了火，确保他们经过我们的右翼时不会毫发无伤。然后是一片寂静。但到8时整，随着一声巨响，魔术表演正式开始。“斯大林管风琴”一轮又一轮的齐射，如雨点般打在我们的阵地上，其中还夹杂着炮弹和迫击炮弹。总之，这看起来像是在为一场真正的进攻做准备，并且持续了将近一个半小时。一架德国侦察机飞到俄国阵地后方相当远的纵深，摇动机翼向我们发出信号，扔下一个消息筒，并打出两发紫色的发烟信号弹。那意味着坦克。铁路路基的左侧，同样打出紫色的烟幕信号，所以那里一定也有坦克。敌军的火力在同一时刻停下来，从路基左侧的小山上，陆续冲下来的坦克有三辆……五辆……十辆……但是光数数有什么用呢？一辆又一辆T–34从小山上全速冲下来，炮管里都吐着火焰，直扑我方步兵阵地。我们刚看到第一辆坦克，就用自己的五门炮不停开火，只用几秒钟，第一批T–34就停在了一团团黑烟当中。有时候，我们还要当心坦克上面搭载的俄国步兵，同他们展开白刃战。

后来，突然有40—50辆T–34从右侧朝我们冲来。我们不得不调转炮口朝他们开火。突然之间，有三个庞然大物大胆地越过洼地，向集体农庄冲过来。他们开上通往农庄的道路。我一直没有找到合适的角度开火，而最右侧那门炮的装填机构却卡住了，看样子似乎没法修好。我们只好穿过农庄建筑物变换阵地。我刚能略作瞄准，就不得不马上向第一辆T–34开火。这一炮没打中，弹壳却卡在炮膛里。于是我又一次在房屋之间弯身前进，在一座房屋前面排除了卡住的弹壳。一辆T–34出现在我正前方，恰好这时，我的助理炮手大吼一声：“新弹上膛！”响得我没戴耳机也能听到他的声音。最值得一提的是，我调转炮口对准150米开外冲向我们的那辆T–34时，又一场悲剧发生了！这门炮的后支撑脚架断了，炮口上扬直指天空。我用力摇动手柄放平我的7.5厘米炮身，并设法瞄准那辆T–34的炮塔开火。命中！舱盖打开，两个人跳了出来。一个人呆在原地，另一个却沿房子之间的小路蹦跳着跑掉了。这辆T–34开到离我大约30米处的时候，我又一次击中了它。

我们在友邻步兵的大力帮助下，胜利结束这场同俄国步兵和从被打坏坦克里跳出来的坦克兵之间的射击比赛，然后拖着我们的炮全速离开原来藏身的那个坑。我们经过几辆正在燃烧的T–34，一路飞奔来到树林里。俄国人就是用这些坦克，在三至四波步兵支援下发动的进攻，现在进攻已告失败，他们也被赶了回去。

放眼所及，大约1500米宽的地段上，到处都是正在燃烧的坦克残骸，大约有10—12门火炮也在燃烧。据说有120辆坦克参加了刚才的进攻，但也很可能是更多。谁又数过呢！[49]

这一轮疯狂进攻的发起者是苏联的坦克第29军坦克第25旅，并得到坦克第2军坦克第169旅的支援，不久又得到近卫坦克第53团的支援。整条战线上的战斗则持续了大半个上午，一直到午后，一波又一波的苏联坦克不断冲击着党卫队第二装甲军的先头部队。

显然，罗特米斯特罗夫的反击已经如期开始。6时整，罗特米斯特罗夫本人和参谋人员组成的一个小型作战组，一起来到坦克第29军军长基里琴科将军的前方指挥所。这个指挥所位于普罗霍罗夫卡西南的一座小土丘上，可以清楚地观察整个战场，于是，罗特米斯特罗夫在这次进攻期间把这里也当作自己的集团军观察所。为了从空中扫清苏联飞机，德国的梅赛施米特飞机从6时30分开始出现，半个小时以后，几波德国轰炸机接踵而至。在罗特米斯特罗夫的注视下，成群的苏联歼击机，然后是轰炸机，飞来盘旋着展开空中交战，而地面上的两支大军也在殊死搏斗中相互纠缠，无暇顾及从天而降的炸弹和天空中的杀戮场面。

8时15分，苏联火炮齐鸣，用15分钟的时间轰击德国人的阵地，然后以“喀秋莎”多管火箭炮的齐射作为整个炮火准备的结束。然后，苏联炮手按计划把数千门身管火炮转而集中用于徐进弹幕射击，一步步逼近德国的前沿阵地。从他的观察所里，罗特米斯特罗夫已经可以看到德国军队在向前运动，将要与自己跃跃欲试的部下迎面交锋。“确实，”他后来写道，“事实证明，我们和德国人是在同一时间转入进攻。”[50] 时钟刚指向8时30分，罗特米斯特罗夫的无线电员高喊着发出“钢铁，钢铁，钢铁”的信号，无线电发报机将罗特米斯特罗夫的进攻号令传达到他已经集结完毕的各军、旅、团和营。不久之后，他的500辆坦克和自行火炮，搭载着近卫空降兵第9师的步兵猛然向前开动起来。后来，罗特米斯特罗夫这样描述当时的壮观场面和随后发生的激烈交战：

凭借成片林地和树篱的掩护，坦克分成小股在草原上飞驰。枪炮的轰鸣声连绵不绝。苏联坦克全速冲入德国先头坦克的编队，并突破了德国人的防护队形。T-34将会在极近的距离上击毁““虎”式”坦克，因为后者的强大主炮和厚实装甲已经不能在近距离战斗中提供什么优势。双方的坦克都在争取短兵相接。既没有时间，也没有空间允许脱离接触、恢复战斗序列或重整战斗队形。近距离发射的炮弹不但可以击穿战斗车辆的侧装甲，而且能击穿前装甲。这样的距离也使装甲起不到什么防护作用，火炮的身管长度也不再具有决定性的意义。每当一辆坦克被击中，其弹药和燃料经常会殉爆，掀起来的炮塔会被抛到空中，高达几十码。与此同时，战场上空也在进行着激烈的空中格斗。苏联和德国的飞行人员都在试图帮助己方的陆军赢得这场交战。轰炸机、对地支援的强击机和歼击机，似乎被永久地定格在普罗霍罗夫卡上空。一场又一场空中格斗经久不息。不久，整个天空就笼罩在飞机残骸燃烧产生的浓烟中。地面黑色的焦土上，毁坏的坦克像火炬一样在燃烧。很难分清楚是哪一方在进攻，哪一方在防御。[51]

罗特米斯特罗夫描述的战况令人印象深刻，既生动又准确，不过他没有提到，正在燃烧的坦克残骸大部分是苏联的。

位于罗特米斯特罗夫右翼的巴哈罗夫将军坦克第18军的坦克第181旅和第170旅，穿过彼得罗夫卡南面的一个小山谷并肩前进，近卫空降兵第23团的步兵搭载在坦克车体上。“十月”国营农场的北面，V. D. 塔拉索夫中校的坦克第170旅粉碎了正在推进的“警卫旗队”师第2装甲掷弹兵团左翼，但马上遭遇到正在展开的该师装甲团。随即爆发了一场激烈而代价高昂的战斗，直到10时整，赶来支援的反坦克歼击炮兵第1000团在德国坦克正前方布设了阻滞阵地，而坦克第170旅则趁机向右机动，企图从侧翼打击德国坦克。与此同时，德国的这个装甲团还遭到坦克第29军的坦克第31旅和第32旅的突击，尽管他们让苏联坦克遭受了可怕的损失，还是不得不让开道路，向后方相对安全的“十月”农场且战且退。

坦克第170旅虽然在“十月”农场附近的战斗中失去了自己的旅长和全部60辆坦克中的近30辆，但是仍然在午后时分继续向南推进，与正在竭力掩护“警卫旗队”师左翼和后方的该师装甲侦察营接火。到了下午，巴哈罗夫军第二梯队的近卫坦克第36团赶来支援坦克第170旅，从此战斗变得更加激烈。在此之前，坦克第170旅在新任旅长A. I. 卡扎科夫中校的指挥下，还参加了其友邻坦克第181旅向安德烈耶夫卡以东“髑髅”师阵地的突击。

V. A. 普济廖夫中校的坦克第181旅沿普肖尔河南岸进攻，遭遇到刚刚开始向东进攻的“髑髅”师装甲掷弹兵，并将其向西击退。截至18时整，普济廖夫的坦克手们已在坦克第170旅的支援下突破至瓦西里耶夫卡村，并一度有机会切断“髑髅”师与“警卫旗队”师之间的交通线。可是，只用了不到一个小时的时间，“髑髅”师就从226.2高地派来包括一个“虎”式坦克连在内的援兵，并由位于格里亚兹诺耶的炮兵提供致命的火力支援，这群坦克迫使坦克第181旅和第170旅退却至安德烈耶夫卡。虽然巴哈罗夫的坦克军取得了令人瞩目的进展，但是如果坦克第29军不能在左翼保持齐头并进，该军就无法继续前进。与此同时，巴哈罗夫把他第二梯队中的坦克第110旅和近卫坦克第36团前调，紧跟在战线后面占领防御阵地，以便他们7月13日能参加防御或继续进攻。巴哈罗夫的摩托化步兵第32旅则在当天的战斗中卷入普肖尔河以北的激烈战斗，因为“髑髅”师装甲团策划的突击已在这里取得了惊人的进展。

与巴哈罗夫取得的成功相比，基里琴科将军遭受的是截然不同的挫折。后者指挥的坦克第29军虽然同样在8时30分发起攻击，但由于遇到的是“警卫旗队”师配置在“十月”国营农场和斯托罗热沃耶之间的主力，该军的进展相对有限而付出的代价更大。S. F. 莫伊谢耶夫上校的坦克第31旅与“警卫旗队”师装甲团针尖对麦芒式地正面遭遇，相比之下，其友邻坦克第170旅打击的只是德国人的左翼。虽然A. A. 利尼奥夫上校的坦克第32旅曾尝试过支援第31旅，但他自己的坦克也要攻击沿铁道线突破的德军先头部队。莫伊谢耶夫的旅经过一场经久不息而代价高昂的战斗，损失一半的坦克之后，才将“警卫旗队”师装甲团击退至“十月”国营农场。

得到第二梯队N. P. 利皮切夫中校的摩托化步兵第53旅支援后，莫伊谢耶夫剩下的坦克冲向南边，在“十月”国营农场以南、“共青团员”国营农场以北突破了“警卫旗队”师侦察营的防线。苏联的保密文献称：“为了发展坦克第18军取得的胜利，摩托化步兵第53旅果断前出，并于17时30分突破至‘共青团员’国营农场。粉碎该地之敌的抵抗之后，为了重新建立同该军其他部队的联系，同时也因为受到优势敌军的压力，该旅后撤至252高地一带，与坦克第25旅共同转入防御。”[52]

实际上，坦克第31旅和摩托化步兵第53旅冲向其直接目标“共青团员”国营农场时，曾在两个地点突破了“警卫旗队”师侦察营的防御，并在此过程中，威胁到这个党卫队师的指挥所和几条关键的后方交通线。只是因为“警卫旗队”师装甲团的迅速动作，才挫败了苏联坦克的进一步行动，而在更南边，苏联坦克更是突入德国炮兵射击阵地的核心地带之后，才被“警卫旗队”师的炮兵团击退。“警卫旗队”师的战史记录着这次行动和此前的若干事件：

9时20分［莫斯科时间11时20分］，又有一批坦克从普罗霍罗夫卡方向前来进攻。35辆坦克攻击“阿道夫·希特勒警卫旗队”装甲战斗群，另有40辆坦克冲出彼得罗夫卡，攻向“十月”国营农场东南偏南一公里处的三岔路口。这些敌军坦克得到非常强大的炮兵火力支援，并在交战时高速前进。

这场攻击期间，“阿道夫·希特勒警卫旗队”装甲团第6连使用的7辆坦克当中，有四辆……在只有约220米的距离上被击毁或失去战斗力。其余三辆坦克混进滚滚而来的俄国坦克队伍，并夹杂在它们当中，一起进入后方约800码处……“阿道夫·希特勒警卫旗队”装甲团第2营的射程之内。因为俄国人无法透过尘土和烟雾看出跟他们开往同一方向的是德国坦克，这3辆坦克可以从10米到30米的距离向俄国人开火，每发炮弹都能直接命中。全营首次开火之前，便已有19辆俄国坦克在战场上起火燃烧……［装甲团二营］在这场长达三个小时、堪称坦克肉搏战的交战当中，大约共击毁62辆T-70和T-34……

击退这场猛烈的进攻之后，师长和作战参谋［Ia］从设在241.6高地上的前方指挥所观察到，有一小股敌人的坦克设法突破了侦察营的薄弱侧翼防线，并攻入炮兵团的阵地。敌人的坦克在那里全军覆没，要么被炮兵团的直瞄射击命中，要么被步兵在近距离战斗中击毁。[53]

随着坦克第31旅在“警卫旗队”师左翼寻找弱点的尝试失败，241.6高地和“共青团员”国营农场的激烈争夺战也减弱成一系列断断续续的零星战斗。

7月12日最激烈的战斗发生在坦克第29军的正面。利尼奥夫中校的坦克第32旅在协同坦克第31旅攻击“十月”国营农场的同时，还多次攻击过252.2高地北坡的德军阵地。截至中午以前，“警卫旗队”师装甲团的反击已经合围了P. S. 伊万诺夫少校的1营，并几乎将其彻底消灭，而A. E. 瓦库列茨科大尉的2营一直在铁道线两侧与党卫队第2装甲掷弹兵团寸土必争。13时整，在友邻坦克第25旅一个营和近卫空降兵第9师第28团的支援下，瓦库列茨科的坦克手与近卫空降兵第9师空降兵第23团的步兵一起夺回252.2高地。然而，德国人的不断反击和猛烈的空中火力，使苏联人无法更进一步，只能掘壕据守。德国的报告简洁地记录道："11时30分［莫斯科时间13时30分］，252.2高地附近出现过一次局部突破，但到13时15分［15时15分］之前已成功清除。"[54] 与此同时，在左翼受到威胁的情况下，"警卫旗队"师装甲团和党卫队第1装甲掷弹兵团第2营，经过激烈的抵抗，放弃自己在"十月"国营农场周围的阵地并后撤一公里，以便重新集结兵力并建立更坚固的防线。

基里琴科的左翼是N. K. 沃洛金上校的坦克第25旅，该旅在M. S. 卢尼奥夫大尉的自行火炮第1446团的支援下，与V. A. 波诺马罗夫少校的近卫空降兵第28团协同动作，猛烈攻击铁道线以南至斯托罗热沃耶的德国阵地，其左翼还得到近卫坦克第55团和坦克第2军坦克第169旅余部的支援。[55] 坦克第25旅G. A. 米亚斯尼科夫少校的坦克营，在斯托罗热沃耶突破了德国防线，其先头坦克进抵普罗霍罗夫卡公路，而党卫队第2装甲掷弹兵团第1营随即发起反击，将该营又击退至斯托罗热沃耶村内。发生在斯托罗热沃耶、252.2高地南坡和亚姆基以西田野里的战斗如火如荼，苏德双方的军人和坦克在不断落下的炮弹和毁灭性的反坦克炮火中你来我往、互有攻守。这天白天结束的时候，虽然基里琴科的军确实阻止了德国人向普罗霍罗夫卡的进攻，但是他取得的战果顶多只是一场平局。

坦克第18军和第29军地段内的战斗在下午三四点钟结束。双方的军人都筋疲力尽、形容枯槁。尽管双方都损失惨重，但苏联的两个坦克军为自己的仓促进攻付出了极其高昂的代价。"警卫旗队"师声称自己的损失是48人死亡、321人受伤、5人失踪，击毁苏联的192辆坦克和19门反坦克炮，并抓获253名俘虏。德国人还声称在此过程中自己损失的坦克不到原有数量的一半。这些数字应该离事实相去不远。[56] 即便考虑到德国人会对苏联的伤亡有所夸大，并重复统计击毁的苏联坦克数量，苏联这两个坦克军的损失也相当于他们原有兵力的一半左右。坦克第29军遭受的打击特别严重，因为它的全部兵力都事实上参加了战斗，并在战斗中损失超过半数的坦克。坦克第18军的坦克第170旅和第181旅损失相对较小，巴哈罗夫还把坦克第110旅和近卫坦克第36团作为生力军保留在第二梯队的防御阵地上。由于近卫坦克第2军在这两个军左侧①进攻未果，再加上“髑髅”师在普肖尔河北岸取得的进展，坦克第18军和第29军的处境更加岌岌可危。

布尔杰伊内将军近卫坦克第2军下属的三个坦克旅，同步兵第183师的步兵一起于8时30分开始行动。尽管布尔杰伊内的这个军只能投入略多于120辆坦克，但这一小股兵力还是在进攻中一往无前。他们积极迅猛的行动破坏了党卫队第二装甲军精心制订的计划，使“帝国”师的近95辆坦克和突击炮不能参加“警卫旗队”师的向东突击。[57] 更为严重的是，苏联人的反突击使“帝国”师无暇顾及掩护“警卫旗队”师的右翼。

“帝国”师的“德意志”团刚刚开始从伊万诺夫斯基新村东端向前推进，他们的战线就遭到苏联坦克第26旅在猛烈反坦克火力支援下的沉重打击。正当“德意志”团第3装甲掷弹兵营且战且退的时候，一次强有力的坦克冲击又狠狠打在该团第1营的右翼。这股兵力在A. K. 布拉日尼科夫上校近卫坦克第4旅的引领下，横扫这个党卫队营，并突破其友邻“元首”团第1营的前沿防御阵地，越过别列尼希诺北面的铁道线，进抵亚斯纳亚波利亚纳村的东端。与此同时，“元首”团的第1营和第4营还在别列尼希诺及其以南，遭到S .M. 布雷金中校的近卫坦克第25旅和S. K. 涅斯捷罗夫上校的近卫坦克第26旅的攻击，分别被击退到亚斯纳亚波利亚纳和加里宁两村的外围。“帝国”师的战史用下面的文字描述这场战斗行动：

“德意志”团继续掩护着前进中的“警卫旗队”师右翼，而“帝国”师余部则依旧保持防御状态，奋力击退敌步兵和坦克的一连串攻击。有一件令人感兴趣的事是，这个师使用他们从哈尔科夫某工厂缴获的一批T-34来向俄国人反戈一击。这天，他们看到一支由50台俄国车辆组成的纵队正在大小山谷中择路穿

① 译注：原文为右。

行……纵队的前进方向表明它正前去进攻“元首”团。师里的这群T-34就停在俄国纵队上方的高地上，它们射向俄国坦克的炮火是毁灭性的。装甲兵们使用的是一种早在对俄战争初期就已学会的战术：首先打掉敌人的指挥坦克。这是唯一一辆同时安装无线电接收机和发射机的坦克，而其余坦克都只有接收机，不能通过无线电互相联系。红军在战术上还有另一个弱点。俄国坦克的后甲板上都驮着一个装有备用燃料的金属筒。只要击中并点燃这个筒，就可以让这辆坦克“彻底泡汤”[58]。

另一份作品刻画出弥漫在德军队伍中的懊恼，同时也揭示了这种懊恼的根源：“‘帝国’师右翼的激战仍在继续。布赖特的几个师至今仍未赶到，在他们和豪塞尔军之间形成的缺口多次遭到苏联近卫坦克第2军的冲击。这个活见鬼的缺口！‘俄国人对我方侧翼的攻击牵制着我们有生力量的一半，对于我们进攻普罗霍罗夫卡之敌的行动来说，这是在釜底抽薪。’团长西尔维斯特·施塔德勒愤愤不平地抱怨道。”[59]

14时30分，正当“帝国”师从其他地段调来兵力增援陷入困境的右翼时，布尔杰伊内坦克旅的突击已告结束。表面上看，是德国人的顽强抵抗和本方坦克的严重损失阻止布尔杰伊内继续前进。而实际上，布尔杰伊内受阻另有原因。首先，强雷暴雨天气席卷这个地区，道路变得如胶水般泥泞，已不可能再进一步开展进攻。[60]更重要的是，南面的局势急剧恶化，肯普夫的第三装甲军正在沿北顿涅茨河兼程北进，迫使瓦图京要求布尔杰伊内出手相助。当天晚些时候，布尔杰伊内做出的答复是派出他的近卫坦克第26旅南下，协助友邻抗击德国人的新威胁。由于他的军主力只剩下约50辆坦克的兵力，他别无选择，只能放弃千辛万苦得到的胜利果实，撤回原来的出发阵地并在那里转入防御。

正当罗特米斯特罗夫的集团军成功制止德国人向普罗霍罗夫卡正面进攻，并且疲惫地关注德国装甲兵在南面的进展时，他们在普肖尔河以北的局面却逐渐恶化。“髑髅”师在这里集结了该师党卫队第3装甲团的121辆坦克和突击炮，以及党卫队第六“艾克”装甲掷弹兵团的一些掷弹兵，进攻并突破了位于226.6高地的苏联防线，沿普肖尔河北岸的山脊向北推进。[61]苏联的官方保密文献是这样叙述的：

截至12时，德军指挥部清楚地认识到自己突破至普罗霍罗夫卡的企图已告失败，遂决定转而支援其奥博扬方向的主要集团。为此，他们以部分兵力沿普肖尔河北岸实施突破，企图合围近卫第6集团军和坦克第1集团军的侧翼，进而前出至普罗霍罗夫卡以北的近卫坦克第5集团军后方。

为达此目的，德国人在"红十月"村、科兹洛夫卡地区集中了一个突击集团，共有100辆坦克、1个摩托化步兵团，多达200台摩托车和几辆自行火炮。12时整，该突击集团在航空兵保障下转入进攻，突破我近卫步兵第52师的防御，并于13时前占领了226高地。进攻之敌在该高地北坡遭到预先在此地区设防的近卫步兵第95师各部队顽强抵抗。德军坦克、步兵和摩托车手试图突破防御的所有尝试，均被该师各部队以火力和反冲击成功击退。至18时整，敌人停止攻击并开始变更部署。

一场大规模空袭过后，德国人于20时整又一次攻击近卫步兵第95师的战斗队形，截至夜幕降临时，已将我军各部队击退，并占领波列扎耶夫，但未能沿此方向有更大进展。[62]

德国人的突击不但使原先已经严重减员的近卫步兵第52师现在彻底丧失战斗力，而且严重动摇着近卫步兵第95师的防御稳定性。即便罗特米斯特罗夫在傍晚时分投入自己第二梯队的近卫步兵第42师，局面似乎也没有得到改善。罗特米斯特罗夫在他的回忆录里这样描写当时局面的危险程度，以及他为扼制"髑髅"师的进攻势头而采取的补救措施：

截至13时整，敌军坦克已在红十月村和科切托夫卡［应为：科兹洛夫卡］一带成功突破近卫步兵第95师和第42师的战斗队形，并继续朝东北和东方向推进到韦谢利伊—波列扎耶夫一线。必须迅速消除对我集团军右翼和后方的威胁，同样要帮助我们友邻的A. S. 扎多夫中将的近卫第5集团军。该集团军根本没有坦克，也没有得到足够的炮兵支援。何况，这个集团军基本上从行进间直接进入交战，在进攻之敌的面前展开自己的主要兵力。

既然我的预备队要么已经参加战斗，要么正在南下，我就不得不从自己的主要集团抽调兵力来帮助扎多夫。我命令［近卫机械化第5军的］近卫军上校V.

P. 卡尔波夫的近卫坦克第24旅，前往“K. E. 伏罗希洛夫”国营农场一带，并在那里与坦克第18军右翼的各部队和近卫第5集团军的步兵协同动作，歼灭位于波列扎耶夫的敌人。同时，I. B. 米哈伊洛夫上校的近卫机械化第10旅成功运动到奥斯特连尼科夫（普罗霍罗夫卡西北9公里），其任务是防止敌人向东北方向运动。上述各旅向这些地带的决定性开进，以及他们随后同希特勒分子用于突破的坦克展开的决定性遭遇战，稳定了近卫坦克第5集团军和近卫第5集团军侧翼接合部的局面。敌人被迫后撤，然后转入防御。[63]

罗特米斯特罗夫的回忆虽大致准确，但在时间上略有提前。实际上，他那两个旅的生力军用了大半个晚上才到达自己的预定出发阵地；直到13日拂晓，才在近卫步兵第95师和第42师的步兵支援下进入交战。在此期间，“髑髅”师不仅加固了自己的前沿阵地，还迫使坦克第18军将该军部分兵力派到普肖尔河北岸，帮助已严重减员并陷入困境的摩托化步兵第11旅。[64]

总体来说，罗特米斯特罗夫在7月12日没能彻底阻止德国人，只是改变了他们的前进方向。作战汇报含糊不清地写道：“因此，7月12日期间，近卫坦克第5集团军未能完成分配给它的任务。由于发生正面遭遇，该集团军的下属各军与敌人的大批坦克展开激烈交战，并在此过程中被迫转入防御。7月12日夜间，该集团军下属各军奉命沿现有战线加强防御并重新集结部队，准备7月13日早晨继续进攻。”[65]

罗特米斯特罗夫很清楚，白天的交战对他的集团军作战能力造成怎样的影响。波波夫的坦克第2军只剩下一个徒有虚名的空架子，在战斗中发挥不出什么作用。布尔杰伊内的近卫坦克第2军同样消耗殆尽，该军的剩余战斗力主要保存在正向南开进的坦克第26旅。罗特米斯特罗夫的集团军预备队也已南下，斯克沃尔佐夫的近卫机械化第5军主力，有的同样已经南下，有的正在北上，对付右翼面临的威胁。罗特米斯特罗夫手里只剩下两个受到重创的军，即坦克第18军和第29军，合计只剩下约200辆坦克可以参加第二天早上的下一轮进攻。

7月12日傍晚，根据罗特米斯特罗夫的指示，巴哈罗夫和基里琴科着手巩固自己的防御阵地，将当天战斗中遭受重创的部队后撤至第二梯队，并为现有的车辆补充燃料和弹药。瓦图京在方面军司令部全力督促向他们前送备用坦克。与此同时，巴哈罗夫用他的坦克第170旅和181旅组建了一个突击集团，命令他们于次日上午再次进攻瓦西里耶夫卡。他的坦克第110旅准备提供支援。基里琴科用摩托化步兵第53旅和近卫空降兵第9师的步兵，替换下严重减员的坦克第31旅和第32旅，把这两个旅配置在“十月”国营农场周围的第二梯队防线上。他一直都在担心自己筋疲力尽的部下能否在第二天早上重新发起进攻，尤其是因为近卫机械化第5军再也不能向他提供什么支援。

基里琴科并不知道，罗特米斯特罗夫现在越来越关注两翼的事态发展，特别是“髑髅”师在普肖尔河以北和第三装甲军在南面造成的威胁。夜幕降临的时候，罗特米斯特罗夫觉得自己已经有把握成功应付第一个威胁。“到了明天早晨，”他想，“那两个新锐的快速旅，再加上近卫第42师和95师的步兵，应该能够消除‘髑髅’师的威胁。”为以防万一，他还命令近卫空降兵第6师连夜行军，赶去参加这次反击。不过，对于第二个威胁，罗特米斯特罗夫却不太有把握。他已经为此派出了他的集团军预备队，现在传来的坏消息又迫使他进一步分出宝贵的兵力南下。由于罗特米斯特罗夫全神贯注于这些问题，他没有时间也不愿意去考虑另一个威胁：第四十八装甲军的预定北进。幸运的是，瓦图京既有时间又有意愿去做这件事，并在7月12日一劳永逸地解决掉这个威胁。

注释

1. 戈特哈德·海因里希和弗里德里克·威廉·豪克合著，约瑟夫·韦尔奇英译《堡垒：攻击俄国的库尔斯克突出部》（美国国家档案馆），第69页引用的是《德国国防军统帅部作战日志》第三卷，1943年7月10日的日志。

2. 阿尔伯特·西顿著《苏德战争1941—1945》（纽约：普雷格出版社，1971年版），第365页探讨了苏联传统历史学在这个问题上的观点，其基本主张是库尔斯克会战把德国人牵制在了东线，盟军才能取得自己的胜利。苏联学者很少讨论具有同等可能性的反方向推论，比如盟军入侵西西里导致希特勒取消“堡垒”行动。小沃尔特·S. 邓恩在其作品《库尔斯克：希特勒的赌局，1943》（康涅狄格州韦斯特波特：普雷格出版社，1997年版）第190—191页中认为，入侵西西里至少在某种程度上是希特勒用来撤销这场他认为无望获胜的战役的一个借口。

3. 例如，见P. A. 罗特米斯特罗夫著《库尔斯克会战》（莫斯科：进步出版社，1974年版），第172页。罗特米斯特罗夫的作品和其他苏联资料称，他第一梯队各军的500辆坦克遭遇的是700辆德国坦克。另有些苏联资料则确定近卫坦克第5集团军的总兵力为850辆坦克和自行火炮。P. P. 韦奇内等人编辑的《战争经验研究材料选集》（*Sbornik materialov po izucheniiu opyta voiny*）第11册，1944年3—4月（莫斯科：军事出版局，1944年版），第148—149页给出德国的装甲车辆总数是600辆，其中有100辆“虎”式，而近卫坦克第5集团军（含坦克第2军和近卫坦克第2军在内）共有793辆坦克和自行火炮，其中有501辆T-34、261辆T-70和31辆“丘吉尔”。苏联资料中提到的德国装甲车辆数量，一般指党卫队第二装甲军和第三装甲军的总数。保罗·卡雷尔原著，爱德华·奥泽斯英译《焦土：希特勒的对俄战争1941—1943》第二卷（伦敦：乔治·哈拉普出版社，1970年版），第80页赞同苏联的观点，认为党卫队第二装甲军的装甲车辆有600辆，第三装甲军有300辆，并接受苏联资料中的数字，认为近卫坦克第5集团军有850辆坦克和自行火炮。德国装甲车辆的这几个数字显然有所夸大。

4. 海因里希著《堡垒》，第92条注释称，“肯普夫”集团军级支队7月11日拥有的装甲车辆是120辆坦克（其中23辆“虎”式）和约60辆突击炮。他同时给出党卫队第二装甲军7月12日可用于作战的装甲车辆有208辆坦克（其中20辆“虎”式）、54辆突击炮和11辆缴获的苏制T-34坦克。党卫队第二装甲军的记录则称该军7月10日的实力是205辆坦克和67辆突击炮，具体到各师是：“阿道夫·希特勒警卫旗队”师有59辆坦克和20辆突击炮，“帝国”师有63辆坦克和26辆突击炮，“髑髅”师有83辆坦克和21辆突击炮。第四装甲集团军和“肯普夫”集团军级支队总共有约400辆坦克和突击炮，这一数字显然比先前苏联和德国的估计数字更准确。到7月12日，党卫队第二装甲军的实力又回升到293辆坦克和突击炮。详见附录D。

5. 计算在内的有：“警卫旗队”师和“帝国”师的172辆坦克和突击炮、罗特米斯特罗夫下属坦克第2军、第18军和第29军的略多于400辆坦克和自行火炮。

6. 具体包括：罗特米斯特罗夫新锐的第18军和第29军、已经消耗殆尽的坦克第2军一部和近卫机械化第5军一部。

7. 格特曼的军还得到近卫反坦克歼击炮兵第4团，反坦克歼击炮兵第12团、第35团和第1837团的加强，同时反坦克歼击炮兵第727团则加强给坦克第10军。

8. 其中近卫坦克第5军和坦克第31军各剩下100辆坦克，机械化第3军有50辆，其余50辆属于加强给他们的坦克第180旅和第192旅。加强的反坦克兵力包括反坦克歼击炮兵第14旅、第28旅和第29旅，反坦克歼击炮兵第222团、第1244团和第869团的火炮。近卫步兵第51师和近卫步兵第67师还剩下原有人数的约40%。

9. 例如，可参阅厄尔·F. 齐姆克著《从斯大林格勒到柏林：德国在东线的失败》（华盛顿特区：美国陆军军事历史主管办公室，1968年版），第136页写道："以'大德意志'师为例，原来的300辆坦克中现在只剩下87辆还可以用于战斗。"其余大部分坦克都可以修复。7月10日的突击中，冯·诺贝尔斯多夫总共能够投入约200辆坦克和突击炮，其中一半以上用于对付苏联的坦克第6军。齐姆克给出的数字似乎能够体现"大德意志"师经过激烈侧翼交战后的真正实力。详见附录D。

10.《选集》第11册，第146页称："坦克第200旅和第112旅的坦克和摩托化步兵组成几个独立集群，彼此失去了联系，被合围在别列佐夫卡以北地区。天黑之前，他们一直在原地同敌坦克和步兵战斗，随着夜幕降临，他们开始向别列佐夫卡一带聚集。经过激烈的战斗，坦克第6军遭到重大损失：截至7月10日日终时，只剩下不到35辆坦克和10门反坦克炮还能继续使用。随着夜幕降临，该军开始集结在白天交战中分散开来的坦克，并组织对坦克防御。"

11. Ia. 济明著《坦克第1集团军在库尔斯克防御交战中的作战行动》（*Boevye deistviia 1-i tankovoi armii v oboronitel'nom srazhenii pod Kurskom*），刊登在《军事思想》第3期（1957年3月刊），第52页。

12. A. L. 格特曼著《坦克开向柏林（1941—1945）》【*Tanki idut na Berlin (1941-1945)*，莫斯科：科学出版社，1973年版】，第108页。A. V. 卡拉瓦耶夫的坦克第112旅战史：《铁甲雄心》（*Serdtsa i bronia*，莫斯科：军事出版局，1971年版），第30—32页同样生动地描绘了这场激烈战斗的场面，这场战斗导致该旅到7月11日只剩下13辆T-34和4辆T-70。

13. M. E. 卡图科夫著《在主攻地点》（*Na ostrie glavnogo udara*，莫斯科：军事出版局，1976年版），第235页。

14. 赫尔穆特·施佩特尔著《"大德意志"装甲军史》第二卷（加拿大温尼伯：J. J. 费多罗维茨出版社，1995年版），第127页。

15. 同上，第128页。

16. F. W. 冯·梅伦廷著《坦克战》（诺曼：俄克拉荷马大学出版社，1956年版），第225—226页。

17. 同上，第226页。

18. 施佩特尔著《"大德意志"装甲军史》，第129页。

19. 卡雷尔著《焦土》，第72页。

20.《选集》第11册，第68页。

21. 同上。

22. 同上，第147页。

23. 同上。截至7月12日，近卫坦克第5军和坦克第10军共有约220辆坦克，另有50辆坦克属于加强兵力（来自坦克第6军和若干独立坦克团）。机械化第3军和坦克第31军的实力更模糊不清，可能总共剩下不到150辆坦克。

24. 亚努斯·皮耶卡尔凯维茨原著，米凯拉·尼尔豪斯英译《"堡垒"行动：库尔斯克和奥廖尔》（加利福尼亚州诺瓦托：普雷西迪奥出版社，1987年版），第168页。作者没有提供这一数字的出处。这可能是准确的，因为海因里希在《堡垒》中提到，7月11日“肯普夫”集团军级支队的实力是120辆坦克和60辆突击炮。

25.《选集》第11册，第70页。

26. 鲁道夫·莱曼原著，尼克·奥尔科特英译《“警卫旗队”师（第三卷）》（加拿大温尼伯：J. J. 费多罗维茨出版社，1993年版），第227页。

27. 同上，第230页。报告称，有38辆俄国坦克被“虎”式坦克和反坦克歼击车击毁，九辆被突击炮击毁，6辆毁于近距离战斗。另外，战斗工兵（工程兵）营报告共排除336颗用木箱制作的地雷。党卫队第二装甲军报告，7月10日整个军总共击毁苏联的37辆坦克和37门反坦克炮。参阅西尔维斯特·施塔德勒著《1943年库尔斯克进攻战役：在大规模战斗日作为突击尖刀的党卫队第二装甲军》（*Die Offensive gegen Kursk 1943: II. SS-Panzerkorps als Stosskeil im Grosskamp*，奥斯纳布吕克：穆宁出版社有限公司，1980年版），第90页。

28. 过去的两天当中，罗特米斯特罗夫的集团军已经开进了230—280公里，其中有一部分乘火车开进，但不是全部。所有文献记录都显示，通过保养人员的超常努力，该集团军的大部分坦克仍然可以开动。考虑到苏联人原来在保养工作中存在的问题，行军造成的损耗很可能比文献记载更严重。近卫坦克第5集团军的集结地域位于奥博扬和普罗霍罗夫卡之间的博布雷舍沃、大普辛卡、普列列斯特诺耶、亚历山德罗夫卡①和大谢提地区。

29. P. A. 罗特米斯特罗夫著《钢铁近卫军》（*Stal'naia gvardiia*，莫斯科：军事出版局，1984年版），第180页。

30. 同上，第181页。

31. 同上，第174页、第181页。特鲁法诺夫集群曾在前往普罗霍罗夫卡的长途行军过程中担任集团军的先遣支队，由近卫坦克第53团、独立摩托车第1团、榴弹炮兵第678团和反坦克歼击炮兵第689团组成。因此，其主力是21辆KV重型坦克和24门反坦克炮。

32. “警卫旗队”师参加7月11日交战的是67辆坦克和10辆突击炮。详见附录D。

33. I. A. 萨穆楚克和P. G. 斯卡奇科合著《空降兵攻击》（*Atakuiut desantniki*，莫斯科：军事出版局，1975年版），第27—28页。书中提到的烈酒是准确反映苏联人面貌的真实写照。根据条令，苏联军队的“灵感”来自每天定量配给的伏特加。见V. V. 韦尼阿米诺夫著《麻醉剂的克数》（*Narkotovskie grammy*），刊登在《军事历史杂志》第5期（1995年9—10月刊），第95—96页。根据1942年11月12日颁布的国防委员会第2507号命令，一线部队的战士每人每天可以得到100克伏特加的定量。

34. 萨穆楚克和斯卡奇科合著《空降兵攻击》，第29—30页。

35. 罗特米斯特罗夫著《钢铁近卫军》，第181—182页。

36. 同上，第182—183页。

37. 莱曼著《“警卫旗队”师》，第233页。

38. 施塔德勒著《1943年库尔斯克进攻战役》，第99页。

---

① 译注：此处原文作亚历山德罗夫斯基。

39. 莱曼著《“警卫旗队”师》，第233—234页。这批被击毁的敌坦克全部都是党卫队第二装甲掷弹兵团的战果。

40. 同上，第234页。坦克总数中，有四辆二号、五辆三号、四十七辆四号和四辆六号（“虎”式）坦克。

41. 同上，第233页。

42.《选集》第11册，第149页。

43. 萨穆楚克和斯卡奇科合著《空降兵攻击》，第33页。

44.《选集》第11册，第149页。

45. 罗特米斯特罗夫著《钢铁近卫军》，第184页。

46. 官方记录显示，“阿道夫·希特勒警卫旗队”师有67辆坦克（其中四辆“虎”式）和10辆突击炮。海因里希著《堡垒》引用的数字稍大，因为该数字包括了这个德国师的近10辆俄制T-34坦克。

47. 弗兰茨·库罗夫斯基著《德国装甲兵王牌》（加拿大温尼伯：J. J. 费多罗维茨出版社，1992年版），第124页，这段内容引自党卫队第1装甲团第6连连长鲁道夫·冯·里宾特洛甫二级突击队中队长的叙述。

48. 莱曼著《“警卫旗队”师》，第234页。

49. 同上，第234—235页。引自反坦克歼击营一名炮手胡贝特·诺伊策特的叙述。

50. 罗特米斯特罗夫著《钢铁近卫军》，第186页。

51. 卡雷尔著《焦土》，第82页。引用罗特米斯特罗夫的这段文字，正是卡雷尔的书名出处。

52.《选集》第11册，第150页。

53. 莱曼著《“警卫旗队”师》，第236页生动描述了炮兵与坦克之间的这场交战。这批苏联坦克来自坦克第31旅和坦克第32旅。

54. 同上，第237页。

55. 近卫坦克第55团由M. 戈利德贝格中校指挥，隶属于近卫机械化第5军的近卫机械化第12旅。该团此前曾与当天下午晚些时候进入交战的近卫坦克第53团一起，被派往前方弥补波波夫坦克第2军的防御弱点。

56. 同上，第238页。

57. 党卫队第二装甲军的记录称，“帝国”师的装甲实力为68辆坦克（其中有1辆“虎”式和8辆T-34）和27辆突击炮。海因里希著《堡垒》，第92条注释，给出的总数略高。

58. 詹姆斯·卢卡斯著《帝国师：党卫队第二师在战争中的作用》（伦敦：武器与铠甲出版社，1991年版），第111页。

59. 卡雷尔著《焦土》，第82—83页。

60. 同上，第111页这样写道：“随着夜幕降临，战斗的嘈杂声消失了，倾盆大雨使近卫坦克第2军无法再攻击‘元首’团暴露的右翼；由于肯普夫的装甲兵尚未同党卫队员们建立联系，这里仍然没有得到掩护。”

61. 党卫队第二装甲军的记录称，“帝国”师的装甲实力为101辆坦克（其中有10辆“虎”式）和20辆突击炮。海因里希著《堡垒》中引用的总数略低。该师7月12日的损失可能是这个数字的一半左右。

62.《选集》第11册，第151页。党卫队第二装甲军于19时50分［莫斯科时间21时50分］发出的一份情况报告称，“髑髅”师的装甲战斗群已经切断别列戈沃耶—卡尔塔舍夫卡公路，并在公路两侧占领阵地。见施塔德勒著《1943年库尔斯克进攻战役》，第104页。近卫步兵第95师在同“髑髅”师交战中发挥的作用，见A. I. 奥列伊尼科夫著《诞生在扎波罗热的土地上》(*Rozhdennaia na zemliakh zaporozhskikh*，基辅：乌克兰政治文学出版社，1980年版)，第70—77页。

63. 罗特米斯特罗夫著《钢铁近卫军》，第189—190页。

64. 坦克第10军变更部署并转隶坦克第1集团军时，将其下属的摩托化步兵第11旅留在普肖尔河沿岸。该旅的作战详情，见I. M. 克拉夫琴科和V. V. 布尔科夫合著《第聂伯河坦克第10军》(*Desiatyi tankovyi dneprovskii*，莫斯科：军事出版局，1986年版)，第94—95页。该旅的摩托化步兵第2营受到"髑髅"师的攻击，在普肖尔河河谷陷入合围并损失殆尽。全旅只有30%的人员从当天战斗中幸存下来，并损失了全部重装备，于次日后撤并编入预备队。

65.《选集》第11册，第151页。

库尔斯克会战期间，红军的主力坦克是1943年型的T-34。由于苏联的策略是减少现代化改进，换取最大化的产量，库尔斯克战场上的红军坦克缺少能与德国新式重型坦克相抗衡的火力和装甲

1943年7月，库尔斯克地区的战事爆发之前，近卫坦克第五军一个1943年型T-34坦克的乘员组正在享受音乐带来的闲暇时光

红军在1943年的战斗中使用过一些“租借”坦克。照片中，一辆“租借”的美国M3“李”中型坦克被德国炮火击中后起火燃烧。M3中型坦克因其陈旧的设计布局和极其薄弱的装甲，得到一个可怕的绰号：“七兄弟之墓”

至少有一个红军的重型坦克团使用“丘吉尔”步兵坦克参加了1943年在库尔斯克的战斗。“丘吉尔”尽管有厚实的装甲，但以苏联的标准来看，速度慢，武器水平差，于是只配备支援步兵的部队

1943年苏联的标准重型坦克是KV-1S。为减轻整车总重量，它的炮塔比以前的型号更小。因为KV系列与德国“虎”式坦克相比极为低劣，所以红军在1943年停产KV，转产彻底重新设计的IS-2重型坦克

1943年红军的标准轻型坦克是T-70。在早期的T-60基础上，T-70有个装备45毫米坦克炮的更大炮塔。它同样太轻，不能对德国坦克造成严重威胁。该坦克之所以在一直生产，是因为制造它们的汽车厂不能生产中型或重型坦克

苏联军人为SU-152突击炮取的绰号是“猎兽人”（Zvierboi），因为他们认识到这种武器可以击毁德国新的“豹”式、“象”式和“虎”式坦克。这是把152毫米加农榴弹炮简单粗暴地安装在KV-1S坦克底盘上的即兴创作，在库尔斯克会战期间，只有少量服役

虽然提到库尔斯克会战，通常会令人联想起“虎”式和“豹”式坦克，但是三号（照片背景处）和四号坦克（照片前景处）才是构成1943年德国坦克大军的主力。这两辆坦克都在侧面加装了装甲裙板，尽量降低苏联反坦克枪的功效

1943年在库尔斯克实施冲击的德国四号坦克。炮塔周围附加的装甲经常使苏联的坦克手们把四号坦克误认为“虎”式坦克，致使历史作品常常夸大在库尔斯克参战的“虎”式坦克的数量和重要性

库尔斯克会战期间，一群红军战俘坐在一个排的德国“豹”式坦克附近。“豹”式坦克虽然最终发展成为德国军火库中最令人生畏的武器之一，但是它在库尔斯克的战斗表现令人失望，因为其动力系统还不成熟

一辆“虎I”式重型坦克后面跟着轻得多的三号坦克。在战场上,“虎I”的88毫米炮可以摧毁任何一种苏联坦克，而它厚实的前装甲又使得它在苏联坦克火力面前几乎坚不可摧。制造“虎”式所需的大量工时，意味着已经出厂的这种坦克只能用于执行特殊任务，例如在库尔斯克进攻期间作为战斗队形的尖刀

“象”式反坦克歼击车是最能让人联想起库尔斯克会战的装甲车辆。“象”式，也被称为“费迪南”式，是一个移花接木式的即兴作品，利用保时捷的重型坦克设计项目失败后的剩余底盘，用固定的上层建筑加装了一门88毫米炮。“象”式虽然在远射程执行掩护射击任务时相当有破坏力，但是在近距离与步兵交战时很容易受到攻击

三号突击炮是德国国防军中的“勤杂工”，是用过时的三号中型坦克底盘，加装四号坦克的长身管75毫米炮。虽然这种突击炮没有可回转的炮塔，导致其缺乏坦克般的灵活性，但是实践证明它在提供直瞄炮兵火力和对坦克防御方面，是一种无与伦比的步兵支援武器

库尔斯克的战斗期间，德国人使用了一批特种装甲工程兵部队，他们使用由三号突击炮遥控的B Ⅳ爆破车辆（照片中位于前方类似小坦克的那台车辆）[①]。设计这种遥控车辆的本意是用来攻击严密设防的地堡，但像德国的许多设计创意一样，这种灵巧的技术兵器在战斗中被证明并不实用

① 译注：SdKfz 301 B Ⅳ，后期使用“虎”式坦克遥控。

德国的标准机械化步兵车辆（照片中正在经过一门苏联的ZIS-3型76毫米师属火炮）是哈诺莫格生产的SdKfz 251半履带车，装甲掷弹兵部队使用这种车辆运输他们的步兵

装甲师的建制炮兵往往是机械化的。标准装备类型是黄蜂，这是用过时的二号轻型坦克底盘，加装一门105毫米榴弹炮。照片左侧是一门苏联的ZIS-3型76毫米师属火炮

为了对付苏联的“斯图莫维克”伊尔-2强击机，德国装甲部队配备移动式高射炮，其标准型号是安装在德马格产一吨半的半履带车底盘上的一门20毫米 Flak 30自动火炮

照片中的苏联步兵装备着广泛使用的波波沙（PPSh）冲锋枪，他们正穿过一座已化为废墟的城镇。到1943年夏季，红军已比其他国家的陆军更重视使用冲锋枪。波波沙的优点之一是操作方便，制造成本和弹药价格低廉

红军步兵的主要反坦克武器是PTRD型14.5毫米反坦克枪。这种枪在1941年用来对付装甲较薄的德国坦克时多少有些效果，但到1943年就已经过时。战争后期，红军缺少现代化的步兵反坦克武器，已成为一个重大缺陷

直到1943年，红军仍在大量使用过时的1932式45毫米反坦克炮。1943年开始装备一种加长身管的改进型号，但仍然不足以对付装甲更厚的德国新式坦克

红军拥有的最有效反坦克武器之一是反坦克地雷。这种地雷大量用于库尔斯克突出部的各防御带

红军的标准重机枪是安装在笨重的PM 1910轮式枪架上，第一次世界大战时的7.62毫米马克沁，与德国机枪相比，这种机枪相形见绌

“堡垒”行动之后的几场反攻战役，彰显出苏联人实施进攻战役的水平日渐成熟，特种侦察兵（razvedchik）组成的先遣侦察部队得到越来越广泛的应用，他们是当代苏联/俄罗斯几支特种使命部队（Spetsnaz，破坏—侦察部队）的前身

苏德战争期间，苏联炮兵的规模和能力都在不断增长。这支部队装备的是1937（ML-20）式152毫米加农榴弹炮，有效射程17公里，是隶属各集团军和方面军的重型炮兵旅的典型装备

第六章
德军止步

两翼的交战，7月12日

7月11日，瓦图京将军策划12日的反突击时，将重点放在卡图科夫的坦克第1集团军、奇斯佳科夫的近卫第6集团军、罗特米斯特罗夫的近卫坦克第5集团军和扎多夫的近卫第5集团军的攻击，针对的是德国党卫队第二装甲军和第四十八装甲军造成的主要威胁（见地图20）。不过，与此同时，瓦图京也在持续关注着自己方面军沿北顿涅茨河沿线分布的左翼，命令近卫第7集团司令员舒米洛夫将军，以第二梯队的步兵第49军向拉祖姆诺耶以东的德国“肯普夫”集团军级支队右翼发起攻击。这场攻击的目的是在这一地段为德国人制造危机，吸引并牵制第三装甲军的兵力，防止他们继续向普罗霍罗夫卡推进。

虽然舒米洛夫执行了瓦图京的命令，但是这次进攻未能达成最终目标。一份苏联的评论含糊地记录道：“7月12日9时整，根据方面军司令员的计划，近卫第7集团军步兵第49军（近卫步兵第73师、步兵第270师和步兵第111师）从索洛维耶夫集体农庄和波利亚纳国营农场地域转入进攻。经过激战，该军于日终时抵达207.9高地和191.2高地一线［前进不到两公里］。进攻的后续尝试进展甚微。”[1] 这份评论还补充了一些既不客观又不准确的内容，称：“7月12日的战斗迫使敌人放弃继续向北进攻并突破至普罗霍罗夫卡的进一步尝试。7月12日是德国进攻遭遇最终危机的一天，也正是在这一天，敌人彻底放弃了从南面夺取库尔斯克的原定任务。”[2]

事实上，尽管舒米洛夫的近卫第7集团军和克留奇金的第69集团军严重迟滞了肯普夫的推进，并阻止他于7月12日在普罗霍罗夫卡与党卫队第二装甲军会师，但局势可谓千钧一发。因为7月12日一早，第三装甲军以出人意料的方式继续北进，到日终时，距离普罗霍罗夫卡只剩下略多于15公里。如果说肯普夫的军队未能参加向库尔斯克的最后冲刺，那么也不是因为他们无法与党卫队第二装甲军建立联系。而是因为这样的联系建立得太晚，并且到那时阿道夫·希特勒已经命令冯·曼施坦因放弃“堡垒”行动。

7月12日上午，肯普夫和他麾下第三装甲军军长布赖特都一门心思钻研怎样赶到普罗霍罗夫卡，而且要尽快。为此，布赖特充分利用第6装甲师前一天向卡扎奇耶的迅猛推进，组织了一次大胆的装甲突击。布赖特命令冯·许纳斯多夫将军第6装甲师的第4装甲掷弹兵团留在卡扎奇耶，继续向亚历山德罗夫卡进攻；由贝克少校指挥的该师第11装甲团，则奉命在第503装甲营“虎”式坦克的支援下冲向北面，准备于次日上午夺取勒扎韦茨和北顿涅茨河上的关键渡口。施密特将军的第19装甲师应利用第6装甲师北进引发的震惊，沿北顿涅茨河南岸同时跃进，夺取关键城镇克里夫采沃，入夜后在勒扎韦茨同第6装甲师会师，及时协助后者在7月13日早些时候开展至关重要的强渡行动。

德国情报机关相信，布赖特当面之敌主要是步兵，其中包括近卫步兵第81师、近卫步兵第89师、近卫步兵第92师、近卫步兵第93师和步兵第305师，还有几个不满员的坦克旅提供的零星反坦克炮和支援步兵的坦克。[3]他们的估计基本正确，因为瓦图京依靠罗特米斯特罗夫和舒米洛夫的攻击，分散第三装甲军的注意力并遏制他们的前进。一部杰出的德国作品准确地记述了布赖特冲向勒扎韦茨时的戏剧性场面：

布赖特值得信赖。他是我军经验最丰富、战绩最出色的坦克指挥官之一……最关键的是……布赖特将军的第三装甲军必须渡过顿涅茨河。

勒扎韦茨距离主战场约12英里，到了那里就能听到普罗霍罗夫卡战场的隆隆炮声。得到加强的第11装甲团里，各级指挥官和参谋长都坐在他们战斗群主官的指挥坦克旁边。

冯·奥珀伦－布罗尼科夫斯基上校正在聆听少校弗朗茨·贝克博士的建议。通过一场大胆的袭击战和相当艰苦的战斗，他们已经实现了当天的进攻目标，到达距离北顿涅茨河仅八英里远的卡扎奇耶。贝克现在提出的建议是，应在7月11/12日夜间以一场奇袭夺取壁垒森严的勒扎韦茨这座城镇，渡过顿涅茨河并建立桥头阵地。

奥珀伦有些顾虑。师部的命令是第二天先实施炮击，再强渡河流。贝克反对说，这里的俄国人实力较强，白天进攻势必代价高昂，夜间偷袭也许更容易得手。

也许！也就是说并不肯定。但是，奥珀伦是一位经验丰富的坦克指挥官，他接受了贝克的推理。他表示同意。

贝克按照传统方式组织这场奇袭。夜幕降临后，他率领自己的第11装甲团第2营，与伦布克中尉指挥的第114装甲掷弹兵团第2（装甲输送车）营一起向顿涅茨河开去。他们将一辆缴获的T-34坦克安排在队伍的最前方，以欺骗敌人。的确，这辆坦克上早已涂上了德意志十字，但并不是太大。再说，常言道，猫在夜晚皆灰色。重要的是轮廓。

保持无线电静默，不许开火，不许交谈，但可以吸烟。事实上，官兵们被鼓励跨坐在坦克顶上，吸着烟摆出一副轻松的模样，仿佛这就是一支普通的部队在正常行军。“但一个德国字都不准说”，各连连长都这样向部下强调。

这支幽灵般的车队就这样出发了。贝克身先士卒，后边紧跟着一队坦克、一些搭载着掷弹兵和工兵的装甲输送车，再后面是几辆指挥坦克。一路上只听见发动机的轰鸣和履带发出的叮当声。一队队敌人擦肩而过，队伍前方那辆T-34的轮廓确实骗过了俄国人。

他们经过一座又一座有人驻守、精心构筑的反坦克炮阵地和火箭炮阵地。暗淡的月光下，俄国人丝毫没有起疑，他们只是东倒西歪地在路边自己的阵地里面昏昏欲睡。他们对这样的队伍早已司空见惯，整整一天，有无数支苏联的队伍曾在他们身边隆隆驶过。贝克还超越了敌人的一队步兵。幸运的是，没有苏联士兵想过找坦克搭个便车。[4]

就这样，布赖特和贝克悄无声息地突破了苏联步兵第107师和近卫步兵第81师的步兵防线。按照瓦图京和克留乔金的命令仓促实施的变更部署，掩盖了德国人的进军。这部令人印象深刻的作品接下来描写：

前进约六英里后[贝克博士写道]，我们的T–34出了故障。毫无疑问，是受到民族情怀的感动，它停下并堵住了道路。于是我们的人不得不爬出坦克，尽管俄国人就站在他们周围，好奇地看着。我们将T–34拖离道路，推入壕沟，以便为其他车辆让开道路。尽管明令不许说一个德国字，还是传来了几句德语咒骂。从来没有哪句咒骂能让我像在勒扎韦茨这样心惊肉跳。不过俄国人什么都没有注意到。我们那辆T–34的乘员组登上了其他车辆，然后我们继续前进。

勒扎韦茨的第一批房屋出现在他们面前。同时出现的还有第一批苏联坦克。这些T–34排列在路边，舱盖敞开，乘员们正躺在草地上。但更糟的还在后面。搭乘先头坦克的胡赫特曼中尉通过无线电焦急地报告："俄国坦克正在朝我们开过来。我该怎么办?"贝克回答："先做个深呼吸，让我能从耳机里听到，然后再数数它们有多少。"

胡赫特曼的计数声从话筒中传来："1—2—3—4—5……10……15……20—21—22。"22辆敌军坦克。他们从德国车队旁边驶过，彼此只有一臂之遥。

所有人都松了口气。但突然间，苏联的车队显示出一些令人不安的迹象。几辆T–34驶离车队开了回来。难道他们注意到什么了吗?

贝克命令他的战斗群继续向勒扎韦茨前进。他让自己那辆只有一门木制假炮的三号指挥坦克停下来，横在路中间。7辆T–34驶过来，在大约20码的距离上围着贝克的坦克摆出一个半圆形。他们放平炮管，但显然也不太确定该怎样做，他们被黑暗迷惑了。情况看起来对贝克不利，一门木头炮当然没有多大用处。但必须做点什么，以免整个行动功亏一篑。把战斗群调回来已为时过晚，贝克决定虚张声势。他带领自己的传令官聪佩尔中尉一起跳出自己的指挥坦克。两人一手拿着一个炸药包，也就是"粘性炸弹"。他们从德恩预备中士的装甲输送车旁边冲过，德恩已准备就绪，正在等待开火的命令。

贝克猛冲几步，就把炸弹粘在第一辆敌人的坦克上。坐在坦克顶上的几名苏联步兵警觉地转过头来。其中一人举起步枪，但贝克一把从他手中把它夺走。他跳进路边的壕沟里隐蔽，却发现里边水深齐胸。接着传来两声沉闷的爆炸，原来聪普尔中尉那边，也把自己的炸弹粘在了另一辆坦克上。

两人起身再战，又粘上了两辆坦克。然后再次隐蔽，但这次只有一声巨响，另一枚炸弹没有起爆。

其中一辆T–34气势汹汹地转动炮塔。

贝克跳上一辆赶来的己方坦克，蹲在炮塔后边大喊："开火！"

德国炮手的动作比对手更快。仅发一炮就击毁了苏联坦克。

但是事情现在已是一团糟。悄无声息的旅行就此结束。俄国人发射出照明弹。机枪子弹从四面八方飞过来。

贝克的坦克和装甲输送车冲进镇内。他们摧毁了多处反坦克炮阵地。工兵们还缴获了一队火箭炮。

从河的方向传来几声闷响。"大桥！"贝克心中一凛。

片刻后，他的坦克停在了顿涅茨河大桥边。大桥已被炸毁。战斗群刚才错过了从镇内前往大桥的路口。

不过，工兵和掷弹兵还是设法通过一座人行桥到达河对岸。俄国人猝不及防，以至于德国人成功建立起一处桥头阵地。拂晓时分，贝克率领的第6装甲师先遣支队已在顿涅茨河北岸站稳脚跟。冯·许纳斯多夫将军立即将厄克尔上尉的第114装甲掷弹兵团第1营派过河去。7月12日傍晚之前，第19装甲师的"霍斯特"战斗群也跟了上来。布赖特军的几个装甲师得以经过迅速修复的桥梁过河，并扩大狭窄的桥头阵地。他们还拦截了一部分被打垮后试图逃回北岸的苏联部队。[5]

贝克长驱直入勒扎韦茨，令苏联人措手不及。当时，近卫步兵第92师和坦克第96旅正在穿过勒扎韦茨城区，向东变更部署，贝克的车队遭遇和击溃的就是他们。镇内的激战之后，这两个苏联兵团继续向东行军，前去阻止德国人向亚历山德罗夫卡的攻击，只留下当时作为预备队的步兵第375师一部，仓促展开在这里阻止德国人的前进。这股兵力显然不足以完成这个任务，于是一连串疯狂呼救的叫喊声响彻苏联的指挥系统，并通过第69集团军传到了方面军司令部的瓦图京那里。

第6装甲师的大胆夜袭也绝非一帆风顺。7月12日一早，德国空军的He–111轰炸机误击了位于北顿涅茨河北岸的第11装甲团指挥组，以为他们是俄国人。冯·许纳斯多夫将军和另外14名官兵在这次可怕的误击事件中负伤。[6]冯·许纳斯多夫决定留在师里继续指挥，而第114装甲掷弹兵团团长比贝尔施泰因少校和厄克尔上尉都伤重不治。两天后，冯·许纳斯多夫的军旅生涯也告结束，他成为一名苏联狙击手的牺牲品。[7]

尽管布赖特和贝克的奇袭非常激动人心，但到这天夜幕降临时，第三装甲军距离普罗霍罗夫卡仍有15公里，苏联的抵抗依旧顽强。根据这份同样坦率的德国资料："但是，贝克无法利用自己的有利条件。他利用奇袭夺取勒扎韦茨的时候，第6装甲师的主力一直在东面六英里外进攻亚历山德罗夫卡处的重要高地。然而，俄国人顽强地保卫着这个位于德军进攻方向侧翼，顿涅茨河防线上的关键地点。得到加强的第4装甲掷弹兵团各营，在亚历山德罗夫卡外围遭到敌人猛烈火力的压制。"[8] 因此，7月12日晚些时候，贝克的第11装甲团及伴随的第114装甲掷弹兵团大部不得不停下，向第19装甲师移交阵地，然后返回亚历山德罗夫卡支援第4装甲掷弹兵团。这就使肯普夫失去了第6装甲师奇袭带来的大部分益处。

苏联人的顽强抵抗绝非偶然。得知勒扎韦茨陷落后，瓦图京也果断采取行动。他的司令部参谋在凌晨4时整以前，已经向他报告了第三装甲军突袭勒扎韦茨的情况。尽管未能掌握德军兵力大小和具体编成的太多细节，而且报告声称勒扎韦茨尚未沦陷，瓦图京还是迅速意识到德军这次行动的重要意义。鉴于这里距离普罗霍罗夫卡较近，两地之间的苏联坦克也很少，可想而知，德国第三装甲军完全可以趁机向北直取普罗霍罗夫卡，置苏联人即将发起的侧翼攻击于不顾。习惯做最坏打算的瓦图京立即联系罗特米斯特罗夫，命令他向北顿涅茨河沿岸派出预备队。

罗特米斯特罗夫迅速行动起来。根据没有说明德国进攻兵力大小的初步报告，罗特米斯特罗夫向自己的副司令员K. G. 特鲁法诺夫将军发出警报，要求他的集群做好南下的准备。一小时后，罗特米斯特罗夫得知德军兵力约为70辆坦克和摩托化步兵，而且勒扎韦茨已经陷落之后，修改了发给特鲁法诺夫的命令。保密文献的记载是：

7月12日5时整，方面军司令员命令坦克第5集团军司令员迅速将强大的先遣支队投入雷金卡、阿夫杰耶夫卡、大波基亚鲁吉地域，阻止德军进攻并将其逐出雷金卡和勒扎韦茨。集团军司令员下令在副司令员特鲁法诺夫将军的全权指挥下组建两个支队。右[翼]支队包括近卫机械化第5军的近卫机械化第11旅和近卫机械化第12旅、近卫坦克第2军的近卫坦克第26旅。该支队抵达雷金卡和阿夫杰耶夫卡地域后，将近卫步兵第92师和步兵第375师的一个团也编入支队。左支队(原集团军先遣支队)包括独立摩托车第1团、近卫坦克第53团、榴弹炮兵第689团和榴弹炮兵第678团。[9]

特鲁法诺夫所部应当与已经同德国人接火的近卫步兵第81师、近卫步兵第92师和步兵第375师协同作战。最后，波波夫将军的坦克第2军也奉命抽调一个旅南下，但7月12日的事态发展使之未能成行。[10]而在7月12日这天加入特鲁法诺夫集群的，换成了N. A. 库尔诺索夫少校的近卫坦克第53团。特鲁法诺夫集群和克留乔金几个步兵师的联合力量，应“歼灭雷金卡、勒扎韦茨地域之敌，并于首日日终时进抵沙霍沃—谢洛科沃一线”[11]。

特鲁法诺夫的两个支队里面，实力最强的组成部分是两个机械化旅。每个旅各下辖一个装备32辆T-34和16—17辆T-70坦克的坦克团。[12] 7月11日晚些时候，他们还属于近卫机械化第5军的第二梯队或预备队，奉命准备于12日扩展坦克第29军和近卫坦克第2军的进攻。实际上，近卫机械化第12旅的近卫坦克第55团当时已经展开战斗队形，并准备支援这次进攻。计划的突然改变需要全面变更部署，并要求近卫坦克第55团退出战斗。

尽管变更部署时遇到这些困难，特鲁法诺夫还是迅速行动。他安排V. P. 库济明大尉的近卫摩托车第2营派出三支侦察分队，分别同近卫坦克第26旅、近卫步兵第81师、步兵第375师和近卫步兵第92师建立联系，并确定真实的战况。根据他们发回的初步报告，特鲁法诺夫向他的两个支队发布如下命令：

以近卫坦克第26旅沿沙霍沃—谢洛科沃方向；同时，以近卫机械化第11旅和近卫反坦克歼击炮兵第104团沿普洛塔—雷金卡方向，并与近卫步兵第81师协同动作，共同向第19装甲师发起强有力的侧翼攻击，阻止其进攻，并将其驱赶回北顿涅茨河东岸……得到自行火炮第1447团加强的近卫机械化第12旅，应沿维波尔佐夫卡—勒扎韦茨—新奥斯科奇诺耶方向发起攻击，在阿夫杰耶夫卡、大波基亚鲁吉地域的遭遇战当中歼灭希特勒分子的第6装甲师，并占领红旗村—维波尔佐夫卡—勒扎韦茨一线。[13]

经过艰苦的向南行军，特鲁法诺夫两个支队的先头部队于7月12日晚些时候投入战斗。左支队到达维波尔佐夫卡—亚历山德罗夫卡地域之前，仍然在为勒扎韦茨的挫折而懊悔不已的近卫步兵第92师和坦克第96旅，已在亚历山德罗夫卡外围痛击第6装甲师的第4装甲掷弹兵团，促使冯·许纳斯多夫决定将他的师主力撤回北顿涅茨河南岸。到了晚上，特鲁法诺夫左支队到达，又进一步增强了苏联作战行动的力度。与此同时，特鲁法诺夫右支队的先头部队于18时攻向阿夫杰耶夫卡以南和雷金卡的德军阵地。V. 皮斯卡列夫上校的坦克第26旅在谢洛科沃攻击第19装甲师桥头阵地南部，同时，N. V. 格里先科上校的近卫机械化第11旅和G. Ia. 鲍里先科上校的近卫机械化第12旅，攻击掩护着雷金卡和维波尔佐夫卡的德军阵地。这些攻击不仅阻止了第19装甲师扩大自己在北顿涅茨河上的狭小桥头阵地，还迫使德国军队放弃雷金卡。黄昏时分，激战告一段落，苏联军队掘壕固守，并为次日发起协调一致的进攻而变更部署。

瓦图京和罗特米斯特罗夫的迅速行动，暂时恢复了北顿涅茨河沿岸的苏联防线，最重要的是阻止了第三装甲军7月12日继续向普罗霍罗夫卡北进。等到肯普夫能够做出反应的时候，这关键的一天已经过去了。天黑以后，肯普夫确实做出反应，试图恢复其军队的推进势头。他命令第6装甲师次日肃清维波尔佐夫卡和亚历山德罗夫卡地域的苏联军队，同时将第7装甲师调往北面，同坚守宝贵桥头阵地的第19装甲师会师。他的决定会产生一些效果，可是想要影响普罗霍罗夫卡交战的结果，或者扭转“堡垒”行动的整体结局，都为时已晚。

从7月12日普罗霍罗夫卡关键性交战的结果来看，更重要的事态发展出现在西面，即沿霍特的第四装甲集团军左翼。第四十八装甲军正准备在那里强渡普肖尔河，并加入党卫队第二装甲军向奥博扬的胜利进军。恰恰在这一关键时刻，瓦图京又一次发动攻击。卡图科夫的大批坦克和近卫步兵第22军的步兵发起猛烈进攻，迫使第四十八装甲军的冯·克诺贝尔斯多夫调整自己的计划。尽管到最后他一如既往地挫败了瓦图京的反击，但关键时刻已经过去，第四十八装甲军在“堡垒”中的演出也临近谢幕。

冯·克诺贝尔斯多夫和瓦图京都曾经疯狂地做出过努力，让自己的军队为7月12日的关键行动做好准备。据“大德意志”师的战史记载，7月11—12日的夜间：

“大德意志”装甲掷弹兵师的各部队将前沿阵地移交给第3装甲师的部队，并前往260.8高地附近及其以北的进攻通道前方。作战计划是7月12日以坦克和装甲燧发枪手为主力，朝普肖尔河方向继续进攻，这是奥博扬面前的最后一道障碍。从我师友邻的党卫队第二装甲军那里了解到，其先锋已经该渡河。

这次变更部署的过程中，炮兵、反坦克炮部队和其他重武器首先撤出自己的阵地，并运往东北方。“大德意志”装甲侦察营在新计划中没有扮演特别的角色。和“大德意志”装甲掷弹兵团一样，该营仍然留在原先的战斗地点，受师部调遣。装甲掷弹兵团也留在卡利诺夫卡以东和东南的阵地上，等第3装甲师前来换防。第3装甲师第一个到达的单位，是来到克鲁格利克以南247.0高地的装甲侦察营。该营于次日早晨换下“大德意志”师装甲侦察营。“大德意志”突击炮营在装甲掷弹兵团的地段上归后者指挥。令人遗憾的是，就在前往新地段之前，这个营失去了第2连连长布雷默中尉，他死于一场突如其来的敌人炮击。[14]

“大德意志”师向奥博扬公路沿线及其以西集中的同时，第3装甲师接管了别列佐夫卡—上佩尼耶地段的防线，第332步兵师则接管第3装甲师在佩纳河以北、拉科沃前方的原有防线。相应地，第255步兵师将自己的战线向北延伸到米哈伊洛夫卡。通过这次向北实施的“王车易位”，第四十八装甲军得到了自己所需的关键突击力量，但不可避免的是，它的左翼也比以往任何时候都要薄弱。

“大德意志”师的士兵们还不知道，令布雷默中尉殒命的那次炮击同样在宣告瓦图京和卡图科夫又一次进攻的开始。很快，新一轮交锋将无情地将这些德国人吸入一场新争夺战的旋涡，并使他们远离第11装甲师和奥博扬。7月12日拂晓前，卡图科夫的集团军略显仓促地完成了新一次攻击的准备工作。布尔科夫将军的坦克第10军现在只欠摩托化步兵第11旅，共有约100辆坦克，正在诺韦尼科耶西郊的进攻出发阵地，与V. P. 科捷利尼科夫少将步兵第219师的步兵一起蓄势待发。这支联合力量奉命在破晓时分向别列佐夫卡和瑟尔采沃方向推进。往南，在梅洛沃耶前方，克拉夫琴科将军近卫坦克第5军的大约70辆坦克，与S. I. 楚卡列夫上校的步兵第184师一起展开，奉命攻往舍佩洛夫卡和卢哈尼诺。格特曼的坦克第6军已经遭到重创，现在在集团军预备队里补充装备，只剩下不到50辆坦克，该军奉命在波波夫和克拉夫琴科两个军推进时的后方展开一个混成旅，作为他们的第二梯队，在需要的时候和地点提供支援。[15]

另外，瓦图京命令位于奥博扬公路沿线及其以东的方面军各部，特别是近卫第6集团军的步兵第23军、机械化第3军和坦克第31军，先实施防御；然后，一旦德国人退却，就加入一场沿整个正面展开的全面反击。近卫第5集团军的近卫步兵第32军也接到同样的命令，该军新锐的近卫步兵第13师、近卫步兵第66师和近卫步兵第97师，当时正在充实奥博扬公路向东到普肖尔河沿岸的苏联战线。

7月12日9时整，卡图科夫东拼西凑的军队发起进攻。克拉夫琴科的坦克军粉碎了第332步兵师在恰帕耶夫附近的防御，并引发一场持续几小时之久的激烈战斗，到17时战斗平息时，克拉夫琴科的坦克手已经抵达拉科沃外围。仅仅是因为坦克力量下降，克拉夫琴科所部才未能将第332步兵师赶进佩纳河。北面，布尔科夫的坦克第10军取得的进展更大。坦克第10军战史这样描述该军最初的突击："猛烈的炮兵和航空兵准备之后，7月12日8时整，我军作为坦克第1集团军突击集群的左翼转入进攻。坦克第183旅和坦克第178旅作为第一梯队投入进攻，并相应地加强了反坦克歼击炮兵第727团和迫击炮兵第287团。坦克第186旅和自行火炮第1450团组成军的第二梯队。"[16]

肃清诺韦尼科耶的德军前哨阵地后，G. I. 安德鲁先科上校的坦克第183旅冲向上佩尼耶。M. 卡季耶夫中尉指挥的一个坦克排为安德鲁先科探路，该排突入托尔斯泰森林（俄语为Urochishche Tol'stoe），切断别列佐夫卡—克鲁格利克公路，并驱散了沿公路设防的一小股德国兵力。截至17时整，坦克第183旅一路追击第3装甲师的一支小型坦克分队，总共已推进12—15公里并从西面接近上佩尼耶。到此时，友邻的坦克第178旅和坦克第186旅，与步兵第219师的步兵一起，也已将第3装甲师击退至上佩尼耶和别列佐夫卡郊外。

第3装甲师虽然于当天下午晚些时候实施猛烈的反冲击，但是未能收复阵地。到日终时，该师实力已下降到不足40辆坦克。只有提供帮助，才能制止第四十八装甲军侧翼防御的崩溃。冯·梅伦廷这样总结当时的不利局面：

［“大德意志”师］移交防线的最后几步，是冒着敌人的猛烈炮击完成的。“大德意志”师的官兵撤离堑壕时，俄军反冲击的嘈杂声始终伴随着他们。唉！他们的担心变成了现实，就在当天夜里，第3装甲师被迫放弃了阵地……7月12日上午……从西面传来猛烈的枪炮声。第3装甲师方面传来的消息，丝毫不能振奋人心……7月13日下午，军长……下达一道看得出来北进已经无望的命令；事实上，我师要再次向西进攻……左翼的情况确实越来越糟糕，向北进攻已成为不可能。7月12日和13日，第3装甲师已经在俄军坦克猛攻之下，放弃别列佐夫卡，撤离拉科沃—克鲁格利克公路，并被迫退出247.0高地。敌人兵力不断加强，第3装甲师则过于虚弱，难以挡住俄军从西面的进攻。[17]

令“大德意志”师处境更糟的是，与此同时，该师防御卡利诺夫卡以西的部队，也遭到苏联步兵第204师和坦克第86旅猛烈进攻。“大德意志”师战史中，这样描述由此造成的困境：

“大德意志”装甲侦察营刚刚移交完247.0高地的阵地，6时20分［莫斯科时间8时20分］，敌人就以大批的坦克和步兵，从克鲁格利克以西—254.5高地的地域向东进攻，并向247.0高地发起进攻。247.0高地很快失守，“大德意志”装甲侦察营向南退却。与此同时，敌坦克和步兵从卡利诺夫卡出发，进攻“大德意志”装甲掷弹兵团两个营的阵地。局势迅速恶化。从卡利诺夫卡出击的敌军缠住了贝特克少校的第2营，该营发现自己的处境特别危险，被迫暂时撤出自己的阵地……该营于18时左右收复原阵地。直到这时，敌人的进攻才彻底平息……

由于这几场激烈的防御战，“大德意志”师继续向北进攻的计划需要做出第一批让步。已经出发的几支部队被召回，重新布置到特别危急地点后方的阵地上。装甲兵准备进行反冲击，一切安排都围绕怎样实施防御。现在危险的是左（西）翼，特别是因为第3装甲师似乎已经虚弱到无力取胜。敌人已经夺回格尔佐夫卡村和别列佐夫卡村，苏联军队攻入德国进攻各师后方的危险时刻都在增加。[18]

“大德意志”师已经没有机会加入向奥博扬和库尔斯克的胜利进军，现在无可奈何地展开去应付新的、却又再熟悉不过的威胁。北面的奥博扬公路沿线，第11装甲师现在还剩下大约50辆坦克，虽能在前沿做些试探，但已无法继续推进。一整天里，该师官兵充满好奇和期待地倾听着东西两面传来的枪炮声。但推进的命令再也不会到来，相反，当天下午晚些时候，得到坦克支援的大批苏联军队冲向他们的阵地。激战的结果是，苏联人在个别地点略有收获，但未能使第11装甲师的防线出现重大弯曲。夜幕降临后不久，战场上雷雨滂沱，血腥的战斗暂告中止，瓦图京随即停止了沿奥博扬公路及其以东的进攻。

瓦图京以近卫坦克第5军和坦克第10军实施的主要反击已经达到目的。近卫第6集团军的近卫步兵第23军和近卫第5集团军的近卫步兵第32军接下来的进攻只是为了加大伤害力度，因为当天下午，瓦图京已经得知面临围攻的德国第11装甲师已经无力招架。无论冯·克诺贝尔斯多夫接下来几天采取或不采取什么行动，对瓦图京来说都无关紧要，因为冯·克诺贝尔斯多夫所做的任何事情都只能是虎头蛇尾。

7月12日晚些时候，双方指挥官都在评估这次交战的严重后果，并决定下一步怎么办。大本营代表华西列夫斯基仍在罗特米斯特罗夫的近卫坦克第5集团军指挥所，与方面军司令部里的瓦图京协调行动，他们两人一致认为，形势仍然严峻到有必要沿整个正面继续向德国军队施加压力。这一点尤其重要，因为西方面军和布良斯克方面军的突击集团已经在当天上午展开“库图佐夫”行动，即苏联进攻战役的第一阶段（见第七章）。这一重大行动和盟军在意大利的登陆，必然会对德国统帅部产生消极影响。根据这些讨论，瓦图京向方面军全体部队发布命令：“防止敌人进一步从西面和南面向普罗霍罗夫卡运动；以近卫第5集团军一部和（近卫坦克第5集团军）近卫机械化第5军两个旅的协同动作，粉碎突破至普肖尔河北岸的敌军集团；粉碎突破至勒扎韦茨地域的德国第三装甲军各部；以坦克第1集团军、近卫第6集团军和近卫第5集团军右翼继续实施进攻。”[19]

最后，瓦图京向空军第2集团军分配的任务是：歼灭位于特鲁法诺夫集群当面，正在从库拉索夫卡、新奥斯科奇诺耶和卡扎奇耶实施突破的敌人。[20]制订完7月13日的作战计划之后，大本营命令华西列夫斯基前往西南方面军，协调即将展开的反攻战役。G. K. 朱可夫元帅于当晚飞往瓦图京的指挥所，协调沃罗涅日方面军和草原方面军的作战行动，并帮助他们做好决定性反攻的准备。这清楚表明，大本营认为现在已经是时候从防御转入进攻了。[21]

与此同时，罗特米斯特罗夫命令他的下属各军加固当天白天夺取的阵地，组织强有力的炮兵和对坦克防御，准备抗击他确信会在次日早晨到来的德军进攻。[22] 他的军队彻夜忙于补充燃料、弹药和其他各种必要的物资，后送大批伤员，埋葬死者，多数是埋葬在没有标志的墓地里。所有人仍然都盯着南面。在那边关键性的勒扎韦茨地段，特鲁法诺夫将军完善了自己的进攻计划，准备以次日清晨的一场攻击，一劳永逸地彻底阻止德国第三装甲军的前进。

尽管"肯普夫"集团军级支队于7月12日取得局部的胜利，但霍特第四装甲集团军经历的意外、挫折和失望，还是向德国每一级指挥机关都提出了疑问和质疑。另外，有必要结合意大利和东线其他地段发生的事件，特别是奥廖尔当面的事件，在当前令人沮丧的背景下对局势做出判断。尽管局势复杂，很多人也怀疑继续进攻有没有用处，但人的惰性还是将进攻又维持了一天。霍特下达命令时已大幅缩减了前一天的进攻目标，而南方集团军群的司令冯·曼施泰因却一直都相信继续激战下去，必能有所斩获。

霍特和肯普夫都下令在关键地段继续进攻。经过集团军和军的两级传递，"警卫旗队"师的命令可以反映出这种谨慎的乐观态度：

南方集团军群司令冯·曼施泰因元帅希望表达，他对党卫队第二装甲军各师此战中的杰出战果和模范表现的感谢与钦佩。

党卫队第二装甲军将安排"警卫旗队"师和"髑髅"师，通过协同动作歼灭横跨普肖尔河东西两岸、彼得罗夫卡东南和西南地域之敌。该军的任务是守住自己对外侧翼占领的战线，抵御敌人的侧翼攻击。

"帝国"师应将其已经占领的战线，扩展为一条完整的主战线。

"警卫旗队"师应坚守其已经占领的战线，应将其右翼和正面强化为一条完整的战线。该师应随时做好准备，一旦"髑髅"师从东北方向①发起的进攻产生

① 译注：按下文和地图，应为西北。

效果，就应协同"髑髅"师共同歼灭"警卫旗队"师左翼之敌。

"髑髅"师应继续其右翼在普肖尔河河谷里向东北方进攻，并安排尽可能强大的兵力（至少有一支装甲兵力）运动到普肖尔河以北山脊，最远可到别列戈沃伊到卡尔塔舍夫卡的公路。该师应准备向东南方强渡普肖尔河，并通过与"警卫旗队"师的协同动作，歼灭彼得罗夫卡东南和西南之敌。

新的作战分界线是：右侧的"帝国"师和左侧的"警卫旗队"师：伊万诺夫斯基移民新村北缘—斯托罗热沃耶北缘—亚姆基南缘。[23]

这项命令，以及"肯普夫"集团军级支队接到的类似命令，表明曼施泰因和霍特打算至少合围和歼灭仍在第三装甲军和党卫队第二装甲军控制范围内的苏联军队。能否达成更大的战果，则完全取决于苏联第二天的行动，而且更重要的是，取决于随后几天德国统帅部的决定。

僵局，7月13日

德国统帅部在为如何决定"堡垒"行动的命运而苦恼时，激战仍在南方集团军群的整条战线上肆虐，仿佛这个深陷苦战的集团军群还沉迷于上个星期战斗中所经历的疾风骤雨。有些官方命令的口吻仍然慷慨激昂，有些则是一副听天由命的腔调，这似乎表明大家都明白做出决断的时刻就要到来。命令中的骄傲、固执、疲惫引起的精神麻木，常常只是单纯的宿命感，都在继续驱使着士兵进入库尔斯克的绞肉机。

尽管有这样的命令和它们所反映的不切实际的目标，可是7月13日的战斗本身清楚地表明，转折点即将到来（见地图22）。沿普罗霍罗夫卡方向的战斗已经成为事实上的僵局，苏德双方都完全不可能得到想要的结果。南面的北顿涅茨河沿线，第三装甲军7月12日的高歌猛进，也已经退化成与实施防御的特鲁法诺夫集群之间的一场激战。西面，第四十八装甲军近乎机械地集结兵力，又一次向西发起反击，仿佛要向那些阻止自己在库尔斯克赢得荣誉的苏联装甲兵复仇。面对这一幅几乎超现实主义的战况拼图，双方的统帅部都做出了将要不可避免地改变战争进程的决定。

7月13日上午，德国剩余的希望寄托在党卫队第二装甲军"髑髅"师和第

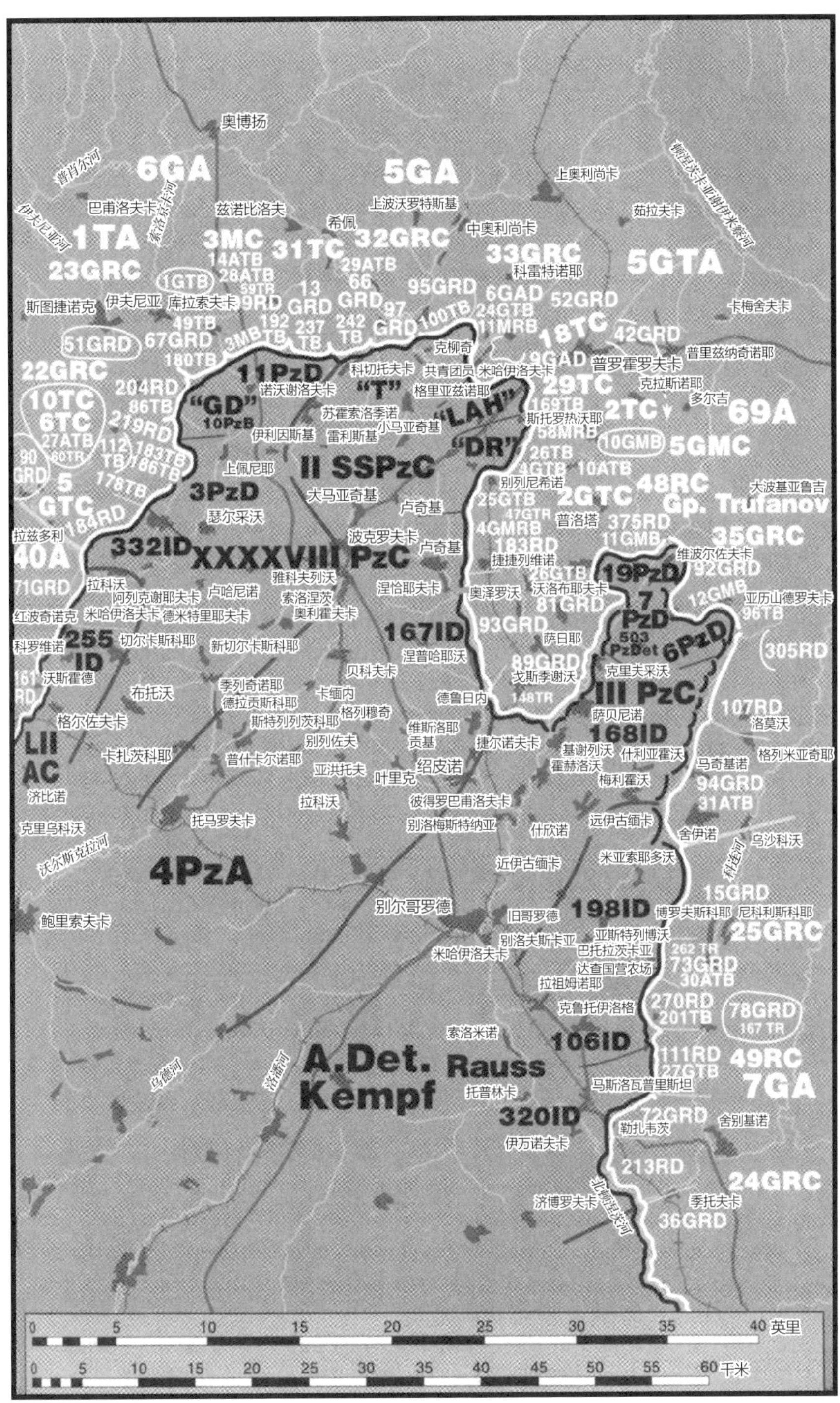

地图22 沃罗涅日方面军，1943年7月13日

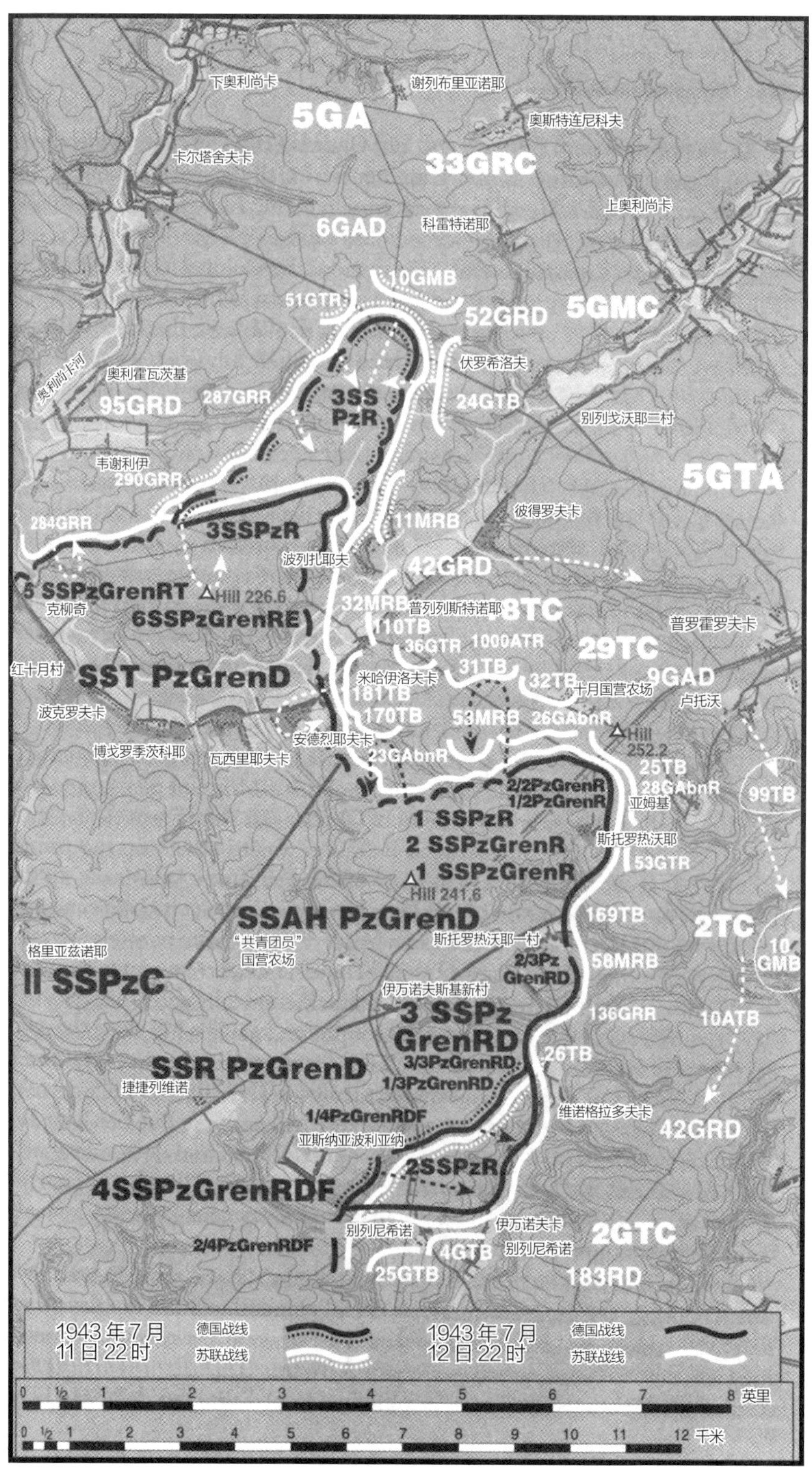

地图23 普罗霍罗夫卡，1943年7月12日—13日

三装甲军的进展上。前者夺取了一个狭窄而脆弱突出部，深深地插入普肖尔河以北的苏联防线中。豪塞尔仍然认为，如果自己的“警卫旗队”师和“帝国”师能够集结足够的兵力推进至普罗霍罗夫卡郊区，那么“髑髅”师在侧翼造成的威胁将迫使俄国人撤出这座城市。豪塞尔推断，如果他的军现在能与肯普夫的第三装甲军会师，就有可能为德国的进攻重新注入动能和一部分动量。

虽然前一天激烈战斗造成的消耗，给三个党卫队师造成了重大损失，但是修复的坦克大大缓解了这种消耗。整个装甲军在7月12日的战斗中损失了60至70辆装甲车辆，现在还剩下不到250辆坦克和突击炮（包括4辆“虎”式和大约11辆T–34）。[24]“警卫旗队”师的实力下降到50辆坦克和20辆突击炮，“帝国”师已经修复了足够的车辆，实力上升到83辆坦克和24辆突击炮，“髑髅”师还有54辆坦克和20辆突击炮。[25]可是显然，这个装甲军也给苏联的装甲车辆造成了可怕的损失。因此，经霍特和冯·曼施泰因同意，豪塞尔做出继续进攻的安排。然而，不详的征兆是，希特勒当天早上将冯·曼施泰因召往他在东普鲁士的指挥部“狼穴”，商讨未来的战略抉择。

普罗霍罗夫卡地段度过一个相对平静的夜晚之后，7时30分，苏联军队开始跨过战线，实施战斗侦察，力图查明德国人的兵力分布并确定他们的意图（见地图23）。然而，瓦图京和罗特米斯特罗夫并不打算在普肖尔河以南的血腥田野上再次发动进攻。现在，他们的注意力集中在如何对付普肖尔河以北“髑髅”师的突出部和从南面逼近的第三装甲军。为此，他们已经将斯克沃尔佐夫将军的近卫机械化第5军一分为二，分别充当两场关键性行动的先锋。近卫机械化第10旅和近卫坦克第24旅，应与步兵一起消除“髑髅”师在北面造成的威胁。南面，近卫机械化第11旅、近卫机械化第12旅和近卫坦克第2军的近卫坦克第26旅组成特鲁法诺夫集群的核心，迎击第三装甲军造成的威胁。

前一天晚上，罗特米斯特罗夫布置在普肖尔河以北的兵力，已经陆陆续续地投入抗击“髑髅”师的战斗，但由于协同不力，这些夜间进攻未能阻止德国人切断别列戈沃伊—卡尔塔舍夫卡公路。[26]然而，到了13日上午，苏联人开始加大进攻的力度，德国人可以感受到苏联近卫机械化第10旅、近卫坦克第24旅和近卫第10旅近卫坦克第51团的全部力量。一部苏联作品指出这场战斗的激烈程度：

为配合恢复近卫第5集团军左翼的态势，[近卫坦克第5]集团军司令员命令近卫机械化第10旅前出至奥斯特连尼科夫村(普罗霍罗夫卡以北十公里)地域，其任务是协同近卫步兵第33军阻止德国人向东北方推进。

该旅在I. B. 米哈伊洛夫上校和他的参谋长I. T. 诺斯科夫中校的指挥下抵达奥斯特连尼科夫村，与正在同第11装甲师和党卫队"髑髅"师激战的近卫步兵第95师和近卫步兵第52师协同动作，以决定性的迎面攻击制止了希特勒分子的进攻，并迫使他们转入防御。近卫坦克第51团的坦克兵在D. Ia. 克林菲尔德上校的指挥下同敌坦克展开激战。他们娴熟地在战场上实施机动和侧翼打击时，还用自己的火力给敌人造成重大损失……7月13日日终前，该团奉命前往日莫洛斯特诺耶(普罗霍罗夫卡东南九公里)，并编入近卫坦克第5集团军的预备队。[27]

苏联在普肖尔河以北的反击，引起党卫队第二装甲军的关注，并迫使豪塞尔修改了自己的当日目标。11时30分，"警卫旗队"师作战参谋得到"髑髅"师作战参谋的通报。后者称"髑髅"师的装甲战斗群已经按照命令设法到达普罗霍罗夫卡到卡尔塔舍夫卡的公路，但他不得不决定是否将他们从这一位置撤回来，因为从黎明时分开始，敌人就以绝对优势的兵力从北面前来进攻"髑髅"师的左翼。他还补充说："不能再指望能集中攻击普罗霍罗夫卡，也不要考虑'髑髅'师能参加这样的进攻。"[28]

15分钟后，经过在军部召开的一次简短会议，豪塞尔命令"警卫旗队"师以其改编过的装甲战斗群进攻"十月"国营农场东北方的苏联阵地。与此同时，该师侦察营应在装甲战斗群左侧，从安德烈耶夫卡沿普肖尔河南岸攻往米哈伊洛夫卡，"以巩固'警卫旗队'师与'髑髅'师在安德烈耶夫卡的松散联系"。[29]装甲战斗群和侦察营于12时整发起攻击，但在遭遇苏联冰雹般的炮火和有力抵抗之后，两场进攻都很快停下来。为期30分钟的战斗中，装甲战斗群先是夺取了"十月"国营农场西北方山脊上的一座高地，但随后在山脊另一侧撞上用进入掩体的坦克加强的坚固反坦克防线。与此同时，侦察营突入米哈伊洛夫卡，但遭到苏联人的猛烈反冲击，以及来自普肖尔河北岸的毁灭性炮兵火力和反坦克火力，被迫撤退到241.6高地。两小时后，苏联人在两个地段实施猛烈的坦克反冲击，更加剧了德国人的恐慌。[30]

豪塞尔的攻击战术正中瓦图京和罗特米斯特罗夫下怀。这两位苏联指挥员都计划当天在普肖尔河与普罗霍罗夫卡公路之间的关键地段先采取防御姿态，然后根据需要实施反冲击。为此，他们在夜间将坦克第18军和坦克第29军编入几个各有特点的防御地带，前方是步兵、摩托化步兵和进入掩体的坦克，后方依托大批进入掩体的坦克和防坦克枢纽部形成的牢固队形。再往后，他们将这两个军剩余的坦克保留在集结地点，随时准备实施反冲击。

坦克第29军的坦克第31旅和坦克第32旅余部以这种方式，在前一天重创自己的德国人身上实现了某种程度的复仇。"警卫旗队"师的装甲战斗群突破近卫空降兵第9师和摩托化步兵第53旅的步兵防线后，遇到反坦克歼击炮兵第1000团剩余火炮支援下的这两个坦克旅。挫败"警卫旗队"师最后一次有组织的进攻行动后不到几小时，这两个苏联坦克旅又在步兵的支援下再次转入进攻，却在毗邻"共青团员"国营农场北部的地方遇阻并被击退。"警卫旗队"师报告："12时40分［莫斯科时间14时40分］，敌人的这场进攻在我主战线上崩溃。我们的成功防御主要应归功于师属炮兵团和第55火箭炮团，以及我方步兵重武器的密集火力。"[31]

北面，苏联近卫步兵第33军近卫步兵第42师的步兵已于早上沿普肖尔河投入战斗，他们阻止了"警卫旗队"师侦察营的初期进攻。坦克第18军的坦克第170旅和坦克第181旅随即发起反冲击，将德国人赶回安德烈耶夫卡。罗特米斯特罗夫将军后来这样回忆道：

当天早上，我在坦克第29军指挥所的时候，希特勒分子经过短暂的炮火准备，首先向坦克第18军展开进攻。在成群摩托化步兵的跟随下，五十多辆敌军坦克一边行进间射击或短停射击，一边向我方阵地扑来。我们的反坦克炮和坦克让德国人靠近到500—600米，然后以直瞄火力予以打击。几辆敌军坦克或是因履带损坏而动弹不得，或是拖着烈焰在野地上奔驰。那些仍在向前运动的坦克则引爆了地雷。然而，法西斯分子的摩托化步兵仍在推进。接着是A. I. 谢姆琴科中校指挥近卫火箭炮兵第80团的一次齐射，我们的"喀秋莎"射击一向令法西斯分子闻风丧胆。遭到惨重损失后，敌人被迫撤退，丢下若干燃烧的坦克和阵亡官兵的尸体。

由于近卫第5集团军左翼的后退，坦克第18军需要以部分力量掩护自己的右翼，同时以主力向安德烈耶夫卡发起进攻，经过一场短暂的战斗突入该村。其坦克第181旅在V. A. 普济廖夫中校的指挥下突袭一支正在向米哈伊洛夫卡推进的敌军纵队，并在追击撤退之敌时顺势夺取了瓦西里耶夫卡。[32]

"警卫旗队"师未能在"十月"国营农场一带粉碎苏联的防御，导致"髑髅"师在普肖尔河以北的进攻也以失败而告终。由于自己的南侧翼岌岌可危，苏联人又不断在自己的两翼和正面发起进攻，"髑髅"师别无选择，只能将装甲团撤回其进攻出发阵地。因此，苏联保密作品里有如下记录："通过自身的积极行动，近卫济莫夫尼基机械化第5军改善了自己在集团军右翼的阵地。该军的近卫机械化第10旅和近卫坦克第24旅，趁敌人与坦克第18军各部队交战而无暇他顾之际，转入进攻并将德国人赶出波列扎耶沃，占领226高地，重新集结后开始朝红十月村方向进攻。然而，由于遇到敌人有组织的抵抗，他们未能夺取那里。"[33]

再往南，根据豪塞尔的命令，党卫队"帝国"师一整天都在巩固自己的防线，并重新配置严重减员的装甲兵，以便向普罗霍罗夫卡以南推进，并同第三装甲军会师。当天白天，该师在别列尼希诺以北发起局部进攻，击退近卫坦克第2军的苏联坦克，并完善了为7月14日计划中新一轮进攻而准备的出发阵地。由于已经向南派出近卫坦克第26旅，特别是右翼的坦克第2军已经遭到严重削弱，近卫坦克第2军难以阻止德国人有所作为。截至15时整，"帝国"师的先头部队已经占领斯托罗热沃耶一村，并前出至维诺格拉多夫卡西侧外围。

近卫机械化第10旅随后转入近卫坦克第5集团军的预备队，这一运动标志着普肖尔河以北和普罗霍罗夫卡近郊的德军威胁已经消失。到7月13日夜幕降临时，党卫队第二装甲军的"警卫旗队"师和"髑髅"师已成强弩之末。然而，罗特米斯特罗夫将近卫机械化第5军的近卫机械化第10旅仓促转入位于普罗霍罗夫卡以南的预备队，也证明他和瓦图京越来越关注南面正在恶化的局势。尽管他们主要关注的是第三装甲军的未来动向，可是"帝国"师的动作也足以令他们感到烦恼。为减缓这些日益增长的关注，7月13日晚些时候，瓦图京还下令近卫步兵第42师由普肖尔河河谷南下，前去抗击"帝国"师。

在库尔斯克以南12公里处的北顿涅茨河两岸[①]，随着布赖特将军安排他的第三装甲军变更部署到河对岸的桥头阵地，战斗愈发激烈。该地域7月13日的战斗由特鲁法诺夫将军的左支队率先打响，包括近卫坦克第53团在内的这个支队，在亚历山德罗夫卡附近得到近卫步兵第92师和坦克第96旅的加强，并试图清除布赖特集中到各个北顿涅茨河桥头阵地里的第19装甲师和第7装甲师。特鲁法诺夫的左支队进攻亚历山德罗夫卡外围德军的同时，其右支队的近卫机械化第12旅在维波尔佐夫卡和亚历山德罗夫卡之间，一举突入第6装甲师的防线。乱上加乱的是，就在第19装甲师发起进攻，准备扩大雷金卡桥头阵地的同时，特鲁法诺夫右支队的近卫坦克第26旅和近卫机械化第11旅，又向这里的德军阵地发起攻击。尽管第19装甲师的攻击最终得到制止，可是特鲁法诺夫的兵力也在激战中损失惨重。更糟的是，当日日终时，第7装甲师已在这个桥头阵地完成集结，准备在次日拂晓与第19装甲师一同北进。

在身处战场的德国指挥官们眼里，取得这些进展似乎意味着自己尚有可为；可是到这时候，它们已经与“堡垒”行动的成败毫无关系。在西方数百公里外位于东普鲁士的指挥部里，希特勒已经采取了更加有力的行动。

决策

7月13日，应阿道夫·希特勒召唤，他的两名集团军群司令冯·曼施泰因元帅和冯·克卢格元帅飞往名为狼穴的元首指挥部。希特勒尽管担心东线几场战役的具体进展，还是全神贯注于英美对西西里岛的入侵。他确信意大利人不打算保卫这座岛，进一步讲，整个意大利都处于危险之中。为了保卫意大利和巴尔干，这位独裁者宣布他打算取消“堡垒”，将预备队抽调到西线。希特勒别无选择，只能以可靠的德国军队保卫意大利，其中最好的军队还在东线。此外，希特勒还关心东线的局势，特别是苏联前一天开始的奥廖尔进攻战役，以及在哈尔科夫以南顿巴斯的兵力集结，那显然是在准备一场针对南方集团军群的进攻战役（见第7章）。莫德尔的第九集团军在“堡垒”期间伤亡已达2万人，现

---

① 译注：原文如此，实际上从勒扎韦茨到库尔斯克的直线距离在120公里以上，库尔斯克可能是普罗霍罗夫卡的笔误。

在，他的大部分兵力和整个集团军群已经捉襟见肘的快速兵力，都被吸引到奥廖尔以北和以东的作战行动中。

面对第九集团军在库尔斯克以北的失败和苏联奥廖尔进攻战役明显成功造成的新威胁，冯·克卢格对希特勒的意见可谓求之不得，其他选择可能危及他的集团军群，甚至德国在东线的全体作战军队。然而，冯·曼施泰因不顾哈尔科夫以南苏联的进攻威胁，争辩说如果第九集团军和第四装甲集团军再次努力的话，仍有可能取得胜利。冯·曼施泰因之所以对自己能在库尔斯克夺取胜利非常有把握，是因为他已经准备投入作为战役预备队的第二十四装甲军（党卫队“维京”装甲掷弹兵师和第23装甲师），而对面的苏联守军已成疲惫之师。事实上，他已经将这个军向北运动到哈尔科夫附近的集结地域。[34] 冯·曼施泰因还知道，他可以用集团军司令霍特和肯普夫的名义进行辩论，这两人都英勇好战，并对夺取胜利抱有坚定信心。冯·曼施泰因确信，他至少能完成歼灭苏联战略预备队的任务。

希特勒直截了当地拒绝了曼施泰因的建议。希特勒做出的最大让步是允许南方集团军群的进攻再持续几天，以期歼灭苏联的战役预备队，从而阻止红军在夏季剩余的时间里发动任何形式的进攻。[35] 第二天，希特勒为“堡垒”行动正式盖棺定论。他任命莫德尔同时指挥第九集团军和第二装甲集团军，命令他阻止苏联在奥廖尔附近的进攻，并恢复原有战线。四天后的7月17日，德国陆军总司令部命令党卫队第二装甲军退出战斗，准备前往西线。又过了一天，包括“大德意志”师在内的另外两个师，由南方集团军群转隶中央集团军群。然而，冯·曼施泰因、莫德尔甚至是希特勒都不知道，或许也无法理解的是，德国的东线陆军现在正面临着这场战争中苏联最雄心勃勃的一场战略进攻，将会一劳永逸地终结德国在东线发动大规模进攻战役的可能。作为某种程度的安抚，冯·曼施泰因立即飞回他的集团军群，至少可以在他认为可能的地点，履行他重创苏联预备队的承诺。

冯·曼施泰因是一位言出必行的人。尽管很失望，他还是决心去做自己向希特勒承诺过的事情。他将沿霍特和肯普夫的战线尽可能地消灭苏联军队。落实到战役层面上，曼施泰因准备向卡图科夫发起还击，并歼灭位于第四装甲集团军和“肯普夫”集团军级支队之间的苏联军队。从7月14日到15日，冯·曼施泰因开始履行自己的承诺，这将为库尔斯克会战当中令人沮丧的“堡垒”阶段画上一个合适的句号。

结局，7月14日—17日

7月14日，“大德意志”师撤出奥博扬公路两侧的进攻出发阵地，完成变更部署以后，汇合第3装甲师，向苏联近卫坦克第5军和近卫坦克第10军发起反冲击。为期两天的进攻重创了这两个苏联军，以及7月13日加强给他们的格特曼坦克第6军余部和协同的步兵师，把他们赶回到7月12日的出发阵地。苏联的保密作品扼要地记录道：“由于7月14日敌人从拉科沃、别列佐夫卡地域向近卫第6集团军右翼发起进攻，我军各部队经过顽强抵抗后，退却1.5—2公里……坦克第1集团军各兵团继续进攻，但未获成功。7月15日，该集团军奉命转入防御，准备将其负责的地段移交给近卫第6集团军和近卫第5集团军。7月16日晚，坦克第1集团军编入方面军第二梯队。”[36]冯·梅伦廷同样记录了第四十八装甲军地段上这段时间里的作战，他圆滑地评论道：“这一切当然是某种胜利，左翼的危险局面已经得到改善，第3装甲师也得到一些支援。然而，经过十天的激烈战斗之后，“大德意志”师已经极度虚弱，而俄国人的进攻能力却没有明显下降。事实上，似乎还有所加强……到7月14日晚，德国的进攻时间表显然已被彻底打乱。战役开始时可用的80辆‘豹’式坦克，到7月14日所剩已寥寥无几。”[37]在苏联方面，朱可夫和瓦图京都非常清楚，卡图科夫已经完成了赋予他的使命。他已经剥夺了“大德意志”师及其上级第四十八装甲军，参加胜利进军库尔斯克的机会。

从冯·曼施泰因的观点来看，在停止作战行动之前，他的军队有必要在普罗霍罗夫卡附近的某个位置建立一条连续的战线。这不仅会有助于在“堡垒”失败后提振德军士气，还能为他创造条件，尽可能地歼灭苏联的预备队。7月13日晚上，集团军群下达的命令可以反映冯·曼施泰因的意图。党卫队第二装甲军为代号为“罗兰”的新行动，发布命令如下：

1.“帝国”师应继续其已于1943年7月13日开始，越过伊万诺夫卡—维诺格拉多夫卡一线的进攻。该师应夺取该地段河东岸的敌军阵地，并在装甲团开始运动后，立即进攻普拉沃罗季……

2.“警卫旗队”师先据守当前战线，并做好准备，一旦“帝国”师向普拉沃罗季和普罗霍罗夫卡的进攻取得进展，就让右翼经过亚姆基向普罗霍罗夫卡推进。

3.“髑髅”师应据守当前阵地，制止敌人的一切进攻。[38]

与此同时，肯普夫命令布赖特将军完成第三装甲军的第7装甲师和第19装甲师在雷金卡桥头阵地的集中，向北和西北进攻，与“帝国”师取得联系，肃清利波维伊顿涅茨河和北顿涅茨河之间地域的苏联军队，尽可能歼灭上述苏联军队，并相机夺取普罗霍罗夫卡。一旦各装甲师完成他们的致命任务，沿第四装甲集团军和“肯普夫”集团军级支队两翼内侧行动的第168步兵师和第167步兵师，就将“清理”被围的苏联军队，巩固两个装甲军的战果。同时，第6装甲师应进攻位于亚历山德罗夫卡、维波尔佐夫卡以北和北顿涅茨河以东的苏联阵地，掩护第三装甲军右翼。

瓦图京和朱可夫预见到了德军的这次进攻，并竭尽全力试图阻止他们。他们将所有可用的坦克预备队都派到南面支援特鲁法诺夫集群，包括斯克沃尔佐夫将军近卫机械化第5军余部。可是，与此同时，对普罗霍罗夫卡地段的担忧，又让他们把罗特米斯特罗夫的坦克第18军和坦克第29军留在那里，其任务是原地坚守并防止党卫队第二装甲军的进攻得手。随后于7月14日发生的战斗表明，顿涅茨河两个支流之间的突出部已无法坚守。正如苏联保密作品所描述的这样：

7月14日到15日期间，敌军从亚斯纳亚波利亚纳和谢洛科沃地域，向沙霍沃总方向发起集中攻击，企图合围第69集团军的右翼。鉴于第69集团军的五个师有陷入合围的危险，7月15日夜间，我军决定将他们撤出正在形成的合围圈。

7月15日，经过激烈的战斗和后卫的掩护，各师撤到斯托罗热沃耶—日莫洛斯特诺耶—诺沃谢洛夫卡—希佩一线。就这样，敌军长期以来包围第69集团军右翼的顽固企图未能得逞。[39]

毫无疑问，“堡垒”最后两天的战斗与前几天一样激烈，特别是在“帝国”师和第三装甲军的地段。“帝国”师的战史记录如下：

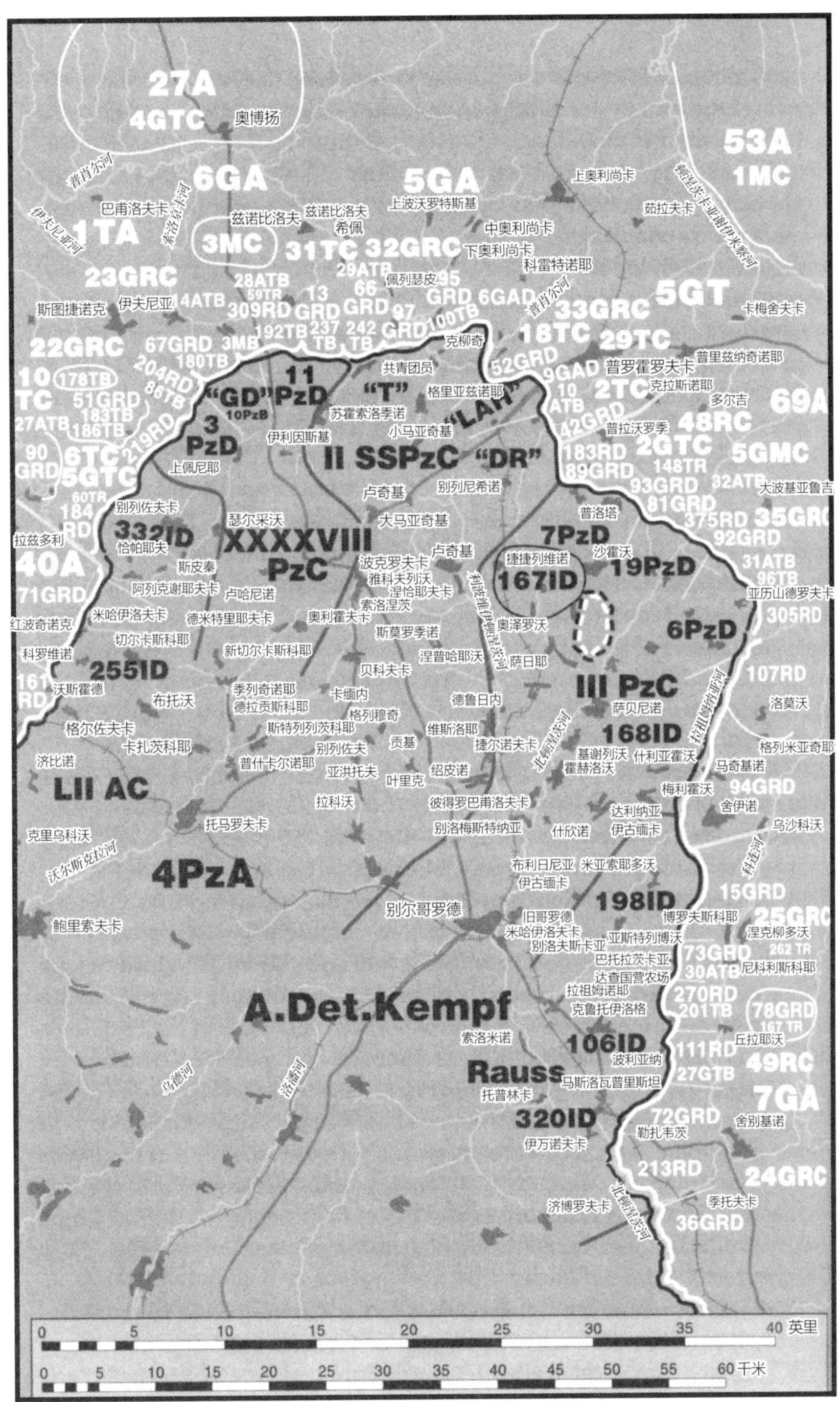

地图24 沃罗涅日方面军，1943年7月15日

14日4时整，“帝国”师拉开了党卫队装甲军新一轮进攻的序幕，先是火炮和火箭炮实施炮火准备，随后以“元首”团第1营和第2营的装甲掷弹兵为先导展开一场步兵攻击。为了夺取普拉沃罗季西南的高地，他们通过了大面积的地雷场，并坚定地承受了地雷造成的伤亡。位于高地脚下别列尼希诺村的第一批房屋，是经过逐屋争夺和白刃战于中午时占领的。装甲掷弹兵用空心装药手榴弹炸毁了12辆参战的苏联坦克，同时，头顶的“斯图卡”对俄国人进行俯冲轰炸，粉碎了他们在村内外的抵抗。夺取别列尼希诺后，装甲掷弹兵营在装甲团的掩护下重整队伍，后者的反冲击令俄国人在混乱中后撤。随后，装甲团在当天剩下的时间里引领全师的进攻，并将在今后一直如此。但15日夜间，本来有良好开端的进攻却因大雨浇坏路面而失去势头。随着装甲团与第7装甲师的先头部队会师，军部的另一项命令，即与第三装甲军取得联系，也胜利完成。这一会师包围了戈斯季谢沃—列斯基地域之敌，并将其歼灭。[40]

接下来，这部作品对这场明确无误的胜利做出一些修饰，指出：“尽管这次行动取得了成功，可是‘堡垒’却显然毫无胜算，德国人在南北两翼的推进都未能取得预期的进展，莫德尔①和霍特两个集团军之间的钳口仍然有130多公里宽——这是遍布堑壕、地雷场和俄国坦克的130公里。”[41] 这部作品本应提到，但没有添加的内容是，从顿涅茨河突出部幸存下来的苏联军队主力，第二天又参加了战斗，而且7月15日，苏联人夺取胜利的信心也并未动摇。

第三装甲军从北顿涅茨河桥头阵地发起的猛攻确实取得了成功。特鲁法诺夫集群现在虽得到大批新锐反坦克部队加强，但仍被击退，不过这时，第69集团军已经开始执行他们的撤退命令。[42] 在近卫机械化第5军的坦克支援下，特鲁法诺夫集群和半包围状态下的步兵师且战且退，回到普罗霍罗夫卡西南到北顿涅茨河沿岸之间的新防线。德国人在这场最后的激战中，甚至未能达成占领普拉沃罗季这样的有限目标。苏联坦克一直都在普罗霍罗夫卡以西和普肖尔河以北反复进行局部攻击，试探和压迫德军的防线。截至7月15日晚，“警卫旗

① 译注：此处原文为肯普夫，显然系笔误。

队”师的装甲兵力已下降到57辆坦克、28辆突击炮和18辆反坦克歼击车；党卫队第二装甲军其余两个装甲掷弹兵师的状态也不容乐观。尽管“警卫旗队”师宣称到7月14日晚为止，共击毁501辆敌军坦克，豪塞尔的整个军总共击毁1149辆，可是“警卫旗队”师和“髑髅”师当面的苏联坦克第18军和坦克第29军，仍然有超过200辆坦克。[43]

德军指挥机关也许对更不祥的事情还一无所知：7月15日夜间，I. S. 科涅夫将军草原方面军的第27集团军和第53集团军，在新锐的近卫坦克第4军和机械化第1军（共有约400辆坦克）的伴随下，开始接近奥博扬周围和普罗霍罗夫卡东北的集结地域，第47集团军的先遣支队也靠近了舒米洛夫近卫第7集团军和克留乔金第69集团军的后方（见地图24）。[44] 尽管几个集团军已经得到命令，将于7月17日与沃罗涅日方面军共同发起一场旨在将德国人推回出发阵地的全面进攻，可是这样的苏联进攻从未全面实施过。[45] 事实证明并没有必要这样做，因为7月17日13时刚过，党卫队第二装甲军就已奉命停止“罗兰”行动，并将下属各师撤入别尔哥罗德周边的集结地域。

然而，具有讽刺意味的是，事到如今，却证明希特勒7月13日表达的忧虑是有依据的。冯·曼施泰因所部在普罗霍罗夫卡以南会师，形成他们长期求之不得的连续正面两天以后，即7月17日，苏联西南方面军和南方面军的军队，猛烈攻击沿伊久姆附近的北顿涅茨河和米乌斯河分布的德国防线。党卫队第二装甲军主力已于当天接到撤出前线的命令，但不久就要向南驰援。不到三周后，这个军本身正在前往意大利的途中时，其下属的两个师又会在完全不同的情况下匆忙赶回哈尔科夫。这一次，他们不是作为“堡垒”行动中所向披靡的先锋去获得荣誉，而是将承担可怕的任务，去帮助挽救德国在哈尔科夫附近面临的灭顶之灾。

注释

1. P. P. 韦奇尼主编的《战争经验研究材料选集》第11册（1944年3月—4月版，*Sbornik materialov po izucheniiu opyta voiny, no. 11 mart-aprel' 1944 g.*），第71页。

2. 同上。

3. 例如，可以参阅《第四装甲集团军作战日志》（*Kreigstagebuchkarte Pz. A.O.K. 4*）当中《1943年7月11日敌军位置》（*Feindlage am 11.7.1943*），现存于NAM T-313系列，第369卷，以及来自"肯普夫"集团军级支队相关记录的同类地图。

4. 保罗·卡雷尔原著，爱德华·奥泽斯英译《焦土：希特勒的对俄战争1941—1943（第二卷）》，（伦敦：乔治·G. 哈拉普出版社，1970年版），第84页。

5. 同上，第95—96页。

6. 同上，第86页。亚努斯·皮耶卡尔凯维茨原著，米凯拉·尼尔豪斯英译《"堡垒"行动：库尔斯克和奥廖尔》（加利福尼亚州诺瓦托：普雷西迪奥出版社，1987年版），第204页在没有注明资料来源的情况下，称："这个错误导致15人死亡，49人重伤。"

7. 同上，第86—87页。

8. 同上，第86页。

9.《选集》第11册，第70页。

10. P. Ia. 叶戈罗夫等人著《胜利之路》（*Dorogami pobed*，莫斯科：军事出版局，1969年版），第35—36页。

11. P. A. 罗特米斯特罗夫著《钢铁近卫军》（*Stal'naia gvardiia*，莫斯科：军事出版局，1984年版），第188—189页。

12. A. P. 梁赞斯基著《在坦克战的火焰中》（*V ogne tankovykh srazhenii*，莫斯科：科学出版社，1975年版），第69页。梁赞斯基编写的这部近卫机械化第5军战史当中，有该军在库尔斯克会战中作用的最详细描述。

13. 同上，第74—75页。

14. 赫尔穆特·施佩特尔著《"大德意志"装甲军史》第二卷（加拿大温尼伯：J. J. 费多罗维茨出版社，1995年版），第129页。

15.《选集》第11册，第147页。该地段上的这场关键性行动，另见I. M. 克拉夫琴科和V. V. 布尔科夫合著《第聂伯河坦克第10军》（*Desiatyi tankovyi dneprovskii*，莫斯科：军事出版局，1986年版），第92—95页；M. E. 卡图科夫著《在主攻地点》（*Na ostrie glavnogo udara*，莫斯科：军事出版局，1976年版），第237—239页；以及苏联其他军和师的战史。

16. 克拉夫琴科著《第聂伯河坦克第10军》，第92页。

17. F. W. 冯·梅伦廷著《坦克战》（诺曼：俄克拉荷马大学出版社，1956年版），第227—228页。

18. 施佩特尔著《"大德意志"装甲军史》，第129—130页。

19.《选集》第11册，第71页。

20. G. A. 科尔图诺夫和B. G. 索洛维耶夫合著《库尔斯克会战》（*Kurskaia bitva*，莫斯科：军事出版局，1970年版），第175页。

21. G. K. 朱可夫著《回忆与思考》第二卷（莫斯科：进步出版社，1985年），第190页。7月12日，斯大林用电话命令朱可夫，既然布良斯克方面军和西方面军的进攻已经打响，他就应当前往库尔斯克。

22. 罗特米斯特罗夫著《钢铁近卫军》，第192页。

23. 鲁道夫·莱曼原著，尼克·奥尔科特英译《"警卫旗队"师（第三卷）》（加拿大温尼伯：J. J. 费多罗维茨出版社，1993年版），第239页。

24. 7月12日早上，该军可以使用的坦克和突击炮还有293辆。见附录D。

25. 见附录D。另一方面，戈特哈德·海因里希和弗里德里克·威廉·豪克合著，约瑟夫·韦尔奇英译《堡垒：攻击俄国的库尔斯克突出部》（美国国家档案馆），第92条注释认为党卫队第二装甲军7月13日的兵力为157辆坦克和突击炮，以及11辆T-34。

26. 苏联近卫坦克第24旅与新到达的近卫步兵第42师一起，在紧邻波列扎耶夫北部的地段上充当这次反击的先锋。这次反击至少可以阻止"髑髅"师将苏联军队从普肖尔河北岸彻底击退。坦克第18军一部也参加了这次反击。

27. 梁赞斯基著《在坦克战的火焰中》，第74页。作者夸大了德国的兵力，因为他错误地认为与"髑髅"师一起发起进攻的还有第11装甲师。

28. 莱曼著《"警卫旗队"师》，第240页。

29. 同上。

30. 同上。

31. 同上。

32. 罗特米斯特罗夫著《钢铁近卫军》，第194页。

33.《选集》第11册，第152页。

34. 例如，可参阅《1943年7月10日—7月14日每日战况地图》（*Tägliche Lagekarten vom 10.7-14.7.43*），收录在《第八集团军司令部作战参谋编写的第二号作战日志》（*Kriegstagbuch No. 2, AOK 8, Ia*），文件编号是《第八集团军司令部第44701/14号》（*AOK 8, 44701/14*），现存于NAM T-312系列，第56卷。该资料可以显示"肯普夫"集团军级支队在这段时间内的部署和第二十四装甲军的行动。这个军于7月12日在哈尔科夫以东和以南地区集结，两天后即可进入交战。第二十四装甲军共有104辆坦克和7辆突击炮（党卫队"维京"师有45辆坦克，第23装甲师有59辆坦克和7辆突击炮）。

35. 埃里希·冯·曼施泰因著《失去的胜利》（芝加哥：亨利·莱格尼里出版社，1958年版），第448—449页；厄尔·齐姆克著《从斯大林格勒到柏林：德国在东线的失败》（华盛顿特区：美国陆军军事历史主管办公室，1968年版），第137页。

36.《选集》第11册，第72页、第147页。两天来战斗的详情，见克拉夫琴科著《第聂伯河坦克第10军》，第98—101页；以及上文引用过的第3装甲师和"大德意志"师的战史。像往常一样，这些军事行动的记述即便在观点上有所出入，在细节上也是一致的。

37. 冯·梅伦廷著《坦克战》，第228—229页。

38. 莱曼著《"警卫旗队"师》，第243页。

39.《选集》第11册，第72页。

40. 詹姆斯·卢卡斯著《帝国师：党卫队第2师的军事职责》（伦敦：武器与铠甲出版社，1991年版），第112页。

41. 同上。

42. 截至7月14日晚，特鲁法诺夫集群又得到反坦克歼击炮兵第31旅和第32旅，共100多门反坦克炮的加强。

43. 莱曼著《“警卫旗队”师》，第246—248页；以及西尔维斯特·施塔德勒著《1943年库尔斯克进攻战役》（奥斯纳布吕克：穆宁出版社有限公司，1980年版），第154页。另见华西列夫斯基发给大本营的最终报告，可参阅A. M. 华西列夫斯基著《毕生的事业》（*Delo vsei zhizni*，明斯克：白俄罗斯出版社，1984年版），第309页。见附录F。

44. 近卫坦克第4军有168辆坦克和21辆自行火炮，机械化第1军有204辆坦克。

45. 按照罗特米斯特罗夫著《钢铁近卫军》第201—202页和许多其他资料的说法，这场进攻由朱可夫批准，发生在7月17日至24日。后来，罗特米斯特罗夫这样写道：“经过一场短暂但猛烈的炮火准备，近卫坦克第5集团军转入进攻。然而，推进速度并不快。敌人使用掷弹兵团、坦克、火炮、迫击炮和工兵组成的强大后卫，阻挡我方兵团的前进。他们在通往高地、居民点、大小树林的道路上和交叉路口广泛埋设地雷，并在我方炮火中表现出强大的韧性……7月24日夜间，近卫坦克第5集团军主力后撤至方面军司令员指定的集结地域，同时将近卫塔钦斯卡亚坦克第2军和坦克第2军转隶给A. S. 扎多夫将军的近卫第5集团军。”

可是，党卫队第二装甲军以及德国军队整体撤退到别尔哥罗德以北新防线正好发生在这段时间，这并非巧合。实际上，该装甲军实施后撤的时候并未遭到苏联人进攻的干扰。正如1943年2月底和3月发生在勒热夫突出部的事情一样，苏联历史学家又一次把德国人的有计划撤退，归功于己方发动了一场原本子虚乌有的进攻战役。

第四部：反攻和结论

第七章
苏联反攻

正如“堡垒”行动之前需要防范苏联抢先进攻一样，从“堡垒”开始那一刻起，德国指挥官们就意识到苏联可能会在7月5日以后随时发动反攻。中央集团军群在库尔斯克突出部北面占领的方向相反、向东伸出的奥廖尔突出部，确实有可能遭到这样的反攻；可能性稍小的是南方集团军群所在较为平缓的顿巴斯突出部，这个突出部从哈尔科夫向东南方延伸，沿北顿涅茨河和米乌斯河直到亚速海。“堡垒”行动之前和期间，随着德国军队聚集到库尔斯克突出部的两翼，这些地区德国防御的薄弱程度有增无减。实际上，这种担忧是如此严重，以至于陆军总司令部计划在胜利攻入库尔斯克之后，实施旧的“黑豹”和“苍鹰”计划的某种修订方案，清除哈尔科夫以东地区的苏联军队。“堡垒”的失败不但使这样的计划胎死腹中，而且令奥廖尔和顿巴斯周围的德国防线变得更加脆弱。

1943年5月中旬，大本营批准在库尔斯克实施预有准备防御的构想，同时还下令准备一系列重大的反攻，这些反攻将共同构成令人印象深刻的苏联夏季战略进攻（见地图25）。大本营命令西方面军、布良斯克方面军和中央方面军准备向奥廖尔突出部的德国守军发动进攻，代号为“库图佐夫”行动，将在制止德国人向库尔斯克的进攻之后立即实施。因此，7月10日莫德尔刚刚停止攻击，大本营就命令西方面军左翼和布良斯克方面军于7月12日发起进攻，中央方面军虽然在击退莫德尔的进攻时损兵折将，但是也将于7月15日参加进攻。实际上，瓦图京的沃罗涅日方面军7月12日发起的在普罗霍罗夫卡交战中达到高潮的反突击，只是这个更大的苏联进攻范畴的一部分。苏联的保密研究报告强调

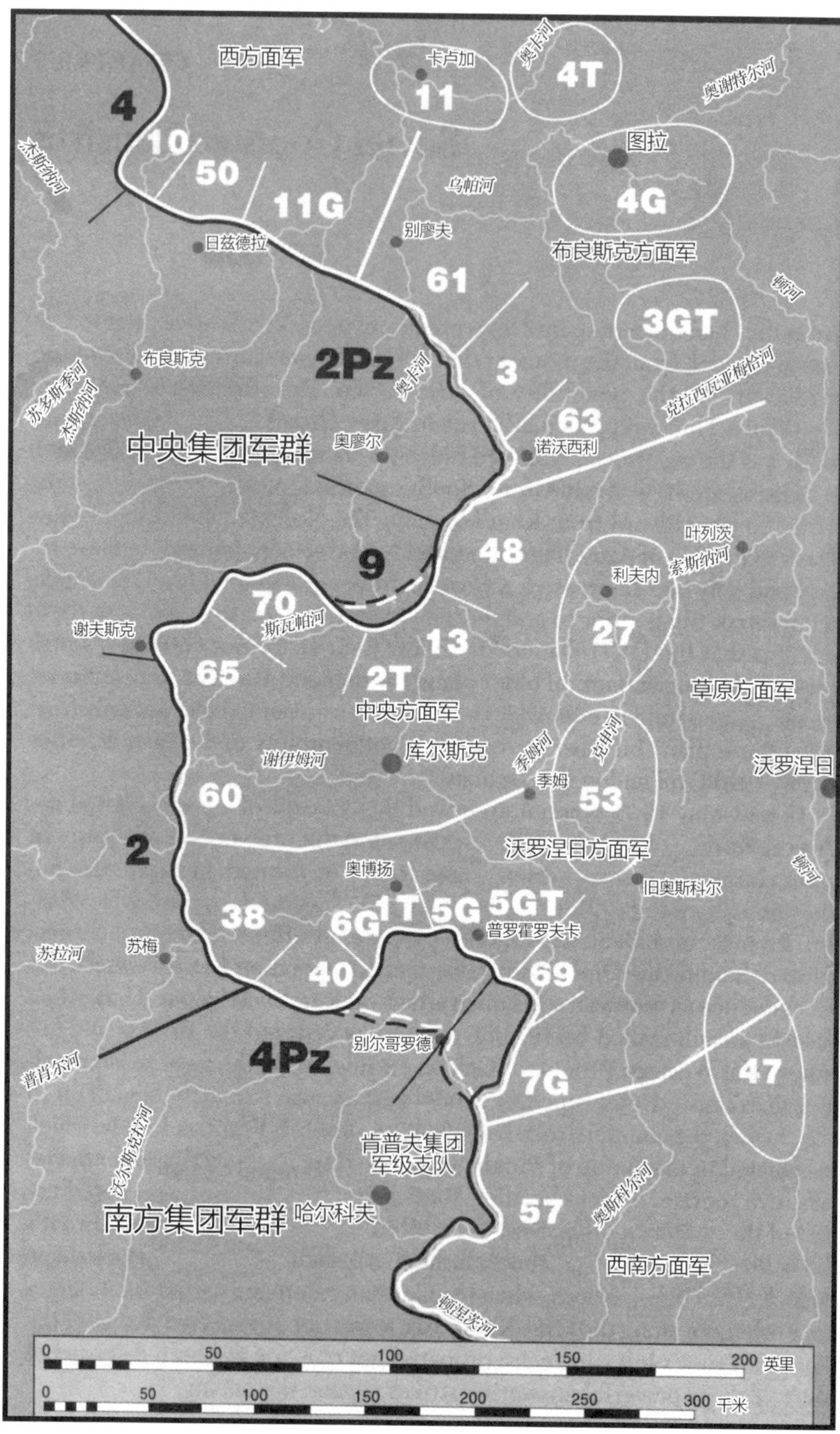

地图25 库尔斯克战役，1943年7月12日

这两场进攻的计划都是大本营事先准备好的，称：“西方面军左翼的进攻计划已及时制订完成，所有准备措施均在1943年5月25日前初见成效。因此，德国统帅部沿奥廖尔—库尔斯克方向发起他的大规模进攻并不出人意料；西方面军左翼的军队不仅准备了顽强的防御，还准备对敌人进行强有力的还击。”[1]

为掩盖这两场进攻及其后续行动，西南方面军和南方面军奉命于7月中旬在顿巴斯和米乌斯河沿岸发起两场牵制性进攻，将德军战役预备队调离库尔斯克突出部两翼，以利于苏联针对奥廖尔和别尔哥罗德的两场主要攻击。朱可夫后来这样描述苏联的动机：“为了牵制敌人的兵力，阻止敌人机动其预备队，我们设想在我国南部一些方向上和西北方向上，要实施几场局部的进攻战役。”[2]

奥廖尔反攻开始后几周内，沃罗涅日方面军和草原方面军将沿别尔哥罗德—哈尔科夫方向发起第二场，也是规模更大的进攻，代号“鲁缅采夫”行动，旨在趁冯·曼施泰因失去强大的党卫队第二装甲军，彻底粉碎他投入库尔斯克的突击力量。大本营正确地推断，届时党卫队第二装甲军和其他关键的德国战役预备队应该已前去抗击苏联规模宏大的奥廖尔进攻战役，南方的牵制性进攻或者盟军在西欧地区日益增长的威胁。此后，苏联的战略打击将进一步扩大，并动用加里宁方面军、西南方面军和南方面军的军队。到8月中旬以前，战火将在一场规模巨大的斗争中，燃遍从大卢基到亚速海沿岸的整条战线，大本营希望用这场斗争来打断苏德战场上德国军队的脊梁。[3]

尽管德国战地指挥官们对这些雄心勃勃的苏联计划一无所知，可是红军1943年7月12日进攻奥廖尔突出部时，这些德国人并没有特别惊讶。五天后苏联人跨过北顿涅茨河和米乌斯河时，他们也不感到意外。虽然德国陆军总司令部和战地指挥官们曾经发现过苏联在顿巴斯的突击迫在眉睫的明显征兆，但是他们很可能想不到这几场进攻的力度和速度，以及在顿巴斯和奥廖尔周围出现的大批新锐装甲坦克和机械化兵团，他们以为这些军队早已在库尔斯克的战火中消耗殆尽。不过，以苏联这几场进攻战役的规模之大、次数之多而言，最令德国人意外的是，库尔斯克的守军在几天之内就能从绝望的防御转入全面的进攻。红军承受国防军最大限度的打击之后，仍然有能力实现这一点，这样的能力是德国人在“堡垒”行动中一无所获的最佳证明。很快，德国人的挫败感将会演变成恐慌。

“库图佐夫”行动：强攻奥廖尔突出部

早在1943年4月，苏联指挥员们已经开始认真考虑如何进攻奥廖尔，这场进攻战役最后得名“库图佐夫”行动。他们于6月初制定完成战役计划，并且在“堡垒”行动席卷库尔斯克南北的时候细化了各部的任务。在大本营代表朱可夫和红军炮兵主任①N. N. 沃罗诺夫将军的监督下，西方面军司令员V. D. 索科洛夫斯基将军和布良斯克方面军司令员M. M. 波波夫将军准备向奥廖尔突出部的侧翼和正面发起三场强有力的突击。

西方面军的兵力最为强大，其中包括I. Kh. 巴格拉米扬中将的近卫第11集团军和I. V. 博尔金中将的第50集团军，以及分别由V. V. 布科特夫少将和M. S. 萨赫诺少将指挥的坦克第1军和坦克第5军。整个方面军共有211458人、745辆坦克和自行火炮、4285门火炮和迫击炮，将从日兹德拉以东向南进攻，在卡拉切夫附近切断布良斯克—奥廖尔铁路线，协同布良斯克方面军和稍后从东面和南面发起攻击的中央方面军，共同孤立并歼灭奥廖尔附近的德国军队。巴格拉米扬的近卫第11集团军将以12个步兵师组成的三个完整步兵军、两个坦克军和大量支援炮兵实施索科洛夫斯基的主要突击。[4] 大本营保留I. I. 费久宁斯基中将的第11集团军和V. M. 巴达诺夫中将新组建的坦克第4集团军作为预备队，后者共装备652辆坦克和自行火炮。这两个集团军都指定用于支援巴格拉米扬的突击。[5]

波波夫将军的布良斯克方面军准备从东面向奥廖尔突出部的顶端发动两场突击。第3和第63集团军实施主要突击，第61集团军实施辅助突击。A. V. 戈尔巴托夫中将的第3集团军和V. Ia. 科尔帕克奇中将第63集团军，应在M. F. 潘科夫少将的近卫坦克第1军和步兵第25军的支援下从诺沃西利地域出发，向西直接突破德国突出部顶端，直扑位于奥廖尔的关键性交通枢纽。[6] 这两个集团军的全部打击力量是17余万人、350余辆坦克和自行火炮，集中在两个集团军之间的分界线附近。此外，大本营还将雷巴尔科将军最近组建的近卫坦克第3集团军作为自己的预备队，配置在波波夫方面军的后面，准备使用这个集团军的

---

① 译注：按照《苏联军事百科全书》的说法，1941年7月至1943年3月间，沃罗诺夫的职务是红军炮兵主任，1943年3月起任苏联武装力量炮兵司令。

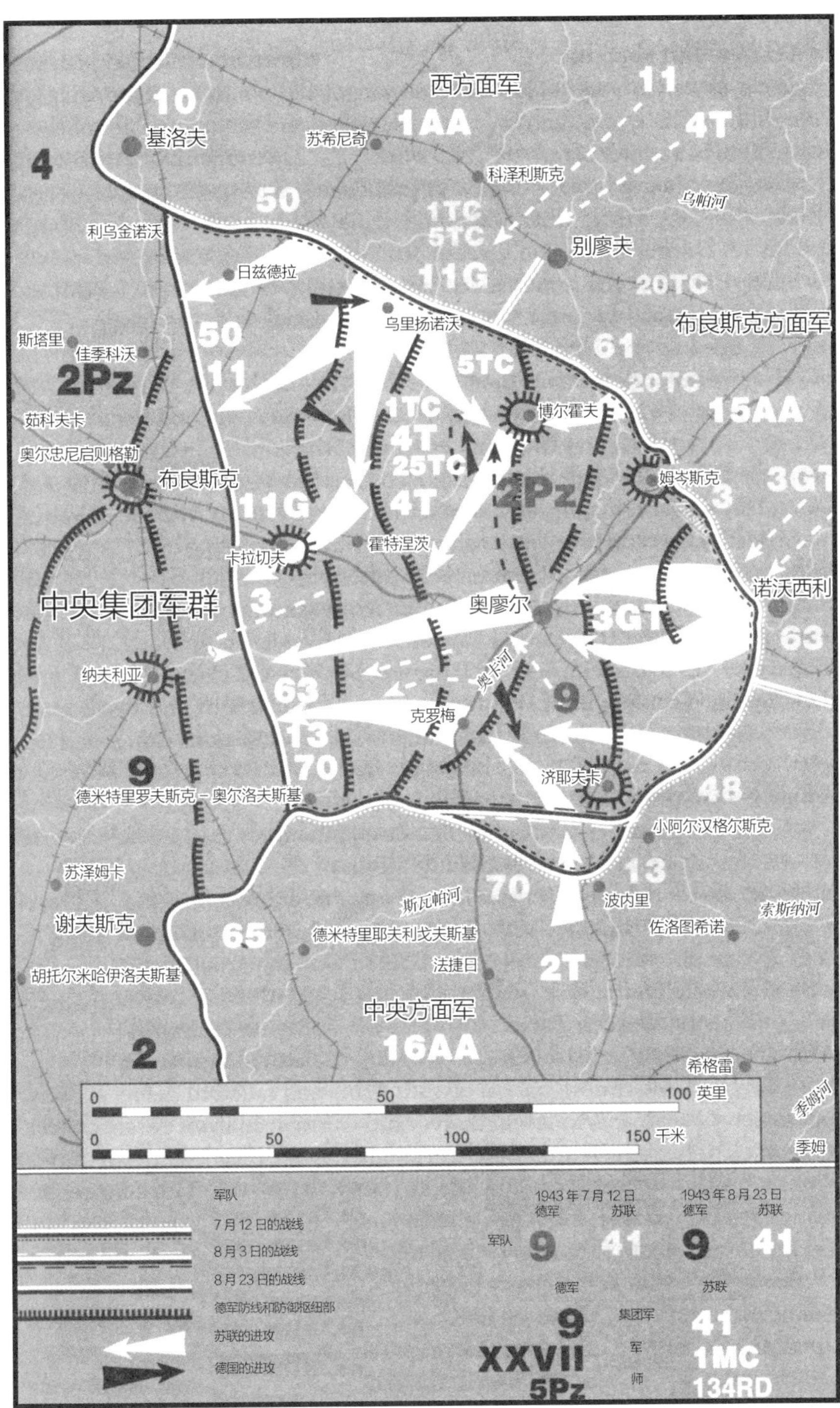

地图26　奥廖尔战役，1943年7月12日—8月18日

731辆坦克和自行火炮沿诺沃西利—奥廖尔方向发展胜利。[7]

为加大对奥廖尔前方德国防线的压力，波波夫命令别洛夫中将的第61集团军在I. G. 拉扎罗夫少将坦克第20军的支援下，向关键通信枢纽博尔霍夫以东的德国防线发起辅助突击，从北面席卷德国的奥廖尔防线。[8]最终，布良斯克方面军在奥廖尔战役期间的作战中总共将投入433616人。[9]

最后到7月15日，中央方面军右翼的第70集团军、第13集团军和第48集团军将从库尔斯克突出部向北发起进攻，与巴格拉米扬近卫第11集团军的突击取得联系，并协助切断奥廖尔德国守军的退路。进攻奥廖尔计划的这一部分最具挑战性，也是最不切实际的，因为这几个集团军刚刚在“堡垒”行动中阻击第九集团军，现在又必须在仅仅几天之内为进攻战役而完成给养和装备的补充。和他们的德国对手一样，这几个集团军都损失不菲。[10]尤其是预定在中央方面军的进攻中扩大战果的近卫坦克第2集团军。罗金将军的这个集团军，在“堡垒”行动期间投入战斗的三个坦克军（第3、第9和第16）已损失超过半数的坦克；现在准备使用虽仓促补充了装备、但仍疲惫不堪的坦克第3军和坦克第16军遂行一次新的进攻。[11]

守卫奥廖尔突出部内德国防线的重任，落在鲁道夫·施密特大将第二装甲集团军的第五十五军、第五十三军和第三十五军肩上。他的14个步兵师和作为预备队的第5装甲师实力太弱，远不能阻挡他们对面的大批敌军。[12]雪上加霜的是，遭到进攻之前仅仅两天，第二装甲集团军的士兵们失去了他们经验丰富的司令官。施密特将军因为长期批评纳粹政权，于7月10日遭到盖世太保的逮捕，第二装甲集团军暂时划归第九集团军司令莫德尔将军统一指挥。第二装甲集团军得到的战役预备队寥寥无几，陆军总司令部将其预备队中的第8装甲师布置在突出部的打击距离内，还有两个保安师在防备游击队，保卫通信线路和后方基地。无论如何，“堡垒”行动已经削弱了前线作战部队，并且将德国人的注意力引到了南面。[13]

波波夫、巴格拉米扬和其他苏联指挥员做了大量工作，掩盖自己从北面和东面，以及只有很少德国人能想象到的库尔斯克方向，发起进攻的意图和兵力。德国情报机关也严重低估了苏联集结在奥廖尔突出部北侧的进攻力量，尤其是在日兹德拉以东和博尔霍夫以东的地段。它未能察觉坦克第1军和坦克第

5军的向前展开，和近卫第11集团军地段的大规模集中。实际上，德国情报机关仍按照原来的番号将巴格拉米扬的集团军识别为第16集团军，也未能察觉这个新改编的近卫集团军整整一半的兵力。德国情报分析人员也没有察觉到近卫步兵第9军和坦克第20军向第61集团军的博尔霍夫地段集中。[14] 与此同时，7月12日之前的几天里，苏联的游击队和侦察部队却查明了德国人的大多数防御阵地和集中在奥廖尔周围的大量补给点。

在奥廖尔突出部的东侧，苏联的伪装工作未能同样奏效，第三十五军军长洛塔尔·伦杜利克上将意识到第3集团军和第63集团军正在准备进攻第56步兵师和第262步兵师的结合部。无线电监听和空中侦察，使伦杜利克得以在进攻开始一周以前就判明苏联人的主要动向。伦杜利克依靠有限的资源，向狭窄的进攻地段当面集中了24个步兵营中的6个、40个炮兵连中的18个、48门重型反坦克炮中的24门。[15] 这样的精心准备将会严重打乱苏联在该地段的时间安排，并迫使大本营过早投入自己战役级别的装甲力量。

苏联反攻的时机至关重要。如果苏联人过早发起反击，第九集团军仍有足够的兵力和行动自由，转过身来粉碎进攻兵力。可是，如果过晚发起反击，德国人或许就不再全神贯注地盯着库尔斯克。随着中央方面军和沃罗涅日方面军面临的压力不断增加，斯大林和他的幕僚们得出结论：是时候开始“库图佐夫”行动了。7月11日凌晨，经过一场短暂但猛烈的炮火准备，西方面军和布良斯克方面军的加强侦察营突入奥廖尔突出部的德国防线，夺取德军战斗前哨。根据侦察的结果，突击步兵调整了他们的进攻队形，遂行支援的坦克军进入进攻出发阵地。当天夜里，红军的远程轰炸机空袭了突出部内的德军基地。[16]

俄罗斯仲夏的黎明到来得很早。1943年7月12日凌晨3时整，新锐的营替换下经过24小时的持续战斗已经筋疲力尽的侦察营。30分钟之后，苏联炮兵开始密集炮击，在长达两小时40分钟的时间里，像犁地一样梳理德国的战术防御。炮火准备的最后十分钟里，在集团军属坦克旅和坦克团派出的坦克连和坦克排的伴随下，第一梯队各步兵师的前沿步兵营占领进攻出发阵地，他们还得到成群苏联轰炸机和强击机的掩护。最后，6时05分，整条前线仍在硝烟和火光中炸响的时候，西方面军和布良斯克方面军的第一梯队全部兵力共同发起攻击。

北面的近卫第11集团军一举克服薄弱的德国防线，取得初步进展。六个近卫步兵师集中到第211步兵师与第293步兵师结合部的16公里宽地段，轻而易举地横扫德国守军，并粉碎两个德国步兵团。到7月12日下午，巴格拉米扬已开始投入他的第二梯队步兵师来扩大突破口，他的坦克第1军和坦克第5军也已进入突破口，准备向南发展胜利。预计到这种突发情况而驻扎在附近的第5装甲师，于12日晚些时候开始进行零星的反冲击，迟滞苏联人的推进。作为回应，巴格拉米扬命令萨赫诺将军的坦克第5军进入交战。夜幕降临时，萨赫诺密集的装甲矛头已经深入德国防线达十公里，抵达位于德军第二防御地带上的乌里扬诺夫。然而，第5装甲师的新锐兵力挫败了萨赫诺在行进中突破第二防御地带的企图。巴格拉米扬再次被迫停下来，准备第二天上午发起精心策划的强攻。

7月13日上午，苏联人重新发动强攻，这次博尔金中将的第50集团军也在巴格拉米扬左侧参加战斗。巴格拉米扬于14时30分将布科特夫将军的坦克第1军和N. A. 克罗波金少将的近卫步兵第1师投入突破口。尽管博尔金最初的进攻举步维艰，坦克第1军和坦克第5军还是最终突破了德军第二防御地带，开始更迅速地前进。到日终时，苏联军队在激战中已经沿23公里宽的正面突入德军防御纵深15公里。尽管双方都伤亡惨重，但德国守军已无力阻止巴格拉米扬的进攻。第5装甲师即使竭尽全力，也无法阻止德军北翼的彻底崩溃。现在只有第九集团军的新锐兵力赶到，才能避免德军陷入灭顶之灾。[17]

可是在奥廖尔以东，伦杜利克的精心准备令布良斯克方面军付出了沉重代价。尽管苏联工程兵冒着猛烈火力在苏沙河上建筑完成一座桥，可是第3集团军和第63集团军随后对第三十五军的第56步兵师和第262步兵师的进攻却几乎成为一场灾难。戈尔巴托夫和科尔帕克奇两位将军最初集中使用六个步兵师在14公里宽的战线上进攻，并用一个集团军属坦克团提供支援。另有三个师作为发展进攻的第二梯队。[18]然而，在最初的进攻中，没有步兵支援的KV-1重型坦克不慎撞上德国人埋设的地雷和重型反坦克炮。到7月12日日终时，虽然守军已放弃第一防御地带并损失了三门反坦克炮，但是已有60辆苏联坦克在战场上动弹不得。[19]苏联人收效甚微，两位集团军司令员必须在第二天组织一次更猛烈的攻击。布良斯克方面军的参谋长L. M. 桑达洛夫中将记录了这次行动：

第一天的进攻中，布良斯克方面军没有取得显著进展。尽管进攻兵力享有强大的炮兵和航空兵支援，但在7月12日，方面军突击集群还是只向纵深突破了5—8公里。敌人在奥廖尔突出部近两年的准备工作颇有成效。我们夺取的第一条堑壕后面有第二条，夺取每一座阵地后面也有另一座阵地，每条战线后面都会出现另一条战线。我们未能在7月12日成功地让坦克军进入交战。[20]

截至日终时，伦杜利克已经投入了他的军预备队第36步兵师去遏制有限的突破。不久之后，第8装甲师和第2装甲师也赶来阻挡苏联人的进一步推进。戈尔巴托夫和科尔帕克奇的应对措施是将他们的第二梯队步兵师投入战斗，并命令潘科夫将军近卫坦克第1军的207辆坦克于13日中午进入狭小的突破口。这个新锐的军几乎是立即与正在抵达的德国坦克展开激战，苏联方面的进展依然极其缓慢。接下来几天里，第三十五军继续实施顽强的防御，伦杜利克也终将凭借此役于8月14日荣升第二装甲集团军司令。[21]

尽管伦杜利克最初取得了成功，可是莫德尔敏锐地意识到苏联的新进攻所带来的威胁。“库图佐夫”行动开始后的短短几个小时之内，第九集团军的四个师就已奉命离开库尔斯克突出部，为迎击新威胁而变更部署。第12装甲师、第18装甲师和第20装甲师迅速前去填补巴格拉米扬进攻造成的缺口，而第2装甲师和来自陆军总司令部预备队的第8装甲师于7月13日夜和14日凌晨到达，增援伦杜利克的第三十五军。在奥廖尔以东，近卫坦克第1军于7月14日与这两个装甲师迎面遭遇，从此未能取得重大进展。[22]

与此同时，北面别洛夫将军的军队在博尔霍夫以东，德国第五十三军的第208步兵师和第34步兵师结合部转入进攻。近卫步兵第9军的近卫步兵第12师、近卫步兵第76师和近卫步兵第77师遭遇类似于伦杜利克地段的激烈抵抗，虽然向前推进3—7公里，但是未能突破德军的第一道战术防线。翌日，别洛夫命令拉扎罗夫将军的坦克第20军投入战斗，但是，这些坦克同样为夺取密集的防御阵地，与步兵一起陷入令人疲惫而代价高昂的消耗战。德国人的增援不断赶到，先是第112步兵师，然后是第12装甲师之一部，苏联人的推进仍然极其缓慢。战斗是如此激烈和代价高昂，以至于别洛夫很快撤下坦克第20军进行补充。[23]

尽管——或许是因为——在伦杜利克那里未能迅速得手，布良斯克方面军司令员波波夫将军再次试图说服大本营，将雷巴尔科将军强大的近卫坦克第3集团军转隶给他。[24] 7月13日深夜，这个坦克集团军终于划归波波夫指挥，但由于白天要隐蔽不动，只能在夜间令人疲惫地行军，雷巴尔科需要两天时间才能将他的三个坦克军集中到奥廖尔突出部东端附近。到那时，第3集团军和第63集团军实际上已经失去达成快速突破的机会，德国人也进一步加强了防御。此外，在大本营的压力之下，波波夫在最后一刻改变这个坦克集团军的目标。鉴于中央方面军7月15日向北对奥廖尔的突击没能取得进展，雷巴尔科的集团军不再从北面和西面迂回奥廖尔，而是转向奥廖尔南面，并从西南迂回该城。

失去耐心的雷巴尔科决定强行在德国守军中打开一条通道，让他的坦克兵尝试实现新的突破，而不是简单利用第3集团军和第63集团军早先的成果。雷巴尔科共有698辆可用坦克和32门自行火炮，包括473辆T-34坦克，但其余大部分是T-70轻型坦克或“租借”的英国坦克。苏联的坦克兵认为这些老旧的“玛蒂尔达”和“瓦伦丁”坦克可靠性不佳且容易起火，嘲笑它们是“野战火葬场”。此外，雷巴尔科缺乏炮兵和工程兵来支援这样一次经过深思熟虑的强攻。更糟糕的是，他要面对的是装备着少量“虎”式和“费迪南”的两个装甲师，以及两个步兵师的大部。

尽管如此，7月19日上午10点30分，雷巴尔科的坦克第12军和坦克第15军还是几乎从行进间转入进攻。在炮兵火力和歼击轰炸机的配合下，坦克军跨过奥列申河，截至天黑已向前推进12公里。德国坦克和飞机的激烈抵抗，只能迟滞但无法阻挡雷巴尔科的推进，直到晚上，F. N. 鲁德金少将的坦克第15军才受阻于第8装甲师的顽强抵抗。M. I. 津科维奇少将的坦克第12军仍在北翼继续推进。第二天（7月20日）上午，方面军司令员波波夫命令雷巴尔科发展胜利，向西北进攻并夺取奥特拉达，这是个横跨一条通往奥廖尔铁路的小镇。I. M. 科尔恰金少将的机械化第2军到目前为止一直跟随在两个坦克军的后面，波波夫顺利地安排这个该军投入进攻，却无法渡过主要的水障碍奥卡河。斯大林怒气冲冲地亲自介入，通过电话大声呵斥波波夫的参谋长桑达洛夫，但也无事无补。

7月21日3时整，波波夫突然向雷巴尔科下达一项新任务，实际上是将这个坦克集团军一分为二。坦克第15军和机械化第2军继续留在奥廖尔东北的奥特拉达周围作战的同时，近卫坦克第3集团军的其余部分将向南运动，并突破现有突破口的南肩部。雷巴尔科立即驱车前往作为近卫坦克第3集团军预备队的I. I. 雅库鲍夫斯基上校坦克第91旅传达这一命令。途中，他的吉普车遭到德国战斗机扫射，司机被打死，副官负伤。雷巴尔科步行到达坦克旅的旅部，并督促该旅和坦克第12军向前通过阻碍前进的沼泽地。到7月25日，这次推进已经切断了库尔斯克和奥廖尔之间的铁路线。在接下来的几天里，雷巴尔科的集团军不断改变路线，试图在德国的防线上找到一处弱点。然而，这样的弱点并不存在，雷巴尔科的大胆进军也演变成一场坦克消耗战。

虽然近卫坦克第3集团军的坦克第12军、坦克第15军和机械化第2军没能取得决定性战果，但他们在"库图佐夫"行动中坚定而灵活的进攻，为自己赢得了"近卫"称号。[25] 雷巴尔科固然是一位有勇有谋的指挥员，但他为了突破敌军预有准备的防御而采取缺乏耐心的行为，严重削弱了他的军队，并致使他们最终不得不退出战斗进行休整。整场战争中，更加冒进的苏联指挥员在滥用坦克集团军方面还会犯下类似的错误。尽管存在这些缺陷，苏联铁流的重量还是在奥廖尔的争夺战中令德国守军付出了相当的代价，并不可避免地会使他们在苏联的持续重压之下屈服。

德军撤出奥廖尔

德国人留在奥廖尔突出部的时间已所剩无几。7月13日，终结"堡垒"行动的会议结束后，希特勒曾命令莫德尔封闭突破口，恢复奥廖尔北面和东面的原有战线。[26] 然而仅仅几天内，事实就证明这个目标只是幻想。7月15日，罗科索夫斯基的中央方面军从突出部南侧发起进攻。可想而知，几天前还在防御第九集团军的这支军队，不会在进攻中有多大作为。但是，在莫德尔重新安排第九集团军日渐减少的资源，填补第二装甲集团军防线的其他缺口时，制止这场新进攻的需要更使他捉襟见肘，特别是近卫第11集团军、坦克第1军和坦克第5军已经突入博尔霍夫以西的开阔地带。7月17日，巴格拉米扬将F. G. 阿尼库什金少将新锐的坦克第25军投入战斗，试图威胁博尔霍夫守军的后方。德国人将第9装甲师、第10装甲掷弹兵师和第253步兵师调往北面，试图封堵缺口但未能成功。[27] 第26步兵师也奉命前往博尔霍夫以东加强摇摇欲坠的防线。有时候，阻挡苏联先遣支队的德国守军只是第441保安师和第707保安师各部仓促拼凑的乌合之众，没有一件装备能用来对付坦克。而那些曾经在库尔斯克参战的人，经历几个星期的紧张战斗后已濒临崩溃。例如，7月21日，莫德尔将军解除了第9装甲师资深师长瓦尔特·舍勒中将的职务，因为他拒绝向克拉斯尼科夫以西不远处巴格拉米扬的东翼发动自杀式反击。[28]

为缓解摇摇欲坠的德军防线持续受到的压力，戴希曼中将第1航空师的战斗轰炸机以极大的勇气投入防御战，并宣称在没有任何地面支援的情况下歼灭了一个苏联坦克旅。然而，德国空军极度缺少燃料和零备件，以至于戴希曼经常不得不忍心拒绝对空中支援的最迫切请求。在任何情况下，德国飞行员都只能在白天控制主要道路，几乎无法察觉到苏联部队夜间或在广阔森林中的向前开进。摩托化的高射炮也临时用于向那些装备较差的德国守军提供对抗红军装甲车辆的能力。7月下旬，尽管高射炮手们宣称共击毁229辆坦克和383架飞机，可是苏联人的前进仍在继续。[29]

莫德尔意识到有丢失整个奥廖尔突出部的真正危险。作为预防措施，7月16日，他下令开始修建“哈根”防线，这条防线沿杰斯纳河横贯奥廖尔突出部的根部，掩护着重要城市布良斯克。四天后，希特勒发布元首令，禁止第九集团军和第二装甲集团军继续撤退，但莫德尔恳请冯·克卢格劝说这位独裁者收回成命。只有提供更多兵力，莫德尔才能遵命照办，因为在7月21日，费久宁斯基的第11集团军也参加了巴格拉米扬的进攻，在第50集团军和近卫第11集团军之间占领阵地（见地图27）。[30]

迫于无可挽回的形势，7月22日，希特勒只好同意莫德尔实施“弹性防御”。随后在7月25日，意大利国王罢免并逮捕了墨索里尼，希特勒深受刺激，希望采取行动支持他的意大利盟友。希特勒召中央集团军群司令冯·克卢格于7月26日中午到元首指挥部参加会议。他在会议上突然宣布，党卫队第二装甲军将立即离开俄国，开赴意大利，另外几个师也将随后前往（实际上，只有党卫队第1“阿道夫·希特勒警卫旗队”装甲掷弹兵师真正到达意大利，党卫队第二装甲军其他两个师只是向东线的其他地点变更部署）。为了腾出这么一大批的兵力，只能尽快撤离奥廖尔突出部。冯·克卢格抗议说“哈根”防线才刚动工不久。但希特勒不为所动，撤退的准备行动就此开始。7月28日，陆军总司令

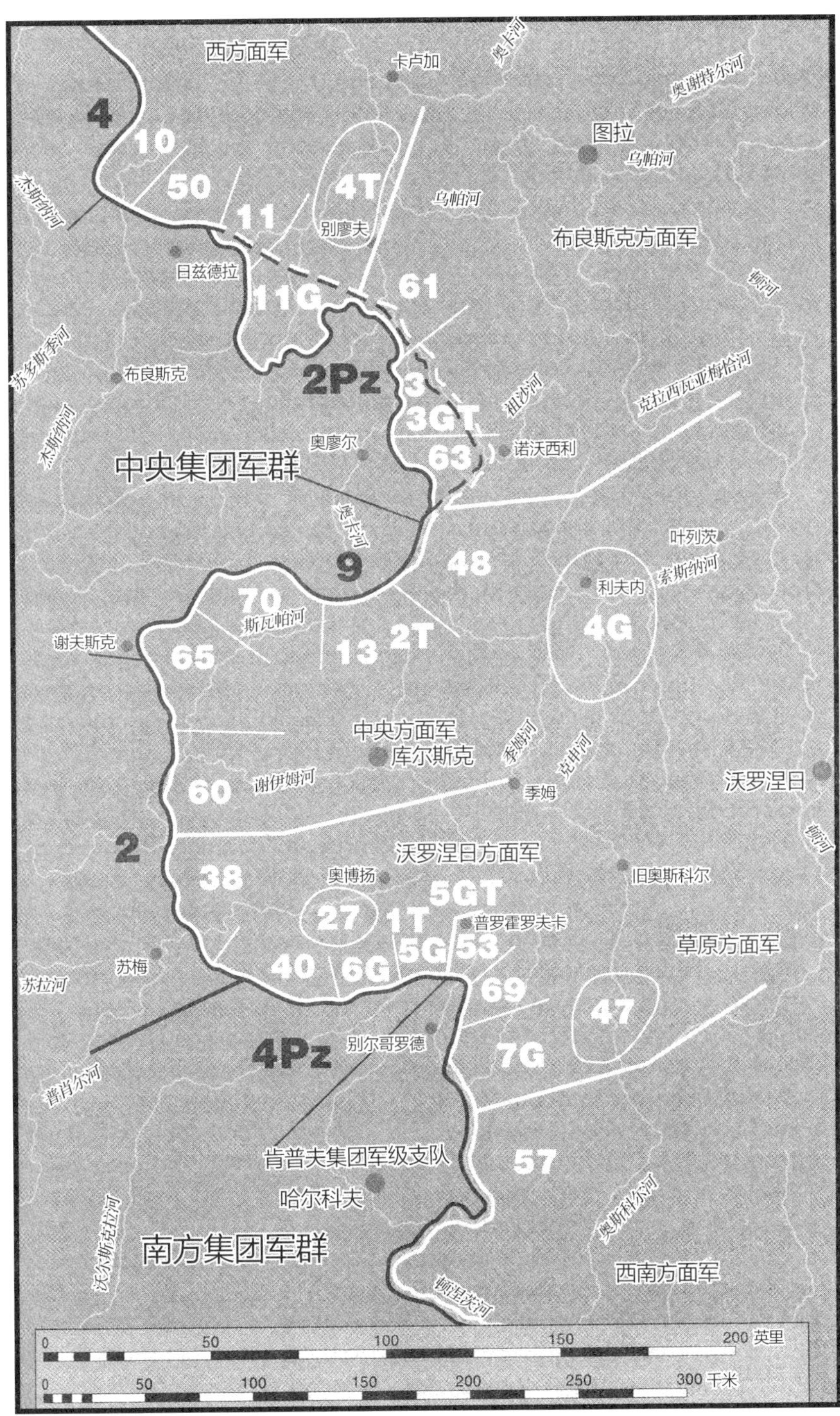

地图27 库尔斯克会战，1943年7月21日

部正式下达撤出奥廖尔的命令，代号为“秋季旅行”行动。[31]

奥廖尔北面的激烈战斗显示这个决定颇为明智。7月下旬，苏联军队正在将大批新锐兵力投入战斗，同时也威胁着彻底瓦解博尔霍夫周围的德国防线，并南下冲向卡拉切夫的重要铁路线。夺取卡拉切夫就可以切断奥廖尔德军的一切对外交通。7月26日，巴达诺夫将军共有496辆坦克的坦克第4集团军，使用三个坦克军攻向博尔霍夫以西，巴格拉米扬使用近卫骑兵第2军和近卫第11集团军的一个军攻向卡拉切夫。[32] 尽管德国第二十三军和第四十一装甲军顽强抵抗，但迫于巨大的压力，德国人还是放弃博尔霍夫，并后退到位于奥廖尔西北的新防线，这里距离关键的布良斯克—奥廖尔铁路不到十公里。只是“大德意志”装甲掷弹兵师及时到达，才成功阻止了巴格拉米扬的近卫第11集团军和近卫骑兵第2军南下。巴格拉米扬在失望之余，派出一个又一个师攻击卡拉切夫的德国守军，莫德尔也调遣他的几个疲于奔命的装甲师从博尔霍夫地段向西运动，阻止苏联军队靠近关键的铁路线。

德国人向“哈根”防线的撤退最终于7月31日夜间开始，苏联人很快便意识到他们的对手正在溜走。中央游击司令部下令进行大规模的破坏活动，迟滞德国人的撤退。阻挡作战部队的运动固然很难，可是奥廖尔周围的大型补给仓库则另当别论。8月2日夜间，游击队共实施近5000次爆破，摧毁30英里长的铁轨，使德国铁路运输中断24至48小时。第二天夜间又实施1700次爆破，随后的8月4日夜间则有4100次。[33]

8月初，为改善指挥与控制，发起解放奥廖尔的最后一击，大本营重新编组奥廖尔突出部周围的苏联军队，近卫第11集团军和坦克第4集团军转隶布良斯克方面军指挥，并命令波波夫以一次协同攻击一劳永逸地粉碎德军防御。与此同时，雷巴尔科的坦克集团军转隶中央方面军指挥，并命令罗科索夫斯基以近卫坦克第3集团军和坦克第2集团军的联合力量，再次向西北攻击，直取奥廖尔以南。8月5日，波波夫和罗科索夫斯基的军队重新发动进攻，打击迅速收缩的德国突出部北面和东南面。然而，就在同一天，第二装甲集团军已经完成5.3万吨补给和2万名伤兵从奥廖尔的疏散，并爆破了这个地段的最后一批桥梁和其他军用设施。随后，战斗激烈进行的同时，德国人在整个突出部实施焦土政策，烧毁黑麦收成，并裹挟25万名平民携带他们的牲畜和财产向西转移。[34]

到8月16日，德国人向“哈根”防线的撤退已在事实上完成，苏联人迂回中央集团军群的进一步努力也被证明只是徒劳。这场战事使苏德双方都遭受了可怕的损失。尽管巴格拉米扬的初期进展令人瞩目，可是奥廖尔战役终归退化成了一场血腥而消耗巨大的正面强攻。苏联的奥廖尔进攻战役具有“堡垒”行动中残酷防御战的所有特征。面对占据压倒优势的对手，德国人的娴熟防御使苏联指挥员梦寐以求的那种迅速而气势恢宏的进攻胜利化为泡影，并在此过程中使红军付出近50万人的伤亡。[35] 不过，德国人虽然能挽救第二装甲集团军免遭合围和歼灭，但是不能挽救他们的奥廖尔突出部。德国统帅部也无暇回味对第二装甲集团军的成功拯救，因为到8月初，他们还要面对另一场迫在眉睫的战役惨败，这次是在库尔斯克以南。

“鲁缅采夫行动”：别尔哥罗德—哈尔科夫进攻战役

“库图佐夫”行动虽声势浩大，但只是一场辅助性的战役，其目的是减轻中央方面军保卫库尔斯克的压力，开启苏联的反攻行动。而苏联的主要反突击，即“鲁缅采夫”行动，尚未到来。这次行动的目标并不限于歼灭已在通往普罗霍夫卡之路的漫长战斗中损兵折将的第四装甲集团军和“肯普夫”集团军级支队。实际上，斯大林和总参谋部作战局局长安东诺夫还希望通过推进180公里，经过哈尔科夫到达第聂伯罗彼得罗夫斯克，进而到达黑海沿岸，再切断南方集团军群的另外两个组成部分——第一装甲集团军和第六集团军。

虽然4月以来，“鲁缅采夫”行动一直是苏联战略计划的关键组成部分，但是计划的具体落实必须依据库尔斯克防御交战的结果而定。最初，斯大林曾希望在7月23日，即德军被迫退回“堡垒”行动的出发阵地之后不久，尽快发起进攻。然而，朱可夫极力反对，他认为沃罗涅日方面军和草原方面军当时尚不具备实施大规模进攻的条件，需要至少八天的时间进行必要的准备。[36] 斯大林做出让步，7月24日，大本营通知两位相关的方面军司令员瓦图京和科涅夫，开始做最后的进攻准备。瓦图京、科涅夫和大本营代表朱可夫完善了自己的战役构想，斯大林8月1日予以批准。这次行动被赋予的代号为“统帅鲁缅采夫”[37]。

接下来的计划是朱可夫炮制的作品，他要求集中沃罗涅日方面军和草原方面军的几个集团军，进行一次简单的大规模强攻（见地图29）。[38] 沃罗涅日方面

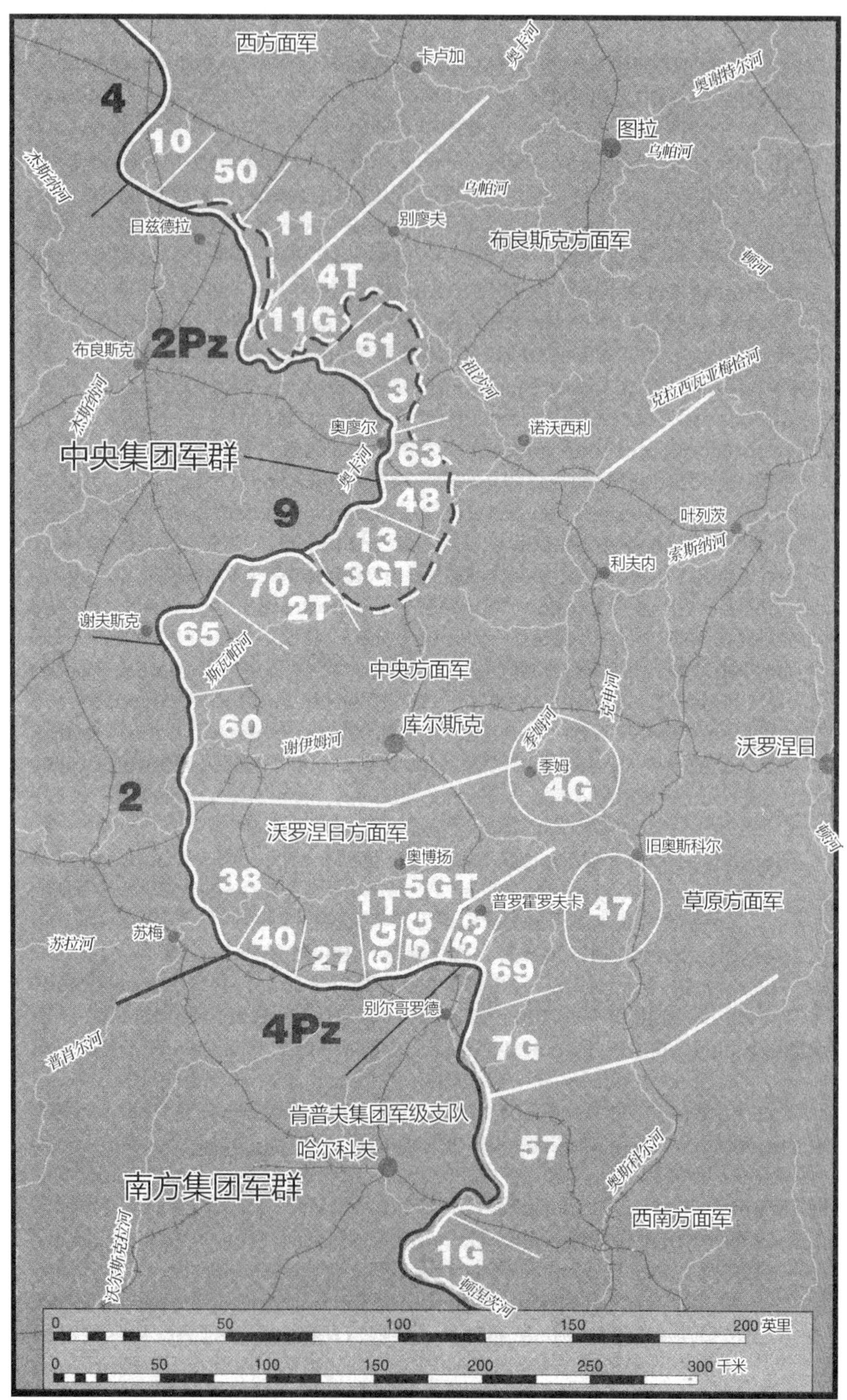

地图28 库尔斯克会战，1943年8月4日

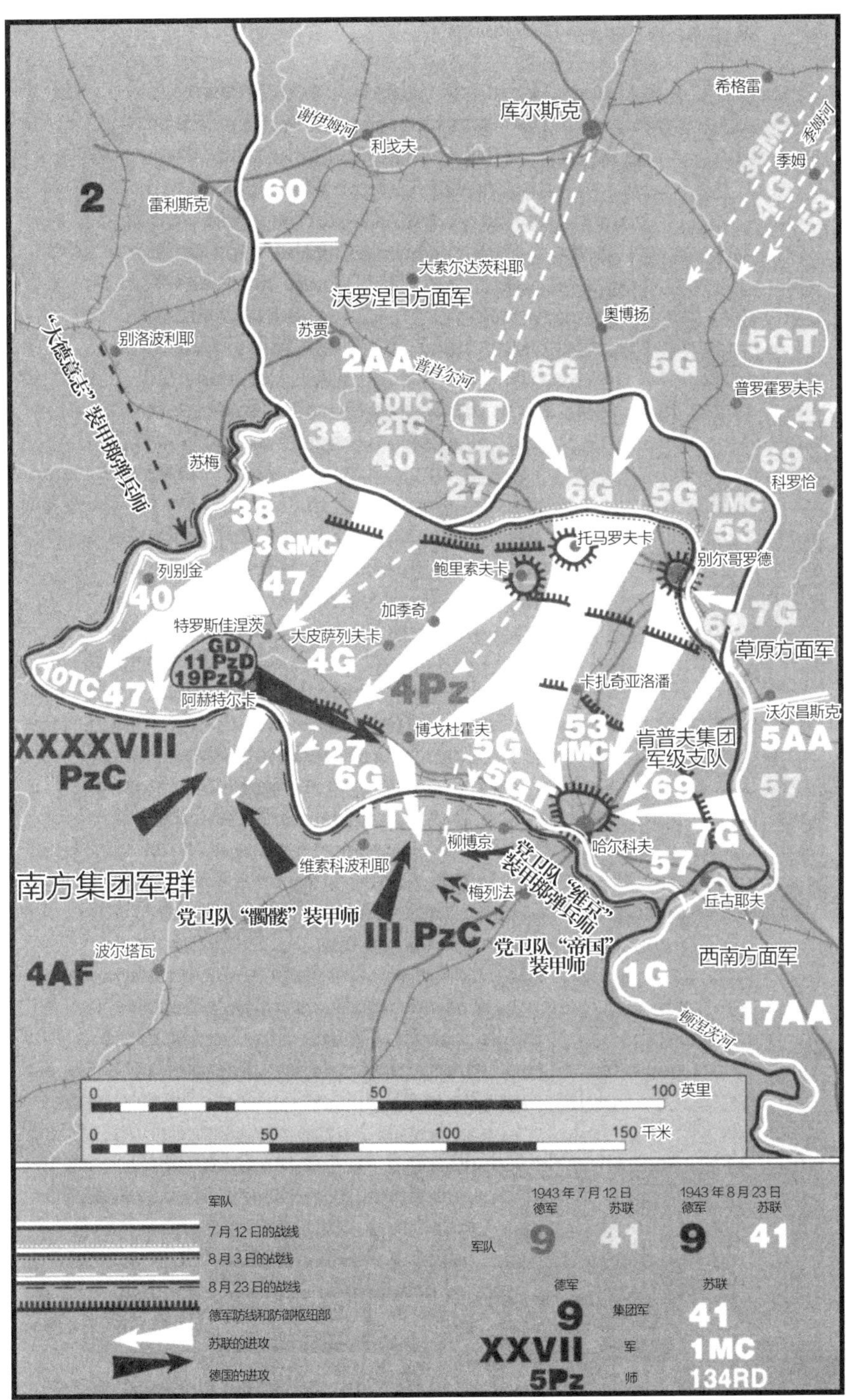

地图29 别尔哥罗德—哈尔科夫战役，1943年8月3日—23日

军的两个集团军：扎多夫中将的近卫第5集团军和奇斯佳科夫中将的近卫第6集团军，草原方面军的三个集团军：I. M. 马纳加罗夫中将的第53集团军、克留乔金中将的第69集团军和舒米洛夫中将的近卫第7集团军一部，将于8月3日共同攻向别尔哥罗德以北和西北。令事情复杂化的是，上述五个集团军中的四个已在冯·曼施泰因的进攻中遭到严重削弱。卡图科夫中将的坦克第1集团军和罗特米斯特罗夫中将的近卫坦克第5集团军也是如此，他们受领的任务是尽快超越步兵并向西南方推进。这两个坦克集团军的当前目标是：沿一条大型的山脊线与该地区的若干条河流平行运动，夺取博戈杜霍夫的铁路枢纽和补给中心。然后，两个坦克集团军应合围哈尔科夫，卡图科夫应向西建立合围的对外正面，罗特米斯特罗夫则面向城市建立合围的对内正面。[39]

瓦图京还在他的突击集群右侧依次配置了S. G. 特罗菲缅科中将的第27集团军、K. S. 莫斯卡连科中将的第40集团军和N. E. 奇比索夫中将的第38集团军，可以在战役过程中参加进攻。[40] 在科涅夫的左翼，舒米洛夫的近卫第7集团军其余兵力也将扮演同样的角色。大本营保留P. M. 科兹洛夫少将的第47集团军和G. I. 库利克中将的近卫第4集团军，同I. A. 沃夫琴科少将的近卫坦克第3军一起作为预备队，其任务是发展沃罗涅日方面军的攻击，而S. A. 克拉索夫斯基中将的空军第2集团军和S. K. 戈留诺夫的空军第5集团军将为这场进攻战役提供空中支援。

斯大林明智地排除了对哈尔科夫实施双重包围的可能性，因为这对他的疲敝之师来说难以实现。[41] 可是，实际上，最终实施的计划非常复杂。第一，大本营选择从正面打击冯·曼施泰因的防线中最强大的部分，同德国军队交战并击败他们，从而免受大本营1943年的2月和3月期间遇到过的那种侧翼威胁。[42] 第二，进攻的重点恰好位于沃罗涅日方面军和草原方面军的分界线，致使协同问题在战役开始后愈发严重。第三，除两个坦克集团军外，参与突破的大部分诸兵种合成集团军还配属了独立的坦克军或机械化军作为快速集群，实施战役机动。[43] 因此，坦克第2军是第40集团军的快速集群，近卫坦克第4军是第27集团军的快速集群，近卫坦克第5军是近卫第6集团军的快速集群，而机械化第1军是第53集团军的快速集群。这完全符合苏联人日趋成型的战役机动概念，这些独立的坦克军负责实施向浅近纵深的战术突破，坦克集团军再向更深远的纵深发展为战役突破。这一次的情况是，一旦步兵达成初步突破，两个坦克集团军和几个独立的坦克军就会在进攻首日进入交战。[44]

第四，按照计划，这次进攻战役可以看作是相继展开的一系列攻击，从别尔哥罗德西北的苏联主攻地段开始，依次波及两翼。近卫第5集团军、近卫第6集团军、第53集团军、第69集团军和近卫第7集团军的一个军将于8月3日发起攻击。两天后，相邻的第40集团军和第27集团军将向西发动自己的攻击，接下来近卫第7集团军余部于8月6日发动攻击。随着战役展开，西南方面军的第57集团军和近卫第1集团军也将于8月8日从东面攻向哈尔科夫。这种波浪式的进攻方式旨在同时达到两个目的。首先，这使两位方面军司令员瓦图京和科涅夫可以节约使用火炮和其他支援兵器，几天的时间足够这些兵器在集团军之间转移。其次，苏联人希望这种不断蔓延的进攻能牵制德国军队，在冯·曼施泰因为抗击主要突击而重新分配他的兵力时，给他增添更多的困难。

“堡垒”行动刚刚结束的时候，冯·曼施泰因受损的军队已经撤离他们在普罗霍罗夫卡的突破地带，并开始为其他任务变更部署。党卫队第1“阿道夫·希特勒警卫旗队”装甲掷弹兵师和党卫队第二装甲军军部登上火车前往意大利，不过军部后来中途改道，同“髑髅”师和“帝国”师一起前往顿巴斯。“大德意志”装甲掷弹兵师急切地赶往北面去抵御奥廖尔周围的灾难，第3装甲师则编入位于南面的德国军队。因此，面对虚弱而疲惫的德国人，若能够达成突然性，“鲁缅采夫”行动的胜算极大。

作为达成突然性的第一步，7月17日，南方面军和西南方面军针对南方集团军群沿顿涅茨河和米乌斯河的顿巴斯防线最东端突出部，发起两场进攻战役。其目的是分散德国人的注意力，因为希特勒和冯·曼施泰因预料到会有这样的进攻，而苏联人也几乎没有掩盖他们在这些地域的进攻准备。作为重大进攻行动的标志，一个独立的坦克军和三个机械化军的出现，有助于使德国领导人相信他们的南翼处于危险之中。[45] 早在7月14日，希特勒就指示将第二十四装甲军编入预备队，运动到伊久姆附近北顿涅茨河沿岸第一装甲集团军的后方。最后，党卫队第二装甲军军部也率领党卫队“帝国”师和“髑髅”师南下米乌斯河前线，在那里重创了进攻中的红军。7月份剩下的时间里，苏联在南方的进攻继续将德国人的注意力和预备队引离哈尔科夫。[46] 伊久姆进攻战役于7

月27日正式结束，米乌斯河进攻战役于8月3日正式结束，这两个结束日期都在它们失败之后很久，而苏联军队正是在后一个日期发起“鲁缅采夫”行动。

具体到当地，大本营指示沃罗涅日方面军实施一场精心策划的欺敌行动，给人以苏联将从库尔斯克突出部的西南（第40集团军司令员莫斯卡连科中将推荐的地点）发起一场重大进攻，而非在东南的印象。在库尔斯克突出部西南端的苏贾地域，苏联人用假阵地和无线电通信模拟了两个步兵军、一个坦克集团军和几个坦克军的集中。从7月26日到8月4日，在方面军副司令员I. F. 涅夫捷列夫的监督下，第38集团军很大一部分兵力出色地维持着这个假象。在其他地点，为了隐蔽军队主力的进攻准备，苏联人也建立了假防御阵地。为便于坦克兵的快速运动，苏联工程兵在北顿涅茨河及其支流上共建造22座秘密的水面下桥。[47]

因为大多数进攻部队刚刚参加过激烈的库尔斯克防御战，极度虚弱，所以这些欺敌措施尤为必要。红军的步兵团发动进攻时，只剩下编制兵力和装备的基本骨干。例如，近卫第7集团军重新进入交战时，只有编制兵力8万人中的5万。虽然两个坦克集团军的实力迅速恢复到各有500余辆坦克，但是“鲁缅采夫”行动开始时，新补充的坦克和乘员还没有完全融入他们所属的部队。[48]尤其是科涅夫再三请求斯大林增派更多的人员和坦克，并在发起进攻前留出更多时间。然而，斯大林和瓦图京准备冒可以预计的风险，认为在一场快速的进攻面前，德国人会比苏联人更虚弱。

尽管动作仓促，但随之而来的进攻还是在整体上做好了充分准备。担任主攻的三个集团军：近卫第6集团军、近卫第5集团军和第53集团军，都在非常狭窄的正面实施进攻，每个步兵师的正面通常为1.5—3公里，以便使它们严重减员的兵力能够在局部形成压倒性优势。这几个集团军一般将各师集中成纵深方向的三个梯队。[49]

7月31日，瓦图京和朱可夫组织各参战集团军的司令员们开会。随后，两位坦克集团军司令员卡图科夫和罗特米斯特罗夫在近卫第5集团军司令部会面，他们将会穿过这个集团军的队形向前推进。和参加进攻的步兵一样，两个坦克集团军也将在狭窄的正面成梯队通过步兵队形，坦克第1集团军正面宽三公里，近卫坦克第5集团军正面宽五公里。这两个地段是相邻的，防止德国人只用一次突击就封闭狭窄的突破口。卡图科夫和罗特米斯特罗夫商定了这次进攻的所有细节，保证他们的每一个先头坦克军都会有两条前进路线。近卫第5集团军司令员扎多夫安排他的集团军属火炮和火箭炮支援两个坦克集团军的推进。按照正在不断发展的苏联军事理论，每个坦克集团军都会向前方派出一个加强的坦克旅，作为先遣支队绕过或抢占德军的防御阵地。[50]

实际上，德国的防线充其量只有基本的防御。虽然第四装甲集团军一个月前发起进攻的地方有数个防御地带，但只有第一防御地带多少有些人驻守。除了第11装甲师之外，其余的前沿防线均由兵员不足的步兵师据守，由第19装甲师和第6装甲师的几个战斗群提供支援。到“鲁缅采夫”行动开始时，大本营已经为进攻集中了980588人、12627门火炮和迫击炮、2439辆坦克和自行火炮。德国守军只能纠集不到21万人、约250辆坦克和突击炮。苏联军队的优势在主攻地段上甚至更为明显。[51]

8月3日5时整，苏联人开始发射密集的炮火。7时55分，苏联火炮转向德军后方的目标，与此同时，步兵和工兵特别编组的突击部队在单辆坦克的支援下向德军防线推进。到10时整，已突破德军的第一道防线，苏联的第二梯队团超越进攻者继续推进。13时整，瓦图京将军决定让四个坦克军的先遣支队，即坦克第1集团军和近卫坦克第5集团军的各两个旅，开始前进。这几个支队两小时内就肃清了德军的第一防御地带。[52]

然而，突破并非都这样顺利。作为坦克第1集团军坦克第6军先遣支队行动的坦克第200旅击退德国步兵，但未能突入德军没有设防的后方。西面的近卫第6集团军突破德军防线时遭遇困难，克拉夫琴科的独立近卫坦克第5军卷入了支援步兵的任务，而不是向战场的纵深方向发展。同样，实力较弱的第53集团军在叶里克河沿岸遭遇顽强抵抗，其机械化第1军被拆成旅去支援缓慢的突破过程。尽管如此，首日日终时，两个坦克集团军的先锋已前出约25公里，并切断别尔哥罗德—托马罗夫卡公路，他们身后的步兵也到达8—10公里处的纵深。

尽管第四装甲集团军和“肯普夫”集团军级支队的前沿守军通常实施了顽强抵抗，但他们显然措手不及并身处劣势。对疲惫的德国步兵来说，他们曾经击败过的对手仿佛现在是从坟墓里站起来并恢复了力量。仅一天内，进攻者就在两个德国集团军之间撕开了十公里宽的缺口。8月3日当天，第167步兵师的一个团几乎已不复存在，友邻各师同样遭到重创。

直到“鲁缅采夫”行动前夕，冯·曼施泰因都坚信他的对手需要长时间休整才能发起进攻。现在，他只好从自己的其他几个集团军调集兵力，这些集团军已经与进攻中的南方面军和西南方面军展开交战。装备较好的党卫队师仍是他应对新威胁时最强大的力量。党卫队“帝国”和“髑髅”两个装甲掷弹兵师在几天内就通过铁路转移到北面。冯·曼施泰因将这两个师连同经验丰富但减员严重的第3装甲师一起，划归第三装甲军军部的隶属，抗击苏联坦克在哈尔科夫西北的推进。与此同时，党卫队第5“维京”装甲掷弹兵师也奉命前去加强陷入困境的“肯普夫”集团军级支队。[53]

这些仓促的变更部署还在进行的同时，第四装甲集团军只能为自身的存亡而战。8月3日晚些时候，第19装甲师和第6装甲师的几个战斗群在托马罗夫卡东北建立了阻滞阵地，对两个推进中的坦克集团军实施了首次真正的抵抗。坦克第1集团军的契尔年科将军坦克第31军被牵制在托马罗夫卡的战斗中，但在8月4日，另外两个军：格特曼将军的坦克第6军和克里沃舍因的机械化第3军，继续向西南方的鲍里索夫卡发展胜利，近卫第6集团军的步兵则攀附在坦克车体上。这是别尔哥罗德—哈尔科夫战役期间反复出现的一种模式：受制于苏联军队整体上的弱点，指挥员们不敢承担绕过德军防御枢纽部，将其留给后续部队解决的风险。

在东面，科涅夫的草原方面军持续遭遇顽强抵抗，跨越北顿涅茨河时遇到的困难令事态更趋复杂。应科涅夫的要求，瓦图京派出近卫坦克第5集团军的第二梯队军，协助近卫第7集团军摧毁德军防线的稳定性。斯科沃尔佐夫少将的机械化第5军调头向东朝克拉斯诺耶村挺进，而罗特米斯特罗夫的坦克第18军和坦克第29军，则采取与坦克第1集团军大致平行的路线继续南下。这次的分兵无疑可以加快德国人撤出别尔哥罗德的步伐，但也削弱了两个坦克集团军的进攻力量。

接下来几天里，坦克第1集团军继续冲向西南方。然而，德国人在诸如鲍里索夫卡这样的防御枢纽部实施顽强抵抗，这意味着本可以支援装甲矛头的苏联步兵部队和坦克军的各种旅，现在越来越远地落在后面。第27集团军和近卫第6集团军花费数天时间，试图歼灭被合围在格赖沃龙和鲍里索夫卡的五个德国师一部。8月7日到9日，第11装甲师和从奥廖尔地域艰难变更部署后，仓促地逐次投入战斗的“大德意志”装甲掷弹兵师，通过一次巧妙的行动，解救了这五个已部分陷入合围的师。

由于缺少步兵和炮兵的支援，两个坦克集团军战斗力不断下降。[54] 不过到8月6日，近卫第6集团军已最终从西面达成突破，其遭受重创的近卫坦克第5军划归卡图科夫的坦克第1集团军作战隶属。与此同时，按计划向两翼延伸的进攻，在逐渐拓宽着苏联人的行动范围。尽管这些侧翼攻击无疑在某种程度上可以阻止防御力量的横向转移。可是它们的力度通常都比不上第一轮突击，因此很少能突破德军防御。只有第27集团军的P. P. 波卢博亚罗夫少将近卫第4坦克军是一个例外，该军击退第11装甲师的一个战斗群，并向南稳步推进，可以掩护坦克第1集团军的西翼。

博戈杜霍夫遭遇战

到8月7日晚，两个德国集团军防线之间的缺口已经超过50公里宽。[55] 只有主要由德国后勤人员拼凑起来的一些部队，还在抵挡红军的推进。两个党卫队师的先头部队即将抵达博戈杜霍夫的交叉路口和德国补给基地以南，但这两个师直到9日晚些时候才能做好战斗准备。与此同时，已配属于坦克第1集团军的克拉夫琴科少将近卫第5坦克军，则在向博戈杜霍夫西南方推进。

然而，就在这时，两个过度伸展的坦克集团军最终遭遇冯·曼施泰因正在集结的反冲击兵力。双方的机械化力量在为期三天的时间内陆续到达，引发一系列复杂、残酷、互有进退而令人瞩目的运动战，先是在博戈杜霍夫周围，然后向西蔓延到阿赫特尔卡周围的关键性交叉路口（见地图30）。

8月12日至13日，“髑髅”装甲掷弹兵师的三个战斗群，最终向现在过度伸展的坦克第1集团军先遣支队发起协同攻击，后者已经切断德国铁路与哈尔科夫的联系。卡图科夫的三个先遣支队陷入合围并损失了100辆坦克，尽管有些苏联军人步行突围。然而，与德国人以往的反冲击不同，这次胜利并未引发红军部队的瓦解和溃退。相反，在近卫坦克第5集团军近卫机械化第5军的增援下，近卫第6集团军于13日向“髑髅”师发起反冲击，突破至位于关键性的哈尔科夫—波尔塔瓦铁路线上的另一座小村庄维索科波利耶，至关重要的德军

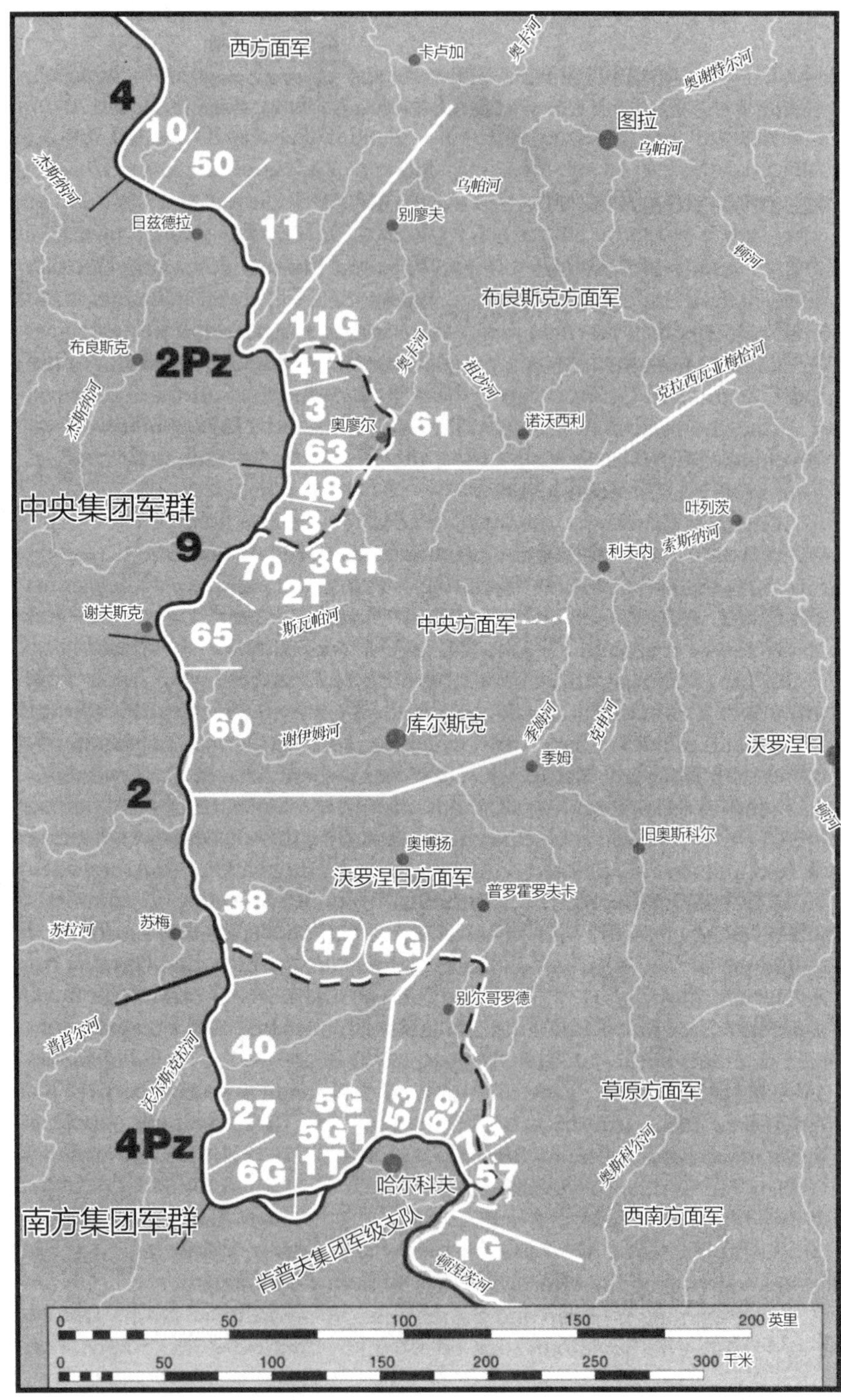

地图30 库尔斯克会战，1943年8月11日

预备队正沿这条铁路线赶去加强哈尔科夫的防御。与此同时，“帝国”和“维京”师各一部向博戈杜霍夫以南坦克第1集团军的薄弱兵力发起协同进攻，几乎攻入了这座城镇。罗特米斯特罗夫投入近卫坦克第5集团军剩余的两个坦克军前去解救卡图科夫。这三天里，双方兵力都在博戈杜霍夫周围展开机动，卡图科夫和罗特米斯特罗夫的坦克实力急剧下降。[56] 最终，8月16日至17日，第三装甲军成功将坦克第1集团军余部和近卫第6集团军赶回梅尔奇克河，成功稳定前线并歼灭了两个苏联集团军的进攻力量。

苏德双方正在燃烧的坦克散落在博戈杜霍夫周围的土地上，而苏联人向哈尔科夫的推进依然势不可挡。德军防线虽然尚属完整，但是迫于科涅夫推进的重压不得不节节后退。科涅夫没有选择直接强攻城市，而是试图切断城市周围的铁路线，迫使德国人撤退。肯普夫将军计划撤离城市，冯·曼施泰因也默许了这个决定。然而，希特勒在8月12日听到这一消息时，下达了一道他的典型命令——不惜一切代价，死守到底。两天后，冯·曼施泰因将不幸的肯普夫解职，代之以奥托·韦勒将军。[57]

与此同时，霍特的第四装甲集团军也在为另一次反冲击集结兵力，企图分割苏联第27集团军和近卫第6集团军。第7装甲师、第19装甲师和“大德意志”师这三个师的余部，准备从阿赫特尔卡向东南方攻击，与第三装甲军取得联系，合围并歼灭已突破至阿赫特尔卡与博戈杜霍夫之间的苏联军队。经过长达六个星期的战斗，这三个师目前总共只能集结起约100辆坦克和突击炮。尽管如此，8月17日发起的这场攻击，还是成功与第三装甲军的“髑髅”师和第223步兵师建立有限的联系。虽然由此形成的合围过于单薄，实际上无法歼灭苏联的部队，但是它扰乱并分割了苏联近卫坦克第4军和近卫坦克第5军，重创了第27集团军和近卫第6集团军。其结果是进一步削弱了该地区红军各部队的坦克和人员实力。瓦图京请求动用G. I. 库利克中将的近卫第4集团军及其下属的近卫坦克第3军来恢复局势，得到大本营的批准。库利克随后笨拙地使用他的集团军，招致瓦图京和大本营的一致指责。[58]

就在德国人进攻阿赫特尔卡的前一天，即8月16日，P. M. 科兹洛夫少将下辖两个近卫步兵军的第47集团军和V. T. 奥布霍夫少将的近卫机械化第3军，在阿赫特尔卡以北的博罗姆利亚附近，通过第40集团军的十公里地段发起攻击。[59] 德国第57步兵师于18日在持续的炮火下土崩瓦解。由于大部分下级军官和士官阵亡，整个第57步兵师彻底溃散。[60] 这次罕见的纪律崩溃，可以清楚地表明德国人距离彻底崩溃有多近。到8月19日，第47集团军已经威胁到德军阿赫特尔卡集团的后方，再加上苏联人在北面重新开始的尝试，迫使“大德意志”师于8月19日撤出阿赫特尔卡。

哈尔科夫

在哈尔科夫以西进行的上述所有机动，都未能改变这座城市的命运。德军步兵不断消耗，守军炮兵又缺乏弹药。到8月18日，“肯普夫”集团军级支队（现已更名为第八集团军）的新任司令奥托·韦勒将军，已重新提出其前任的撤退请求。如果德国人想要有足够的兵力有秩序地撤退到第聂伯河，他们就不能失去这座在劫难逃的城市的守军主力。希特勒终于意识到撤退的必要性，尽管他要求韦勒推迟行动，尽量减少对德国剩余盟友的政治影响。

德国人在哈尔科夫以西的残酷战斗中并非一无所获，他们阻止了苏联人合围这座城市。近卫第5集团军和近卫坦克第5集团军8月22日发动的猛烈攻击未能切断撤退路线。最终，8月23日夜间至24日凌晨，科涅夫下令向哈尔科夫发起总攻，但只是无的放矢——城市里只剩下德国的少量散兵游勇（见地图31）。

尽管苏联军队在别尔哥罗德—哈尔科夫战役中未能歼灭德国第四装甲集团军和“肯普夫”集团军级支队，但他们还是加深了德国人因“堡垒”失败遭受的耻辱，并给国防军造成无法承受的损失。德国的步兵师已经削弱得只剩下自己原来的影子，第255步兵师和第57步兵师分别只有3336人和1791人从这场战役中生还。已经在“堡垒”行动中遭到重创的第332步兵师，更是仅剩342人。第112步兵师的某个团只剩下1名军官和45名士兵。装甲师的状况也别无二致。到8月23日，第11装甲师兵力为820名装甲掷弹兵、15辆坦克和4辆突击炮；第19装甲师只剩下760名装甲掷弹兵和7辆坦克，还失去了他们的师长施密特将军，他在鲍里索夫卡的合围圈中阵亡。[61] 几个党卫队装甲掷弹兵师的状况稍好，但损失也很大。到8月25日，“帝国”师和“髑髅”师剩余的坦克和突击炮分别为55辆和61辆，这两个师将现有的全部坦克编成唯一的战斗群，前去抵挡罗特米斯特罗夫对哈尔科夫的最后一击。[62]

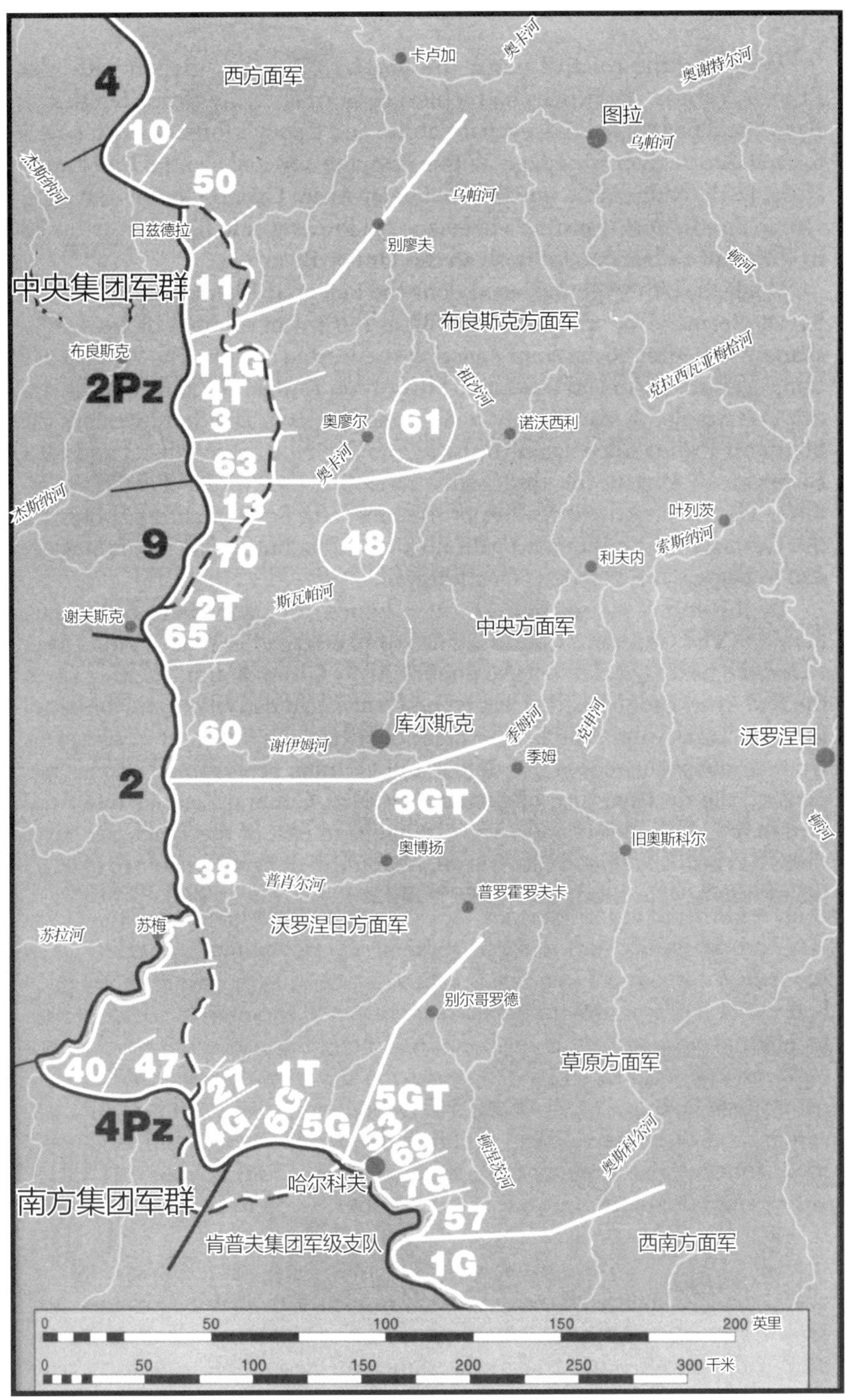

地图31库尔斯克会战，1943年8月23日

苏联的沃罗涅日方面军和草原方面军同样为这场胜利付出了高昂代价。朱可夫策划战役的典型特征是大铁锤式的正面突击，共造成超过25万人的伤亡，超过战役开始时苏联兵力的四分之一。到战役结束时，步兵师平均兵力已经降至每师3000—4000人，坦克的损失数量同样惊人。卡图科夫的坦克第1集团军在“堡垒”行动中已经损失646辆坦克和自行火炮中的80%，在别尔哥罗德—哈尔科夫战役中又先后损失1042辆坦克，其坦克数量从进攻开始时的542辆下降到了120辆。到8月25日时，罗特米斯特罗夫的近卫坦克第5集团军原先的503辆坦克和自行火炮中只剩下50辆还在作战。这场战役期间，他的集团军损失了60%—65%的参谋人员、85%的连级和营级指挥员、75%的无线电设备。这个坦克集团军要到两个月以后才能重新担负野战任务。[63]

权衡双方的代价后，大本营对朱可夫、瓦图京和科涅夫取得的战果非常满意。即使瓦图京和科涅夫的军队太过虚弱，无法进一步利用他们的优势，南方集团军群的左翼也无法再站稳脚跟。几天之内，相邻的中央方面军就会打击南方集团军群和中央集团军群的薄弱接合部。冯·曼施泰因的军队四面楚歌，别无选择，只能相当仓促地撤向第聂伯河防线。

别尔哥罗德—哈尔科夫方向激战正酣时，苏联夏季进攻的烈火蔓延到整个苏德战场。一个又一个苏联的方面军加入协调一致的进攻。8月7日，西方面军和加里宁方面军发起“苏沃洛夫”行动，经杜霍夫希纳和罗斯拉夫利冲向主要目标斯摩棱斯克。8月13日，西南方面军和南方面军再次跨过北顿涅茨河和米乌斯河发起突击，而他们这一次的进攻力量令德国人无法承受。苏联大锤持续击打造成的不断压力，使德国统帅部别无选择，只能去做难以想象的事情——开始大规模战略撤退。

到8月底，德国人寄予“堡垒”行动的厚望已化为一段痛苦的回忆。德国陆军和苏联红军竞相奔向第聂伯河，那里是南方集团军群顺理成章的下一道防线。三个星期之内，苏联红军已在德国国防军失败的地方取得了胜利，库尔斯克战场也很快就远远落在人们的身后。尽管希特勒不愿接受这次失败的战略后果，可是德国的职业军人们意识到事态已出现决定性的转折。陆军总司令部的蔡茨勒将军，通知A集团军群开始撤离黑海东岸的桥头阵地，因为德国已经再无可能在俄罗斯南部发动大规模进攻。[64]闪击战已经走到了尽头。

注释

1.《突破德国奥廖尔集团的侧翼防御》(*Proryv oborony na flange orlovskoi gruppirovki nemtsev*),收录在《战争经验研究材料选集,第10册(1944年1—2月)》(莫斯科:军事出版局,1944年版),第4页。1964年解密的机密级文献。以下引用时缩写为《选集》第10册。该文具体介绍了近卫第11集团军在奥廖尔以北准备并实施作战的详情。

2. G. K. 朱可夫著《在库尔斯克突出部》(*Na Kurskoi duge*),刊登在《军事历史杂志》第8期(1967年8月刊),第81页。

3. 苏联为1943年夏季战局制订战略规划的细节、背景和后果,见戴维·M. 格兰茨著《战争第二阶段中苏联的军事战略(1942年11月—1943年12月):一次重新评价》刊登在《军事历史杂志》[①]第60期(1996年1月刊),第115—150页。

4. 连同加强给他的坦克军,巴格拉米扬的集团军共有170500万人、648辆坦克和自行火炮、近3000门火炮和迫击炮。仅在其16公里宽突破地段上,巴格拉米扬就集中了59777人、615辆坦克和自行火炮、超过2900门火炮和迫击炮。确切数字见《选集》第10页,第8页;以及G. F. 克里沃舍耶夫著《解密的保密文献》(*Grif sekretnosti sniat*,莫斯科:军事出版局,1993年版),第189页。博尔金的第50集团军共有54062人、236门火炮(76毫米及以上)、241门反坦克炮、50门高射炮、594门82毫米和120毫米迫击炮、87辆坦克和自行火炮。再加上方面军配属的兵力,该集团军总人数达到62800人。见克里沃舍耶夫著《解密的保密文献》,第189页。关于第50集团军在这场会战期间编成和作用的更多详情,见F. D. 潘科夫著《火线:第50集团军在伟大卫国战争中的战斗历程》(*Ognennye rubezhi: boevoi put' 50-i armii v Velikoi Otechestvennoi voine*,莫斯科:军事出版局,1984年版),第128—143页。苏联的详细作战序列见附录B,各集团军的准确实力见附录C[②]。

5. 费久宁斯基的第11集团军于7月12日编入西方面军,波格丹诺夫的坦克第4集团军7月12日仍旧在莫斯科军区组建,六天后才编入西方面军。第11集团军下辖八个步兵师、一个坦克团和若干保障部队。坦克第4集团军下辖作战经验丰富的近卫机械化第6军和坦克第11军,以及使用乌拉尔各坦克工厂志愿人员新组建的坦克第30军。更多详情,见I. I. 尤舒克著《为祖国而战的坦克第11军》(*Odinnadtsatyi tankovyi korpus v boiakh za rodinu*,莫斯科:军事出版局,1962年版),第32—40页;以及M. G. 福米乔夫著《始于乌拉尔的征程》(*Put' nachinalsia s Urala*,莫斯科:军事出版局,1976年版),第34—45页。V. V. 克留科夫的近卫骑兵第2军也于7月18日编入西方面军,准备协同坦克第4集团军发展胜利。

6. 讲述布良斯克方面军在这场会战中作用的苏联资料较少。其中最优秀的作品有:第3集团军司令员A. V. 戈尔巴托夫著《岁月与战争》(*Gody i voiny*,莫斯科:军事出版局,1980年版),第214—229页;第63集团军纪实:V. A. 别利亚夫斯基著《施普雷河上纵横交错的箭头》(*Strely skrestilis'na Shpree*,莫斯科:军事出版局,1972年版),第76—113页;以及布良斯克方面军参谋长L. 桑达洛夫著《奥廖尔战

---

① 译注:这是一份美国期刊,与本书其他地方提到的苏联/俄罗斯同名期刊VIZh不同。

② 译注:原文为D。如前所述,作者的附录似乎重新排列过。

役中的布良斯克方面军》(*Brianskii front v orlovsloi operatsii*),刊登在《军事历史杂志》第8期(1963年8月刊),第72页。戈尔巴托夫的第3集团军下辖六个步兵师、两个独立坦克团和大批加强炮兵。第63集团军下辖七个步兵师、一个坦克团和一个自行火炮团。用于支援这两个集团军的有步兵第25军的三个步兵师,以及方面军直属的五个坦克团和三个自行火炮团。苏联的详细作战序列见附录B。

7. 有许多优秀的资料提供了近卫坦克第3集团军在这场会战期间编成和作用的详情,其中有:A. M. 兹瓦尔采夫编辑《坦克兵的第3支近卫军:近卫坦克第3集团军的战斗历程》(*3-ia gvardeiskaia tankovaia: boevoi put' 3-gvardeiskoi tankovoi armii*,莫斯科:军事出版局,1982年版),第61—85页;N. G. 涅尔谢相著《基辅—柏林荣誉称号:近卫坦克第6军的战斗历程》(*Kievsko-berlinskii: boevoi put' 6-go gvardeiskogo tankovogo korpusa*,莫斯科:军事出版局,1974年版),第38—60页讲述的是奥廖尔战役期间的坦克第12军;A. A. 韦特罗夫著《就这样》(Tak i bylo,莫斯科:军事出版局,1982年版),第133—153页讲述的是奥廖尔战役期间的坦克第15军;以及I. 雅库鲍夫斯基著《库尔斯克会战中的近卫坦克第3集团军》(*3-ia gvardeiskaia tankovaia armiia v bitve pod Kurskom*),刊登在《军事思想》第8期(1971年8月刊),第54—76页。按照后者的说法,近卫坦克第3集团军当时的兵力为731辆坦克和自行火炮,其中有475辆T-34中型坦克、224辆T-70轻型坦克和32辆自行火炮。雷巴尔科的坦克集团军于7月14日转隶布良斯克方面军。

8. 除了桑达洛夫的作品以外,还有两个师的战史同样描述了博尔霍夫方向的行动。别洛夫第61集团军的正面较宽,使用三个师组成的近卫步兵第9军担任集团军的主攻,该集团军另外还有五个步兵师、一个独立强击旅、一个独立坦克团、一个自行火炮团和若干保障部队。完整的作战序列见附录B。

9. 克里沃舍耶夫著《解密的保密文献》,第189页称,参加会战的有40.9万人。

10. 例如,按照同上,第188—189页的说法,中央方面军在整个"堡垒"行动期间的兵力为738000人,"库图佐夫"行动期间的兵力为645300人。总体而言,奥廖尔战役期间,苏联参战的三个方面军总共投入其全部1286049人(不计近卫坦克第3集团军和坦克第4集团军)当中的927494人。共有22075门火炮和迫击炮、2192辆坦克和自行火炮提供支援。详情见附录C①。G. A. 科尔图诺夫和B. G. 索洛维耶夫合著《库尔斯克会战》(*Kurskaia bitva*,莫斯科:军事出版局,1970年版),第188页当中的数字略有不同。

11. 也就是说,坦克第2集团军的坦克第3军、坦克第16军和坦克第9军共损失其全部600余辆坦克中的一半以上。"堡垒"行动结束后,坦克第19军用于加强第70集团军,坦克第9军编入中央方面军的预备队。于是,坦克第2集团军只剩下不超过200辆坦克,用于支援第13集团军发起的中央方面军主攻。

12. 德国的完整作战序列,见附录A。

13. 根据科尔图诺夫和索洛维耶夫合著《库尔斯克会战》,第188页的说法,德国用于奥廖尔战役的兵力为40万人、6000门火炮和迫击炮、1000辆坦克和突击炮,苏联在人数上占有两倍的优势,在火炮和装甲车辆上则达到三倍以上的优势。然而,这些数字计算的是德国投入整场战役的总兵力。战役开始时,第二装甲集团军只有约16万人、约175辆坦克和相同数量的突击炮,这就使苏联的人数优势超过七比一,装甲车辆的数量优势约为八比一。随着第九集团军变更部署前来迎击苏联的新威胁,这些对比数值对德国人

① 译注:原文为附录E,显然有误。

来说有所改善。苏联人集中兵力的措施，让自己在某些地段上建立起前所未有的兵力优势。例如：近卫第11集团军的突击集群在其16公里宽的突破地段内，共集中了59777人、615辆坦克和自行火炮，而其当面只有德国的两个步兵团，后方另有第5装甲师的一个战斗群作为战术预备队，即总共不到1万人和40辆坦克。《选集》第10册，第8页称，该突击集群的当面是德国的两个整师，共2.8万人。

14. 详见戴维·M. 格兰茨著《第二次世界大战中苏联的军事欺骗》（伦敦：弗兰克·卡斯出版社，1989年版），第160—193页。

15. 阿尔伯特·西顿著《苏德战争1941—1945》（纽约：普雷格出版社，1971年版），第366—367页。

16. 约翰·埃里克森著《通往柏林之路》（科罗拉多州博尔德：西方观点出版社，1983年版），第108页。这部作品做出了对奥廖尔战役最客观的英语概括。

17. 作战详情见《选集》第10册，第24—26页；科尔图诺夫著《数字中的库尔斯克会战》，第207—212页；以及许多德国文献，其中包括：《1943年6月1日—8月13日第二装甲集团军司令部作战参谋编写的作战日志第36组附件第23号：指挥官用地图》（*Chefkarten, 23 Anlagen, Anlagenband 36 zum KTB Pz AOK 2, Ia, 1 Jun-13 Aug 1943*），收录在《第二装甲集团军司令部第37075/49号》（*Pz AOK 2, 37075/49*），现存于NAM T-313系列，第171卷；以及有关的第二装甲集团军作战日志（*Kreigstagebuchen*）。

18. 戈尔巴托夫让他的步兵第235师和第380师在六公里宽的地段上并肩推进，步兵第308师在后方跟进。科尔帕克奇则把他的步兵第129师、第348师、第287师和第250师放在第一梯队，步兵第397师和第5师在后方跟进。

19. 这批KV-1坦克可能来自加强第3集团军的独立坦克第82团。独立坦克第114团同样用于支援该集团军的进攻。独立坦克第231团和自行火炮第1452团则加强到第63集团军的第一梯队各师。

20. 桑达洛夫著《奥廖尔战役中的布良斯克方面军》，第67页。该书当中有波波夫将军关于他的方面军第一天作战行动的报告和朱可夫元帅关于奥廖尔战役整体的更乐观报告。

21. 西顿著《苏德战争》，第367页。

22. 德国的情报报告显示，苏联将来自大本营预备队的近卫第4集团军近卫坦克第3军投入奥廖尔以东的激烈战斗。然而，这并不能得到苏联资料的证实。近卫第4集团军及其下属坦克军确实都曾在“鲁缅采夫”行动的后期参加战斗。

23. 博尔霍夫以东的战斗详情，见桑达洛夫著《奥廖尔战役中的布良斯克方面军》；近卫步兵第12师的战史：D. K. 马利科夫著《穿过硝烟与战火》（*Skvoz' dym i plamia*，莫斯科：军事出版局，1970年版），第65—79页；以及《切尔尼戈夫的近卫军人：近卫红旗切尔尼戈夫步兵第76师的战斗历程》（*Gvardeiskaia chernigovaskaia: boevoi put' 76-i gvardeiskoi strelkovoi chernigovskoi krasnoznamennoi divizii*，军事出版局，1976年版），第124—179页。

24. 除了近卫坦克第3集团军的其他资料以外，还可参阅理查德·N. 阿姆斯特朗著《红军坦克指挥员：装甲近卫军》（宾夕法尼亚州阿特格伦：希弗军事与航空史出版社，1994年版），第180—190页。

25. 坦克第12军改称近卫坦克第6军，坦克第15军改称近卫坦克第7军，机械化第2军改称近卫机械化第7军。

26. 厄尔·齐姆克著《从斯大林格勒到柏林：德国在东线的失败》（华盛顿特区：美国陆军军事历史主管

办公室，1968年版），第138页。

27. 为了控制这批兵力的变更部署，德国人还将第四十一装甲军的军部北移。

28. 亚努斯·皮耶卡尔凯维茨原著，米凯拉·尼尔豪斯英译《“堡垒”行动：库尔斯克和奥廖尔》（加利福尼亚州诺瓦托：普雷西迪奥出版社，1987年版），第251—252页。

29. 赫尔曼·普洛赫尔著《德国空军与俄国的较量，1943》（纽约：阿诺出版社，1967年版），第99—100页。

30. 费久宁斯基的集团军下辖八个步兵师、一个独立坦克团和若干保障部队。该集团军的详细编成见附录B。其下属各部零敲碎打地用于填补近卫第11集团军和第50集团军之间正在增大的缺口，因为遭到德国第5装甲师和几个步兵师顽强而娴熟的抵抗，博尔金的进展缓慢，所以形成了这个缺口。

31. 齐姆克著《从斯大林格勒到柏林》，第139—140页；以及皮耶卡尔凯维茨著《“堡垒”行动》，第258—260页。

32. 有关会战这一阶段的苏联资料有很多，其中可以参阅科尔图诺夫著《数字中的库尔斯克会战》，第254—257页。

33. 普洛赫尔著《德国空军与俄国的较量，1943》，第105页。

34. 同上，第106—107页。

35. 克里沃舍耶夫著《解密的保密文献》，第189页。按照克里沃舍耶夫的说法，苏联损失的人数为：不可归队的损失（死亡、重伤、失踪和被俘）112529人、卫生减员（伤员和病员）317361人。合计相当于苏联总共投入这场会战1286049人的33%以上。

36. 后来，G. K. 朱可夫著《回忆与思考》第二卷（莫斯科：进步出版社，1985年版），第194页，这样解释他与斯大林之间的意见分歧：

> 经过多次交谈之后，最高统帅才十分勉强地批准了我们的决定，因为这是唯一的出路。
>
> 按照计划，这次战役应当是大纵深的，因此需要精心准备和全面保障，否则我们就可能遭受失败。一场计划周密和准备完善的进攻战役，不仅能够顺利突破敌人防御的战术和战役纵深，还能为后续的进攻行动创造有利条件。
>
> 然而，最高统帅一再催促我们发起战役。我和A. M. 华西列夫斯基费了很大的功夫来说服他，只有万事俱备、物资齐全以后，才能发起战役。最高统帅同意了我们的意见。

草原方面军司令员科涅夫的叙述更加详细：

> 7月23日到8月3日的这十天间歇，对于我军准备反攻是非常必要的。第一，我们必须按照复杂的情况来制订计划，考虑到一旦敌人成功将其军队后撤到事先准备好的防御阵地，我们该怎么办。同时，也不能排除德国指挥机关从顿巴斯和苏德战场的其他地段抽调来一些师，加强其后撤的军队并转入反攻的可能；第二，我们必须把方面军的兵力前调到大本营指定的出发阵地，这就需要花费相当长的时间来变更部署；第三，草原方面军已经几乎没有后勤部队，因为这类部队很多都已经转隶沃罗涅日方面军，因此，一道大本营训令直接指出：“红军总后勤部长赫鲁廖夫同志应于7月18日晚以前向草

原方面军提供必要的后勤。”第四，7月17日西南方面军在伊久姆地区和南方面军在米乌斯河沿岸发起的两场进攻战役并不顺利；第五，也是最后一点，沃罗涅日方面军个别地段上的防御战斗仍在继续。因此，这样复杂的战役战略条件下，我们认为在哈尔科夫方向由行进间转入进攻是不可能的。那样的进攻将是无组织、无计划的，当然也很难指望它会成功。

见I. S. 科涅夫著《在哈尔科夫方向》(*Na khar'kovskom napravlenii*)，刊登在《军事历史杂志》第8期(1963年8月刊)，第53—54页。

37. 苏联人用俄罗斯帝国伟大军事统帅的姓氏，来命名这个夏季战局中的多场进攻战役。P. A. 鲁缅采夫的姓氏被用来命名别尔哥罗德—哈尔科夫战役，他在18世纪后期的俄土战争中指挥俄罗斯军队，而冠名奥廖尔战役的M. I. 库图佐夫，则在1812年战局中率领俄罗斯军队迎击拿破仑。

另外，苏联人为西方面军和加里宁方面军1943年8月的斯摩棱斯克战役所起的代号是“苏沃洛夫”。A. V. 苏沃洛夫曾在18世纪后期的俄土战争和最初几场拿破仑战争中指挥俄罗斯军队。

38. 朱可夫曾在1941年夏季的斯摩棱斯克交战、1941年12月和1942年1月的莫斯科反攻、1942年11月和12月的“火星”行动使用过类似的进攻技巧。他将在1945年4月的柏林再次使用。

39. 由于受到地形的制约，战役初期两个坦克集团军都归沃罗涅日方面军作战隶属。一旦突破德国的战术防御，罗特米斯特罗夫的集团军就将重新编入草原方面军。“鲁缅采夫”行动的详细策划过程和围绕这一主题的大量苏联资料，见戴维·M. 格兰茨著《从顿河到第聂伯河：1942年12月至1943年8月的苏联进攻战役》(伦敦：弗兰克·卡斯出版社，1991年版)，第229—252页。

40. 特罗菲缅科的第27集团军下辖六个步兵师、一个坦克旅、一个独立坦克团，以及有189辆坦克和自行火炮的近卫坦克第4军。莫斯卡连科的第40集团军下辖六个步兵师和坦克第2军。奇比索夫的第38集团军下辖五个步兵师。详细的编成见附录B。

41. 大规模合围的建议来自第40集团军司令员莫斯卡连科将军。见K. S. 莫斯卡连科著《在西南方向》(*Na iugo-zapadnom napravleni*)第二卷(莫斯科：科学出版社，1972年版)，第81页。

42. 关于1943年2月和7月苏联围绕库尔斯克的几场进攻战役之间的关系，见戴维·M. 格兰茨著《库尔斯克的前奏：苏联的战略性战役，1943年2—3月》，刊登在《斯拉夫军事研究杂志》第8年第1期(1995年3月刊)，第1—35页。

43. 但到最后，这些快速集群中的大多数实施的还是战术机动，因为德国人的顽强抵抗迫使他们不得不参加所属集团军的突破交战。

44. 有关苏联战役学概念演变过程的讨论和许多定义战役机动力量用途的苏联资料引文，见戴维·M. 格兰茨著《苏联战役法：寻求大纵深战斗》(伦敦：弗兰克·卡斯出版社，1991年版)，第121—138页。

45. 马利诺夫斯基将军的西南方面军使用近卫第1集团军、近卫第8集团军、坦克第23军和近卫机械化第1军发起伊久姆—巴尔文科沃战役。托尔布欣将军的南方面军在米乌斯河战役中使用突击第5集团军、近卫第2集团军、第28集团军作为突击集群，并以近卫机械化第2军和近卫机械化第4军提供支援。详见A. G. 叶尔绍夫著《解放顿巴斯》(*Osvobozhdenie Donbassa*，莫斯科：军事出版局，1973年版)，第98页、第110—112页。

46. 米乌斯河历次交战的详细叙述，见叶尔绍夫著《解放顿巴斯》，第110—112页；以及《第六集团军，俄国》，收录在《Ms. 第C-078号》（驻欧美军司令部历史部，未注明日期）。这部德国将军们在战后编写的陆军历史系列手稿，仍然是关于米乌斯河防御战的最佳德语作品。另见，齐姆克著《从斯大林格勒到柏林》，第138页。

47. 格兰茨著《第二次世界大战中苏联的军事欺骗》，第174—177页。V. A. 马楚连科著《军队的战役伪装》（*Operativnaia maskirovka voisk*，莫斯科：军事出版局，1975年版），概述了整个苏德战争期间苏联的欺骗行动。这部研究作品得到原保密文献的印证和核实，见《关于军队战役伪装的若干文献》（*Dokumenty po voprosam operativnoi maskirovki voisk*），收录在《伟大卫国战争战斗文书选集，第27册》（*Sbornik boevykh dokumentov Velikoi Otechestvennoi voiny, vypusk 27*，莫斯科：军事出版局，1956年版），由总参谋部军事科学局编写。

48. 例如，坦克第1集团军共有3.7万人、542辆坦克（其中417辆T-34）和27辆自行火炮，近卫坦克第5集团军共有3.7万人、503辆坦克和40辆自行火炮。这两个坦克集团军作战详情，见A. Kh. 巴巴贾尼扬等人合著《他们叩开过柏林的大门》（*Liuki otkryli v Berline*，莫斯科：军事出版局，1973年版），第66—90页；以及P. Ia. 叶戈罗夫等人合著《胜利之路》（*Dorogami pobed*，莫斯科：军事出版局，1969年版），第66—83页。

49. 近卫第5集团军和近卫第6集团军各下辖两个近卫步兵军，每军各下辖三个近卫步兵师。近卫第6集团军另外还有一个步兵师。草原方面军第53集团军共有七个步兵师，却没有军一级的指挥机关。第69集团军的七个步兵师编为两个步兵军，近卫第7集团军的八个步兵师则编为三个步兵军。

50. 阿姆斯特朗著《红军坦克指挥员》，第63—64页。

51. 整个别尔哥罗德—哈尔科夫战役期间，苏联共投入1144400人、约2439辆坦克和自行火炮。损失总人数为255566人，其中不可归队的损失为71611人、卫生减员（指伤病员）183955人，这些数字可以反映战斗的激烈程度。德国最终投入约33万人、约600辆坦克和突击炮。见格兰茨著《从顿河到第聂伯河》，第399页；以及克里沃舍耶夫著《解密的保密文献》，第190页。

52. 实施进攻的详情和数百份可以获得的苏联资料，见格兰茨著《从顿河到第聂伯河》，第251—365页。

53. 齐姆克著《从斯大林格勒到柏林》，第151—152页。

54. 截至8月9日，坦克第1集团军的实力已经从569辆坦克和自行火炮，下降到260辆坦克和自行火炮，近卫坦克第5集团军的实力则从543辆坦克和自行火炮，下降到稍多于200辆。见格兰茨著《从顿河到第聂伯河》，第393页。

55. 博戈杜霍夫交战和后续战斗的详情，另见科尔图诺夫著《数字中的库尔斯克会战》，第303—352页。

56. 截至8月13日，坦克第1集团军的装甲实力已降至134辆坦克和自行火炮，近卫坦克第5集团军的装甲车辆则刚超过100台。见格兰茨著《从顿河到第聂伯河》，第393页。

57. 齐姆克著《从斯大林格勒到柏林》，第153页。

58. 详情见F. 乌坚科夫著《阿赫特尔卡争夺战》（*V boiakh pod Akhtyrkoi*），刊登在《军事历史杂志》第8期（1982年8月刊），第38—42页；以及N. I. 比留科夫著《克敌制胜的自然科学》（*Trudnaia nauka pobezhdat'*，莫斯科：军事出版局，1968年版），第12—16页。比留科夫是近卫第4集团军下属的一位军长。

59. 第47集团军的详细编成见附录B。

60. 齐姆克著《从斯大林格勒到柏林》，第156页。

61. H. 莱因哈特著《德国在东线南段的集团军群级战役，1941—1943年》，收录在《Ms. 第P-114C号》，第5卷（驻欧美军司令部历史部，1954年版），第47页[①]。

62.《1943年8月23日和25日南方集团军群的下属单位和战斗群》（*Unterstellungen und Kampfgruppen Hgr Sud, Stand. 23.8.43, Stand. 25.8.43.*），详见附录E[②]。

63. 见A. I. 拉济耶夫斯基著《坦克突击》（*Tankovyi udar*，莫斯科：军事出版局，1977年版），第212页。坦克第1集团军损失的1000余辆坦克中，既包括修复后重新损失的，又有方面军提供的补充。

64. 齐姆克著《从斯大林格勒到柏林》，第157页。

---

① 译注：选定书目作第6卷。

② 译注：原文如此，书中附录E没有相关内容。

第八章
结论

德国的期望和现实

德国发起1943年战役的根据是下列几条重要假设：

1. 无论面对什么样的苏联防线，一场经过周密准备的闪击战总是能够达成突破并发展胜利。

2. 德国在参谋工作、战术和武器方面的优势，足以抵消苏联任何形式的数量优势；红军的能力远远不足以实施现代战场上必不可少的复杂协同动作。

3. 具体来说，除非利用冬季或其他恶劣气象条件，红军没有能力发动进攻战役并达到预期目标。

4. 即便苏联能够发动大规模的进攻战役，德国人娴熟的运动战反击能力也总能破坏并制止这样的进攻。

用事后的眼光看，从1941年到1942年，甚至直到1943年3月，上述所有假设都普遍成立，却在四个月后被事实证明只是痴心妄想。出现这样的判断失误，首要原因并不是德国武装力量本身出了问题，1943年它在某些方面的表现实际上比前几年更加优秀。德军指挥官，尤其是武装党卫队的指挥官，经过前几年的战斗考验已经成长起来。“虎”式和“豹”式坦克即便没能按照希特勒的期望成为坚不可摧的制胜法宝，也确实是令人望而生畏的武器。只要不直接面对苏联步兵的攻击，甚至连设计拙劣的“费迪南”式反坦克歼击车都可以胜任掩护射击的任务。只有德国空军出现了一些严重问题，主要是由于后勤方面受到的限制。即便如此，专用反坦克攻击机的出现也为德国人提供了一种有价值的新式武器。另外，与各地面兵种相比，1943年红军的空军更符合德国人对苏联人能力低下的传统印象。

德国人针对“堡垒”行动的批评，特别是研究过这场战役的高级参战军官和大多数历史学家的批评，普遍认为德国为“堡垒”行动制定的战略目标和战役目标过于雄心勃勃。他们异口同声地将这一责任归咎于希特勒和他在总参谋部的主要顾问们。南方集团军群司令埃里希·冯·曼施泰因解释这场战役的理论依据如下：

现在，我们只能一心考虑先发制人发动进攻的想法。而这场进攻必须在敌人弥补其冬季战局的损失，在其连吃败仗的军队恢复元气之前，给他们以相当程度的打击。

在库尔斯克这座城市的周围，苏联压迫我方战线大幅后退形成的突出部，为我们提供了一个合适的目标。正对着我军中央集团军群和南方集团军群作战分界线处的俄国人，在泥泞季节来临时固然会按兵不动；而现在，他们一旦考虑进攻这两个德国集团军群的侧翼，就会把这里当成理想的出发阵地。如果我们的进攻发动得足够早，那么我们就能出其不意攻其不备。而一旦我们的进攻获胜，突出部内数量可观的苏联军队就会成为瓮中之鳖，尤其是敌人将不得不动用那些刚刚在冬季战局临近结束时遭到沉重打击的装甲部队，从而使我们有机会把他们一网打尽。[1]

冯·曼施泰因接着指责希特勒是这场战役失败的罪魁祸首，他明确表示：“由于等待我们自己的新式坦克交付使用，本集团军群直到7月初才终于能够实施‘堡垒’行动，而这时已经丧失了先发制人发动进攻的基本优势。”[2] 冯·曼施泰因接下来严厉批评希特勒7月13日取消这场战役的决定：“代表我自己的集团军群发言时，我指出，这场战役已经发展到高潮，如果在这一刻停止进攻就等于放弃胜利。我们绝不能半途而废，除非彻底击败敌人投入的快速预备队。”曼施泰因遗憾地补充道：“于是，德国在东线的最后一次进攻以彻底失败告终，尽管南方集团军群的两个进攻集团军使对面的敌人在俘虏、死亡和负伤等方面遭受了四倍于德军的损失。”[3]

德国国防军装甲兵总监海因茨·古德里安将军，曾负责创建德国在“堡垒”行动中使用的威武雄壮的坦克大军，他认为“堡垒”进攻战役的设想来自陆军总参谋长库尔特·蔡茨勒：“这[进攻战役的设想]是陆军总参谋长蔡茨勒将军提议发起一场战役的结果，战役设想是向库尔斯克以西的大型俄国突出部发动钳形进攻；这场战役一旦成功，就会歼灭大量的俄国师，决定性地削弱俄军的进攻兵力，并使德国统帅部在东线继续进行战争时处于更有利的地位。”[4] 古德里安补充道：“尽管我们[他和曼施泰因]是仅有的两人……准备直截了当地反对蔡茨勒的计划……但目前还不清楚为什么希特勒最终被人说服发动这次进攻。看上去决定性因素似乎是陆军总参谋长施加的压力。”[5]

第四十八装甲军参谋长冯·梅伦廷是位经验丰富的装甲兵指挥官，他同样认为“堡垒”行动的设想来自蔡茨勒将军：

> 蔡茨勒的目标是有限的；他想要消除俄国人围绕库尔斯克并且伸入我方战线75英里的大型突出部。如果进攻这一地区获胜，就可以歼灭许多苏联师，并在相当大的程度上削弱红军的进攻力量。作为第四装甲集团军的一部分，第四十八装甲军将会担任南路主攻的先锋。我对这种设想表示欢迎，因为我们这些坚强并久经考验的装甲师不久前进攻哈尔科夫时没有受到多大损失，现已做好准备，一旦道路情况允许我们运动，就可以投入另一场战役。何况，在这一时期，俄国人在库尔斯克周围的防御根本不足以抵抗一场坚决的进攻。6

接下来，他还这样叙述自己对推迟这场战役的保留意见：“蔡茨勒接着说，希特勒想要取得更决定性的战果，并想把进攻发起日期推迟到一个‘豹’式坦克旅到达之后。我满怀疑虑地听完这段话，并报告说，根据最新情报判断，俄国人刚刚遭受过我军的几次打击，尚未恢复元气，也没能及时补充因仓皇撤出哈尔科夫而遭受的惨重损失。推迟一两个月将使我们的任务更加艰巨。”[7] 冯·梅伦廷指出：“刚刚提出这个进攻计划的时候，陆军元帅冯·曼施泰因坚决赞成，并相信如果我们立即发动进攻，那么一场重大胜利唾手可得。”[8] 然而，用冯·梅伦廷自己的话说:“进攻日期一再推迟,使冯·曼施泰因变得‘半信半疑’,古德里安也将这场战役形容为‘毫无意义’。”[9]刚刚拿到批准后的计划,冯·梅伦廷就把他所谓的“战争史上最大规模的坦克进攻战”描述成一场“名副其实的死亡之旅,因为实际上全部战役预备队都要投入这场最重要的战役当中去”[10]。

戈特哈德·海因里希将军①时任德国第四集团军司令,后来成为德国一位杰出的防御战专家,他同意上述评价:

希特勒固执己见,坚持要抢在苏联人之前先发动自己的进攻。这就需要主动进攻苏联的防御阵地……进攻的意图是通过钳形合围,歼灭库尔斯克突出部的敌军,进而在库尔斯克以东击败俄国人为他们将来发动反攻而集结的强大预备队。消除库尔斯克突出部将会使德国战线缩短240公里,因此有可能额外腾出一些预备队。最重要的是,这场进攻将会彻底清除苏联人的进攻出发阵地,使他们不能朝第聂伯河方向进攻南方集团军群的侧翼纵深,或者以侧翼进攻包围中央集团军群的奥廖尔突出部。同时,库尔斯克突出部本身也是德国东线上一个特别薄弱的地点。[11]

接下来,海因里希同样表达自己对希特勒推迟这场战役的批评:

权且不论希特勒的“堡垒”战役计划是否有利可图,如果实施这个计划的条件到4月底已变得不再有利,那么发起时间的拖延和未能集中必要的兵力就是战役失败的主要原因。虽然军队的官兵们已经付出最大努力来争取让这场进攻有获胜的机会,但是俄国三个方面军的兵力……和他们的防御准备,还是足以保证这场进攻必然以失败告终,除非俄国军队领导层或者其军人的士气彻底崩溃。[12]

以事后回顾的眼光,海因里希在下文这样概括“堡垒”行动失败造成的深远影响:

---

① 译注:原文的人名Gottfried有误,应为Gotthard。

策划这个夏季战局时的出发点是通过消除库尔斯克突出部和歼灭俄国的预备队，使继续坚守顿涅茨地区和奥廖尔突出部成为可能。可是上述两个目标都没能实现。在这种情况下，再继续要求防御这两个地区就根本没有任何道理。如果说在接下来的几个星期里，东线的大部分地段陷入动荡，挫折层出不穷，那么这可以归咎于希特勒的顽固不化和他对采用运动防御的一贯厌恶，而这种防御已经是留给东线陆军的唯一出路。[13]

总之，海因里希做出的结论与他的同僚们如出一辙："可以这样总结'堡垒'行动的结果：它失败的根源是希特勒的战役计划。"[14] 他还特别提道：

东线陆军受领的任务是坚守当时的战线，并防止占有极大优势的敌人将一场局部进攻战役扩大为全面的总攻。在冬季遭受损失之后，东线陆军对这样的任务感到力不从心。东线陆军如何制定战役目标对于整场战争的结果举足轻重，本不应该建立在政治、经济和国家声望等因素的基础上，但这些因素却是希特勒根据战略局面的恶化趋势，下令坚守当时战线的依据。从战略角度看，为了保护西线陆军的后方不受侵犯，同时保证统帅部调遣本方兵力的军事行动自由，并不一定要坚守当时的防线。要实现这两个目标，当务之急是利用当时所剩不多的时间削弱苏联；而要实现这一点，也不应该被动地应付现有作战局面，而是主动创造更有利的局面。

希特勒的想法是趁敌人做好准备之前出其不意，一旦事实证明不可能达成突然性，就用更强大的技术型作战装备来弥补德国的劣势。经验证明这种想法并不能为像"堡垒"这样重大的战役奠定可靠基础。面对已为一切突发事件做好准备的优势敌人，只有改变战役的实施方式，才能获得胜利。还必须放弃僵化的阵地防御，转而采用运动防御，以适当的退却来阻挡优势敌人的进攻，直至一次战役反突击的机会自然出现。同时，与坚守固定防线相比，东线陆军可以在运动防御中更自由地运用自己的现有兵力。[15]

与其他德国军官不同，从战略角度评价"堡垒"行动是否明智时，海因里希强调东西两线作战之间存在着往往被人忽视的联系，并提到苏联和同盟国之间可能出现战略协同。他的结论是：

> 然而，这样的作战行动与敌人形成鲜明对比，到了5月，敌人显然是要等到西方列强在地中海地区登陆之后，才着手发动进攻。如果我们下决心实施运动战并主动退却，那么敌人也将被迫接受并开始进行运动战。因为德国无法用反措施预防苏联的进攻与西方列强的入侵实现协同，所以东线陆军对敌实施运动战的胜算，远比坚守固定阵地大。[16]

因此，战后的若干年里，上述这四位德军指挥官都或多或少地质疑当初发动“堡垒”行动究竟是否合理。虽然其中只有部分人承认，这场战役在5月打响也不会有多大收获，但是他们都断然批评把这场战役推迟到7月初的做法。另外，他们坚持认为这样的推迟是“堡垒”行动失败的罪魁祸首，而这场失败又进而威胁到德国维持自己的战争能力。总之，在他们看来，希特勒不理智和武断的决策直接导致后来在库尔斯克的失败，并且严重削弱了德国的战争能力。

可以理解但令人遗憾的是，战后的多数历史学家都接受了这种对“堡垒”行动的具体判断和对整场战争的全面判断，把它们当作历史的事实。现在有令人信服的理由对这些所谓的“历史真相”提出质疑，予以修订或者明确否定。这些理由可以分成两大类。第一类理由是：上述判断，至少其中的一部分，是自己所处具体时代和环境的产物。换句话说，它们反映着自己的历史背景。第二类理由，也更重要的是：作者做出的许多假设显然不正确，尽管这往往不是他们自己的过错，因为他们写作时基本凭借自己的回忆，而可供使用的档案材料要么是凤毛麟角（德国的），要么并不存在（苏联的）。

先谈谈这几位德国高级军官撰写上述批评文字的历史背景，当时这场战争已告结束，他们自己和整个德国都已品尝过失败的滋味。更有甚者，当时正值冷战的巅峰时期，苏联是西方人刻意抹黑的对象①。德国的失败使苏联成为世界上首屈一指的强国，也使红军成为苏联向全世界扩张的可怕工具，这些人自然要为德国的失败寻找并找到一个简单而唯一的理由。他们在希特勒身上找到了

---

① 译注：原文是一个法语词汇bête noir，字面意思是黑色的野兽。

这样一只替罪羊，既然这只替罪羊已不在人世并且名誉扫地，就不会再有人愿意质疑他们的判断。这些回忆录当中弥漫着自怜自哀和遗憾的语气，认为德国陆军未能击败红军，致使红军成长为苏维埃政权战后的主要工具，这并不是偶然。至少，这些作品在微妙地暗示，如果换成一个“更和蔼的”或者尊重专业军事建议的德国领导人，那么德国军队和这个国家在其领导之下，就可能已经帮了全世界这样一个忙。在某些情况下，这句话里语气较弱的“就可能”甚至能换成较强的“本可以”。

与历史背景这个话题密切相关的是历史的事实。20世纪50年代和60年代，不仅可以为上述判断提供独一无二且令人难堪的强大背景，还往往会模糊人们对历史的正确认识或歪曲事实。这种“事后回溯”[①]的分析方式，让这几位作者有机会在战争失败之后回过头来评价这场战争。于是，毫无疑问，他们会接受这样一个前提，即德国在库尔斯克和整场战争中的失败是不可避免的。因为他们无法否认失败的既成事实，所以就把自己的注意力集中到谁来承担失败的责任和德国随后遭受苦难的责任上。

有些1943年的历史事实是新发现的，另一些则是旧识，都使我们不得不质疑与德国“堡垒”行动失败有关的传统观念中最容易受到质疑、也最重要的以下几个关键方面：

● 假如“堡垒”行动按照原定计划于1943年春季实施，就会马到成功。

● “堡垒”行动在7月发动时已注定不会成功。

● 假如德国从库尔斯克开始一直采取运动防御的战略，就会取得胜利或能维持平局，最低程度上也可以推迟德国的战败。

● 希特勒，并且也只有希特勒，应当对“堡垒”行动失败负责。

“堡垒”行动在1943年春季实施就能成功的假设并无事实根据。这个假设是建立在一个错误前提下的，即冯·曼施泰因迫于上层的阻止，未能全面发展

① 译注：原文是拉丁语词汇ex post facto。

自己1943年3月在哈尔科夫的胜利，且当年春季的苏联军队无力阻挡冯·曼施泰因的反突击在3月进一步展开，或在5月重新开始。任何人都不会贬低冯·曼施泰因所取得的辉煌胜利。实事求是地说，他冬季反突击的效果相当于一场真正的反攻战役，不仅具有战役意义，还有战略意义。这是因为，冯·曼施泰因的作战行动不仅制止了苏联人向顿巴斯推进，实际上还挫败了苏联人在更大范围内分割整条德国战线的更宏伟企图。

然而，要接受这个事实，就要接受一个更重大的事实，即苏联已经为1943年春季作战集中了一支战略规模的军队，其兵力远比冯·曼施泰因和德国情报机关当时所知道的强得多，也比历史学家迄今为止所知道的大得多。自1943年3月中旬以后，冯·曼施泰因要面对的已不仅仅是那批曾在顿巴斯和哈尔科夫地区败在他手下的残兵败将，还包括罗科索夫斯基将军新组建并得到加强的中央方面军和变更部署到库尔斯克地区的几个强大的集团军（坦克第1集团军，第21、第64和第65集团军），苏联配置在顿河沿岸的战略预备队（第24、第63和第66集团军）也在不断增强。3月底，那四个集团军均已进入库尔斯克突出部并开始构筑密集的防御工事。[17]

德国军队，特别是至关重要的装甲师，同样在冬季和春季孤注一掷的战斗中遭到严重消耗。例如，第四十八装甲军各装甲师通常只剩下不到20辆坦克，党卫队装甲军在2月和3月的战斗中伤亡达1.2万人。如果这些兵团想要重新发动进攻并取得任何形式的胜利，就必须进行大范围的休整补充。总之，从3月到7月，苏德双方在库尔斯克突出部内和周边地区的兵力对比发生了急剧变化。苏联一边巩固自己的库尔斯克防御，一边向库尔斯克和哈尔科夫以东地区集结7个集团军、共50余万人组成的草原军区。然而，与此同时，德国在库尔斯克突出部周围的军队却得到了更大幅度的加强。苏联的保密文献显示，1943年3月27日至7月4日之间，德国人通过变更部署向库尔斯克突出部两翼共增派23.4万人、2485辆坦克和突击炮，使该地区的兵力几乎增加了一倍。[18]

更重要的是，3月到7月初这段额外的时间，给了德国人休整和补充其全部军队的喘息之机，特别是他们的装甲兵。到7月他们投入战斗时，几乎又回到过去那种齐装满员的巅峰状态。德国人有充分理由认为自己的新式武器，特别是“虎”式和“豹”式坦克、“费迪南”式反坦克歼击车，会使胜利的天平向国防军一侧倾斜。而苏联人对这些新式武器的反应也清楚表明，德国人的这些想法是正确的。虽然以事后的眼光来批评这些新式武器的战斗表现似乎很容易，但是在7月初，几乎没有人能预料到这些武器会出现技术性能问题。具有讽刺意味的是，这些问题本身又意味着进一步推迟，而不是加快德国的进攻时间表。

战后人们几乎公认“堡垒”行动注定不会获胜的判断，是彻底忽视1943年的事实，也是“事后诸葛亮”。1943年7月以前，德国统帅部曾经发动过两场周密准备的战略进攻：1941年6月22日的“巴巴罗萨”行动和1942年6月28日的“蓝色”行动。德国军队在这两场进攻中突入苏联的战略纵深都相对比较容易，他们在几小时之内就粉碎了苏联的战术防御，并在几天之内粉碎了战役防御。德国军队只有在长驱直入苏联战略防御纵深达800公里，经过几个月（用5个月进抵莫斯科，4个月进抵斯大林格勒）的连续作战之后才会失败。总之，即便是当时最悲观的德国将领，也认为德国军队可以轻而易举地突破苏联的战术防御和战役防御。在库尔斯克，他们担心的问题是一旦挺进到战略纵深之后应该怎样做。他们怎样才能避免过度分散兵力和最终的战略失败?

与过去相比，希特勒的这个计划在更大程度上可以解决上述问题，选择的是更现实的战略目标。于是，从战术和战役角度看，苏德双方的领导人都公认德国将不可避免地在进攻初期获胜，因为他们此前从未止步于更小的战果。正是出于这个理由，苏联在库尔斯克的防御纵深才会绵延达200公里。同样出于这个理由，苏联才用科涅夫麾下强大的草原军区来支援库尔斯克突出部的守军。尽管史无前例，苏联人还是希望能在这场战争中第一次将德军的推进阻止在战役纵深之内，即库尔斯克突出部本身。他们为此付出的巨大努力，足以表明他们把德国的威胁看得有多么严重。

1943年，运动防御的设想还处于它的幼年时期，也没有经过战争剩余两年的实践检验而得到广泛认可。当然，在战争的前两年里也出现了希特勒坚持寸土必争的情况，一些德国指挥官认为，这是招致德军失败和不必要损失的原因之一。1943年夏季之前的典型事例发生在斯大林格勒，希特勒否决冯·曼施泰因的请求，不许德国第六集团军从自己的死亡陷阱里主动突围。战争结束后，冯·曼施泰因等人严厉批评希特勒拒绝这一请求的决定。然而，冯·曼施泰因当时和战后都不知道的是，位于斯大林格勒地区的强大苏联预备队足以挫败这样的突围尝试。战争后期，随着希特勒坚持采用阵地防御的顽固立场引发灾难性后果的次数越来越多，越来越多的人开始认同运动防御的观点。战争结束后，这种观点演变成为德国人惯用的一种陈词滥调和实际上的辩解，用来说明战争本来可以打赢，或者至少灾难性的彻底失败本来可以避免。

上述批评希特勒战略和提倡采用运动防御的看法，都没有注意到希特勒寸土必争的心态获得成功的几个明显事例。具体来说，在1941—1942年冬季莫斯科城外的艰苦争夺战当中，只因他坚持要求守住战略规模的环形防御阵地，才彻底结束了苏联的反攻，也许还避免了德国战线的彻底崩溃和莫斯科周围地区代价更惨重的失败。同样，在1942年11月和12月，希特勒坚持要求守住勒热夫突出部，使苏联人企图在1942—1943年冬季沿整条战线夺取胜利的战略计划破产。虽然回顾分析德国东线的最终失败时，这些事例显得有些多余，但在1943年7月，它们却并不多余。尽管在战后的军事分析家看来，运动防御似乎既谨慎又明智，可是1943年的将军们却并不这么看，他们中的大多数人仍然认为还有可能赢得战争的胜利，而运动防御无法带来这样的胜利。

最后，把“堡垒”行动失败仅仅归咎于希特勒一个人的做法，充其量不过是言不由衷。可是，这种做法却有其产生的更广泛背景。理所当然的，德国在第二次世界大战战败的传统替罪羊只能是阿道夫·希特勒。在许多情况下，这种观点固然有道理，因为希特勒的专横干涉和固执是出了名的。但在库尔斯克这个具体事件中，希特勒几乎总能遵循己方职业军人提出的最佳建议，而且至少有一次能比他们更透彻地了解当时的局面。希特勒决定在1943年发动进攻，不但是他政治上的优先选择，而且能反映德国人公认的军事信念，即上文所述：他们的军队总是能够在准备充分的进攻中获胜。希特勒推迟两个月实施“堡垒”行动，是在响应莫德尔的战术警告，以及古德里安、施佩尔的生产承诺。盟军登陆西西里以后，希特勒决定停止进攻，这是出于错误理由做出的正确决定，即便到了这个时候，他还是允许冯·曼施泰因继续向普罗霍罗夫卡进行注定会以失败告终的进攻，因为这位陆军元帅高估了自己给对手造成的伤害。虽然这位独裁者面对苏联的两场反攻时，一开始的反应确实是寸土必争，但是每次他都很快授权实施必要的退却。的确，通过撤出奥廖尔突出部重新组建战略预备队的决定，无疑是意大利和哈尔科夫遭受威胁时最佳的预防措施。

就更广泛的背景而言，由于德国在波兰、挪威、低地国家和俄国取得的一连串胜利，希特勒本人和满怀感恩的德意志民族都热情高涨，德国总参谋部和高级军官团乐意分享这种热情。来自整个民族的赞扬也令他们乐在其中，并谋划取得更大的胜利。虽然国防军领导层和他们的政治主人之间偶尔会爆发一些争端，但在1943年，这种争端和紧张关系还很少出现。直到经历更多次的失败以后，批评和军官团的抵触情绪才会达到1944年那种显而易见的程度。即便是后来描述自己曾如何严厉批评希特勒的古德里安，1944年7月也会心甘情愿地接受陆军总参谋长的职务。

总之，德国陆军满怀热情地投身于“堡垒”行动。这是一个为1941年莫斯科和1942年斯大林格勒这两场令人尴尬的失败复仇的机会。更重要的是，库尔斯克的胜利可以帮助德国在这场已不能彻底获得战略胜利的战争中摆脱困境。有了更现实的战略目标，过去的经验明确显示德军有能力粉碎库尔斯克突出部，并严重消耗红军的实力。根据德国政治和军事领导人的判断，如果这种消耗措施能够见效，那么后续展开的类似行动可能会帮助德国摆脱自己所处的战略困境。德国会试图维持东线的相持局面，甚至可能会寻求政治解决方案，而不再寻求战略胜利。鉴于德国对其脆弱的西线日益关切，这一问题变得愈发重要。

苏联的期望和现实

尽管出现了“堡垒”行动，但从本质上看，1943年苏联的战略规划还是进攻性的。大本营为夏季战局制订的战略目标，是在复制自己在冬季战局结束阶段未能实现的那些目标，也就是彻底摧毁德国的防御，并推进至北起斯摩棱斯克南至黑海的第聂伯河沿线。

大本营代表华西列夫斯基后来这样描述这个雄心勃勃的计划：

> 苏联最高统帅部实施了早先制定和批准的1943年夏秋战局战略进攻计划，利用在库尔斯克附近形成的有利局面，决定刻不容缓地扩大我军向西南方向进攻的正面。下达给中央、沃罗涅日、草原、西南和南等方面军的任务是：在苏德战场中部的某个地段和整个南翼摧毁敌军主力，解放顿巴斯、左岸乌克兰和克里米亚，前出至第聂伯河并夺取该河右岸的登陆场……

与此同时，在上述各方面军南北两侧也做好了战役准备。计划以西方面军主力和加里宁方面军左翼击溃德国中央集团军群的第三装甲集团军和第四野战集团军，前出至杜霍夫辛纳、斯摩棱斯克和罗斯拉夫利，以便把战线推到距莫斯科更远的地方，为解放白俄罗斯创造更有利的条件，并使法西斯分子无法从这里抽调兵力派往正在解决战局主要任务的南方。北高加索方面军应在黑海舰队和亚速海区舰队的协同动作下，肃清塔曼半岛并在刻赤夺取登陆场。可见，大本营的计划是在从大卢基到黑海的战线上发起全面进攻。[19]

然而，与决定冬季战局过程和结果的计划相比，夏季战局的计划在几个关键方面有所不同。这些不同之处表明，苏联的规划者们愿意并且善于从以前的经验和错误中学习。

首先，苏联在春季制订的计划可以反映，也在运用大本营在1943年2月和3月学到的深刻教训。其中最重要的一条教训是，苏联人认识到，在整场战略行动中和苏联战略目标的全部纵深内，都必须集结足够的兵力开展和维持战略行动。因此，大本营在实施战略性战役的每一个阶段，都集结并集中了自己认为必要的兵力。另外，大本营的规划者还从早先失败的进攻战役中吸取地理和地形学教训。他们选择在最有必要的地方进行防御，并策划在随后的进攻行动中如何防止德国人再次利用他们曾在2月和3月享有过的优势，即打击前进中的苏联军队薄弱侧翼的能力。

其次，大本营明白苏联所策划的这场进攻在本质上将是史无前例的。苏联军队将会在这场战争中第一次在夏季发动进攻，而这个季节过去一直“属于”德国军队。大本营十分清楚，苏联的夏季进攻战役迄今为止从未成功过。这个事实，在某种程度上导致苏联人选择先防御再进攻，也促使苏联人为这个战局的防御和进攻阶段都做好认真细致的准备工作。

再次，也许是最重要的一点，大本营，特别是斯大林，在这场战争中第一次能够克制住自己此前惯有的过度乐观情绪，并制定出更加现实可行的战略目标。尽管斯大林几乎不由自主地想要先发制人，但他还是能听从自己军事顾问们的睿智忠告，这也是这场战争中的第一次。他同意有必要在会战初期实施防御，并默许为后来的进攻行动制订更有限的目标。只有到这个战局的结束阶段

（10月和11月），夏季战局已经演变为夏秋战局之后，斯大林才为他的军队设定了显然不切实际的目标。即便如此，他的顾问们也没有对他的做法提出异议，因为只有这样的进攻行动才能考验德国的能力极限。

事后看来，苏联在这个战局的防御阶段（“堡垒”行动）中取得的成功超出了他们的预期。虽然他们此前心存疑虑，不知道自己能否制止德国的进攻，但是他们不但能够做到，而且还把进攻限制在战役纵深以内。苏联人的周密准备得到应有的回报，德国军队在库尔斯克突出部两翼的失败为“库图佐夫”行动和“鲁缅采夫”行动的进一步成功铺平了道路。红军总参谋部编写的一份保密的战役分析这样写道：

我军指挥机关充分了解德国1943年夏季的进攻战役计划；早在1943年3月，最高统帅部大本营不但已经完全准确地预见到敌军即将发动下一批战役的总体特征，而且确定了其主要集团的展开地域和可能的进攻方向。

对局面的准确而正确的分析，使我军有可能下定一个符合实际情况的绝对正确的决心：以预有准备的登陆场式防御迎击敌军的进攻，耗尽德军进攻集团的实力，然后转入全面进攻。敌突击集团的失败将会有利于我军全面展开新的进攻战役。因此，我军的防御是预有准备的，其目标是接下来转入进攻。[20]

苏联进攻的初期采用战略反攻的形式，尽管从战术和战役角度看往往是草率、混乱和代价高昂的，还是能够实现其整体战略和战役目标。战役变更部署、欺骗计划和牵制作战都进展顺利，德国人的反应也不出大本营所料。无论出现什么样的困难，都是德国军队的战术战役技巧造成的，而不是源自苏联人自己的错误计划。

苏联军队在“库图佐夫”行动和“鲁缅采夫”行动中囫囵吞枣般的胜利，与随后席卷战线其他地段的战役胜利相辅相成。利用德国军队全力防御奥廖尔和哈尔科夫的有利时机，西方面军和加里宁方面军于8月7日发起“苏沃洛夫”行动，进攻德国中央集团军群位于斯摩棱斯克前方的军队，西南方面军和南方面军于8月13日发起顿巴斯进攻战役，进攻已经陷入困境的南方集团军群。紧接着，在不断向整条德国战线施加更大压力的同时，苏联的连续打击让德国在奥廖尔和哈尔科夫的防御彻底无果而终。趁着斯摩棱斯克和顿巴斯前线的战事正如火如荼，而奥廖尔和哈尔科夫已告解放，中央、沃罗涅日和草原等方面军又于8月26日发起战略规模的切尔尼戈夫—波尔塔瓦战役，其目的是进一步发展“鲁缅采夫”行动的胜利。不到一星期，即9月1日，布良斯克方面军也开始同样发展“库图佐夫”行动的胜利，向其同名城市发起一场进攻战役。虽然苏联军队在这些战役中遇到过一些困难，但是德国陆军再也无法承受这样的压力。苏联军队随后冲向第聂伯河，并于9月底乘胜抵达该河岸边，实现了自己长期为之奋斗的目标。

直到这时，大本营的期望才超过了苏联人的实际能力。苏联人试图进一步发展胜利并向第聂伯河对岸继续进攻，这种做法固然现实可行。然而，沿宽大正面同时这样做却不切实际。尽管如此，1943年11月初，斯大林和大本营还是制订出新的战略目标，要求同时进军乌克兰和白俄罗斯（见地图32）。事实证明，这样的决心纯属好高骛远。因此，虽然苏联人于11月初冲过基辅附近的第聂伯河，并成功发起一场战役，开始在乌克兰建立起一个战略规模的登陆场，但是他们却未能在白俄罗斯完成同样的壮举。直到六个月之后，他们才组织起切实可行的军事行动攻入白俄罗斯。

苏联人在夏秋战局中的出色表现是他们击败“堡垒”行动的直接结果。大本营和红军在这场战争中第一次能够实现自己的预定战略目标，有时还会超出预期。闪击战在库尔斯克的失败宣告这场战争一个新阶段的开始，至少从战略角度看，苏联人在这个阶段里的进攻行动始终会超额完成自己的预定目标。

“堡垒”行动

军队经常会被指控在准备打上一场战争。虽然这通常只是个动机不纯的谎言，但是失败的一方确实会比胜利一方更倾向于反思自己的设想，并修改自己军队的流程。具体到苏德战争的背景当中，德国人由于从1941年6月到1943年3月连战连捷，自然会坚持认为自己比对手优越。相反，红军在每场失败之后，都会系统地反省自己的表现。截至1943年，苏联在理论、组织和预期目标等方面，都比德国高级领导层更贴近战场的实际情况。

实际上，无论是从防御角度来看，还是从进攻角度来看，1943年7月和8

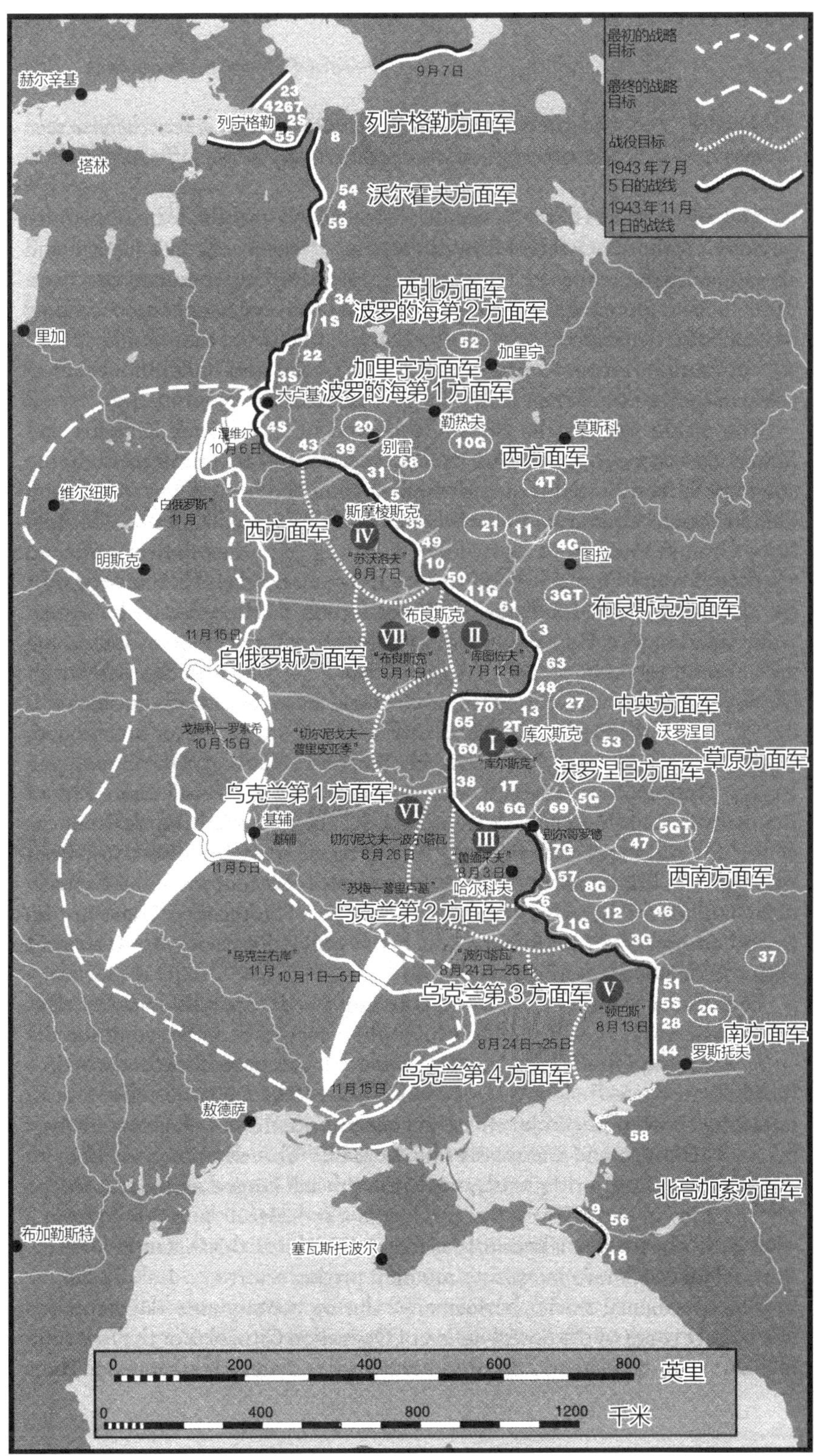

地图32 1943年夏秋季战略进攻计划

月的几场战役都是苏联在这场战争中实施的第一批现代化战役。虽然苏联在单个武器系统方面缺乏技术优势，但是它在战争中第一次学会怎样把诸军兵种打造成一个相互协同的整体，事实证明这对进攻中的德国人是致命的。然而，这仅仅是个开始，这种整合工作经常粗制滥造，并导致人员和武器的重大损失。在这场战争的后续阶段，苏联人基本上是在不断完善自己在库尔斯克、奥廖尔和哈尔科夫首次实践的理论、军队结构和流程。

新型红军的明显特点在整个防御战役过程中表现得非常明显。[21] 红军战略和战役水平上的秘密变更防御部署和集中兵力，在整个库尔斯克地区和德国的两个主攻地段都能抵消德国军队的优势。在战术一级，类似的集中兵力、纵深达60公里的梯次防御，以及一排又一排防坦克障碍物、防坦克地域和防坦克枢纽部的建立，甚至还能剥夺德国人的战术优势，成功抗击大规模的坦克突击，并造成德国进攻力量在整个进攻过程中的巨大消耗。苏联人在这个防御战役中表现出的鲜明特点是，防御武器系统及其使用人员的密度大、数量充足和彻底的合成化。

更重要的是，苏联人通过提供增援来不断强化己方的防御能力，从此苏联术语称“增援”这个词为“加强”（narashchivanie）。苏联人巧妙地展开战略、战役和战术预备队，特别是装甲兵和反坦克歼击炮兵的快速预备队，能够弥补作战初期的巨大损失，反击德国人的每次战术胜利，从一开始就打乱他们的进攻时间表，迫使他们不断修改作战计划，最终使他们无法实现自己的战役目标。战略预备队的存在，使红军不仅可以制止德国的进攻，还能在战役初期的战场上和周边地区发动强有力的反攻。最后，德国人按照自己的惯例，完全相信单独凭借一次突击就足以取胜。这一点，再加上他们缺少战役预备队，导致失败一旦发生，就具有决定性，并且无可挽回。

在库尔斯克，苏联人在这场战争中第一次几乎平等地与德国人展开空中的较量。他们从战役的一开始就大胆地先发制人，攻击德国人的空军设施，可是这次攻击不但没有实现预期效果，而且事实上在德国进攻的初期，还阻碍了苏联人进一步实施空中交战。德国人随后发动的猛烈攻击，迫使苏联航空兵在防御战役第一天的大部分时间里取消自己的计划，但在那之后，苏联歼击机就开始逐渐削弱德国人在南北两线的战术制空权。截至战役第二日日终时，空军第

16集团军已经在北线能与德国空军“平分秋色”。但是，尽管德国歼击机不再享有制空权，其轰炸机还是能够有效打击地面目标。然而，从7月7日开始，随着空军第16集团军的计划开始全面奏效，战斗局面逐渐变得有利于苏联人。从此，即便德国人在个别地段集中使用飞机，但这种做法的效果也越来越差，苏联航空兵给德国地面兵力造成的损失也越来越大。

在南线，德国航空兵在进攻的头两天统治着天空。然而，截至7月6日日终时，空军第2集团军已经能与德国空军打个平手，在那之后，德国人只能取得暂时的局部制空权。通过大批集中使用飞机和灵活变换攻击目标，德国人有能力对苏联的特定目标造成相当大的破坏（例如：近卫坦克第2军），并能沿关键方向为己方地面兵力提供掩护（例如：7月9日的奥博扬方向和7月11日的普罗霍罗夫卡方向）。在此期间，由于自然减员造成的损失，德国空军的出动架次从7月7日开始逐步下降，到7月14日以后则直线下降。不过，苏联也为此付出了大量的飞机作为代价。

苏联人对己方空中作战行动的批评指出，虽然他们占有数量优势，但是直到7月7日—8日在北线、7月11日在南线才掌握制空权。这是因为德国在集中使用飞机，个人和集体战术等方面做得更好，同时苏联航空兵部队也遇到了指挥与控制问题，其中大部分问题与缺少无线电台有关。因此，苏联人需要达到两倍于德国人的出动架次，才能掌握绝对制空权。

苏联人还指出这场空中战役的另一些显著特点，这些特点对这场战役的结果造成了重大影响。例如，除了苏联人在战役初期先发制人发动攻击之外，双方都没有动用空军攻击深远纵深位置的后方目标。虽然德国人不进攻苏联后方目标的原因是飞机数量不够，也是企图在进攻开始之前保证战役的突然性，却导致苏联最高统帅部得以在整场防御战役期间将大量的战役战术预备队机动到关键地段。另一个特点是，苏联人低劣的歼击机作战水平不仅制约本方强击航空兵发挥作用，还为德国人在南线的危险推进提供了条件。到最后，根据苏联人的统计，苏联空中力量总共只造成德国坦克损失总数的2%—6.5%。[22]

在这种情况下，地面作战兵种的命运与空中交战的起伏密切相关，这并不足为奇。虽然空中交战没有对苏联人在地面上的胜利起到决定性的积极作用，但是苏联人也没有让德国人得到他们习以为常的制空权。

后来，海因里希将军赞同苏联人对库尔斯克会战做出的许多判断。他指出德国“堡垒”行动失败的主要原因是战役发起时间的推迟和未能集中足够的兵力。“俄国三个方面军的兵力……和他们的防御准备，足以保证这场进攻必然以失败告终，除非俄国军队……彻底崩溃。”[23] 而这样的崩溃从未发生过。海因里希的观点与苏联人的评论非常相似，他认为由于没有达成突然性，俄国人构筑的大纵深防御体系使守军可以坚持“足够长的时间，保证苏联的预备队能够及时到达并制止进攻。”更重要的是，从战略角度来看，巧妙的防御可以提供足够长的时间，“使苏联人得以做好准备向邻近战线发动反攻。”[24]

海因里希还遗憾地指出德国人在进攻时缺少步兵，他声称这个因素对进攻有明显的负面影响：

这两个集团军群所能动用步兵的实力都过于薄弱，无法沿预定路线向东构成掩护战线。最重要的是，缺少能为突击集团提供侧翼掩护的步兵师，这一点在南方集团军群作战地区内尤为明显；因此，掩护任务不得不由装甲师承担，使这些师无法在主要方向参加进攻。计划中的“装甲急袭”很快就演变成了且战且进。苏联人觉察到德国的进攻力量正在减弱，再加上得知西方列强登陆的消息，于是下定决心在奥廖尔突出部和哈尔科夫以南发动他们自己的反击。由于这些地带的德国防御力量薄弱，敌进攻兵力很容易突入我战役后方，并威胁到“堡垒”行动的侧翼，导致该行动只能立即结束。[25]

这份颇具见地的评价无意间凸显出南方集团军群在“堡垒”行动中失败的主要原因。不是普罗霍罗夫卡的激烈交战，而是苏联人向第四十八装甲军和党卫队第二装甲军的侧翼不断施加压力，再加上苏联人成功阻止德国人获得制空权，从根本上决定了德国的失败。瓦图京策划的多次侧翼进攻，动用卡图科夫的坦克第1集团军和几个独立坦克军来削弱德国人的实力，阻止德国装甲兵全部集中到奥博扬—库尔斯克方向上，延缓德军的推进速度，保证苏联的战役和战略预备队能够及时到达，从而直接导致苏联不仅在普罗霍罗夫卡，还在整个“堡垒”行动中取得胜利。

在库尔斯克周围精心布设纵深梯次防御、巧妙地展开和运用快速预备队，使苏联红军成为第一支能够击败闪击战进攻的军队。虽然德国人选择这样显而易见的地点发动进攻，纯属自投罗网，但是对于瓦图京、罗科索夫斯基等苏联指挥员来说，当德国人的洪流正准备前来大肆破坏的时候，他们还是需要以非凡的自信冷静地等待。而一旦这样的破坏到来，苏联的兵力优势，红军战士的顽强毅力，指挥员战斗素养的提高，苏联承受巨大损失的能力，就会共同敲响"堡垒"行动的丧钟。

反攻

进攻方面，"鲁缅采夫"行动和"库图佐夫"行动已经明显体现出苏联1944年和1945年的成功模式。进攻前，侦察兵会认真仔细地侦察敌人，然后消灭关键的支撑点。秘密集中兵力和精心设计的伪装欺骗方法，使德国人错误判断进攻即将发生的地点。对精心选择的目标进行大规模炮火准备之后，经过特殊编组的步兵、工兵和直接支援步兵坦克负责发起主要突击。坦克军和坦克集团军应尽快超越进攻中的步兵，完成突破并向德国后方数百公里处发展胜利。坦克集团军负责打击深远纵深处的战役目标，而独立坦克军和机械化军负责浅近纵深处的战术目标。这些用于发展胜利的机械化兵团和军团，会派出诸兵种合成的快速先遣支队作为前卫，他们应绕过守军的抵抗枢纽部，以便形成合围或抢占前方主要河流上的渡口。虽然德国装甲兵经常发起反冲击并能取得巨大的战果，但是在库尔斯克会战之后，他们很少能彻底打乱苏联的整场进攻战役。

苏联人认为，"库图佐夫"行动和"鲁缅采夫"行动都不能被视为进攻战役的经典之作。这两场战役虽然都能取胜并给德国人带来悲剧性的后果，但是代价巨大，困难不断，花费的时间也比预期的长得多。"库图佐夫"行动当中，两个向心突击的进度不一致，而第三个突击则未能克服德军巧妙而顽强的防御，几乎毫无进展。由于兵力雄厚并且成功地秘密集中兵力，巴格拉米扬麾下近卫第11集团军的突击立见成效，一举突破奥廖尔突出部北侧的德国防线，并使德军预备队无法修补防线上的漏洞。另一方面，第3集团军和第63集团军的两个突击很快就停滞不前，并演化成一系列残酷的激战。不过，这两个突击还是在这场战役中发挥着重要作用，牵制住一部分德国军队，使之不能用于修补或封闭巴格拉米扬造成的突破。

在这场战役的剩余时间里，大本营不断向这两个地带投入自己的预备队，向德国守军持续不断施加压力。随之而来的绞肉机般的战斗造成苏联严重的人员伤亡和惊人的坦克损失。虽然西方面军和布良斯克方面军投入的近卫坦克第3集团军、坦克第4集团军和几个坦克军，都没能按照既定要求完成彻底突破，但仅仅是他们在战场上的出现和庞大的坦克数量，就足以宣告德军防御的末日。经过几个星期的艰苦战斗，德国第九集团军残存的坦克实力又遭到进一步消耗，德国军队只得退守“哈根”防线。

与“库图佐夫”行动的情况不同，苏联指挥机关在“鲁缅采夫”行动中达成了彻底的纵深突破，甚至在朱可夫选择突击的德军突出部正面也能实现突破。两天之内，坦克第1集团军和近卫坦克第5集团军已经进入战役的开放地带，看似全面而快速的胜利已唾手可得。然而，曾经在“堡垒”行动中困扰德国人的局面，现在同样使苏联人未能迅速获得“鲁缅采夫”行动的胜利。隶属于各步兵集团军的独立坦克军和机械化军，未能在战术层面复制坦克集团军在更大范围的纵深战役胜利。相反，这些独立快速军被迫在两个坦克集团军侧翼进入代价高昂的突破交战。随后，被半包围的德军在侧翼的顽强防御，不仅削弱了这两个坦克集团军的实力，还拖延他们向南发展胜利，使德军快速预备队有时间把它们挡在主要目标之外。致使在阿赫特尔卡和博戈杜霍夫附近发生激烈的遭遇战，从根本上削弱苏联的兵力并拖延其推进的速度。

虽然苏联用于发展胜利的快速兵团可以正当地宣称，自己在这场战争中第一次能与德国的快速兵团打个平手，但是付出的代价却是推迟占领哈尔科夫，不可修复的坦克损失数量也高达德军的近八倍。到最后，是苏联军队的强大实力和更大范围战线上的激烈战斗，迫使德国人放弃这座重要城市。

因此，以军队结构得到明显改善，进攻能力大幅提高为标志的新型红军，首次出现在“库图佐夫”行动和“鲁缅采夫”行动中。但是，新的快速兵种结构还没有按照新的进攻条令和运用原则获得实战经验，这是显而易见的。想要打造出1944年那样成熟的装甲兵，他们还需要经历许多场这样的战役和大量的学习。“库图佐夫”行动和“鲁缅采夫”行动是这个学习过程中代价高昂的关键性的第一步。

代价

苏德双方在库尔斯克会战各个阶段的作战损失，多年来一直引起人们的激烈争论。德国方面没有完整的统计数字，部分原因是有关这场会战的统计工作本身就有困难，部分原因是缺少以档案为基础全方位探讨这场会战的记述作品。另一方面，直到不久前，苏联当局还一直刻意地彻底回避这个话题，通常只在讨论苏联军队医疗保障的时候提到损失，即便如此，也只使用百分比和日伤亡率的方式。苏联的记述作品，包括朱可夫和华西列夫斯基等参战人员的回忆录，经常夸大德国的实力和损失，显然是为了粉饰苏联人的作战表现。

苏联解体后，俄罗斯放松了使用档案材料的许多限制，但并非全部，于是官方和非官方的历史学家开始探讨这个一直被禁止涉及的话题。虽然现在已经零星地出现一些关于苏联战时损失的书籍和文章，但是这些作品不能被看作是权威性的，因为苏联战时登记工作相当混乱，以至于实际损失数字可能永远也不能彻底查清楚。于是，官方的记述作品与一系列非官方的猜测之间意见相左，争论不休。其中许多非官方的猜测可以反映其作者的历史改良派狂热和对苏维埃制度的仇恨。

G. F. 克里沃舍耶夫中将主编的关于战时损失的最权威官方作品，按照库尔斯克会战（战略性战役）的每个主要阶段分别考察苏联全体参战兵力在库尔斯克的损失。按照克里沃舍耶夫的说法，苏联军队投入“堡垒”行动的总兵力为127.27万人，其中有177847人伤亡。[26] 上述伤亡人数细分如下：

方面军	总兵力	不可归队的损失	卫生减员	损失人数合计
中央	73.8万	15336	18561	33897
沃罗涅日	53.47万	27542	46350	73892
草原	—	27452	42606	70058
总计	127.27万	70330	107517	177847

必须记住的是，以上数字提到的总兵力是指中央方面军和沃罗涅日方面军的全部兵力，其中约有四分之一没有参加直接的交战（例如：第48集团军的大部，第60、第65和第38集团军的全部）。因此，如果只统计实际参战兵力的话，按上表计算的损失比例（约14%）将会大幅上升。[27]

由于作战保障和后勤机关的损失会明显少于战术兵团，如果再从这个计算公式中剔除他们的人数，那么损失比例将会再次大幅上升。具体到每个师和每个军，各兵团的人员损失比例从低的20%到高的70%不等，视每个兵团在作战中的角色和作用而定。[28]

根据德国的记录，7月5日至11日期间，德国第九集团军因死亡、受伤和失踪共损失20720人。另有记录显示，7月5日至20日期间，南方集团军群因死亡、受伤和失踪共损失29102人。因此，德国在“堡垒”行动期间总共损失49822人，略低于苏联承认的人员损失总数的三分之一。[29]同样，各师的具体人员损失数取决于其作战强度，但在任何情况下，德国的损失比例都没有达到苏联的水平。[30]

苏联的同一份官方资料显示，“堡垒”行动期间苏联共有5035辆坦克和自行火炮参战，损失其中的1614辆。[31]（现存的苏联各坦克集团军在库尔斯克会战各阶段的损失数字，见附录C）

德国装甲车辆在“堡垒”行动期间的损失数字更难确定。党卫队第二装甲军的记录显示，7月13日当天，该军共有251辆可以作战的坦克和突击炮，其中包括4辆“虎”式坦克和11辆缴获的T–34坦克；而该军在会战开始时的坦克和突击炮数量是494辆，7月11日时则是293辆。考虑到被修复的车辆，这些数字表明在7月12日，即普罗霍罗夫卡交战当天，该军损失约60—70辆坦克，而自会战开始以来总共损失243辆坦克和突击炮。截至7月13日，第四十八装甲军的实力从601辆坦克和突击炮下降到173辆，第四装甲集团军的整体实力从1095辆下降到466辆。“肯普夫”集团军级支队7月13日时还有83辆可以作战的坦克，其中包括9辆“虎”式坦克，坦克总数比7月11日少37辆，比7月5日少243辆。

尽管海因里希给出的数字略有不同，但他也认为第四装甲集团军在进攻中损失了多达60%的坦克和突击炮。海因里希指出，在这个总比例当中，只有15%—20%是无法修复的彻底毁坏。换算成具体数字，相当于第四装甲集团军共损失629辆坦克和突击炮，其中多达126辆毁坏。按照同一比例，“肯普夫”集团军级支队应当损失336辆坦克和突击炮，其中67辆毁坏；莫德尔第九集团军的损失数字应当是647辆，其中130辆毁坏。因此，德国装甲车辆在“堡垒”行动期间的损失总数应为1612辆坦克和突击炮，其中323辆毁坏。根据上述数字，苏联承认的坦克损失总数（1614辆毁坏）至少是德国的5倍，甚至可能会更高。[32]

相比之下，计算奥廖尔战役中损失数字和相对比例更加困难，这是因为苏联方面没有权威性的资料，而德国方面很少有人关注这场战役。苏联官方资料给出的人员损失总数如下：[33]

方面军	总兵力	不可归队的损失	卫生减员	损失人数合计
西（左翼）	23.33万	25585	76856	102441
布良斯克	40.90万	39173	123234	162407
中央	64.53万	47771	117271	165042
总计	128.76万	112529	317361	429890

苏联的庞大伤亡数字代表着苏联人在这场战役中遇到过一些困难，特别是他们没能实现彻底突破并在随后卷入胶着战斗。同一资料显示，苏联军队在这场战役中总共投入3925辆坦克和自行火炮，损失其中的2586辆，损失比例远远超过50%。[34] 德国装甲车辆的确切损失数字已无法得到，但肯定比“堡垒”行动期间要少，参战的坦克和突击炮可能共损失约500辆。因此，车辆损失比例可能至少相当于五比一，德国人占明显优势。同样，这一优势在相当程度上来自德国人的修理和抢救能力，以及他们依旧娴熟的战术技巧。

苏联官方资料显示，别尔哥罗德—哈尔科夫战役期间的损失人数如下：[35]

方面军	总兵力	不可归队的损失	卫生减员	损失人数合计
沃罗涅日	73.94万	48339	108954	157293
草原	40.46万	23272	75001	98273
总计	114.40万	71611	183955	255566

上述数字同样可以体现战斗的激烈程度。[36] 由于苏联人在突破防御的交战中取得成功，他们在这场战役中的损失人数就比奥廖尔战役少得多。克里沃舍耶夫还指出，苏联军队在别尔哥罗德—哈尔科夫战役期间共损失参战2438辆坦克和自行火炮中的1864辆，远远超过沃罗涅日方面军和草原方面军原有装甲车辆总数的50%。零星数据显示，德国人在这场战役中共损失600辆坦克和

突击炮中的327辆。因此，苏联要损失约五台装甲车辆才能击毁德国的一台，这个交换比例，同苏联人在奥廖尔战役和“堡垒”行动中的遭遇是一致的。

虽然对于双方来说，库尔斯克会战的三个阶段都是代价高昂的，但是苏联能够弥补这样的损失，德国则不能。

后果

几乎所有库尔斯克会战的亲历者和战后的历史学家，都在自己的作品中认同德国在库尔斯克战败对其战争能力造成灾难性的后果。冯·曼施泰因元帅在他的回忆录里列举这次战败的可怕后果时说：

“堡垒”取消的时候，东线战场的主动权就彻底交给了俄国人……从此之后，南方集团军群就发现自己正在进行的防御性斗争，只不过是一系列即兴发挥和权宜之计的组合而已……尽量在战场上保存自己，同时最大限度地消耗敌人的进攻能力，就成为这场斗争的全部核心内容。[37]

古德里安对“堡垒”行动的最后评价，表达了与冯·曼施泰因相同的观点：

由于“堡垒”行动未能获胜，我们遭受了一次决定性的失败。那些不辞辛苦完成改编和更换装备的装甲兵团，在人员和装备上损失严重，将在很长一段时间里都无法再用于作战。它们能否及时恢复元气参加东线的防御战，都令人怀疑；至于能否使用它们防御西线，抵抗明年春季的盟军登陆威胁，则更值得怀疑。毫无疑问，俄国人会充分利用他们的胜利。东线再也不会出现一段时间的平静。从现在开始，敌人已经无可争辩地掌握了主动权。[38]

用事后的眼光看，冯·梅伦廷同样形容“堡垒”行动是“一场最令人遗憾的彻底失败”。他这样解释：

诚然，俄国人的损失比德国人大得多，从战术角度看，交战过程也确实难分高下。第四装甲集团军俘虏了3.2万名战俘，缴获并击毁2000余辆坦克和近

2000门火炮。但是，我们在战役开始时曾经威武雄壮的装甲师，现在已经大伤元气，俄国人却在盎格鲁—美利坚的援助下，很快就能弥补巨大的损失。我们付出最大的努力却换来失败，战略主动权从此交给了俄国人。[39]

海因里希同样概述“堡垒”行动失败导致的悲剧性后果，并重申这场失败在更大范围内造成的战略影响。他说：

“堡垒”行动的失败，在政治和军事领域都引发了极其重要的后果。与过去相比，东线陆军与敌人的兵力对比现在变得更加不利：苏联只有一部分战役预备队的战斗力受到削弱，而东线陆军能够动用的全部兵力都遭到相当大的损失。东线陆军现在不得不在兵力不足的情况下保卫一条过于漫长的战线，战场主动权从此沦落敌手，再也无法夺回来，这都应该归咎于希特勒的计划。于是，东线陆军现在已不可能再向国防军统帅部（OKW）负责的任何一个战区提供有效支援。德国的盟友们认识到，“堡垒”行动的结果，再加上西方列强在西西里的成功登陆，意味着它们不能再指望轴心国取得最后胜利。因此，所有这些国家都开始出现有组织地反对自己领导人的活动，以便让自己的国家能在即将到来的失败中全身而退。[40]

苏联人对于库尔斯克会战后果的评价与德国人所见略同。朱可夫在他的回忆录中不仅重点指出一些显而易见的事实，同时还强调这次战败给德国人造成的心理冲击：

库尔斯克、奥廖尔和别尔哥罗德地域的大会战，是伟大卫国战争和整个第二次世界大战中规模最大的交战之一。我军在这里不但粉碎了德军最强大的精锐集团，而且无可挽回地粉碎了德国军队和人民对纳粹领导人的信心，以及对德国有能力抵抗苏联日益强大的威力的信心。

德军主要集团在库尔斯克地区的失败，为苏联军队尔后展开的历次大规模进攻战役，为把德国人彻底赶出我国领土，进而赶出波兰、捷克斯洛伐克、匈牙利、南斯拉夫、罗马尼亚和保加利亚的领土，并为最终粉碎纳粹德国，铺平了道路。[41]

后来，华西列夫斯基做出与朱可夫相同的评价：

我们当时［8月底］没能彻底认识到库尔斯克突出部会战的结果。但有一点是清楚的：我们不但赢得了这场大会战，而且在会战中成长了起来。事实证明，我们制定夏季战局计划时的立场是有道理的：我们已经学会如何比过去更好地猜测敌人的意图。我们有刚强的意志力和坚毅的性格，十足的忍耐力和勇气，足以避免犯错误，避免过早进入交战，避免给敌人留下挽回局面的机会。战役战略目标制定得非常成功。军队各级首长控制下属队伍的能力都有所提高。总之，我们的统帅艺术不仅显示出创造力，还表现得比纳粹指挥部的军事技能更优越。

库尔斯克会战的结果是，苏联武装力量使敌人遭受了导致整个纳粹德国不可能恢复元气的失败。敌人的损失多达30个师，其中包括7个装甲师。德国各地面兵种共损失了50多万人、1500辆坦克、3000门火炮和3500多架作战飞机①。这样的损失，再加上纳粹宣传机器大肆宣扬的进攻一败涂地，迫使德国人在整个苏德战场上完全转入战略防御。库尔斯克突出部的大败是德国陆军后来爆发致命危机的开端。[42]

华西列夫斯基接下来就这场会战的国际影响补充了一段话，可以代表苏联人的愤愤不平，因为他们认为西方人没有对苏联的军事成就表达出应有的赞赏：

阅读几位资产阶级作家描写第二次世界大战的作品时，我经常注意到他们会倾向于淡化红军1943年夏季胜利的意义。他们试图向自己的读者灌输这样的理念：库尔斯克会战只不过是这场战争中一个微不足道的普通插曲；为了这个目的，他们要么轻轻地把它一笔带过，要么干脆避而不谈。我在这些书里很少看到有人对纳粹1943年夏季的复仇计划做出过实事求是的评价，能把它看作法西斯将军们战略的冒险性结尾或彻底破产。但是，正如俗话所说，事实胜于雄辩。我只想指出这样一个众所周知的事实：我们的盟友们就是在库尔斯克会战

① 译注：原文如此，德国的作战飞机应当主要属于空军。

最紧张的时刻登陆西西里，进而在8月17日渡海进攻意大利的。如果他们当面的敌军兵力，哪怕只有1943年夏季我们遇到的一半，他们还能做到这一点吗？我认为不能。[43]

所有这一切并不代表红军在库尔斯克，并从此直到战争结束，都没有犯下代价高昂的错误。虽然中央方面军或多或少能按照计划制止德国第九集团军的进攻，但是苏联的全体领导阶层全都低估了沃罗涅日方面军的对手，即第四装甲集团军的力量。考虑到红军曾全面了解党卫队和国防军的强大兵力向南线集结的具体情况，这样的错误更加令人意外。另外，在会战的整个防御阶段，苏联人往往在自己的对坦克防御彻底消耗德国突击力量之前，就过早发起反冲击和反突击。参加库尔斯克会战的四个坦克集团军、许多独立坦克军和机械化军经常被错误使用，结果导致它们的战斗力被消耗在克服预有准备的防御阵地上，或者使它们不得不分散兵力向两个不同的方向进攻。不过，这些错误虽代价高昂，但都是具体执行方式的错误，而不是整体设想的错误。

库尔斯克会战意味着闪击战在战略和战役层面的穷途末路。在这场战争中，德国的进攻第一次被制止在战术纵深或浅近战役纵深。这对他们来说是一场意外，最终也是一场灾难，因为他们军队过去取得的战略成功，有赖于成功实现深远纵深的战役突破，并从军事和心理两方面使其敌人陷入瘫痪。库尔斯克会战证明，德国以高速歼击机的护航为掩护，大规模集中使用装甲兵的战法，已经不能再像1941年和1942年那样肆无忌惮地突入苏联的后方。

更出人意料的是，库尔斯克会战同样在战术层面敲响了德国闪击战的丧钟。自苏德战争开始以来，实际上从1939年开始，德国就一直在成功地使用装甲师，并把坦克和摩托化步兵精心编组为战斗群（kampfgruppen），在不可一世的斯图卡俯冲轰炸机的支援下，粉碎敌方战术防御并开始向纵深发展胜利。令德国统帅部大为震惊的是，即便他们保持着坦克和反坦克武器方面的明显技术优势，也无法在库尔斯克达成这样的战果。这是因为苏联人从他们过去的无数次失败中吸取了若干关键性的基本教训，尽管学习过程令人痛苦。其中最重要的一条教训是，唯一有效的防御方法是充分发挥全部军兵种的能力，并保持防御的深度和灵活性。苏联在库尔斯克的实践明确显示，只有这样的防御才有足够的韧性，能够抵御德国教科书式的坦克突击。因此，苏联人证明，以步兵为主、布设得当的坚决防御可以挫败闪击战的战术。

因此，库尔斯克在战略、战役和战术层面都标志着战争的一个转折点。根据库尔斯克的经验教训，苏联人同样开始把自己新学到的诸兵种合成技巧用于进攻，起初只是临时试探，后来就产生了更好的效果。奥廖尔战役和别尔哥罗德—哈尔科夫战役期间，苏联人使用大规模炮火准备削弱德国的前沿防御阵地，然后由步兵在炮火支援下率先发起突击。专门用于支援步兵的坦克和自行火炮伴随步兵前进，克服德国最顽强的战术抵抗枢纽部。然后，苏联人先是会投入自己的坦克军和机械化军，进而投入坦克集团军，完成突破并开始发展战役胜利。尽管起初遇到过一些问题，但这种装甲兵在得到合理支援的情况下梯次进入交战的作战方式，后来还是成为苏联实现战役和战略推进的越来越有效的手段。[44]

希特勒对局势的失望使他变得越来越不理性，于是向军队施加的政治限制也越来越多。因为有这样的困扰，再加上德国的武器产量无法与苏联相匹敌，有经验的年轻作战指挥官人数减少又导致整支军队大伤元气，所以德国的战术停滞不前。因为闪击战已告死亡，又未能发展出可以阻止苏联洪流的防御战术，所以德国的失败只剩下以多少鲜血和时间为代价这个简单的问题。

1943年7月和8月，德国的“堡垒”行动和苏联在库尔斯克会战反攻阶段中的历次交战，不但终结了德国人不可战胜的神话，而且明确显示出苏联红军正在迅速发展可以与其庞大数量相匹配的作战技能。事实证明，这两者综合在一起的结果，不仅意味着闪击战的末日，还最终意味着纳粹德国的末日。

注释

1. 埃里希·冯·曼施泰因著《失去的胜利》(芝加哥:亨利·莱格尼里出版社，1958年版)，第446—447页。

2. 同上，第447页。

3. 同上，第449页。同许多类似文字一样，这段文字表现出冯·曼施泰因急于把自己的所有责任都推卸到希特勒身上。

4. 海因茨·古德里安著《闪击英雄》(纽约:巴兰坦出版社，1965年版)，第244—245页。

5. 同上，第246页、第250页。

6. F. W. 冯·梅伦廷著《坦克战》(诺曼:俄克拉荷马大学出版社，1956年版)，第214—215页。

7. 同上，第215页。

8. 同上。

9. 同上，第216页。

10. 同上，第215页、第216页。

11. G. 海因里希和弗里德里克·威廉·豪克合著，约瑟夫·韦尔奇英译《堡垒:攻击俄国的库尔斯克突出部》(美国国家档案馆)，第16—17页。

12. 同上，第78页。

13. 同上，第82—83页。

14. 同上，第83页。

15. 同上，第83—84页。

16. 同上，第84—85页。

17. 戴维·M. 格兰茨著《库尔斯克的前奏:苏联的战略性战役，1943年2—3月》，刊登在《斯拉夫军事研究》第8年第1期(1995年3月刊)，第1—35页。

18. P. P. 韦奇内等合著《战争经验研究材料选集》(*Sbornik materialov po izucheniiu opyta voiny*)第11册，1944年3—4月(莫斯科:军事出版局，1944年版)，第20页。

19. A. M. 华西列夫斯基,《毕生的事业》(*Delo vsei zhizni*，明斯克:白俄罗斯出版社，1984年版)，第312—313页。

20.《选集》第11册，第23页。

21. 苏联总参谋部针对这场会战所做的详细总结，包括坦克兵、反坦克歼击炮兵、炮兵、防空部队、空军、工程兵和后勤保障部队作战过程中在所有技术方面的细节，可参阅戴维·M. 格兰茨和哈罗德·奥伦斯坦编辑并英译《保密文献，库尔斯克1943:苏联总参谋部研究报告》(伦敦:弗兰克·卡斯出版社，即将出版)。

22.《选集》第11册，第157页。各种火炮(野战炮和反坦克炮)造成的损失，分别占德国损失坦克数的70%和苏联损失坦克数的71%。德国坦克造成的损失，占坦克第2集团军损失数的5%和坦克第1集团军损失数的13%。

23. 海因里希和豪克合著《堡垒》，第78页。

24. 同上，第79页。

25. 同上，第79—80页。

26. G. F. 克里沃舍耶夫著《解密的保密文献》(*Grif sekretnosti sniat*，莫斯科：军事出版局，1993年版)，第188页。

27. 例如，7月5日至18日，沃罗涅日方面军的近卫第6集团军损失12810名军人，近卫第7集团军有11522人受伤或烧伤，合计占整个方面军近78000人伤亡总数的三分之一。德国人进攻期间，这两个集团军的每天伤亡人数比较平均。另一方面，第40集团军在7月5日至18日之间的伤员有6289人，主要发生在7月9日以后，因为从那时起该集团军各师的战斗变得更激烈。病员数整体上占卫生减员总数的13%，而死亡人数相当于伤员数的60%。中央方面军防御作战的九天当中，第13集团军出现9500名伤员、528名病员。死亡人数相当于伤员数的80%以上，足以说明该处战斗的激烈程度。参阅E. I. 斯米尔诺夫著《战争与军队医学，1939—1945年》(*Voina i voennaia meditsina, 1939-1945 gody*，莫斯科：医学出版社，1979年版)，第289页、第294页和第296页。

28. 例如：近卫步兵第52师和第67师、步兵第15师和第81师防守的战术阵地直接遭到德国的主要突击，他们损失的人数达60%—70%。近卫步兵第90师和坦克第6军在别列佐夫卡周围的交战中陷入合围，损失同样超过60%。近卫步兵第71师、第73师和第78师长时间坚守在德国人主要突击的侧翼，损失在38%—45%之间。位于前沿的步兵第375师，坚守党卫队第二装甲军和第三装甲军之间的危险地带，几乎损失了全部兵力的40%。近卫第5集团军和第69集团军各师在会战中进入交战较晚，遭受的损失可能在20%—40%之间。

29. 某些非官方资料给出的苏联损失人数更多。例如，鲍里斯·索科洛夫著《胜利的代价》(*Tsena pobedy*，莫斯科：莫斯科工人出版社，1991年版)，称苏联在库尔斯克会战三个阶段的总损失为45万人死亡、5万人失踪(战俘)和120万人受伤(对照官方数字是254470人死亡和失踪、608873人受伤)，占苏德战场1943年7月和8月苏联战争伤亡总人数195万人的61%。虽然索科洛夫的数字可能有些夸大，但是官方数字也可能有些保守。索科洛夫认为苏联损失的坦克和自行火炮总数为7700辆，略高于苏联官方承认的6064辆。

30. 见尼克拉斯·泽特林著《第二次世界大战期间东线战场的损失率》，刊登在《斯拉夫军事研究杂志》第9,4期(1996年12月刊)，第896—906页。该文引用德国的档案报告。例如：第320步兵师和第106步兵师在德国战线右翼的激烈战斗中，损失接近40%。

31. 克里沃舍耶夫著《解密的保密文献》，第370页。例如，坦克第6军的实力从7月6日的169辆坦克，下降到7月11日的35辆坦克。该军得到补充后，7月18日的实力为52辆坦克。机械化第3军7月6日有250辆坦克和自行火炮，7月13日只剩下50辆。近卫坦克第2军7月5日有174辆坦克，7月11日剩下100辆，7月14日不到50辆。坦克第10军的实力从7月5日的185辆坦克和自行火炮，下降到7月11日的100辆坦克和自行火炮。该军在第四十八装甲军7月14日的反击中又损失了剩余数量的一半。普罗霍罗夫卡交战期间，近卫坦克第5集团军共损失其原有840辆坦克和自行火炮中的400余辆。据说，斯大林曾因此问过罗特米斯特罗夫："你对你那壮观的坦克集团军都做了些什么?"这句话出自F. D. 斯维尔德洛夫上校的一次谈话，其内容是斯大林和罗特米斯特罗夫在这次交战结束后的一次书信来往。

32. 海因里希和豪克合著《堡垒》，第91条注释。

33. 克里沃舍耶夫著《解密的保密文献》，第189页。

34. 同上，第370页。这个总数不仅包括西方面军、布良斯克方面军和中央方面军的坦克和自行火炮，还包括近卫坦克第3集团军的731辆和坦克第4集团军的642辆。

35. 克里沃舍耶夫著《解密的保密文献》，第190页。

36. 根据具体条件、可能的敌人和地形，苏联医疗部门预计近卫第7集团军在为期10天的作战中可能会出现11000名伤员和1300名病员，总计卫生减员12300人，占集团军全部作战兵力的22.3%。尽管战役持续的时间不是10天，而是21天，但这还是一个准确的预测。战役期间，该集团军实际共损失13290名军人，其中有11105名伤员，2184名病员。见M. F. 沃伊坚科著《别尔哥罗德—哈尔科夫进攻战役中近卫第7集团军医疗保障的组织》(*Organizatsiia meditsinskogo obespecheniia 7-i gvardeiskoi armii v Belgorodsko-khar'khovskoi nastupatel'noi operatsii*)，刊登在《军事医学杂志》(*Voennomeditsinskii zhurnal*)第8期(1983年8月刊)，第17页。

37. 冯·曼施泰因著《失去的胜利》，第450页。

38. 古德里安，《闪击英雄》，第251—252页。

39. 冯·梅伦廷著《坦克战》，第230页。

40. 海因里希和豪克合著《堡垒》，第85页。

41. G. K. 朱可夫著《回忆与思考》，第二卷(莫斯科：进步出版社，1985年版)，第194—195页。

42. 华西列夫斯基著《毕生的事业》，第340—341页。

43. 同上，第341页。

44. 有意思的是，西方国家的陆军同样经历过闪击战的类似教育，结果有喜有忧。1940年他们没能经受住考验，1944年也要努力克服。英国人试图在卡昂(“古德伍德”行动)照猫画虎地模仿德国装甲兵的做法，却迎头撞上德国人强有力的对坦克防御而告失败。美国人则在“眼镜蛇”行动(圣洛)中凭借地毯式轰炸一举粉碎德国的防线，巴顿的第三集团军趁机脱颖而出直扑巴黎。在莫尔坦，美国的空中力量结合坚固的地面防御，逐渐消耗前来进攻的四个德国装甲师的兵力和突击能力。1944年年底的突出部战役中，希特勒动用几个装甲集团军进攻盟军，而盟军凭借天气和地形的帮助，让德国人重蹈覆辙。尽管能够取得这些重大防御战役的胜利，但无论是英国人还是美国人，都无法像1941年和1942年的德国人或1943年到1945年的苏联人那样常常发起气势恢宏的进攻战役，部分原因是他们缺乏经验，部分原因则是他们的军队结构和战术战役学理论都不成熟。

附录A
德军作战序列[①]
1943年7月1日

奥廖尔方向

中央集团军群—京特·冯·克卢格陆军元帅

第二装甲集团军—鲁道夫·施密特大将[②]

第五十五陆军军

第321步兵师

第339步兵师

第110步兵师

第296步兵师

第134步兵师

第五十三陆军军

第211步兵师

第293步兵师

第25装甲掷弹兵师

第208步兵师

第112步兵师（预备队）

---

①译注：本附录内容为实际参与库尔斯克会战的军队。

②译注：原文为中将，已订正。

第三十五陆军军—洛塔尔·伦杜利克上将

第34步兵师

第56步兵师

第262步兵师

第299步兵师

第36步兵师（预备队，下辖2个团）

第5装甲师（位于第五十五陆军军地带的集团军预备队）（实力：102辆坦克）

第8装甲师（国防军统帅部预备队，7月12日到达）（实力：101辆坦克）

第305保安师

第707保安师

集团军总兵力：16万人，325辆坦克和突击炮[①]

奥廖尔—库尔斯克方向

第九集团军—瓦尔特·莫德尔大将

第二十三陆军军—约翰内斯·弗赖斯纳上将

第383步兵师—埃德蒙·霍夫迈斯特少将

第216步兵师—沙克少将

第78突击师—汉斯·特劳特中将

第36步兵师（1个团）（预备队）

第185突击炮营（实力：36辆突击炮）

第189突击炮营（实力：36辆突击炮）[②]

全军实力：72辆突击炮

第四十一装甲军—约瑟夫·哈尔佩上将

第86步兵师—赫尔穆特·魏德林中将

第292步兵师—沃尔夫冈·冯·克卢格中将[③]

---

① 原注：本附录所列坦克和突击炮数为实有数量。可用（可开动）数量比这个实有数量略少。可用数量的具体增减见附录D。

② 译注：该突击炮营应隶属于第78突击师。

③ 译注：原文称名京特。

第18装甲师—卡尔·威廉·冯·施利本少将（实力：72辆坦克）

第656反坦克团[①]

第653反坦克营（“费迪南”）（实力：55辆自行反坦克炮）

第654反坦克营（“费迪南”）（实力：5辆坦克和50辆自行反坦克炮）

第177突击炮营（实力：36辆突击炮）

第244突击炮营（实力：36辆突击炮）

第216重装甲营（“灰熊”）

第313装甲连（实力：23辆突击炮）

第314装甲连（实力：22辆突击炮）

第21装甲旅

第909突击炮营（实力：36辆突击炮）

第505装甲营（“虎”）（实力：46辆坦克，包括31辆“虎”式）

全军实力：123辆坦克、258辆自行火炮和突击炮

第四十七装甲军—约阿希姆·莱默尔森上将

第6步兵师—霍斯特·格罗斯曼中将

第20装甲师—冯·克塞尔少将（实力：82辆坦克）

第9装甲师—瓦尔特·舍勒中将（实力：83辆坦克）

第2装甲师—福尔拉特·冯·吕贝中将（实力：118辆坦克）

第245突击炮营（实力：36辆突击炮）

第904突击炮营（实力：36辆突击炮）

第312装甲连（属第216重装甲营）（实力：22辆突击炮）

全军实力：283辆坦克和94辆突击炮

第四十六装甲军—汉斯·措恩上将

第31步兵师—弗里德里克·霍斯巴赫中将

第7步兵师—弗里茨－格奥尔格·冯·拉帕德中将

第258步兵师—汉斯—库尔特·霍克中将

①译注：原文为营。

第102步兵师—奥托·希茨菲尔德少将

第二十陆军军—冯·罗曼男爵上将

第72步兵师—阿尔贝特·穆勒－格布哈特中将

第45步兵师—汉斯·冯·法尔肯施泰因男爵少将

第137步兵师—卡梅克中将

第251步兵师—费尔茨曼少将

第八陆军军（匈牙利）

第102步兵师（匈牙利）

第105步兵师（匈牙利）

第108步兵师（匈牙利）

第10装甲掷弹兵师（位于第四十七装甲军地带的集团军预备队）

第12装甲师（位于第四十七装甲军地带的集团军预备队）（实力：83辆坦克）

第4装甲师（集团军预备队，7月9日就位）（实力：101辆坦克）

第203保安师

第221保安师

集团军总兵力：33.5万人，590辆坦克和424辆突击炮

第二集团军—瓦尔特·魏斯上将

第十三陆军军

第82步兵师

第340步兵师

第327步兵师

第七陆军军

第88步兵师

第75步兵师

第68步兵师

第26步兵师（预备队）

第323步兵师（由第26步兵师指挥）

第202反坦克营

第559反坦克营

第616反坦克营

集团军总兵力：9.6万人，100门反坦克炮或突击炮

第六航空队—里特尔·冯·格赖姆大将

第一航空师—戴希曼中将

别尔哥罗德—奥博扬—库尔斯克方向

南方集团军群—埃里希·冯·曼施泰因陆军元帅

第四装甲集团军—赫尔曼·霍特大将

第五十二陆军军—欧根·奥特上将

第57步兵师—马克斯米利安·弗雷特－皮科少将：第179步兵团、第199步兵团、第217步兵团、第157炮兵团、第57侦察营、第157反坦克营

第255步兵师—波佩中将：第455步兵团、第465步兵团、第475步兵团、第255炮兵团、第255侦察营、第255反坦克营

第332步兵师—舍费尔中将：第676步兵团、第677步兵团、第678步兵团、第332炮兵团、第332侦察营、第332反坦克营

第137炮兵指挥部：第108（摩托化）炮兵团第1营第1重型榴弹炮支队、第731（150毫米）炮兵团第3营加农炮连、第1（重型）火箭炮团

第677工兵（工程兵）团（第74工兵营）

第226摩托车营（欠一个连）

第四十八装甲军—奥托·冯·诺贝尔斯多夫上将

第3装甲师—弗兰茨·韦斯特霍芬中将：第6装甲团、第3装甲掷弹兵团、第394装甲掷弹兵团、第75装甲炮兵营[①]、第3摩托车营、第3装甲侦察营、第39装甲工程兵营、第543反坦克营、第314高射炮兵营

实力：90辆坦克

---

① 译注：应为团。

第11装甲师—米克尔少将：第15装甲团、第110装甲掷弹兵团、第111装甲掷弹兵团、第119装甲炮兵团、第61摩托车营、第61装甲侦察营、第231装甲工程兵营、第61反坦克营、第277高射炮兵营

实力：113辆坦克

第167步兵师—沃尔夫·特里伦贝格中将：第315步兵团、第331步兵团、第339步兵团、第167炮兵团、第167侦察营、第167反坦克营

“大德意志”装甲掷弹兵师—瓦尔特·赫恩莱因中将：大德意志装甲团、大德意志装甲掷弹兵团、大德意志燧发枪兵团、大德意志炮兵团、大德意志装甲侦察营、大德意志反坦克营、大德意志装甲工程兵营、大德意志装甲高射炮兵营、大德意志突击炮营

实力：132辆坦克和35辆突击炮

第10（“豹”式）装甲旅第39装甲团：第51装甲营（实力：100辆坦克）、第52装甲营（实力：100辆坦克）

第132炮兵指挥部

第144炮兵指挥部

第70炮兵团：第109迫击炮团第3营迫击炮支队、第101重型榴弹炮支队、第842（100毫米）加农炮支队

第911突击炮营（实力：31辆突击炮）

第515工兵团：第48（摩托化）工兵营、第1（摩托化）工兵教导营

第616陆军高射炮兵营

全军实力：535辆坦克和66辆突击炮

党卫队第二装甲军—党卫队全国副总指挥保罗·豪塞尔

党卫队第1“阿道夫·希特勒警卫旗队”装甲掷弹兵师—党卫队区队长维施[1]：党卫队第1装甲团、党卫队第1装甲掷弹兵团、党卫队第2装甲掷弹兵团、党卫队第1装甲炮兵团、党卫队第1装甲侦察营、党卫队第1反坦克营、党卫队第1装甲工程兵营、党卫队第1高射炮兵营

实力：106辆坦克和35辆突击炮

---

① 译注：原文为旅队长。

党卫队第2“帝国”装甲掷弹兵师—党卫队地区总队长克吕格尔：党卫队第2装甲团、党卫队第3“德意志”装甲掷弹兵团、党卫队第4“元首”装甲掷弹兵团、党卫队第2装甲炮兵团、党卫队第2装甲侦察营、党卫队第2反坦克营、党卫队第2装甲工程兵营、党卫队第2高射炮兵营

实力：145辆坦克和34辆突击炮

党卫队第3“骷髅”装甲掷弹兵师—党卫队旅队长普里斯：党卫队第3装甲团、党卫队第5“图勒”装甲掷弹兵团、党卫队第6“特奥多尔·艾克”装甲掷弹兵团、党卫队第3装甲炮兵团、党卫队第3装甲侦察营、党卫队第3反坦克营、党卫队第3装甲工程兵营、党卫队第3高射炮兵营

实力：139辆坦克和35辆突击炮

第122炮兵指挥部：第861（摩托化）炮兵团第1重型榴弹炮支队、第818（摩托化）炮兵团第3营第1野战榴弹炮支队、第3发烟部队[①]、第55火箭炮兵团、第1火箭炮兵教导团

第680工兵团：第627（摩托化）工兵营、第666（摩托化）工兵营

全军实力：390辆坦克和104辆突击炮

第八航空军

集团军总兵力：223907人、925辆坦克和170辆突击炮

“肯普夫”集团军级支队—维尔纳·肯普夫上将

第十一陆军军（“劳斯”军）—埃哈德·劳斯上将

第106步兵师—维尔纳·福斯特中将：第239步兵团、第240步兵团、第241步兵团、第106炮兵团、第106侦察营、第106反坦克营

第320步兵师—格奥尔格·波斯特尔少将：第585步兵团、第586步兵团、第587步兵团、第320炮兵团、第320侦察营、第320反坦克营

第52火箭炮兵团

第1（重型）火箭炮兵团第2营

第4高射炮兵团

---

① 译注：原文如此，有资料称其为第3火箭炮兵指挥部，管辖后面的这两个火箭炮兵团。

第7高射炮兵团

第48高射炮兵团

第18工兵团：第52工兵营、第923工兵营

第153炮兵指挥部：第77（105毫米）轻型炮兵团第1营、第54（105毫米）轻型炮兵团第2营、第213（105毫米）炮兵团第1营第51轻型支队

第905突击炮营（实力：25辆突击炮）

第393突击炮连（实力：25辆突击炮）

全军实力：50辆突击炮

第四十二陆军军—弗兰茨·马滕克洛特上将

第39步兵师—伦韦内克中将：第113步兵团、第114步兵团、第139炮兵团、第39侦察营、第139反坦克营

第161步兵师—雷克中将：第336步兵团、第364步兵团、第371步兵团、第241炮兵团、第161侦察营、第241反坦克营

第282步兵师—科勒少将：第848步兵团、第849步兵团、第850步兵团、第282炮兵团、第282燧发枪兵营、第282反坦克营

第77高射炮兵团

第560“大黄蜂”重型反坦克歼击营（实力：约40辆突击炮）

“C”重型反坦克歼击营（实力约40辆突击炮）

第107炮兵指挥部：第800（150毫米）重型炮兵支队[①]第2营、第13轻型炮兵支队

全军实力：约80辆突击炮

第三装甲军—赫尔曼·布赖特上将

第6装甲师—冯·许纳斯多夫少将：第11装甲团、第4装甲掷弹兵团、第114装甲掷弹兵团、第76装甲炮兵团、第82摩托车营、第6装甲侦察营、第41反坦克营、第57装甲工程兵营、第298高射炮兵营

实力：117辆坦克

---

① 译注：疑似应为团。

第7装甲师—汉斯·冯·丰克男爵中将：第25装甲团、第6装甲掷弹兵团、第7装甲掷弹兵团、第78装甲炮兵团、第58摩托车营、第7装甲侦察营、第42反坦克营、第58装甲工程兵营、第296高射炮兵营

实力：112辆坦克

第19装甲师—古斯塔夫·施密特中将[①]：第27装甲团、第73装甲掷弹兵团、第74装甲掷弹兵团、第19装甲炮兵团、第19摩托车营、第19装甲侦察营、第19反坦克营、第19装甲工程兵营、第272高射炮兵营

实力：70辆坦克

第168步兵师—夏尔·德·博利厄少将：第417步兵团、第429步兵团、第442步兵团、第248炮兵团、第168侦察营、第248反坦克营

第54火箭炮兵团

第503重装甲营（“虎”式）（实力：45辆坦克）

第99高射炮兵团

第153高射炮兵团

第674工兵团：第70工兵营、第651工兵营

第601工兵团：第127工兵营（欠一个连）、第531架桥工兵营

第3炮兵指挥部：第612炮兵团、第228突击炮营（实力：25辆突击炮）、第71（150毫米）炮兵团第2营、第857（210毫米）重型炮兵支队、第62（105毫米）炮兵团第2营

全军实力：344辆坦克和25辆突击炮

集团军支队总兵力：12.6万人、344辆坦克和155辆突击炮或自行反坦克炮

第四航空队—奥托·德斯洛赫上将

① 译注：原文鲁道夫·施密特此时是大将军衔、第二装甲集团军司令。

附录B
苏联红军作战序列[①]
1943年7月1日

最高统帅部大本营代表：苏联元帅G. K. 朱可夫（7月12日前协调西方面军、布良斯克方面军和中央方面军的行动，7月12日起协调沃罗涅日方面军和草原方面军的行动）；苏联元帅A. M. 华西列夫斯基（7月12日前派驻沃罗涅日方面军，7月12日起派驻西南方面军）

奥廖尔方向

西方面军—司令员V. D. 索科洛夫斯基上将，军事委员会委员N. A. 布尔加宁中将，参谋长A. P. 波克罗夫斯基中将

第50集团军—司令员I. V. 博尔金中将，军事委员会委员L. M. 丘马科夫少将，参谋长N. G. 布里列夫少将

步兵第38军—A. D. 捷列什科夫少将

步兵第17师—I. L. 拉杜利亚少将

步兵第326师—V. G. 捷连季耶夫少将（7月30日前），Ia. V. 卡尔波夫上校（8月1日至20日），V. A. 古谢夫上校（8月21日起）

步兵第413师—I. S. 霍赫洛夫上校

步兵第49师—A. V. 丘日霍夫上校

步兵第64师—I. I. 亚雷门科上校

① 译注：本附录内容为实际参与库尔斯克会战的军队。

步兵第212师—A. P. 马利采夫上校

步兵第324师—E. Zh. 谢杜林上校

坦克第196旅—E. E. 杜霍夫尼中校

（152毫米）自行火炮第1536团

独立装甲列车第21营

独立装甲列车第43营

加农炮兵第447团

加农炮兵第523团

加农炮兵第1091团

反坦克歼击炮兵第600团

迫击炮兵第541团

迫击炮兵第542团

近卫火箭炮兵第54团[①]

高射炮兵第1275团

高射炮兵第1482团

高射炮兵第1483团

独立工程兵第307营

独立工程兵第309营

集团军总兵力：54062人、236门（76毫米以上）火炮、241门反坦克炮、50门高射炮、594门（82毫米和120毫米）迫击炮、87辆坦克和自行火炮[②]

近卫第11集团军—司令员I. Kh. 巴格拉米扬中将，军事委员会委员P. N. 库利科夫少将，参谋长N. P. 伊万诺夫少将

近卫步兵第8军—P. F. 马雷舍夫少将

近卫步兵第11师—I. F. 费久尼金少将（7月22日前），A. I. 马克西莫夫少将（7月23日起）

---

① 译注：为避免误解，原文"近卫迫击炮兵"均按照《苏联军事百科全书》译法作近卫火箭炮兵。

② 原注：本附录所列坦克和突击炮数为实有数。可用（可开动）数量比这个实有数略少。可用数量的具体增减见附录D。

近卫步兵第26师—N. N. 科尔热涅夫斯基少将

近卫步兵第83师—Ia. S. 沃罗别夫少将

近卫步兵第16军—A. V. 拉普绍夫少将(7月13日阵亡),I. F. 费久尼金少将(7月22日起)

近卫步兵第1师—N. A. 克罗波金少将

近卫步兵第16师—P. G. 沙弗拉诺夫少将

近卫步兵第31师—I. K. 谢尔宾上校

步兵第169师— Ia. F. 叶廖缅科少将

近卫步兵第36军—A. S. 克谢尼丰托夫少将

近卫步兵第5师—N. L. 索尔达托夫上校

近卫步兵第18师— M. N. 扎沃多夫斯基上校

近卫步兵第84师—G. B. 彼得斯少将

步兵第108师—P. A. 捷列莫夫上校

步兵第217师—E. V. 雷日科夫上校

近卫坦克第10旅—A. R. 布尔利加上校

近卫坦克第29旅—S. I. 托克罗夫上校(7月29日前), G. L. 尤金上校(7月30日起)

近卫坦克第43旅—M. P. 卢卡舍夫中校(7月11日晋升上校)

坦克第213旅—V. S. 加耶夫中校

近卫独立重型坦克第2团—M. F. 库图佐夫中校

近卫独立坦克第4团

(152毫米)自行火炮第1453团

突破炮兵第8军—N. F. 萨利奇科中将

突破炮兵第3师—I. F. 萨尼科上校

轻型炮兵第15旅

加农炮兵第5旅

榴弹炮兵第1旅

大威力榴弹炮兵第117旅

迫击炮兵第7旅

突破炮兵第6师— A. S. 比秋茨基少将

轻型炮兵第21旅

加农炮兵第10旅

榴弹炮兵第18旅

大威力榴弹炮兵第119旅

迫击炮兵第3旅

突破炮兵第14师— L. I. 科茹霍夫上校

轻型炮兵第54旅

加农炮兵第48旅

榴弹炮兵第43旅

迫击炮兵第9旅

近卫军属炮兵第56团

近卫加农炮兵第1团

近卫加农炮兵第17团

近卫加农炮兵第74团

近卫加农炮兵第75团

加农炮兵第39团

加农炮兵第403团

加农炮兵第537团

加农炮兵第761团

加农炮兵第995团

加农炮兵第1093团

加农炮兵第1165团

近卫榴弹炮兵第15团

近卫榴弹炮兵第16团

榴弹炮兵第128团

榴弹炮兵第360团

榴弹炮兵第364团

近卫反坦克歼击炮兵第5团

迫击炮兵第 545 团

迫击炮兵第 546 团

近卫火箭炮兵第 24 旅

近卫火箭炮兵第 25 旅

近卫火箭炮兵第 40 团

近卫火箭炮兵第 59 团—G. T. 弗里奇中校

近卫火箭炮兵第 60 团

近卫火箭炮兵第 74 团

近卫火箭炮兵第 325 团—A. N. 科瓦列维奇中校

高射炮兵第 14 师—A. I. 瓦休塔上校（7 月 9 日晋升少将）

　高射炮兵第 525 团

　高射炮兵第 715 团

　高射炮兵第 718 团

　高射炮兵第 721 团

高射炮兵第 17 师—A. M. 舒米赫姆上校

　高射炮兵第 500 团

　高射炮兵第 1267 团

　高射炮兵第 1276 团

　高射炮兵第 1279 团

高射炮兵第 48 师—P. M. 巴尔斯基上校

　近卫高射炮兵第 231 团

　高射炮兵第 50 团

　高射炮兵第 1277 团

　高射炮兵第 1278 团

高射炮兵第 716 团

高射炮兵第 739 团

高射炮兵第 1280 团

高射炮兵第 1484 团

独立高射炮兵第 4 营

独立高射炮兵第614营

近卫独立工程兵第6营

独立工程兵第84营

独立工程兵第226营

独立工程兵第243营

独立工程兵第367营

舟桥第61营

集团军总兵力：13.5万人、280辆坦克和自行火炮、2652门火炮和迫击炮、468门反坦克炮、255门高射炮、89门BM-8或BM-13式火箭炮和55门M-30或M-31式火箭发射架

空军第1集团军—司令员M.M. 格罗莫夫中将，军事委员会委员I.G. 利维年科少将，参谋长A.S. 普罗宁少将

强击航空兵第2军—V. V. 斯捷皮切夫少将

强击航空兵第231师—L. A. 奇济科夫上校

强击航空兵第232师—A. G. 瓦利科夫上校

歼击航空兵第2军—A. S. 布拉戈维申斯基中将

近卫歼击航空兵第7师—V. M. 扎巴鲁耶夫少将

歼击航空兵第8军—F. F. 热列别岑科少将

歼击航空兵第215师—N. M. 亚坤申上校

歼击航空兵第323师—P. P. 鲁巴科夫上校

轰炸航空兵第204师—S. P. 安德烈耶夫上校

强击航空兵第224师—M. V. 科捷利尼科夫上校

强击航空兵第233师—V. V. 斯米尔诺夫上校（7月27日前），V. V. 瓦西里耶夫上校（7月28日起）

强击航空兵第311师—V. V. 瓦西里耶夫上校

歼击航空兵第303师—G. N. 扎霍罗夫少将

歼击航空兵第309师—I. I. 格里博上校（7月15日前），V. N. 布斯中校（7月16日起）

歼击轰炸航空兵第213师—V. S. 莫洛科夫少将

侦察航空兵第10团

卫生航空兵第1团

运输航空兵第713团

校射航空兵第65大队

方面军直属

步兵第371师—V. L. 阿列克先科上校

步兵第36旅

坦克第1军—V. V. 巴托夫少将

坦克第89旅—K. N. 班尼科夫上校

坦克第117旅—A. S. 沃龙科夫中校

坦克第159旅—S. P. 海杜科夫上校

摩托化步兵第44旅

（85毫米）自行火炮第1437团

全军实力：184辆坦克和自行火炮

坦克第5军—M. S. 萨赫诺少将

坦克第24旅—V. S. 瑟特尼克上校（7月17日阵亡），V. K. 博罗多夫斯基上校（7月18日起）

坦克第41旅—S. I. 阿拉耶夫上校（8月6日前），V. M. 塔拉卡诺夫中校（8月7日起）

坦克第70旅—S. V. 库兹涅佐夫上校（7月15日阵亡），V. E. 诺达中校（7月16日至8月15日），S. I. 尼基京中校（8月16日起）

摩托化步兵第5旅

（85毫米）自行火炮第1435团

独立反坦克歼击炮兵第731营

迫击炮兵第277团

全军实力：184辆坦克和自行火炮

近卫坦克第2旅—N. A. 奥布达连科上校

坦克第94旅—E. A. 诺维科夫上校

坦克第120旅—N. I. 布托夫上校

坦克第187旅—M. V. 科洛索夫少将（7月15日改编为独立坦克第187团）

近卫独立坦克第56团

独立坦克第161团

独立坦克第233团

独立坦克第248团

独立摩托雪橇第7营[①]

独立摩托雪橇第37营

独立摩托雪橇第38营

独立摩托雪橇第40营

反坦克歼击炮兵第758团

近卫火箭炮兵第307团

近卫火箭炮兵第11营（近卫火箭炮兵第59团）

高射炮兵第1272团（高射炮兵第49师）

高射炮兵第1281团

独立高射炮兵第324营

工程地雷第11旅

工程地雷第12旅

特种工程兵第33旅

近卫地雷工兵第11营

独立工程兵第6营

独立工程兵第113营

独立工程兵第122营

独立工程兵第129营

---

① 译注：摩托雪橇安装在四个雪橇上，有装甲机枪塔，用航空发动机和螺旋桨推动。摩托雪橇营是苏联为支援冬季作战从1942年1月开始组建的部队，属装甲坦克和机械化兵。

独立工程兵第133营

独立工程兵第229营

独立工程兵第230营

独立地雷工兵第537营

独立地雷工兵第738营

舟桥第9营

舟桥第51营

舟桥第62营

舟桥第87营

舟桥第88营

舟桥第89营

舟桥第90营

舟桥第91营

舟桥第99营

方面军总兵力：211458人、4285门火炮和迫击炮、144门火箭炮、745辆坦克和自行火炮、1300架飞机

布良斯克方面军—司令员 M. M. 波波夫上将，军事委员会委员 L. Z. 梅赫利斯中将，参谋长 L. M. 桑达洛夫中将

第3集团军—司令员 A. V. 戈尔巴托夫中将，军事委员会委员 I. P. 孔诺夫，参谋长 M. V. 伊瓦舍奇金

步兵第41军（7月22日前仅有指挥机关）—V. K. 乌尔班诺维奇少将

步兵第235师—F. N. 罗马申上校（7月13日阵亡），A. F. 库巴索夫上校（7月14日至28日），L. G. 巴谢涅茨上校（7月29日起）

步兵第308师—L. N. 古尔图耶夫少将（8月3日阵亡），N. K. 马斯连尼科夫上校（8月4日起）

步兵第380师—A. F 库斯托夫上校

步兵第269师—P. S. 梅尔扎科夫少将（7月28日前），A. F. 库巴索夫上校（7

月29日起）

步兵第283师—V. A. 科诺瓦洛夫上校（7月21日前），S. F. 巴扎诺夫中校（7月22日至30日），S. K. 列兹尼琴科上校（7月31日至8月5日），V. I. 库夫申尼科夫上校（8月5日起）

步兵第342师—L. D. 切尔沃尼少将

独立坦克第82团

独立坦克第114团

（152毫米）自行火炮第1538团

独立装甲列车第10营

独立装甲列车第55营

突破炮兵第20师—N. V. 波格丹诺夫上校

轻型炮兵第34旅

加农炮兵第53旅

榴弹炮兵第93旅

重型榴弹炮兵第93旅

大威力榴弹炮兵第102旅

迫击炮兵第20旅

加农炮兵第420团

反坦克歼击炮兵第584团

迫击炮兵第475团

高射炮兵第24师—I. G. 利亚尔斯基上校

高射炮兵第1045团

高射炮兵第1337团

高射炮兵第1343团

高射炮兵第1349团

高射炮兵第1284团

独立工程兵第348营

集团军总兵力：6万人、100辆坦克和自行火炮

第61集团军—司令员P. A. 别洛夫中将，军事委员会委员D. G. 杜布罗夫斯基少将，参谋长M. N. 萨尔尼科夫上校

近卫步兵第9军—A. A. 博列伊科少将

近卫步兵第12师—K. M. 叶拉斯托夫少将（7月9日前），D. K. 马里科夫上校（7月10日起）

近卫步兵第76师—A. V. 基尔萨诺夫少将

近卫步兵第77师—V. S. 阿斯卡列波夫少将

步兵第97师—P. M. 达维多夫少将

步兵第110师—S. K. 阿尔捷米耶夫上校

步兵第336师—V. S. 库兹涅佐夫少将（7月1日前），M. A. 伊格纳切夫上校（7月2日至8月4日），I. I. 佩特科夫上校（8月5日至22日），L. V. 格林瓦尔德-穆霍上校（8月23日起）

步兵第356师—M. G. 马卡洛夫上校

步兵第415师—N. K. 马斯连尼科夫上校（7月30日前），P. I. 莫夏尔科夫上校（8月1日期）

独立歼击第12旅

坦克第68旅—P. F. 尤尔琴科上校（8月13日前），G. A. 季姆琴科中校（8月14日起）

独立坦克第36旅

（85毫米）自行火炮第1539团

独立装甲列车第31营

独立装甲列车第45营

近卫加农炮兵第60团

近卫加农炮兵第67团

加农炮兵第554团

反坦克歼击炮兵第533团

迫击炮兵第547团

高射炮兵第13师—V. M. 科丘别伊上校

高射炮兵第1065团

高射炮兵第1173团

高射炮兵第1175团

高射炮兵第1218团

高射炮兵第1282团

独立工程兵第310营

独立工程兵第344营

集团军总兵力：8万人、110辆坦克和自行火炮

第63集团军—司令员V. Ia. 科尔帕克奇中将，军事委员会委员K.K. 阿布拉莫夫少将，参谋长N.V. 叶廖明上校

步兵第35军（仅有指挥机关）—V. G. 若卢杰夫少将

步兵第40军（仅有指挥机关）—V. S. 库兹涅佐夫少将

步兵第5师— F. Ia. 沃尔科维茨基中校（7月9日前），P. T. 米哈利钦上校（7月10日）

步兵第41师—A. I. 苏尔琴科上校

步兵第129师—I. V. 潘丘克上校

步兵第250师—V. M. 穆济斯基上校（7月5日前），I. V. 莫欣上校（7月6日起）

步兵第287师—I. N. 潘卡拉托夫少将

步兵第348师—I. F. 格里戈利耶夫斯基上校

步兵第397师—N. F. 安德罗尼耶夫上校

独立坦克第231团

（85毫米）自行火炮第1452团

反坦克歼击炮兵第1071团

反坦克歼击炮兵第1311团

迫击炮第286团

高射炮兵第28师—G. E. 德拉布科夫上校

高射炮兵第1355团

高射炮兵第1359团

高射炮兵第1365团

高射炮兵第1371团

独立工程兵第356营

集团军总兵力：7万人、60辆坦克和自行火炮

空军第15集团军—司令员N.F.瑙缅科中将，军事委员会委员M.N.苏哈切夫上校，参谋长A.A.萨科维宁上校

近卫歼击航空兵第1军—E. M. 别列茨基中将

近卫歼击航空兵第3师—V. P. 乌霍夫上校

近卫歼击航空兵第4师—V. A. 基塔耶夫上校

强击航空兵第3军—格尔拉岑科少将

强击航空兵第307师—A. V. 科热米亚金上校

强击航空兵第308师—G. P. 图雷金上校

轰炸航空兵第113师—F. G. 米丘金中校

强击航空兵第225师—A. F. 奥布霍夫上校

夜间轰炸航空兵第284师—G. P. 伯克耶沃伊少校（7月22日前），I. A. 特鲁什金中校（7月23日起）

歼击航空兵第234师—E. Z. 塔塔纳什维利上校

歼击航空兵第315师—V. Ia. 李维诺夫上校

近卫侦察航空兵第99团

方面军直属

步兵第25军—P. V. 佩列尔瓦少将

步兵第186师—N. P. 亚茨克维奇上校（7月26日前），G. V. 列武年科夫上校（7月27日起）

步兵第283师—I. D. 克拉斯诺什塔诺夫上校

步兵第362师—D. M. 达尔马托夫少将

近卫坦克第1军—M. F. 潘科夫少将

近卫坦克第15旅—V. S. 别洛乌索夫中校（7月18日前），K. G. 科扎诺夫上

校（7月19日起）

近卫坦克第16旅—M. N. 菲利片科上校

近卫坦克第17旅—B. V. 舒利金上校

近卫摩托化步兵第1旅

近卫坦克第34团

摩托车第65营

反坦克歼击炮兵第1001团

独立反坦克歼击炮兵第732营

迫击炮兵第455团

近卫高射炮兵第80团

全军实力：207辆坦克和自行火炮

近卫独立坦克第11团

近卫独立坦克第12团

近卫独立坦克第13团

近卫独立坦克第26团

独立坦克第253团

（152毫米）自行火炮第1444团

（152毫米）自行火炮第1445团

（152毫米）自行火炮第1535团

独立摩托车第55营

独立装甲列车第54营

突破炮兵第2军（配属第63集团军）—M. M. 巴尔苏科夫中将

突破炮兵第13师—D. M. 克拉斯诺库茨基上校

轻型炮兵第42旅

榴弹炮兵第47旅

重型榴弹炮兵第88旅

重型榴弹炮兵第91旅

大威力榴弹炮兵第101旅

迫击炮兵第17旅

突破炮兵第15师—A. A. 库罗奇金上校

轻型炮兵第69旅

榴弹炮兵第35旅

重型榴弹炮兵第85旅

重型榴弹炮兵第87旅

大威力榴弹炮兵第106旅

迫击炮兵第18旅

近卫重型火箭炮兵第3师—P. V. 科列斯尼科夫上校

近卫火箭炮兵第15旅

近卫火箭炮兵第18旅

近卫火箭炮兵第19旅

突破炮兵第7军（配属第61集团军）—P. M. 科罗利科夫少将

突破炮兵第16师—P. S. 伊万诺夫上校（8月29日前），F. V. 费多谢耶夫上校（8月30日起）

轻型炮兵第49旅

加农炮兵第61旅

榴弹炮兵第52旅

重型榴弹炮兵第90旅

大威力榴弹炮兵第109旅

迫击炮兵第14旅

突破炮兵第17师—S. S. 沃尔肯施泰因少将

轻型炮兵第37旅

加农炮兵第39旅

榴弹炮兵第50旅

重型榴弹炮兵第92旅

大威力榴弹炮兵第108旅

迫击炮兵第22旅

近卫重型火箭炮兵第2师—A. F. 特维列茨基少将

近卫火箭炮兵第3旅

近卫火箭炮兵第17旅

近卫火箭炮兵第26旅

加农炮兵第44旅

反坦克歼击炮兵第12旅

迫击炮兵第13旅

近卫火箭炮兵第8旅—A. O. 舍伊宁上校

近卫火箭炮兵第85团

近卫火箭炮兵第93团

近卫火箭炮兵第310团

近卫火箭炮兵第311团—G. 茹拉夫廖夫中校

近卫火箭炮兵第312团

近卫火箭炮兵第313团

近卫独立火箭炮兵第10营

高射炮兵第1477团

独立高射炮兵第386营

特种工程兵第8旅

工程工兵第57旅

近卫地雷工兵第3营

独立工兵第131营

独立工兵第231营

独立工兵第740营

舟桥第48营

舟桥第53营

舟桥第131营

舟桥第136营

方面军总兵力：433616人、7642门火炮和迫击炮、160门火箭炮、794辆坦克和自行火炮（7月15日为1578辆）、1000架飞机

奥廖尔—库尔斯克方向

中央方面军—司令员 K. K. 罗科索夫斯基大将，军事委员会委员 K. F. 捷列金少将，参谋长 M. S. 马利宁中将

第13集团军—司令员 N.P. 普霍夫中将，军事委员会委员 M.A. 科兹洛夫少将，参谋长 A.V. 彼得鲁舍夫斯基少将

近卫步兵第17军—A. L. 邦达列夫中将

近卫步兵第6师—D. P. 奥努普利恩科少将

近卫步兵第70师—I. A. 古谢夫上校

近卫步兵第75师—V. A. 格罗什尼少将

近卫步兵第18军—I. M. 阿福宁少将

近卫空降兵第2师—I. M. 杜达列夫少将

近卫空降兵第3师—I. N. 科涅夫上校

近卫空降兵第4师—A. D. 鲁缅采夫少将

步兵第15军—I. I. 柳德尼科夫少将

步兵第8师—P. N. 古济上校

步兵第74师—A. A. 卡扎里安少将

步兵第148师—A. A. 米先科少将

步兵第29军—A. N. 斯雷什金少将

步兵第15师—V. N. 占季加夫上校（7月14日阵亡），V. I. 布拉科夫上校（7月15日至8月7日），K. E. 格列比翁尼克（8月8日起）

步兵第81师—A. B. 巴里诺夫少将

步兵第307师—M. A. 延申少将

坦克第129旅—N. V. 彼得鲁申上校

近卫独立坦克第27团

近卫独立坦克第30团

独立坦克第43团

独立坦克第58团—I. P. 普里亚欣中校

独立坦克第237团

（152毫米）自行火炮第1442团

独立装甲列车第49号[①]

突破炮兵第4军—N. V. 伊格纳托夫少将

突破炮兵第5师—A. I. 斯涅吉罗夫上校

轻型炮兵第16旅

加农炮兵第24旅

榴弹炮兵第9旅—T. N. 维什涅夫斯基上校

重型榴弹炮兵第86旅

大威力榴弹炮兵第100旅

迫击炮兵第1旅

突破炮兵第12师—M. N. 库尔科夫斯基上校

轻型炮兵第46旅

加农炮兵第41旅

榴弹炮兵第32旅

重型榴弹炮兵第89旅

大威力榴弹炮兵第104旅

迫击炮兵第11旅

近卫火箭炮兵第5师—E. A. 菲尔索夫上校（7月15日前），G. M. 凡塔洛夫上校（8月16日起）[②]

近卫火箭炮兵第16旅—P. I. 瓦利琴科上校

近卫火箭炮兵第22旅—V. V. 鲁萨诺夫上校

近卫火箭炮兵第23旅—N. N. 科雷蒂科上校

近卫加农炮兵第19团

反坦克歼击炮兵第874团

迫击炮兵第476团—V. G. 格拉德基少校

迫击炮兵第477团

近卫火箭炮兵第6团—N. I. 穆尔扎耶夫少校

---

① 译注：原文此处及以下几处无“营”字。

② 译注：原文月份如此。

近卫火箭炮兵第 37 团—K. N. 奥斯泰科中校

近卫火箭炮兵第 65 团—N. V. 索克拉科夫少校

近卫火箭炮兵第 86 团—P. A. 扎济日尼中校

近卫火箭炮兵第 324 团—B. I. 奥尔洛夫中校

高射炮兵第 1 师—R. A. 德济文少将

高射炮兵第 1042 团—A. S. 佩沙科夫中校（7 月 3 日病休），N. P. 胡西德少校（7 月 3 日起）

高射炮兵第 1068 团—V. I. 朱可夫中校

高射炮兵第 1085 团—V. E. 卡利茨基少校

高射炮兵第 1090 团—I. I. 洛济茨基中校

高射炮兵第 25 师—K. M. 安德烈耶夫上校

高射炮兵第 1067 团

高射炮兵第 1356 团

高射炮兵第 1362 团

高射炮兵第 1368 团

高射炮兵第 1287 团

独立工程兵第 275 营

集团军总兵力：11.4万人、2934门火炮和迫击炮、105门火箭炮、270辆坦克和自行火炮

第48集团军—司令员 P. L. 罗曼年科中将，军事委员会委员 N. A. 伊斯托明少将，参谋长 M. V. 博布科夫少将

步兵第 42 军—K. S. 科尔加诺夫少将

步兵第 16 师（立陶宛）—V. A. 卡尔维亚里斯少将

步兵第 202 师—Z. S. 列文科上校

步兵第 399 师—D. M. 波诺马罗夫上校（7 月 9 日前），P. I. 斯卡奇科夫上校（7 月 10 日起）

步兵第 73 师—D. I. 斯米尔诺夫少将

步兵第 137 师—M. G. 沃洛维奇上校（8 月 29 日前），A. I. 阿尔费罗夫上校（8

月30日起）

步兵第143师—D. I. 卢金上校

步兵第170师—A. M. 切里亚赫上校

独立坦克第45团

独立坦克第193团

独立坦克第299团

（76毫米）自行火炮第1454团

（76毫米）自行火炮第1455团（属坦克第9军）

（152毫米）自行火炮第1540团

独立装甲列车第37号

加农炮兵第1168团

反坦克歼击炮兵第2旅

近卫反坦克歼击炮兵第220团

迫击炮兵第479团

高射炮兵第16师—I. M. 谢列金上校（8月7日晋升少将）

高射炮兵第728团

高射炮兵第1283团

高射炮兵第1285团

高射炮兵第1286团

高射炮兵第461团

独立高射炮兵第615营

独立工程兵第313营

集团军总兵力：8.4万人、1454门火炮和迫击炮、178辆坦克和自行火炮

第60集团军—司令员I. D. 切尔尼亚霍夫斯基中将，军事委员会委员V. M. 奥列宁上校，参谋长G. A. 捷列-加斯帕良少将

步兵第24军—N. I. 基留欣少将

步兵第112师—P. S. 波利亚科夫上校（8月23日前），A. V. 格拉德科夫上校（8月24日起）

步兵第42师—N. N. 穆尔坦少将

步兵第129旅

步兵第30军—G. S. 拉济科少将

步兵第121师—I. I. 拉德金少将

步兵第141师—S. S. 拉萨德尼科夫上校

步兵第322师—N. I. 伊万诺夫上校（8月22日前），P. N. 拉先科上校（8月26日起）

步兵第55师—N. N. 扎伊柳列夫上校

步兵第248旅

坦克第150旅—I. V. 萨夫罗诺夫中校（8月15日前），S. I. 乌格留莫夫中校（8月16日起）

独立装甲列车第58号

加农炮兵第1156团

反坦克歼击炮兵第1178团

迫击炮兵第128团

迫击炮兵第138团

迫击炮兵第497团

近卫火箭炮兵第98团

近卫独立火箭炮兵第286营

近卫高射炮兵第221团

高射炮兵第217团

工程工兵第59旅

独立工程兵第317营

集团军总兵力：9.6万人、1376门火炮和迫击炮、67辆坦克和自行火炮

第65集团军—司令员P. I. 巴托夫中将，军事委员会委员N. A. 拉德茨基上校，参谋长I. S. 格列波夫少将

步兵第18军—I. I. 伊万诺夫少将

步兵第69师—I. A. 库佐夫科夫上校

步兵第149师—A. A. 奥尔洛夫上校

步兵第246师—M. G. 费多先科中校

步兵第27军—F. M. 切罗科马诺夫少将

步兵第60师—I. V. 卡里亚罗少将（8月27日前），A. V. 博罗亚伦斯基上校（8月29日起）

步兵第193师—F. N. 若布列夫少将（8月26日前），A. G. 弗罗连科夫上校（8月28日起）

步兵第115旅—I. I. 桑科夫斯基上校

近卫步兵第37师—E. G. 乌沙科夫上校

步兵第181师—A. A. 萨拉耶夫少将

步兵第194师—P. P. 奥皮亚金上校

步兵第354师—D. F. 阿列克谢耶夫少将

近卫独立坦克第29团

独立坦克第40团

独立坦克第84团

独立坦克第255团—V. I. 穆欣中校

反坦克歼击炮兵第120团

反坦克歼击炮兵第543团

近卫火箭炮兵第143团

迫击炮兵第218团

迫击炮兵第478团

近卫火箭炮兵第94团①

高射炮兵第235团

工程地雷第14旅

独立工程兵第321营

集团军总兵力：10万人、1837门火炮和迫击炮、124辆坦克和自行火炮

① 译注：原文如此排序。

第70集团军—司令员I.V. 加拉宁中将，军事委员会委员N.N. 萨夫科夫少将，参谋长V.M. 沙帕罗夫少将

步兵第28军—A. N. 纳恰耶夫少将

步兵第132师—T. K. 什克里列夫少将

步兵第211师—V. L. 马赫林诺夫斯基少将

步兵第280师—D. N. 戈洛索夫少将

步兵第19军（7月20日新增）

步兵第102师—A. N. 安德烈耶夫少将

步兵第106师—F. N. 斯梅霍特沃罗夫少将（8月1日前），M. M. 弗拉索夫上校（8月2日起）

步兵第140师—A. Ia. 基谢廖夫少将

步兵第162师—S. Ia. 先吉洛少将

步兵第175师—V. A. 鲍里索夫上校

歼击第3旅（歼击第2师）—V. N. 鲁科苏耶夫上校

独立坦克第240团

独立坦克第251团

独立坦克第259团

近卫[①]炮兵第1师—G. V. 古丁上校

近卫轻型炮兵第3旅—M. A. 格列霍夫上校

近卫加农炮兵第1旅—V. M. 克尔普上校

近卫榴弹炮兵第2旅—A. I. 捷列金上校

反坦克歼击炮兵第378团

迫击炮兵第136团

高射炮兵第12师—P. I. 科尔恰金中校（7月11日晋升上校）

高射炮兵第836团

高射炮兵第977团

高射炮兵第990团

---

① 译注：此处应有“突破”两字。

高射炮兵第581团

独立工程兵第169营

独立工程兵第371营

独立工程兵第386营

集团军总兵力：9.6万人、1658门火炮和迫击炮、125辆坦克和自行火炮

坦克第2集团军—司令员A.G.罗金中将（8月2日病休），S.I.波格丹诺夫中将（8月2日起）；军事委员会委员P.M.拉特舍夫少将；参谋长G.Ia.普赖斯曼上校

坦克第3军—M.D.西年科少将

坦克第50旅—F.I.科诺瓦洛夫上校（7月27日前），V.A.布济林中校（7月28日起）

坦克第51旅—G.A.科库林中校（7月14日阵亡），P.K.鲍里索夫中校（7月14日起）

坦克第103旅—G.M.马克西莫夫上校（7月27日前），A.I.哈拉耶夫中校（7月28日起）

摩托化步兵第57旅

摩托车第74营

反坦克歼击炮兵第881团

独立反坦克歼击炮兵第728营

迫击炮兵第234团

高射炮兵第121团

全军实力：204辆坦克

坦克第16军—V.E.格里戈里耶夫少将

坦克第107旅—N.M.捷利亚科夫中校

坦克第109旅—P.D.鲍勃科夫斯基中校

坦克第164旅—N.V.科佩洛夫中校

摩托化步兵第15旅—P.M.阿基莫奇金上校

摩托车第51营

(76毫米)自行火炮第1441团

反坦克歼击炮兵第614团

独立反坦克歼击炮兵第729营

迫击炮兵第226营

全军实力:220辆坦克和自行火炮

近卫坦克第11旅—N. M. 布勃诺夫上校(8月2日阵亡),N. M. 科沙耶夫中校(8月3日起)

独立摩托车第87营

独立工程兵第357营

集团军总兵力:3.7万人、338门火炮和迫击炮、456辆坦克和自行火炮

空军第16集团军—司令员S.I. 鲁坚科中将,军事委员会委员A.S. 维诺格拉多夫少将,P.I. 布赖科少将

轰炸航空兵第3军—A. Z. 卡拉瓦茨基少将

轰炸航空兵第241师—I. G. 库里连科上校

轰炸航空兵第301师—F. M. 费多连科上校

混成航空兵第6军—I. D. 安托什金少将

轰炸航空兵第221师—S. F. 布济列夫上校

歼击航空兵第282师—A. M. 梁赞诺夫上校(7月16日前),Iu. M. 贝尔科利中校

歼击航空兵第6军—E. E. 叶尔雷金少将

歼击航空兵第273师—I. F. 费德罗夫上校

歼击航空兵第279师—F. N. 杰缅季耶夫上校

近卫强击航空兵第2师—G. I. 科马罗夫上校

强击航空兵第299师—I. V. 克鲁普斯基上校

近卫歼击航空兵第1师—I. V. 克鲁佩宁中校(8月2日前),V. V. 苏霍里亚科夫上校(8月3日起)

歼击航空兵第283师—S. P. 杰尼索夫上校

歼击航空兵第286师—I. I. 伊万诺夫上校

夜间轰炸航空兵第271师—K. I. 拉斯卡佐夫中校（7月18日前），M. Kh. 鲍里先科上校（7月19日起）

侦察航空兵第16团

卫生航空兵第6团

校射航空兵第14大队

方面军直属

歼击第4旅（歼击第2师）

第115号筑垒地域

第119号筑垒地域

第161号筑垒地域

独立歼击第14旅

坦克第9军—S. I. 波格丹诺夫中将

坦克第23旅—M. S. 杰米多夫上校

坦克第95旅—I. E. 加卢什科上校（8月25日前）,A. I. 库兹涅佐夫上校（8月26日起）

坦克第108旅—R. A. 利伯曼上校（8月2日前），M. K. 叶连科中校（8月3日起）

摩托化步兵第8旅

独立反坦克歼击炮兵第730营

全军实力：168辆坦克

坦克第19军—I. D. 瓦西里耶夫少将

坦克第79旅—F. P. 瓦谢茨基中校

坦克第101旅—I. M. 库尔杜波夫上校（8月15日前），A. N. 帕夫柳克-莫罗兹上校（8月16日起）

坦克第202旅—N. V. 科斯捷列夫上校

摩托化步兵第26旅

全军实力：168辆坦克

（152毫米）自行火炮第1541团

独立装甲列车第 40 号

加农炮兵第 68 旅

反坦克歼击炮兵第 1 旅—A. S. 雷布金上校

反坦克歼击炮兵第 13 旅—N. P. 萨佐诺夫上校①

反坦克歼击炮兵第 130 团

反坦克歼击炮兵第 563 团

迫击炮兵第 21 旅

近卫火箭炮兵第 84 团（配属第 70 集团军）—M. M. 科洛米耶茨中校

近卫火箭炮兵第 92 团

近卫火箭炮兵第 323 团（配属第 13 集团军）—A. F. 阿尔秋先科中校

高射炮兵第 10 师—S. Ia. 苏斯基中校（7 月 9 日晋升上校）

　　高射炮兵第 802 团

　　高射炮兵第 975 团

　　高射炮兵第 984 团

　　高射炮兵第 994 团

高射炮兵第 997 团（高射炮兵第 12 师）

高射炮兵第 325 团②

高射炮兵第 1259 团

高射炮兵第 1263 团

近卫独立高射炮兵第 13 营

独立高射炮兵第 27 营

独立高射炮兵第 31 营

近卫特种工程兵第 1 旅—M. F. 约费上校

工程地雷第 6 旅

近卫地雷工兵第 12 营

独立工程兵第 120 营

---

① 译注：正文作S. P. 萨扎诺夫上校。

② 译注：原文以下几行的对齐方式有误，已订正。

独立工程兵第257营

舟桥第9营

舟桥第49营

舟桥第50营

舟桥第104营

方面军总兵力：711575人、11076门火炮和迫击炮、246门火箭炮、1785辆坦克和自行火炮、1000架飞机

别尔哥罗德—奥博扬—库尔斯克方向

沃罗涅日方面军—司令员N. F. 瓦图京大将，军事委员会委员N. S. 赫鲁晓夫中将，参谋长S. P. 伊万诺夫中将

近卫第6集团军—司令员I. M. 奇斯佳科夫中将，军事委员会委员P. I. 克赖诺夫少将，参谋长V. A. 片科夫斯基少将

近卫步兵第22军—N. B. 伊比扬斯基少将

近卫步兵第67师—A. I. 巴克索夫少将

近卫步兵第196团

近卫步兵第199团

近卫步兵第201团

近卫炮兵第138团—M. I. 基德利亚诺夫中校

近卫独立反坦克歼击炮兵第73营

近卫步兵第71师—I. P. 西瓦科夫上校

近卫步兵第210团

近卫步兵第213团

近卫步兵第219团

近卫炮兵第151团

近卫独立反坦克歼击炮兵第76营

独立反坦克步兵第76营（配属）

独立反坦克步兵第136营（配属）

近卫步兵第90师—V. G. 切尔诺夫上校

近卫步兵第268团

近卫步兵第272团

近卫步兵第274团

近卫炮兵第193团

近卫步兵第23军—P. P. 瓦赫拉梅耶夫少将（7月21日前），N. T. 塔瓦尔特基拉泽少将（7月22日起）

近卫步兵第51师—N.T. 塔瓦尔特基拉泽少将（7月20日前），I. M. 苏霍夫上校（7月21日起）

近卫步兵第154团

近卫步兵第156团

近卫步兵第158团

近卫炮兵第122团—M. N. 乌格洛夫斯基少校

近卫步兵第52师—I. M. 涅克拉索夫上校[①]

近卫步兵第151团—I. F. 尤迪奇中校

近卫步兵第153团

近卫步兵第155团

近卫炮兵第124团

近卫独立反坦克歼击炮兵第57营

步兵第375师—P. D. 戈沃鲁年科上校（7月8日转隶近卫步兵第35军，7月10日转隶第69集团军）

步兵第1241团

步兵第1243团

步兵第1245团

炮兵第193团—P. T. 古巴廖夫中校

① 译注：原文为少将，他于1943年9月15日晋升少将。

近卫步兵第89师—I. A. 皮金上校（7月10日转隶第69集团军）

近卫步兵第267团

近卫步兵第270团

近卫步兵第273团

近卫炮兵第196团

坦克第96旅—V. G. 列别杰夫少将（7月15日前），A. M. 波波夫上校（7月16日起）（配属近卫步兵第52师，7月10日转隶第68集团军）

坦克第228营

坦克第331营

独立坦克第230团（配属近卫步兵第52师）

独立坦克第245团（配属近卫步兵第67师）

（76毫米）自行火炮第1440团（配属近卫步兵第67师）

独立装甲列车第60营

加农炮兵第27旅（7月10日转隶第69集团军，7月11日转隶近卫坦克第5集团军）

（122毫米）加农炮兵第93团（配属步兵第375师）

（152毫米）加农炮兵第142团（配属近卫步兵第52师）

加农炮兵第33旅（7月8日转隶坦克第1集团军）

加农炮兵第163团（配属近卫步兵第67师和第71师）

加农炮兵第159团（配属近卫步兵第67师）

独立加农炮兵第628团（配属近卫步兵第71师）

反坦克歼击炮兵第27旅—N. D. 切沃拉中校（7月6日配属近卫步兵第71师）

反坦克歼击炮兵第1837团—N. E. 普柳修克少校

反坦克歼击炮兵第1839团— Ia. E. 库夫希诺夫少校

反坦克歼击炮兵第1841团—V. G. 加什科夫少校

反坦克歼击炮兵第28旅（7月6日配属近卫步兵第52师）

反坦克歼击炮兵第1838团

反坦克歼击炮兵第1840团

反坦克歼击炮兵第1842团

反坦克歼击炮兵第493团（7月5日配属近卫步兵第71师）

反坦克歼击炮兵第496团（7月6日配属近卫步兵第71师和第67师）

反坦克歼击炮兵第538团（4月由坦克第1集团军转隶，7月6日配属近卫步兵第52师）

反坦克歼击炮兵第611团（配属近卫步兵第67师）

反坦克歼击炮兵第694团（配属步兵第375师）

反坦克歼击炮兵第868团（配属近卫步兵第71师）

反坦克歼击炮兵第1008团—科坚科中校（4月由坦克第1集团军转隶，7月6日配属近卫步兵第52师）

反坦克歼击炮兵第1240团（配属步兵第375师）

反坦克歼击炮兵第1666团（配属近卫步兵第71师）

反坦克歼击炮兵第1667团（配属步兵第375师）

迫击炮兵第263团（配属步兵第375师，7月13日转隶第69集团军）

迫击炮兵第295团（配属近卫步兵第71师）

近卫火箭炮兵第5团—L. Z. 帕尔诺夫斯基中校（两个营配属近卫步兵第67师，一个营配属近卫步兵第52师）

近卫火箭炮兵第16团—Ia. T. 彼得拉科夫斯基中校（配属步兵第375师，7月11日转隶近卫坦克第5集团军）

近卫火箭炮兵第79团—L. Z. 帕尔诺夫斯基中校（两个营配属步兵第375师，一个营配属近卫步兵第67师，7月6日转隶坦克第1集团军坦克第6军）

近卫火箭炮兵第314团（配属近卫步兵第22军）

近卫火箭炮兵第316团（4月由坦克第1集团军转隶）

高射炮兵第26师—A. E. 弗洛连科上校

- 高射炮兵第1352团
- 高射炮兵第1357团
- 高射炮兵第1363团
- 高射炮兵第1369团

高射炮兵第1487团

独立工程兵第205营

独立工程兵第540营

集团军总兵力：7.99万人、1682门火炮和迫击炮、92门火箭炮、155辆坦克和自行火炮

★ ★ ★

反坦克歼击炮兵第31旅（7月8日由近卫第7集团军转隶，7月13日转隶第69集团军）

步兵第184师（7月12日由第40集团军转隶）

步兵第219师（7月12日由第40集团军转隶）

近卫第7集团军—司令员M.S.舒米洛夫中将，军事委员会委员Z.T.谢尔久克少将，参谋长G.S卢金少将

近卫步兵第24军—N. A. 瓦西列耶夫少将

近卫步兵第15师—E. I. 瓦西连科少将

近卫步兵第44团—I. A. 乌西科夫少校

近卫步兵第47团—I. I. 巴季亚诺夫少校

近卫步兵第50团

近卫炮兵第43团

近卫步兵第36师—M. I. 杰尼先科少将

近卫步兵第104团—P. A. 伊利切夫少校

近卫步兵第106团—I. A. 扎伊采夫少校

近卫步兵第108团—I. P. 莫伊谢耶夫少校

近卫炮兵第65团

近卫独立反坦克歼击炮兵第39营—N. A. 鲍里索夫大尉

全师兵力：8013人

近卫步兵第72师—A. I. 洛谢夫少将

近卫步兵第222团

近卫步兵第224团

近卫步兵第229团

近卫炮兵第155团—列谢纽克少校

近卫步兵第25军—G. B. 萨菲乌林少将

近卫步兵第73师—S. A. 科扎克上校

近卫步兵第209团—G. P. 斯拉托夫中校

近卫步兵第211团—P. N. 彼得罗夫少校

近卫步兵第214团—V. I. 达维登科少校

近卫炮兵第153团—A. A. 尼古拉耶夫少校

近卫步兵第78师—A. V. 斯克沃尔佐夫少将

近卫步兵第223团—S. A. 阿尔希诺夫少校

近卫步兵第225团—D. S. 霍罗连科少校

近卫步兵第228团—I. A. 希措夫少校

近卫炮兵第158团

近卫反坦克歼击炮兵第81营

全师兵力：7854人

近卫步兵第81师—I. K. 莫罗佐夫上校（7月8日转隶近卫步兵第35军，7月10日转隶第69集团军）

近卫步兵第233团

近卫步兵第235团

近卫步兵第238团

近卫炮兵第173团

步兵第213师—I. E. 布斯拉耶夫上校

步兵第585团

步兵第702团

步兵第793团

炮兵第671团

近卫坦克第27旅—M. V. 涅韦任斯基上校（8月18日前），N. M. 布里日诺夫上校（8月19日起），（配属近卫步兵第24军）

坦克第201旅—A. I. 塔拉诺夫上校（7月16日晋升少将），（配属近卫步兵第24军，7月6日配属近卫步兵第78师）

坦克第295营

坦克第296营

独立坦克第148团（配属近卫步兵第24军，7月10日转隶第69集团军）

独立坦克第167团（配属近卫步兵第25军，7月6日配属近卫步兵第73师）

独立坦克第262团（配属近卫步兵第25军）

（122毫米）自行火炮第1438团（配属近卫步兵第25军，7月6日配属步兵第73师）

（152毫米）自行火炮第1529团（配属近卫步兵第24军）

独立装甲列车第34营

独立装甲列车第38营

近卫加农炮兵第109团（配属近卫步兵第24军）

近卫加农炮兵第161团（配属近卫步兵第25军）

近卫加农炮兵第265团（配属近卫步兵第25军，7月6日配属步兵第73师）

反坦克歼击炮兵第30旅（集团军预备队，7月6日配属近卫步兵第25军近卫步兵第78师，7月10日转隶第69集团军）

反坦克歼击炮兵第1844团

反坦克歼击炮兵第1846团

反坦克歼击炮兵第1848团

近卫反坦克歼击炮兵第114团—N. 舒宾中校（配属近卫步兵第25军）

近卫反坦克歼击炮兵第115团—N. 科济亚连科中校（配属近卫步兵第24军近卫步兵第36师，7月13日转隶第69集团军）

反坦克歼击炮兵第1669团（7月5日配属近卫步兵第36师，7月6日配属近卫步兵第78师）

反坦克歼击炮兵第1670团

反坦克步兵第1营（配属近卫步兵第24军）

反坦克步兵第2营（配属近卫步兵第81师）

反坦克步兵第3营

反坦克步兵第4营（配属近卫步兵第78师）

反坦克步兵第5营（配属近卫步兵第24军）

迫击炮兵第290团（配属近卫步兵第25军，7月13日转隶第69集团军）

高射炮兵第5师—M. A. 库德里亚索夫上校

高射炮兵第670团

高射炮兵第743团

高射炮兵第1119团

高射炮兵第1181团

近卫高射炮兵第162团

近卫高射炮兵第258团

工程工兵第60旅—D. Sh. 采佩钮克上校

独立工程兵第175营

独立工程兵第329营—A. I. 瑟切夫少校（7月6日配属近卫步兵第73师）

集团军总兵力：7.68万人、1573门火炮和迫击炮、47门火箭炮、246辆坦克和自行火炮

★ ★ ★

近卫火箭炮兵第97团（7月4日来自方面军直属，配属近卫步兵第25军近卫步兵第81师，7月6日配属近卫步兵第72师）

近卫火箭炮兵第309团（7月5日来自方面军直属，7月6日配属近卫步兵第78师）

近卫火箭炮兵第315团（7月4日来自方面军直属，配属近卫步兵第25军，7月13日转隶第69集团军）

近卫火箭炮兵第443营（7月5日配属近卫步兵第81师）

近卫火箭炮兵第477营（7月5日配属近卫步兵第81师）

反坦克歼击炮兵第31旅（7月6日来自方面军直属，7月6日配属近卫步兵第73师，7月8日转隶近卫第6集团军）

第38集团军—司令员N. E. 奇比索夫中将，军事委员会委员I. D. 雷宾斯基少将，参谋长A. P. 皮利片科少将

步兵第50军—S. S. 马尔季罗相少将

步兵第167师—I. I. 梅利尼科夫少将

步兵第465团

步兵第520团

步兵第615团

炮兵第576团

步兵第232师—N. P. 乌利京上校

步兵第712团

步兵第605团

步兵第498团

炮兵第676团

步兵第340师—M. I. 沙德林上校（8月12日前），I. E. 祖巴列夫上校（8月12日起）

步兵第1140团

步兵第1141团

步兵第1144团

炮兵第911团

步兵第51军—P. P. 安德烈延科少将

步兵第180师—F. P. 什梅列夫少将

步兵第21团

步兵第42团

步兵第86团

炮兵第627团

步兵第240师—T. F. 乌曼斯基少将

步兵第836团

步兵第842团

步兵第931团

炮兵第692团

步兵第204师—K. M. 拜达克上校（7月8日转入方面军预备队）

步兵第700团

步兵第706团

步兵第730团

炮兵第657团

独立坦克第180旅—M. Z. 基谢廖夫上校(配属步兵第51军，7月7日转隶坦克第1集团军)

坦克第392营

坦克第393营

独立坦克第192旅—A. F. 卡拉万上校(8月21日前)，N. N. 基特温中校(8月22日起),(配属步兵第50军，7月6日转隶第40集团军，7月7日转隶坦克第1集团军)

坦克第416营

坦克第417营

近卫加农炮兵第112团

近卫榴弹炮兵第111团(7月6日转隶第40集团军,7月7日转隶坦克第1集团军)

反坦克歼击炮兵第29旅(7月7日先后转隶近卫第6集团军和坦克第1集团军)

反坦克歼击炮兵第1843团

反坦克歼击炮兵第1845团

反坦克歼击炮兵第1847团

反坦克歼击炮兵第222团(7月7日先后转隶坦克第1集团军和第69集团军)

反坦克歼击炮兵第483团(7月8日转隶坦克第1集团军)

反坦克歼击炮兵第1658团(7月13日转隶第69集团军)

反坦克歼击炮兵第1660团

迫击炮兵第491团

迫击炮兵第492团

近卫火箭炮兵第66团(7月7日转隶坦克第1集团军)

近卫火箭炮兵第314团近卫火箭炮兵第441营(7月7日转隶第69集团军)

高射炮兵第9师高射炮兵第981团

高射炮兵第1288团

独立工程兵第235营

独立工程兵第268营

舟桥第108营

独立地雷工兵第1505营

集团军总兵力：6万人、1168门火炮、32门火箭炮、150辆坦克和自行火炮

第40集团军—司令员K.S.莫斯卡连科中将，军事委员会委员K.V.克赖纽科夫少将，参谋长A.G.巴季乌尼亚少将

步兵第47军—A.S.格里亚兹诺夫少将

步兵第161师—P.V.捷尔季什内少将（7月6日转隶步兵第52军）

步兵第565团—A.A.耶莫拉耶夫少校

步兵第569团—V.Ia.纳金少校

步兵第575团—M.I.西波维奇中校

炮兵第1036团—N.V.普拉托诺夫少校

独立反坦克歼击炮兵第413营—I.M.李森科中尉

步兵第206师—V.I.鲁季科上校（8月11日前），S.P.梅尔库洛夫少将（8月12日起）

步兵第722团

步兵第737团

步兵第748团

炮兵第661团

步兵第237师—P.A.达伊亚科诺夫上校（8月26日前），V.I.诺沃日洛夫上校（8月27日起）

步兵第835团

步兵第838团

步兵第841团

炮兵第691团

步兵第52军—F.I.佩尔霍罗维奇中将

步兵第100师—N.A.别祖博夫上校（7月17日前），P.T.齐甘科夫上校（7月23日起）

步兵第454团

步兵第460团

步兵第472团

炮兵第1031团

某反坦克步兵营(配属)

步兵第219师—V. P. 科捷利尼科夫少将(8月29日前), A. S. 佩佩耶夫上校(8月30日起),(7月12日转隶近卫第6集团军)

步兵第375团

步兵第710团

步兵第727团

炮兵第673团

某反坦克步兵营(配属)

步兵第309师—D. F. 德廖明上校(7月8日转隶坦克第1集团军, 7月12日归建)

步兵第955团

步兵第957团

步兵第959团

炮兵第842团

步兵第184师—S. I. 楚卡列夫上校(7月12日转隶近卫第6集团军)

步兵第262团

步兵第294团

步兵第297团

炮兵第616团

独立坦克第86旅—V. S. 阿加福诺夫上校(7月8日转隶坦克第1集团军)

坦克第232营—N. G. 古巴大尉

坦克第233营

独立坦克第59团(7月8日转隶坦克第1集团军)

独立重型坦克第60团(7月8日转隶坦克第1集团军)

加农炮兵第36旅

榴弹炮兵第29旅

榴弹炮兵第805团

榴弹炮兵第839团

近卫加农炮兵第76团

反坦克歼击炮兵第32旅（7月13日转隶第69集团军）

反坦克歼击炮兵第1850团

反坦克歼击炮兵第1852团

反坦克歼击炮兵第1854团

近卫反坦克歼击炮兵第4团（7月8日转隶坦克第1集团军）

反坦克歼击炮兵第12团（7月8日转隶坦克第1集团军）

反坦克歼击炮兵第869团（7月8日转隶坦克第1集团军）

反坦克歼击炮兵第1244团（7月7日转隶坦克第1集团军）

反坦克歼击炮兵第1663团

反坦克歼击炮兵第1664团

迫击炮兵第493团

迫击炮兵第494团

山地迫击炮兵第9团

山地迫击炮兵第10团

高射炮兵第9师—N. A. 罗西茨基中校（7月9日晋升上校），（7月8日转隶坦克第1集团军）

高射炮兵第800团

高射炮兵第974团

高射炮兵第993团

高射炮兵第1488团

独立工程兵第14团

集团军总兵力：7.7万人、1636门火炮和迫击炮、237辆坦克

★ ★ ★

（76毫米）自行火炮第1461团（7月5日由坦克第1集团军转隶）

反坦克歼击炮兵第1689团（7月5日来自方面军预备队）

近卫榴弹炮兵第111团（7月7日由第40集团军转隶，7月8日转隶坦克第1集团军）

步兵第 204 师（7 月 12 日来自方面军预备队）

第 69 集团军—司令员 V. D. 克留乔金中将，军事委员会委员 A. V. 谢拉科夫斯基少将，参谋长 S. M. 普罗塔斯上校

步兵第 48 军—Z. Z. 罗戈兹内少将

步兵师 107 师—P. M. 别日科少将（7 月 10 日转隶近卫步兵第 35 军）

步兵第 504 团

步兵第 516 团

步兵第 522 团

炮兵第 1032 团

步兵第 183 师—A. S. 科斯季岑少将（7 月 24 日前），I. D. 华西列夫斯基上校（7 月 25 日起）

步兵第 227 团

步兵第 285 团

步兵第 296 团

炮兵第 623 团—I. N. 萨多夫尼科夫少校

步兵第 305 师—A. F. 瓦西里耶夫上校（7 月 10 日转隶近卫步兵第 35 军）

步兵第 1000 团

步兵第 1002 团

步兵第 1004 团

炮兵第 830 团

步兵第 49 军—G. P. 捷列季耶夫少将（7 月 7 日转隶近卫第 7 集团军）

步兵第 111 师—A. N. 彼得鲁申中校

步兵第 399 团

步兵第 468 团

步兵第 532 团

炮兵第 286 团

步兵第 270 师—I. P. 别利亚耶夫上校

步兵第 973 团

步兵第975团

步兵第977团

炮兵第810团

反坦克歼击炮兵第1661团

迫击炮兵第496团

近卫高射炮兵第225团

独立高射炮兵第322营

独立工程兵第328营

集团军总兵力：5.2万人、889门火炮和迫击炮

★ ★ ★

近卫步兵第35军（7月5日来自方面军直属），下辖近卫步兵第92师和近卫步兵第94师

近卫步兵第93师（7月7日来自方面军直属）

近卫步兵第81师（7月10日由近卫第7集团军转隶）

近卫步兵第89师（7月10日由近卫第6集团军转隶）

反坦克歼击炮兵第10旅（7月10日由西南方面军转隶，7月11日转隶近卫坦克第5集团军，7月13日由近卫坦克第5集团军归还）

步兵第375师（7月10日由近卫第6集团军转隶）

近卫坦克第2军（7月10日由坦克第1集团军转隶）

坦克第96旅（7月10日由近卫第6集团军转隶）

独立坦克第148团（7月10日由近卫第7集团军转隶）

反坦克歼击炮兵第30旅（7月10日由近卫第7集团军转隶）

加农炮兵旅第27旅（7月10日由近卫第6集团军转隶，7月11日转隶近卫坦克第5集团军，7月13日由近卫坦克第5集团军归还）

反坦克歼击炮兵第32旅（7月13日由第40集团军转隶）

高射炮兵第36师（7月13日来自方面军预备队）

高射炮兵第1385团

高射炮兵第1391团

高射炮兵第1397团

高射炮兵第1399团

近卫火箭炮兵第80团（7月13日由近卫坦克第5集团军转隶）

反坦克歼击炮兵第1076团（7月13日由近卫坦克第2军转隶）

反坦克歼击炮兵第31旅（7月13日由近卫第6集团军转隶）

近卫火箭炮兵第115团（7月13日由近卫第7集团军转隶）

反坦克歼击炮兵1658团（7月13日由第38集团军转隶）

近卫火箭炮兵第315团（7月13日由近卫第7集团军转隶）

迫击炮兵第293团（7月13日由近卫第6集团军转隶）

迫击炮兵第290团（7月13日由近卫第7集团军转隶）

反坦克歼击炮兵第48团（7月13日由坦克第2军转隶）

反坦克歼击炮兵第638团（7月13日由某反坦克歼击炮兵旅转隶）

反坦克歼击炮兵第1510团（7月13日由某反坦克歼击炮兵旅转隶）

坦克第1集团军—司令员M.E.卡图科夫中将，军事委员会委员N.K.科佩尔少将，参谋长M.A.沙林少将

机械化第3军—S. M.克里沃舍因少将

机械化第1旅—F. P.利帕坚科夫上校，下辖坦克第14团

机械化第3旅—A. Kh.巴巴贾尼扬上校，下辖坦克第16团

机械化第10旅—I. I.亚科夫列夫上校，下辖坦克第17团—I. N.博伊科少校

近卫坦克第1旅—V. M.戈列洛夫上校

坦克第49旅—A. F.布尔达中校

摩托车第58营

反坦克歼击炮兵第35团

迫击炮兵第265团

近卫独立火箭炮兵第405营

独立装甲车（侦察）第34营

全军兵力：250辆坦克

坦克第6军—A. L. 格特曼少将

坦克第22旅—N. G. 韦杰尼切夫上校，下辖坦克第1营和某坦克营

坦克第112旅—M. T. 列昂诺夫上校，下辖坦克第124营—F. P. 鲍里季科少校和坦克第125营—P. I. 奥列霍夫少校

坦克第200旅—N. V. 莫尔古诺夫上校，下辖坦克第191营和坦克第192营

摩托化步兵第6旅—I. P. 叶林上校

摩托车第85营

（76毫米）自行火炮第1461团（7月5日转隶第40集团军）

反坦克歼击炮兵第538团—V. I. 巴尔科夫斯基少校（4月由近卫第6集团军转隶）

反坦克歼击炮兵第1008团—I. K. 科坚科少校[①]（4月由近卫第6集团军转隶）

迫击炮兵第270团

独立装甲车（侦察）第40营

全军实力：7月6日有179辆坦克，7月18日有52辆坦克

★ ★ ★

近卫火箭炮兵第79团（7月6日由近卫第6集团军转隶）

坦克第31军—D. Kh. 契尔年科少将

坦克第100旅—N. M. 伊万诺夫上校（7月21日前），V. M. 波塔波夫少校（7月22日起），下辖坦克第1营—P. F. 昆琴科大尉、坦克第2营—M. G. 马里诺夫大尉

坦克第237旅—N. P. 普罗岑科少校，下辖坦克第1营—N. M. 古丁大尉、坦克第2营

坦克第242旅—V. P. 索科洛夫中校，下辖坦克第1营、坦克第2营

独立装甲车（侦察）第31营

反坦克步兵第210营

全军实力：共196辆坦克，其中有155辆T-34、41辆T-60和T-70，每个

① 译注：文中其他处军衔为中校。

旅各有43辆T-34和12—17辆T-60和T-70

★ ★ ★

反坦克歼击炮兵第753营（7月10日配属）

近卫火箭炮兵第316团（4月配属近卫第6集团军）①

高射炮兵第8师—I. G. 卡缅斯基上校

高射炮兵第797团

高射炮兵第848团

高射炮兵第978团

高射炮兵第1063团

独立摩托化工程兵第71营

独立摩托化工程兵第267营

通信航空兵第385团（19架波-2）

通信第83团

汽车运输第35团

修理第6营

修理第7营

集团军总兵力：4万人、419门火炮和迫击炮、56门火箭炮、646辆坦克和自行火炮、数千台其他车辆

★ ★ ★

近卫坦克第2军（7月5日来自方面军直属）

近卫坦克第5军（7月5日来自方面军直属）

反坦克歼击炮兵第29旅（7月7日由第38集团军转隶，配属坦克第31军）

独立坦克第180旅（7月7日由第38集团军转隶）

独立坦克第192旅（7月7日由第38集团军转隶）

近卫榴弹炮兵第111团（7月7日由第38集团军转隶）

反坦克歼击炮兵第222团（7月7日由第38集团军转隶）

---

①译注：原文如此。

反坦克歼击炮兵第1244团（7月7日由第40集团军转隶，配属坦克第31军）
近卫火箭炮兵第66团（7月7日由第38集团军转隶）
反坦克歼击炮兵第754营（7月8日由第38集团军或第40集团军转隶）
反坦克歼击炮兵第756营（7月8日由第38集团军或第40集团军转隶）
反坦克步兵第138营（7月8日由第38集团军或第40集团军转隶）
反坦克步兵第139营（7月8日由第38集团军或第40集团军转隶）
独立坦克第86旅（7月8日由第40集团军转隶）
加农炮兵第33旅（7月8日由近卫第6集团军转隶）
近卫反坦克歼击炮兵第4团（7月8日由第40集团军转隶）
反坦克歼击炮兵第12团（7月8日由第40集团军转隶）
近卫火箭炮兵第36团（7月8日来自方面军直属）
坦克第10军（7月8日由草原方面军转隶）
步兵第309师（7月8日由第40集团军转隶，7月12日归建第40集团军）
独立第59坦克团（7月8日由第40集团军转隶）
独立重型坦克第60团（7月8日由第40集团军转隶）
独立坦克第203团（7月8日来自方面军直属）
反坦克歼击炮兵第483团（7月8日由第38集团军转隶）
反坦克歼击炮兵第869团（7月8日由第40集团军转隶）
反坦克歼击炮兵第14旅（7月8日来自方面军直属）
高射炮兵第9师（7月8日由第40集团军转隶）
步兵第204师（7月10日来自方面军直属）

空军第2集团军—司令员S. A. 克拉索夫斯基中将，军事委员会委员S. N. 罗曼纳夫少将，参谋长 A. I. 阿绍连科上校

轰炸航空兵第1军—I. S. 波尔宾上校
　　近卫轰炸航空兵第1师—F. I. 多贝什上校
　　轰炸航空兵第293师—G. V. 格里巴金上校
强击航空兵第1军—V. G. 梁赞诺夫中将
　　强击航空兵第266师—F. G. 波迪亚金上校

强击航空兵第292师—F. G. 阿加利佐夫少将

歼击航空兵第4军—I. D. 波德戈尔内少将

歼击航空兵第294师—V. V. 苏霍里亚科夫上校（7月27日前），I. A. 塔拉年科中校（7月28日起）

歼击航空兵第302师—B. I. 李维诺夫上校

歼击航空兵第5军—D. P. 加卢诺夫少将

近卫歼击航空兵第8师—I. P. 拉留什金上校

歼击航空兵第205师—Iu. A. 涅姆采维奇上校

强击航空兵第291师—A. N. 维特鲁克少将

歼击航空兵第203师—K. G. 巴兰楚克少将

夜间轰炸航空兵第208师—L. N. 尤谢耶夫上校

轻型轰炸航空兵第385团

轻型轰炸航空兵第454团

侦察航空兵第50团

校射航空兵第331大队

高射炮兵第1554团

高射炮兵第1555团

高射炮兵第1605团

方面军直属

近卫步兵第35军—S. G. 戈里亚诺夫少将[①]（7月5日转隶第69集团军）

近卫步兵第92师—V. F. 特鲁宁上校（8月10日前），A. N. 彼得鲁申上校（8月11日起）（7月5日转隶第69集团军）

近卫步兵第276团

近卫步兵第280团

近卫步兵第282团

近卫炮兵第197团—S. I. 沙波瓦洛夫上校

① 译注：原文为戈里亚切夫，按照正文和索引内容改。

近卫步兵第93师—V. V. 季霍米罗夫少将（7月7日转隶步兵第48军）

近卫步兵第278团

近卫步兵第281团

近卫步兵第285团

近卫炮兵第198团

近卫步兵第94师—I. G. 鲁斯基赫上校（7月5日转隶第69集团军，7月8日归建近卫步兵第35军）

近卫步兵第283团

近卫步兵第286团

近卫步兵第288团

近卫炮兵第199团

全军兵力：3.5万人、620门火炮和迫击炮

★ ★ ★

近卫步兵第81师（7月8日由近卫第7集团军转隶，7月10日转隶第69集团军步兵第48军）

步兵第375师（7月8日由近卫第6集团军转隶，7月10日转隶第69集团军步兵第48军）

步兵第305师（7月10日由第69集团军转隶）

步兵第107师（7月10日由第69集团军转隶）

（45毫米）反坦克歼击炮兵第1510团（7月13日编入军预备队）

近卫坦克第2军—A. S. 布尔杰伊内少将（7月5日转隶坦克第1集团军，7月10日转隶第69集团军，7月11日转隶近卫坦克第5集团军）

近卫坦克第4旅—A. K. 布拉日尼科夫上校

近卫坦克第25旅—S. M. 布雷金中校

近卫坦克第26旅—S. K. 涅斯捷罗夫上校

近卫摩托化步兵第4旅

近卫坦克第47团

反坦克歼击炮兵第1500团

独立反坦克歼击炮兵第755营

迫击炮兵第273团

高射炮兵第1695团

独立装甲车（侦察）第19营

独立摩托车第79营

全军实力：7月5日200辆坦克，7月11日100辆坦克

★ ★ ★

反坦克歼击炮兵第1076团（7月7日来自方面军直属，7月13日转隶第69集团军）

近卫坦克第5军—A. G. 克拉夫琴科少将（7月5日转隶坦克第1集团军）

近卫坦克第20旅—P. F. 奥赫里缅科中校

近卫坦克第21旅—K. I. 奥夫恰连科上校

近卫坦克第22旅—F. A. 日林上校

近卫摩托化步兵第6旅

近卫坦克第48团

反坦克歼击炮兵第1499团

迫击炮兵第454团

高射炮兵第1696团

独立装甲车（侦察）第23营

独立摩托车第80营

全军实力：200辆坦克

独立重型坦克第203团某营

榴弹炮兵第1528团（属榴弹炮兵第29旅）

大威力榴弹炮兵第522团（7月11日转隶近卫坦克第5集团军）

大威力榴弹炮兵第1148团（7月11日转隶近卫坦克第5集团军）

反坦克歼击炮兵第14旅（7月8日转隶坦克第1集团军）

反坦克歼击炮兵第1177团

反坦克歼击炮兵第1207团

反坦克歼击炮兵第1212团

反坦克歼击炮兵第31旅（7月6日转隶近卫第7集团军，7月8日转隶近卫第

6集团军）

反坦克歼击炮兵第1849团

反坦克歼击炮兵第1851团

反坦克歼击炮兵第1853团

反坦克歼击炮兵第1076团—加里宁中校（7月7日转隶近卫坦克第2军）

反坦克歼击炮兵第1689团（7月5日转隶第40集团军）

迫击炮兵第12旅

迫击炮兵第469团

近卫火箭炮兵第36团（7月8日转隶坦克第1集团军）

近卫火箭炮兵第80团—萨姆琴科中校[①]（7月11日转隶近卫坦克第5集团军）

近卫火箭炮兵第97团—M. M. 丘马克中校（7月4日转隶近卫第7集团军）

近卫火箭炮兵第309团（7月5日转隶近卫第7集团军）

近卫火箭炮兵第315团—A. F. 加纽什金中校（7月4日转隶近卫第7集团军）

近卫独立高射炮兵第22营

工程地雷第4旅

工程地雷第5旅

工程兵第42旅（破坏—侦察）

舟桥第6旅

近卫地雷工兵第13营

舟桥第6营

舟桥第20营

★ ★ ★

自行火炮第1529团（7月由最高统帅部预备队转隶）

高射炮兵第36师（7月由最高统帅部预备队转隶）

高射炮兵第1385团

高射炮兵第1391团

高射炮兵第1397团

---

① 译注：正文中拼写作A. I. 谢姆琴科中校。

高射炮兵第1399团

步兵第204师（7月8日由第38集团军转隶）

突破炮兵第13师—D. M. 克拉斯诺库茨基少将（7月20日以后由布良斯克方面军转隶，8月1日转隶近卫第5集团军）

轻型炮兵第42旅

榴弹炮兵第47旅

重型榴弹炮兵第88旅

重型榴弹炮兵第91旅（8月1日转隶第27集团军）

大威力榴弹炮兵第101旅

迫击炮兵第17旅

突破炮兵第17师（属突破炮兵第7军，7月20日由布良斯克方面军转隶）

轻型炮兵第37旅

加农炮兵第39旅

加农炮兵第50旅

重型加农炮兵第92旅

加农炮兵第108旅

迫击炮兵第22旅

方面军总兵力：625591人、8718门火炮和迫击炮、272门火箭炮、1704辆坦克和自行火炮、900架飞机

哈尔科夫方向

西南方面军—司令员R. Ia. 马利诺夫斯基大将，军事委员会委员A. S. 热尔托夫中将，参谋长F. K. 科尔热涅维奇少将

第57集团军（8月6日转隶草原方面军）—司令员N. A. 哈根中将，军事委员会委员L. P. 博恰列夫少将，参谋长V. D. 卡尔普欣少将

近卫步兵第27军—F. E. 舍韦尔金中将（8月22日前），E. S. 阿廖欣少将（8月23日起）

近卫步兵第14师—V. V. 鲁萨科夫上校

近卫步兵第48师—G. N. 科尔奇科夫上校

近卫步兵第58师—P. I. 卡扎特金上校

步兵第19师—P. E. 拉扎罗夫上校

步兵第24师—F. A. 普罗霍罗夫少将

步兵第52师—P. D. 法捷耶夫中校（8月11日前），A. Ia. 马克西莫夫上校（8月12日起）

步兵第113师—E. S. 阿廖欣少将（8月22日前），M. I. 波戈列洛夫中校（8月23日起）

步兵第303师—K. S. 费多罗夫斯基上校

独立歼击第1旅

坦克第173旅—V. P. 科罗特科夫上校

坦克第179旅—V. I. 图图什金中校

轻型炮兵第26旅【属（突破）炮兵第9师】

近卫加农炮兵第9旅

加农炮兵第110团

反坦克歼击炮兵第374团

反坦克歼击炮兵第595团

迫击炮兵第523团

近卫火箭炮兵第45团

近卫火箭炮兵第303团

高射炮兵第71团

独立高射炮兵第227营

集团军总兵力：6.5万人、80辆坦克

坦克第2军—A. F. 波波夫少将（7月8日转隶沃罗涅日方面军[①],7月11日配属近卫坦克第5集团军）

坦克第26旅

---

① 译注：原文为西南方面军。

坦克第99旅—S. 马洛夫中校（7月11日阵亡）

坦克第169旅

摩托化步兵第58旅

摩托车第83营

反坦克歼击炮兵第48团（7月13日转隶第69集团军）

反坦克歼击炮兵第1502团

迫击炮兵第269团

高射炮兵第1698团

近卫火箭炮兵第307营

全军实力：7月8日168辆坦克，7月12日100辆坦克

空军第17集团军—司令员V. A. 苏杰茨中将，军事委员会委员V.N. 托尔马乔夫少将，参谋长N. M. 科萨科夫少将

混成航空兵第1军—V. I. 舍夫琴科少将

近卫强击航空兵第5师—L. V. 科洛梅伊采夫上校

歼击航空兵第288师—B. A. 斯米尔诺夫上校

混成航空兵第3军—V. I. 阿拉金斯基少将

强击航空兵第290师—P. I. 米罗年科少将

歼击航空兵第207师—A. P. 奥萨奇上校

混成航空兵第9军—O. V. 托尔斯季科夫少将

强击航空兵第305师—N. G. 米赫维切夫中校

歼击航空兵第295师[①]

轰炸航空兵第244师—V. I. 克列布佐夫少将

强击航空兵第306师—A. V. 伊万诺夫中校

夜间轰炸航空兵第262师—G. I. 别利茨基上校

侦察航空兵第39团

卫生航空兵第3团

① 译注：此处原文为军。

南方面军

空军第8集团军—司令员T.T. 赫留金中将，军事委员会委员A.I. 维霍列夫少将，参谋长I.M. 别洛夫上校

强击航空兵第289师（属混成航空兵第10军）—I. P. 普齐金上校

轰炸航空兵第270师—G. A. 丘切夫上校

近卫强击航空兵第1师—B. K. 托卡列夫少将

近卫歼击航空兵第6师—B. A. 西德涅夫上校

近卫夜间轰炸航空兵第2师—P. O. 库兹涅佐夫少将

侦察航空兵第8团

轻型轰炸航空兵第406团

运输航空兵第678团

卫生航空兵第5团

近卫第87飞行队（民用航空）

大本营预备队

草原军区（7月9日改称草原方面军）—司令员I. S科涅夫上将，军事委员会委员I. Z. 苏赛科夫中将，参谋长M. V. 扎哈罗夫中将

近卫第4集团军—司令员G.I. 库利克中将，军事委员会委员I. A. 加夫里洛夫上校，参谋长P. M. 韦尔霍洛维奇少将

近卫步兵第20军—N. I. 比留科夫少将

近卫空降兵第5师—M. A. 波格丹诺夫（7月16日前），V. I. 加里宁少将（7月20日起）

近卫空降兵第7师—M. G. 米克拉泽少将

近卫空降兵第8师—V. F. 斯捷宁少将（8月25日前），M. A. 波格丹诺夫少将（8月25日起）

近卫步兵第21军—P. I. 福缅科少将

近卫步兵第68师—G. P. 伊萨科夫少将

近卫步兵第69师—K. K. 贾胡阿少将

近卫步兵第80师—A. E. 雅科夫列夫上校

近卫坦克第3军—I. A. 沃夫琴科少将

近卫坦克第3旅—G. A 波霍泽耶夫上校

近卫坦克第18旅—D. K. 古梅纽克上校

近卫坦克第19旅—T. S. 波佐洛京上校

近卫摩托化步兵第2旅—A. D. 帕夫连科上校

自行火炮第1436团

摩托车第76团

反坦克歼击炮兵第1496团

迫击炮兵第266团

高射炮兵第1701团

独立高射炮兵749营

近卫火箭炮兵第324营

全军实力：约178辆坦克和自行火炮

反坦克歼击炮兵第452团

反坦克歼击炮兵第1317团

迫击炮兵第466团

近卫火箭炮兵第96团

高射炮兵第27师—N. A. 博贡上校

高射炮兵第1354团

高射炮兵第1358团

高射炮兵第1364团

高射炮兵第1370团

独立工程兵第48营

集团军总兵力：7万人、178辆坦克和自行火炮

近卫第5集团军（7月8日转隶沃罗涅日方面军）—司令员A. S. 扎多夫中将，军事委员会委员 A. M. 克里武林少将，参谋长 N. I. 利亚明少将

近卫步兵第32军—A. I. 罗季姆采夫少将

近卫步兵第13师—G. V. 巴克拉诺夫少将

近卫步兵第34团—D. I. 帕尼欣中校

近卫步兵第39团—A. K. 休尔中校

近卫步兵第42团—A. V. 科列斯尼克中校

近卫炮兵第32团—A .V. 克列巴诺夫斯基中校

近卫步兵第66师—A. V. 亚库申少将

近卫步兵第145团

近卫步兵第193团

近卫步兵第195团

近卫炮兵第135团

近卫第6空降兵师—M. N. 斯米诺夫上校

近卫空降兵第14团

近卫空降兵第17团

近卫空降兵第20团

近卫空降炮兵第8团

近卫步兵第33军—I. I. 波波夫少将（8月20日前），M. I. 科兹洛夫少将（8月31日起）

近卫步兵第95师—A. N. 里亚霍夫上校

近卫步兵第284团—V. S. 纳卡伊泽中校

近卫步兵第287团—F. M. 扎亚尔内中校

近卫步兵第290团

近卫炮兵第233团—A. P. 列温中校

近卫独立反坦克歼击炮兵第103营

近卫步兵第97师—I. I. 安齐费罗夫上校

近卫步兵第289团—P. R. 潘斯基中校

近卫步兵第292团—V. S. 萨维诺夫中校

近卫步兵第294团

近卫炮兵第232团

近卫独立反坦克歼击炮兵第104营—I. D. 鲁坚科少校

近卫空降兵第9师—A. M. 萨姆索诺夫上校

近卫空降兵第23团—N. M. 纳扎罗夫中校

近卫空降兵第26团—G. M. 卡什佩尔斯基中校

近卫空降兵第28团—V. A. 波诺马罗夫少校

近卫[①]炮兵第7团—V. K. 瓦卢耶夫少校

近卫反坦克歼击炮兵第10营

近卫步兵第42师—F. A. 博布罗夫少将

近卫步兵第127团

近卫步兵第132团

近卫步兵第136团

近卫炮兵第75团

坦克第10军—V. G. 布尔科夫少将（7月7日划归方面军直属，7月8日转隶坦克第1集团军）

坦克第178旅—K. M. 皮沃拉罗夫少校

坦克第183旅—G. Ia. 安德留先科上校（8月15日前），M. K. 阿科波夫中校（8月15日起）

坦克第186旅—A. V. 奥夫相尼科夫中校

摩托化步兵第11旅—P. G. 博罗德金上校

（122毫米/76毫米）自行火炮第1450团—L. M. 列别捷夫中校

独立装甲车（侦察）第30营

摩托车第77营

反坦克歼击炮兵第727团—V. S. 绍尼切夫中校（20门76毫米火炮）

迫击炮兵第287团—V. F. 德鲁日宁中校（36门120毫米迫击炮）

高射炮兵第1693团—N. A. 舒米洛夫少校（16门37毫米高射炮）

全军兵力：9612人、164辆坦克（其中99辆T-34、64辆T-70和1辆KV）、21辆自行火炮（12辆SU-122和9辆SU-76）、77门火炮（28门76毫米火炮、32门45毫米火炮和17门37毫米火炮）、123门迫击炮、983台车辆、

① 译注：空降。

14台拖拉机、70台摩托车、52辆装甲输送车、44辆装甲车、4613支步枪、2917挺自动武器、209挺冲锋枪、58挺重机枪、57挺高射机枪、202支反坦克枪

反坦克歼击炮兵第301团（配属近卫步兵第33军，7月12日配属近卫步兵第95师）

反坦克歼击炮兵第1322团

近卫火箭炮兵第308团

高射炮兵第29师—Ia. M. 柳比莫夫中校（7月23日前），M. A. 维亚洛夫上校（7月24日起）

高射炮兵第1360团

高射炮兵第1366团

高射炮兵第1372团

高射炮兵第1374团

独立工程兵第256营

独立工程兵第431营

集团军总兵力：8万人、1953门火炮和迫击炮、133门火箭炮、185辆坦克和自行火炮

第27集团军（7月14日转隶沃罗涅日方面军）—司令员S.G. 特罗菲缅科中将，军事委员会委员I.P. 舍夫琴科少将，参谋长G.S. 卢基扬琴科上校

步兵第71师—N. M. 扎米罗夫斯基少将

步兵第147师—M. P. 亚基莫夫少将

步兵第155师—I. V. 卡普罗夫上校

步兵第163师—F. V. 卡尔洛夫上校

步兵第166师—B. I. 波尔托拉日茨基上校（8月19日前），A. I. 斯韦特莱科夫上校（8月20日起）

步兵第241师—P. G. 阿拉别伊上校

坦克第93旅—S. K. 多罗佩少校或A. A. 杰缅季耶夫少校

独立坦克第39团

反坦克歼击炮兵第680团

反坦克歼击炮兵第1070团

迫击炮兵第480团

近卫火箭炮兵第47团

高射炮兵第23师—N. S. 西特尼科夫上校

高射炮兵第1064团

高射炮兵第1336团

高射炮兵第1342团

高射炮兵第1348团

独立工程兵第25营

独立工程兵第38营

集团军总兵力：7万人、92辆坦克

第47集团军—司令员P. M. 科兹洛夫少将，军事委员会委员I. N. 科罗廖夫少将，参谋长E. V. 伊万诺夫上校

步兵第21军—V. L. 阿布拉莫夫少将

步兵第23师—A. I. 科罗廖夫上校

步兵第218师—P. T. 克留什尼科夫上校（8月14日前），D. N. 多尔加诺夫上校（8月15日至26日），S. F. 斯克里亚罗夫上校（8月26日起）

步兵第337师—G. O. 利亚什金少将

步兵第23军—N. E. 丘瓦科夫少将

步兵第29师—N. M. 伊万诺夫斯基上校

步兵第30师—M. E. 萨夫琴科上校

步兵第38师—S. F. 斯克里亚罗夫上校（8月10日前），F. S. 约西波夫中校（8月11日起）

反坦克歼击炮兵第269团

反坦克歼击炮兵第1593团

迫击炮兵第460团

近卫火箭炮兵第83团

高射炮兵第21师—G. V. 卡萨特金上校

高射炮兵第1044团

高射炮兵第1334团

高射炮兵第1340团

高射炮兵第1346团

独立工程兵第91团

集团军总兵力：6.5万人

第53集团军（7月14日转隶沃罗涅日方面军）—司令员I.M. 马纳加罗夫中将，军事委员会委员P.I. 戈罗霍夫少将，参谋长K.N. 杰列维扬科少将

近卫步兵第28师—G. I. 丘尔马耶夫少将

步兵第84师—P. I. 布尼亚欣上校

步兵第116师—I. M. 马卡罗夫少将

步兵第214师—P. P. 捷列明少将（8月1日前），Ia. I. 布罗夫琴科上校[①]

步兵第233师—Ia. N. 布兰斯基上校（7月26日前），Iu. I. 索科洛夫上校（7月27日起）

步兵第252师—G. I. 阿尼西莫夫少将

步兵第299师—A. Ia. 克利缅科上校（8月12日前），N. G. 特拉夫尼科夫少将（8月12日起）

独立坦克第34团

独立坦克第35团

反坦克歼击炮兵第232团

反坦克歼击炮兵第1316团

迫击炮兵第461团

① 译注：8月2日起。

近卫火箭炮兵第89团

高射炮兵第30师—N. V. 波波夫上校

高射炮兵第1361团

高射炮兵第1367团

高射炮兵第1373团

高射炮兵第1375团

独立工程兵第11营

独立工程兵第17营

集团军总兵力：6.5万人、78辆坦克

近卫坦克第5集团军（7月11日转隶沃罗涅日方面军）—司令员P. A. 罗特米斯特罗夫中将，军事委员会委员P. G. 格里申少将，参谋长V. N. 巴斯卡科夫少将

近卫机械化第5军—B. M. 斯克沃尔佐夫少将

近卫机械化第10旅—I. B. 米哈伊洛夫上校，下辖近卫坦克第51团—D. Ia. 克林菲尔德上校

近卫机械化第11旅—N. V. 格里先科上校，下辖近卫坦克第54团—V. 梁赞采夫中校

近卫机械化第12旅—G. Ia. 鲍里先科，下辖近卫坦克第55团—M. 戈利捷贝尔格中校

近卫坦克第24旅—V. P. 卡尔波夫中校（7月29日前），T. A. 阿库洛维奇上校（7月30日至8月11日），V. P. 卡尔波夫中校（8月12日起）

近卫独立装甲车（侦察）第4营—N. A. 什特科伊大尉

近卫摩托车第2营—V. P. 库济明大尉

（85毫米）自行火炮第1447团—V. F. 盖达什少校

（57毫米）近卫反坦克歼击炮兵团第104团—F. Z. 巴巴琴科少校

迫击炮兵第285团—S.S. 别列尼科沃少校

独立反坦克歼击炮兵第737营

独立近卫火箭炮兵第409营—N. A. 科卢帕耶夫大尉

全军实力：212辆坦克和16辆自行火炮，每个坦克团各有32辆T-34和16—17辆T-70，每个坦克旅各有63辆T-34

坦克第29军—I. F. 基里琴科少将

坦克第25旅—N. K. 沃洛金上校

坦克第31旅—S. F. 莫伊谢耶夫上校（8月8日前），A. A. 诺维科夫上校（8月9日起）

坦克第32旅—A. A. 利尼奥夫上校（8月25日阵亡），K. K. 沃罗比耶夫上校（8月26日起）

摩托化步兵第53旅[①]—N. P. 利皮切夫中校

（85毫米）自行火炮第1446团—M. S. 卢尼奥夫大尉

独立装甲车（侦察）第38营

摩托车第75营

反坦克歼击炮兵第108团

迫击炮兵第271营

独立反坦克歼击炮兵第747营

全军兵力：170辆坦克和21辆自行火炮

★ ★ ★

近卫火箭炮兵第76团（7月5日配属）

近卫独立坦克第53团—N. A. 库尔诺索夫少校（7月11日划归特鲁希法诺夫集群，实力为21辆坦克）

（152毫米）自行火炮第1549团

独立近卫摩托车第1团—V. A 多库多夫斯基中校（7月11日划归特鲁希法诺夫集群）

榴弹炮兵第678团（7月11日划归特鲁希法诺夫集群）

反坦克歼击炮兵第689团—I. S. 古日韦少校（7月11日划归特鲁希法诺夫集群）

近卫火箭炮兵第76团

① 译注：原文为营。

高射炮兵第6师—G. P. 梅任斯基上校

高射炮兵第146团(配属近卫机械化第5军)[①]

高射炮兵第366团(配属坦克第29军)

高射炮兵第516团

高射炮兵第1062团

独立通信第4团—A. M. 戈尔巴乔夫中校

轻型轰炸航空兵第994团

独立工程兵第377营

坦克第18军—B. S. 巴哈罗夫少将(7月7日来自最高统帅部预备队)

坦克第110旅—M. G. 赫柳平中校

坦克第170旅—V. D. 塔拉索夫中校(7月13日前),A. I. 卡扎科夫中校(7月14日至8月7日), N. P. 丘尼金上校(8月8日起)

坦克第181旅—V. A. 普济廖夫中校(8月15日前),A. F. 舍夫琴科中校(8月16日起)

摩托化步兵第32旅—I. A. 斯图科夫中校(7月13日阵亡), M. E. 赫瓦托夫上校(7月13日起)

近卫独立(重型)坦克第36团

反坦克歼击炮兵第1000团

独立反坦克歼击炮兵第736营

迫击炮兵第292团

高射炮兵第1694团

独立装甲车(侦察)第29连

独立摩托车第78营

全军实力:190辆坦克

集团军总兵力:7月6日为3.7万人、593辆坦克和37辆自行火炮

★ ★ ★

---

① 译注:原文摩托化军显然系笔误。

坦克第2军—A. F. 波波夫少将【7月8日由西南方面军转隶(沃罗涅日方面军),7月11日配属近卫坦克第5集团军】

自行火炮第1529团(7月11日由最高统帅部预备队转隶沃罗涅日方面军,配属坦克第29军)

大威力榴弹炮兵第522团(7月11日由沃罗涅日方面军配属)

大威力榴弹炮兵第148团(7月11日由沃罗涅日方面军配属)①

加农炮兵第148团(7月11日由沃罗涅日方面军配属)

近卫火箭炮兵第16团—Ia. T. 蔡特拉科夫斯基(7月11日由沃罗涅日方面军近卫第6集团军转隶,7月13日转隶第69集团军)

近卫火箭炮兵第80团—I. 萨姆琴科中校(7月11日由沃罗涅日方面军配属,7月13日转隶第69集团军)

(57毫米)反坦克歼击炮兵第10旅(7月11日由第69集团军转隶,一个团配属坦克第18军,余部配属近卫坦克第2军,7月13日转隶第69集团军)

反坦克歼击炮兵第532团

反坦克歼击炮兵第1243团

反坦克歼击炮兵第1245团

加农炮兵第27旅(7月11日由近卫第6集团军转隶,7月13日转隶第60集团军)

近卫坦克第5集团军,连同配属的近卫坦克第2军和坦克第2军,7月11日时总实力为:793辆坦克和37辆自行火炮,其中包括501辆T-34、261辆T-70和31辆"丘吉尔"Mk. Ⅳ坦克

空军第5集团军—司令员S.K. 戈留诺夫中将,军事委员会委员V.I. 阿列克谢耶夫少将,参谋长N.G. 谢列兹尼奥夫少将

混成航空兵第7军—P. P. 阿尔汉格尔斯基少将

轰炸航空兵第202师—S. I. 涅奇波连科上校

歼击航空兵第287师—S. P. 丹尼洛夫少将

① 译注:此番号疑有缺字。

混成航空兵第8军—N. P. 卡马宁少将

近卫强击航空兵第4师—G. F. 拜杜科夫少将

强击航空兵第264师—N. I. 奥列涅夫上校

歼击航空兵第256师—N. S. 格拉西莫夫上校

歼击航空兵第3军—E. Ia. 萨维茨基少将

歼击航空兵第265师—A. A. 卡里亚金中校

歼击航空兵第278师—V. T. 利辛上校

歼击航空兵第7军—A. V. 乌京少将

歼击航空兵259师—S. S. 伊亚赫梅涅夫上校（8月13日前），Ia. A. 库尔巴托夫中校（8月14日起）

歼击航空兵第304师—I. K. 佩琴科上校

近卫歼击航空兵第69团

侦察航空兵第511团

草原军区直属

步兵第35军（仅有指挥机关）①

近卫骑兵第3军—N. S. 奥斯利科夫斯基少将

近卫骑兵第5师—N. A. 切普尔金少将

近卫骑兵第6师—P. P. 布里克尔上校

骑兵第32师—G. F. 马柳科夫上校

近卫反坦克歼击炮兵第144团

近卫独立反坦克歼击炮兵第3营

近卫火箭炮兵第64团

高射炮兵第1731团

近卫骑兵第5军—A. G. 谢利瓦诺夫少将

近卫骑兵第11师—L. A. 斯拉诺夫上校

① 译注：原文如此，前面在布良斯克方面军的第63集团军编成内，已有V. G. 若卢杰夫少将指挥的步兵第35军。

近卫骑兵第12师—V. I. 格里戈罗维奇上校

骑兵第6师—K. P. 别洛什尼琴科少将

某自行火炮营

近卫反坦克歼击炮兵第150团

近卫独立反坦克歼击炮兵第5营

近卫火箭炮兵第72营

高射炮兵第585团

近卫骑兵第7军—M. F. 马莱耶夫少将

近卫骑兵第14师— Kh. V. 菲克塞尔上校

近卫骑兵第15师—I. T. 恰连科少将

近卫骑兵第16师—G. A 别洛夫上校

近卫反坦克歼击炮兵第145团

近卫独立反坦克歼击炮兵第7营

近卫火箭炮兵第57营

高射炮兵第1733团

近卫坦克第4军—P. P. 波卢博亚罗夫少将

近卫坦克第12旅—N. G. 杜沙克中校（7月11日晋升上校）

近卫坦克第13旅—L. I. 包科夫上校

近卫坦克第14旅—I. P. 米哈伊洛夫上校（8月15日前），V. M. 佩奇科夫斯基少校（8月16日起）

近卫摩托化步兵第3旅—M. P. 列昂诺夫上校

（76毫米）自行火炮第1451团—S. I. 瑟特尼科夫少校

摩托车第76营—P. I. 塔纳恰科夫少校

反坦克歼击炮兵第756团—A. A. 切尔托夫少校

迫击炮兵第264团—S. S. 奥西波夫少校

独立反坦克歼击炮兵第752营

近卫高射炮兵第120团—A. I. 布拉金少校

全军实力：189辆坦克和自行火炮

近卫机械化第3军—V. T. 奥布霍夫少将

近卫机械化第7旅—M. I. 罗季奥诺夫上校，下辖近卫坦克第43团—L. P. 奥古日中校

近卫机械化第8旅—D. N. 别雷上校，下辖近卫坦克第44团—F. F. 科尔尼延科中校

近卫机械化第9旅—P. I. 戈里亚切夫上校，下辖近卫坦克第45团— Ia. A. 布尔采夫中校

近卫坦克第35旅—A. A. 阿斯拉诺夫上校

近卫摩托车第1营—A. A. 斯维亚托杜霍少校

反坦克歼击炮兵第1510团—G. G. 舒卡基泽少校

（152毫米）自行火炮第1831团—A. K. 库利科夫中校

迫击炮兵第129团—S. S. 巴尔温斯基少校

独立反坦克歼击炮兵第743营—别兹韦尔希大尉

近卫火箭炮兵第334营—A. A. 托鲁扎耶夫少校

反坦克歼击炮兵第1705团—V. K. 斯科片科少校

机械化第1军—M. D. 索洛马京少将

机械化第19旅—V. V. 叶尔绍夫中校，下辖坦克第9团

机械化第35旅，下辖坦克第4团

机械化第37旅—P. V. 齐加年科中校，下辖坦克第3团

坦克第219旅—S. T. 希洛博克中校

摩托车第57营—A. N. 莱迪奥克少校

反坦克歼击炮兵第75团

迫击炮兵第294团

全军兵力：204辆坦克

独立摩托车第78营

高射炮兵第11师— K. Ia. 巴甫洛夫上校

高射炮兵第804团

高射炮兵第976团

高射炮兵第987团

高射炮兵第996团

工程工兵第8旅

特种工程兵第27旅

舟桥第7营

舟桥第19营

舟桥第40营

独立工程兵第246营

独立工程兵第247营

独立工程兵第248营

独立工程兵第250营

独立工程兵第284营

草原方面军总兵力：573195人、8510门火炮和迫击炮、1639辆坦克和自行火炮

第11集团军（7月12日转隶西方面军）—司令员I.I. 费久宁斯基中将，军事委员会委员S.I. 潘科夫少将，参谋长N.V. 科尔涅耶夫少将

步兵第53军（7月26日起）—I. A. 加尔采夫少将

步兵第135师—A. N. 索斯诺夫上校（8月15日前），F. N. 罗马申上校（8月21日起）

步兵第197师—B. N. 波波夫上校（8月10日前），F. S. 丹尼洛夫斯基上校（8月10日起）

步兵第369师—I. V. 哈佐夫少将

步兵第4师—D. D. 沃罗别夫上校

步兵第96师—F. G. 布拉托夫上校

步兵第260师—G. K. 米罗什尼琴科上校（8月27日前），S. V. 马克西莫夫斯基上校（8月28日起）

步兵第273师—A. I. 巴柳金上校

步兵第323师—I. A. 加尔采夫少将（8月13日前），I. O. 纳雷什金上校（8月14日至16日），A. M. 巴赫季津上校（8月16日），S. F. 乌克兰涅茨上校（8

月16日起）

独立坦克第225团

反坦克歼击炮兵第1179团

反坦克歼击炮兵第1321团

迫击炮兵第481团

近卫火箭炮兵第90团

高射炮兵第31师—I. S. 希林上校

高射炮兵第1376团

高射炮兵第1380团

高射炮兵第1386团

高射炮兵第1392团

独立工程兵第202营

独立工程兵第277营

集团军总兵力：6.5万人、30辆坦克

近卫坦克第3集团军（7月13日转隶布良斯克方面军，7月26日转隶中央方面军）—司令员P.S. 雷巴尔科中将，军事委员会委员S.I. 梅利尼科夫少将，参谋长V.A. 米特罗法诺夫少将

坦克第12军（近卫坦克第6军）[①]—M. I. 津科维奇少将

坦克第30旅（近卫坦克第51旅）—M. S. 诺沃哈提科中校

坦克第97旅（近卫坦克第52旅）—I. T. 波塔波夫上校（8月15日前），A. S. 博罗金上校（8月16日起）

坦克第106旅（近卫坦克第53旅）—G. G. 库兹涅佐夫上校（7月23日负伤），S. V. 塔什金少校（7月29日阵亡），V. A. 布济林中校（8月3至15日），V. S. 阿尔希波夫上校（8月16日起）

摩托化步兵第13旅（近卫摩托化步兵第22旅）—N. L. 米哈伊洛夫上校（8

① 原注：7月26日获得“近卫”称号。

月20日前），Kh. S. 波格丹诺夫上校（8月20日起）

（85毫米）自行火炮第1417团（近卫自行火炮第292团）

摩托车第66营

反坦克歼击炮兵第1498团（近卫反坦克歼击炮兵第289团）

独立反坦克歼击炮兵第757营

迫击炮兵第272团

高射炮兵第1703团（近卫高射炮兵第286团）

全军兵力：209辆坦克和16辆自行火炮

坦克第15军（近卫坦克第7军）[①]—F. N. 鲁德金少将

坦克第88旅（近卫坦克第54旅）—I. I. 谢尔盖耶夫上校

坦克第113旅（近卫坦克第55旅）—L. S. 奇金上校（7月19日阵亡），V. S. 别洛乌索夫中校（7月20日起）

坦克第195旅（近卫坦克第56旅）—V. A. 洛马京上校（7月19日阵亡），T. F. 马利克中校（7月19日起）

摩托化步兵第52旅（近卫摩托化步兵第23旅）—A. A. 戈洛瓦乔夫上校（7月19日负伤）

（85毫米）自行火炮第1418团（近卫自行火炮第293团）

独立装甲车第89营

反坦克歼击炮兵第1503团（近卫反坦克歼击炮兵第290团）

独立反坦克歼击炮兵第733营

迫击炮兵第467团

高射炮兵第1704团（近卫高射炮兵第287团）

全军兵力：209辆坦克和16辆自行火炮

独立坦克第91旅—I. I. 雅库鲍夫斯基上校

摩托车第50营

机械化第2军（近卫机械化第7军，7月14日由最高统帅部预备队转隶坦克

---

① 原注：7月26日获得近卫称号。

第3集团军)—I. M. 科尔恰金少将

机械化第18旅(近卫机械化第24旅),下辖某坦克团

机械化第34旅(近卫机械化第25旅),下辖坦克第12团

机械化第43旅(近卫机械化第36旅)—D. M. 巴里诺夫少将,下辖坦克第215团

坦克第33旅(近卫坦克第57旅)—I. P. 西拉耶夫上校

摩托车第68营

反坦克歼击炮兵第79团(近卫反坦克歼击炮兵第291团)

迫击炮兵第468团

独立反坦克歼击炮兵第734营

近卫火箭炮兵第410营

高射炮兵第1706团(近卫高射炮兵第288团)

全军实力:204辆坦克

集团军总兵力:7月18日共有37266人、492门火炮和迫击炮、731辆坦克和自行火炮(其中475辆T-34、224辆T-70和32辆自行火炮)

坦克第4集团军(7月1日属莫斯科军区,7月18日转隶西方面军)—司令员V.M. 巴达诺夫中将,军事委员会委员V.G. 古里亚耶夫少将

近卫机械化第6军—A. I. 阿克西莫夫少将

近卫机械化第16旅,下辖坦克第28团

近卫机械化第17旅,下辖坦克第126团

近卫机械化第49旅,下辖某坦克团

独立坦克第29团

独立坦克第56团

近卫(152毫米)自行火炮团第1团

摩托车第95营

近卫反坦克歼击炮兵第51团

独立反坦克歼击炮兵第740营

迫击炮兵第240团

近卫独立高射炮兵第31营

全军实力：216辆坦克和自行火炮

坦克第11军—N. N. 拉德克维奇少将

坦克第20旅—B. M. 康斯坦丁诺夫上校

坦克第36旅—T. I. 塔纳萨基申上校（7月15日前），A. Ia. 叶列明上校（7月16日起）

坦克第65旅—A. I. 舍夫琴科上校

摩托化步兵第12旅

反坦克歼击炮兵第1493团

摩托车第93营

反坦克歼击炮兵第1507团

独立反坦克歼击炮兵第738营

迫击炮兵第243团

高射炮兵第1388团

全军实力：204辆坦克

坦克第30军—G. S. 罗金上校

坦克第197旅— la. I. 特罗岑科上校（8月14日前），N. G. 朱可夫中校（8月15日起）

坦克第243旅—V. I. 普里霍季科中校（8月22日前），S. A. 杰尼索夫中校（8月23日起）

坦克第244旅—V. I. 科诺瓦洛夫上校（7月15日前），M. G. 福米乔夫中校（7月16日）

摩托化步兵第30旅—M. S. 斯米尔诺夫上校

（85毫米）自行火炮第1621团

摩托车第88营

反坦克歼击炮兵第1513团

独立反坦克歼击炮兵第742营

迫击炮兵第299团

独立近卫火箭炮兵第248营

高射炮兵第219团

全军实力：216辆坦克和自行火炮

自行火炮第1545团

摩托车第51团

集团军总兵力：3.7万人、652辆坦克和自行火炮

坦克第20军—I. G. 拉扎罗夫少将（7月13日转隶第61集团军）

近卫坦克第8旅—I. M. 莫鲁斯上校（7月15日前），V. F. 奥尔洛夫上校（7月16日起）

坦克第80旅—V. N. 布萨耶夫上校（7月14日前），V. I. 叶夫休科夫上校（7月15日起）

坦克第155旅—N. V. 别洛奇金上校（8月9日前），I. I. 普罗申中校（8月10日起）

近卫摩托化步兵第7旅

（85毫米）自行火炮第1419团

反坦克歼击炮兵第1505团

迫击炮兵第291团

高射炮兵第1711团

高射炮兵第735营

全军实力：184辆坦克和自行火炮

坦克第25军—F. G. 阿尼库什金少将（7月17日转隶近卫第11集团军）

坦克第111旅—I. N. 格拉诺夫斯基中校

坦克第162旅—I. A. 沃雷涅茨上校（7月19日负伤），N. I. 瑟罗皮亚托夫中校（7月19日至8月15日），I. P. 米哈伊洛夫上校（8月15日起）

坦克第175旅—A. N. 佩图什科夫中校（7月15日前），S. I. 德里列诺克中校（7月16日至22日），A. N. 佩图什科夫中校（7月23日至8月10日），V. I. 泽姆里亚科夫中校（8月11日起）

摩托化步兵第20旅—P. S. 伊林少将

摩托车第53营—I. V. 沃尔科夫大尉

反坦克歼击炮兵第1497团—V. A. 扎列托夫少校

迫击炮兵第459团

反坦克歼击炮兵第746团

高射炮兵第1702团—G. S. 图罗夫少校

（152毫米）重型自行火炮第1829团—M. S. 科罗廖夫少校

（85毫米）自行火炮第41团—V. N. 谢多夫中校

全军实力：196辆坦克和自行火炮

近卫骑兵第2军—V. V. 克留科夫中将（7月25日转隶近卫第11集团军）

近卫骑兵第3师—M. D. 亚戈金少将

近卫骑兵第4师—G. I. 潘克拉托夫少将

骑兵第20师—P. T. 库尔萨科夫少将

近卫反坦克歼击炮兵第149团

近卫独立反坦克歼击炮兵第2营

近卫火箭炮兵第60营

高射炮兵第1730团

远程作战航空兵

近卫航空兵第1军（奥廖尔方向）—D. P. 尤哈诺夫少将

近卫远程航空兵第1师—S. S. 列别捷夫上校

近卫远程航空兵第6师—S. I. 切莫达诺夫上校

近卫航空兵第2军（奥廖尔方向）—E. F. 洛吉诺夫少将

近卫远程航空兵第2师—A. I. 谢拉科夫少将

近卫远程航空兵第8师—V. G. 吉洪诺夫上校

近卫航空兵第3军（奥廖尔方向）—N. A. 沃尔科夫少将

近卫远程航空兵第3师—I. K. 布罗博科上校

近卫远程航空兵第7师—D. P. 希罗基上校

近卫航空兵第4军（波尔塔瓦方向）—S. P. 科瓦廖夫上校

近卫远程航空兵第4师—I. I. 科热米亚金上校

近卫远程航空兵第5师—P. E. 季马舍夫中校

远程航空兵第5军（奥廖尔方向）—I. V. 格奥尔基耶夫少将

远程航空兵第53师—V. I. 拉布德夫上校

远程航空兵第54师—V. A. 晓尔金上校

远程航空兵第6军（波尔塔瓦方向）—G. N. 图皮科夫少将

远程航空兵第50师—F. I. 梅尼希科夫上校

远程航空兵第62师—G. S. 谢奇科夫上校

远程航空兵第7军（奥廖尔方向）—V. E. 涅斯捷采夫少将

远程航空兵第1师—I. V. 菲利波夫上校

远程航空兵第12师—G. D. 博日科上校

远程航空兵第45师—V. I. 列别捷夫上校

强击航空兵第5军（8月3日转隶沃罗涅日方面军空军第2集团军）—N. P. 卡马宁少将

近卫强击航空兵第4师—G. F. 拜杜科夫少将

强击航空兵第264师—N. I. 奥列涅夫上校

歼击航空兵第10军（8月3日转隶沃罗涅日方面军空军第2集团军）—M. M. 戈洛夫尼亚少将

歼击航空兵第201师—R. P. 朱可夫中校（7月17日前），I. V. 弗拉基米罗夫中校（7月18日至8月15日），V. A. 斯雷沃金上校（8月15日起）

歼击航空兵第235师—I. A. 拉克耶夫少将

轰炸航空兵第202师（8月3日转隶沃罗涅日方面军空军第2集团军）—S. I. 涅奇波连科上校

附录C
库尔斯克会战期间双方兵力和损失的对比

库尔斯克防御战役（1943年7月1日）

红军的兵力

	人数（人）	火炮和迫击炮（门）	火箭炮（门）	坦克和自行火炮（辆）
中央方面军				
第48集团军	84000	1454		178（134和44）
第13集团军	114000	2934 （3369）**	105	270（223和47）
第70集团军	96000	1658		125（125和0）
第65集团军	100000	1837		124（124和0）
第60集团军	96000	1376		67（67和0）
坦克第2集团军	37000	338		456（456和0）
方面军预备队	184575	1128		387（387和0）
合计	711575 （738000）* （667500）**	11076 14163**	246	1785（1694和91） 1745**
作战兵力	510983	10725	246	1607（1516和91）
沃罗涅日方面军				
第38集团军	60000	1168	32	150（150和0）
第40集团军	77000	1636		237（237和0）
近卫第6集团军	79700	1682	92	155（135和20）
近卫第7集团军	76800	1573	47	246（224和22）

红军的兵力（续表）

	人数（人）	火炮和迫击炮（门）	火箭炮（门）	坦克和自行火炮（辆）
第69集团军	52000	889		—
坦克第1集团军	40000	419	56	646（631和17）
近卫步兵第35军	35000	620		—
方面军预备队	204591	579		265（265和0）
合计	625591	8718	272	1704（1662和42）
	（534700）*			
	（420000）**	10850**		1530**
作战兵力	466236	8584	272	1699（1657和42）
中央方面军和沃罗涅日方面军合计	1337166	19794	518	3489（3356和133）
	（1272700）*			
	（1087500）	25013**		3275**
作战兵力	977219**	19306	518	3306
草原方面军				
合计	573195	8510	—	1639（1513和126）
作战兵力	449133	8357	—	1632（1506和126）
实际参战***	295000	5300	—	1500
中央方面军、沃罗涅日方面军和草原方面军				
合计	1910361	28304	518	5128（4869和259）
作战兵力	1426352	27663	518	4938（4679和259）

※ 资料来源：G. 科尔图诺夫，《数字中的库尔斯克会战》（*Kurskaia bitva v tsifrakh*），刊登在《军事历史杂志》（VIZh）第6期（1969年6月刊），第58—68页；以及G. 科尔图诺夫，《库尔斯克会战》（*Kurskaia bitva*，莫斯科：军事出版局，1970年版），第50、第53和第55页。

原注：许多苏联集团军的实力都是基于各师兵力的粗略估计。

* 见G. F. 克里沃舍耶夫，《解密的保密文献：苏联武装力量在历次战争、战斗行动和军事冲突中的损失》（*Grif sekretnosti sniat: poteri vooruzhennykh sil SSSR v voinakh, boevykh deistviiakh i voennykh konfliktakh*，莫斯科：军事出版局，1993年版），第188页。

** 见V. N. 西姆沃迪科夫，《库尔斯克会战，1943年》（*Bitva pod Kurskom, 1943 goda*，莫斯科：伏罗希洛夫总参军事学院，1950年版），第20页；以及《集团军战役》（*Armeiskaia operatsii*，莫斯科：伏罗希洛夫总参军事学院，1989年版）：附录四。这两部作品均为保密文献。

*** 见I. 帕罗特金主编，《库尔斯克会战》（莫斯科：进步出版社，1974年版）：附录6。其中包括近卫坦克第5集团军、近卫第5集团军、第53和第27集团军。不过，截至7月12日前，近卫坦克第5集团军和近卫第5集团军仅有15万人已实际参战。

红军的人员损失

	不可归队的损失	卫生减员	合计
中央方面军（7月5日至11日）	15336	18561	33897
沃罗涅日方面军（7月5日至23日）	27542	46350	73892
草原方面军（7月9日至23日）	27452	46606	70058
合计	70330	107517	177847

原注：B. 索科洛夫的《库尔斯克、奥廖尔和哈尔科夫的争夺战》，收录在《是否导致了第二次世界大战的局势变化？》（*Gezeitenwechsel im Zweiten Weltkreig?* 汉堡：E. S. 米特勒父子出版社，1996年版），第79—81页。他在文中质疑上述官方数字，认为中央方面军的损失为9万人，沃罗涅日方面军和草原方面军的损失为22.7万人，其中包括6万人死亡、13.3万人伤病、3.4万人被俘，在库尔斯克参战的190万人中，总损失为31.7万人。

德国陆军的兵力

	人数（人）	坦克和突击炮（辆）
中央集团军群		
第九集团军	335000	1081（658和423）
第二十三陆军军		72（0和72）
第四十一装甲军		390（133和257）
第四十七装甲军		426（332和94）
第四十六装甲军		
第二十陆军军		
预备队		193（193和0）
第二集团军	96000	约100（0和100）
南方集团军群		
第四装甲集团军	223907	1235（1063和172）
第五十二陆军军		
第四十八装甲军		637（569和68）
党卫队第二装甲军		598（494和104）
“肯普夫”集团军级支队	126000	512（357和155）
总计	780900	2928（2078和850）

※ 资料来源：N. 泽特林，《第二次世界大战期间东线战场的损失率》，刊登在《斯拉夫军事研究杂志》第9年第4期（1996年12月刊），第895—907页。以及M. 希利，《库尔斯克1943》（伦敦：鱼鹰出版社，1992年版）；戈特哈德·海因里希和弗里德里希·威廉·豪克合著，《堡垒》（美国国家档案馆）。

原注：按照海因里希的说法，7月5日南方集团军群总共有1352辆坦克，其中1183辆可以使用。参加堡垒行动的军队所有的1150辆坦克中，有997辆可以使用，其中包括192辆“豹”式和100辆“虎”式坦克。该部另外还有376辆突击炮。上表所列的坦克数量略高，说明有些坦克是缴获的苏联型号，而德国人未加统计。海因里希认为，第九集团军的坦克和突击炮总数略低于1000辆，也少于上表列出的1081辆。

德国陆军的损失

	死亡	负伤	失踪	合计
第九集团军（7月5日—11日）	—	—	—	20720
第四装甲集团军	2309	10874	278	13461
“肯普夫”集团军级支队	2450	12482	709	15641
合计	4759	23356	987	49822

※ 资料来源：N. 泽特林，《第二次世界大战期间东线战场的损失率》，刊登在《斯拉夫军事研究杂志》第9年第4期（1996年12月刊），第895—907页。

红军的坦克损失

坦克第2集团军防御交战中的每日坦克损失数（辆），1943年7月6日至14日

	坦克第2军		坦克第16军		近卫坦克第11旅		合计	
	合计	不可修复	合计	不可修复	合计	不可修复	合计	不可修复
7月6日	3	—	88	69	—	—	91	69
7月7日	14	7	35	20	—	—	49	27
7月8日	45	32	3	1	1	—	49	33
7月9日	8	5	—	—	—	—	8	5
7月10日	8	4	1	—	—	—	9	4
7月11日	—	—	1	—	—	—	1	—
7月12日	—	—	2	—	—	—	2	—
7月14日	—	—	4	—	—	—	4	—
合计	78	48	134	90	1	—	213	138

※ 资料来源：M. 科洛梅耶茨和M. 斯皮林合著，《库尔斯克突出部》（*Kurshkaia duga*，莫斯科：EksPrinte NV[①]，1998年版），第22页。其中部分内容得到V. A. 佐洛塔廖夫主编《俄罗斯档案：伟大卫国战争：库尔斯克会战：文件与材料，1943年3月27日至8月23日》（*Russkii arkhiv: Velikaia Otechestvennaia: Kurskaia bitva: Dokumenty i materialy, 27 marta–23 avgusta 1943 g.* 莫斯科：特拉出版社，1997年版），第15卷（4—4）所载文献的证实。

原注：上述数字不含装备“《租借法案》”坦克（共90—110辆）的三个坦克团。

综述：7月6日，包括坦克第19军在内的全部装甲兵力为607辆坦克（367辆T–34、240辆T–70和T–60）；7月6日可以使用的坦克为456辆。7月6日至14日损失的坦克总数为213辆，7月6日至14日不可修复的坦克共138辆。

---

① 译注：原文作EksPrinte NB，根据俄语ЭксПринт НВ订正。

沃罗涅日方面军1943年7月4日至23日防御交战中的物资损失

1943年7月4日至22日的防御交战期间，沃罗涅日方面军各部损失如下：

1. 1943年7月4日至16日敌军进攻期间：

a. 人员：牺牲—18097人、负伤—47272人、在战斗中失踪—24851人、被俘—29人，共计—90249人。

b. 马匹：死亡—1295匹、受伤—333匹，共计1628匹。

c. 装甲坦克和机械化兵的装备：不可修复的坦克损失—1204辆、损坏的坦克—655辆，共计—1859辆。不可修复的自行火炮损失—29辆。

d. 近卫火箭炮兵的装备：损坏车辆—16台。

e. 飞机：被击落和损坏—347架。

f. 枪炮武器：所有口径的火炮—1605门、迫击炮—1734门、轻机枪—4381挺、重机枪—1634挺、波波沙［冲锋枪］—35026挺、步枪—40520支、反坦克枪—3247支。

g. 车辆—137台。

2. 7月16日至22日我军反攻期间：

a. 人员：牺牲—2481人、负伤—7155人、失踪—1047人，共计—10683人。

b. 马匹：死亡—550匹、受伤—107匹，共计—657匹。

c. 装甲坦克和机械化兵的装备：不可修复的坦克损失—367辆、损坏的坦克—179辆，共计516辆。不可修复的自行火炮损失—28辆、损坏—15辆，共计43辆。

d. 近卫火箭炮兵的装备：损坏车辆—4台。

e. 飞机：被击落和损坏—40架。

f. 枪炮武器：所有口径的火炮—108门、迫击炮—162门、轻机枪—399挺、重机枪—161挺、波波沙—872挺、步枪—1612支、反坦克枪—212支。

g. 车辆—41台。

签名：沃罗涅日方面军参谋长伊万诺夫中将、（沃罗涅日方面军司令部）作战处长捷列什金少将[1]

［经过修订后的物资损失］：

由于这场激烈的交战，该方面军各部也遭受了相当大的损失，主要是敌军坦克和飞机的火力造成的。从下表可以看出这一点：

牺牲、负伤和在战斗中失踪	74.5万人
损坏和被击毁的坦克	1397辆
车辆	145台
飞机（不可修复的损失）	387架
全部各型火炮	672门
所有口径的迫击炮	622门
重机枪	588挺
轻机枪	2152挺
自动步枪	12434支
步枪	27800支

尽管遭受了损失，但该方面军还是具有充分的战斗力，并正在迅速恢复其所属兵团和部队当中损失最严重的各部。截至7月25日前，近卫第6集团军损失最严重的几个步兵师已经恢复到5500名战士和指挥干部，他们的武器装备和运输工具也得到很大补充。

为了弥补损失，各坦克兵团已经从国家大后方接收了新坦克，同样也接收了武器装备和运输工具。

各航空兵兵团和其他军兵种同样正在获得补充，其作战装备和运输工具数量已经得到相当程度的恢复。

总之，截至7月的防御战役结束前，沃罗涅日方面军各部已经做好充分战斗准备，可以执行积极进攻的任务，彻底歼灭在前几次交战中已遭受极大打击的敌人……

签名：总参谋部派驻沃罗涅日方面军的高级参谋科斯京上校[2]

注释

1. 摘自沃罗涅日方面军1943年7月24日致总参谋部，关于损失情况的第01398号作战汇报，收录在《俄罗斯档案：伟大卫国战争：库尔斯克会战：文件与材料，1943年3月27日至8月23日》(*Russkii arkhiv: Velikaia Otechestvennaia: Kurskaia bitva: Dokumenty i materialy, 27 marta–23 avgusta 1943 g.* 莫斯科：特拉出版社，1997年版)，第15卷(4—4)，第272—273页。

2. 摘自总参谋部派驻沃罗涅日方面军的高级参谋1943年8月23日致总参谋长，关于该方面军的军队于1943年7月4日至23日实施防御战役的一份报告，收录在《俄罗斯档案：伟大卫国战争：库尔斯克会战：文件与材料，1943年3月27日至8月23日》(*Russkii arkhiv: Velikaia Otechestvennaia: Kurskaia bitva: Dokumenty i materialy, 27 marta–23 avgusta 1943 g.* 莫斯科：特拉出版社，1997年版)，第15卷(4—4)，第387页。

近卫坦克第5集团军1943年7月11日至14日期间作战的物资损失

				损失数量	
	编制数量	实有数量	期后保有数量	不可修复	后送修理
坦克第18军					
“丘吉尔”式	21	21	9	7	0
T-34	131	103	45	23	10
T-70和T-60	70	63	44	—	11
BA-64	51	58	46	—	1
BTR	39	29	10	—	—
合计	222	187	98	30	21
坦克第29军*					
KV	21	1	—	—	—
T-34	131	130	153	99	???
T-70	70	85	86	55	???
“布拉格”式①	—	1	—	—	—

① 译注：原文该车辆型号不详。Praga是布拉格的拉丁文和俄语称呼，也是布拉格一家生产各种车辆的公司名称，该公司的Praga LT vz. 38即德国使用的38(t)坦克。

近卫坦克第5集团军1943年7月11日至14日期间作战的物资损失（续表）

	编制数量	实有数量	期后保有数量	损失数量	
				不可修复	后送修理
BA-10	—	12	—	—	—
BA-64	51	56	4	4	—
SU-76	—	9	9	6	3
SU-122	—	12	10	8	2
合计	222	216	239	154	???
特鲁法诺夫集群**					
T-34	???	71	20	18	???
T-70和T-60	???	29	17	11	???
合计	???	100	37	29	???
近卫坦克第5集团军					
共计***	约680	约615	374	113	???

※ 资料来源：M. 科洛梅耶茨和 M. 斯皮林合著,《库尔斯克突出部》（*Kurshkaia duga*，莫斯科：EksPrinte NV，1998年版），第48页。

综述：7月10日的装甲车辆总数为680—720辆坦克和自行火炮。7月15日可以使用的装甲车辆有272—288辆坦克和自行火炮。7月10日至14日期间的总损失为408—432辆坦克和自行火炮，7月6日至14日不可修复损失的坦克有138辆。

* 坦克第29军的数字包括加强该部的近卫机械化第5军（近卫机械化第10旅）近卫坦克第53团①和近卫坦克第24旅。
** 特鲁法诺夫集群的数字包括近卫坦克第11旅(近卫坦克第54团)和近卫坦克第12旅(近卫坦克第55团)。
*** 上述编制数量和实有数量包括近卫机械化第5军的兵力，约为212辆坦克。

① 译注：按附录B的作战序列，应为第51团。

1943年7月至8月各次战役期间诸坦克集团军的总体损失

战役开始时的坦克数量（辆）	期间损失数量（辆）	战斗损失（辆）	技术破损（辆）	其他原因（辆）
坦克第1集团军，1943年8月3日至31日（别尔哥罗德—哈尔科夫战役）				
542（418）	1049（889）	706（646）	334（283）	—
坦克第2集团军，1943年7月15日至8月3日（奥廖尔战役）				
358	不明	189	不明	不明
近卫坦克第3集团军，1943年7月19日至30日（奥廖尔战役）				
799（574）	669（471）	606（不明）	35（不明）	28（不明）
坦克第4集团军，1943年7月15日至8月31日（奥廖尔战役）				
767（571）	1283（859）	1189（786）	80（61）	14（12）
近卫坦克第5集团军，1943年8月3日至31日（别尔哥罗德—哈尔科夫战役）				
503*	445（361）	445（361）	不明	不明

※ 资料来源：M. 科洛梅耶茨和M. 斯皮林合著，《库尔斯克突出部》（莫斯科：EksPrintc NV，1998年版），第78页。

原注：第一个数字指全部坦克和自行火炮的数量，括号内的数字指T-34坦克的数量。在不可修复的数量中，T-34坦克占31%，T-70坦克占43%。

* 该数字来自其他资料。

奥廖尔进攻战役（1943年7月10日）

红军的兵力

	人数（人）	火炮和迫击炮（门）	火箭炮（门）	坦克和自行火炮（辆）
西方面军				
第50集团军	54062 （62800）*	1071		87（87和0）
近卫第11集团军	135000 （170500）*	3120	144	648（615和33）
合计	211458 （233300）*	4285	144	745（712和33）
作战兵力	189043	4194	144	735（702和33）
方面军预备队				300
加强兵力[①]				
坦克第4集团军	37000			652
布良斯克方面军				
第3集团军	60000			100
第61集团军	80000			110
第63集团军	70000			60
近卫坦克第1军	13000			200
坦克第20军	12000			180
方面军预备队	198616			144
合计	433616 （409000）*	7642	160	1087（952和135）
作战兵力	298068	7144	160	794（661和133）
加强兵力				
近卫坦克第3集团军	37000	492	—	731（699和32）

① 译注：此处与上一行应有错位，已改正。

红军的兵力（续表）

	人数（人）	火炮和迫击炮（门）	火箭炮（门）	坦克和自行火炮（辆）
中央方面军				
第48集团军	80000			
第13集团军	120000			
第70集团军	90000			
第65集团军	120000			
第60集团军	96000			
坦克第2集团军	30000			
方面军预备队	103000			
合计	640975	10144	200	1492（1429和63）
作战兵力	（645300）*			
	440383	9939	200	1311（1248和63）
西方面军、布良斯克方面军和中央方面军				
共计	1286049	22075	496	3324（3093和231）
作战兵力	927494	21259	496	2840（2611和229）

* 见 G. F. 克里沃舍耶夫主编，《解密的保密文献》（*Grif sekretnosti sniat*，莫斯科：军事出版局，1993 年版），第 189 页。

红军的损失

	不可归队的损失	卫生减员	合计
西方面军（左翼）	25585	76856	102441
近卫第11集团军（7月12日至30日）	12768	38513	51281
第50集团军（7月12日至8月18日）	5395	17767	23162
第11集团军（7月20日至8月18日）	4979	15580	20559
坦克第4集团军（7月20日至8月18日）	2443	4996	7439
布良斯克方面军（7月12日至8月18日）	39173	123234	162407
中央方面军（7月12日至8月18日）	47771	117271	165042
合计	112529	317361	429890

原注：鲍里斯·索科洛夫《胜利的代价》（*Tsera pobedy*，莫斯科：莫斯科工人出版社，1991 年版），第 82 页，称苏联实际参战的 129 万人中，损失为 86 万人。

德国陆军的兵力

	人数（万人）	坦克和突击炮（辆）
中央集团军群		
第二装甲集团军	16（估计数）	325（175和150）（估计数）
第九集团军	31.5	500（估计数）
共计	47.5	825

原注：上述数字不包括由南方集团军群派往奥廖尔地区的增援兵力（例如“大德意志”装甲掷弹兵师）。

德国陆军损失不明。

别尔哥罗德—哈尔科夫进攻战役（1943年8月3日）

红军的兵力

	人数（人）	火炮和迫击炮（门）	火箭炮（门）	坦克和自行火炮（辆）
沃罗涅日方面军				
第38集团军	60000			
第40集团军	80000			200
第27集团军	80000			200
近卫第5集团军	80000	1953	133	120
近卫第6集团军	80000			270
坦克第1集团军	37000			542
近卫坦克第5集团军	37000			503
第47集团军	80000			200
方面军预备队	159554			
合计	693554	8177	269	1972（1859和113）
	（739400）*	（6968）*		（2171）*
作战兵力	458167	7783	269	1957（1845和112）

红军的兵力（续表）

	人数（人）	火炮和迫击炮（门）	火箭炮（门）	坦克和自行火炮（辆）
草原方面军				
第53集团军	77000	2088	48	302（291和11）
第69集团军	70000			40
近卫第7集团军	50000			105
方面军预备队	90000			20
合计	287034（404600）*	4459	66	467（454和13）
作战兵力	198034	4230	66	461（448和13）
沃罗涅日方面军和草原方面军				
总计	980588（1144000）*	12627	335	2439（2313和126）
作战兵力	656201	12013	335	2418（2293和125）

* 根据 G. F. 克里沃舍耶夫主编,《解密的保密文献》(Grif sekretnosti sniat，莫斯科：军事出版局，1993 年版)，以及其他保密文献。

红军的损失

	不可归队的损失	卫生减员	合计
沃罗涅日方面军（8月3—23日）	48339	108954	157293
草原方面军	23272	75001	98273
合计	71611	183955	255566

原注：鲍里斯·索科洛夫，《胜利的代价》（莫斯科：莫斯科工人出版社，1991 年版），第 81—82 页，称苏联实际参战的 114 万人中，损失 50 万人。

德国陆军的兵力

	估计人数（万人）	坦克和突击炮（辆）
南方集团军群		
第四装甲集团军	12	150
“肯普夫”集团军级支队	9	100
增援兵力（8月5—23日）	12	280
总计	33	530

原注：上述数字不包括由南方集团军群派往奥廖尔地区的增援兵力（例如“大德意志”装甲掷弹兵师）。

德国陆军损失不明。

库尔斯克会战综述

苏德双方的兵力和损失

	人员（人）		坦克和自行火炮（辆）	
	投入	损失	投入	损失
苏联				
库尔斯克防御战役	1910361	177847	5128	1614
奥廖尔进攻战役	1286049	429890	3324	2586
别尔哥罗德—哈尔科夫进攻战役	980588	255566	2439	1864
合计	2500000*	863303	7360*	6064
德国				
库尔斯克防御战役	780900	49822	2928	
奥廖尔进攻战役	475000	不明	825	
别尔哥罗德—哈尔科夫进攻战役	330000	不明	530	
合计	940900	不明	3253	

原注：鲍里斯·索科洛夫《胜利的代价》（莫斯科：莫斯科工人出版社，1991年版），称苏联的损失为167.7万人。

* 未重复统计中央方面军、沃罗涅日方面军和草原方面军的兵力。

双方兵力对比

	苏联	对比	德国
库尔斯克防御战役			
人员（人）	1910361	2.4 : 1	780900
坦克和自行火炮（辆）	5128	1.8 : 1	2928
奥廖尔进攻战役			
人员（人）	1286049	2 .7 : 1	475000
坦克和自行火炮（辆）	3324	4 : 1	825
别尔哥罗德—哈尔科夫进攻战役			
人员（人）	980588	3 : 1	330000
坦克和自行火炮（辆）	2439	4.6 : 1	
库尔斯克会战			
人员（人）	2500000	2.7 : 1	940900
坦克和自行火炮（辆）	7360	2.3 : 1	3253

原注：上述计算根据的是坦克、突击炮和自行火炮的实有数量。如果能得到具体（例如德国各兵团）数据的话，这些数据显示这场会战中任一阶段兵器的可用数量均略少于实有数量。尽管如此，上述对比值仍然大体上可以适用，因为苏联的兵器可用数量同样相对较少，而且鉴于他们的保养和后勤问题更加突出，可用数量也显然更少。

附录 D
库尔斯克战场的装甲兵力对比

苏联的装甲兵力（实有兵力列表）

	坦克数量					
	T-60、T-70	T-34	KV	小计	自行火炮	合计
奥廖尔方向						
西方面军				1653	84	1737
第50集团军				75	12	87
近卫第11集团军				268	12	280
坦克第1军				168	16	184
坦克第5军				168	16	184
方面军预备队				350	—	350
坦克第4集团军				624	28	652
布良斯克方面军				1458	120	1578
第3集团军				88	12	100
第61集团军				98	12	110
第63集团军				48	12	60
近卫坦克第1军				207	—	207
坦克第20军				168	16	184
方面军预备队				150	36	186
近卫坦克第3集团军	224	475	—	699	32	731
该方向合计				3111	204	3315

苏联的装甲兵力（实有兵力列表）续表

	坦克数量					
	T-60、T-70	T-34	KV	小计	自行火炮	合计
奥廖尔—库尔斯克方向						
中央方面军				1677	108	1785
第13集团军				258	12	270
第48集团军				124	54	178
第60集团军				67	—	67
第65集团军				124	—	124
第70集团军				125	—	125
坦克第2集团军				456	21	477
坦克第9军				168	—	168
坦克第19军				168	—	168
方面军预备队				187	21	208
库尔斯克—奥博扬方向						
沃罗涅日方面军				1634	70	1704
近卫第6集团军				134	21	155
近卫第7集团军				218	28	246
第38集团军				106	—	106
第40集团军				113	—	113
第69集团军				—	—	—
坦克第1集团军				625	21	646
近卫坦克第2军				200	—	200
近卫坦克第5军				200	—	200
方面军预备队				38	—	38
增援（7月12日前）				925	58	983
坦克第2军				168	—	168
坦克第10军	64	99	1	164	21	185
近卫坦克第5集团军				593	37	630

苏联的装甲兵力（实有兵力列表）续表

	坦克数量					
	T-60、T-70	T-34	KV	小计	自行火炮	合计
7月15日前由草原方面军转隶				542	21	563
第27集团军				92	—	92
第53集团军				78	—	78
近卫坦克第4军				168	21	189
机械化第1军				204	—	204
该方向合计				3101	149	3250
奥廖尔—库尔斯克方向和库尔斯克—奥博扬方向共计				4778	257	5035

德国的装甲兵力（1943 年 7 月 1 日实有兵力列表）

	坦克											
	二号	三号	长身管三号	四号	长身管四号	五号	六号	T-34	指挥坦克	坦克合计	突击炮	共计
奥廖尔方向												
第二装甲集团军	14	25	51	8	90	—	—	—	15	203	—	203
第5装甲师	—	—	17	—	76	—	—	—	9	102	—	102
第8装甲师（陆军总司令部）	14	25	34	8	14	—	—	—	6	101	—	101
奥廖尔—库尔斯克方向												
第二十三军	—	—	—	—	—	—	—	—	—	—	72	72
第185突击炮营	—	—	—	—	—	—	—	—	—	—	36	36
第189突击炮营	—	—	—	—	—	—	—	—	—	—	36	36
第四十一装甲军	5	18	27	5	29	—	31	—	3	123	258	381
第18装甲师	5	10	20	5	29	—	—	—	3	72	—	72
第653重型反坦克歼击营	—	—	—	—	—	—	—	—	—	—	55	55
第654重型反坦克歼击营	—	—	—	—	—	—	—	—	—	5	50	55
第177突击炮营	—	—	—	—	—	—	—	—	—	—	36	36
第244突击炮营	—	—	—	—	—	—	—	—	—	—	36	36
第216重坦克[装甲]营	—	—	—	—	—	—	—	—	—	—	45	45
第21装甲旅	—	8	7	—	—	—	31	—	—	46	36	82

德国的装甲兵力（1943 年 7 月 1 日实有兵力列表）续表

	坦克											
	二号	三号	长身管三号	四号	长身管四号	五号	六号	T-34	指挥坦克	坦克合计	突击炮	共计
第四十七装甲军	22	18	77	18	129	—	—	—	19	283	94	377
第20装甲师	9	2	15	9	40	—	—	—	7	82	—	82
第9装甲师	1	8	30	8	30	—	—	—	6	83	—	83
第2装甲师	12	8	32	1	59	—	—	—	6	118	—	118
第245突击炮营	—	—	—	—	—	—	—	—	—	—	36	36
第904突击炮营	—	—	—	—	—	—	—	—	—	—	36	36
第312装甲连	—	—	—	—	—	—	—	—	—	—	22	22
第4装甲师	—	—	15	1	79	—	—	—	6	101	—	101
第12装甲师	6	15	21	1	36	—	—	—	4	83	—	83
第九集团军合计	33	51	140	25	273	—	31	—	32	590	424	1014
库尔斯克一奥博扬方向												
第四十八装甲军	19	20	124	8	109	200	15	—	40	535	66	601
第3装甲师	7	8	51	2	21	—	—	—	1	90	—	90
第11装甲师	8	11	51	1	25	—	—	—	17	113	—	113
“大德意志”师	4	1	22	5	63	—	15	—	22	132	35	167
第51装甲营	—	—	—	—	—	100	—	—	—	100	—	100
第52装甲营	—	—	—	—	—	100	—	—	—	100	—	100
第911突击炮营	—	—	—	—	—	—	—	—	—	—	31	31

德国的装甲兵力（1943 年 7 月 1 日实有兵力列表）续表

	坦克											
	二号	三号	长身管三号	四号	长身管四号	五号	六号	T-34	指挥坦克	坦克合计	突击炮	共计
党卫队第二装甲军	5	3	135	8	144	—	42	25	28	390	104	494
“阿道夫 · 希特勒警卫旗队”师	4	3	10	—	67	—	13	—	9	106	35	141
“帝国”师	1	—	62	—	33	—	14	25	10	145	34	179
“髑髅”师	—	—	63	8	44	—	15	—	9	139	35	174
第四装甲集团军合计	24	23	259	16	253	200	57	25	68	925	170	1095
“劳斯”军	—	—	—	—	—	—	—	—	—	—	50	50
第905突击炮营	—	—	—	—	—	—	—	—	—	—	25	25
第393突击炮营	—	—	—	—	—	—	—	—	—	—	25	25
第三装甲军	27	5	129	3	105	—	45	—	30	344	25	369
第6装甲师	13	—	52	—	32	—	—	—	20	117	—	117
第7装甲师	12	—	55	1	37	—	—	—	7	112	—	112
第19装甲师	2	5	22	2	36	—	—	—	3	70	—	70
第503重型坦克营	—	—	—	—	—	—	45	—	—	45	—	45
第228突击炮营	—	—	—	—	—	—	—	—	—	—	25	25
“肯普夫”集团军级支队合计	27	5	129	3	105	—	45	—	30	344	75	419
该方向共计	51	28	388	19	358	200	102	25	98	1269	245	1514
奥廖尔—库尔斯克方向和库尔斯克—奥博扬方向总计										1859	669	2528

原注：38(t) 坦克归入二号坦克，装备 75 毫米炮的三号坦克归入长身管三号，喷火坦克归入指挥坦克。

资料来源：托马斯 · J. 伦茨编辑，《装甲兵：德国坦克兵种的创建与作战运用详解，1943—1945，第二卷》（Panzertruppen: The Complete Guide to the Creation and Combat Employment of Germany's Tank Force, vol. II: 1943–45），（宾夕法尼亚州阿特格伦：希弗军事历史出版公司，1996 年），第 78—82 页。

德国的装甲兵力（可用兵力列表）

	坦克											
	二号	三号	长身管三号	四号	长身管四号	五号	六号	T-34	指挥坦克	坦克合计	突击炮	共计
1943年7月4日												
党卫队第二装甲军	4	1	117	5	151	—	35	18	25	356	95	451
“警卫旗队”师	4	—	11	—	79	—	12	—	9	115	34	149
“帝国”师	—	1	47	—	30	—	12	18	8	116	33	149
“髑髅”师	—	—	59	5	42	—	11	—	8	125	28	153
第四十八装甲军	—	13	89	24	98	204	14	—	22（f）	464	89	553
第3装甲师	—	3	27	17	21	—	—	—	—	68	2	70
第11装甲师	—	8	42	—	22	—	—	—	8（f）	80	22	102
“大德意志”师	—	2	20	7	55	—	14	—	14（f）	112	34	146
第51装甲营	—	—	—	—	—	104	—	—	—	104	—	104
第52装甲营	—	—	—	—	—	100	—	—	—	100	—	100
第911突击炮营	—	—	—	—	—	—	—	—	—	—	31	31
第四装甲集团军合计	4	14	206	29	249	204	49	18	47	820	184	1004
“劳斯”军	—	—	—	—	—	—	—	—	—	—	50	50
第905突击炮营	—	—	—	—	—	—	—	—	—	—	25	25
第393突击炮营	—	—	—	—	—	—	—	—	—	—	25	25

德国的装甲兵力（可用兵力列表）续表

	坦克									坦克合计	突击炮	共计
	二号	三号	长身管三号	四号	长身管四号	五号	六号	T-34	指挥坦克			
第三装甲军	—	—	—	—	—	—	48	—	—	—	—	382
第6装甲师（估计数）	—	—	—	—	—	—	—	—	—	—	—	124
第7装甲师（估计数）	—	—	—	—	—	—	—	—	—	—	—	103
第19装甲师（估计数）	—	—	—	—	—	—	48	—	—	—	—	82
第503重坦克营	—	—	—	—	—	—	—	—	—	—	—	48
第228突击炮营	—	—	—	—	—	—	—	—	—	—	—	25
“肯普夫”集团军级支队合计	—	—	—	—	—	—	48	—	—	—	—	432
该方向总计	—	—	—	—	—	204	97	—	—	—	—	1436
1943年7月8日												
党卫队第二装甲军												283
“警卫旗队”师	4	—	10	—	40	—	1	—	6	61	20	81
“帝国”师（估计数）	—	—	—	—	—	—	—	—	—	—	—	90
“髑髅”师	—	—	52	7	28	—	5	—	7	99	13	112
1943年7月9日												
党卫队第二装甲军	4	—	82	7	65	—	7	8	17	190	59	249
“警卫旗队”师	4	—	4	—	32	—	4	1	5	50	21	71
“帝国”师	—	—	31	—	13	—	1	7	7	59	26	85
“髑髅”师	—	—	47	7	20	—	2	—	5	81	12	93

德国的装甲兵力（可用兵力列表）续表

	坦克									坦克合计	突击炮	共计
	二号	三号	长身管三号	四号	长身管四号	五号	六号	T-34	指挥坦克			
1943年7月10日												
党卫队第二装甲军	4	—	85	7	77	—	7	7	18	205	67	272
“警卫旗队”师	4	—	4	—	41	—	4	—	6	59	20	79
“帝国”师	—	—	33	—	15	—	1	7	7	63	26	89
“髑髅”师	—	—	48	7	21	—	2	—	5	83	21	104
1943年7月11日												
党卫队第二装甲军	4	—	93	4	91	—	15	8	21	236	57	293
“警卫旗队”师	4	—	5	—	47	—	4	—	7	67	10	77
“帝国”师	—	—	34	—	18	—	1	8	7	68	27	95
“髑髅”师	—	—	54	4	26	—	10	—	7	101	@20	121
第四十八装甲军	—	5	31	10	50	30	—	—	5（f）	131	42	173
第3装甲师	—	3	3	10	7	—	—	—	—	23	—	23
第11装甲师	—	2	28		13	—	—	—	5（f）	48	—	48
“大德意志”师及第 51 和第 52 装甲营	—	—	—	—	30	30	—	—	—	60	27	87
第911突击炮营	—	—	—	—	—	—	—	—	—	—	@15	@15
第四装甲集团军合计	4	5	124	14	141	30	15	8	26	367	99	466

德国的装甲兵力（可用兵力列表）续表

	坦克											
	二号	三号	长身管三号	四号	长身管四号	五号	六号	T-34	指挥坦克	坦克合计	突击炮	共计
1943年7月13日												
党卫队第二装甲军	4	—	80	3	65	—	4	11	20	187	64	251
“警卫旗队”师	4	—	5	—	31	—	3	—	7	50	20	70
“帝国”师	—	—	43	—	20	—	1	11	8	83	24	107
“髑髅”师	—	—	32	3	14	—	—	—	5	54	20	74
第四十八装甲军	—	4	43	16	43	43	6	—	17	172	55	227
第3装甲师	—	3	13	13	11	—	—	—	—	40	1	41
第11装甲师	—	1	22	—	13	—	—	—	5（f）	41	14	55
“大德意志”师和第51、第52装甲营	—	—	8	3	19	43	6	—	12（f）	91	25	116
第911突击炮营	—	—	—	—	—	—	—	—	—	—	@15	@15
第四装甲集团军合计	4	4	123	19	108	43	10	11	37	359	119	478
1943年7月15日												
党卫队第二装甲军	4	—	71	3	66	—	17	13	20	194	71	265
“警卫旗队”师	4	—	6	—	32	—	8	—	7	57	28	85
“帝国”师	—	—	37	—	17	—	2	13	7	76	23	99
“髑髅”师	—	—	28	3	17	—	7	—	6	61	@20	81

德国的装甲兵力（可用兵力列表）续表

	坦克											
	二号	三号	长身管三号	四号	长身管四号	五号	六号	T-34	指挥坦克	坦克合计	突击炮	共计
1943年7月16日												
党卫队第二装甲军	4	—	72	4	83	—	23	11	20	217	75	292
“警卫旗队”师	4	—	5	—	42	—	9	—	6	66	30	96
“帝国”师	—	—	37	—	18	—	5	11	7	78	25	103
“髑髅”师	—	—	30	4	23	—	9	—	7	73	20	93

※ 资料来源：1943年7月4日的资料来自：《1943年7月4日的当日通报》（*Tagesmeldungen vom 4.7.43*），收录在《党卫队第二装甲军军部，1943年7月4日18时45分》，现存于第T-354号微缩胶卷（NAM），第605卷；以及《第四十八装甲军1943年7月4日的当日通报》（*Tagesmeldung XXXXVIII Pz.Korps vom 4.7.1943*），见《第四装甲集团军》，第T-313号微缩胶卷，第368卷，。

1943年7月8日的资料来自：《“髑髅”装甲掷弹兵师1943年7月8日的当日通报》（*Tagesmeldungen der Pz. Gren. Div. 'Totenkopf' v. 8.7.43*），见《党卫队第二装甲军军部，1943年7月4日18时45分》，第T-354号微缩胶卷，第605卷；以及《党卫队第一“阿道夫·希特勒警卫旗队”装甲掷弹兵师1943年7月8日的当日通报》（*Tagesmeldungen der "ISSLAH"-Pz. Gren. Div. v. 8.7.43*），见《党卫队第二装甲军军部，1943年7月4日18时45分》，第T-354号微缩胶卷，第605卷。

1943年7月9日的资料来自：《党卫队第一“阿道夫·希特勒警卫旗队”师1943年7月9日的当日通报》（*"ISSLAH" Tagesmeldungen vom 9.7.43*），见《党卫队第二装甲军军部，1943年7月4日18时45分》，第T-354号微缩胶卷，第605卷；《党卫队“髑髅”师1943年7月9日的当日通报》（*SS 'T.' Tagesmeldungen vom 9.7.43*），见《党卫队第二装甲军军部，1943年7月4日18时45分》，第T-354号微缩胶卷，第605卷；以及《党卫队“帝国”装甲掷弹兵师参谋处作战参谋1943年7月9日的当日通报》（*Ia — Tagesmeldungen, SS-Panzer-Grenadier-Division 'Das Reich' Div. Gef. St. 9. 7. 43*），见《党卫队第二装甲军军部，1943年7月4日18时45分》，第T-354号微缩胶卷，第605卷。

1943年7月10日的资料来自：《党卫队“帝国”装甲掷弹兵师参谋处作战参谋1943年7月10日的当日通报》（*Ia — Tagesmeldungen, SS-Panzer-Grenadier-Division 'Das Reich' Div. Gef. St. 10. 7. 43*），见《党卫队第二装甲军军部，1943年7月4日18时45分》，第T-354号微缩胶卷，第605卷；以及《1943年7月10日的当日通报》（*Tagesmeldungen vom 10.7.43*），见《党卫队第二装甲军军部》，第T-354号微缩胶卷，第605卷。

1943年7月11日的资料来自：《1943年7月11日的当日通报》（*Tagesmeldungen vom 11.7.43*），见《党卫队第二装甲军军部》，第T-354号微缩胶卷，第605卷；以及《党卫队第二装甲军1943年7月11日18时35分的当日通报》（*Tagesmeldung II. SS Pz. Korps. 11.7.43. 18.35 Uhr*），见《第四装甲集团军》，第T-313号微缩胶卷，第368卷；以及《第四十八装甲军1943年7月11日20时45分的当日通报》（*Tagesmeldung XXXXVIII Pz.K. vom 11.7.43. 20.45 Uhr*），见《第四装甲集团军》，第T-313号微缩胶卷，第368卷。

1943年7月13日的资料来自：《1943年7月13日的当日通报》（*Tagesmeldungen vom 13.7.43*），见《党卫队第二装甲军军部》，第T-354号微缩胶卷，第605卷；《党卫队第二装甲军1943年7月13日19时35分的当日通报》（*Tagesmeldung II. SS Pz. Korps. 13.7.43. 19.35 Uhr*），见《第四装甲集团军》，第T-313号微缩胶卷，第368卷；

以及《第四十八装甲军1943年7月13日20时整的当日通报》（*Tagesmeldung XXXXVIII Pz.K. vom 13.7.43. 20.00 Uhr*），见《第四装甲集团军》，第T–313号微缩胶卷，第368卷。

1943年7月15日的资料来自：《党卫队“帝国”装甲掷弹兵师1943年7月15日的当日通报》（*Tagesmeldung vom 15.7.43. SS–Pz. Gren. Div. 'Das Reich'*），见《党卫队第二装甲军军部》，第T–354号微缩胶卷，第605卷；《党卫队“髑髅”装甲掷弹兵师1943年7月15日的当日通报，17时05分》（*Tagesmeldung vom 15.7.43 vom SS–Panzer Gren.Div. 'Totenkopf'., 17.05 Uhr*），见《党卫队第二装甲军军部》，第T–354号微缩胶卷，第605卷；以及《党卫队第一“阿道夫·希特勒警卫旗队”装甲掷弹兵师1943年7月15日的当日通报》（*Tagesmeldung 'ISSLAH'–Pz. Gren.Div. vom 15.7.1943*），见《党卫队第二装甲军军部》，第T–354号微缩胶卷，第605卷。

1943年7月16日的资料来自：《1943年7月16日的当日通报》（*Tagesmeldung vom 16.7.1943*），见《党卫队第二装甲军军部》，第T–354号微缩胶卷，第605卷。

附录E
德国的主要命令

第5号战役令

陆军总司令部 / 总参谋部 / 作战处（监督科）　　1943年3月13日

1943年第430163号绝密文件

秘密，仅供指挥官阅读　　共5份副本

第5号战役令（关于未来数月间实施作战的指示）

可以预见，俄国人将在冬季和泥泞时期结束，并经过一定时间的休整补充之后，重新发动进攻。

因此，现在是我们抢在他们之前，在战线上尽可能多的地区发动进攻的时候——至少在战线的一个地区，例如南方集团军群的作战地区。

我们必须让他们在战线的其他地区撞到铜墙铁壁，血流成河。在这些地方，我们必须通过配备重型防御武器、构筑工事、埋设地雷、建立后方阵地、保持快速预备队等措施，加强自己的防御。

另外，还必须立即在所有各集团军群的作战地区进行一些准备工作。进攻兵团必须补充至齐装满员，并经过充分训练。因为今年的泥泞时期预计会比往年提前结束，所以必须把每一天都合理地用在准备工作上。各集团军群必须每星期（星期一）报告各自准备工作的状况。陆军总司令部负责调度必要的装备和重型防御武器。关于具体事项，我命令：

1. A集团军群

一旦天气允许，就按计划缩短库班桥头阵地的战线，以便为南方集团军群腾出部分兵力。

A集团军群必须认识到，自己的主要任务是提供兵力。提供兵力的速度越快，效果会越好。

应使用一切手段和工具保证这些兵力的运输。

尽管如此，该集团军群的任务仍然是保卫库班桥头阵地（Gotenkopf）和克里米亚。克里米亚海岸防御的建设必须以一切可用的手段加以完成，以便像在西线一样，能用最坚固的防御来抗击敌人的登陆。

2. 南方集团军群

整条米乌斯河防线和东面的其他防线，以及顿涅茨河防线，都必须做好最高程度的防御准备。受到敌坦克威胁的地带必须得到反坦克武器的加强。

这一地区的防线必须就地坚守。决不允许敌人渡过河流建立任何形式的桥头阵地。

必须立即着手在该集团军群北翼组建一个强有力的装甲集团军，并不迟于4月中旬完成，以便能在泥泞时期结束后，俄国人发起进攻前，投入作战。这次进攻的目标是，从哈尔科夫向北进攻，通过与第二装甲集团军派出的一个进攻集群协同动作，歼灭第二集团军当面之敌。关于这次进攻详情和指挥结构、兵力展开方面的细节，另行具文补充。

3. 中央集团军群

首先，必须稳定第二集团军和第二装甲集团军之间的局势；然后，应按计划巩固各防御战线，并配备反坦克武器。这一点在基洛夫附近、斯摩棱斯克以北和西北地区，以及大卢基尤为重要。然后，应当组建一个进攻集群，以便与南方集团军群的北翼联合发动进攻。应通过实施“水牛行走”（Beuffelbewegung，放弃勒热夫突出部的行动）为这次进攻提供兵力。具体指示见下文。同时，需要确定从“水牛行走”中撤出的哪些兵力将编入陆军总司令部的预备队。

4. 北方集团军群

因为北方集团军群的作战地区在夏季上半段没有重大进攻战役的计划，所以主要工作是实施防御。整条战线必须做好最高等级的防御准备。必须以最高速度建造必要的防御阵地。应当使用从杰米扬斯克合围圈中撤出的各师，加强防御战线并留作进攻用的预备队。各兵团应当重新编组。应重新组建强大的炮兵群，并保证其弹药供应。快速炮兵群应留在后方，随时准备出击。向位于旧鲁萨一带以及由此向南和东南方向整个地区的该集团军群南翼提供增援，将具有特别重要的意义。预计敌人将向集团军群南翼的普斯科夫发动进攻，企图分割该集团军群，并在列宁格勒附近进攻，企图解除对列宁格勒的威胁。

计划在夏季下半段（7月初以后）向列宁格勒发动一次战役。这次战役将在所有可动用炮兵的协同动作下，投入最现代化的武器实施。炮兵的展开和弹药的补给应尽早开始。其他具体细节见下文。

文件的附件：人员、武器和装备展开的细节，以及具体各师和陆军总司令部直属兵力的部署细节，将单独发给各集团军群。关于建设后方阵地［后备阵地］的事宜，见我下达的第8号命令。预定后方阵地的地图将下发给各集团军群。

各集团军群应在3月25日上报自己的意图。应在每个星期一上报关于当前准备工作状况的报告。

签字：阿道夫·希特勒[1]

第6号战役令（“堡垒”命令）

陆军总司令部/总参谋部/作战处（第一科） 元首大本营，1943年4月15
1943年第430246号绝密文件
秘密 共13份副本

第6号战役令

我已决定，一俟气候情况允许，就实施本年度的首次进攻，即“堡垒”行动。

这次进攻具有决定性意义。它必须迅速实施并彻底获得成功，并且必须为我们夺取春季和夏季的主动权。因此，我们必须以非凡的进取精神，周密细致地做好一切准备工作。在主要突击方向上，必须投入最精锐的兵团、最精良的武器、最杰出的指挥官和大量囤积的弹药。每位指挥官和士兵都必须充分认识到这场进攻的决定性意义。库尔斯克的胜利必将令举世瞩目。为此，我命令：

1. 这次进攻的目的是，从别尔哥罗德地区和奥廖尔以南，以数个突击集团军实施迅猛的向心突击，合围库尔斯克地区之敌，并通过向心突击将其歼灭。在此次进攻过程中，应沿涅热戈利—科罗恰地段—斯科罗德诺耶—季姆—希格雷以东—索斯纳地段一线，建立一条较短的、节省兵力的新防线。

2. 我们必须确保：

a. 尽可能达成突然性，尤其不能让敌人获悉进攻开始的时间。

b. 应将进攻兵力集中使用在狭窄的正面上，以便形成各种进攻兵器（坦克、突击炮、火炮、火箭炮等）在局部的压倒性数量优势，确保实现两个进攻集团军的会师，并封闭合围圈。

c. 应从后方纵深前调兵力，在楔形攻击梯队后面跟进并掩护其侧翼，以便楔形攻击梯队可以全力向前推进。

d. 应迅速压缩合围圈，使敌人得不到喘息之机即被歼灭。

e. 应快速实施进攻，使敌人既没有摆脱合围，又没有从其他战线调来强大预备队的机会。

f. 应迅速建立新的防线，以便尽早腾出更多的兵力，特别是快速兵团。

3. 南方集团军群应大幅度集中兵力，从别尔哥罗德—托马罗夫卡一线发起进攻，突破普里列佩—奥博扬一线，并且在库尔斯克以东与中央集团军群的各进攻集团军建立联系。在不影响向普里列佩—奥博扬的主要突击方向集中兵力的前提下，必须尽快抵达涅热戈利—科罗恰地段—斯科罗德诺耶—季姆一线，从东面掩护这场进攻；同时应以部分兵力在进攻的西侧实施掩护，这部分兵力稍后将担任攻击并突入合围圈的任务。

4. 中央集团军群应从特罗斯纳—小阿尔汉格尔斯克以北一线发起集中攻击，将主力放在东翼，突破法捷日—韦列捷诺沃一线，并与南方集团军群的进攻集团军在库尔斯克附近及其以东地区建立联系……为了从东面掩护这场进攻，应尽快进抵季姆—希格雷以东—索斯纳地段一线，但不能因此影响将兵力集中于主要突击方向。应派遣次要兵力从西面[为这场进攻]实施掩护。

进攻开始时，中央集团军群位于特罗斯纳以西至南方集团军群作战分界线之间的兵力，应以专门集中的进攻集群实施局部进攻来牵制敌人，继而迅速转入进攻，突入正在形成的合围圈。应不间断地实施地面侦察和空中侦察，防止敌人在不被察觉的情况下悄悄撤退。如发现敌人有撤退企图，应立即在整个正面上发起进攻。

5. 两个集团军群的兵力所做的准备工作，应尽一切可能采取伪装欺骗措施，并远离进攻出发阵地。最早的进攻日期为5月3日。向进攻出发阵地开进时，应采取一切可能的伪装措施，并且只在夜间开进。

6. 为了欺骗敌人，南方集团军群的作战地区应继续为“黑豹”行动做准备。应以各种手段（引人注目地实施侦察、调动坦克、集结渡河器材、进行无线电联络、派遣特工人员、散布谣言、出动空军，等等）来强调这种准备活动，并尽可能长期进行。同时，上述欺骗措施也可以用于促进顿涅茨河战线防御力量的有效加强。中央集团军群的作战地区不会采取这种规模的欺骗行动，但应通过一切手段干扰敌人对态势的判断（佯动和逆向运动以及昼间行军、散布预定进攻日期在6月初的假情报，等等）。

两个集团军群应在各进攻集团军和新展开的兵团之间保持无线电静默。

7. 为了保密，只有绝对必要的人员才可了解这一计划。这些指示应尽可能晚地传达到级别较低的人员。无论如何，都不能因粗心和疏忽而使行动计划泄露。另外，应加强阿勃韦尔的工作，与敌方间谍活动做斗争。

8. 进攻使用的地图上只能标出以前的战役，不得指明这场进攻的目标。

9. 关于战俘、居民和缴获物资以及敌方宣传品的补给和立即就地登记的命令，将在附录1—3中列出。

10. 德国空军同样应将自己可以动用的全部兵力于主要方向。应立即开始同空军各指挥机关进行磋商。应特别注意保密问题（参见第7条）。

11. 为了使进攻获得成功，应使敌人不能通过对我南方集团军群和中央集团军群的其他地段发起进攻来迫使我们从“堡垒”行动中抽调进攻兵团，这一点必不可少。

因此，本月底前，两个集团军群应像准备“堡垒”进攻战役一样，系统地做好在战线其他受威胁的地段上实施防御战役的准备工作。因此，应千方百计加快防御阵地的构筑，应在受到坦克威胁的地段上配置足够的反坦克武器，应组建地段预备队，应通过频繁的侦察，尽早查明敌人的主要作战方向，等等。

12. 战役的最终目标是：

a. 将南方集团军群和中央集团军群的分界线大致变更到科诺托普（属南方集团军群）—库尔斯克（属南方集团军群）—多尔戈耶（属中央集团军群）。

b. 将第二集团军及其下属的3个军、9个步兵师以及陆军总司令部配属该部的兵力，转隶南方集团军群。

c. 中央集团军群应另外集结3个步兵师，供陆军总司令部在库尔斯克西北地区使用。

d. 从前线调出全部快速兵团，另作他用。

运动，特别是第二集团军各兵团的运动，应符合上述计划。

在战役期间，我会按照计划尽快下令开始向东南方向运动（“黑豹”行动），以便利用敌人出现的混乱。

13. 各集团军群应使用比例尺为1∶30万的地图，标明陆军各部的配置和分布情况，与支援进攻的第四航空队和东线空军司令部的协同动作，以及所有欺骗措施，汇报根据本战役命令采取的进攻和防御措施。

日期：4月24日

签字：阿道夫·希特勒、豪辛格中将[2]

党卫队第二装甲军的命令（关于普罗霍罗夫卡交战）

1943年7月9日22时15分　第17号师作战令

1. 预有准备的敌军配备着反坦克武器和坦克，分布在“共青团员”国营农场处树林的西部边缘—伊万诺夫斯基新村处的铁道线一线。

2. 1943年7月10日，党卫队第二装甲军应以“警卫旗队师”在右，“髑髅”师在左，沿普肖尔河两岸同时向东北方向开始进攻。进攻目标是：普罗霍罗夫卡或以东—252.4高地（普罗霍罗夫卡西北2.5公里处[①]）—别列戈沃耶—243.5高地（科雷特诺耶西北2公里处）—卡尔塔舍夫卡。

3. 得到加强的“警卫旗队”师应于1943年7月10日6时整开始行动，事先以该师炮兵团全团和第55火箭炮团实施炮击。空军完成火力准备之后，“警卫旗队”师应沿捷捷列维诺至普罗霍罗夫卡的公路运动，夺取普罗霍罗夫卡城区并坚守之。首要进攻目标是：普罗霍罗夫卡—252.4高地。党卫队“帝国”装甲掷弹兵师应与“警卫旗队”师同时出击，夺取伊万诺夫斯基新村东南2公里处的高地。党卫队“髑髅”装甲掷弹兵师应从克柳奇桥头阵地向东北方向运动。

4. 各师作战分界线：“警卫旗队”师右侧与“帝国师”的分界线：捷捷列维诺（由“警卫旗队”师占领）—伊万诺夫斯基新村以东的树林（由“警卫旗队”师占领）—斯托罗热沃耶（由“警卫旗队师”占领）—亚姆基（由“警卫旗队”师占领）—230.5高地（普罗霍罗夫卡以南，由“警卫旗队”师占领）—普罗霍罗夫卡通往普里兹纳奇诺耶的公路（警卫旗队师占领）。“警卫旗队”师左侧与“髑髅”装甲掷弹兵师的分界线：254.5高地（捷捷列维诺以北500米，由“警卫旗队”师占领）—瓦西里耶夫卡（由“髑髅”师占领）—普肖尔河河谷中的各居民点（由“髑髅师”占领）—向西北延伸的铁道线（由“警卫旗队”师占领）。加强后的党卫队第2装甲掷弹兵团和“警卫旗队”师侦察营之间的分界线：“共青团员”国营农场处树林的北缘— “十月”国营农场（由侦察营占领）—杜姆诺耶（由侦察营占领）。

5. 为实现上述目标，我命令如下：

---

① 译注：原文为东北。

a. 得到(突击炮营、“虎”式坦克连、工兵营的一个连和第5高射炮营)加强的“警卫旗队”师第2装甲掷弹兵团，应于1943年7月10日6时整，在“警卫旗队”师炮兵团全团和第55火箭炮团(欠一个营)实施的火力准备之后发动进攻。该部应攻击并突破敌人的阵地，然后不停顿地继续向普罗霍罗夫卡进攻。进攻目标：普罗霍罗夫卡城区东缘。

b. 得到(配置在其左翼实施掩护的反坦克歼击营一个连)加强的“警卫旗队”师侦察营，应于1943年7月10日待第2装甲掷弹兵团突破成功之后出击。该营应运动到“共青团员”国营农场处树林的北缘，然后穿过“十月”国营农场进抵252.4高地，并在该处停止前进。

c. “警卫旗队”师装甲团(欠一个“虎”式坦克连)应在捷捷列维诺至卢奇基公路以南地域(不含上述两地)待机，并准备在得到加强的“警卫旗队”师第2装甲掷弹兵团后面跟进。

突破成功之后，“虎”式坦克连的配属关系即告结束。

“警卫旗队”师第6高射炮营跟随“警卫旗队”师炮兵团行动，并归该团指挥。

d. 得到(反坦克歼击营欠一个连和第4高射炮营)加强的“警卫旗队”师第1装甲掷弹兵团，应在大马亚奇基东部待机以便随时跟进。该团应准备夺取并坚守斯托罗热沃耶、亚姆基和普罗霍罗夫卡等城区的南缘。

E. 得到加强的“警卫旗队”师炮兵团，应发动持续时间5分钟的炮击支援进攻。该团在持续战斗过程中的具体使用方式，应与加强后的第2装甲掷弹兵团密切协同。

天刚亮时，该团就应立即开始炮击。应当事先做好准备，以至少两个营支援向普罗霍罗夫卡突破的战斗。(100毫米口径的)第12炮兵连由于弹药供应不足，将不参加炮击。

f. 火箭炮团(欠第3营)应在弹药供应允许的情况下，支援对第一处阵地的进攻。该团应以一个营支援向普罗霍罗夫卡的突破。可能需在突破地点东南和西北处的树林使用烟幕弹。

天刚亮时，该团就应立即开始炮击。

g. “警卫旗队”师工兵营，应将一个连配属于第2装甲掷弹兵团，并准备在卢奇基以东地段开拓穿过雷区的通道。

“警卫旗队”师工兵营营长应在排除地雷和开拓穿过雷区的通道时，与“警卫旗队”师第2装甲掷弹兵团密切协同。

h.“警卫旗队”师高射炮营（欠轻型高射炮连和中型高射炮连），应保持原地待命。第6高射炮营应配属给“警卫旗队”师炮兵团。

6. 侦察：

a. 地面侦察：得到加强的“警卫旗队”师第2装甲掷弹兵团最远达到普里兹纳奇诺耶—斯科罗夫卡一线，“警卫旗队”师侦察营最远达到杜姆诺耶—上奥利尚卡一线。

b. 空中侦察：最远达到顿涅茨卡亚谢伊米察河一线。

7. 空军已经保证在“警卫旗队”师前方的敌集中地点采取行动。

8. 沿行军路线的交通应受到管制，应尤其注意卢奇基—捷捷列维诺地域。

一旦与“髑髅”装甲掷弹兵师的行军路线出现交叉，“警卫旗队”师享有优先通行权。

9. 位于大马亚奇基北部的总野战后送站，应做好准备从10时整开始接收伤病员。

10. 向步兵、炮兵和装甲兵发放弹药的分发地点应位于雅科夫列沃东南5公里处。

11. 燃料的分发地点：贝科夫卡以南5公里处的伊姆克列伊。

12. 修理营的战斗保障部门设在贝科夫卡。

13. 战俘的集合地点：贝科夫卡

14. 通信事项如下：“警卫旗队”师通信营负责确保“警卫旗队”师第2装甲掷弹兵团与“德意志”装甲掷弹兵团之间的无线电通信畅通。应沿行军道路架设通信干线。

15. 本师师部应于1943年7月10日12时整起开设在卢奇基。

16. 信息保密的规定，应根据其内容和发布者的要求执行。

签字：党卫队“阿道夫·希特勒警卫旗队”师师长，党卫队区队长维施[3]

资料来源

1. 戈特哈德·海因里希和弗里德里希·威廉·豪克合著《堡垒》(美国国家档案馆),附录。

2. 同上。

3. 鲁道夫·莱曼著《"警卫旗队"师(第三卷)》(加拿大温尼伯:J. J. 费多罗维茨出版社,1993年版),第224—226页。

附录F
苏联的主要文献

朱可夫的战略估计

绝密

1943年4月8日5时30分

瓦西里耶夫同志（斯大林的化名）：

谨就1943年春、夏季敌人的可能动向和我们即将开展的防御行动，提出我的看法和设想。

1. 敌人已在1942—1943年之交的冬季战局中损失惨重，显然不可能在春季到来之前建立大批预备队，重新发起进攻以夺取高加索并前出到伏尔加河，以便深远迂回莫斯科。

1943年春季和夏季上半段，敌人由于预备队数量有限，将不得不在较狭窄的正面上发动进攻战役，并严格分阶段完成任务，敌人的总目标应是夺取莫斯科。

鉴于当前，敌人在我中央、沃罗涅日和西南方面军当面部署了一些集群，我相信，敌人将对这三个方面军实施主要的进攻战役，以便在该方向击溃我方军队，并获得沿最短路线迂回莫斯科的机动自由。

2. 敌人最大限度地集结包括至少13—15个坦克师在内的兵力，并获得最大数量的空中支援之后，显然会在第一阶段以其奥廖尔—克罗梅集团从东北迂回库尔斯克，并以其别尔哥罗德—哈尔科夫集团从东南迂回库尔斯克。

预计敌人会在西面从谢伊姆河和普肖尔河之间的沃罗日巴一带，由西南向库尔斯克发动辅助突击，其目的是分割我防线。敌人将会企图通过这次进攻，粉碎并合围我第13、第70、第65、第38、第40和第21集团军。

敌人在这个阶段的最终目标可能是前出至科罗恰河—科罗恰—季姆—季姆河—德罗斯科沃一线。

3. 第二阶段，敌人将力求沿瓦卢伊基—乌拉佐沃总方向前出至西南方面军的翼侧和后方。敌人还可能会从利西昌斯克地域向北沿斯瓦托沃—乌拉佐沃方向实施相向突击。

在其他地段上，敌人将力求前出至利夫内、卡斯托尔诺耶、旧奥斯科尔、新奥斯科尔一线。

4. 第三阶段，经相应的变更部署后，敌人可能会力求到达利斯基、沃罗涅日、叶列茨一线，并且在其东南方向得到可靠掩护的情况下，经拉年堡、里亚日斯克和梁赞组织从东南面对莫斯科的迂回突击。

5. 应当预见到，敌人将在今年的各次进攻战役中，基本依靠其装甲师和空军，因为现在其步兵实施进攻行动的战备水平比去年下降了很多。

当前，敌人在中央方面军和沃罗涅日方面军的正面大约有12个装甲师，如果再从其他地段上调来三至四个装甲师，那么，敌人将能针对我库尔斯克集团使用15—16个装甲师，共约2500辆坦克。

6. 如果我们的防御想要挫败敌人，那么除了加强中央方面军和沃罗涅日方面军的对坦克防御措施以外，还必须尽快从次要地段抽调30个反坦克歼击炮兵团，把它们作为最高统帅部预备队（RVGK）的一部分配置到有威胁的方向上：所有自行火炮团都必须集中到利夫内、卡斯托尔诺耶、旧奥斯科尔地段。即便是现在，最好还是把这些自行火炮团中的一部分加强给罗科索夫斯基和瓦图京，并尽可能多地把航空兵编入最高统帅部预备队，以便利用航空兵的密集突击，协同坦克和步兵兵团，粉碎敌突击集团并挫败敌人的进攻计划。

因为我不熟悉我方战役预备队的最终配置情况，所以我建议最好将其配置在叶夫列莫夫、利夫内、卡斯托尔诺耶、新奥斯科尔、瓦卢伊基、罗索什、利斯基、沃罗涅日、叶列茨地域。

然后，应将预备队的主力配置在叶列茨、沃罗涅日地域。更纵深位置的预备队应配置在里亚日斯克、拉年堡、米丘林斯克和坦波夫地域。

在图拉—斯大林诺戈尔斯克地区，应有一个预备队集团军。

我认为，我军在不久的将来抢先发动进攻并不明智。如果我们能用自己的防御耗尽敌人的力量，摧毁他们的坦克，再投入新锐预备队转入全面进攻，效果就会更好，我们也会彻底粉碎敌人的主要集团。

签名：康斯坦丁诺夫（朱可夫的化名）、济明上校[1]

中央方面军的战略估计

发自中央方面军，1943年4月10日

红军总参谋部作战局局长安东诺夫上将：

我现在报告1943年4月10日中央方面军战线当面之敌的情况，以及他们在1943年春季和夏季期间行动的可能特点。

1. 1943年4月10日的敌军集结现状，是我方军队向波内里、库尔斯克一线大批集中兵力，并在三月的进攻战役中，由该线向德米特里耶夫－利戈夫斯基、谢夫斯克、中布达和日霍韦总方向进攻的结果。

随后发生的事件表明，敌人预料到我们将会对科诺托普、罗姆内、米尔哥罗德一带，其南方集团的后方发动强大的打击。为了阻止我们的进攻，并以此消除其南方的全部军队所面临的威胁，敌人迅速开始从西方面军和加里宁方面军处抽调大批兵力到中央方面军对面……

2. 截至1943年3月10日，德国第二坦克集团军和第二集团军下列集团中的若干兵团正在与中央方面军各部交战……

与中央方面军对峙的一线之敌至少共有18个师……位于第二线、作为预备队或正在行军的师合计不多于19个，其中最多有13个步兵师（两个匈牙利师、一个意大利师和一个西班牙师），以及最多两个摩托化师（装甲掷弹兵师）、三个装甲师和一个骑兵师。

3. 敌人最为密集的兵力仍然位于第65集团军的战线对面（一线兵力至少有

七个师），并且正在继续得到各种手段的增援。敌预备队的主力位于洛科季、特鲁布切夫斯克、诺夫哥罗德－谢韦尔斯基和中布达（不多于八个师）。所有上述敌军的集中不是为了采取积极行动，而是被动地集中起来，防止我军沿谢夫斯克、克罗列韦茨、科诺托普、罗姆内方向发动进攻。

春季的泥泞和春汛严重阻碍了敌人兵力的变更部署，也影响敌人集中必要的兵力和装备到我军可能的进攻方向上。

因此，可以假定，敌人将在泥泞时期保持现有的编组，并在泥泞时期结束后，着手重新编组自己的兵力和武器，准备转入积极行动。

4. 敌人1943年春夏季期间进攻的目标和可能方向为：

a. 根据现有兵力和兵器，最重要的是根据1941年和1942年各次进攻战役的结果，预计敌人在1943年春夏季的进攻仅会在库尔斯克—沃罗涅日战役方向上实施。敌人在其他方向上发动进攻的可能性很小。

战争现阶段的总体战略形势下，确保克里米亚、顿巴斯和乌克兰得到稳固控制对德国有利，为此目的，必须将战线推到什捷罗夫卡、旧别利斯克、罗韦尼基、利斯基、沃罗涅日、利夫内、诺沃西利一线。为实现这一目标，敌人至少需要60个步兵师，并提供相应的航空兵、坦克兵和炮兵支援。而在该方向上，敌人是能够集中这个数量的兵力和兵器的。

这就是为什么库尔斯克—沃罗涅日战役方向会变得至关重要。

b. 根据上述战役设想，预计敌军主力将同时沿内半径和外半径发动进攻。内半径为：由奥廖尔地域经克罗梅攻向库尔斯克，同时由别尔哥罗德地域经奥博扬攻向库尔斯克，外半径为：由奥廖尔地域经利夫内攻向卡斯托尔诺耶，同时由别尔哥罗德地域经旧奥斯科尔攻向卡斯托尔诺耶。

c. 如果我方没有采取措施应对敌人的这一企图，那么敌人在上述方向上的战役胜利就可能导致我中央方面军和沃罗涅日方面军的军队全面溃败，敌人就会夺取对自己至关重要的奥廖尔—库尔斯克—哈尔科夫铁路干线，并使其军队前出至一条比较有利的战线，从而保证自己可以牢牢地控制克里米亚、顿巴斯和乌克兰。

d. 直到春季泥泞和春汛结束前，敌人都无法开始向可能的进攻方向变更部署和集中兵力，也无法建立必要的预备队。因此，预计敌人可能会在1943年5

月下半月转入决定性进攻。

5. 在当前的战役情况下，我认为采取下列措施是恰当的：

a. 以西方面军、布良斯克方面军和中央方面军的兵力共同歼灭敌奥廖尔集团，从而使敌人既没有机会由奥廖尔地域经利夫内向卡斯托尔诺耶实施突击，又无法夺取对我至关重要的姆岑斯克—奥廖尔—库尔斯克铁路干线，并使敌人不可能利用布良斯克附近的铁路网和土路网。

b. 为了扰乱敌人的进攻战役，必须给中央方面军和沃罗涅日方面军加强航空兵，主要是歼击航空兵，并给每个方面军加强不少于十个反坦克歼击炮兵团。

c. 希望能在利夫内、卡斯托尔诺耶、利斯基、沃罗涅日、叶列茨地域配置强大的大本营预备队。

签名：中央方面军参谋长马利宁中将[2]

沃罗涅日方面军的战略估计

发自沃罗涅日方面军，1943年4月12日
红军总参谋部作战局局长安东诺夫上将：

目前，已判明沃罗涅日方面军当面之敌为：

1. 第一线有九个步兵师（第26、第68、第323、第75、第255、第57、第332、第167师，以及一个番号不明的师）。这些师占领着沿红十月村、大切尔涅特奇纳、克拉斯诺波利耶、卡扎茨科耶的战线。据俘虏供称，番号不明的那个师是开往索耳达茨科耶地域，与第332步兵师换防的。

上述情报正在核实中。另有未经核实的情报称，敌人的第二梯队中有六个步兵师。这些师的位置目前未查明，对这项情报也正在核实。

根据无线电侦察得到的情报，哈尔科夫地域有一个匈牙利师的师部。该师可能是准备调往次要方向的。

2. 目前，敌人总共有六个装甲师〔“大德意志”（Velikaia Germaniia）、“阿

道夫·希特勒”“髑髅”（Mertvaia golova）、“帝国”（Reich）、第6和第11师〕，其中三个师在第一线，三个师（“大德意志”、第6和第11装甲师）在第二线。据无线电侦察得到的情报，敌第17装甲师的师部驻地已由阿列克谢耶夫斯科耶迁往塔尔诺夫卡，这表明该师正在向北调动。根据现有兵力来看，敌人有可能由西南方面军对面向别尔哥罗德地区增调三个坦克师。

3. 因此，敌人很有可能在沃罗涅日方面军当面组建一个由十个装甲师和不少于六个步兵师组成的突击集群。该集群总计将有1500辆坦克，预计会集中在鲍里索夫卡、别尔哥罗德、穆罗姆、卡扎奇亚洛潘地域。该突击集群可能会得到约500架轰炸机和不少于300架歼击机的航空兵支援。

敌人的企图是，从别尔哥罗德地域向东北，并从奥廖尔地域向东南实施向心突击，以合围位于别尔哥罗德、库尔斯克一线以西的我军兵力。

随后，预计敌人将在东南方向进攻，企图突入我西南方面军的翼侧和后方，其最终目标是向北推进。

但是，也不能排除另有一种可能，即敌人决定在本年内不再向东南发起进攻，转而采取另一项计划，即在完成从别尔哥罗德和奥廖尔地域实施的向心突击之后，改向东北发起进攻，企图以大范围的机动迂回莫斯科。

必须考虑到这种可能性，并相应地准备好各种资源。

因此，在沃罗涅日方面军当面，敌人可能会从鲍里索夫卡、别尔哥罗德地域向旧奥斯科尔方向实施主要突击，并以部分兵力向奥博扬和库尔斯克实施突击。辅助突击预计会发生在沃尔昌斯克—新奥斯科尔方向和苏贾—奥博扬—库尔斯克方向。

敌人目前尚未做好大规模进攻的准备。这次进攻的发起时间预计不会早于本年4月20日，但更可能会在5月初。

但是，局部的进攻随时都有可能发生。因此，我要求我军长期保持全面的战斗准备。

签名：费多罗夫·尼基京、费多托夫·科尔热涅维奇[3]

沃罗涅日方面军的报告

——沃罗涅日方面军司令部致斯大林同志，关于本方面军当面之敌集结情况和进攻战役准备工作有关设想的报告

绝密：特别重要

仅限专人阅读，1943年4月21日

最高统帅苏联元帅斯大林同志：

我报告如下：

1. 目前，已判明下列敌人（的兵力）正位于沃罗涅日方面军当面：

a. 八个步兵师位于第一线，占领着沿红十月村、大切尔涅特奇纳、克拉斯诺波利耶、卡扎茨科耶的战线（第26、第68、第323、第75、第255、第57、第332、第167师，以及一个番号不明的师）。

根据未经证实的情报，有六个德国步兵师位于第二线，另据无线电侦察得到的情报，哈尔科夫地域有一个匈牙利师，科诺托普地域有一个匈牙利军，一旦进攻战役打响，德国人可以把这个军投入次要方向，用替换下来的兵力加强德国的突击集群。

根据中央方面军第60集团军司令员切尔尼亚霍夫斯基少将的个人报告，敌人已将第340和第377步兵师撤出该集团军当面，并调往南方。

b. 我们必须估计到，敌人现在已有多达八个装甲师，其中三个师在第一线，多达五个师正在第二线补充。

第二梯队装甲师的集结情况是，不多于二个装甲师位于特罗斯佳涅茨和阿赫特尔卡地域及其以东的树林里，不多于三个装甲师位于哈尔科夫及其以北。

另外，根据敌兵力的分布现状，敌人为了进攻还可以从西南方面军的战线将两到三个装甲师前调至别尔哥罗德地域。

因此，敌人为了进攻，可以在沃罗涅日方面军当面集结起多达20个步兵师和多达11个装甲师（约1600辆坦克），其中，他可以在主要方向上动用多达十个步兵师和多达十个装甲师（1500辆坦克）。

敌突击集群能够得到强大的航空兵支援，其中有多达500架轰炸机和不少

于300架歼击机。

我们没有得到关于敌人意图的文件情报。不过，敌人最有可能采取的计划是：敌人将准备发动进攻，并从别尔哥罗德—鲍里索夫卡地域向东北，从奥廖尔地域向东南发动向心突击，以合围位于别尔哥罗德—库尔斯克一线以西的我方军队。

随后，敌人将会试图再次向东南方向进攻，突入西南方面军的后方，然后再转向北方，或者，他会放弃今年年内朝东南方向发动进攻的想法，转而采取另一个方案，即在别尔哥罗德和奥廖尔地域的向心突击结束后，转向东北发动进攻，并迂回莫斯科。

鉴于存在这种可能，我们必须加以考虑，并相应地准备预备队。

因此，沃罗涅日方面军当面之敌极有可能会从鲍里索夫卡、别尔哥罗德地域出发，沿旧奥斯科尔方向发动主要突击，并以其部分兵力进攻奥博扬和库尔斯克。

可以预料，敌人将在沃尔昌斯克—新奥斯科尔—苏贾方向，奥博扬方向和库尔斯克方向发动辅助突击。

敌人尚未做好发动大规模进攻的准备，我们必须预料到他的进攻将在五月刚开始的几天内打响。

以往的经验表明，敌人的进攻主要依赖于其航空兵、坦克和摩托化步兵。因此，现在有必要制定一项大规模空中战役的计划，把敌航空兵歼灭在其机场上。在开始执行这一计划的同时，还应当采取最细致周密的措施，准备击退敌人的大规模坦克突击，并摧毁其坦克。

今年春季，敌人使用过下列新式武器：装备37毫米火炮的反坦克攻击机、拥有厚实前装甲并装备一门88毫米主炮的T-6重型坦克。早在冬季期间，敌人就已装备了一种机枪，按照俘虏的供词，这种机枪的射速高达每分钟1400发子弹。

2. 沃罗涅日方面军的军队正在继续休整补充。

由于武器和军装的运输出现一定程度的延误，第一梯队各集团军的休整补充工作预计会在1943年4月25日前完成，第69集团军会在1943年5月5日前完成。这一工作结束后，各师的兵力将会上升到每师7000—8000人。

运往近卫坦克第2军和近卫坦克第5军的坦克已部分接收，整补工作大致将在1943年4月25日前全面完成。

预计方面军的其余全部坦克部队将在1943年5月1日前完成整补工作，主要通过修理措施来完成。

另外，已转隶本方面军的独立步兵第7军，即将抵达自己的新指定地域。该军的整补工作将在1943年4月25日前完成。

因此，本方面军的军队将会在1943年5月5日前完成全部休整补充工作，并全面做好战斗准备。届时，本方面军将有：

31个步兵师

7个步兵旅

2个骑兵师

2个坦克军

6个独立坦克旅

7个独立坦克团

6个反坦克歼击炮兵旅

24个反坦克歼击炮兵团，其中12个团尚处于组建阶段

3个自行火炮团

9个最高统帅部预备队加农炮兵团和1个最高统帅部预备队加农炮兵师，其中有5个团正在沿铁路运输

3个最高统帅部预备队榴弹炮兵团

12个迫击炮兵团，其中7个团尚处于组建阶段或正在沿铁路运输

2个M–8近卫火箭炮兵团

5个M–13近卫火箭炮兵团

2个M–30近卫火箭炮兵团

27个反坦克步兵营，全部正处于休整补充的过程当中

合计共540辆坦克、101架歼击机、173架强击机、170架昼间轰炸机和43架夜间轰炸机，1943年4月17日的飞机总数为487架。

双方的兵力对比见第1号附件。

3. 在休整补充期间，本方面军各集团军的任务是牢固地占领阵地，不允许敌军达成任何形式的突破。

一旦敌人发动进攻，首先应以防御交战击败敌人，然后选择对我有利的时机，转入进攻并歼灭敌人。

关于实施防御的具体决心已在我的第0093号命令和所附地图当中阐明，一套副本已经呈报给您。

随本报告附上一份经过核实的方面军防御组织状况的地图。

第2号附件①

准备在防御中采用的基本要点：

a. 建设纵深防御，不仅要准备好一系列防御地区，还要派遣兵力占领。这一点应当能够防止敌人实现战役突破。

b. 组织大纵深、高密度的对坦克防御，特别是在坦克行动的主要方向上。为此，我们制定出一套谨慎的对坦克防御计划，并已在纵深处梯次配置防坦克地域，在前沿的前方和纵深处均设置了防坦克的工程障碍物和防坦克地雷场，配备火焰喷射器，并沿敌坦克可能的行进方向预先准备好炮兵、近卫火箭炮兵的火力和航空兵突击。

在战役后方纵深内广泛准备障碍物，所有部队和兵团都设有快速反坦克预备队。

c. 组织可靠的对坦克防御，具体方法是做好作战兵团的掩护和伪装措施，并在重要方向上大规模使用高射兵器。

然而，最有效的对空防御手段是将敌人的飞机摧毁在其机场上，并摧毁其燃料储备。为此，必须及时使用所有各方面军的航空兵，以及远程航空兵。

d. 机动的准备工作和实施过程，是防御获胜的基础。

反坦克武器、炮兵和近卫火箭炮兵的部队，第二梯队和预备队均应采取各

① 译注：该附件插入了文件中间，原文如此。

种措施掩护机动，以便在敌人的突击方向上快速建立起高密度的大纵深防御，迅速集结兵力实施反冲击，并取得必要的兵力优势以发动反突击。

另外，我还要具体报告击退敌人大规模坦克突击的具体措施。我已下定决心不惜一切代价实现这个目标：

a. 按照编制表的规定，用反坦克枪和反坦克炮充分装备所有部队和兵团，并为工兵和工程兵部队配备超过编制数量的反坦克枪。

b. 1943年4月25日前，为所有的反坦克歼击炮兵旅和反坦克歼击炮兵团配齐全部装备，并将其按照下列方式分配给各集团军：第38集团军和第40集团军——各一个反坦克歼击炮兵旅和三个反坦克歼击炮兵团；第21集团军（即近卫第6集团军）——六个反坦克歼击炮兵团和自行火炮团[①]、两个反坦克歼击炮兵旅；第64集团军（近卫第7集团军）——六个反坦克歼击炮兵团和自行火炮团、一个反坦克歼击炮兵旅；第69集团军——一个反坦克歼击炮兵旅。另外，1943年4月25日前，应将六个反坦克歼击炮兵团和三个轻型炮兵团编入方面军预备队。

c. 1943年4月25日前，应在第38集团军和第40集团军各组建和装备三个反坦克步兵营，第21集团军和第64集团军各五个反坦克步兵营，第69集团军三个反坦克步兵营，方面军预备队五个反坦克步兵营。另外，正在从大本营预备队接收三个反坦克步兵营。因此，总共将会达到27个反坦克步兵营。

d. 已经下达任务，要在四月期间埋设15万枚反坦克地雷。

e. 实施过程的具体细则，应按照我1943年4月12日发出的第52/k号密码电报内容，该电报的一份副本已转呈红军总参谋长。

4. 同时，我要报告我对几场进攻战役准备工作的一些想法。因为这些进攻战役必须与其他方面军密切协同，所以我必须把报告的设想范围从沃罗涅日方面军，扩大到相关的友邻方面军。1943年夏季战局期间在战线南段发动进攻战役时，目标应当是粉碎乌克兰境内的敌武装力量，把他们彻底赶出左岸乌克

---

① 译注：原文此处缺regiments。

兰，在第聂伯河右岸夺取大规模的登陆场，前出至克列缅丘格—克里沃罗格—赫尔松一线，并在情况对我有利时，前出至切尔卡瑟—尼古拉耶夫一线。这一宏伟目标的实现，将使敌人丧失最富饶的粮食产地、大型工业区和中心城市，如顿巴斯（顿涅茨盆地）、克里沃罗格、哈尔科夫和第聂伯罗彼得罗夫斯克；粉碎德国陆军最积极活跃集团的战斗力，并使我们逼近德国的南方盟国，从而加快这些国家退出战争的速度。

因此，一旦设想中的这场大会战能够按计划取得成功，就应适时投入大批大本营预备队，最大限度地发展胜利，并在这里取得足以决定整场战争结局的战果。彻底完成这一系列进攻战役的过程，可以分成以下三个阶段：

a. 由几场战役组成的第一阶段是最重要的阶段，应当通过沃罗涅日方面军和西南方面军共同发起的几场进攻战役，合围并歼灭敌人的哈尔科夫—别尔哥罗德集团，夺取哈尔科夫，前出至苏梅—阿赫特尔卡一线，并沿沃尔斯克拉河向更远处的波尔塔瓦、卡尔洛夫卡、扎切皮洛夫卡[①]、佩列谢皮诺、奥列利卡[②]、克拉斯诺巴甫洛夫卡和彼得罗夫斯卡亚。

敌哈尔科夫—别尔哥罗德集团的彻底粉碎将会引发敌人的大规模溃败，并使其最活跃的部队失去战斗力。夺取上述指定地区，并不意味着简单地力求收复国土，而是要把敌顿巴斯集团与其中央方向的集团分割开来，以便深远迂回敌顿巴斯集团，进而为随后合围该集团创造有利条件。预计战役第一阶段的进攻纵深为200公里，持续时间不多于15天。

b. 整场会战的第二阶段应当是沃罗涅日方面军、西南方面军和南方面军共同发起的一场进攻战役，目的是合围并歼灭敌人位于波尔塔瓦、第聂伯罗彼得罗夫斯克、第聂伯河一线以东的整个集团，进抵苏梅、米尔哥罗德、普肖尔河、克列缅丘格、第聂伯河、梅利托波尔一线（见第3号附件中的地图）。在这场战役当中，沃罗涅日方面军左翼应当攻击第聂伯罗彼得罗夫斯克，并以部分兵力攻击克列缅丘格。西南方面军应以其右翼向东南和南方向发动主要突击，以便把战线向东推进至马里乌波尔、沃尔诺瓦哈、斯大林诺、坎季尼罗夫斯卡亚、

① 译注：原文Zachepilivka拼写有误。

② 译注：原文Orel'ko拼写有误。

斯拉维扬斯克一线，并把敌顿巴斯集团从后方牢牢地封锁起来。西南方面军的其余兵力应进抵第聂伯罗彼得罗夫斯克、第聂伯河、梅利托波尔一线，建立一条面向西方的战线，并阻止敌人以任何兵力前来解救陷入合围的敌顿巴斯集团。南方面军应适时以其右翼向斯拉维亚诺谢尔布斯克、杰巴利采沃和斯大林诺方向发动进攻。西南方面军和南方面军应在战役期间严密可靠地合围敌人于顿巴斯。在此过程中，一旦情况对我有利，就不排除由南方面军单独歼灭被围之敌，而西南方面军继续向西进攻的可能。沃罗涅日方面军在战役这一阶段的进攻纵深应为200公里，西南方面军的进攻纵深应为300公里。如能做好必要的准备，完成这一阶段最多需要30天。

c. 第三阶段应当是沃罗涅日方面军、西南方面军、南方面军和中央方面军共同发起的总攻，目的是前出至第聂伯河、克列缅丘格、克里沃罗格、赫尔松一线，并在情况对我有利时，进抵第聂伯河、切尔卡瑟、尼古拉耶夫一线。关于推进的大致方向，见第5号附件。显然，第三阶段同样会令敌人被合围的顿巴斯集团彻底粉碎。会战第三阶段的进攻纵深为300公里。完成这一阶段最多需要30天。因此，整场会战的全部纵深多达700公里，需要用两个半月完成。现在很难预计会战的具体发起时间。为此，有必要在防御交战过程中选择有利时机。大致来说，应在6月之内发起。

5. 沃罗涅日方面军能够在两种不同情况下，打响以歼灭敌哈尔科夫—别尔哥罗德集团为目的的第一场进攻战役，即：

a. 敌人先于我们转入进攻，并攻击我防线的情况；这是最有可能出现的，也是当前条件下我们最愿意接受的情况。

b. 我们率先转入进攻，并攻击敌防线的情况。

发生第一种情况时（见第3号附件中的地图），沃罗涅日方面军应当首先实施防御交战，并在此过程中耗尽敌人的力量，防止敌人突破我防线，挫败其意图，并选择有利时机转入反攻，争取合围并彻底歼灭敌军主力。

在这种情况下，一旦敌人取得某种形式的进展，我们就必须在别尔哥罗德以北对他发起强有力的反突击。为此，大致应由近卫第6集团军（以及坦克第1集团军、另外两个坦克集团军等）和近卫坦克第2军，得到加强后，在方面军航空兵的支援下，发起方面军的主要突击，沿托马罗夫卡、小皮萨列夫卡方向从西面迂回哈尔科夫，并向更为深远的克拉斯诺格勒、梅列法一线前进。

加强有三个坦克旅和三个坦克团的近卫第7集团军，将沿别尔哥罗德—哈尔科夫方向实施辅助突击，同时应沿北顿涅茨河卷击敌人的战线。我认为，这一突击若能与下列突击结合在一起，不仅是合理的，也是必要的。

a. 西南方面军以两个集团军和一个坦克集团军的兵力，从萨温齐以南的登陆场向阿列克谢耶夫斯科耶方向发动主要突击，并继续向新沃多拉哈、克拉斯诺格勒一线推进，与此同时，应沿扎切皮洛夫卡、佩列谢皮诺、奥列利卡、克拉斯诺巴甫洛夫卡、彼得罗夫斯卡亚一线构筑一条坚固的防线。

b. 西南方面军以第6集团军的兵力，从莫赫纳奇、切尔克比什金一线向哈尔科夫、新沃多拉哈一线实施辅助突击。

这两个方面军沿上述方向推进，将会最大数量地合围并歼灭敌兵力，并会最终导致敌人的防线出现一个超过300公里宽的巨大突破口。

战役过程中，为了从西面掩护沃罗涅日方面军的主要突击：

a. 第38集团军及两个坦克旅的任务是实施顽强的防御，只在自己左翼发动规模有限的攻击。

b. 第40集团军及近卫坦克第5军、一个坦克旅和两个坦克团，应以其左翼向西发动攻击，其任务是卷击克拉斯诺波利耶、索尔达茨科耶地段的敌人防线，并前出至苏梅（含）、特罗斯佳涅茨一线。

c. 战役期间，有必要向第40集团军和近卫第6集团军之间投入加强有坦克的第69集团军，其任务是沿格赖沃龙、科捷利瓦方向实施进攻，并前出至阿赫特尔卡、奥珀什尼亚一线。

d. 战役后续时间，应当向第69集团军和近卫第6集团军之间再投入一个集团军，并在一个坦克集团军的协同动作下，沿博戈杜霍夫、波尔塔瓦方向发展胜利，其任务是夺取波尔塔瓦地域，并前出至奥珀什尼亚、波尔塔瓦、马舍夫卡一线。

沃罗涅日方面军在自己的编成内没有可以用于主要突击方向的这个集团军和额外的一个坦克集团军，因此有必要为本方面军配属这两个集团军。另外，沿南和西南方向发动主要突击时，有必要考虑敌人可能会由苏梅、阿尔赫特尔卡和列别金地域向我发起反冲击，对我侧翼构成持续威胁。为挫败敌人的反冲击，本方面军必须在右翼的米罗波利耶、别洛耶和苏贾地域梯次配置强大的预备队。我认为这支预备队应当包括近卫步兵第35军、近卫骑兵第6军和一个坦克集团军，这个坦克集团军同样应当额外配属给沃罗涅日方面军。会战的第二阶段期间，这支预备队将会被用于积极作战。取而代之的是，用来自大本营预备队的一个坦克集团军和一个诸兵种合成集团军，组建一支新的预备队。因此，沃罗涅日方面军应当在第一场战役中，将战线总体上推进到大切尔涅特奇纳、下瑟罗瓦特卡、阿赫特尔卡、波尔塔瓦、卡尔洛夫卡一线，其中包括扎切皮洛夫卡。与此同时，近卫步兵第35军、近卫骑兵第6军和一个坦克集团军应作为预备队配置在米罗波利耶、别洛耶、苏贾地域，而近卫第7集团军也作为预备队配置在哈尔科夫地域。这一措施将为本方面军提供迅速发动后续战役的能力。西南方面军的军队若能在其第一场战役中，总体上前出至扎切皮洛夫卡、佩列谢皮诺、奥列利卡、克拉斯诺巴甫洛夫卡、彼得罗夫斯卡亚一线将较为适宜，我军随后便可从这条战线发起新的进攻，突入敌顿巴斯集团的后方。

建议各方面军的分界线（如下）：

a. 沃罗涅日方面军与西南方面军：沃洛科诺夫卡、沃尔昌斯克、哈尔科夫、梅列法、克拉斯诺格勒、布佐夫卡。以上地点均属沃罗涅日方面军。

b. 沃罗涅日方面军与中央方面军：旧奥斯科尔、上罗伊特茨、索尔达茨科耶、红十月村、谢伊姆河、普托夫利、涅扎洛夫卡、谢伊姆河、切尔尼戈夫。除旧奥斯科尔和切尔诺戈夫外，其他地点均不属沃罗涅日方面军。

如果第一场进攻战役是沃罗涅日方面军主动攻击防御之敌的第二种情况，我建议应根据第4号附件中的地图，确定这样一场战役需要的兵力编成。

根据这一方案的兵力计算结果，与第一种情况基本相同，而在右翼配置强大预备队将具有更明显的意义。

在这两种情况下，必须预见到应以沃罗涅日、西南、南和中央方面军的航空兵，以及远程航空兵的密切协同和按计划使用，歼灭敌人的航空兵和作战人员，特别是其主要集团。

有必要趁敌人还在为自己的进攻做准备时，着手以几个方面军的航空兵共同出击，歼灭敌航空兵于机场，破坏其军队集中，干扰其铁路运输。

因此，进攻战役开始之前，应当为沃罗涅日方面军加强 (a) 一个下辖六个步兵师的集团军；(b) 三个坦克集团军（包括卡图科夫坦克第1集团军的配属兵力）。预计在会战期间，第二阶段开始之前，还需向沃罗涅日方面军调拨一个坦克集团军和一个诸兵种合成集团军。另外，萨维茨基的歼击航空兵军调离后，需要以一定数量的歼击航空兵加强本方面军。

我请求：

1. 批准上述建议。

2. 进攻战役开始之前，为沃罗涅日方面军加强：(a) 一个下辖六个步兵师的集团军；(b) 三个坦克集团军；(c) 三个独立坦克旅；(d) 用一个歼击航空兵军替换调走的萨维茨基歼击航空兵军。另外，应为方面军航空兵各兵团补充飞机，使方面军的飞机总数不少于1000架，其中歼击机多达600架。

3. 会战期间，第二阶段开始前，向本方面军再调拨一个坦克集团军和一个诸兵种合成集团军。

4. 会战开始前，按照额外的消耗标准为方面军地面各兵种和航空兵提供弹药和燃料。

附件：

1. 双方兵力对比表

2. 方面军防御组织状况的地图。

3. 地图——1943年夏季战局的会战各阶段划分，以及第一场和第二场战役的规划。

4. 地图——在我方首先转入进攻的情况下，第一场战役的规划。

签名：沃罗涅日方面军司令员瓦图京大将、沃罗涅日方面军军事委员会委员赫鲁晓夫中将

方面军参谋长科尔热涅维奇少将[4] ①

① 译注：他于1943年5月30日调任西南方面军参谋长，新任参谋长是附录B中的S. P. 伊万诺夫中将。

大本营命令

1943年4月25日大本营关于沃罗涅日方面军计划的决定（如下）：

我们认为，沃罗涅日方面军战役计划中的第一阶段是正确的。

从4月28日起，卡图科夫的坦克集团军转隶沃罗涅日方面军。该方面军必须在5月10日前做好一切防御准备。

该方面军必须不迟于6月1日做好发动进攻战役的准备。我们将在与西南方面军司令员讨论后，下定关于第一条内容的最后决心。

沃罗涅日方面军司令员应在5月20日前将近卫步兵第7军①编入方面军预备队。

签名：A. 华西列夫斯基[5]

大本营训令

摘自1943年5月5日下达布良斯克、中央、沃罗涅日和西南各方面军司令员的大本营训令。

最近几天，我们注意到在奥廖尔、别尔哥罗德和哈尔科夫地域，敌人有相当规模的兵力调动和运输活动，并有军队向前线开进的情况。这提醒我们，部分敌人很可能会在近期展开积极行动。

最高统帅部大本营要求你注意下列事项：

1. 全面执行预定计划，使用方面军航空兵歼灭敌航空兵，并干扰其铁路和公路的运作……

2. 为了发现敌人的兵力集结情况及其意图，应最大限度地关注所有类型的情报。这段时间里，有必要每天捕俘，特别是在方面军所属的最重要地段上。

3. 再度检查你方面军的防御状态和对安全问题的警惕性，并保证所有人员和武器，包括各军兵种、各集团军和方面军预备队，全面做好战斗准备，随时迎击敌人预有准备的进攻。抓紧每一个小时来加强防御。通过你司令部派出的责任代表亲自组织这些检查。

签名：A. 华西列夫斯基、安东诺夫[6]

---

① 原注：应为集团军。

最高统帅部大本营训令

第12248号方面军训令，1943年5月8日4时20分

关于第27集团军和近卫第5集团军的变更部署事宜

草原方面军司令员：

最高统帅部大本营命令如下：

1. 第27集团军（不含步兵第126旅）应运动至叶列茨、伊兹马尔科沃、利夫内、多尔戈鲁科沃地域，其任务是可靠掩护叶列茨铁路枢纽和叶列茨、多尔戈鲁科沃之间铁路沿线，并准备大致沿伊兹马尔科沃、利夫内、克申河一线布设防线。

准备从利夫内地域，向小阿尔汉格尔斯克和希格雷方向实施反突击。

该集团军已加强有一个坦克旅和一个一线坦克团，这两个兵团应沿铁路运动至叶列茨火车站。

步兵第126旅应留在原地，转隶即将抵达该地域的第52集团军司令员。

2. 第53集团军应牢固控制卡斯托尔诺耶铁路枢纽和多尔戈鲁科沃—戈尔舍奇诺耶地段的铁路沿线，并准备沿克申河布设防线。

准备从卡斯托尔诺耶地域，向库尔斯克和奥博扬方向实施反突击。

该集团军已加强有两个一线坦克团，这两个团应沿铁路运动至卡斯托尔诺耶火车站。

3. 近卫第5集团军应运动至旧奥斯科尔、亚斯特列博夫卡、大霍普尔恩、切尔尼扬卡地域，任务是可靠掩护戈尔舍奇诺耶、旧奥斯科尔、切尔尼扬卡地域（含上述各地），并且准备大致沿亚斯特列博夫卡、伊斯托布诺耶、白科洛杰济一线布设防线。沿旧奥斯科尔、切尔尼扬卡一线展开三个不满员的步兵师。准备从旧奥斯科尔地域，向奥博扬和别尔哥罗德方向实施反突击。

4. 上述集团军的变更部署应于5月15日前完成，除步兵第155师外，均徒步行军。步兵第155师通过铁路从斯塔诺瓦亚车站运送到（叶列茨附近的）捷列吉诺车站。

自5月9日晨开始上述运动，并且只允许在夜间进行。

应特别注意伪装措施。

迅速从上述集团军派遣若干指挥小组，前往勘察防线和军队的新展开地域……

奉最高统帅部大本营指示发布。

签名：A. 华西列夫斯基、安东诺夫[7]

沃罗涅日方面军的防御

沃罗涅日方面军防御地区1943年5月12日时的技战术概况

沃罗涅日方面军的防御配系包括下列地带：

1.（长度）244公里的主要防御地带

2.（长度）235公里的第二防御地带

3.（长度）258公里的集团军后方防御地带

4.（长度）94公里的斜切地区和斜切阵地

5.（长度）150公里的方面军第一后方防御地区

6.（长度）175公里的方面军第二后方防御地区，含旧奥斯科尔和新奥斯科尔

7.（长度）140公里的方面军斜切地区

总计，该方面军防御配系内，防御地带的总长度为1288公里。

主要防御地带的建设工作已全部由军队单独完成，第二防御地带和集团军后方防御地带已由军队和当地居民共同建设完成，各方面军防御地区正在由方面军下属的第38防御工程管理局（UOS–38）和第27防御工程管理局（UOS–27）负责建设。

对该方面军来说，最重要的方向有：

1. 苏梅、苏贾、索尔达茨科耶

2. 克拉斯诺波利耶、米罗波利耶、苏贾

3. 红亚鲁加、别拉亚

4. 托马罗夫卡、伊夫尼亚、奥博扬

5. 别尔哥罗德、普罗霍罗夫卡、马里诺

7. 别尔哥罗德、科罗恰

6.[①] 沃尔昌斯克、大米哈伊洛夫卡……

10. 沃尔昌斯克—沃洛科诺夫卡

敌人最有可能的突击方向是别尔哥罗德、奥博扬方向和别尔哥罗德、科罗恰方向。有鉴于此，近卫第6集团军防御地带的工事建设得最为完善。下文逐一叙述每个集团军防御地带的具体情况。

第38集团军

1. 该集团军主要防御地带的前沿总长度为80公里，由34个营防御地域组成。防御地带穿过不同类型的地形，其中从斯纳戈斯季到皮萨列夫卡的地段是开阔地，从皮萨列夫卡到克拉斯诺波利耶的地段是树林地。平均每个营占领的防御正面是2.5公里。在与中央方面军接合部，即右翼的斯纳戈斯季、柳比莫夫卡和卡萨奇亚洛克尼亚一带，营防御地域呈梯次配置。

可能遭到坦克攻击的方向，例如斯纳戈斯季、柳比莫夫卡、特罗伊茨科耶、乌斯片斯科耶、弗拉基米罗夫卡、沃多拉吉、别洛沃季方向，霍坚、尤纳科夫卡方向，大切尔诺季奇纳、比里洛夫卡方向，格雷比纳亚、季莫费耶夫卡方向，以及克拉斯诺波利耶、乌格罗耶季方向，均已得到包括地雷、堵塞物、桩砦、防坦克壕在内的防坦克障碍物配系掩护。各部队的人员和建制射击武器已可使用基本的筑城工事。

主要防御地带的每公里正面平均密度为：

防坦克地雷　122枚

防步兵地雷　64枚

① 原注：原文如此。

防坦克障碍物　0.22公里
防步兵障碍物　0.5公里
机枪射击工事　11个
避弹所和地堡　3.2个
迫击炮掩体　4个
反坦克枪掩体　2.6个
火炮掩壕　3.3个
交通壕　1.25条

可能遭到坦克攻击的主要方向上，埋设地雷的密度为：右翼——每公里正面1800—2000枚防坦克地雷和防步兵地雷；左翼——每公里正面700—900枚防坦克地雷和防步兵地雷。

2. 第二防御地带同样穿过不同类型的地形，并且通过占领各处制高点，可以向前俯瞰四至六公里远的地方。第二防御地带的正面绵延60公里，由25个营防御地域组成。在某些地点，例如斯维尔利科辛纳的“戈尔纳亚”和小雷布尼察，营防御地域呈梯次配置，直至团防御地段的纵深。所有营防御地域均已投入使用。

第二防御地带的每公里正面平均密度为：

防坦克地雷　10枚
防步兵地雷　4枚
防坦克障碍物　0.23公里
机枪射击工事　6.5个
避弹所和地堡　3个
迫击炮掩体　5个
反坦克枪掩体　6个
火炮掩壕　2.2个
交通壕　1.8条

3. 集团军后方防御地带的正面绵延50公里，由35个营防御地域组成。该防御地带的前沿位于伊夫尼察河、苏贾河和普肖尔河一线。位于渡口附近的营防御地域，充分利用了河流旁边的高地和居民点，并已做好这些地点的防御准备。

第三防御地带的每公里正面平均密度为：

防坦克障碍物 0.1公里

机枪射击工事 7个

避弹所和地堡 6.1个[①]

迫击炮掩体 6个

反坦克枪掩体 5个

火炮掩壕 2.6个

交通壕 1.4条

已在集团军防御地带内建成下列斜切阵地：马赫诺夫卡、米罗波利耶地段：全长20公里，共9个营防御地域；索尔达茨科耶、新马赫诺夫卡[②]地段：全长24公里，共6个营防御地域。

所有营防御地域均已投入使用。

第40集团军

1. 主要防御地带的正面绵延50公里，由30个营防御地域组成。在左右两翼，营防御地域呈梯次配置，直至团防御地段的纵深。该防御地带配备一套由交通壕连接起来的基本射击工事配系，其工事数量足以容纳占领该防御地带的师现有人员。

可能通行坦克的地段有：亚历山德罗夫卡—乌斯片斯科耶，普什卡尔诺耶—波克罗夫斯科耶—维亚佐沃耶，以及别列佐夫卡—红亚鲁加。这些地段的总宽度约24公里，主要使用防坦克障碍物掩护。

---

① 译注：原文为公里。

② 译注：原文简单缩写为N. Makhnovka，可能是Novye（新），也可能是Nizhnee（下）。

主要防御地带的每公里正面平均密度为:

防坦克地雷 140枚
防步兵地雷 75枚
防坦克障碍物 0.18公里
防步兵障碍物 0.16公里
机枪射击工事 11个
避弹所和地堡 10个
迫击炮掩体 7.5个
反坦克枪掩体 7.5个
火炮掩壕 6个
交通壕 2.3条

2. 第二防御地带横跨开阔地,主要使用露天式射击工事。地带的正面绵延50公里,由20个营防御地域组成。

第二防御地带的每公里正面平均密度为:

防坦克障碍物 0.08公里
防步兵障碍物 0.01公里
机枪射击工事 26个
避弹所和地堡 5个
迫击炮掩体 13个
反坦克枪掩体 9个
火炮掩壕 6.6个
交通壕 3.3条

3. 集团军后方防御地带沿普肖尔河布设,正面绵延40公里,由18个营防御地域组成。该地带主要使用露天式射击工事。

集团军后方防御地带的每公里正面平均密度为:

机枪掩体 7.5个
迫击炮掩体 1.5个
反坦克枪掩体 2个
火炮掩壕 1.5个
交通壕 1.55条

近卫第6集团军

1. 主要防御地带的正面绵延64公里，由21个营防御地域组成。在左右两翼和德拉贡斯科耶，营防御地域呈梯次配置，直至团防御地段的纵深。另外在右翼沿科维列夫卡、扎维多夫卡一线设有一道预备阵地，正面绵延15公里，由6个营防御地域组成。与第40集团军的接合部，由4个防坦克地域掩护。

可能通行坦克的地段有：托马罗夫卡—苏莫夫斯卡亚，托马罗夫卡—布托沃—扎维多夫卡，托马罗夫卡—德米特里耶夫卡，托马罗夫卡—贝科夫卡，别尔哥罗德—雅科夫列沃，以及别尔哥罗德—彼得罗巴甫洛夫卡，均已得到防坦克地域的掩护，这些地域还得到工程障碍物的加强。各部队的人员和建制射击武器已能使用基本的筑城工事。

主要防御地带的每公里正面平均密度为：

防坦克地雷 375枚
防步兵地雷 182枚
防坦克障碍物 0.28公里
防步兵障碍物 1公里
机枪射击工事 14个
避弹所和地堡 3.2个
迫击炮掩体 5个
反坦克枪掩体 5.5个
火炮掩壕 7.7个
交通壕 2.2条

2. 第二防御地带的正面绵延70公里，由30个营防御地域组成。所有营防御地域均已投入使用。右翼有一处12公里宽的地段，坦克无法通行。

可以通行坦克的最主要地段，也是最危险的地段，位于卢哈涅沃、雅科夫列沃一带，通过这里可以直达别尔哥罗德—奥博扬的公路干线。可能受坦克威胁的方向均由防坦克地域掩护。位于防御地带范围内的居民点已做好适于长期防御战的改造。

第二防御地带的每公里正面平均密度为：

防坦克地雷	25枚
防坦克障碍物	0.15公里
防步兵障碍物	0.3公里
机枪射击工事	4.5个
避弹所和地堡	1个
迫击炮掩体	14个
反坦克枪掩体	5个
火炮掩壕	3个
交通壕	2.6条

3. 集团军后方防御地带的正面绵延40公里，沿普肖尔河右岸布设，由22个营防御地域组成，其中18个已经投入使用。近卫第6集团军正在乌斯兰卡—博戈罗季茨科耶地段施工。集团军后方防御地带的前面，是位于佩夏诺耶、伊夫尼亚、克鲁格利克、希佩一线的中间地带，作为奥博扬的外围防御地带，共绵延32公里，由11个营防御地域组成，现已全部投入使用。

近卫第7集团军

1. 主要防御地带沿北顿涅茨河左岸绵延50公里，由28个营防御地域组成。在右翼，营防御地域呈梯次配置，直至团防御地段的纵深。在左翼，即与西南方面军的接合部，营防御地域呈梯次配置，直至师防御地带的纵深。

重要的方向有：别尔哥罗德—远伊古缅卡，别尔哥罗德—亚斯特列博沃—

尼科利斯科耶，别尔哥罗德—拉祖姆诺耶—米亚索耶多沃，穆罗姆—马斯洛瓦普里斯坦—努拉耶沃，穆罗姆—旧塔沃尔然卡—涅韦日诺，以及穆罗姆—沃尔昌斯克—拜科沃。受坦克威胁的方向使用防坦克障碍物、地雷和木质堵塞物加以掩护。所有营防御地域均已投入使用。实际占领防御的各部队人员及其建制武器，已全数得到筑城工事的掩护。

主要防御地带的每公里正面平均密度为：

防坦克地雷　170枚
防步兵地雷　280枚
防坦克障碍物　0.1公里
防步兵障碍物　0.3公里
机枪射击工事　12个
避弹所和地堡　10.5个
迫击炮掩体　10个
反坦克枪掩体　12个
火炮掩壕　8.3个
交通壕　1.6条

2. 第二防御地带中，从右翼到舍别基诺是树林地，从舍别基诺到左翼是开阔地。该地带的正面绵延55公里，由22个营防御地域组成。所有营防御地域均已投入使用，并构筑完工事。地带范围内的居民点已经做好实施防御的准备。重点方向已得到工程障碍物的掩护。

第二防御地带的每公里正面平均密度为：

防坦克地雷　11枚
防步兵障碍物　0.33公里
机枪射击工事　12.5个
避弹所和地堡　4个

迫击炮掩体 8.3个

反坦克枪掩体 8.5个

火炮掩壕 4.5个

交通壕 0.55条

第69集团军

1. 近卫第6集团军防御地区中的博戈罗季茨科耶（含）—涅恰耶沃（含）地段，近卫第7集团军防御地区中的涅恰耶沃—叶夫列莫夫卡地段，作为集团军后方防御地带，由第69集团军占领。地带正面绵延120公里，由58个营防御地域、8个连防御支撑点和1个营防御枢纽部组成。该防御地带所处的地势，通常高于通往地带的接近地和地带前方的地形。该防御地带的大部分得到天然障碍物、沟壑、北顿涅茨河的支流、密林（仅有可供单人通行的林间小径和覆盖着木质障碍物的小径）的掩护，而其左翼则得到涅热戈利河的掩护。

最重要的通行道路位于：雅科夫列沃—普罗霍罗夫卡，彼得罗巴甫洛夫斯克—萨贝尼诺—普罗霍罗夫卡，什利亚霍沃—科罗恰，列普诺耶—别赫捷耶夫卡，列普诺耶—霍罗谢瓦托耶，沃兹涅先诺夫卡—波波夫卡，以及旧塔沃尔然卡—捷列佐夫卡。

集团军后方防御地带的每公里正面平均密度为：

防坦克地雷 36枚

防坦克障碍物 0.05公里

防步兵障碍物 0.08公里

机枪射击工事 20个

避弹所和地堡 2个

迫击炮掩体 3.5个

反坦克枪掩体 5个

火炮掩壕 7个

交通壕 2条

方面军第一后方防御地区

方面军第一后方防御地区从上科托沃、马尔比诺、顿涅茨卡亚谢伊米察河、斯科罗德诺耶、科罗恰河、科罗特科耶、普斯科沃－米哈伊洛夫卡、波格丹诺夫卡，绵延到普尔托维扬卡，共150公里，计划构筑63个营防御地域和2个连防御支撑点。该防御地区在右翼的上科托沃，与由此进一步经过帕尼基，绵延到戈斯托姆里亚的中央方面军防御地区相连；并在左翼的普尔托维扬卡、鲍里索夫卡和更远处的旧胡托尔，与第26防御工程管理局正在建设的西南方面军防御地区相连。

该防御地区全境，敌我两侧均地势开阔，树木稀少。在上科托沃、斯科罗德诺耶地段，防御地区的地势高于其前沿的前方。在科罗恰河沿岸和更往左翼的地段，情况正好相反，敌人所在的地势比防御地区要高得多。平均来说，敌人一侧的个别高地比我方一侧高出五到十米。

最重要的方向是：马里诺—松采沃、斯科罗德诺耶—旧奥斯科尔、斯科罗德诺耶—切尔尼扬卡、亚布罗诺沃—切尔尼扬卡、大米哈伊洛夫卡—新奥斯科尔、锡多罗夫卡—斯洛诺夫卡、沃尔昌斯克—斯洛诺夫卡，以及沃尔昌斯克—沃洛科诺夫卡。

第38防御工程管理局正在该防御地区施工建设。计划建成的68[①]个营防御地域当中，目前已有60个完成勘测，8个正在进行勘测，60个营防御地域已投入使用，另有位于第一阵地和第二阵地的5个营防御地域已告竣工（3个位于右翼的上科托沃，2个位于斯科罗德诺耶）。

完成工程构筑后，该防御地区的每公里正面平均密度为：

步兵堑壕　6.4条
重机枪射击阵地（射击工事、机枪巢等）12个
反坦克枪用堑壕　4.3条
迫击炮用堑壕　3.3条
交通壕　9.6条

---

① 译注：原文如此，与上文不一致。

近卫步兵第35军

从1943年4月20日开始，近卫步兵第35军沿克里沃舍耶夫卡、安德列耶夫斯基、普洛塔韦茨、日盖洛夫卡、波格丹诺夫卡、涅姆采夫、布比科沃一线，构筑一条辅助防线，作为方面军第一后方防御地区的一部分，该防线的正面绵延68公里，由26个营防御地域组成。

该军防御地带前沿的前方，遍布洼地、沟壑和居民点，使敌人能够隐蔽其兵力的集中，并能将其炮兵观察所设在距我前沿不远处。该军前沿的前方有一些高地，从那里可以对防御地带的各个地段一览无余。敌人最有可能的进攻方向是科罗恰、旧奥斯科尔方向和沃尔昌斯克、新奥斯科尔方向。该军防御地带的地势高于敌人所在的地形。防御地带前沿内有一些居民点和高地，有利于在这里设置防御支撑点和抵抗枢纽部。

1943年5月10日，该防御地带的第一阵地已经竣工。第二阵地仍在施工。

该防御地带的每公里正面平均密度为：

步兵班用堑壕 10条

重机枪射击工事 8.2个

反坦克枪用堑壕 9条

火炮用堑壕 3.4条

迫击炮用堑壕 10.5条

指挥所和观察所 3.8个

交通壕 0.8条

掩壕 1条

方面军第二后方防御地区

方面军第二后方防御地区共有43个营防御地域，沿奥斯科尔河左岸布设，并从奥库米经切尔尼扬卡、新奥斯科尔（包括其防御阵地）一直延伸到沃洛科诺夫卡，这是一条天然的防坦克障碍物。另外，由18个营防御地域组成的旧奥斯科尔防御阵地，在该防御地区内构成单独的一个组成部分。所有的43个营防御地域中，有18个已经完成勘测，而位于最重要的切尔尼扬卡、新奥斯科尔和沃洛科诺夫卡方向的13个营防御地域，已经开始施工。

该防御地区已动工的地段（切尔尼扬卡—沃洛科诺夫卡），完成工程构筑后的每公里正面平均密度为：

步兵堑壕 3条
重机枪射击阵地 9个
反坦克枪用堑壕 2条
迫击炮用堑壕 0.4条
交通壕 0.5条

该防御地区由第38防御工程管理局施工，而旧奥斯科尔的防御阵地由第27防御工程管理局施工。

旧奥斯科尔的筑城工事包括一道外围防御地带（共14个营防御地域和1个连防御支撑点）和若干市区筑城工事（共4个营防御地域和1个连防御支撑点）。外围防御地带呈半径约15公里的半圆形，正面宽度为40公里。现已完成9个营防御地域的勘测，3个营防御地域正在勘测，8个营防御地域已经开始施工。

方面军斜切地区

方面军斜切地区沿60公里宽的正面，途经古希诺、尤什科沃、格涅洛耶和波谢列德诺耶，共计划建立43个营防御地域和3个连防御支撑点。第38防御工程管理局正在古希诺—格涅洛耶地段施工，第27防御工程管理局在格涅洛耶—阿列克谢耶夫卡地段施工。古希诺到格涅洛耶的地段，已经勘测完成23个营防御地域中的13个、1个连防御支撑点的全部，尚有10个营防御地域正在勘测，而在尤什科沃、梅辛卡、沃尔科沃、奥尔利克和奥库米等地，以及（左翼的）古希诺，13个营防御地域已经动工。

该地区的古希诺—格涅洛耶地段，完成工程构筑后的每公里正面平均密度为：

步兵堑壕 15条

重机枪射击阵地 15个

反坦克枪用堑壕 4条

迫击炮用堑壕 4.2条

交通壕 0.7条

第27防御工程管理局负责的格涅洛耶—波谢列德诺耶地段，总长度为65公里。计划建设21个营防御地域和2个连防御支撑点，目前有9个营防御地域已经开始施工。

已经开始施工的地段，每公里正面的射击阵地平均密度为：

步兵堑壕 3.1条

重机枪射击阵地 4个

反坦克枪用堑壕 1条

迫击炮用堑壕 3条

防御阵地综述

各道阵地正在构筑射击用筑城工事，其中大多数工事都能符合《1942年步兵战斗条令》(BUP–42)的要求。根据这一要求，在前沿的前方，除了来自纵深的正面火力之外，还要组织两至三层侧射或斜向交叉射击的火力。选择构筑何种类型的阵地，取决于该处的地形条件(和伪装工事时的具体要求)，以及实际有什么样的建筑材料。总的说来，正在构筑的阵地有如下几种类型：

1. 机枪用阵地

a. 机枪射击工事按照《1942年步兵战斗条令》的要求修筑。这些工事位于主堑壕前方或与堑壕相邻。通常使用露天式射击工事作为主地堡的备用射击阵地。

b. 避弹所(防弹片掩蔽工事)使用四排直径18—20厘米，横放在地面之上的横梁。横梁的上面再铺设两层直径20厘米的横梁，并用50—60厘米厚的土层覆盖在最外面。因此，它们的外表是土质的，并用灌木枝条编织的围墙予以加固。这种避弹所有单个或两个射孔。

c. 地堡的绝大部分使用木材，整条横放在堑壕里面。地堡顶部用两层长的原木做横梁，然后再撒上厚达60厘米的松土。这种木质地堡有单个或两个射孔，射孔的大小为60厘米。地堡内部高1.9米，长宽尺寸均为2.2米。第38集团军修筑的一部分地堡采用双层墙体。

2. 迫击炮和反坦克枪用堑壕正在按照《1942年步兵战斗条令》第1部分的要求修筑。见第7号附件。

3. 大多数火炮射击阵地包括：供人员使用的带有顶盖的露天式工事、存放（45毫米和76毫米）炮弹的崖孔和供45毫米火炮使用的掩蔽所。

4. 交通壕采用立行式的露天结构。正在考虑把它们进一步扩建成带有散兵坑的堑壕。交通壕内正在布置存放弹药用的崖孔，并在建造排水沟、台阶、死胡同、胸墙和掩体。交通壕的内外两侧都可以用于防御作战。

5. 正在根据《1939年工程兵教令》，构筑供连长和营长使用的指挥观察所。这些指挥观察所有一至两层顶盖，各配备一条掩壕或一个掩体。大多数团长和师长的指挥观察所都有足够的厚度，可以经受76毫米炮弹和所有口径迫击炮弹的轰击。

6. 按照规定，掩壕修筑在反斜面上，并能晒到太阳。它们应有能防御弹片的顶盖……

各种伪装措施，例如建立一套假阵地和假防御地带的体系，以及实际阵地本身的伪装，尚未得到充分运用。

根据上文的描述，防御配系需要进一步完善，同时改进伪装措施，防止敌人从地面和空中侦察。

沃罗涅日方面军参谋部筑垒地域处处长瑙莫夫上校[8]

大本营训令

最高统帅部第46196号训令，1943年7月9日

草原军区司令员：

最高统帅部大本营命令如下：

1. 自7月9日24时整起，草原军区改编为草原方面军。

2. 草原方面军下辖：配属有近卫坦克第4军的第27集团军，配属有机械化第1军的第53集团军，配属有近卫机械化第3军的第47集团军，配属有近卫坦克第3军的近卫第4集团军，第52集团军，近卫骑兵第3、第5和第7军，空军第5集团军，草原军区的所有加强部队、后勤部队和后勤机关①。

3. 方面军各集团军应按照总参谋部下达的口头命令实施展开。

4. 军队的运动只在夜间完成。

5. 自7月12日起，草原方面军指挥所设在戈里亚伊诺沃地域②。

签名：最高统帅部大本营，I. 斯大林、安东诺夫[9]

华西列夫斯基发给最高统帅部大本营的消息

1943年7月14日2时47分

发自近卫坦克第5集团军。

根据您1943年7月9日傍晚亲自下达的命令，我一直跟随罗特米斯特罗夫和扎多夫所部在普罗霍罗夫卡和南部方向行动。迄今为止，并包括今天在内，敌人继续在扎多夫和罗特米斯特罗夫的正面实施大规模坦克冲击，并向进攻中的我坦克部队实施坦克反冲击。克留奇金集团军遭到突破，这在7月11日对罗特米斯特罗夫集团军主力和扎多夫一个军的后方构成了严重威胁，我们不得不

---

① 译注：此文本中未列入近卫第5集团军和近卫坦克第5集团军，这两个集团军转隶沃罗涅日方面军的日期有多种说法。

② 译注：根据《方面军司令员笔记》，还有一条是：6. 每天用密码报告一次变更部署的进度。

抽调机械化第5军的两个机械化旅和罗特米斯特罗夫的一些独立部队前往沙霍沃、阿夫杰耶夫卡和亚历山德罗夫斯卡亚地域。1943年7月12日，扎多夫集团军在韦谢利伊、瓦西里耶夫卡和彼得罗夫卡地域遭到突破，又迫使我们向那里调去机械化第5军的其余部队。这在很大程度上削弱了罗特米斯特罗夫从普罗霍罗夫卡向西南方向实施主要突击的力量。根据对战斗过程所做的观察和俘虏的供词，我得出的结论是，敌人尽管在兵力方面，特别是坦克和飞机方面遭到了巨大损失，还是没有放弃突破至奥博扬并进而到达库尔斯克的企图，会不惜一切代价实现这一目标。昨天，我曾亲眼观察了我坦克第18军和坦克第29军，与敌人投入反冲击的200多辆坦克在普罗霍罗夫卡西南发生的一场坦克交战。与此同时，数百门火炮和我们所能动用的全部多管火箭炮也都参加了战斗。结果在一个小时之内，燃烧着的德国坦克和我方坦克遍布整个战场。

两天来的交战当中，罗特米斯特罗夫的坦克第29军因不可修复和暂时失去作战能力而损失的坦克已达总数的60%，而坦克第18军的损失接近30%。机械化第5军的损失不大。天亮之后，敌坦克从南面突破至沙霍沃、阿夫杰耶夫卡和亚历山德罗夫卡地域的威胁仍将很严重。今天夜间我采取了一切可能的措施，把机械化第5军全军、摩托化第32旅和四个反坦克歼击炮兵团调到该地域。考虑到敌人在普罗霍罗夫卡方向拥有强大的坦克兵力，7月14日，罗特米斯特罗夫的主力和扎多夫的几个步兵军只受领了有限的任务——歼灭斯托罗热沃耶地域、斯托罗热沃耶以北①、“共青团员”国营农场地域之敌，前出至格里亚兹诺耶—亚斯纳亚波利亚纳一线，尤其重要的是掩护普罗霍罗夫卡方向。

不能排除明天再次发生坦克遭遇战的可能。敌人在系统地补充坦克的情况下，将继续使用不少于11个装甲师，向沃罗涅日方面军进犯。今天审问的战俘供认，第19装甲师还有大约70辆可以使用的坦克，“帝国师”虽在1943年7月5日后已得到两次补充，但仍不多于100辆。因为我从前线返回较晚，所以本报告有所延误。[10]

---

① 译注：原文为north of Storozhevoe，《毕生的事业》中译本译作“北斯托罗热沃耶”，似是一个地名。斯托罗热沃耶本来就在北面，斯托罗热沃耶一村在南。故按照英语文意翻译。

资料来源

1.《伟大卫国战争期间苏联指挥机关文献（1943年4月—5月）》（*Dokumenty sovetskogo komandovaniia v period Velikoi Otechestvennoi voiny (aprel'—mai 1943 g.)*，波多利斯克：苏联国防部档案馆，无出版日期），标记编号为第0110号。

2. TsAMO, f. 233, op. 2307, d. 3, ll. 29—33，发表在V. 古尔金，《库尔斯克会战的准备工作》（*Podgotovka k Kurskoi bitve*），刊登在《军事历史杂志》第6期（1983年6月刊），第64—65页。

3. TsAMO, f. 203, op. 2777, d. 75, ll. 116—121，发表在古尔金，《库尔斯克会战的准备工作》，第65—66页。

4.《伟大卫国战争期间苏联指挥机关文献》。

5. 同上。

6. TsAMO, f.3, op. 11556, d. 13, ll. 30—31，发表在古尔金，《库尔斯克会战的准备工作》，第67—68页。

7. 同上，ll. 40—42，发表在古尔金，《库尔斯克会战的准备工作》，第68页。

8.《伟大卫国战争期间苏联指挥机关文献》。

9. TsAMO, f. 3, op. 11556, d. 13, l. 160，发表在古尔金，《库尔斯克会战的准备工作》，第71页。

10. A. M. 华西列夫斯基，《毕生的事业》（Delo vsei zhizni，明斯克：白俄罗斯出版社，1984年版），第309页。

选定书目

涉及库尔斯克会战的次生资料为数众多，其中数以千计的作品是以德国或苏联单方观点撰写的书籍和文章，尝试综合双方观点的作品则相对较少。来自德国的资料当中，有大量德国东线战争概述的若干章节、回忆录、参战部队史和相当数量的全面研究这场战役的作品。尽管受到获取方式的限制和语言障碍，西方很难得到来自苏联的资料，但这类资料实际上包含着一系列为数众多的回忆录、部队史、期刊文章和战役研究。苏联官方军事机关也编写过许多种研究军兵种职能的作品，几乎涉及这场战役的方方面面。因为西方作者很难见到这类资料，即便见到了也会认为它们不可靠，所以他们自然而然会在自己的作品中突出德国的观点。

一般说来，仅仅采用德国档案材料的资料，不能提供苏联方面准确的作战序列和足够的战役战术行动细节。德国人对战争的背景、过程和结果的解释，必然在这些作品中占有主要地位。另一方面，苏联资料当中的大部分战役战术细节是准确的，但这类资料却常常充斥着政治偏见、夸大其词和官方演绎，往往会轻描淡写苏联的错误、失败、指挥意见的分歧和作战损失。简而言之，它们虽然经常能够准确描述具体作战的起伏涨落，但是会歪曲整体作战的进程，只向世人展示苏联军事首长和军队最好的一面。

考虑到有关库尔斯克会战的资料数量相当多，本书目特此选择列出一份最有价值的德国次生资料目录，同时更详尽地列出一份苏联次生资料和近期可以看到的原始（一手）资料的目录。

德国的原始资料

有关库尔斯克会战的最有价值的德国原始资料，是战后出版的德国档案材料汇编和西方档案馆里保存的大量德军部队记录，这些档案馆有位于华盛顿特区的美国国家档案馆和位于弗赖堡与柏林的德国军事历史研究所。现存的德国陆军总司令部（OKH）的记录之所以不完整，是因为大批德国部队的作战日志落到了苏联人手里，尤其是在战争的后期；有些德国部队会毁掉自己的记录，以免被苏联人缴获。还有些部队的记录在纳粹政府垮台后由柏林转移的途中毁于盟军炮火。有些库尔斯克会战时期的记录因此失踪，其中最重要的是德国第九集团军的许多记录。幸存下来的大量档案材料还包括夹杂在数千份陆军各级部队记录当中的大量指挥官个人日记，其中一些日记包含关于库尔斯克的信息。

最重要的OKH和德国陆军各部队的记录中，学者可以使用的是以缩微胶片形式存放在美国国家档案馆的微缩胶卷（NAM）T-78系列，这是德国东线外军处（Fremde Heere Ost）的记录。该系列包括德国战时情报资料，以及对苏联武装力量和苏联军事工业活动的各个方面评估。这些记录提供了关于德国在这场战役之前和期间的收集情报和判断苏联部队编成的珍贵资料。同样有价值的是大量德国各级部队的记录。T-311系列微缩胶卷是德国各集团军群的记录、T-312和T-313系列微缩胶卷分别是各集团军和装甲集团军的记录，T-314和T-315系列微缩胶卷则分别是各军和师的记录。

时至今日，新的原始资料还在不断出现，将会进一步充实现有的德国档案库存。由于比较著名、并且更受欢迎的德军指挥官回忆录占据了历史学的舞台，其他数百本战后回忆录的研究工作都陷于停顿。这些新发现的回忆录和研究作品当中，有大量手稿是在美国军事历史研究机关，尤其是驻欧美军司令部历史部的主持下，由一些相对不太著名的德军指挥官们在战后几年之内撰写的。在这一大批德语手稿当中，最杰出的是德国防御专家G. 海因里希的长篇回忆录[①]，该书刚刚被重新发现，现正准备出版。海因里希对库尔斯克会战的研究对于本书尤其重要。

苏联的原始资料

由于苏联社会的封闭性和历史创作中的思想限制，定义和分类俄语原始资料比较复杂，1987年以前，只有少数几位历史学家得以查阅档案。即便能得到批准，查阅过程也受到严格控制。苏联对档案材料的官方解密仅限关于特定主

① 译注：从作者所列书目可以看出，这类回忆录仍是次生资料，此处仅做论述。

题的特定文献，这些档案材料会被发表在历史学研究、许多战役的考证，或是苏联著名战时军事首长的回忆录当中。军事历史学家只能使用有限数据资源，谈论有限的话题。虽然这些军事史、研究作品和回忆录中引用的许多事实都很准确，但是某些主题，例如伤亡数字、令人尴尬的失败和战争双方的实际兵力对比则要么被严格禁止涉及，要么经常被歪曲。历史学术也要为特定的功利目的服务，比如为了实现特定的政治目标或者军队教育。几乎是巧合，也多少有点讽刺意味的是，苏联为了保证军事科学领域的良好教学，就要表现得更加坦率，不过即便如此，也受到严格限制。

因为不能使用档案材料，回忆录作品和军队教学资料中的具体军事研究，就沦落为苏联人讨论军事学术的不同意见甚至政治意见的工具，所以西方人认为这些作品是介于原始资料和次生资料之间的一个过渡类型。即便要与西方的原始资料相提并论，这些军事研究作品和回忆录也只能被当作真正原始资料的替代品，并且必须严格小心地使用。

红军总参谋部的历史部门根据档案材料在战争期间和战后编写了各种研究作品。苏联军队把这些作品列为绝密和秘密文件，用于军队的教育和训练。总的来说，这些研究作品直接而准确地引用档案材料，一般能够忠实于事实，从本质上应该属于原始资料。然而像那些公开发表的文件一样，这些保密文件也要避开有争议的政治话题，并尽量回避那些在政治上比较敏感的军事失败。在战争期间，有些战时的研究作品落入德国情报机关的手中，在战争结束后又来到西方。更多的作品在20世纪80—90年代解密。苏军总参谋部在20世纪60年代中期停止编写和出版这种研究作品，把分析军事历史的职能移交给苏联国防部新成立的军事历史研究所。这个研究所编写的研究作品再也没有原来总参谋部作品的深度、准确性和坦率。

另一类原始资料是许多苏联军事教育机关，如伏罗希洛夫总参军事学院和伏龙芝军事学院，用于教学的大量保密军事出版物。虽然这些研究作品是在档案材料的基础上写成的，但是它们的作者也像总参谋部的作者一样受到限制，这些研究作品的准确程度也不尽相同。20世纪50年代和60年代，这些研究作品相当准确，并且与档案材料保持一致。然而最后到20世纪70年代中期，这些作品的准确性、坦率和价值就都降到了标准次生资料的水平。

迄今已经解密的军事档案材料可分为几大类：第一类是最准确、也最有价值的，是总参谋部各局在1942年到1968年之间编写并出版的系列作品。编写这些作品时，红军（和苏军）总参谋部是在真正探求战争中各次战役过程和后果的真相，并利用这些真相帮助苏军提高未来的作战能力。在大多数情况下，这些研究作品经过与德国和日本档案记录的核对，通常都能证明自己大致是准确而坦率的。当然，总参谋部没有探讨一些话题，包括一些战役失败（例如1942年初与弗拉索夫有关的柳班战役、本可与斯大林格勒战役交相辉映的“火星”行动、1943年秋季半途而废的白俄罗斯战役）。同样没有讨论的还有在整个战争期间，最高统帅部成员之间、总参谋部与野战司令部之间的无数次讨论和争议，以及做出某些有争议的政治和军事决定时的动机。

总参谋部的主要作品是苏军（红军）总参谋部编写的材料《选集》（Sborniki），由总参谋部的战争经验研究局和军事历史局负责编写，分成四个内容不同的选集，其中三集包含一些战时战术问题和战役研究的原始材料。其中最重要的是《伟大卫国战争经验研究材料选集》（Sbornik materialov po izucheniiu opyta Velikoi Otechestvennoi voiny），缩写为SMPIOVOV，是机密级文件，其中有一卷专门讨论库尔斯克会战的有关事宜，另有几卷涉及库尔斯克会战的其他方面内容。第四集题为《伟大卫国战争战斗文书选集，第1—43册》（Sbornik boeuykh dokumentov Velikoi Otechestvennoi voiny, Vypusk 1–43），缩写为SBDVOV，也是机密级文件，是对其他战争经验书籍的补充，其中收录着大本营下达的训令和命令，也有苏联各军兵种开展各种活动的战斗文书。前30册（期）重点讨论作战方式的话题，其中有3册包含大本营下达的主要命令。

不幸的是，总参谋部在20年代60年代中期停止了这项文书整理工作。在战时或战后的最初几年，总参谋部还编写并出版过许多战役研究报告。这些作品全部都是保密文件，其中表现出的高水平、坦率和准确性可以展现总参谋部优秀的工作传统。从本质上讲，这些材料都是为特定目的而编写的，主要是为教育红军怎样更好地实施战役。总参谋部或国防部制作的其他出版物，还包括战时和战后发行的《军事思想》（Voennaia mysl'）期刊、伏罗希洛夫总参军事学院和伏龙芝学院在战时和战后进行的各项学术研究，都具有同样的高水平。虽然这些作品大致是准确的，但是其中省略了统计数据，尤其是双方兵力和装备的数量对比。

原始资料的另一种载体是各种军事和政治的期刊。最重要的还是上文提到的总参谋部期刊《军事思想》，这种刊物在1937年至1989年间是内部刊物，从1989年起改为公开发行。其他期刊有：公开发行的《军事历史杂志》（Voenno-istoricheskii zhurnal，缩写为VIZh），这是一种在1939年创刊并发行至今的武装力量历史杂志；《苏共中央委员会新闻》（Izvestiia TsK KPSS），20世纪80年代后期由苏共第一书记戈尔巴乔夫创办。这两种期刊在20世纪80年代中期和末期都是解密档案文献材料的主要渠道。

值得注意的是，上述大多数材料、总参谋部研究作品和书籍、其他机关的研究作品、类似的期刊等，虽然在技术角度上引用的是档案文献，但是用某种方式处理过[①]。此外，这些解密后的材料只是最近才通过商业渠道传到西方。我们固然欢迎这些材料的解密，但更希望能在西方的意义上直接阅读档案，这个问题仍没有得到答案。俄罗斯当局经常宣布档案对外国学者开放，可是想要真正见到它们，依然困难重重，与查阅西方档案的便捷根本不能同日而语[②]。

一般来说，苏联人在20世纪60年代中期到80年代末期间编写的保密和内部发行的研究作品，虽然名义上援引了档案材料，但是像那些次生资料中的研究和回忆录作品一样，内容空洞且不够准确，既比不上战时和战后的前作，也不如公开性政策时期的续作。这些作品尽管大致上能准确记录许多战役战术细节，叙述事件的具体经过，但还是要夸大敌人的力量，掩饰苏联作战能力的最薄弱环节，尤其要回避苏联人惨败的具体细节，另外，这些作品中的政治内容远比以前总参谋部作品更为普遍和高调。特别令学者感到厌烦的是，20世纪80年代末以前，伏罗希洛夫和伏龙芝军事学院使用的教材也出现同样情况。

伏罗希洛夫军事学院自1942年起，以VAGSh的版权号发行过多种类型的出版物，包括教科书、研究作品、分析成果和在学院里发表演讲的文稿。其中有些是关于战争史和军事艺术史的多卷本概述，比如由著名军事历史学家I. E.沙夫罗夫编纂的两卷本，每隔若干年就会出一个修订版本。最令人感兴趣、也

---

① 译注：着重号是原作者加的，下文同。

② 译注：这是就当时而言，俄罗斯的档案馆开放程度至今已有很大改变。

是最有价值的，是战时发行的几本书和一些收录着战时材料的选集（sborniki）。总的来说，伏罗希洛夫军事学院的材料更有学术性，因而内容比较准确，政治内容也较少。然而，1968年之后的研究作品和演讲稿就变得像其他出版物一样不准确。已解密伏龙芝军事学院出版物的数量比伏罗希洛夫军事学院少，特点与后者大致相同。这些军事教育机关在1989年以后发表的研究作品，已经纠正了许多早期作品当中的错误。

最后，发表在最近一些期刊上的文献选集看来是可信的，也代表着加速公布档案材料的真正努力。然而，从本质上讲，这些文献仍然是经过挑选的，1991年以来，解密档案材料的数量和速度已经明显减少。这一趋势是否将出现扭转，人们拭目以待。

相对于苏联伟大卫国战争历史学作品的过去状态而言，最近几年因解密档案材料而引发的事件堪称一场革命。然而，这场革命也仅仅处于初创阶段。迄今公开的档案材料，相对于过去的少数（通过缴获的德国记录获得的）档案材料堪称蔚为壮观，但比起那些依旧封存着的还只是九牛一毛。因此，得陇固然可喜，望蜀也值得期待。

次生资料目录

Voennaia mysl'（《军事思想》），缩写为VM

Voenno-istoricheskii zhurnal（《军事历史杂志》），缩写为VIZh

Voennyi vestnik（《军事通报》），缩写为VV

K. V. 阿米罗夫，*Ot Volgi do Al'p: boevoi put' 36-i gvardeiskoi strelkovoi verkhnedneprovskoi krasnoznamennoi ordena Suvorova i Kutuzova II stepeni divizii*（《从伏尔加河到阿尔卑斯山：荣获苏沃洛夫勋章和二级库图佐夫勋章的近卫红旗下第聂伯河步兵第36师的战斗历程》）[M]. 莫斯科：军事出版局，1987。

I. M. 阿纳尼耶夫，*Tankovye armii v nastuplenii: po opytu Velikoi Otechestvennoi voiny 1941–1945 gg.*（《进攻战役中的坦克集团军：根据伟大卫国战争的经验》）[M]. 莫斯科：军事出版局，1988。

T. I. 阿尔希皮洛夫，等，*Kurskaia bitva: vospominaniia uchastnikov*（《库尔斯克会战：参战者的回忆》[M]. 沃罗涅日：中央黑土区书籍出版社，1968。

理查德·N. 阿姆斯特朗，《红军坦克指挥员：装甲近卫军》[M]. 宾夕法尼亚州阿特格伦：希弗军事与航空史出版社，1994。

A. Kh. 巴巴贾尼扬，*Dorogy pobed*（《胜利之路》）[M]. 莫斯科：军事出版局，1981。机械化第3军机械化第3旅旅长的回忆录[1]。

A. Kh. 巴巴贾尼扬，N. K. 波佩尔，M. A. 沙林，I. M. 克拉夫琴科，*Liuki otkryli v Berline: boevoi put' 1-i gvardeiskoi tankovoi armii*（《他们叩开过柏林的大门：近卫坦克第1集团军的战斗历程》）[M]. 莫斯科：军事出版局，1973。

I. Kh. 巴格拉米扬，*Tak shli my k pobede*（《我们这样走向胜利》）[M]. 莫斯科：军事出版局，1988。近卫第11集团军司令员的回忆录。

I. Kh. 巴格拉米扬，*Udar na severnom fase Orlovskoi dugi*（《向奥廖尔突出部北侧的攻击》）[J]. VM，1973，9（9），第65—74页。

I. Kh. 巴格拉米扬，*Flangovyi udar 11-i gvardeiskoi armii*（《近卫第11集团军的侧翼进攻》）[J]. VIZh，1963，7（7），第83—95页。

P. I. 巴托夫，*V pokhodakh i boiakh*（《在行军和战斗中》）[M]. 莫斯科：DOSAAF（陆军、航空兵和海军合作志愿者协会），1984。第65集团军司令员的回忆录。

P. M. 别尔采夫，等，*Kurskaia bitva: vospominaniia, stat'i*（《库尔斯克会战：回忆与论文》）[M]. 沃罗涅日：中央黑土区书籍出版社，1982。

V. A. 别利亚夫斯基，*Strely skrestilis'na Shpree*（《施普雷河上纵横交错的箭头》）[M]. 莫斯科：军事出版局，1973。第63集团军纪事录。

克里斯·贝拉米，《红色战争之神：苏联的炮兵和火箭炮兵》[M]. 伦敦：布拉西防务出版公司，1986。

休厄林·比亚勒，等，《斯大林的将军们》[M]. 纽约：飞马座出版社，1969。

I. V. 博尔金，*Stranitsy zhizni*（《生命的篇章》）[M]. 莫斯科：军事出版局，1961。第50集团军司令员的回忆录。

R. B. 布拉贡斯基，N. S. 波佩利尼茨基，M. G. 乌先科夫，*Taktika artillerii v boevykh primerakh (podrazdeleniia i chasti)*（《战例中的炮兵战术（分队和部队）》）[M]. 莫斯科：军事出版局，1977。

I. 布雷切夫，*Voiska sviazi v Kurskoi bitve*（《库尔斯克会战中的通信兵》）[J]. VIZh，1983，7（7），第35—42页。

保罗·卡雷尔，《焦土：希特勒的对俄战争1941—1943（第二卷）》[M]. 爱德华·奥泽斯，译，伦敦：乔治·哈拉普出版社，1970。

奥托·P. 钱尼，《朱可夫》[M]. 诺曼：俄克拉荷马大学出版社，1971。1996年发行增订第二版。

艾伦·克拉克，《巴巴罗萨：俄国与德国的冲突1941—1945》[M]. 纽约：威廉·莫罗出版社，1966。

V. I. 达维坚科，N. I. 利亚先科，*73-ia gvardeiskaia: sbornik vospominanii, dokumentov i materialov o boevom puti 73-i gvardeiskoi strelkovoi stalingradskodunaiskoi krasnoznamennoi divizii*（《第73支近卫军：关于近卫红旗斯大林格勒—多瑙河步兵第73师战斗历程的回忆文章、文献和材料选集》）[M]. 阿拉木图：哈萨克斯坦出版社，1986。

V. A. 杰明，R. M. 波图加尔斯基，*Tanki vkhodiat v proryv: boevoi put' 25-go tankovogo korpusa*

① 译注：本书目提到的职务均指库尔斯克会战期间回忆录作者时任职务。

(《坦克群正在进入突破口：坦克第25军的战斗历程》)[M]. 莫斯科：军事出版局，1988。

理查德 · L. 迪纳尔多，《德国装甲兵》[M]. 康涅狄格州韦斯特波特：普雷格出版社，1997。

Diviziia pervogo saliuta(《首批献礼的一个师》)[M]. 莫斯科：莫斯科工人出版社，1984。第63集团军第129步兵师的战史。

D. A. 德拉贡斯基，*Gody v brone*(《装甲车里的岁月》)[M]. 莫斯科：军事出版局，1973。机械化第3军机械化第1旅旅长的回忆录。

沃尔特 · S. Jr 邓恩，《库尔斯克：希特勒的赌局，1943》[M]. 康涅狄格州韦斯特波特：普雷格出版社，1997。

沃尔特 · S. Jr 邓恩，《希特勒的克星：红军，1930—1945》[M]. 纽约：普雷格出版社，1994。

A. 叶菲莫夫，*Primenenie aviatsii v Kurskoi bitve—vazhnyi etap v razvitii operativnogo iskusstva Sovetskikh VVS*(《航空兵在库尔斯克会战中的运用：苏联空军战役学发展的一个重要阶段》)[J]. VIZh，1983，6(6)，第45—54页。

P. Ia. 叶戈罗夫，I. V. 克里沃博尔斯基，N. K. 伊夫列夫，A. I. 罗加列维奇，*Dorogami pobed: boevoi put' 5-i gvardeiskoi tankovoi armii*(《胜利之路：近卫坦克第5集团军的战斗历程》)[M]. 莫斯科：军事出版局，1969。

乔基姆 · 恩格尔曼，*Zitadelle: Die grosste Panzerschlacht im Osten 1943*(《堡垒：1943年东线最大的坦克战》)[M]. 弗赖堡：波尊—帕拉斯出版社，1980。

约翰 · 埃里克森，《通往柏林之路》[M]. 伦敦：韦登费尔德与尼科尔森出版社，1983。

约翰 · 埃里克森，柳比卡 · 埃里克森，《苏联武装力量，1918—1992：苏联资料研究指南》[M]. 康涅狄格州韦斯特波特：格林伍德出版社，1996。

V. 费多连科，*Deistviia sovetskikh partizan v bitve pod Kurskom*(《库尔斯克会战中苏联游击队的行动》)[J]. VIZh，1968，7(7)，第110—116页。

罗兰德 · 弗尔斯特，*Gezeitenwechsel im Zweiten Weltkreig? Die Schlachten von Charkov und Kursk im Frühjahr und Sommer 1943 in operativer Anlage, Verlauf und politischer Bedeutung.*(《是否导致了第二次世界大战的局势变化？1943年春夏哈尔科夫战役和库尔斯克会战的作战规划、历史和政治意义》)[M]. 汉堡：E. S. 米特勒父子出版社，1996。

M. G. 福米乔夫，*Put' nachinalsia s Urala*(《始于乌拉尔的征程》)[M]. 莫斯科：军事出版局，1976。坦克第4集团军乌拉尔坦克第30军的战史。

M. 加列耶夫，*Oborona na Kurskom duge*(《库尔斯克突出部的防御》)[J]. *Svobodnaia mysl'*(《自由思想》)，1993，7(10)，第68—79页。

F. K. 加夫里科夫，*Iugo-vostochnee Orla*(《奥廖尔东南》)[J]. VIZh，1988，7(7)，第61—65页。

F. K. 加夫里科夫，*Oboronialis' stoiko (boevye deistviia 41—i strelkovoi divizii 5 iiuliia 1943 g. v bitve pod Kurskom)*(《他们顽强实施防御：步兵第41师在库尔斯克会战期间1943年7月5日的战斗行动》)[J]. VIZh，1986，6(6)，第40—44页。步兵第41师作战处长的回忆录。

Geschichte der 3. Panzer-Division: Berlin-Brandenburg 1935-1945(《第三装甲师史：柏林—勃兰登堡，1935—1945》)[M]. 柏林：冈特 · 里希特书籍发行公司，1967。

A. L. 格特曼，*Tanki idut na Berlin (1941-1945)*(《坦克开向柏林(1941—1945)》)[M]. 莫斯科：科

学出版社，1973。坦克第1集团军坦克第6军的战史。

戴维·M. 格兰茨,《库尔斯克的前奏：苏联的战略性战役，1943年2—3月》[M].//《导致第二次世界大战的局势变化吗?》[M]. 汉堡：E. S. 米特勒父子出版社，1996。

戴维·M. 格兰茨《战争第二阶段中苏联的军事战略(1942年11月—1943年12月)：一次重新评价》[J].《军事历史杂志》[1]，1996，1(60)，第115—150页。

戴维·M. 格兰茨,《苏联的军事战略》[M]. 伦敦：弗兰克·卡斯出版社，1992。

戴维·M. 格兰茨,《第二次世界大战中情报在苏联军事战略中的作用》[M]. 加利福尼亚州诺瓦托：要塞出版社，1990。

戴维·M. 格兰茨,《苏联在战争期间的军事情报工作》[M]. 伦敦：弗兰克·卡斯出版社，1990。

戴维·M. 格兰茨,《1943年7月库尔斯克会战中苏联的战役情报》[J].《情报和国家安全》，1990，1(5,1)，第5—49页。

戴维·M. 格兰茨,《第二次世界大战中苏联的军事欺骗》[M]. 伦敦：弗兰克·卡斯出版社，1989。

戴维·M. 格兰茨,《1943年7月苏联在库尔斯克的防御战术》[M]. //《作战研究所(CSI)第11号报告》[M]. 堪萨斯州莱文沃思堡：作战研究所，1986。

戴维·M. 格兰茨和乔纳森·M. 豪斯,《巨人的碰撞：红军怎样阻止希特勒》[M] 劳伦斯：堪萨斯大学出版社，1995。

I. 戈卢什科，*Rabota tyla v vazhneishikh operatsiiakh vtorogo perioda voiny*(《战争第二阶段主要战役中的后勤工作》)[J]. VIZh，1974，11(11)，第35—42页。

M. 责恰罗夫，*Golubaiapekhota*(《天蓝色的步兵》)[M]. 基什尼奥夫：摩尔达维亚地图出版社，1979。近卫空降兵第4师纪事录。

A. V. 戈尔巴托夫，*Gody i voiny*(《岁月与战争》)[M]. 莫斯科：军事出版局，1980。第3集团军司令员的回忆录。

格哈德·格拉泽尔，*Zwischen Kattegat und Kaukasus: Weg und Kampfe der 198. Infantrie-Division, 1939-1945.* (《在卡特加特海峡[2]与高加索之间：第198步兵师的历程与战斗，1939—1945》)[M]. 图宾根：前第198步兵师战友互助与传承协会，1961。

《苏联的伟大卫国战争，1941—1945》[M]. 莫斯科：进步出版社，1974。

海因茨·古德里安,《闪击英雄》[M]. 纽约：巴兰坦出版社，1965。

Gvardeiskaia chernigovaskaia: boevoi put' 76-i gvardeiskoi strelkovoi chernigovskoi krasnoznamennoi divizii(《切尔尼戈夫的近卫军人：近卫红旗切尔尼戈夫步兵第76师的战斗历程》)[M]. 军事出版局，1976。

范·哈德斯蒂,《红色凤凰：1941—1945年苏联空中力量的崛起》[M]. 华盛顿特区：(国立博物馆)史密森学会出版社，1982。

马克·希利,《库尔斯克1943：东线的变局》[M]. 伦敦：鱼鹰出版社，1992。

① 译注：美国期刊，不是VIZh。
② 译注：在瑞典和丹麦之间。

G. 海因里希,《在俄国的战局》[M]. 未出版的档案手稿。

G. 海因里希,《堡垒：攻击俄国的库尔斯克突出部》[M]. 美国国家档案馆，根据战后问询工作编写的手稿。其中标记为第五号的命令，是OKH/GenSt d H/OpAbt (vorg-St) 13.3.43, Nr. 430 163/43 g. Kdos/ Chefs（陆军总司令部 / 陆军总参谋部 / 作战部（监督科）1943年3月31日第430 163/43号，机密：仅供各部指挥官阅读）[①]。

乔纳森 · M. 豪斯,《等待“豹”式：库尔斯克，1943》[M].// 安德鲁 · J. 巴切维奇，布莱恩 · R. 沙利文，等,《现代战争中的技术局限》[M]. 剑桥：剑桥大学出版社，即将出版。

I. 亚库波夫斯基，*3-ia gvardeiskaia tankovaia armiia v bitve pod Kurskom*（《库尔斯克会战中的近卫坦克第3集团军》）[J]. VM，1971，8（8），第54—76页。

S. I. 伊萨耶夫，*Vekhi frontovogo puti: khronika deiatel'nosti Marshala Sovetskogo Soiuza G. K. Zhukova v period Velikoi Otechestvennoi voiny 1941-1945 gg.*（《前线之路上的地标：伟大卫国战争1941—1945年期间苏联元帅 G. K. 朱可夫工作活动大事记》）[J].VIZh，1991，10（10），第23—34页。梅因 · 史蒂芬译，刊登在《斯拉夫军事研究杂志》，1996，3（9,1），第97—119页。

S. I. 伊萨耶夫，V. N. 列夫琴科，*Geroi-osvoboditeli Khar'kovshchiny*（《英雄们——哈尔科夫的解放者》）[M]. 哈尔科夫：人物出版社，1988。

Istoriia Vtoroi voiny 1939-1945（《第二次世界大战史1939—1945》）[M]. 莫斯科：军事出版局，1973—1982。共12卷。

I. I. 尤舒克，*Odinnadtsatyi tankovyi korpus v boiakh za rodinu*（《为祖国而战的坦克第11军》）[M]. 莫斯科：军事出版局，1962。

S. P. 伊万诺夫，*Zavershenie korennogo pereloma v voine*（《战争根本转折点的完成》）[J].VIZh，1983，6（6），第12—25页。

E. F. 伊万诺夫斯基，*Ataku nachinali tankisty*（《坦克手们开始进攻》）[M]. 莫斯科：军事出版局，1984。坦克第2军的战史。

托马斯 · L. 詹茨,《装甲兵：德国坦克兵种组建和作战运用的完整指南：1943—1945》[M]. 宾夕法尼亚州阿特格伦：希弗军事历史出版社，1996。

杰弗里 · 朱克斯,《库尔斯克：装甲的碰撞》（战役丛书第七部）[M]. 伦敦：珀内尔氏第二次世界大战史，1968。

V. P. 卡丘尔，V. V. 尼克尔斯基，*Pod znam enem sivashtsev: boevoi put' 169-i strelkovoi rogachevskoi krasnoznamennoi, ordenov Suvorov II stepeni i Kutuzova II stepeni divizii (1941-1945).*（《在锡瓦什[②]的旗帜下：荣获二级苏沃洛夫勋章和二级库图佐夫勋章的红旗罗加乔夫步兵第169师的战斗历程》）[M]. 莫斯科：军事出版局，1989。

A. V. 卡拉瓦耶夫，*Serdtsa i bronia: boevoi put' 44-i gvardeiskoi tankovoi brigady*（《铁甲雄心：近卫坦克第44旅的战斗历程》）[M]. 莫斯科：军事出版局，1971。坦克第6军坦克第112旅的战史。

---

① 译注：各章原注中提到，《堡垒》由戈特哈德 · 海因里希和弗里德里克 · 威廉 · 豪克合著，约瑟夫 · 韦尔奇英译，曾公开发表在《军事科学周报》（Wehrwissenschaftliche Rundschau），详见第四章第43号原注。

② 译注：锡瓦什湖在克里米亚半岛根部的东侧。

V. 卡尔达绍夫，*5 iiulia 1943: pamiatnye daty istorii*(《1943年7月5日：历史上值得纪念的日子》)[M]. 莫斯科：青年近卫军出版社，1983。

L. S. 卡尔塔舍夫，*Ot podm oskov'ia do Kenigsberga: boevoi put' 83-i gvardeiskoi strelkovoi Gorodokskii Krasnoznamennoi, ordena Suvorova divizii*(《从莫斯科地区到柯尼斯堡：荣获苏沃洛夫勋章的近卫红旗格罗多克步兵第83师的战斗历程》)[M]. 莫斯科：军事出版局，1980。

M. E. 卡图科夫，*Na ostrie glavnogo udara*(《在主攻地点》)[M]. 莫斯科：军事出版局，1976。坦克第1集团军司令员的回忆录。

P. 基切夫，*V oborone pod Kurskom*(《在库尔斯克的防御战》)[J].VV，1943，7(7)，第81—84页。步兵第15师步兵第321团的回忆文章。

M. M. 基里安，等，*Vnezapnost' v nastupatel'nykh operatsiiakh Velikoi Otechestvennoi voiny*(《伟大卫国战争进攻战役中的突然性》)[M]. 莫斯科：科学出版社，1986。

奥托·冯·克诺贝尔斯多夫，*Geschichte der niedersachsischen 19. Panzer-Division*(《下萨克森第19装甲师史》)[M]. 巴特瑙海姆：汉斯—海宁·波尊出版社，1958。

A. D. 科切特科夫，*Dvinskii tankovyi: boevoi put' 5-go tankovogo korpusa*(《德维纳河坦克军：坦克第5军的战斗历程》)[M]. 莫斯科：军事出版局，1989。

A. D. 科切特科夫，*Ognennyi iiul': dokumental'nye rasskazy i ocherki*(《火热的七月：纪实故事与随笔》)[M]. 沃罗涅日：中央黑土区书籍出版社，1984。

K. S. 科尔加诺夫，等。*Razvitie taktiki sovetskoi armii v gody Velikoi Otechestvennoi voiny (1941-1945 gg.)*(《伟大卫国战争时期苏联军队的战术发展(1941—1945)》)[M]. 军事出版局，1958。

E. 科利别尔诺夫，*Osobennosti organizatsii inzhenernogo obespecheniia v Kurskoi bitve*(《库尔斯克会战中工程兵保障组织工作的突出特点》)[J].VIZh，1983，7(7)，第26—34页。

M. 科洛米耶茨，M. 斯韦林，*Kurskaia duga*(《库尔斯克突出部》)[M]. Eksprint HB，1998。

G. 科尔图诺夫，*Kurskaia bitva v tsifrakh (period kontrnastupleniia)*(《数字中的库尔斯克会战(反攻阶段)》)[J].VIZh，1968，7(7)，第77—92页。

G. 科尔图诺夫，*Kurskaia bitva v tsifrakh (period oborony)*(《数字中的库尔斯克会战(防御阶段)》)[J].VIZh，1968，6(6)，第58—68页。

G. A. 科尔图诺夫，B. G. 索洛维耶夫，*Kurskaia bitva*(《库尔斯克会战》)[M]. 莫斯科：军事出版局，1983。

G. A. 科尔图诺夫，B. G. 索洛维耶夫，*Kurskaia bitva*(《库尔斯克会战》)[M]. 莫斯科：军事出版局，1970。

A. 科年年科，*Voprosy voennogo iskusstva v bitve pod Kurskom*(《库尔斯克会战中的若干军事艺术问题》)[J].VIZh，1964，4(4)，第115—119页。

I. S. 科涅夫，*Zapiski komanduiushchego frontom*(《方面军司令员笔记》)[M]. 莫斯科：军事出版局，1981。

G. 科夫图诺夫，*Na ognennoi duge*(《在火热的突出部》)[J].VIZh，1981，7(7)，第57—63页。近卫炮兵第138团参谋长的回忆文章。

M. N. 科泽夫尼科夫，*Komandovanie i shtab VVS Sovetskoi Armii v Velikoi Otechestvennoi voine 1941-1945 gg.*(《伟大卫国战争中苏联空军的指挥和参谋工作》)[M]. 莫斯科：科学出版社，1977。

M. A. 科兹洛夫，等。*V plameni srazhenii: boevoi put' 13-i armii*(《在战火中：第13集团军的战斗历程》)[M]. 莫斯科：军事出版局，1973。

I. M. 克拉夫琴科，V. V. 布尔科夫，*Desiatyi tankovyi dneprovskii: boevoi put' 10-go tankovogo Dneprovskogo ordena Suvorova korpusa*(《第聂伯河坦克第10军：荣获苏沃洛夫勋章的第聂伯河坦克第10军的战斗历程》)[M]. 莫斯科：军事出版局，1986。

G. F. 克里沃舍耶夫，*Grif sekretnosti sniat: Poteri vooruzhennykh sil SSSR v voin-akh, boevykh deistviiakh, i voennykh konfliktakh*(《解密的保密文献：苏联武装力量在历次战争、作战行动和军事冲突中的损失》)[M]. 莫斯科：军事出版局，1993。

S. 克里沃舍因，*Ratnaia byl': zapiski komandira mekhanizirovannogo korpusa*(《真实的战争故事：一位机械化军军长的笔记》)[M]. 莫斯科：青年近卫军出版社，1962。坦克第1集团军机械化第3军军长的回忆录。

阿尔伯特·克鲁尔，*Das Hannoversche Regiment 73: Geschichte des Panzer- GrenadierRegiments 73 (vorm. Inf. Rgt. 73) 1939-1945*(《汉诺威第73步兵团：第73装甲掷弹兵团（原第73步兵团）史》)[M]. 第73团战友协会。

I. E. 克鲁普钦科，*Osobennosti primeneniia bronetankovykh i mekhanizirovannykh voisk v Kurskoi bitve*(《库尔斯克会战中装甲坦克和机械化兵运用的突出特点》)[J].VIZh，1983，7(7)，第19—25页。

I. E. 克鲁普钦科，等。*Sovetskie tankovye voiska 1941-1945: voenno-istoricheskii ocherk*(《苏联坦克兵1941—1945：军事历史概述》[①])[M]. 莫斯科：军事出版局，1973。

弗兰茨·库罗夫斯基，《德国装甲兵王牌》[M]. 加拿大温尼伯：J. J. 费多罗维茨出版社，1992。

P. G. 库兹涅佐夫，*Gvardeitsy-moskvichi*(《莫斯科的近卫军人》)[M]. 军事出版局，1962。近卫摩托化步兵第1师师长的回忆录。

V. V. 拉里奥诺夫，*Triumf prednamerennoi oborony*(《预有准备的防御战胜利》)[J].VM，1988，7(7)，第12—21页。

鲁道夫·莱曼，《“警卫旗队”师（第三卷）》[M]. 尼克·奥尔科特，译。加拿大温尼伯：J. J. 费多罗维茨出版社，1993。

V. 洛巴诺夫，*Vosemnadtsataia gvardeiskaia*(《第十八支近卫军》)[M]. 加里宁格勒：加里宁格勒出版社，1975。

O. A. 洛西科，等。*Stroitel'stvo i boevoe primenenie Sovetskikh tankovykh voisk v gody Velikoi Otechestvennoi voiny*(《伟大卫国战争时期苏联坦克兵的组建和战斗运用》[②])[M]. 莫斯科：军事出版局，1979。

詹姆斯·卢卡斯，《帝国师：党卫队第二师的军事职责》[M]. 伦敦：武器与铠甲出版社，1991。

---

① 译注：中译本名为《苏军坦克兵》。

② 译注：中译本名为《苏军坦克兵作战经验》。

A. 鲁钦斯基，*O nekotorykh voprosakh strategii i operativnogo iskusstva v Kurskoi bitve*（《关于库尔斯克会战的战略和战役艺术的若干问题》）[J].VIZh，1983，6（6），第26—33页。

马尔科姆·麦金托什，《洪流：苏联武装力量史》[M]. 伦敦：塞克和沃伯格出版社，1967。

N. 马柳津，*Osobennosti tylovogo obespecheniia voisk po opytu Kurskoi bitvy*（《根据库尔斯克会战的经验看军队后勤保障的若干突出特点》）[J].VIZh，1983，7（7），第43—49页。

D. K. 马尔科夫，*Skvoz' dym i plamia: boevoi put' 12-i gvardeiskoi pinskoi krasnoznamennoi ordena Suvorova strelkovoi divizii*（《透过烟与火：荣获苏沃洛夫勋章的近卫红旗平斯克步兵第12师的战斗历程》）[M]. 军事出版局，1970。

I. M. 马纳加罗夫，*V srazhenii za Khar'kov*（《在哈尔科夫争夺战中》）[M]. 哈尔科夫：人物出版社，1978。

埃里希·冯·曼施泰因，《失去的胜利》[M]. 芝加哥：亨利·莱格尼里出版社，1958。

F. W. 冯·梅伦廷，《装甲战役》[①][M]. 诺曼：俄克拉荷马大学出版社，1956。

I. K. 莫罗佐夫，*Ot Stalingrada do Prague: zapiski komandira divizii*（《从斯大林格勒到布拉格：一位师长的笔记》）[M]. 伏尔加格勒：下伏尔加斯科耶出版社，1976。近卫第7集团军近卫步兵第81师师长的回忆录。

K. S. 莫斯卡连科，*Na iugo-zapadnom napravlenii, 1943-1945*（《在西南方向，1943—1945》）[M]. 莫斯科：科学出版社，1972。第40集团军司令员的回忆录。

K. S. 莫斯卡连科，等。*Bitva na kurskoi duge*（《库尔斯克突出部中的会战》）[M]. 莫斯科：科学出版社，1975。

蒂莫西·P. 穆里根，《间谍、密码和堡垒行动：情报与库尔斯克会战，1943》[J].《现代史杂志》，1987（22），第235—260页。

B. I. 穆托文，*Cherez vse ispytaniia*（《在所有考验当中》）[M]. 莫斯科：军事出版局，1986。近卫第7集团军近卫步兵第78师的战史。

G. S. 纳迪塞夫，*Na sluzhbe shtabnoi*（《参谋生涯》）[M]. 里加：利耶斯马出版社，1972。中央方面军炮兵首长的回忆录。

V. 纳扎罗夫，*Muzhestvo i masterstvo v oborone*（《防御中的勇气和技巧》）[J]. VIZh，1973，6（6），第47—52页。关于近卫第7集团军近卫步兵第78和第73师战斗行动的回忆文章。

G. 涅霍诺夫，*Deistviia tankovoi roty v zasade*（《一个坦克连的伏击行动》）[J]. VIZh，1968，8（8），第48—50页。讲述坦克第16军的伏击行动。

G. 涅霍诺夫，B. 鲍里索夫，*Kak razvedchiki uveli nemetskii tank*（《侦察兵们怎样偷回来一辆德国坦克》）[J]. VIZh，1963，6（6），第43—47页。

N. G. 涅尔谢相，*Kievsko-berlinskii: boevoi put' 6-go gvardeiskogo tankovogo korpusa*（《基辅—柏林荣誉称号：近卫坦克第6军的战斗历程》）[M]. 莫斯科：军事出版局，1974。近卫坦克第3集团军坦克第12军的战史。

① 译注：中译本名为《坦克战》。

N. G. 涅尔谢相，*Fastovskaia gvardeiskaia: boevoi p u t' ordena Lenina krasnoznamennoi, ordenov Suvorova i Bogdana Khmel'nitskogo 53-i gvardeiskoi tankovoi brigady*（《法斯托夫的近卫军人：荣获列宁勋章、苏沃洛夫勋章、波格丹·赫梅利尼茨基勋章的近卫红旗坦克第53旅的战斗历程》）[M]. 莫斯科：军事出版局，1964。坦克第12军坦克第106旅的战史，该旅后来改编为近卫坦克第53旅。

E. 诺斯科夫，Atakuiut tankisti（《坦克兵进攻》）[J].VIZh，1974，1（1），第56—60页。近卫坦克第3集团军独立坦克第91旅一位排长的回忆文章。

Oborona v gody Velikoi Otechstvennoi voiny: sbornik boevykh primerov（伟大卫国战争中的防御：作战实例选集）[M]. 莫斯科：伏龙芝军事学院，1989。仅供官方使用。

A. I. 奥列伊尼科夫，*Rozhdennaia na zemliakh zaporozhskikh*（《诞生在扎波罗热的土地上》）[M]. 基辅：乌克兰政治文学出版社，1980。作者是近卫第5集团军近卫步兵第95师师长。

F. D. 潘科夫，*Ognennye rubezhi: boevoi put' 50-i armii v Velikoi Otechestvennoi voine*（《火线：第50集团军在伟大卫国战争中的战斗历程》）[M]. 莫斯科：军事出版局，1984。

I. 帕罗特金，等，《库尔斯克会战》[M]. 莫斯科：进步出版社，1974。

迈克尔·帕里什，《第二次世界大战中的苏联：苏联出版的图书目录注解版1945—1975，增补1975—1980年内容》[M]. 纽约：加兰德出版社，1981。共两卷。

沃尔夫冈·保罗，*Brennpunkte: Die Geschichte der 6. Panzerdivision (1. leichte), 1937—1945.*（《燃点：第6装甲师（第1轻型师）史，1937—1945》）[M]. 克雷菲尔德：洪特格斯出版社，1977。

亚努斯·皮耶卡尔凯维茨，《"堡垒"行动：库尔斯克和奥廖尔：第二次世界大战中最大规模的坦克战》[M]. 米凯拉·尼尔豪斯，译，加利福尼亚州诺瓦托：普雷西迪奥出版社，1987。

S. P. 普拉托诺夫，等，*Vtoraia mirovaia voina 1939-1945 gg.*（《第二次世界大战1939—1945》）[M]. 莫斯科：军事出版局，1958。

N. K. 波佩尔，*Tanki povernuli na zapad*（《坦克转向西方》[M]. 莫斯科：军事出版局，1960。坦克第1集团军军事委员会委员的回忆录。

Po prikazu rodiny: boevoi put' 6-i gvardeiskoi armii v Velikoi Otechestvennoi voine, 1941-1945 gg.（《奉祖国之命：伟大卫国战争时期近卫第6集团军的战斗历程，1941—1945》[M]. 莫斯科：军事出版局，1971。

S. I. 波斯特尼科夫，*Razvitie sovetskogo voennogo iskusstva v kurskoi bitve*（《库尔斯克会战时期苏联军事艺术的发展》[J]. VIZh，1988，7（7），第10—18页。

Rasskazyvaiut komandarmy（《几位集团军司令员的访谈录》）[J]. VIZh，1963，6（6），第62—81页。参加访谈的集团军司令员有 I. M. 奇斯佳科夫（近卫第6）、M. S. 舒米洛夫（近卫第7）、K. S. 莫斯卡连科（第40）、P. A. 罗特米斯特罗夫（近卫坦克第5）和 A. S. 扎多夫（近卫第5）。

A. I. 拉济耶夫斯基，等。*Taktika v boevykh primerakh, polk*（《从战例学战术：团》）[M]. 莫斯科：军事出版局，1974。

A. P. 梁赞斯基，*V ogne tankovykh srazhenii*（《在坦克战的火焰中》）[M]. 莫斯科：科学出版社，1975。近卫坦克第5集团军近卫机械化第5军军长的回忆录。

A. P. 梁赞斯基，*Prokhorovka, iiul' 1943-go*（《1943年7月的普罗霍罗夫卡》）[J]. VV，1973，6（6），第107—110页。

K. K. 罗科索夫斯基,《战士的责任》[M]. 莫斯科：进步出版社，1985。

P. A. 罗特米斯特罗夫，*Stal'naia gvardiia*(《钢铁近卫军》)[M]. 莫斯科：军事出版局，1984。近卫坦克第5集团军司令员的回忆录。

Rozhdennaia v boiakh: boevoi put' 71-i gvardeiskoi strelkovoi vitebskoi ordena Lenina krasnoznamennoi divizii(《在战斗中诞生：荣获列宁勋章的近卫红旗维捷布斯克步兵第71师的战斗历程》)[M]. 莫斯科：军事出版局，1986。

S. 鲁坚科，P. 布赖科，*16-ia vozdushnaia armiia v bitve pod Kurskom*(《库尔斯克会战时期的空军第16集团军》)[J]. VIZh，1963，7(7)，第21—32页。鲁坚科是空军第16集团军司令员，布赖科是该集团军参谋长。

I. A. 萨穆楚克,*Trinadtsataia gvardeiskaia: boevoi put' trinadtsatoi gvardeiskoi poltavskoi ordena Lenina dvazh dy krasnoznamennoi ordenov Suvorova i Kutuzova strelkovoi divizii (1941-1945)*(《第十三支近卫军：荣获列宁勋章、两次红旗勋章、苏沃洛夫勋章和库图佐夫勋章的近卫红旗波尔塔瓦步兵第13师的战斗历程》)[M]. 莫斯科：军事出版局，1971。

I. A. 萨穆楚克，*Gvardeiskaia poltavskaia: kratkii ocherk o boevom puti 97-i gvardeiskoi poltavskoi krasnoznamennoi ordenov Suvorova i Bogdan Khmel'nitskogo strelkovoi divizii*(波尔塔瓦的近卫军人：荣获苏沃洛夫勋章和波格丹·赫梅利尼茨基勋章的近卫红旗波尔塔瓦步兵第97师的战斗历程简述》)[M]. 莫斯科：军事出版局，1965。

I. A. 萨穆楚克，P. G. 斯卡奇科，*Atakuiut desantniki: boevoi put' 9-i gvardeiskoi krasnoznamennoi, ordena Suvorova i Kutuzova poltavskoi vozdushno-desantnoi divizii*(《空降兵攻击：荣获苏沃洛夫勋章和库图佐夫勋章的近卫红旗波尔塔瓦空降兵第9师的战斗历程》)[M]. 莫斯科：军事出版局，1975。

I. A. 萨穆楚克，P. G. 斯卡奇科，Iu. N. 巴比科夫，I. L. 格涅多伊，*Ot Volgi do El'bii Pragi (kratkii ocherk o boevom puti 5-i gvardeiskoi armii)*(《从伏尔加河到易北河和布拉格：近卫第5集团军战斗历程简述》)[M]. 莫斯科：军事出版局，1976。

L. 桑达洛夫，*Brianskii front v orlovsloi operatsii (zapiski nachal'nika shtaba brianskogo fronta)*(《奥廖尔战役中的布良斯克方面军(布良斯克方面军参谋长笔记)》)[J]. VIZh，1963，8(8)，第62—72页。

Sbornik boevykh primerov iz opyta Velikoi Otechestvennoi voiny(《来自伟大卫国战争经验的战例选集》)[M]. 莫斯科：军事出版局，1982。

阿尔伯特·西顿,《苏德战争1941—1945》[M]. 纽约：普雷格出版社，1971。

A. N. 谢克列托夫，*Gvardeiskaia postup (boevoi put 17-i mozyrskoi krasnoznamennoi ordenov Lenina, Suvorova, i Kutuzova kavaleriiskoi divizii, podshefnoi T.adzhikstanu, v gody Velikoi Otechestvennoi voiny, 1941-1945 gg.)*(《近卫军人的步伐：组建于塔吉克斯坦，荣获苏沃洛夫勋章和库图佐夫勋章的近卫红旗莫济里骑兵第17师在1941—1945年伟大卫国战争时期的战斗历程》)[M]. 杜尚别：多尼什出版社，1985。

S. M. 什捷缅科,《战争年代的总参谋部，1941—1945》[M]. 罗伯特·达格利什，译，莫斯科：进步出版社，1970。共二卷。

哈罗德·舒克曼，等,《斯大林的将军们》[M]. 伦敦：韦登费尔德与尼科尔森出版社，1993。

A. 斯米尔洛夫,*Kharakternye cherty operativnogo iskusstva voisk PVO strany v kurskoi bitve*

（《库尔斯克会战时期国土防空部队的战役学特征》)[J]. VIZh，1983，6(6)，第56—62页。

A. F. 斯米尔诺夫，K. S. 奥格洛布林，*Tanki na Visloi: boevoi put' 31-go tankovogo Vislenskogo korpusa*（《坦克跨过维斯瓦河：维斯瓦河坦克第31军的战斗历程》)[M]. 莫斯科：军事出版局，1991。

A. 索科洛夫，*Na kurskom duge*（《在库尔斯克突出部》)[J].*Kommunist Vooruzhennykh Sil*（《武装力量中的共产主义者》)，1983，7(13)，第65—71页。

B. G. 索洛维耶夫，*Vermakht na puti k gibeli: krushenie planov nemetsko- fashistskogo komandovaniia letom i osen'iu 1943 g.*（《覆灭道路上的德国国防军：1943年夏秋德国法西斯统帅部计划的破产》[M]. 莫斯科：科学出版社，1973。

B. G. 索洛维耶夫，*Proval tret'ego nastupleniia vermakhta na Vostoke*（《德国国防军在东线第三场攻势的失败》)[J]. VIZh，1970，7(7)，第33—42页。

B. G. 索洛维耶夫，*20-letie velikoi pobedy pod Kurskom (o vliianii strategicheskoi vnezapnosti na vooruzhennouiu bor'bu v bitve pod Kurskom)*（《纪念库尔斯克的伟大胜利20周年(论战略突然性对库尔斯克会战时期武装斗争的影响)》)[J]. VM，1963，7(7)，第59—74页。

B. G. 索洛维耶夫，A. 卡图科夫，*Bor'ba za strategicheskuiu initsiativu v bitve pod Kurskom*（《库尔斯克会战中战略主动权的争夺》)[J].VM，1973，7(7)，第74—88页。

Sovetskaia kavaleriia: voenno-istoricheskii ocherk（《苏联骑兵：军事历史概述》)[M]. 莫斯科：军事出版局，1984。

赫尔穆特·施佩特尔，《大德意志装甲军史》[M]. 加拿大温尼伯：J. J. 费多罗维茨出版社，1995。共二卷。

安娜·斯特罗埃娃，*Komandarm Kravchenko*（《集团军司令员克拉夫琴科》)[M]. 基辅：乌克兰政治文学出版社，1984。近卫坦克第5军军长的传记。

F. 斯维尔德洛夫，*Kurskaia bitva (V takticheskikh primerakh)*（《库尔斯克会战(战术实例)》)[J]. VV，1993，6(7)，第19—22页。

F. 斯维尔德洛夫，*Udar po flangu orlovskoi gruppirovki protivnika*（《进攻敌军奥廖尔集团的侧翼》)[J]. VIZh，1971，1(1)，第17—28页。

K. F. 捷列金，*Voiny neschitannye versty*（《战争中的漫漫长路》)[M]. 莫斯科：军事出版局，1988。中央方面军军事委员会委员的回忆录。

F. 楚卡诺夫，*Manevr silami i sredstvami voronezhskogo fronta v oboronitel'noi operatsii pod Kurskom*（《库尔斯克防御战役中沃罗涅日方面军兵力和武器的机动》)[J].VIZh，1963，6(6)，第35—42页。

S. I. 瓦西里耶夫，A. P. 季坎，*Gvardeitsy piatnadtsatoi: boevoi put' Piatnadtsatoi gvardeiskoi strelkovoi divizii*（《第十五支近卫军：近卫步兵第15师的战斗历程》)[M]. 莫斯科：军事出版局，1960。

A. M. 华西列夫斯基，《毕生的事业》[M]. 莫斯科：进步出版社，1976。

Velikaia Otechestvennaia voina Sovetskogo Soiuza（《苏联的伟大卫国战争》)[M]. 莫斯科：军事出版局，1960—1965。共六卷。

B. S. 文科夫，P. P. 杜季诺夫，*Gvardeiskaia doblest': boevoi put' 70-i gvardeiskoi strelkovoi glukhovskoi ordena Lenina, dvazhdy krasnoznamennoi, ordenov Suvorova, Kutuzova i Bogdana Khmel'nitskogo divizii*（《近卫军的英勇：荣获列宁勋章、两次红旗勋章、苏沃洛夫勋章、库图

佐夫勋章和波格丹·赫梅利尼茨基勋章的近卫红旗格卢霍夫步兵第70师的战斗历程》)[M]. 莫斯科：军事出版局，1979。

A. A. 韦特罗夫，*Tak i bylo*(《就这样》)[M]. 莫斯科：军事出版局，1982。近卫坦克第3集团军坦克第15军战史。

A. 维特鲁克，*Bronia protiv broni*(《装甲对决》)[J].VIZh，1983，6(6)，第72—79页。坦克第2集团军坦克第16军的回忆文章。

迪米特里·沃尔科戈诺夫，*Stalin: Triumf i tragediia*(《斯大林：胜利与悲剧》)[M]. 哈罗德·舒克曼，编译，加利福尼亚州罗克林：普瑞玛出版社，1992。

迪米特里·沃尔科戈诺夫，*Triumf i tragediia: I. V. Stalin: Politicheskii portret*(《胜利与悲剧：I. V. 斯大林的政治肖像》)[M]. 莫斯科：新闻出版社，1989。共二卷。

A. 沃尔科夫，*Nekotorye voprosy partiino-politicheskoi raboty v voiskakh voronezhskogo fronta v period kurskoi bitvy*(《库尔斯克会战期间沃罗涅日方面军党政工作中的若干问题》[J].VIZh，1983，7(7)，第50—55页。

V. A. 沃斯特罗夫，等，*Tematicheskii sbom ik boevykh prim erov iz opyta Velikoi Otechestvennoi voiny i lokal'nykh voin (polk—arrniia)*(《伟大卫国战争和历次局部战争经验的战例专题选集(从团到集团军)》[M]. 莫斯科：军事出版局，1989。

F. I. 维索茨基，M. E. 马库欣，F. M. 萨雷切夫，M. K. 沙波什尼科夫，*Gvardeiskaia tankovaia*(《坦克近卫军》)[M]. 莫斯科：军事出版局，1963。坦克第2集团军的战史。

亚历山大·沃思，《战争中的俄国，1941—1945》[M]. 纽约：达顿出版社，1964。

M. 扎哈罗夫，*O sovetskom voennom iskusstve v bitve pod Kurskom*(《谈谈库尔斯克会战中的苏联军事艺术》)[J].VIZh，1963，6(6)，第15—25页；1963，7(7)，第11—20页。

史蒂文·J. 扎洛加，詹姆斯·格朗塞，《第二次世界大战中的苏联坦克和战斗车辆》[M]. 伦敦：武器与铠甲出版社，1984。

尼可拉斯·泽特林，《第二次世界大战期间东线战场的损失率》[J].《斯拉夫军事研究杂志》，1996，12(9,4)，第896—906页。

A. S. 扎多夫，*Chetyre goda voiny*(《战争中的四年》)[M]. 莫斯科：军事出版局，1978。近卫第5集团军司令员的回忆录。

A. S. 扎多夫，*5-ia gvardeiskaia armiia v kurskoi bitve*(《库尔斯克会战中的近卫第5集团军》)[J]. VM，1973，8(8)，第60—77页。

G. K. 朱可夫，《回忆与思考》[M]. 莫斯科：进步出版社，1985。共二卷。

G. K. 朱可夫，*Na kurskoi duge*(《在库尔斯克突出部》)[J]. VIZh，1967，8(8)，第69—83页；1967，9(9)，第82—97页。

厄尔·F. 齐姆克，《从斯大林格勒到柏林：德国在东线的失败》[M]. 华盛顿特区：美国陆军军事历史主管办公室，1968。

A. M. 兹瓦尔采夫，等，*3-ia gvardeiskaia tankovaia: boevoi put' 3-gvardeiskoi tankovoi armii*(《坦克兵的第3支近卫军：近卫坦克第3集团军的战斗历程》)[M]. 莫斯科：军事出版局，1982。

原始资料（档案或准档案）目录

Anlagen 13 zum K.T.B. Lagenkarten. PzAOK 4, la, 25.3.43-30.7.43（《1943年3月25日 —1943年7月30日第四装甲集团军司令部作战参谋编写的作战日志第13号附件：位置图》）[M].//PzAOK 4, 34888/17（《第四装甲集团军司令部第34888/17号》），微缩胶卷 NAM T-313，第369卷。

Boevoi sostav Sovetskoi armii（《苏军的作战编成》）[M]. 莫斯科：总参谋部军事科学局，1963—1972。共三卷，原秘密文件，1964年解密。

Chefkarten, 23 Anlagen, Anlagenband 36 zum KTB Pz AOK 2, la, 1 Jun-13 Aug 1943（《1943年6月1日—8月13日第二装甲集团军司令部作战参谋编写的作战日志第36组附件第23号：指挥官用地图》）[M]. //Pz AOK 2, 37075/49（《第二装甲集团军司令部第37075/49号》）：微缩胶卷 NAM T-313，第171卷。内含库尔斯克会战期间第二装甲集团军和第九集团军大部分地段的作战地图和情报地图。

Dokumenty sovetskogo komandovaniia v period Velikoi Otechestvennoi voiny (aprel'-mai 1943 g.)（《伟大卫国战争时期苏联指挥机关的文书（1943年4—5月）》）[M]. 波多利斯克：苏联国防部档案馆，未注明出版日期。原秘密文件，1963年解密。内含与库尔斯克防御有关的计划文书。

Feindlagenkarten des PzAOK 4 fur die Zeit vom 4.7-31.8.43, Anlage 4 zum Ic-Tatigkeitsbericht（《1943年7月4日—8月31日期间第四装甲集团军司令部情报参谋绘制的态势报告第4号附件：敌军位置图》）[M].//Pz A.O.K 4（《第四装甲集团军司令部》）：文献原件。

Feindlagenkarten vom 1.7.1943 bis 30.9.1943, AOK 2, Ic/AO KTB（《1943年7月1日 —1943年9月30日第二集团军司令部情报参谋绘制的敌军位置图，出自集团军作战日志》）[M]. //A O K 2, 37418/128（《第二集团军司令部第37418/128号》）：微缩胶卷 NAM T-312，第1253卷。

B. 古尔金，*Dokumenty i materialy: Podgotovka k kurskoi bitve*（《文献与材料：库尔斯克会战的准备工作》）[J]. VIZh，1983，6（6），第63—71页。内含关于库尔斯克防御准备工作的主要文献。

O. 古罗夫，V. 科瓦廖夫，*Pobeda na kurskoi duge*（《库尔斯克突出部的胜利》）[J]. VIZh，1983，7（7）：56—64页。内含关于奥廖尔战役和别尔哥罗德—哈尔科夫战役的档案文献。

V. T. 伊米诺夫，*Organizatsiia i vedenie oborony v bitve pod Kurskom na primer 13-i armii tsentral'nogo fronta (iiul' 1943 g.)*（《以中央方面军第13集团军为例看库尔斯克会战中的防御组织和实施（1943年7月）》）[M]. 莫斯科：伏罗希洛夫总参军事学院，1979。机密级文件。

Istoriia voin, voennogo iskusstva i voennoi nauki,T.2 : Uchebnik dlia Voennoi akademii General'nogo shtaba Vooruzhennykh Sil SSSR（《战争史、军事艺术史和军事科学史，第二卷：苏联武装力量总参谋部军事学院教材》）[M]. 莫斯科：伏罗希洛夫总参军事学院，1977。

Komandovanie korpusnogo i divizionnogo zvena Sovetskoi Vooruzhennykh Sil perioda Velikoi Otechestvennoi voiny, 1941-1945（《伟大卫国战争时期苏联武装力量的军、师级指挥员，1941—1945》）[M]. 莫斯科：伏龙芝军事学院，1964。原秘密文件，1964年解密。

Kriegstagbuch No. 2, AOK 8, la, Tägliche Lagekarten vom 1.7.43-31.12.43（《第八集团军司令部作战参谋编写的第二号作战日志中1943年7月1日—1943年12月31日每日战况地图》）[M].//AOK 8, 44701/14（《第八集团军司令部第44701/14号》：微缩胶卷 NAM T-312，第56卷。

Lagenkarten. Anlage zu KTB Nr. 8, AOK 9. la, 26 Mar-18 Aug 1943（《1943年3月26日—8月

18日第九集团军司令部作战参谋绘制的作战日志第8号附件：位置图》[M].//AOK 9. 35939/7(《第九集团军司令部：第35939/7号》)：微缩胶卷 NAM T-312，第320卷。内含第九集团军若干特定日期的作战地图和情报地图。

Manevr podvizhnymi protivotankovymi rezervami v oboronitel'noi operatsii(《防御战役中反坦克预备队的机动》)[G].//《战争经验研究材料选集，第10册(1944年1—2月)》，第112—126页，莫斯科：军事出版局，1944。由红军总参谋部战争经验研究局编写，机密级文件，1964年解密，1990年公开发行。本节涉及库尔斯克会战防御阶段的反坦克作战。

Nekotorye voprosy boevogo ispol'zovaniia zenitnoi artillerii (po opytu boev na orlovsko-kurskom napravlenii)(《关于高射炮兵作战使用的若干问题(奥廖尔—库尔斯克方向的各次战役)》)[G].//《战争经验研究材料选集，第10册(1944年1—2月)》，第126—139页，莫斯科：军事出版局，1944。由红军总参谋部战争经验研究局编写，机密级文件，1964年解密，1990年公开发行。本节涉及库尔斯克会战防御阶段的高射炮兵作战。

Operativnoe maskirovka po opytu voronezhskogo fronta(《根据沃罗涅日方面军的经验看战役伪装措施》[G].//《战争经验研究材料选集，第14册(1944年9—10月)》，第165—180页，莫斯科：军事出版局，1944。由红军总参谋部战争经验研究局编写，机密级文件，1964年解密，1990年公开发行。本节涉及库尔斯克会战防御阶段和别尔哥罗德—哈尔科夫进攻战役的伪装措施。

Proryv oborony na flange orlovskoi gruppirovki nemtsev(《突破德国奥廖尔集团的侧翼防御》[G].//《战争经验研究材料选集，第10册(1944年1—2月)》，第4—48页，莫斯科：军事出版局，1944。由红军总参谋部战争经验研究局编写，机密级文件，1964年解密，1990年公开发行。本节涉及西方面军在奥廖尔战役期间突击行动的所有方面。

H. 莱因哈特，《德国在东线南段的集团军群级战役，1941—1943年》[M].//《MS No. P-114C》第6卷。美国驻欧洲陆军(USAREUR)历史部，1954。

Sbornik materialovpo izucheniiu opyta voiny, no. 11 (mart-aprel' 1944)(《战争经验研究材料选集，第11册(1944年3—4月)》)[M]. 莫斯科：军事出版局，1944。由红军总参谋部战争经验研究局编写，机密级文件，1964年解密，1990年公开发行。本书共215页，涉及库尔斯克会战的所有方面。

Schematische Kriegsgliederung, Stand: 1.6.43, 7.7.43,17.7.43, 25.7.43, and 5.8.43.(《1943年6月1日、1943年7月7日、1943年7月17日、1943年7月25日和1943年8月5日的作战序列》[M].//[OKH] GenStdH, Op.Abt. III([陆军总司令部]陆军总参谋部作战部第三处)。内含德国南方集团军群的作战序列。文献原件。

E. 西马科夫，*Sovetskaia aviatsiia v bitve pod Kurskom*(《库尔斯克会战中的苏联航空兵》)[J]. VIZh，1983，5(5)，第40—44页。内含库尔斯克会战准备时期航空兵的若干命令和训令。

V. N. 辛博洛科夫，*Bitva pod Kurskom 1943 goda (konspekt lektsii)*(《库尔斯克会战，1943(一次讲座的概要)》)[M]. 莫斯科：伏罗希洛夫总参军事学院，1950。机密级文件。

Sommerschlacht um den Orelbogen vom 5. Juli—12 Aug 1943, Pz. A.O.K. 2., Ia Anlagen(《1943年7月5日—8月12日奥廖尔突出部的夏季战役，由第2装甲集团军司令部作战参谋编写》)[M].//AOK 9. 35939/7(《第九集团军司令部第35939/7号》：微缩胶卷 NAM T-312，第320卷。内含第九集团军若干特定日期的作战地图和情报地图。

西尔维斯特·斯塔德勒，*Die Offensive gegen Kursk 1943: II. SS-Panzerkorps als Stosskeil im Grosskampf*(《1943年库尔斯克进攻战役：在大规模战斗日作为突击尖刀的党卫队第二装甲军》)[M]. 奥斯纳布吕克：穆宁出版有限公司，1980。内含来自党卫队第二装甲军及其下属各装甲掷弹兵师的一套关于库尔斯克会战相对完整的文件和地图。

Tagesmeldungen II. SS Pz.Korps und XXXXVIII Pz.Korps, 1.7.43-13.7.43(《党卫队第二装甲军和第四十八装甲军1943年7月1日至7月13日的每日报告》)[M].//《第四装甲集团军》：微缩胶卷 NAM T-313，第368卷。内含第四装甲集团军各部逐日上报的坦克数量。

Tagesmeldungen vom 4.7.43-16.7.43(《1943年7月4日至7月16日的每日报告》)[M].//《党卫队第二装甲军军部》：微缩胶卷 NAM T-354，第605卷。内含党卫队第二装甲军各部逐日上报的兵力。

V. A. 佐洛塔廖夫，等，*Russkii arkhiv: Velikaia Otechestvennaia: Kurskaia bitva:Dokumenty i materialy, 2 7 m arta-23 avgusta 1943 g.* (《俄罗斯档案：伟大卫国战争：库尔斯克会战文件与材料，1943年3月27日至8月23日》)第15卷(4—4)[M]. 莫斯科：特拉出版社，1997。

专有名词列表

本节由译者根据英文版索引的主要内容编写，并做适当补充，供阅读时核对专有名词的原文，尤其是从俄语转写成英语的地名，同时可以说明一些同名异地或者原文错误等特殊情况。

各类专有名词优先参照《苏联军事百科全书》（北京：解放军出版社，1986年版）翻译。其他人名的译法按照《世界人名翻译大辞典》（北京：中国对外翻译出版公司，1993年版），地名的译法按照《苏联地名译名手册》（北京：商务印书馆，1991年版）。

人名

A

Agafonov, Colonel V. S.——V. S. 阿加福诺夫上校

Andrushchenko, Colonel G. I.——G. I. 安德鲁先科上校

Anikushkin, Major General F. G.——F. G. 阿尼库什金少将

Antonov, Colonel General A. I.——A. I. 安东诺夫上将

B

Babadzhanian, Colonel A. Kh.——A. Kh. 巴巴贾尼扬上校

Badanov, Lieutenant General V. M.——V. M. 巴达诺夫中将

Baeke, Major Dr. Franz——弗朗茨·贝克博士少校

Bagramian, Lieutenant General I. Kh.——I. Kh. 巴格拉米扬中将

Baidak, Colonel K. M.——K. M. 拜达克上校

Bakharov, Major General B. S.——B. S. 巴哈罗夫少将

Baksov, Major General A. I.——A. I. 巴克索夫少将，应为上校，Aleksei Ivanovich Baksov 于1944年6月3日晋升少将

Barinov, Major General A. B.——A. B. 巴里诺夫少将

Batov, Lieutenant General P. I.——P. I. 巴托夫中将

Belov, Lieutenant General P. A.——P. A. 别洛夫中将

Beria, Lavrenti——拉夫连季·贝利亚

Bethke, Major——贝特克少校

Bieberstein, Major——比贝尔施泰因少校

Bogdanov, Major General S. I.——S. I. 波格丹诺夫少将。应为中将，1943年6月7日晋升。原文

在坦克第9军军长处称少将，在坦克第2集团军司令员处称中将，实际上是一个人。

Boldin, Lieutenant General I. V.——I. V. 博尔金中将

Bondarev, Lieutenant General A. L.——A. L. 邦达列夫中将

Brazhnikov, Colonel A. K.——A. K. 布拉日尼科夫上校

Breith, Lieutenant General Hermann——赫尔曼·布赖特中将，应为装甲兵上将。作者在把德国的四级将官转换成英语概念时，把第二级 General der 列入中将，而最高一级 Generaloberst 译成上将。翻译时按照国内一般习惯，称前者是（兵种）上将，后者是大将

Borisenko, Colonel G. Ia.——G. Ia. 鲍里先科上校

Boriskin, Major D. I.——D. I. 鲍里斯金少校

Bormann, Martin——马丁·鲍曼

Budenny, Marshal of the Soviet Union S. M.——S. M. 布琼尼苏联元帅

Bulygin, Lieutenant Colonel S. M.——S. M. 布雷金中校

Burda, Lieutenant Colonel A. F.—— A. F. 布尔达中校

Burdeiny, Major General A. S.——A. S. 布尔杰伊内少将，应为上校，全名正确拼法是 Aleksei Semenovich Burdeinyi，他于1943年8月31日晋升少将

Burkov, Major General V. G.——V. G. 布尔科夫少将

Butkov, Major General V. V.—— V. V. 布特科夫少将

C

Cherniakhovsky, Lieutenant General I. D.——I. D. 切尔尼亚霍夫斯基中将

Chernienko, Major General D. Kh.——D. Kh. 契尔年科少将

Chernov, Colonel V. G.——V. G. 切尔诺夫上校，原文第四章等个别地方称将军，Viktor Georgievich Chernov 于1943年9月15日晋升少将

Chevola, Lieutenant Colonel N. D.——N. D. 切沃拉中校

Chibisov, Lieutenant General N. E.——N. E. 奇比索夫中将

Chistiakov, Lieutenant General I. M.——I. M. 奇斯佳科夫中将

D

Deichmann, Lieutenant General——戴希曼中将

Dessloch, General Otto——奥托·德斯洛赫上将

Dremin, Colonel D. F., D. F. 德廖明上校

Dzhandzhgava, Colonel V. N.——V. N. 占季加夫上校，正文、附录B和索引均拼作占季加娃，但会战期间步兵第15师的第一任师长，应该不是女性

E

Enshin, Major General M. A.——M. A. 延申少将，原文有称上校，Mikhail Aleksandrovich Enshin 于1941年7月15日晋升少将

F

Fediuninsky, Lieutenant General I. I.——I. I. 费久宁斯基中将

Fedorenko, Captain G. S.——G. S. 费多连科大尉

Fermella, Bruno, Lance Corporal——一等兵布鲁诺 · 费尔梅拉

Franz, Major——弗朗茨少校

Freissner, Lieutenant General Johannes——约翰内斯 · 弗赖斯纳中将，应为步兵上将

Funck, Lieutenant General Freiherr von——汉斯 · 冯 · 丰克男爵中将

G

Galanin, Lieutenant General I.V.——I. V. 加拉宁中将

Getman, Major General A. L., A. L. 格特曼少将

Gol'dberg, Lieutenant Colonel M.——M. 戈利捷贝尔格中校

Golelov, Colonel V. M.——V. M. 戈列洛夫上校

Gorbatov, Lieutenant General A. V.——A. V. 戈尔巴托夫中将

Gorianov, Major General S. G.——S. G. 戈里亚诺夫少将

Goriunov, Lieutenant General S. K.——S. K. 戈留诺夫中将

Govorunenko, Colonel P. D.——P. D. 戈沃鲁年科上校

Greim, Colonel General Ritter von——里特尔 · 冯 · 格赖姆大将

Grigor'ev, Major General V. E.——V. E. 格里戈里耶夫少将

Grishchenko, Colonel N. V.——N. V. 格里先科中校

Guderian, Colonel General Heinz——海因茨 · 古德里安大将

H

Hacke, Major——哈克少校

Harpe, Lieutenant General of Infantry Joseph——约瑟夫 · 哈尔佩中将，应为步兵上将

Hausherr, Lieutenant——豪斯赫尔少尉

Hausser, SS Obergruppenfuehrer Paul——党卫队全国副总指挥保罗 · 豪塞尔

Heinrici, Colonel General Gottfried——戈特弗里德 · 海因里希大将

Heusinger, Lieutenant General Adolf——阿道夫 · 豪辛格中将

Hitler, Adolf——阿道夫 · 希特勒

Hoernlein, Lieutenant General Walter——瓦尔特 · 赫恩莱因中将

Hoth, Colonel General Hermann——赫尔曼 · 霍特大将

Huchtmann, Lieutenant——胡赫特曼中尉

Hunersdorff, General von——冯 · 许纳斯多夫少将

I

Iakobovsky, Major General I. I.—— I. I. 雅库鲍夫斯基少将，应为上校，姓氏应拼作 Iakubovsky。此人军衔在照片说明中为中将，正文为少将，附录 B 中为上校。Ivan Ignatevich Iakubovsky 于1945年4月20日晋升少将。

Ivanov, Colonel N. M.——N. M. 伊万诺夫上校

Ivanov, Major P. S.——P. S. 伊万诺夫少校

Ivanov, Lieutenant General S. P.——S. P. 伊万诺夫中将

J

Jeschonnek, Colonel General Hans——汉斯·耶顺内克大将

Jodl, Colonel General Alfred——阿尔弗雷德·约德尔大将

K

Kadiev, Lieutenant D.——M. 卡季耶夫中尉，正文名字缩写是 M.

Karpov, Colonel V. P.——V. P. 卡尔波夫上校，正文此人军衔为上校，附录 B 为中校

Kashpersky, Lieutenant Colonel G. M.——G. M. 卡什佩尔斯基中校

Kassnitz, Colonel——卡斯尼兹上校

Katukov, Lieutenant General M. E.——M. E. 卡图科夫中将

Kazakov, Lieutenant Colonel A. I.——A. I. 卡扎科夫中校

Keitel, Field Marshal Wilhelm——威廉·凯特尔陆军元帅

Kempf, Colonel General of Panzer Troops Werner——维尔纳·肯普夫装甲兵上将

Kessel, Major General Mortimer von——莫蒂梅尔·冯·克塞尔少将

Khrushchev, N. S.——N. S. 赫鲁晓夫

Kirichenko, Major General I. F.——I. F. 基里琴科少将

Kiselev, Major General A. Ia.——A. Ia. 基谢廖夫少将

Klinfel'd, Colonel D. Ia.——D. Ia. 克林菲尔德上校

Kluge, Field Marshal Guenther von——京特·冯·克卢格陆军元帅

Knobelsdorff, Lieutenant General of Panzer Troops——奥托·冯·克诺贝尔斯多夫装甲兵上将

Kolpakchi, Lieutenant General V. Ia.——V. Ia. 科尔帕克奇中将

Konev, Army General I. S.——I. S 科涅夫大将，应为上将，他晋升大将是最终解放哈尔科夫以后的8月26日

Kopylov, Lieutenant Colonel N. V.——N. V. 科佩洛夫中校

Korchagin, Major General I. M.——I. M. 科尔恰金少将

Kotel'nikov, Major General V. P.——V. P. 科捷利尼科夫少将

Kotenko, Lieutenant Colonel——I. K. 科坚科中校，正文多处军衔为中校，附录 B 为少校

Kozak, Colonel S. A.——S. A. 科扎克上校

Kozlov, Major General P. M.——P. M. 科兹洛夫少将

Krasovsky, Lieutenant General S. A.——S. A. 克拉索夫斯基中将

Kravchenko, Major General A. G.——A. G. 克拉夫琴科少将

Kriuchenkin, Lieutenant General V. D.——V. D. 克留乔金中将

Kriukov, Major General V. V.——V. V. 克留科夫少将。附录 B 为中将，他晋升中将是1943年10月16日

Krivosheev, Colonel General G. F.——G. F. 克里沃舍耶夫上将

Krivoshein, Major General S. M.——S. M. 克里沃舍因少将

Kropotin, Major General N. A.——N. A. 克罗波金少将

Kruger, SS Gruppenfuehrer Walter——党卫队地区总队长瓦尔特·克吕格尔

Kulik, Lieutenant General G. I.——G. I. 库利克中将

Kurnosov, Major N. A.——N. A. 库尔诺索夫少校

Kutuzov, General M. I.——M. I. 库图佐夫将军（俄罗斯帝国军事统帅）

Kuz'min, Captain V. P.——V. P. 库济明大尉

L

Lammers, Hans——汉斯·拉默斯

Lauchert, Colonel——劳赫尔特上校

Lazarov, Major General I. G.——I. G. 拉扎罗夫少将

Lebedev, Major General V. G.——V. G. 列别杰夫少将

Lemelson, Lieutenant General of Panzer Troops Joachim, 约阿希姆·莱梅尔森装甲兵上将

Leonov, Colonel M. T.——M. T. 列昂诺夫上校

Linev, Colonel A. A.——A. A. 利涅夫上校

Lipichev, Lieutenant Colonel N. P.——N. P. 利皮切夫中校

Lubbe, Lieutenant General Vollrath von——福尔拉特·冯·吕贝中将

Lunev, Captain M. S.——M. S. 卢尼奥夫大尉

M

Malinin, Lieutenant General M. S.——M. S. 马利宁中将

Malinovsky, Colonel General R. Ia.——R. Ia. 马利诺夫斯基上将，应为大将，1943年4月28日已晋升大将。

Managarov, Lieutenant General I. M.——I. M. 马纳加罗夫中将

Manstein, Field Marshal Erich von——埃里希·冯·曼施泰因陆军元帅

Mekhlis, L. Z.——L. Z. 梅赫利斯

Mellenthin, General W. F. von——F. W. 冯·梅伦廷将军，在库尔斯克会战期间，他的军衔是中校，最终军衔为少将。姓氏旧译作冯·梅林津。本书原文多处将他的名字顺序颠倒。

Miasnikov, Major G. A.——G. A. 米亚斯尼科夫少校

Michl, Major General——米希尔少将

Mikhailov, Colonel I. B.——I. B. 米哈伊洛夫上校

Model, Colonel General Walter——瓦尔特·莫德尔大将

Moiseev, Colonel S. F.——S. F. 莫伊谢耶夫上校

Morganov, Colonel N. V.——N. V. 莫尔古诺夫上校，原文坦克第200旅旅长的姓氏出现 Morganov 和 Morgunov 两种拼法。此人全名是 Nikolai Viktorovich Morgunov，1945年7月晋升坦克兵少将

Moskalenko, Lieutenant General K. S.——K. S. 莫斯卡连科中将

Mussolini, Benito——贝尼托·墨索里尼

N

Nefterev, Lieutenant General I. F.——I. F. 涅夫捷列夫中将，应为少将，全名是 Ivan Fedorovich

Nefterev，1943年1月27日晋升少将
Nehling, Lieutenant General Walter——瓦尔特·内林中将
Nekrasov, Colonel I. M.——I. M. 涅克拉索夫上校，正文有几处称他是少将，全名是Ivan Mikhailovich Nekrasov，1943年9月15日晋升少将
Nesterov, Colonel S. K.——S. K. 涅斯捷罗夫上校
Noskov, Lieutenant Colonel I. T.——I. T. 诺斯科夫中校

O

Obukhov, Major General V. T.——V. T. 奥布霍夫少将
Oekel, Captain——厄克尔上尉
Oppeln-Bronikowski, Colonel von——冯·奥珀伦-布罗尼科夫斯基上校
Ott, Lieutenant General of Infantry Eugen——欧根·奥特步兵上将

P

Pankov, Major General M. F.——M. F. 潘科夫少将
Pappe, Colonel——帕佩上校
Piskarev, Colonel V.——V. 皮斯卡列夫上校，正文提到他是近卫坦克第26旅旅长，但附录B中该旅旅长是S. K. 涅斯捷罗夫上校
Plocher, General Hermann——赫尔曼·普洛赫尔上将
Poluboiarov, Major General P. P.——P. P. 波卢博亚罗夫少将
Ponomarov, Major V. A.——V. A. 波诺马罗夫少校
Popov, Major General A. F.——A. F. 波波夫少将
Popov, Colonel General M. M.——M. M. 波波夫上将
Porsche, Dr. Ferdinand, 费迪南德·波尔舍博士
Priess, SS Brigadefuehrer H.——党卫队旅队长H. 普里斯，原文有一处误作Obergruppenfuehrer
Pukhov, Lieutenant General N. P.——N. P. 普霍夫中将
Puzyrev, Lieutenant Colonel V. A.——V. A. 普济廖夫中校

R

Ratushniak, Senior Lieutenant——拉图什尼亚克上尉
Raus,General of Panzer Troops, Erhard——埃哈德·劳斯装甲兵上将
Reimann, Lieutenant General Richard——里夏德·赖曼中将
Remer, Major——雷默少校
Rendulic, Major General Lothar, 洛塔尔·伦杜利克少将，应为步兵上将
Ribbentrop, Joachim von——约阿希姆·冯·里宾特洛甫
Ribbentrop, Rudolf von——鲁道夫·冯·里宾特洛甫
Richtofen, Wolfram von——沃尔弗拉姆·冯·里希特霍芬
Rodin, Lieutenant General A. G.——A. G. 罗金中将
Roembke, Lieutenant——伦布克中尉

Rokossovsky, Army General K. K.——K. K. 罗科索夫斯基大将

Romanenko, Lieutenant General P. L.——P. L. 罗曼年科中将

Rotmistrov, Lieutenant General P. A.——P. A. 罗特米斯特罗夫中将

Rudkin, Major General F. N.——F. N. 鲁德金少将

Rumiantsev, General P. A.——P. A. 鲁缅采夫将军（俄罗斯帝国军事统帅）

Rukosuev, Colonel V. N.——V. N. 鲁科苏耶夫上校

Rybalko, Lieutenant General P. S.——P. S. 雷巴尔科中将

S

Sakhno, Major General M. S.——M. S. 萨赫诺少将

Samykin, Lieutenant I. G.——I. G. 萨梅金中尉

Sandalov, Lieutenant General L. M.——L. M. 桑达洛夫中将

Saucken, Lieutenant General Dieter von——迪特里希·冯·绍肯中将，名字应是 Dietrich

Savinov, Lieutenant Colonel V. S.——V. S. 萨维诺夫中校

Sazanov, Colonel A. M.——A. M. 萨佐诺夫上校，此人姓氏拼写有误，应为 Sazonov

Sazanov, Colonel S. P.——S. P. 萨扎诺夫上校，附录 B 中拼写为 N. P. 萨佐诺夫

Scheller, Lieutenant General Walter——瓦尔特·舍勒中将

Schmidt, Colonel General Rudolf——鲁道夫·施密特大将和古斯塔夫·施密特中将，前者是北线第二装甲集团军司令，后者是第十九装甲师师长，正文和附录 A 均将两人混为一谈。于是南线的古斯塔夫·施密特写错名字，北线的鲁道夫·施密特写错军衔。

Semchenko, Lieutenant Colonel A. I.——A. I. 谢姆琴科中校，附录 B 中拼作萨姆琴科

Senchillo, Major General S. Ia.——S. Ia. 先吉洛少将

Shaposhnikov, Marshal of the Soviet Union B. M.——B. M. 沙波什尼科夫苏联元帅

Shestakov, Lieutenant A. F.——A. F. 舍斯塔科夫中尉

Shkrylev, Major General T. K.——T. K. 什克里列夫少将

Shtemenko, Major General S. M.——S. M. 什捷缅科少将

Shumilov, Lieutenant General M. S.——M. S. 舒米洛夫中将

Sinenko, Major General M. D.——M. D. 西年科少将

Sivakov, Colonel I. P.——I. P. 西瓦科夫上校

Skvortsev, Major General B. M.——B. M. 斯克沃尔佐夫少将，姓氏拼写应为 Skvortsov

Skvortsov, Major General A. V.——A. V. 斯克沃尔佐夫少将

Sokolovsky, Colonel General V. D.——V. D. 索科洛夫斯基上将，1943年8月27日晋升大将

Speer, Albert——阿尔贝特·施佩尔

Stadler, Sylvester——西尔维斯特·施塔德勒，党卫队一级突击队大队长，帝国师元首团团长

Stalin, I. V.——I. V. 斯大林

Starchikov, Senior Lieutenant A. I.——A. I. 斯塔尔奇科夫上尉

Strachwitz, Colonel Graf von——冯·施特拉赫维茨伯爵上校

Suvorov, General A. V.——A. V. 苏沃洛夫将军（俄罗斯帝国军事统帅）

T

Tarasov, Lieutenant Colonel V. D——V. D. 塔拉索夫中校

Tavartkiladze, Major General N. T.——N. T. 塔瓦尔特基拉泽少将

Teliakov, Lieutenant Colonel N. M.——N. M. 捷利亚科夫中校

Tikhomirov, Major General V. V.——V. V. 季霍米罗夫少将

Tolbukhin, Lieutenant General F. I.——F. I. 托尔布欣中将，应为上将。1943年4月28日晋升上将，9月21日晋升大将

Trofimenko, Lieutenant General S. G.——S. G. 特罗菲缅科中将

Trufanov, Major General K. G.——K. G. 特鲁法诺夫少将

Tsukarev, Colonel S. I.——S. I. 楚卡列夫上校

V

Vakhrameev, Major General P. P.——P. P. 瓦赫拉梅耶夫少将

Vakuletsko, Captain A. E.——A. E. 瓦库列茨科大尉

Vasil'ev, Colonel A. F.——A. F. 瓦西里耶夫上校

Vasil'ev, Major General I. D.——I. D. 瓦西里耶夫少将

Vasilevsky, Marshal of the Soviet Union A. M.——A. M. 华西列夫斯基苏联元帅

Vatutin, Army General N. F.——N. F. 瓦图京大将

Volodin, Colonel N. K.——N. K. 沃洛金上校

Voronov, Army General N. N.——N. N. 沃罗诺夫大将

Voroshilov, Marshal of the Soviet Union K. E.——K. E. 伏罗希洛夫苏联元帅

Vovchenko, Major General I. A.——I. A. 沃夫琴科少将

W

Weiss, Colonel General of Infantry——瓦尔特·魏斯步兵上将

Wietersheim, Captain von——冯·维特斯海姆上尉

Wisch, SS Brigadefuehrer Theodore——党卫队旅队长特奥多尔·维施，应为区队长

Woehler, Lieutenant General Otto——奥托·韦勒中将

Z

Zeitzler, Colonel General Kurt——库尔特·蔡茨勒步兵上将，1944年2月1日起为大将

Zhadov, Lieutenant General A. S.——A. S. 扎多夫中将

Zhukov, Marshal of the Soviet Union G. K.——G. K. 朱可夫苏联元帅

Zinkovich, Major General M. I.——M. I. 津科维奇少将

Zorn, Lieutenant General of Infantry Hans——汉斯·措恩步兵上将

Zumpel, Lieutenant——聪佩尔中将

其他专有名词

Antitank obstacles, Soviet,（苏联）防坦克障碍物

Antitank regions, Soviet,（苏联）防坦克地域

Antitank reserves, mobile, Soviet,（苏联）快速反坦克预备队

Antitank strong points, Soviet,（苏联）防坦克枢纽部

Barbarossa, Operation (22 June 1941), 巴巴罗萨行动（1941年6月22日）

Belgorod-Khar'kov operation (5-23August 1943), 别尔哥罗德—哈尔科夫战役（1943年8月5日—23日），即鲁缅采夫行动

Belorussian operation (November-December 1943), 白俄罗斯战役（1943年11月—12月）

Blau, Operation (June 1942), 蓝色行动（1942年6月）

Blitzkrieg, German concept of, 闪击战，德国军事概念

Central Partisan Headquarters (Bureau), Soviet,（苏联）游击运动总司令部

Chernigov-Poltava strategic operation (August-September 1943), 切尔尼戈夫—波尔塔瓦战略性战役（1943年8月—9日）

Citadel (Zitadelle), German plan, 堡垒行动，德国计划名，也指库尔斯克会战防御阶段

Defensive Construction Directorate，防御工程管理局（upravlenie oboronitel'nogo stroitel'stva），缩写为 UOS

Directorate for the Study of Military Experience, Red Army General Staff, 红军总参谋部军事经验研究局

Donbas operation (February 1943), 顿巴斯战役（1943年2月），即跳跃行动

GRU (Main Intelligence Directorate), Soviet,（苏联）格鲁乌（情报总局），红军总参谋部下属的一个总局

Habicht, Operations, 苍鹰行动，德国在顿巴斯的作战计划

Hagen Line, German defensive position,（德国）哈根防线

Herbstreise, Operation, 秋季旅行行动，德国军队撤离奥廖尔突出部的行动代号。历史上更著名的同名行动，是指1940年海狮计划中的佯动。

Historical Section, Red Army General Staff, 红军总参谋部历史处

Izium-Barvenkovo operation (July 1943), 伊久姆—巴尔文科沃战役（1943年7月）

Katiusha (multiple-rocket launchers), 喀秋莎（多管火箭炮）

Khar'kov, Battle of (May 1942), 哈尔科夫交战（1942年5月），亦称第二次哈尔科夫战役。

Khar'kov operation (February-March 1943), 哈尔科夫战役（1943年2月—3月），亦称第三次哈尔科夫战役，即星行动

Kotel'nikovsky operation (December 1942), 科捷利尼科夫斯基战役（1942年12月）

Lend-Lease,《租借法案》，以及按照这个法案提供的物资和装备

Liuban operation (January-June 1942), 柳班战役（1942年1月—6月）

Long-range aviation, Soviet, 苏联远程作战航空兵，原称远程轰炸航空兵

Middle Don operation (December 1942), 顿河中游战役（1942年12月），即小土星行动

Military-historical Directorate, Red Army General Staff, 红军总参谋部军事历史局

Military History Institute, Soviet Ministry of Defense, 苏联国防部军事历史研究所

Mius operation (July 1943), 米乌斯河战役(1943年7月)

Mobile groups, Soviet, Popov, 苏联波波夫快速集群

Mobile obstacle detachments, Soviet,(苏联)快速障碍设置队

Moscow, Battle of, 莫斯科会战

National Air Defense Command (PVO Strany), Soviet, 苏联国土防空部队，战后成为国土防空军

NKVD (People's Commissariat of Internal Affairs), 苏联内务人民委员部，战后成为内务部

OKH. See High Command, German Army，德国陆军总司令部

OKW. See High Command, German Armed Forces，德国国防军统帅部

Orel operation (12 July-18 August 1943), 奥廖尔战役(1943年7月12日—8月18日)，即“库图佐夫”行动。

Ostrogozhsk-Rossosh' operation (January 1943), 奥斯特罗戈日斯克—罗索什战役

Panther, operation, 黑豹行动，德国在顿巴斯的作战计划

Polar Star (February 1943), 北极星行动(1943年2月)

“Red Orchestra” (Rote Kapelle), Soviet spy network, “红色乐队”苏联间谍网

Roland, German operation, 德国的罗兰行动

Rzhev-Sychevka operation (November-December 1942), 第二次勒热夫—瑟乔夫卡战役(1942年11月—12月)，即火星行动，原文有时也简称为勒热夫战役。第一次勒热夫—瑟乔夫卡战役是1942年7月30日—8月23日苏联的勒热夫—瑟乔夫卡进攻战役。

Smolensk, Battle of (July-August 1941), 斯摩棱斯克交战(1941年7月—8月)

Smolensk operation (August 1943), 斯摩棱斯克战役(1943年8月)，即“苏沃洛夫”行动

Stalingrad, Battle of, 斯大林格勒会战

Staraia Russa operation (August 1941), 旧鲁萨战役(1941年8月)

State Defense Committee (GKO), Soviet, 苏联国防委员会

State Defense Committee Decree No. 2791, 苏联国防委员会第2791号决议

State Defense Committee Order No. 2507 (12 November 1942), 苏联国防委员会第2507号令(1942年11月12日)

Stavka, representative of the, 大本营代表

Stavka reserves (RVGK),(最高统帅部)大本营预备队

Stavka VGK (Headquarters of the Supreme High Command), Soviet, 最高统帅部大本营

Supreme High Command, Soviet，苏联最高统帅部

ULTRA, British code-breaking operation, 超级机密，英国的密码破译行动

Voronezh-Kastorne operation (January-February 1943), 沃罗涅日—卡斯托尔诺耶战役(1943年1月—2月)

Wolfsschanze (Hitler's headquarters)，狼穴，希特勒的东线指挥部

地名

A

Akhtyrka, 阿赫特尔卡

Aleksandrovka, 亚历山德罗夫卡

Aleksandrovka No. 1 State Farm, 亚历山德罗夫卡第一国营农场

Aleksandrovskaia, 亚历山德罗夫斯卡亚

Aleksandrovskii, 亚历山德罗夫斯基

Alekseevskoe, 阿列克谢耶夫斯科耶

Alekseevka, 阿列克谢耶夫卡，德语拼作 Alexejevka

Andreevka, 安德烈耶夫卡

Andreevskii, 安德列耶夫斯基

Arbuzovka, 阿尔布佐夫卡，正文一处拼作阿尔布佐沃 Arbuzovo

Avdeevka, 阿夫杰耶夫卡

Azov, Sea of, 亚速海

B

Baikova, 拜科沃，又拼作 Baykovo

Baltic Sea, 波罗的海

Batratskaia Dacha State Farm, 巴托拉茨卡亚达查国营农场

Belaia, 别拉亚

Belenikhino (Station), 别列尼希诺（车站）

Belgorod, 别尔哥罗德

Beloe, 别洛耶

Belorussia, 白俄罗斯

Belovody, 别洛沃季

Belovskaia, 别洛夫斯卡亚

Belyi Kolodez', 白科洛杰济

Bekhteevka, 别赫捷耶夫卡

Beregovoe, 别列戈沃耶，德语拼作 Beregowoje

Berezov, 别列佐夫

Berezovka, 别列佐夫卡，德语拼作 Beresowka，即《坦克战》中译本地图中的贝列索夫卡，该书正文中的贝列佐夫卡

Berezovyi Stream, 别列佐沃伊溪

Berlin, 柏林

Birilovka, 比里洛夫卡

Black Sea, 黑海

Blizhniaia Igumenka, 近伊古缅卡

Bubikovo, 布比科沃

Bobrik, 博布里克

Bobryshevo, 博布雷绍沃

Bogdanovka, 波格丹诺夫卡

Bogodukhov, 博戈杜霍夫

Bogorditskoe, 博戈罗季茨科耶，有一处拼作 Boroditskoe，可能是将俄语的 Г 混同于 r

Boguchar, 博古恰尔

Bolkhov, 博尔霍夫

Bol'shaia Chernetchina, 大切尔涅特奇纳，有一处拼作 B. Chernotchina 大切尔诺季奇纳

Bol'shaia Psinka, 大普辛卡

Bol'shie Maiachki, 大马亚奇基，德语拼作 Bol. Majatschki

Bol'shie Pod'iarugi, 大波基亚鲁吉

Bol'shie Seti, 大谢提

Bol'sh. Khoprn', 大霍普尔恩

Borisovka, 鲍里索夫卡

Boromlia, 博罗姆利亚

Briansk, 布良斯克

Butovo, 布托沃

Butyrki, 布特尔基

Buzovka, 布佐夫卡

Bykovka, 贝科夫卡，德语拼作 Bykowka

C

Chapaev, 恰帕耶夫

Cherkasskoe, 切尔卡斯科耶

Cherkassy, 切尔卡瑟

D

E

F

G

I

Iablonovo, 亚布罗诺沃

Iakhontov, 亚洪托夫

Iakovlevo, 雅科夫列沃，德语拼作作 Jakowlewo

Iamki State Farm, 亚姆基国营农场，德语拼作 Jamki

Iamnoe, 亚姆诺耶

Iasnaia Poliana, 亚斯纳亚波利亚纳

Iastrebovka, 亚斯特列博夫卡

Iastrebovo, 亚斯特列博沃

Il'inskii, 伊利因斯基

Il'men, Lake, 伊尔门湖

Imkerei, 伊姆克列伊的德语拼法，原注在贝科夫卡以南5公里

Istobnoe, 伊斯托布诺耶

Iunakovka, 尤纳科夫卡

Iushkovo, 尤什科沃

Ivanovka, 伊万诺夫卡，德语拼作 Iwanovka

Ivanovskii Vyselok, 伊万诺夫斯基新村，德语拼作 Iwanowskij Wysselok

Ivnia, 伊夫尼亚

Ivnitsa, 伊夫尼察河

Izium, 伊久姆

Izmalkovo, 伊兹马尔科沃

K

Kalinin, 加里宁，在别列希尼诺以南

Kalinovka, 卡利诺夫卡

Kaluga, 卡卢加

Kantemirovka, 坎捷米罗夫卡

Kantinirovskaia, 坎季尼罗夫斯卡亚

Karachev, 卡拉切夫

Karlovka, 卡尔洛夫卡

Kartashevka, 卡尔塔舍夫卡，德语拼作 Kartaschewka

Kasach'ia Loknia, 卡萨奇亚洛克尼亚

Kashara, 卡沙拉

Kastornoe, 卡斯托尔诺耶

Kazach'e, 卡扎奇耶，德语拼作 Kazachye

Kazach'ia Lopan', 卡扎奇亚洛潘

Kazatskoe, 卡扎茨科耶

Kerch, 刻赤

Khalkhin Gol, 哈拉哈河

Kharkov, 哈尔科夫

Kherson，赫尔松

Khlynino, 赫雷尼诺

Khmelevaia, 赫梅列瓦亚

Khokhlovo, 霍赫洛沃

Khoroshchevatoe, 霍罗谢瓦托耶

Khoten, 霍坚

Kiev, 基辅

Kirov, 基洛夫

Kiselevo, 基谢列沃

Kliuchi, 克柳奇，德语拼作 Kljutschi

Kochetovka, 科切托夫卡

Komsomolets State Farm, “共青团员”国营农场

Konotop, 科诺托普

Korenevo, 科列涅沃

Koren' River, 科连河

Koritnoe, 科雷特诺耶，德语拼作 Koritnje

Korocha, 科罗恰

Korocha River, 科罗恰河

Korovino, 科罗维诺

Kotel'va, 科捷利瓦

Kovylevka, 科维列夫卡

Kozlovka, 科兹洛夫卡

Koz'ma-Dem'iankovka, 科济马－杰米扬科夫卡

Krasnaia Dubrova, 红杜布罗瓦，原注位于瑟尔采沃东北

Kr. Iaruga, 红亚鲁加

Krasnikov, 克拉斯尼科夫

Krasnoarmeiskoe, 红军村

Krasnoe, 克拉斯诺耶

Krasnograd, 克拉斯诺格勒

Krasnopavlovka, 克拉斯诺巴甫洛夫卡
Krasnopol'e, 克拉斯诺波利耶
Krasnoe Znamia, 红旗村
Krasnyi Oktiabr' (state farm), 红十月村（国营农场）
Krasnyi Pochinok, 红波奇诺克
Kreida Station, 克列伊达车站
Kremenchug, 克列缅丘格
Kriukovo, 克里乌科沃，德语拼作 Krzjukowo
Krivoi Rog, 克里沃罗格
Krivosheevka, 克里沃舍耶夫卡
Krivtsevo, 克里夫采沃
Krolevets, 克罗列韦茨
Kromy, 克罗梅
Korotkoe, 科罗特科耶
Kruglik, 克鲁格利克
Krupets, 克鲁佩茨
Krutoi Log, 克鲁托伊洛格
Kshen' River, 克申河
Kurasovka, 库拉索夫卡
Kursk, 库尔斯克
Kutyrka, 库特尔卡
Kuznetsovka, 库兹涅佐夫卡

L

Lebedan', 列别姜
Lebedin, 列别金
Leningrad, 列宁格勒
Leski, 列斯基
L'gov, 利戈夫
Lipovyi Donets River, 利波维伊顿涅茨河
Lisichansk, 利西昌斯克
Liski, 利斯基
Liubimovka, 柳比莫夫卡
Livny, 利夫内
Loknia, 洛克尼亚
Lokot', 洛科季
Luchki, 卢奇基，德语拼作 Lutschki，同名地点有两处，相距较近，德语称北面一个为 North Lutschki 北卢奇基
Luga, 卢加
Lukhanevo, 卢哈涅沃
Lukhanino, 卢哈尼诺，德语拼作 Luchanino
Lukhanino River, 卢哈尼诺河
Lukovets, 卢科伟茨
Lutovo, 卢托沃

M

Makhnovka, 马赫诺夫卡，附录 F 另有一地名是 N. Makhnovka，N. 可能是 Novye（新）也可能是 Nizhnee（下）
Malaia Pisarevka, 小皮萨列夫卡
Malye Maiachki, 小马亚奇基
Maloarkhangel'sk, 小阿尔汉格尔斯克
Maloarkhangel'sk Station, 小阿尔汉格尔斯克车站
Maloe Iablonovo, 小伊亚布洛诺沃
M.（Mala）Rybnitsa，小雷布尼察
Marbino, 马尔比诺
Mariupol, 马里乌波尔
Marino, 马里诺
Mashevka, 马舍夫卡
Maslovo Pristan', 马斯洛瓦普里斯坦
May 1st State Farm, 五一国营农场
Mazikino, 马奇基诺
Melikhovo, 梅利霍沃
Melitopol', 梅利托波尔
Melovoe, 梅洛沃耶
Merchik River, 梅尔奇克河
Merefa, 梅列法
Miasoedovo, 米亚索耶多沃
Michurinsk, 米丘林斯克
Mikhailovka, 米哈伊洛夫卡，南北两线有多处同名地点

Millerovo, 米列罗沃
Mirgorod, 米尔哥罗德
Miropol'e, 米罗波利耶
Mius River, 米乌斯河
Mokhnachi, 莫赫纳奇
Moscow, 莫斯科
Mtsensk, 姆岑斯克
Munich, 慕尼黑
Murom, 穆罗姆
Myshinka, 梅辛卡

N

Nechaevka, 涅恰耶夫卡
Nechaevo, 涅恰耶沃
Nemtsev, 涅姆采夫
Nepkhaevo, 涅普哈耶沃，德语拼作 Nepchajewo
Nevezhino, 涅韦日诺
Nezhalovka, 涅扎洛夫卡
Nezheegol, 涅热戈利，同名河流涅热戈利河
Nikolaev 涅热戈利尼古拉耶夫
Nikol'skoe, 尼科利斯科耶
Nizhnee Smorodnoe, 下斯莫罗德诺耶
Nizh. Syrovatka, 下瑟罗瓦特卡
Northern Donets River, 北顿涅茨河
Novaia Gorianka, 新戈良卡
Noven'koe, 诺韦尼科耶
Novgorod-Severskii, 诺夫哥罗德－谢韦尔斯基
Novo-Alekseevskii Vyselok, 新阿列克谢耶夫斯基新村
Novo-Oskochnoe (Novooskochnoe), 新奥斯科奇诺耶
Novoselovka, 诺沃谢洛夫卡，德语拼作 Nowosselowka
Novoselovka 2, 诺沃谢洛夫卡二村
Novosil', 诺沃西利
Nov. Vodolaga，新沃多拉加
Novye Losy, 新洛西，德语拼作 Nowje Losy
Novyi Oskol, 新奥斯科尔
Nuraevo, 努拉耶沃

O

Oboian' , 奥博扬，德语拼作 Oboyan
Oka River, 奥卡河
Oktiabr'skii State Farm, 十月国营农场，德语拼作 Swch. Oktjabrskij
Okumi, 奥库米，附录有一处作 Okuni，应是笔误
Oleshen River, 奥列申河
Ol'khovatka , 奥利霍瓦特卡。同名地点在库尔斯克突出部北线有一处，在波内里以西十公里；南线的一处位于希佩以南的佩纳河对岸，另两处分别在大谢提以西和什里亚霍沃以北。第四章有一处应为 Ol'khovka 奥利霍夫卡的笔误
Olkhovaya Gorge, 奥利霍瓦亚峡谷
Oposhnia, 奥珀什尼亚
Orel, 奥廖尔
Orel'ka，奥列利卡，正文一处误拼作 Orel'ko，奥列利河畔的同名地有两处
Orlik, 奥尔利克
Oskol River, 奥斯科尔河
Ostren'kov, 奥斯特连尼科夫，原文第五章称在普罗霍罗夫卡西北九公里，第六章称在该地以北十公里
Ostrogozhsk, 奥斯特罗戈日斯克
Otrada, 奥特拉达

P

Paniki，帕尼基
Pavlovsk, 巴甫洛夫斯克
Peschanoe, 佩夏诺耶
Pena River, 佩纳河
Pereshchino, 佩列谢皮诺
Peresyp, 佩列瑟皮
Petropavlovka, 彼得罗巴甫洛夫卡
Petrovka, 彼得罗夫卡，德语拼作 Petrowka
Petrovskaia, 彼得罗夫斯卡亚

Pisarevka, 皮萨列夫卡
Ploskoe, 普洛斯科耶
Plota, 普洛塔
Plotavets, 普洛塔韦茨
Pltovianka, 普尔托维扬卡
Podsoborovka, 波德索博罗夫卡
Pogorelovtsy, 波戈列洛维茨
Pogorelovka, 波戈列洛夫卡
Pogrebki, 波格列布基
Pokrovka, 波克罗夫卡，同名地在苏梅州和别尔哥罗德州各有一处，德语拼作 Pokrowka
Pokrovskoe, 波克罗夫斯科耶
Polezhaev, 波列扎耶夫
Poliana State Farm, 波利亚纳国营农场
Poltava, 波尔塔瓦
Ponyri, 波内里
Ponyri 2, 第二波内里
Ponyri Station, 波内里车站
Popovka, 波波夫卡
Poserednoe, 波谢列德诺耶
Pravorot', 普拉沃罗季，德语拼作 Praworot
Prelestnoe, 普列列斯特诺耶
Prilepy, 普里列佩
Priznachnoe, 普里兹纳奇诺耶，德语拼作 Prisnatschnoje
Prokhorovka (station), 普罗霍罗夫卡（车站），德语拼作 Prochorowka
Psel River, 普肖尔河，德语拼作 Pssel
Pskov, 普斯科夫
Pskovo-Mikhailovka, 普斯科沃 - 米哈伊洛夫卡
Pushkarnoe, 普什卡尔诺耶
Putovl', 普托夫利

R

Rakitnoe, 拉基特诺耶
Rakovo, 拉科沃，德语拼作 Rakowa
Ranenburg, 拉年堡
Razumnaia River, 拉祖姆纳亚河
Razumnoe, 拉祖姆诺耶，有同名峡谷，正文还提到同名河流，按照地图应为拉祖姆纳亚河
Repnoe, 列普诺耶
Riazan', 梁赞
Riazhsk, 里亚日斯克
Romny, 罗姆内
Roslavl', 罗斯拉夫利
Rossosh', 罗索希，《苏联军事百科全书》译作罗索什
Rostov, 罗斯托夫
Roven'ki, 罗韦尼基
Rozhdestvenka, 罗日杰斯特文卡，德语拼作 Rhoshdestwenka
Rudinka, 鲁金卡，此地可能就是下一条的雷金卡
Rydinka, 雷金卡
Rzhavets, 勒扎韦茨，同名地有两处，一处在别尔哥罗德东南劳斯军的防御地带，一处在别尔哥罗德东北的北顿涅茨河畔，第三装甲军进攻地带
Rzhev, 勒热夫

S

Saburovka, 萨博罗夫卡，地图和正文也拼作 Saborovka
Sabynino, 萨贝尼诺，有一处拼作 Sabinino
Saltykovo, 萨尔特科沃
Samodurovka, 萨莫杜罗夫卡
Savintsy，萨温齐
Seim River, 谢伊姆河，德语拼作 Seym
Sevsk, 谢夫斯克
Shakhovo, 沙霍沃
Shchebekino, 舍别基诺
Shchelokovo, 谢洛科沃，第六章拼作 Shchelakovo 是拼写错误
Shchigry, 希格雷
Sheina, 应为 Sheino 舍伊诺
Shepelovka, 舍佩洛夫卡

Sherekino, 舍列基诺

Shipy, 希佩

Shliakhovo, 什利亚霍沃

Shliakhovtsevo, 什利亚霍夫采沃

Shterovka, 什捷罗夫卡

Shopino, 绍皮诺

Shustovo, 舒斯托沃

Sicily, 西西里（岛）

Sidorovka, 锡多罗夫卡

Siniavino, 锡尼亚维诺

Skorodnoe, 斯科罗德诺耶

Skorovka, 斯科罗夫卡，德语拼作 Skorowka

Slavianoserbsk, 斯拉维亚诺谢尔布斯克

Slaviansk, 斯拉维扬斯克

Slonovka, 斯洛诺夫卡

Smolensk, 斯摩棱斯克

Snagost', 斯纳戈斯季

Snovo, 斯诺沃

Soldatskoe, 索尔达茨科耶

Solntsevo, 松采沃

Solomino, 索洛米诺

Solotinka River, 索洛京卡河，流经苏霍索洛季诺的普肖尔河支流。苏联1988年版军用地图称Solomukka（索洛穆卡河）

Solov'ev State (collective) Farm, 索洛维耶夫国营农场（集体农庄）

Sosna, 索斯纳，同名河流为索斯纳河

Spitsin, 斯皮秦

Seredina Buda, 中布达

Stalingrad, 斯大林格勒

Stalino, 斯大林诺

Stalinogorsk, 斯大林诺戈尔斯克

Stanovaia Station, 斯塔诺瓦亚车站

Staraia Tavolzhanka, 旧塔沃尔然卡

Starobel'sk, 旧别利斯克

Staryi Gorod, 旧哥罗德

Staryi Oskol, 旧奥斯科尔

St. Khutor, 旧胡托尔

Storozhevoe, 斯托罗热沃耶，德语拼作 Storoshewoje，也称该村为 Swch. Stalinsk（斯大林斯克国营农场），有一处称集体农庄

Storozhevoe 1, 斯托罗热沃耶一村

Streletskoe, 斯特列列茨科耶

Sudzha, 苏贾，有同名河流苏贾河

Sukho-Solotino, 苏霍索洛季诺，德语拼作 Ssuch. Ssoltino

Sumovskaia, 苏莫夫斯卡亚

Sumy, 苏梅

Susha River, 苏沙河

Svapa River, 斯瓦帕河

Svatovo, 斯瓦托沃

Sverlikoshchina, 斯维尔利科辛纳

Syrtsev, 瑟尔采夫，德语拼作 Sirtsev，冯·梅伦廷的拼法是 Ssyrzew，俄语的实际拼写是 Сырцево 瑟尔采沃，即与下一条相同，故原文均注释是瑟尔采沃。为避免混淆，德语拼写仍直译为瑟尔采夫。此地位于卢哈尼诺河畔，面积很小。

Syrtsevo, 瑟尔采沃，德语拼作 Sirtsevo，冯·梅伦廷的拼法是 Ssyrzewo。此地位于佩纳河畔，面积较大。较小的瑟尔采沃在该地东南，直线距离约八公里。战线于7月7日傍晚由较小的瑟尔采沃推进到较大的一处，请阅读时注意分辨。

T

Taman peninsula, 塔曼半岛

Tambov, 坦波夫

Tarnovka, 塔尔诺夫卡

Tatsinskaia, 塔钦斯卡亚

Telegino Station, 捷列吉诺车站

Teploe, 乔普洛耶

Terezovka, 捷列佐夫卡

Ternovka, 捷尔诺夫卡

Teterevino, 捷捷列维诺，德语拼作 Teterewino。同名居民点有两处，南部的一个较大，北部较小的

一个在亚斯纳亚波利亚纳西北的普罗霍罗夫卡公路路口北侧
Tim, 季姆
Timofeevka, 季莫费耶夫卡
Tol'stoe woods, 托尔斯泰森林，正文是 Urochishche Tol'stoe（Tol'stoy woods）
Tomarovka, 托马罗夫卡
Topki, 托普基
Troitskoe, 特罗伊茨科耶
Trosna (Trossna), 特罗斯纳
Trostianets, 特罗斯佳涅茨
Trubchevsk, 特鲁布切夫斯克
Tula, 图拉
Tunisia, 突尼斯

U

Ugroedy, 乌格罗耶季
Ukraine, 乌克兰
Ul'ianov, 乌里扬诺夫
Urazovo, 乌拉佐沃
Ushakovo, 乌沙科沃
Uslanka, 乌斯兰卡
Uspenskoe, 乌斯片斯科耶

V

Valuiki, 瓦卢伊基，有一处错拼作 Valiuki
Vasil'evka, 瓦西里耶夫卡，德语拼作 Wassilewka
Vas'kovo, 瓦西科沃
Velikie Luki, 大卢基
Veliko-Mikhailovka, 大米哈伊洛夫卡
Vereitinovo (Veretenovo), 韦列伊季诺沃（韦列捷诺沃）
Verkh. Ol'shanka, 上奥利尚卡，德语拼作 Werchn. Olschanke
Verkhopen'e, 上佩尼耶（Верхопенье），德语拼作 Verkhopenye。《坦克战》地图译作上彼纳，文字译作维尔霍彼尼耶；《焦土》译作上佩内，实际的上佩内是 Vyshniye Peny（Вышние Пены）在佩纳河更下游。
Verkh. Reutets, 上罗伊特茨
Veselyi, 韦谢利伊，又拼作 Veselyy
Viaz'ma, 维亚济马
Viazovatoe, 维亚佐瓦托耶
Viazovoe, 维亚佐沃耶
Vinogradovka, 维诺格拉多夫卡，德语拼作 Winogradowka
Vladimirovka, 弗拉基米罗夫卡
Vodolagi, 沃多拉吉
Voeikovo, 沃耶伊科沃
Voinovo, 沃伊诺沃
Volchansk, 沃尔昌斯克
Volkovo, 沃尔科沃
Volnovakha, 沃尔诺瓦哈
Volokonovka, 沃洛科诺夫卡
Voronezh, 沃罗涅日
Vorozhba, 沃罗日巴
Voroshilovgrad, 伏罗希洛夫格勒
Voroshilov State Farm, 伏罗希洛夫国营农场
Vorskla River, 沃尔斯克拉河
Vorskolets River, 沃尔斯科列茨河
Voznesenovka, 沃兹涅先诺夫卡
Vypolzovka, 维波尔佐夫卡
Vyshniaia Kotovo, 上科托沃，有一处拼作 Vyshniaia Kotova
Vysokopol'e, 维索科波利耶

Z

Zachepilovka, 扎切皮洛夫卡，有一处拼作 Zachepilivka
Zadel'noe, 扎杰利诺耶
Zadonsk, 扎顿斯克
Zaporozh'e, 扎波罗热
Zavidovka, 扎维多夫卡，又拼作 Zavydovka，德

语拼作 Sawidowka

Zhigailovka, 日盖洛夫卡

Zhikhove, 日霍韦 Жихове，有一处拼作 Zhikhov

Zhilomest'e, 日莫洛斯特诺耶，原注在普罗霍罗夫卡东南9公里

Zhizdra, 日兹德拉

Zimovnikovskii, 济莫夫尼基区，出现在近卫机械化第5军的荣誉称号中

Zybino, 济比诺

封锁下的绝境，围困中的抗争，
为胜利付出的惊人代价，惨烈悲壮的史诗篇章。